Unternehmen Deutsch

Lehrwerk für Wirtschaftsdeutsch

Lehrbuch

von
C. Conlin

Unternehmen Deutsch

von C. Conlin

Unter Leitung und Mitwirkung der Verlagsredaktion Mitarbeit an diesem Werk:
Heather Jones,
Verlagsredakteurin

Sprachliche Beratung:

Christa Wiseman,
Udo Diekmann,
Anke Kornmüller

Widmung: Für Simon, Rachel, Jonathan und Joyrite

Aktualisiert und rechtschreibreformiert:

TextMedia, Erdmannhausen, 2000

Herausgegeben von:
Chancerel International Publishers
120 Long Acre
London WC2E 9ST

Typografie und Layout: Valerie Sargent
Umschlag: Gregor Arthur
Druck: Italien

Einsprachige Ausgabe
ISBN 1 899888 942
Zweisprachige Ausgabe
ISBN 1 899888 950
PN 5 4 3 2 1 / 04 03 02 01 00

Danksagung

Wir danken allen, die an der Entstehung dieses Werkes mitgewirkt haben, besonders:

Phil Barnet, Evesham Micro; Jeff Brown, Killick Martin & Co.; Christa Bürkel, Managed Learning; Colin Cartwright, Conwy Valley Railway Museum; Günter Dörfler, Trix Mangold; Kerstin Emrich, Dorint Kongress-Hotel, Freiburg; Angelika Fell, Schloss Reinach, Munzingen; Kevin Fradgley, Gamebird Products; Ian Fulston, Employment Service; Dr. Anneliese Goltz, Humboldt-Universität; Debbie Goodkin; Vic Grey; Steve Hanlon, Mekom Distribution; Bill Hartnett, Rubber Astic & Co. Ltd.; Dagmar Haslam; M. Hofherr, Hotel Ketterer, Stuttgart; Clare Jackson, GKN Automotive; Ian Kershaw, Stockfield Manufacturing; Peter Matthews, Black Country Metals Ltd.; Dr. Gunnar Pauzke, Bosch-Siemens Hausgeräte GmbH; Lars Petz, Hapag Lloyd; Liesel Rosindale, University of Central England; Rachael Saice, Managed Learning; Eckart Schlesinger, Restaurant zum Kuhhirten-Turm, Frankfurt; Tony Simpson; Elisabeth Smith, The Stampings Alliance; Dennis Steel, Hoopers Sadlers; Gabriele Steinke, University of Wolverhampton; Joachim Tenberg, European Business Associates; Paul Tranter, Managed Learning; Simon Turk; Helen Whistance, Birmingham Chamber of Commerce; Joerg Wins, Unternehmensgruppe Tengelmann; Helmut Wörner, Controlware Communications Systems

Quellennachweis: Abbildungen

Umschlag: Feldmann Media Group, Nürnberg, Gruppenfoto; Dresdner Bank AG, Frankfurt, Hochhausfoto; Mannesmann AG, Düsseldorf, Fotos von Röhre und Mann mit Handy; DaimlerChrysler Communications, Stuttgart, Mercedes Benz Fotos von LKW und Frau.

Buch: ACE, Foto S. 98; ADAC, Logo S. 21; Archiv Landesfremdenverkehrsverband Bayern e.V., Fotos S. 43, 45; Aventis AG, Logo S. 22; Bädergemeinschaft Sylt, Foto: Frenzel S. 45; Bahlsen Holding, Tabelle (Auszug) S. 149, 157; BASF AG, Logo S. 22; Bayer AG, Logo S. 22, Fotos S. 23; BMW AG, Logo S. 22, Fotos S. 26, 100, 101; Braun AG, Foto S. 13, Logo S. 22; Brother International GmbH, Foto S. 13; BSH Bosch und Siemens Hausgeräte GmbH, Organigramm u. Karte S. 29; Bundesbildstelle Bonn, Fotos S. 8, 21; Canon Deutschland GmbH, Foto S. 13, Schaubilder S. 33, Bild u. Piktogramme S. 60, 61, Logo, Fotos S. 111; J. Chipps, Fotos S. 59, 142; CONACORD Voigt GmbH & Co KG, Foto Hängesitz S. 108; DaimlerChrysler AEG Aktiengesellschaft, Logo S. 22, Organigramm (vereinfacht) S. 30, DaimlerChrysler AG, Logos S. 22, 30, Foto S. 130, Karte S. 154, 163; DaimlerChrysler Interservices AG, Logo S. 30; Deutsche Aerospace AG, Logo S. 30; Deutsche Bahn AG, Foto S. 94, Fahrplan S. 153, 162; Deutsche Messe AG Hannover, CeBIT Logo S. 102, 115, Geländeplan S. 115; Deutsche Telekom AG, Fotos S. 67, 70, 74, 98; Deutscher Instituts-Verlag GmbH, Schaubild S. 54; Dorint Hotel Freiburg, Logo, Fotos S. 79, 81, Tabelle S. 82; Dorint Hotels und Ferienparks Mönchengladbach, Karte, Piktogramme S. 79; Duales System Deutschland GmbH, Logo S. 21, 130, Schaubild S. 130; Düsseldorfer Messegesellschaft mbH, Logo S. 102; E-Z UP Europe B.V. Foto S. 108, Logo S. 113; Fachhochschule Düsseldorf, Foto: U. Gräber S. 135, Foto: Huppertz/ Schwartenberger S. 135; FAG Kugelfischer Georg Schäfer AG, Fotos S. 18, 19, Tabelle (Auszug) S. 27; Flughafen Frankfurt Main AG, FAG-Foto: S. Rebscher S. 90, Piktogramme S. 92, Karte S. 93; Frankfurter Goethe-Museum, Foto S. 21; Freiburg Wirtschaft und Touristik GmbH, Fotos: Raach 76; Fremdenverkehrsamt München, Foto: C. Reiter S. 51; Fremdenverkehrsverband St. Gilgen, Fotos S. 46; Globus Infografik GmbH, Schaubilder S. 34, 64; D. Graham, Fotos S. 10, 14, 84; W. Großkopf, Fotos S. 55, 57, 58, 59, 62, 124; Grundig AG, Fotos S. 23; Heinz Kettler Metallwarenfabrik GmbH & Co., Foto Fahrrad S. 108; IBM Deutschland GmbH, Logo S. 22; Institut für Arbeitsmarkt und Berufsforschung (IAB) der Bundesanstalt für Arbeit, Tabelle S. 65; H. Jones, Fotos S. 34, 49, 94, 95; Karl Kässbohrer Fahrzeugwerke GmbH, Foto S. 19; C. Knight, Karten S. 9, 46, 50, 103, Piktogramme S. 24, 96, Verzeichnis S. 77; Kölnische Rundschau Heinen-Verlag GmbH, S. 138; Köln Tourismus Office, Logo S. 77; Kommunalverband Ruhrgebiet, Foto: M. Ehrich, S. 21; Landesbildstelle Berlin, Fotos S. 8, 51; Landesfremdenverkehrsverband Bayern e.V., Fotos S. 43, 45; Landesgirokasse Stuttgart, S. 118; Landeshauptstadt Stuttgart, Foto S. 77; Leipziger Messe GmbH, Logo S. 102; MAN Nutzfahrzeuge AG, Logo S. 22, Foto S. 23; Mannesmann AG, Fotos S. 18, 19, 26; T. Marutschke, Cartoon S. 144; Medienagentur Enno Wiese, Berlin, Foto S. 133; Messe Berlin GmbH, Logo S. 102; Messe- und Ausstellungs-Ges. m.b.H. Köln, Fotos S. 102, 103, 105, 109; P. Muggleston, Cartoons S. 20, 72, 73, 85, 126, 144; R. Nash, Fotos S. 42, 59; NUR Touristic GmbH, Fotos Hotels S. 46; Österreich Werbung (London), Foto S. 8; Otto-Versand (GmbH & Co.), Logo S. 15, Fotos S. 31; Panorama Hotel

Mercure Freiburg, Foto S. 160; Porsche AG, Logo S. 22; Postbank Generaldirektion, S. 118; Rega Hotel Stuttgart, Fotos S. 89; Rosenthal AG, Logo S. 22, Tabelle (Auszug) S. 149, 157; Schloss Reinach Munzingen GmbH, Fotos S. 80, 83; Schuco GmbH & Co., Foto S. 120; Hans Schwarzkopf GmbH, Fotos S. 23; Siemens AG, Fotos S. 18, 23, Logo S. 22; D. Simson, Fotos S. 10, 11, 12, 16; Stadtmessungsamt Stuttgart (Nr. C16), Stadtplan S. 97; Stuttgart Marketing GmbH, Foto S. 88; Süddeutscher Verlag GmbH, S. 138; Swiss National Tourist Office London, Foto S. 8; Tengelmann Warenhandelgesellschaft, Foto S. 140, Stellenangebot S. 141; The Stampings Alliance Limited, Fotos S. 119, 128; ThyssenKrupp AG, Logo S. 22; Tourismus + Congress GmbH Frankfurt am Main, Foto: N. Guthier S. 40, J. Keute S. 41, W. Lechthaler (Sachsenhausen) S. 49; Tourist-Information und Kongress-Service Weimar, Foto: H. Lange S. 41; Tourismus-Zentrale Hamburg GmbH, Foto S. 21; Ullstein Verlag GmbH, S. 138; Verkehrs- und Tarifverbund Stuttgart GmbH, Streckennetzplan S. 97; Verkehrsamt Neumagen-Dhron/Mosel, Fotos S. 43, 45; Verlag Frankfurter Allgemeine Zeitung GmbH, S. 138; Victorinox, Ibach, Schweiz, Fotos S. 18, 32; Volkswagen AG, Logo S. 22; M. Vollmer, Foto S. 147; Vorwerk Elektrowerke Stiftung & Co. KG, Logo, Karte S. 99; Jack Wolfskin Adventure Equipment Ltd., Fotos S. 107, 108; Zeitverlag Hamburg, S. 138; Zum Kuhhirten-Turm Speisegaststätte, Logo S. 39, 40.

Quellennachweis: Texte
Arbeitgeberverband Gesamtmetall, edition agrippa GmbH Köln, aus *M+E Magazin* Nr. 8 (gekürzt), S. 146; Ausstellungs- und Messeausschuss der deutschen Wirtschaft e.V. (AUMA), *Erfolgreiche Messebeteiligung* (Ausschnitt, vereinfacht), S. 104; Avis Autovermietung GmbH, Stellenangebot, S. 139; BASF AG, S. 157; Bent Krogh A/S, SPOGA Katalogeintrag, S. 106; Best Western Hotel Ketterer Stuttgart, Fax (gekürzt), S. 86; BMW AG *City-Konzept Blaue Zone* (gekürzt, vereinfacht), S. 100, 101; Bosch und Siemens Hausgeräte GmbH, *Geschäftsbericht* (vereinfacht), S. 29; BTF Textilwerke Bremen, Anzeige mit Logo, S. 25; Bundesanstalt für Arbeit, *IZ-Informationszeitung der Berufsberatung* (vereinfacht), S. 132, 133; Bundes-ministerium für Arbeit und Sozialordnung, *Berufliche Qualifizierung* (gekürzt), S. 136, 137; Canon Deutschland GmbH, *Geschäftsbericht* (gekürzt), S. 33, Broschüren, S. 111 (gekürzt, vereinfacht); China Restaurant Nizza, Kleinanzeige, S. 36; Compaq Computer GmbH, Werbeanzeige, S. 131; CONACORD Voigt GmbH & Co KG, Katalogauszug, S. 108; Deutsche Bahn AG, *Städteverbindungen*, S. 93; Deutsche Telekom AG, Textauszug, *Zeichenerklärung* (vereinfacht) S. 66, *Hinweise zum Telefonieren*, S. 68; Deutsche Gesellschaft für Freizeit, *Freizeit in Deutschland* (vereinfacht), S. 43, 44; Deutsche Gewerkschaftsbund-Bundesvor-stand, *Betriebsrat im Alltag* (vereinfacht), S. 147; Deutsche Messe AG Hannover, *Messeplatz Hannover*, S. 115; Dorint Hotel Freiburg, Broschüre (gekürzt u. vereinfacht), S. 79, 81; Duales System Deutschland GmbH, *Das Kleine Lexikon* (vereinfacht), S. 130; E-Z UP Europe B.V. Texte (gekürzt u. vereinfacht), S. 108, 113; Flughafen Frankfurt Main AG, Presse und Publikationen, *Flughafen-Information*, S. 91; Flughafen Hannover-Langenhagen GmbH, *Touristikflugplan*, S.162; Flughafen Köln/Bonn GmbH, Flugplan, S.153; Focus Magazin-Verlag GmbH, Artikel u. Schaubilder, S. 74, 75, Artikel S. 131; Freiburg Wirtschaft und Touristik GmbH, Hotelverzeichnis (Auszug), S. 77; Globus Infografik GmbH, Text zu Schaubildern, S. 34, 64; Hotel Rheingold, Freiburg, Broschüre (gekürzt, vereinfacht), S. 152; ICI Plc, Text m. Logo, S. 25; Interswing SA, SPOGA Katalogeintrag, S. 106; KRAVAG SACH + LEBEN, Anzeige m. Logo, S. 25; Landmann GmbH & Co. KG, SPOGA Katalogeintrag, S. 106, Broschüre, S. 129; La Truffe Restaurant im Parkhotel Frankfurt, Kleinanzeige, S. 36; Max-Delbrück Centrum Berlin-Buch, Stellenangebot, S. 139; Otis GmbH, Text m. Logo, S. 25; Panorama Hotel Mercure Freiburg, Broschüre (gekürzt u. vereinfacht), S. 160; Pizza Hut Restaurations Gesellschaft mbH, Stellenangebot, S. 139; Porsche AG, S. 149; Pöttinger Bauunternehmung, Stellenangebot, S. 139; Restaurant Bingelsstube, Kleinanzeige S. 36; Restaurant Dei Medici, Kleinanzeige, S. 36; Schloss Reinach Munzingen GmbH, Texte (gekürzt u. vereinfacht), S. 80, 83; Schuco GmbH & Co., Katalogauszug, S. 120; Staatliche Lotterieverwaltung München, Stellenangebot, S. 139; Stuttgart Marketing GmbH, Informations-broschüre (Auszüge, verein-facht), S. 88; Tengelmann Warenhandelgesellschaft, Stellenangebot, S. 141; Tourismus + Congress GmbH Frankfurt am Main, *Frankfurt Welcome* (Auszüge, vereinfacht), S. 49; Victorinox, Ibach, Schweiz, Broschüre (vereinfacht), S. 32; Wrigley GmbH, Anzeige m. Logo, S. 25; Zimmermann GmbH, SPOGA Katalogeintrag, S. 106; Zum Kuhhirten-Turm Speisegaststätte, Kleinanzeige, S. 36.

Trotz intensiver Bemühungen konnten nicht alle Inhaber von Text- und Bildrechten ausfindig gemacht werden. Für entsprechende Hinweise ist der Verlag dankbar.

Inhalt

Syllabus

Section	Topics/Functions	Language
1.1	Welcoming a visitor Making conversation	Greetings, forms of address Question forms; tense recognition (present, perfect, imperfect)
1.2	Offering refreshments Requests for help	*Möchten Sie?* for offers Definite, indefinite, negative article (nominative & accusative) *Kann/Darf ich?, Können/Könnten Sie?* + infinitive
1.3	Making introductions Asking for personal details	Female job titles: *die Leiterin, die Sekretärin* Omission of the article with job titles The alphabet; telephone numbers Possessives: *mein, sein, ihr* etc
1.4	Explaining the programme	Clock time: *um 14.00 Uhr*; adverbs of time: *Zuerst, Dann* Word order in main clauses: position of the verb Separable verbs: *stattfinden, teilnehmen* etc
1.5	A company tour	Departmental names Describing location: *Hier nebenan ist der Einkauf.* Predicative adjectives: *Das ist interessant/modern.* etc
2.1	Companies and products	Noun plurals Relative clauses (nominative): *Das ist eine Firma, die ...*
2.2	Types of business	Names of industrial and service sectors Adjectives + indefinite article (nominative): *ein großer Konzern* Prepositions: *in* + dative: *im Bereich (Luft- und Raumfahrt)*
2.3	Company size and performance	Numbers above 1,000; decimals; years: *im Jahr 2000* Comparison of adjectives: *niedrig/niedriger, hoch/höher(als)* Perfect tense (1): *Der Umsatz ist 2000 gestiegen/gefallen.* Definite article: genitive case
2.4	Company structure	Related vocabulary: *Tochtergesellschaft, Muttergesellschaft* etc Use of the article with country names
2.5	Giving a company presentation	Referring to the past using the present tense: *Die Firma existiert seit 1949.* Infinitive with *zu* after certain verbs and verbal phrases (1): *Wir planen, unsere Märkte in ... weiterzuentwickeln.*
3.1	Making/accepting/refusing invitations, fixing a time Recommending restaurants	Subjunctive of *sein, haben, werden: Das wäre schön.* Adjective endings following definite/indefinite articles (nominative): *das chinesische/ein chinesisches Restaurant* Time expressions, days of the week: *am Mittwoch* Word order: expressions of time, manner and place
3.2	Discussing a menu, ordering and paying for a meal	Verbs with indirect (dative) and direct (accusative) objects Verbs with a dative object: *passen/helfen* etc + dative
3.3	Talking about home and family	Vocabulary related to (areas of) a town/city, types of home, rooms of the house; kinship terms
3.4	Discussing leisure activities Trends in leisure expenditure	*Interessieren Sie sich für (Musik)? Gehen Sie gern ins Kino?* Referring to the future with *werden*
3.5	Talking about holidays	Perfect tense (2) with auxiliaries *sein* and *haben*
3.6	Finding out about things to see and do in a city	The imperfect passive (1) (recognition): *wurde erbaut/eröffnet/gegründet* Subordinate clauses introduced by *wenn* and *weil* Modal verbs *könn(t)en, sollen, müssen* in suggestions

Section	Topics/Functions	Language
8.1	Introduction to German trade fairs. Expressing aims	Imperfect tense of weak and strong verbs Infinitive + *zu* (2): *Wir hoffen(,) deutsche Vertreter zu finden.* *um ... zu: Wir sind hier(,) um Aufträge zu bekommen.*
8.2	Dealing with visitors to the stand	*Ich sehe, Sie interessieren sich für unsere ... Darf ich Ihnen unseren Katalog mitgeben? Ich vereinbare gern einen Termin für Sie.* *Der Katalogpreis ist ... Unsere Zahlungsbedingungen sind ...*
8.3	Describing products	Vocabulary relating to physical specifications: *Größe, Gewicht, Material, Farben, Zubehör*, and use/purpose: *geeignet für* Adjectives describing products: *pflegeleicht, leistungsstark* etc
8.4	Comparing and recommending products	Vocabulary related to computer printers: *Druckgeschwindigkeit, Schriften, Geräuschpegel, Betriebskosten* etc Contrastive language (4): *Nur der ... bietet ..., Ein Vorteil des ...:*
8.5	Following up contacts in writing	Understanding and writing follow-up letters to potential customers Layout of a letter, standard phrases for business correspondence

Section	Topics/Functions	Language
9.1	Understanding a company's general terms and conditions of trade	The passive (3) with modals: *Telefonische Bestellungen müssen schriftlich bestätigt werden.* Expressing obligation with *sein* + infinitive (recognition): *Mängel sind innerhalb von 10 Tagen anzuzeigen.*
9.2	Responding to enquiries and quotation requests by phone and in writing	Related vocabulary: *Stückpreis, Mengenrabatt, Zahlungsfrist* etc *Können Sie mir ein schriftliches Angebot machen?* *Gerne unterbreiten wir Ihnen folgendes Angebot: ...*
9.3	Chasing quotations, negotiating prices, checking/confirming written orders	*Ich rufe an wegen unseres Angebots über ...* *Können Sie uns beim Preis etwas entgegenkommen?* *Wir bedanken uns für Ihren Auftrag vom ...*
9.4	Finding out why goods haven't arrived	*Die Lastwagen haben Verspätung wegen des schlechten Wetters.* *Die Sendung wurde aus Versehen an den falschen Empfänger geliefert.*
9.5	Dealing with complaints and stating, orally and in writing, what action will be taken	*Ich muss leider Ihre letzte Lieferung reklamieren.* *Sie haben zu viel/zu wenig geliefert/die falsche Ware geschickt.* *Die Ware ist defekt/beschädigt/entspricht nicht unserem Muster.* *Wir schicken Ihnen eine Ersatzlieferung kostenlos zu.*

Section	Topics/Functions	Language
10.1	Ways of finding a job in Germany	Related vocabulary: *Arbeitsamt, Industrie- und Handelskammer, Zeitarbeitbüro, Stellenangebot, Stellenvermittlung* etc
10.2	The German education and training system	Names of educational institutions and types of qualification *Eine deutsche Gesamtschule ist mit unserer ... zu vergleichen.*
10.3	A questionnaire for self-assessment	Vocabulary for describing own formal qualifications, work experience and strengths: *Ich bin ausgebildet als ... . Ich habe Erfahrung in ... . Ich kann mit anderen Menschen umgehen.* etc
10.4	Understanding job advertisements	Vocabulary related to employers' requirements, what the job involves, remuneration and benefits
10.5	Applying for a job: writing a CV and cover letter	Layout of a CV; standard phrases for use in a cover letter Perfect and imperfect tenses
10.6	Preparing for a job interview	Basic interview techniques Indirect questions (2): *Würden Sie mir sagen, wie lang die Probezeit ist?*

▼ *Der Zeitglockenturm, Bern*

▲ *Reichstag, Sitz des Deutschen Bundestags, Berlin*

Das Schloss Schönbrunn, Wien ▶

Wie viele der folgenden Fragen können Sie beantworten, ohne im Informationskasten oder auf der Landkarte nachzuschauen?

1 Wie viele Nachbarländer hat Deutschland?
2 Welcher Fluss bildet die Grenze zwischen Deutschland und Polen?
3 Wie heißt die Hauptstadt von Deutschland? Von Österreich? Von der Schweiz?
4 Wie viele Einwohner hat Deutschland? Österreich? Die Schweiz?
5 An welchen zwei Meeren liegt Deutschland?
6 Welche Bundesländer liegen am Meer?
7 Welche deutschen Städte sind gleichzeitig Bundesländer?
8 Liegt Bayern in Süddeutschland oder Mitteldeutschland?
9 Welches Bundesland liegt westlich von Bayern an der Grenze zu Frankreich?
10 Von welchem Bundesland ist Wiesbaden die Hauptstadt?
11 An welchem Fluss liegt Köln?
12 In welche Richtung fließt die Donau: von Süden nach Norden oder von Westen nach Osten?

Daten	Bundesrepublik Deutschland	Österreich	die Schweiz
Einwohner	ca. 80 Millionen	ca. 8 Millionen	ca. 7 Millionen
Fläche	357.000 km²	83.855 km²	41.285 km²
Hauptstadt	Berlin	Wien	Bern
Längster Fluss	der Rhein	die Donau	der Rhein
Höchster Berg	die Zugspitze	der Großglockner	die Dufourspitze
Größter Binnensee	der Bodensee	der Neusiedler See	der Genfer See

Berlin	Hauptstadt eines Staates
Stuttgart	Landeshauptstadt
└┴┴┴┘	Kanal

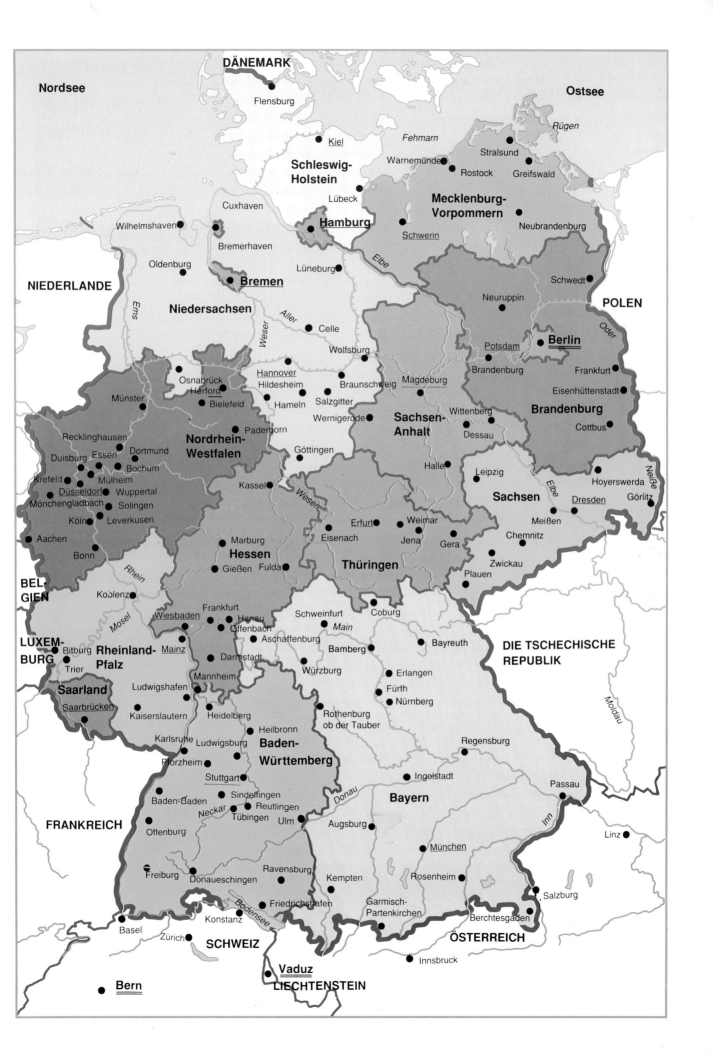

1 Herzlich willkommen!

In this unit, you'll learn how to
- welcome a visitor
- offer refreshments and help
- make introductions
- explain the programme for the visit
- take someone on a company tour

You'll also learn something about German customs and values.

1.1 Sind Sie Herr Becker?

A **1** Hören Sie sich zwei Gespräche an. Welches Gespräch passt zu welchem Bild?

„Schön Sie wiederzusehen."

„Guten Morgen, Frau Brett."

2 Hören Sie noch einmal zu. Was ist hier richtig, falsch oder nicht bekannt?

Dialog 1
1 Anna Brett kennt Herrn Becker schon.
2 Sie ist von der Firma Norco.
3 Sie treffen sich abends.
4 Anna Brett ist verheiratet.

Dialog 2
1 Herr Dr. Hoffmann hat einen Termin bei Ulla Andersen.
2 Sie treffen sich vormittags.
3 Sie treffen sich zum ersten Mal.

3 Beantworten Sie folgende Fragen.

1 Wann sagt man *Guten Morgen/Tag/Abend*?
2 Wie begrüßt man jemanden in einer Geschäftssituation?
3 Wann geben sich die Deutschen die Hand?

B Stellen Sie sich anderen Kursteilnehmern vor.

Greetings ...		**... and farewells**	
Guten Morgen	- until about 10 or 11am	Gute Nacht	- at bedtime
Guten Tag	- all day until dark	(Auf) Wiedersehen	- goodbye at any time
Hallo!	- all day *(informal)*	(Auf) Wiederschauen	- goodbye in southern Germany and Austria
Grüß Gott	- all day in southern Germany and Austria		
Guten Abend	- from early evening/after dark	Tschüs	- goodbye at any time *(informal)*

C Wenn man sich in einer Geschäftssituation zum ersten Mal trifft, worüber spricht man?

a) Sport   b) das Wetter   c) Politik   d) das Hotel   e) Einkommen
f) die Reise   g) die Heimat   h) die Arbeit   i) den Urlaub   j) Städte, die man kennt
k) etwas anderes (was?)

D **1** Frau Brett und Herr Becker unterhalten sich während der Autofahrt vom Flughafen.
Worüber sprechen sie? Wählen Sie von den Themen in **C**.

2 Hören Sie noch einmal zu. Wie beantwortet Herr Becker diese Fragen?
NB Eine Frage ist nicht im Hörtext. Welche?

1 Wie war die Reise?

  a) Ganz gut, danke. Wir hatten nur fünf Minuten Verspätung.
  b) Sehr gut, danke. Wir sind pünktlich gelandet.

2 Haben Sie gut zu uns gefunden?

  a) Nein, ich hatte Probleme, das Büro zu finden.
  b) Ja, danke, ohne Probleme.

3 Wie ist das Wetter in Deutschland?

  a) Wir hatten schlechtes Wetter.
  b) Heute Morgen schien die Sonne.

4 Ist es Ihr erster Besuch hier?

  a) Ja, ich bin zum ersten Mal hier.
  b) Nein, letztes Jahr war ich zwei Wochen hier im Urlaub.

5 Wie hat es Ihnen hier gefallen?

  a) Prima!
  b) Ach, nicht besonders.

6 Woher kommen Sie in Deutschland?

  a) Aus Hamburg.
  b) Aus Regensburg in Bayern.

7 Das ist eine schöne Stadt, nicht wahr?

  a) Ja, das stimmt.
  b) Ja, aber nur für Touristen.

3 Wie reagiert Frau Brett auf Herrn Beckers Antworten? Wählen Sie von diesen Ausdrücken.

Aha. / Ach so! / Sehr gut! / Ach, schade! / Das ist gut. / Na sowas! / Es tut mir Leid.

LANGUAGE STUDY

Read the questions and answers in **D** again. The verbs are in three different tenses:
present, imperfect (past) and **perfect**. Circle all the verbs in the imperfect tense.
Underline all the verbs in the perfect tense.
Don't worry too much about how they are formed now. You will have
plenty of opportunity to practise these tenses later in the course.   ▶ 6.6 - 6.9

E **1** Benutzen Sie die Alternativantworten in **D** und üben Sie ähnliche Dialoge.

2 Bilden Sie Ihren eigenen Dialog mit Hilfe der Stichwörter.

Büro leicht gefunden?	▶ Ja/kein Problem/Stadtplan
einen guten Flug?	▶ schrecklich/drei Stunden Verspätung
Ach, ... / Warum?	▶ schlechtes Wetter
Wie/Hotel?	▶ sehr gut/zentrale Lage
oft geschäftlich hier?	▶ Ja/viele Kunden in ...
Wann/das letzte Mal hier?	▶ vor vier Wochen
Gefällt/unsere Stadt?	▶ Ja/interessant/Leute freundlich

F Sie empfangen eine/n Deutsch sprechende/n Besucher/in.
PARTNER A benutzt Datenblatt A1, S. 148.
PARTNER B benutzt Datenblatt B1, S. 156.

1.2 Tee oder Kaffee?

A **1** Frau Brett und Herr Becker kommen bei Norco an. Sehen Sie sich die Bilder an. Können Sie raten, was Frau Brett zu Herrn Becker sagt?

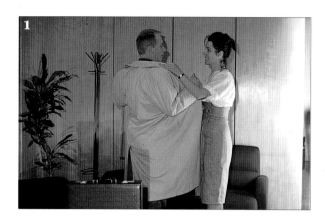 

2 Hören Sie sich ihr Gespräch an. Was ist richtig? Was ist falsch?

1 Herr Olson kommt in fünfzehn Minuten.
2 Frau Brett sagt: „Möchten Sie solange hier Platz nehmen?"
3 Sie nimmt Herrn Beckers Koffer.
4 Herr Becker trinkt eine Tasse Tee mit Milch und Zucker.

B Mit Hilfe der Sprachmuster bieten Sie einem/einer Firmenbesucher/in folgende Erfrischungen an. Möchte er/sie Tee oder Kaffee? Wenn ja, wie? Fragen Sie!

einen Kaffee	eine Tasse Tee	ein Mineralwasser	eine Cola
einen Orangensaft	ein Glas Apfelsaft	Kekse	

Möchten Sie | einen Kaffee/Tee?
| eine Cola?

Möchten Sie etwas trinken? Tee oder Kaffee?
Was möchten Sie trinken? Mineralwasser?

Nein danke.
(Ich trinke keine Cola.)
(Ich habe keinen Durst.)

Ja | bitte.
| gerne.

Ich | möchte | einen Kaffee.
| nehme | eine Tasse Tee.
| trinke | ein Mineralwasser.

Wie trinken Sie | den Kaffee? Mit Milch und Zucker?
| den Tee? Mit Zitrone?

Mit Milch, aber ohne Zucker. / Schwarz.

So, hier ist der Kaffee/die Cola/das Mineralwasser.
Möchten Sie auch Kekse?

LANGUAGE STUDY

A **noun** is usually preceded by, a **defininite article**, *der/die/das*,
an **indefinite** or **negative article**, *(k)ein/(k)eine*, or some other **determiner**,
eg *dieser/diese/dieses*, which indicates its role in the sentence.
The form of the determiner varies according to the
gender (masculine/feminine/neuter), **number** (singular/plural) and
case (nominative/accusative/genitive/dative) of the following noun.
Underline all the determiners in **B**. Can you identify the gender and case
of the following nouns?

▶ 3.3, 3.4

C Herr Becker braucht Frau Bretts Hilfe. Wie reagiert sie auf seine Bitten?

1   Könnte ich nach Deutschland faxen?

    a) Aber selbstverständlich!
    b) Es tut mir Leid, wir haben kein Fax.

2   Kann ich bitte etwas fotokopieren?

    a) Aber gerne. Ich helfe Ihnen.
    b) Das ist leider nicht möglich. Der Fotokopierer ist im Moment kaputt.

3   Darf man hier rauchen?

    a) Natürlich! Hier ist ein Aschenbecher.
    b) Das geht leider nicht. Das ist hier nicht erlaubt.

4   Wo ist die Toilette?

    a) Kommen Sie mit. Ich zeige es Ihnen.
    b) Dort in der Ecke.

5   Könnten Sie mir Ihren neuen Prospekt zeigen?

    a) Der neue Prospekt ist leider noch nicht fertig.
    b) Einen Moment, bitte. Ich hole einen.

LANGUAGE STUDY

1   To ask someone if you may do or have something, you can use *Kann ich ...?* or *Darf ich ...?* (forms of the verbs *können* and *dürfen*).
To ask somone to help you, you can say *Können Sie ...?*
It is even more polite to say *Könnte ich ...?* and *Könnten Sie ...?*

2   *können* and *dürfen* are **modal verbs**. They are usually followed by a second verb in the **infinitive** form. What do you notice about the position of the infinitive in the sentence?
Do you know any more modal verbs?

▶ 6.4

D PARTNER A: Formulieren Sie Bitten mit Hilfe der Stichwörter unten.
PARTNER B: Reagieren Sie auf die Bitten Ihres Partners.

1   mir etwas Papier geben?
2   nach Deutschland anrufen?
3   Wo/der Fotokopierer?
4   ein Taxi für mich rufen?

5   Wo/meinen Koffer abstellen?
6   ein Fax an meine Firma schicken?
7   einen Taschenrechner haben?
8   mir etwas über die Firma erzählen?

der Fotokopierer ▶

◀ *das Telefaxgerät*

▼ *der Taschenrechner*

E Sie betreuen eine/n Deutsch sprechende/n Besucher/in.
PARTNER A benutzt Datenblatt A2, S. 148.
PARTNER B benutzt Datenblatt B2, S. 156.

1.3 Darf ich vorstellen?

A **1** Können Sie diese Funktionsbezeichnungen raten?

Leiter Marketing	Exportleiter	Leiter Qualitätssicherung

Produktionsleiter	Leiter Finanz- und Rechnungswesen	Personalleiter

2 Sprechen Sie die Wörter nach.

B **1** Frau Brett stellt Herrn Becker ihren Arbeitskollegen vor.
Was ist ihre Stellung im Betrieb? Ordnen Sie zu.

1 Herr Olson   a) technischer Leiter
2 Frau Brett   b) Leiterin Vertrieb und Marketing
3 Frau Scheiber   c) Werksleiter
4 Herr Doil   d) Geschäftsführer
5 Herr Boltmann   e) Chefsekretärin

2 Welche Stellung hat Herr Becker bei Norco?

> **LANGUAGE STUDY**
>
> Study these examples.
>   der Leiter - **die** Leiter**in**   der Sekretär - **die** Sekretär**in**
> How do you form female job titles?
>   ▶ 2.2

C   Sie betreuen eine/n Deutsch sprechende/n Firmenbesucher/in.
Stellen Sie ihn/sie einigen Kollegen/Kolleginnen vor.
Benutzen Sie die Stellenbezeichnungen aus **A** und **B**.

Herr/Frau [Müller], darf ich vorstellen? Das ist ... der/unser [Geschäftsführer], Herr ... die/unsere [Vertriebsleiterin], Frau ... mein Chef, Herr ... . Er ist [Exportleiter] bei uns. meine Kollegin, Frau ... . Sie ist ...

Wie bitte? Wie war der/Ihr Name (noch mal)?	Sehr angenehm/erfreut. Freut mich (sehr). Guten Morgen/Tag.

Und das ist	Herr [Müller], unser neuer [Vertreter]. Frau [Stein]. Sie ist von der Firma [Lasco].

D **1** Sprechen Sie das Alphabet nach.

A a   B e   tC e   D e   E e   eF   G e   H a   I i   J ot   K a   eL   eM

eN   O o   P e   Q u   eR   eS   T e   U u   V au   W e   iX   Y psilon   Z ett

Ä = A-Umlaut   Ö = O-Umlaut   Ü = U-Umlaut   ß = Eszett

2 Buchstabieren Sie Ihrem Partner Ihren Namen und den Namen von einem Bekannten
bzw. Familienangehörigen. Hat Ihr Partner die Namen richtig geschrieben?

E Die meisten Geschäftsleute haben eine Karte, die sie bei der Vorstellung
überreichen. Lesen Sie die Visitenkarten unten. Welche Informationen geben sie?
Zum Beispiel: Name, Stellung im Betrieb, Beruf ...

LANGUAGE STUDY

Study these examples.
    Herr Olson ist (der) Geschäftsführer bei Norco.
    Herr Flex ist Diplom-Ingenieur. Er ist Projektleiter bei der Firma ABD.
What are the rules for using articles with job titles and professions?   ▶ 3.6

F **1** Stellen und beantworten Sie Fragen über die Kartenbesitzer oben, z.B.:

Wie ist sein/ihr Name? / Wie heißt er/sie (mit Nachnamen)?
Bei welcher Firma ist/arbeitet er/sie?
Was ist seine/ihre Stellung/Position im Betrieb?
Was ist er/sie von Beruf?
Wo ist der Sitz der Firma? / Was ist die Adresse der Firma?
Was ist die/seine/ihre Telefonnummer/Büronummer/Durchwahl/Faxnummer?
Was ist seine/ihre Privatadresse/Privatnummer?

Wenn Sie die Antwort nicht verstehen, sagen Sie z.B.:

Es tut mir Leid, das habe ich nicht verstanden.
Können Sie das bitte wiederholen/langsamer sagen/buchstabieren?

2 Tauschen Sie Informationen über Mitarbeiter bei anderen Firmen aus.
PARTNER A benutzt Datenblatt A3, S. 148.
PARTNER B benutzt Datenblatt B3, S. 156.

LANGUAGE STUDY

Here are two examples of **possessives**.
    Das ist **meine** Chefin.   Wie ist **sein** Name?
How many more examples can you find?
Why do their endings vary?   ▶ 3.8

G Informieren Sie sich über Ihre Nachbarn im Kurs. Fragen Sie z.B.:

Wie ist Ihr Name?   Sind Sie bei einer Firma?   Was sind Sie von Beruf?
Woher kommen Sie?   Was ist Ihre Position?

Dann stellen Sie Ihre Nachbarn einander vor. Geben Sie möglichst viele
Informationen über sie an.

1.4 Das Programm ist wie folgt ...

A

1 Frau Brett erklärt Herrn Becker das Tagesprogramm für seinen Besuch bei der Firma Norco. Wie ist das Programm organisiert? Nummerieren Sie die Punkte in der richtigen Reihenfolge.
NB Zwei Punkte sind nicht im Programm.

„Zuerst sehen Sie einen Videofilm."

- ☐ a) Besuch bei einem Kunden
- ☐ b) Videofilm
- ☐ c) Produktpräsentation
- ☐ d) Abendessen im Restaurant
- ☐ e) Gespräch mit dem technischen Leiter
- ☐ f) Betriebsbesichtigung
- ☐ g) Mittagessen im Lokal
- ☐ h) Sitzung der Marketing-Gruppe

2 Hören Sie noch einmal zu. Welche Satzteile passen zueinander?

1 Zuerst	a) essen wir zu Mittag im Lokal.
2 Dann um 11.00 Uhr	b) nehmen Sie an einer Sitzung der Marketing-Gruppe teil.
3 Um 12.30 Uhr	c) haben Sie ein Gespräch mit dem technischen Leiter.
4 Um 14.00 Uhr	d) findet eine Betriebsbesichtigung statt.
5 Um 15.30 Uhr	e) gibt es Abendessen in einem Restaurant.
6 Abschließend	f) sehen Sie einen kurzen Videofilm über die Firma.

LANGUAGE STUDY

1 The 24-hour clock is used for all official and formal purposes, eg for train times, conference programmes etc. In everyday speech people normally use the 12-hour clock. ► 9.1

2 Study these sentence pairs. What do you notice about the position of the **subject** and **verb**?
    Sie sehen zuerst einen kurzen Videofilm.
    Zuerst **sehen Sie** einen kurzen Videofilm.
    Sie haben ein Gespräch mit dem technischen Leiter um 14.00 Uhr.
    Um 14.00 Uhr **haben Sie** ein Gespräch mit dem technischen Leiter. ► 7.2

3 In German many verbs split into two parts. They are called **separable** verbs. Study these examples. What happens to each part of the verb?
    Um 11.00 Uhr **findet** eine Betriebsbesichtigung **statt**. (stattfinden)
    Sie **nehmen** an einer Sitzung der Marketing-Gruppe **teil**. (teilnehmen)
Can you think of any more separable verbs? ► 6.5

B PARTNER A: Sie sind Frau Brett. Erklären Sie Herrn Becker das Programm.
PARTNER B: Sie sind Herr Becker. Stellen Sie Fragen über das Programm, z.B.:

(Entschuldigung,) was	machen wir	zuerst?
	mache ich	um 11.00 Uhr?

(Wie bitte,) wann	findet die Betriebsbesichtigung statt?
	sehen wir den Videofilm?

Mit wem	spreche ich?
	habe ich ein Gespräch?

Wo essen wir	zu Mittag?
	zu Abend?

C Lesen Sie das Seminar-Programm. Beantworten Sie die Fragen.
(Wörter, die Sie nicht verstehen, finden Sie im Glossar.)

Die japanische Produktion

Programm

9.30	Anmeldung und Kaffee
9.45	Begrüßung (Dr. Jens Kovac, Handelskammer Bonn)
10.00	Lean Production, Konzepte und Lösungen (Dipl.-Ing. Udo Krämer, Nashiba Corp.)
11.00	Kaffee
11.15	Systemintegration – Traum oder Albtraum? *nightmare* (Prof. Inge Strohmeyer, Technische Hochschule, Darmstadt)
12.30	Mittagessen
13.30	Videofilm: Toyota in Europa
14.00	Zertifizierte Qualitätssicherung nach ISO 9000 (Dr. Reinhold Gurgl, Deutsches Institut für Normung, Berlin)
15.00	Tee
15.15	Qualitätskreise in der Produktion – Gruppendiskussion (moderiert von Dr. Helga Walter, Henssler GmbH, Augsburg)
16.30	Die Robotik der kommenden Jahre (Dr. Joachim Stern, Humboldt Universität, Berlin)
17.15	Abschluss

1 Worüber ist das Seminar?
2 Wann fängt das Seminar an? Wann hört es auf?
3 Wie viele Referenten gibt es?
4 Wann ist das Referat über Systemintegration?
5 Wie lange dauert der Videofilm?
6 Wann findet die Gruppendiskussion statt?
7 Worüber ist das Referat von Udo Krämer?
8 Worüber spricht Dr. Reinhold Gurgl?
9 Von welcher Organisation ist Dr. Gurgl?
10 Wer spricht um 16.30 Uhr?

D **1** PARTNER A: Sie organisieren das Seminar. Erklären Sie einem/einer Teilnehmer/in das Programm mit Hilfe dieser Ausdrücke.

Das Seminar ist über ... / Das Seminar hat den Titel ...
Das Seminar fängt um ... an. / Die Anmeldung ist um ...
Dann folgt die Begrüßung durch ...
Danach gibt es ein Referat über ... von ...
Um ... Uhr spricht ... zum Thema ...
Um ... Uhr gibt es Mittagessen/eine Kaffeepause.

PARTNER B: Schließen Sie Ihr Lehrbuch. Hören Sie Ihrem Partner zu.
Wenn Sie etwas nicht verstehen, fragen Sie z.B.:

Entschuldigung, worüber ist das Referat?
Was sagten Sie, wer spricht um 15.15 Uhr?

2 PARTNER A: Sie haben folgendes Problem: Ein Referent, Udo Krämer, fällt aus.
Ein anderer Sprecher, Dr. Rudolf Baum von der Handelskammer Hamburg, ist bereit, über das Thema „Die Null-Fehler-Produktion" zu sprechen. (Dauer 60 Minuten.)
Er kann aber erst nach 13.30 Uhr kommen.
Organisieren Sie das Programm neu, und erklären Sie es einem Teilnehmer.

PARTNER B: Hören Sie Ihrem Partner zu, stellen Sie eventuell Fragen
und notieren Sie das neue Programm.

E Ein potenzieller Großkunde möchte Ihre Firma besuchen, bevor er bei Ihnen bestellt.
Er möchte den Geschäftsführer kennen lernen, die Produktionsanlage besichtigen und sich über die Qualitätssysteme informieren. Er möchte auch einen Ihrer etablierten Kunden besuchen. Außerdem spielt er gern Golf!
Stellen Sie ein Programm für seinen Besuch zusammen und erklären es ihm.

1.5 Eine Betriebsbesichtigung

A Sehen Sie sich den Plan von Norco und die Bilder an.
Wie heißen in Ihrer Sprache die Abteilungen bzw. Gebäude?

▲ *Vertrieb und Marketing*

▲ *das Konstruktionsbüro*

▲ *die Arbeitsvorbereitung*

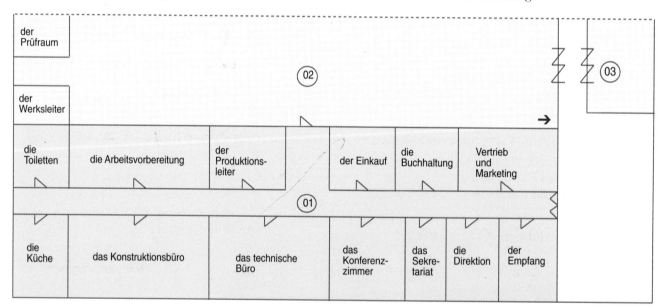

der Prüfraum									02		03
der Werksleiter										→	
die Toiletten	die Arbeitsvorbereitung		der Produktions- leiter			der Einkauf	die Buchhaltung	Vertrieb und Marketing			
					01						
die Küche	das Konstruktionsbüro		das technische Büro			das Konferenz- zimmer	das Sekre- tariat	die Direktion	der Empfang		

Legende

01 das Verwaltungsgebäude
02 die Fertigungshalle
03 das Lager

▼ *die Fertigungshalle*

▼ *das Lager*

◄ *der Wareneingang*

B **1** Frau Brett und Herr Boltmann zeigen Herrn Becker die Firma Norco.
Welche Abteilungen bzw. Gebäude besuchen sie? Folgen Sie auf dem Plan.

2 Welche Abteilung bzw. welches Gebäude ist das?

1 „Hier koordinieren wir die Arbeit unserer Vertreter." _ *Vertrieb und Marketing Abteilung*
2 „Hier machen wir die Kontenführung." _ *in der Buchhaltung*
3 „Hier kaufen wir das Material für die Fertigung ein." *Im Einkaufabteilung*
4 „Hier entwerfen wir Designs für neue Modelle."
5 „Hier planen wir die Produktion für die kommenden Wochen."
6 „Hier fertigen wir die Produkte an."
7 „Dort testen wir unsere Produkte."
8 „Dort lagern wir die Fertigprodukte."

C Mit Hilfe der Sprachmuster und der Sätze in **B** führen Sie eine/n Besucher/in
durch die Firma Norco.

> Hier/Das ist der Empfang/die Einkaufsabteilung/das Büro [des Geschäftsführers].
> Hier nebenan/Daneben/Gegenüber ist der Einkauf/die Buchhaltung/das Konferenzzimmer.
> Hier/Dort (rechts/links) | sehen Sie den Prüfraum/die Küche/das Konstruktionsbüro.
> Da drüben (in der Ecke) |
> Jetzt gehen wir rechts/links/durch diese Tür in die Fertigungshalle.

> Sehr | schön/nett/imposant/beeindruckend/modern/interessant.
> Das ist (aber) |
> Was für eine Abteilung/ein Zimmer/ein Gebäude ist das?
> Was macht man hier/dort?

> So, das wäre dann alles. Gehen wir zurück in das Verwaltungsgebäude/mein Büro?

D Stellen und beantworten Sie Fragen über diese Abteilungen
mit Hilfe der Stichwörter unter den Bildern.

> Was für eine Abteilung ist das?

> Was macht man hier?

der Kundendienst   die Personalabteilung   der Versand   das Ausbildungszentrum

1 Waren/verpacken
und ausliefern

2 Reparaturen/für die
Kunden/ausführen

3 Lehrlinge/ausbilden

4 neue Mitarbeiter/
einstellen

E Zeichnen Sie einen Plan Ihrer Firma/einer imaginären Firma, dann machen Sie eine Betriebsbesichtigung mit einem/einer Besucher/in. Erklären Sie, was die verschiedenen
Abteilungen machen und beantworten Sie die Fragen Ihres Besuchers/Ihrer Besucherin.

Lesen Sie die folgenden Aussagen über das richtige Benehmen für die Arbeitswelt in Deutschland. Treffen sie auch für Ihr Land zu? Schreiben Sie: *Ja, Nein* oder *Es kommt darauf an*.

Verhaltensregeln in geschäftlichen Situationen

1 Man stellt sich mit dem Nachnamen bzw. mit dem Vornamen und Nachnamen vor.

2 In den meisten Firmen sagen die Mitarbeiter „Sie" zueinander und reden sich mit „Herr" oder „Frau" an.

3 Die übliche Anrede für eine unverheiratete Frau ist „Frau", nicht „Fräulein".

4 Es ist üblich, in der Anrede akademische Titel zu benutzen, zum Beispiel „Herr Doktor" oder „Frau Professor".

5 Bei der Begrüßung und beim Verabschieden gibt man sich die Hand.

6 Wenn man einen Besuch in einer Firma plant, muss man einen Termin vereinbaren und bestätigen. Pünktlichkeit ist sehr wichtig.

7 Im Büro bietet man einem Besucher/einer Besucherin Erfrischungen an, aber keinen Alkohol.

8 Wenn man einen Geschäftspartner nicht besonders gut kennt, ist es nicht üblich, Fragen über das Privatleben zu stellen. Man schätzt es, wenn ein Ausländer Interesse an Land und Leuten zeigt.

9 Im Geschäftsleben herrscht normalerweise ein eher ernsthafter Ton und eine gewisse Förmlichkeit. Informelles Verhalten kann unseriös wirken.

10 In einer Geschäftsbesprechung kommt man schnell zum wichtigen Punkt. Es ist nicht üblich, lange Konversation zu machen.

11 Klar seine Meinung zu sagen ist nicht unhöflich.

12 Privatleben und Geschäftsleben werden klar getrennt. Normalerweise spricht man außerhalb des Büros nicht über geschäftliche Dinge.

13 Es ist nicht üblich, Geschäftspartner oder Kunden zu sich nach Hause einzuladen. Meistens geht man in ein Restaurant.

14 Wenn man eine Einladung bekommt, kommt man genau zur vereinbarten Zeit an und bringt ein Gastgeschenk mit, z.B. Blumen für die Gastgeberin oder eine Flasche Wein. Man entfernt das Papier, bevor man die Blumen übergibt.

Lesen Sie die Fragen und wählen Sie die richtige Antwort.
Dann kontrollieren Sie Ihre Antworten mit dem Antwortschlüssel.

Quiz

Geschichte und Politik

1 Wann wurde die Bundesrepublik Deutschland gegründet?
a) 1949 ✓
b) 1953
c) 1989

2 Wer war der erste deutsche Bundeskanzler?
a) Konrad Adenauer ✓
b) Willy Brandt
c) Ludwig Erhard

3 Warum ist der 3. Oktober 1990 ein wichtiger Tag in der deutschen Geschichte?
a) Die Berliner Mauer fällt.
b) Honecker, Kohl und Gorbatschow treffen sich zu einem Gespräch am „Runden Tisch".
c) Die DDR tritt der Bundesrepublik bei. ✓

4 Wie heißt das deutsche Parlament?
a) der Bundesrat
b) der Bundestag ✓
c) der Nationalrat

5 Welche politische Partei war unter Bundeskanzler Helmut Schmidt an der Regierung?
a) CDU/CSU
b) FDP
c) SPD ✓

Wirtschaft

6 Was ist das Ruhrgebiet?
a) ein schönes Erholungsgebiet
b) ein wichtiges Industriegebiet ✓
c) ein romantisches Seengebiet

7 Wo liegt das deutsche „Silikontal"?
a) zwischen Stuttgart und München ✓
b) zwischen Hannover und Berlin
c) zwischen Dortmund und Düsseldorf

8 Welcher ist der wichtigste Seehafen Deutschlands?
a) Friedrichshafen
b) Nürnberg
c) Hamburg ✓

9 Wo hat die Deutsche Bundesbank ihren Sitz?
a) in Berlin
b) in Frankfurt am Main ✓
c) in Bonn

10 In welcher Stadt haben die Autohersteller Daimler-Chrysler und Porsche ihren Sitz?
a) Stuttgart ✓
b) München
c) Köln

Kultur und Wissenschaft

11 Wer schrieb das Drama „Faust"?
a) Johann Wolfgang von Goethe ✓
b) Friedrich Schiller
c) Bertolt Brecht

12 Wer ist Werner Herzog?
a) ein Filmregisseur ✓
b) ein Schriftsteller
c) ein Maler

13 Wer war Max Planck?
a) der Gründer der Max-Planck-Gesellschaft zur Förderung der Wissenschaften
b) ein bekannter Physiker ✓
c) ein klassischer Architekt

14 Wer trainierte die deutsche Fußball-Nationalmannschaft für die Weltmeisterschaft 1998?
a) Jürgen Klinsmann
b) Franz Beckenbauer ✓
c) Berti Vogts

15 Was ist die meistgelesene Tageszeitung in Deutschland?
a) Spiegel
b) Bild-Zeitung
c) Frankfurter Allgemeine Zeitung ✓

Allgemeines

16 Was ist der „ADAC"?
a) ein Automobilclub ✓
b) eine politische Partei
c) ein Fußballclub

17 Was ist die höchste Güteklasse für einen deutschen Wein?
a) Eiswein
b) Spätlese ✓
c) Qualitätswein

18 Was ist der „Grüne Punkt"?
a) ein Abzeichen, das die Mitglieder der Grünen Partei tragen
b) ein Kennzeichen für Verpackungen, die man recyceln kann ✓
c) eine Auszeichnung für umweltfreundliches Verhalten

19 Wie heißt die größte Telefongesellschaft Deutschlands?
a) debitel
b) Telekom ✓
c) Mannesmann Arcor

20 Wie heißt die Schweizer Währung?
a) die Krone
b) der Schilling
c) der Franken ✓

2 Rund um die Firma

By the end of this unit you'll be able to ask for and give information about
- a company's products
- industrial sectors and service companies
- the size of a company's turnover and workforce
- a company's structure and ownership
- and you'll make a company presentation

You'll also learn something about the structure of the German economy.

2.1 Was produziert die Firma?

A **1** Kennen Sie diese Firmen? Sprechen Sie die Namen nach.

2 Buchstabieren Sie diese Firmennamen.

B **1** Wofür sind diese Firmen bekannt? Ordnen Sie Firmen und Produkte einander zu.

1 Agfa 2 Rosenthal 3 Varta 4 BASF 5 Porsche

a) Porzellan b) Batterien c) Tonbänder und Videos
d) Sportwagen e) Fotofilme

> **LANGUAGE STUDY**
>
> Look again at the product names in **B**. How many different plural forms can you spot? ▶ 2.3

2 Vergleichen Sie Ihre Antworten mit Ihrem Partner.

Kennen Sie den Namen Agfa?   ▶   Agfa? Sie machen (doch) Fotofilme.
Wofür ist Rosenthal bekannt?   ▶   Rosenthal ist (doch) für Porzellan bekannt.

C Mitarbeiter der folgenden Firmen sprechen über ihre Produkte.
Sehen Sie sich die Bilder rechts an und hören Sie zu. Was produzieren die Firmen?

1 Schwarzkopf 2 Grundig 3 Bayer 4 MAN 5 Siemens

oilettenartikel/Kosmetika

asierwasser

Shampoo

Kraftfahrzeuge

Reisebusse

Elektrische Haushaltsgeräte

Kaffeemaschinen

Staubsauger

arzneimittel/Gesundheit

chmerzmittel

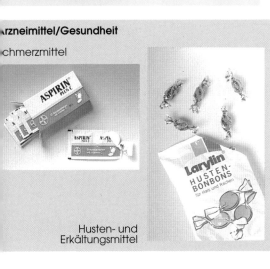

Husten- und
Erkältungsmittel

Unterhaltungselektronik

Stereoanlagen

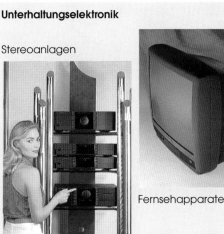

Fernsehapparate

Informationstechnik

Telefone mit
Anrufbeantworter

D Stellen und beantworten Sie Fragen über die Firmen in **C** und ihre Produkte.

Was produziert die Firma [Schwarzkopf]?
Was für Produkte hat [Grundig]?
Was stellt [Siemens] her?

[Schwarzkopf] produziert [Toilettenartikel], zum Beispiel ...
Das ist eine Firma, die [Geräte der Unterhaltungselektronik] herstellt.
Die Firma stellt [Haushaltsgeräte] her, zum Beispiel ...

LANGUAGE STUDY

Study these sentences, which contain a **relative clause**.
  Das ist ein Unternehmen, **das Arzneimittel produziert**.
  Das ist eine Firma, **die Reisebusse herstellt**.
What words do the relative clauses begin with? Why do they vary?
What happens to the verb in a relative clause?

▶ 7.6

E **1** Ordnen Sie diese Produkte den Kategorien in **C** zu.

Lieferwagen	Drucker	Hautcreme	Magenmittel	Lastkraftwagen	Haartrockner
Videorekorder		Bügeleisen	CD-Player	Mikrowellengeräte	Vitamine
Motorräder	Zahnpasta	Personalcomputer	Seife	Hustensaft	Parfüm
Mobilfunktelefone		Kassettenrekorder		Kühlschränke	

2 Kennen Sie weitere Produkte in diesen Kategorien?

F Gibt es deutsche Produkte bei Ihnen zu Hause? In Ihrer Firma? In Ihrer Schule?
Was für Produkte und von welchen Firmen? Machen Sie eine Liste, dann vergleichen
Sie Ihre Liste mit anderen Kursteilnehmern.

2.2 Was für eine Firma ist das?

A 1 Die Aktivitäten einer Firma kann man nach Industriebranchen definieren.
Welches Symbol passt zu welcher Branche?

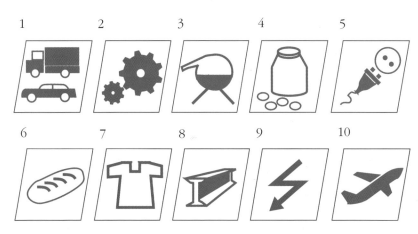

1   2   3   4   5

6   7   8   9   10

a) die Pharmaindustrie 4
b) die Stahlindustrie 8
c) die Energiewirtschaft 9
d) die chemische Industrie 3
e) der Maschinen- und Anlagenbau 2
f) die Elektrotechnik und
   Elektronik 5
g) der Automobil- und
   Kraftfahrzeugbau 1
h) die Luft- und Raumfahrtindustrie 10
i) die Textil- und
   Bekleidungsindustrie 7
j) die Nahrungsmittelindustrie 6

2 Nennen Sie einige Produkte, die zu diesen Branchen gehören.

B Fünf Mitarbeiter erklären, in welchen Branchen ihre Firmen tätig sind.
Ordnen Sie die Firmen den Branchen in **A** zu.

1 ThyssenKrupp 2 Hoechst 3 DaimlerChrysler 4 Mannesmann 5 VEBA

C 1 Vergleichen Sie Ihre Antworten in **B** mit Hilfe der Sprachmuster.

Was für eine Firma ist [ThyssenKrupp]?				
In	welcher Branche/welchen Branchen welchem Bereich/welchen Bereichen	ist	[DaimlerChrysler] die Firma	tätig? aktiv?

[ThyssenKrupp] ist	ein führender [Technologiekonzern]. ein großer [Chemiekonzern]. ein namhaftes [Elektrounternehmen]. eine große [Mineralölgesellschaft]. ein internationaler [Mischkonzern]	Die Firma ist	im Bereich [Automobilbau] in den Bereichen ... und ... im [Maschinen- und Anlagenbau] in der [chemischen Industrie]	tätig.
	Wir stellen Komponenten für [die Kfz-Industrie] her.			

2 Stellen und beantworten Sie ähnliche Fragen über diese Firmen.

1 Braun 2 Deutsche Shell 3 Novartis 4 Milupa 5 Adidas

LANGUAGE STUDY

1 The words *der Konzern* and *das Unternehmen* denote large groups, while
Firma covers everything. *Gesellschaft* often refers to legal status, as in the titles
   AG = Aktiengesellschaft (plc)
   GmbH = Gesellschaft mit beschränkter Haftung (limited liability company)
2 Study the **adjectives** in these examples. Why do the adjective endings vary?
   ein **großer** Konzern   eine **große** Firma   ein **großes** Unternehmen   ▶ 4.1, 4.4
3 **Prepositions** in German determine the case of the following noun: accusative,
   dative or (rarely) genitive. Study the forms of the determiners in these examples.
   im (= in dem) Bereich Maschinenbau   in **der** chemischen Industrie
   What is the case of the nouns following the preposition *in* here?   ▶ 5.4

D Manche Firmen produzieren nicht, sondern gehören zum Dienstleistungssektor.
Zu diesem Sektor zählen z.B. die Bereiche:
- Banken und Versicherungen
- Handel und Verkauf
- Verkehr und Kommunikation
- Touristik, Hotels und Gaststätten

1 Sechs Mitarbeiter beschreiben ihre Firmen. Was für Firmen sind es?
Ordnen Sie zu.

1 Lufthansa	a) ist eine Speditionsfirma.
2 Aldi	b) ist eine Versicherungsgesellschaft.
3 Neckermann	c) ist eine Supermarktkette.
4 Hertie	d) ist ein Versandhaus.
5 Allianz	e) ist ein Kaufhaus.
6 Kühne und Nagel	f) ist eine Fluggesellschaft.

2 Vergleichen Sie Ihre Antworten mit Ihrem Partner.

E **1** Lesen Sie die Auszüge aus Firmenanzeigen. In welchen Branchen sind die Firmen tätig?
Was für Produkte bzw. Dienstleistungen bieten sie an? Machen Sie sich Notizen.

WRIGLEY ist der weltweit größte Hersteller von Kaugummi.
Als deutsche Tochtergesellschaft sind wir für über 40 Länder in Europa,
Asien und Afrika verantwortlich.

ICI ist eines der führenden internationalen Chemieunternehmen mit 67.000 Mitarbeitern weltweit. In Deutschland beschäftigen wir ca. 1.600 Mitarbeiter an mehreren Standorten und produzieren unter anderem Kunststoffe und Folien, Farben und Lacke, Industriesprengstoffe, Spezialchemikalien und chemische Grundstoffe.

Bad-Teppiche, Duschvorhänge
Wanneneinlagen, Accessoires

Wir sind ein im Markt führendes deutsches
Unternehmen und produzieren moderne, erfolgreiche
Heimtextilien. Unsere Produkte sind beim Fachhandel
seit Jahren gut eingeführt.

OTIS Aufzüge Fahrtreppen Service
Wir gehören zu den führenden Unternehmen der Branche
und stellen Spitzenerzeugnisse der technischen
Investitionsgüterindustrie her.

KRAVAG Versicherungen
Wir sind die führende Versicherungsgruppe für
Unternehmer des Straßenverkehrsgewerbes.
Spediteure, Lagerhalter und Busunternehmer
vertrauen seit nunmehr 40 Jahren auf unsere
Dienstleistungen und Innovationen.
Eine Tatsache, auf die wir stolz sind!

2 Stellen und beantworten Sie Fragen über die Firmen mit Hilfe Ihrer Notizen.

F Was sind die wichtigsten Wirtschaftszweige in Ihrem Land? Wie heißen die größten Firmen
in diesen Zweigen? Was für Produkte bzw. Dienstleistungen bieten sie an?
Machen Sie eine Liste, dann vergleichen Sie Ihre Liste mit anderen Kursteilnehmern.

2.3 Wie groß ist die Firma?

A

1 Die Größe einer Firma schätzt man nach dem Umsatz und nach der Anzahl der Mitarbeiter. Das bedeutet große Zahlen! Lesen Sie folgende Zahlen.

13.400	dreizehntausendvierhundert
9.377.000	neun Millionen dreihundertsiebenundsiebzigtausend
38 042 000 000 / 38 042 Mio.	achtunddreißig Milliarden zweiundvierzig Millionen
17,5 %	siebzehn Komma fünf Prozent
5,26 Mrd.	fünf Komma zwei sechs Milliarden
1999	(im Jahr) neunzehnhundertneunundneunzig

2 Lesen Sie jetzt diese Zahlen vor.

1) 136.700   2) 55 673 000   3) 4 048 Mio.   4) 1.779.3 Mio.   5) 61,5 %   6) 1996

> **LANGUAGE STUDY**
>
> In German, decimals are written with a comma.   ► 8.3
> Thousands, millions and billions are separated by a full stop or a space.
> Eine Milliarde = 1 000 000 000
> Eine Billion = 1 000 000 000 000   ► 8.1

B

1 Mitarbeiter der Firmen *Springer Sportmoden*, *BASF* und *Kessel Auto-Electric* sprechen über die Größe ihrer Firmen. Notieren Sie Branche, Umsatz und Mitarbeiterzahl.

2 Welche Firma ist a) ein großer Konzern? b) ein mittelständisches Unternehmen? c) eine kleine Firma?

C

1 Interviewen Sie diese Industriellen mit Hilfe der Sprachmuster (s. auch S. 24).

1  Prof. Dr. Joachim Milberg, Vorsitzender des Vorstands der BMW AG

2 Julian Horn-Smith, Vorsitzender des Vorstands der Mannesmann AG

Branche Automobilindustrie
Umsatz ca. 14 Mrd. €
Mitarbeiter ca. 80.000

Branchen Maschinenbau, Elektrotechnik, Telekommunikation, Handel
Umsatz ca. 20 Mrd. €
Mitarbeiter ca. 116.000

Wie hoch ist	der Umsatz von [BMW]?
Was ist	Ihr Jahresumsatz?
Wie viel beträgt	

▶

Der Umsatz beträgt	(zirka)	... Mrd. Euro.
Wir haben einen Umsatz von	(über)	
Unser Umsatz liegt zwischen ... und ... Mrd. Euro.		

Wie viele	Mitarbeiter hat die Firma?
	Leute beschäftigen Sie?

▶

Wir beschäftigen (ungefähr) ... Mitarbeiter.
Wir haben (rund/etwa) ... Beschäftigte.

2 Führen Sie zwei weitere Interviews.
PARTNER A benutzt Datenblatt A4, S. 148.
PARTNER B benutzt Datenblatt B4, S. 156.

D Der FAG-Konzern produziert Komponenten für verschiedene Industriebranchen.

FAG in Zahlen
Beträge in Mio. €

	1991	1993	1995	1997	1999
FAG-Konzern					
Umsatz					
- Gesamt	1 982	1 590	1 475	1 643	1 880
- Auslandsanteil	59 %	66 %	62 %	65 %	68 %
Beschäftigte (in Tsd.)					
- am Jahresende	34.675	16.164	15.985	15.995	17.588

1 Stellen und beantworten Sie Fragen zu den Zahlen in der
Mehrjahresübersicht des FAG-Konzerns, z.B.:

Wie hoch war	der Umsatz	1993?
	der Auslandsanteil	im Jahre 1997?
Wie viele Mitarbeiter hatte die Firma		im Jahr 1999?

2 Vergleichen Sie die Zahlen für die verschiedenen Jahre, z.B.:

War	der Umsatz	[1993] höher oder niedriger als [1995]?
	der Auslandsanteil	[1997] höher als [1995] oder gleich hoch?
	die Zahl der Mitarbeiter	

3 Wie könnte man die Zahlen erklären? Wählen Sie eine passende Antwort aus der Liste.

Warum ist	der Umsatz	im Jahr ...	gestiegen?
	der Auslandsanteil	in den Jahren ...	gefallen?
	die Mitarbeiterzahl		

Das war eine Folge ...
der Rezession/des Wirtschaftsaufschwungs (in Deutschland/Europa).
der Akquisition/des Verkaufs einer Firma.
der Eröffnung/Schließung eines Werks.
der Umstrukturierung des Unternehmens.
der stärkeren/schwächeren Nachfrage (im Inland/Ausland).

LANGUAGE STUDY

1 How do you form the **comparative** of adjectives in German? Study these examples.
   niedrig - niedriger   stark   - stärker
   hoch   - höher   schwach - schwächer
   What is the German equivalent of *than*? ▶ 4.9

2 The **perfect tense** is often used in German where English requires the **imperfect** (past):

	auxiliary verb		**past participle**
Der Umsatz	**ist**	1999	**gestiegen.**

   It is usually formed with *haben* + past participle. With verbs of movement
   like *steigen/fallen*, the auxiliary *sein* is used. ▶ 6.7

3 Read the sample answers in **D3** again. Study the forms of the determiners.
   Can you identify the gender and case of the following nouns?
   What do you notice about masculine nouns when they are in this case? ▶ 3.3

E Tauschen Sie Informationen über Firmenergebnisse aus.
PARTNER A benutzt Datenblatt A5, S. 149.
PARTNER B benutzt Datenblatt B5, S. 157.

2.4 Wie ist die Firma strukturiert?

A **1** Mit Hilfe der Informationen rechts beantworten Sie die Fragen
über die BSH Bosch und Siemens Hausgeräte-Gruppe.

1 Was für eine Firma ist die BSH?
2 Was für Produkte stellt die Firma her?
3 Wem gehört die BSH?
4 Wo ist der Hauptsitz der BSH?
5 Hat die BSH andere Niederlassungen in Deutschland?
6 Nennen Sie einige Tochtergesellschaften der BSH im Ausland.
7 Wie heißt die Muttergesellschaft von Balay S.A., Zaragoza?
8 Welche Länder sind die wichtigsten Produktionsstätten?

LANGUAGE STUDY

1 *Tochtergesellschaft* means *subsidiary*, where the parent owns all or a majority of the
capital. *Beteiligungsgesellschaft* means *associate* or *affiliated company* (where less
than 50% of the capital is owned). Nowadays, however, the two terms are often used
interchangeably.
2 *Niederlassung* refers to any company site, whether manufacturing, sales or service. It
is not used to refer to the sites of a subsidiary or associate company. *Standort* is used
for geographical location, eg *Unsere Standorte in Deutschland*.

B Es ist nützlich, Wörter, die man oft im gleichen Kontext benutzt, zusammen
aufzuschreiben. Sie können eine Liste machen oder die Wörter in einem Wortfeld
aufschreiben, wie im Beispiel unten.
Ergänzen Sie die Lücken im Diagramm mit Wörtern aus dem Text. (Wörter, die Sie
nicht verstehen, finden Sie im Glossar.)

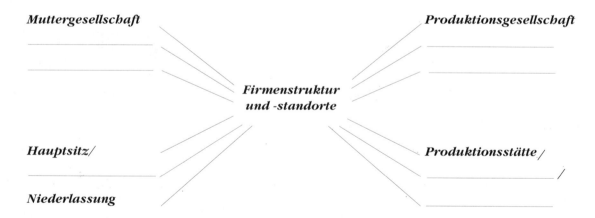

Muttergesellschaft
Produktionsgesellschaft
*Firmenstruktur
und -standorte*
Hauptsitz/
Produktionsstätte /
Niederlassung

LANGUAGE STUDY

Most country names have no article, eg:
　　Deutschland　　Spanien　　Griechenland
But some take the definite article, eg:
　　die Schweiz, die Türkei (*singular*)
　　die Niederlande, die USA (*plural*)
Can you name all the countries on the map of Europe opposite?　　▶ 3.5

C Stellen und beantworten Sie Fragen zu den Standorten der BSHG, z.B.:

Hat die BSH Standorte in Italien/in Albanien/in Norwegen?
Wie viele Standorte hat die BSH in den Niederlanden/in Ungarn?

Gesellschaftsrechtliche Gliederung (Auszug)

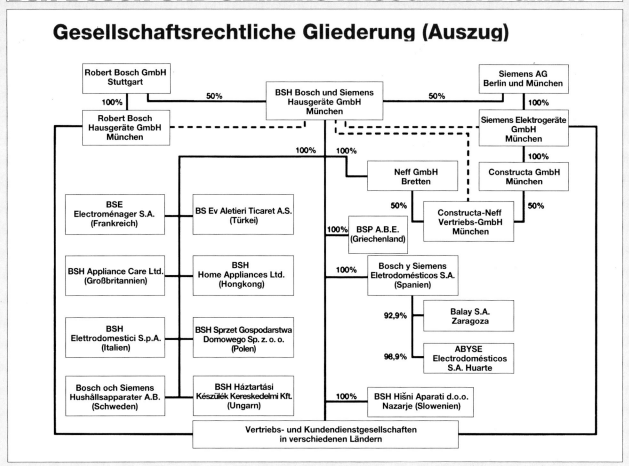

Das Unternehmen

Die BSH-Gruppe ist mit den Sparten Spülen, Kochen, Kühlen/Gefrieren, Waschen/Trocknen und Consumer Products (Bodenpflege, Kleingeräte und Haustechnik) einer der führenden Hausgeräte-Hersteller. Ihre Zentrale ist München.

Die BSH ist die gemeinsame Tochergesellschaft der Robert Bosch GmbH und der Siemens AG. Diese Muttergesellschaften halten je 50 % des Kapitals der BSH. Zu Beginn des Jahrtausends erwirtschaftet die BSH-Gruppe etwa 65 % ihres Umsatzes im Ausland.

Zur Obergesellschaft, der BSH Bosch und Siemens Hausgeräte GmbH, gehören nicht nur Unternehmen in fast allen EU-Ländern, sondern auch in Osteuropa, Nord- und Südamerika, Südostasien, Afrika und den Vereinigten Arabischen Emiraten.

Nach Deutschland ist Spanien der zweitgrößte Produktionsstandort der BSH-Gruppe. Die neueste Fertigungsstätte ist ein Werk in Wuxi/China.

Für den Erfolg der Vertriebs- und Kundendienstgesellschaften wird der Einsatz von EDV (SAP) zum entscheidenden Faktor.

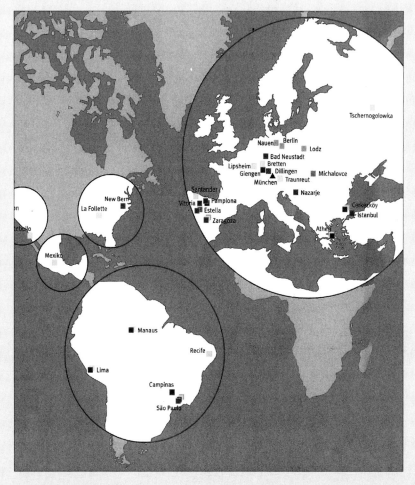

AEG - ein Unternehmen im Wandel

1993

Holding-Gesellschaft

DAIMLERBENZ

Unternehmensbereiche

 **Mercedes-Benz**
- Personenwagen
- Nutzfahrzeuge

AEG
- Elektrotechnik
- Mikroelektronik

 **Deutsche Aerospace**
- Luft- und Raumfahrt
- Verteidigungstechnik

 debis
- Finanzdienstleistungen
- Handel

Geschäftsbereiche

Automatisierungs-technik	Elektrotechnische Anlagen und Komponenten	Bahnsysteme	Hausgeräte	Mikroelektronik
Umsatz: 2.969 Mio. DM	Umsatz: 3.127 Mio. DM	Umsatz: 1.493 Mio. DM	Umsatz: 2.653 Mio. DM	Umsatz: 1.188 Mio. DM
Beschäftigte: 16.008	Beschäftigte: 17.711	Beschäftigte: 7.490	Beschäftigte: 10.052	Beschäftigte: 7.763

D **1** Mit Hilfe des Diagramms oben machen Sie sich Notizen über die AEG zu diesen Punkten.

- Holding-Gesellschaft:
- Geschäftsbereiche:
- Zahl der Tochter-/ Beteiligungsgesellschaften:
- Hauptsitz:

- Andere Standorte
  - in Deutschland:
  - im Ausland:
- Gesamtumsatz:
- Beschäftigte (Gesamt):

BUSINESS BRIEF

A *Holding-Gesellschaft (holding company)* is a non-operating company having the whole of, or a controlling interest in, the share capital of one or more operating companies.

 2 Ein Firmensprecher beschreibt die Aktivitäten und die Struktur der AEG. Hören Sie zu und ergänzen Sie die restliche Information.

E Stellen und beantworten Sie Fragen über die AEG und die BSH-Gruppe.

Können Sie die Firmenstruktur (kurz) beschreiben?

▼

Die Firma gehört zum ... -Konzern/zur ... -Gruppe / ist eine Tochtergesellschaft von ...
Die Aktivitäten der Gruppe/Firma sind in ... Unternehmensbereiche gegliedert / umfassen ... Geschäftsbereiche.

Wie viele Gesellschaften gibt es in der Gruppe? ▶ Zu der Gruppe gehören ... Tochter-/ Beteiligungsgesellschaften (in über ... Ländern).

Wo ist der Hauptsitz/die Hauptverwaltung? Wo sind die anderen/wichtigsten Standorte? ▶ Der Stammsitz ist in [Frankfurt]. Die Firma hat Filialen/Tochtergesellschaften im ...

Heute

F Recherchieren Sie im Internet aktuelle Informationen über die AEG: www.AEG.com, www.welt.de (Stichwort „AEG" im „Welt Archiv"). Tauschen Sie Informationen über die Struktur von zwei weiteren Firmen aus. PARTNER A benutzt Datenblatt A6, S. 149. PARTNER B benutzt Datenblatt B6, S. 157.

2.5 Firmenpräsentation

www.otto.de

A

1 Sie hören eine Präsentation über den Otto-Versand. Was für eine Firma ist das?

2 Hören Sie zu und machen Sie sich Notizen zu diesen Punkten.

- Branche:
- Produkte:
- Existiert seit:
- Zahl der Gruppenunternehmen:
- Standorte:
- Umsatz:
- Mitarbeiter:
- Aktivitäten in Großbritannien und Spanien

3 Hören Sie noch einmal zu. Welche von diesen Sätzen benutzt der Sprecher?

Einleitung	Guten Morgen/Tag, meine Damen und Herren.
	Herzlich willkommen in unserer Zentrale hier in [Hamburg].
	Im Namen von ... möchte ich Sie hier im Hauptsitz herzlich begrüßen.
	Vor der Betriebsbesichtigung möchte ich Ihnen die Firma vorstellen.
	Zuerst möchte ich Ihnen kurz etwas über den Otto-Konzern erzählen.
zum Schluss	Das war also ein kurzer Überblick über unsere Firma.
	So viel zum Überblick.
um Fragen bitten	Möchte jemand eine Frage stellen?
	Hat jemand (weitere) Fragen (dazu)?

LANGUAGE STUDY

1 These examples refer to an event that started in the past and continues in the present.
   Wie lange existiert die Firma?   Die Firma existiert seit 1949.
   What tense are the verbs in? How would you translate the sentences?   ▶ 6.6
2 Many verbs and verbal phrases are followed by *zu* + infinitive in German, eg:
   Wir sind daran interessiert, unseren britischen ... Versandhandel **zu konsolidieren**.
   Wir planen auch, die Marktposition in ... **auszubauen**.
   Can you think of any more verbs that take this construction?   ▶ 7.8

B Bereiten Sie sich darauf vor, die Firma VICTORINOX bzw. die Firma Canon zu präsentieren. Lesen Sie die Informationen auf S. 32 bzw. S. 33 und machen Sie sich Notizen zu bestimmten Punkten (ähnlich wie in **A**). Am besten schreiben Sie Ihre Notizen auf einzelne Karten, die Sie bei Ihrer Präsentation benutzen können.

C REFERENT: Mit Hilfe Ihrer Notizen machen Sie Ihre Präsentation.
GRUPPE/KLASSE: Hören Sie sich die Firmenpräsentation an und machen Sie sich Notizen. Stellen Sie eventuell Fragen, z.B.:

   Darf ich eine Frage stellen? / Ich habe (noch) eine Frage, und zwar: ...
   Entschuldigung, könnten Sie [den Umsatz] bitte wiederholen?
   Könnten Sie etwas (mehr) über [Ihre Zukunftspläne] sagen?

D Präsentieren Sie Ihre eigene Firma oder eine Firma, die Sie kennen/die Sie recherchiert haben.

VICTORINOX

SWITZERLAND
Das beliebte Werbegeschenk

www.victorinox.ch

Fabrik und Verwaltungsgebäude, Ibach-Schwyz (Schweiz)

Die Familienfirma VICTORINOX existiert seit 1884 und zählt heute zu den führenden und modernsten Messerfabriken der Welt. Unser Ziel ist, den Kunden mit preiswerten Qualitätserzeugnissen zu dienen. Sorgfältige und rationelle Fertigungsmethoden und erstklassige Rohmaterialien garantieren für höchste Qualität bei unseren Produkten.

Es gehört zur Familientradition des Unternehmens, nicht nur wirtschaftlichen Gewinn zu erzielen, sondern auch Arbeitsplätze zu sichern. Die 950 Mitarbeiter sind mehr als nur Personal: sie bilden eine Gemeinschaft.

Die roten VICTORINOX-Taschenmesser sind heute auf der ganzen Welt bekannt und beliebt. Das „Schweizer Offiziersmesser" ist in über 100 verschiedenen Varianten erhältlich. Es gilt auf der ganzen Welt als Inbegriff guter Qualitäts- und Präzisionsarbeit. Man findet es unter anderem auch in der Ausrüstung der deutschen Bundeswehr und der Space-Shuttle-Crew der NASA.

Die VICTORINOX-Taschenmesser sind die perfekte Lösung für Ihre Werbegeschenke, für Betriebs- und Arbeitsjubiläen, für Weihnachten, Ausstellungen und Verkaufsaktionen.

Auch die VICTORINOX-Haushaltsmesser sind sehr beliebt und die VICTORINOX-Metzgermesser geniessen Weltruf.

VICTORINOX hat Vertretungen in über 100 Ländern. Die wichtigsten Märkte sind die USA und Deutschland. VICTORINOX-Produkte erhalten Sie bei Ihrem Fachhändler.

Standard-Verpackung

Spezial-Verpackung
(gegen Mehrpreis)

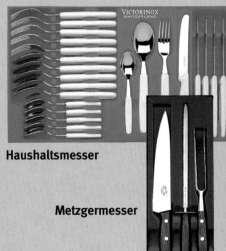

Haushaltsmesser

Metzgermesser

Das Original „Schweizer Offiziersmesser"
Das Standardmodell mit 12 Standardwerkzeugen

Die Original „Schweizer Offiziersmesser" sind in Standard- oder Spezial-Verpackung erhältlich.

Canon
DIE CANON STORY

Was vor mehr als 60 Jahren mit einer kleinen Kameraproduktion in Tokio begann, ist zu einem Weltkonzern geworden: Canon. Fotosysteme sind heute jedoch nur ein Baustein des Erfolgs. Sie machen noch etwa 9 Prozent des Weltumsatzes von 19 Milliarden € aus. Büro- und Informationssysteme bestimmen das Geschäft von rund 80.000 Mitarbeitern in mehr als 120 Ländern der Welt.

Vor allem Spitzentechnologien in Sachen Bürokommunikation haben Canon zu einem der führenden Hightech-Konzerne gemacht. Kopier- und Lasertechnologie, optische Speicher oder innovative Drucksysteme aber auch ökonomische Solartechnologien zur Stromerzeugung und Ultrapräzisionsstepper für die Halbleiterproduktion von Canon genießen Weltruf. Für diese Aufgabenfelder und für die großen Herausforderungen des nächsten Jahrtausends forscht das Unternehmen international. Mit einem Etat, der im letzten Jahr rund eine Milliarde € umfasste. Seit nun genau 25 Jahren ist Canon auch in Deutschland aktiv. Hauptsitz der Canon Deutschland GmbH ist seit 1995 Krefeld. Rund 1000 Mitarbeiter sorgen im gesamten deutschen Markt für eine flächendeckende Betreuung.

Canon Deutschland GmbH 1999/2000

Markterfolg ist nicht allein eine Frage von überzeugenden technischen Leistungen. Kompetente Beratung und individueller Service sind ebenso wichtig. Die Vertriebs- und Servicestruktur von Canon richtet sich daher ganz nach einem differenzierten Verbraucherverhalten und der enormen Vielfalt der Produkte.

Canon Deutschland GmbH: Umsatzentwicklung 1989 - 1998

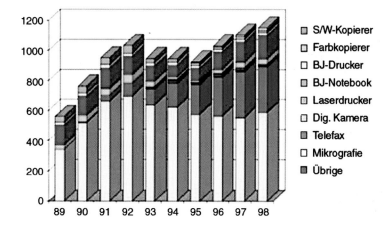

Legende: S/W-Kopierer, Farbkopierer, BJ-Drucker, BJ-Notebook, Laserdrucker, Dig. Kamera, Telefax, Mikrografie, Übrige

Wichtigstes Bindeglied zwischen Hersteller und Anwender ist nach wie vor der Büromaschinen-Fachhandel. Mehr als 450 qualifizierte Betriebe bieten im Namen von Canon in Deutschland ihre Dienste an. Mit Systemverwaltung, Schulung sowie flächendeckendem Wartungs- und Reparaturservice. Optimal unterstützt von der Krefelder Hauptverwaltung, die auch für die fundierte Ausbildung des technischen Personals sorgt, und den neun regionalen Niederlassungen. Sie sind die direkten Kooperationspartner für den unabhängigen Fachhandel bei Produkteinführungen oder gezielten Marketing- und Verkaufsaktivitäten.

Großabnehmer von Bürosystemen haben oft sehr spezielle Anforderungen an Verkauf und Unterstützung. Ein Marktsegment, das der Canon Direktvertrieb betreut. Ein dichtes Netz von Vertriebs- und Servicebüros sowie rund 250 Technikern stellt selbst

umfangreiche Installationen und Wartungsleistungen jederzeit sicher – überall in Deutschland. Immer mehr Systemprodukte finden über EDV-Handelsfilialisten, Spezialversender sowie Cash-and-carry-Märkte den Weg zum Anwender.

Produktpalette 1998

Legende: S/W-Kopierer, Farbkopierer, BJ-Drucker, BJ-Notebook, Laserdrucker, Dig. Kamera, Telefax, Mikrografie, Übrige

Anteile: 13%, 26%, 39%, 1%, 2%, 13%, 2%, 3%, 1%

Alle Besitzer von Canon Produkten können bei Fragen und Problemen von Canon direkt unterstützt werden. Hierfür sorgt das Hotline- und Info-Center in Krefeld. Dort erhalten Ratsuchende umgehend und unkompliziert individuelle Hilfe. Für kompetente Lösungsvorschläge, die Hard- und Software gleichermaßen betreffen, stehen an fünf Tagen in der Woche insgesamt 20 Mitarbeiter bereit.

■ Die deutsche Wirtschaft ist vorwiegend mittelständisch strukturiert. Was bedeutet das?

www.bmwi.de
www.forum-mittelstand.de

*Die deutsche Wirtschaft ist eine überwiegend mittelständische Wirtschaft. Rund 3,2 Millionen Unternehmen sind kleine oder mittlere Betriebe mit bis zu 500 Beschäftigten und einem Jahresumsatz von bis zu 50 Millionen Euro. (Im Dienstleistungsgewerbe und im Handel liegt die Umsatzgrenze bei 15 Millionen Euro.)
Kleine und mittlere Unternehmen ...*

- *entscheiden über 45 % aller Investitionen.*
- *erarbeiten 45 % der Wirtschaftsleistung.*
- *erzielen 47 % aller Umsätze.*
- *beschäftigen 68 % aller Arbeitnehmer.*
- *bereiten 80 % aller Lehrlinge auf ihren künftigen Beruf vor.*

 www.ifm-bonn.org

Mittelstand – Rückgrat unserer Wirtschaft

Kleine und mittlere Unternehmen in Deutschland...

...bilden aus **80%** aller Lehrlinge

...erarbeiten **45%** der Wirtschaftsleistung

...beschäftigen **68%** aller Arbeitnehmer

...tätigen **45%** aller Investitionen

...erzielen **47%** aller Umsätze

Quelle: IfM · © Globus 4401

▌Merkmale für die Unterteilung in Klein-, Mittel- und Großbetriebe sind z.B. die Zahl der Beschäftigten und der Umsatz. Ergänzen Sie die Tabelle mit Hilfe der Informationen im Text oben.

Betriebsgrößen: Klein-, Mittel- und Großbetriebe

Unternehmens- größe	Merkmal	
	Zahl der Beschäftigten	Umsatz /Jahr
klein	bis 49	bis 500.000
mittel	50 bis ___	0,5 bis ___ Mio.
groß	___ und mehr	___ Mio. und mehr

---

1 Welcher Wirtschaftszweig gewinnt in Deutschland immer mehr an Bedeutung?
2 Gibt es in Ihrem Land einen Trend zu mehr Service-Branchen?

Wandel in der Wirtschaft

Diese Grafik ist einem Kurzbericht des IAB – Institut für Arbeitsmarkt- und Berufsforschung der Bundesanstalt für Arbeit – entnommen:

 www.iab.de

Weitere Informationen:

 www.statistik-bund.de
www.prognos.ch

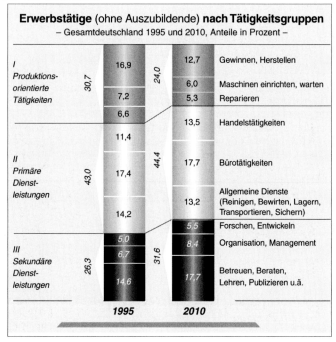

Erwerbstätige (ohne Auszubildende) **nach Tätigkeitsgruppen**
– Gesamtdeutschland 1995 und 2010, Anteile in Prozent –

	1995	2010	
I Produktions- orientierte Tätigkeiten (30,7 / 24,0)	16,9	12,7	Gewinnen, Herstellen
		6,0	Maschinen einrichten, warten
	7,2	5,3	Reparieren
	6,6	13,5	Handelstätigkeiten
II Primäre Dienst- leistungen (43,0 / 44,4)	11,4		
	17,4	17,7	Bürotätigkeiten
	14,2	13,2	Allgemeine Dienste (Reinigen, Bewirten, Lagern, Transportieren, Sichern)
III Sekundäre Dienst- leistungen (26,3 / 31,6)	5,0	5,5	Forschen, Entwickeln
	6,7	8,4	Organisation, Management
	14,6	17,7	Betreuen, Beraten, Lehren, Publizieren u.ä.

Fast alle Großunternehmen haben die Rechtsform einer **Aktiengesellschaft.**
Mittelgroße oder kleine Firmen haben meistens die Rechtsform einer
Gesellschaft mit beschränkter Haftung.
Was ist eine AG? Was ist eine GmbH? Wie unterscheiden sie sich?

Struktur einer AG

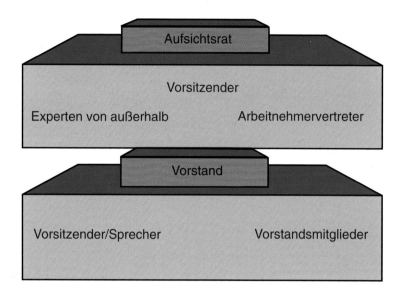

Zur Gründung einer **AG** sind mindestens
fünf **Gesellschafter** und ein
Grundkapital von DM 100.000
erforderlich.
Die **Aktien** einer AG kann man an der
Börse handeln.
Eine AG hat zwei Führungsgremien,
einen **Aufsichtsrat** und einen **Vorstand.**
Der Aufsichtsrat ist das Kontrollorgan
der AG. Er ist verantwortlich für
langfristige Planung und überwacht den
Vorstand. Er besteht aus Experten von
außerhalb des Unternehmens und aus
Vertretern der Arbeitnehmer. Die
Aktionäre wählen den Vorsitzenden des
Aufsichtsrats.
Der Vorstand leitet die AG unter eigener
Verantwortung. Die Mitglieder des
Vorstands werden vom Aufsichtsrat
gewählt.

Struktur einer GmbH

Eine **GmbH** ist auch eine **Kapitalgesellschaft**. Sie muss mindestens zwei Gesellschafter
und ein **Stammkapital** von DM 50.000 haben.
Eine GmbH wird von einer **Geschäftsführung** oder einem **Geschäftsführer** geleitet. Wenn
sie mehr als 500 Mitarbeiter beschäftigt, hat sie auch einen Aufsichtsrat wie in der AG. Die
meisten Unternehmen in Deutschland sind Gesellschaften mit beschränkter Haftung.

Womit verdienen die Deutschen das meiste Geld? Und die Schweizer?

Die deutschen Umsatzspitzenreiter		
Rang	**Firma, Sitz**	**Wirtschaftszweig**
1.	DaimlerChrysler AG, Stuttgart u. Auburn Hill	Verkehr, Finanzen
2.	Volkswagen AG, Wolfsburg	Auto
3.	Siemens AG, München	Elektro
4.	VEBA AG, Düsseldorf	Energie, Chemie
5.	Metro AG, Köln	Handel
6.	RWE AG, Essen	Energie, Bau
7.	Deutsche Telekom AG, Bonn	Telekommunikation
8.	Rewe-Gruppe, Köln	Handel
9.	BMW AG, München	Auto
10.	Edeka-Gruppe, Hamburg	Handel

@ www. welt.de („Wirtschaft")

@ www. top500.de (mit E-Mail-Adressen)

WOMIT DIE SCHWEIZER IHR GELD VERDIENEN

UNTERNEHMEN

1. **Migros** (Handel, Dienstleistung)
2. **Nestlé** (Nahrungsmittel)
3. **Glencore International** (Rohstoffhandel)
4. **ABB** (Anlagenbau)
5. **Novartis** (Pharma)
6. **Roche-Gruppe** (Pharma, Chemie)
7. **Richemont-Gruppe** (Luxusartikel)
8. **Richemont AG** (Luxusartikel)
9. **Adecco Gruppe** (Personaldienstleistung)
10. **Coop-Gruppe** (Handel)

@ www. handelszeitung.ch („aktuell")

3 Sich kennen lernen

In this unit you'll learn how to
- make, accept or refuse an invitation and recommend a restaurant
- discuss the menu, order and pay for a meal
- talk about home and family
- talk about leisure interests
- exchange holiday experiences
- ask for and give advice about things to see and do

You'll also learn about some regions of Germany.

3.1 Darf ich Sie einladen?

A **1** Einladungen zum Essen spielen eine wichtige Rolle im Geschäftsleben.
In Deutschland lädt man Geschäftsfreunde meistens zum Essen im Restaurant ein.
Es ist natürlich wichtig, ein passendes Restaurant zu wählen. Lesen Sie die
Restaurantanzeigen unten. Welche Restaurants ... •

1 bieten deutsche Küche / französische Küche / Fischspezialitäten an?
2 bieten eine elegante Atmosphäre / eine Terrasse im Freien / musikalische Unterhaltung /
einen Blick auf den Main an?
3 sind sonntags geschlossen / bleiben bis 1.00 Uhr auf?
4 sind wahrscheinlich erstklassig / gut / preiswert?

2 In welches Restaurant würden Sie einen wichtigen Kunden zum Essen einladen?

RESTAURANTS

China Restaurant Lotus
Original Spezialitätenküche aus Hongkong und Peking
Elegante und gemütliche Atmosphäre mit Blick auf den Main
Untermainkai 17 - 60329 Frankfurt - Tel. 0 69 / 23 51 85

tägl. geöffnet v. 11.30-15.00 Uhr u. 17.30-24.00 Uhr - Sa., So. und feiertags geöffnet.

"Zum Kuhhirten – Turm"
Speisegaststätte
28 Jahre
Inh. E. Schlesinger
Wechselnde saisonbedingte Tages- und Frankfurtergerichte
Fisch – Fleisch – Wild
Warme Küche 11.30-14.30 Uhr u. 17.00-24.00 Uhr
Sonntag und Montag Ruhetag (außer an Messen)
Geschlossene Gesellschaft nach Vereinbarung
Tel. 0 69 / 61 75 89, Große Rittergasse 114, Frankfurt-Sachsenhausen

LA TRUFFE

»Savoir vivre« in Frankfurt

La Truffe: ... das anspruchsvolle Restaurant mit Vinothek bringt ein bisschen
französische Lebensart nach Frankfurt.
Öffnungszeiten: Montag bis Freitag von 11.30 Uhr bis 14.30 Uhr
und von 18.30 bis 24.00 Uhr.
Samstag und Sonntag außerhalb der Messen geschlossen.
Wiesenhüttenpl. 28-38 • 60329 Frankfurt am Main • Tel. (069) 269 70

Budweiser Budvar vom Faß
Restaurant **Bingelsstube**
Pfungstädter

- Gut bürgerliche Küche ● Eisköstlichkeiten
- verschiedene Budweiser vom Fass
- gepflegte Räumlichkeiten für ca. 70 Personen
- Freiterrasse ● Parkplätze

Di-Sa 11.00-14.00 Uhr
17.00-24.00 Uhr
So 11.00-24.00 Uhr

Bingelsweg 1 • 65933 Frankfurt-Griesheim • Tel. 0 69/38 69 07

- Guten Appetitt -

Italienisches Ristorante

Dei Medici

Lassen Sie sich mal verwöhnen !

Speisen Sie in romantischer Atmosphäre
bei Klavierunterhaltung, es singt für Sie
zwischendurch der Chef persönlich.

Wir bieten:
Verschiedene Vorspeisen, hausgem. Nudeln,
Nudelgerichte, Fleisch,-u.Fischspezialitäten

Öffnungszeiten:
Mo. - So. ab 18.00 - 1.00 Uhr
Mittagstisch mit Menüwahl
Mo. - Fr. ab 12.00 - 14.30 Uhr

Ziegelhüttenweg 33, 60598 Ffm. Sachsenhausen
☎ 069 - 63 98 98, Fax 069 - 63 83 67
RESERVIERUNG ERBETEN!

B

Manfred Weber besucht den Frankfurter Hauptsitz der Firma Morita Deutschland, die seinen Betrieb in Weimar übernommen hat. Sein neuer Chef, Herr Noske, lädt ihn zum Abendessen ein. Hören Sie dem Gespräch zu und beantworten Sie die Fragen.

1 Für wann ist die Einladung?
2 Welche von den Restaurants links empfiehlt Herr Noske?
3 Für welches Restaurant entscheiden sie sich? Warum?
4 Um wieviel Uhr wollen sie sich treffen? Wo?

C Laden Sie einen Geschäftsfreund zum Essen in Frankfurt ein.

Darf ich Sie (irgendwann) diese/nächste Woche zum Mittagessen/Abendessen einladen?

Gern, das ist sehr freundlich von Ihnen. / Das wäre (sehr) schön/nett.

Hätten Sie [am Mittwoch] Zeit? / Würde Ihnen [Freitagabend] passen?

Ja, das geht. / Ist gut.
Ja, da habe ich nichts anderes vor.

Es tut mir Leid, da kann ich nicht/da geht es nicht.
Da habe ich leider keine Zeit/bin ich beschäftigt.

Essen Sie gern [Französisch/Chinesisch]? / Möchten Sie [Fisch/Wild] essen?

Ja, sehr gern.

Mir schmeckt die [chinesische] Küche leider nicht.
Eigentlich esse ich lieber [deutsche Küche].

Dann empfehle ich das [französische] Restaurant [La Truffe].
Gehen wir (also) in ein [traditionelles deutsches] Restaurant, [Zum Kuhhirten-Turm].
Die Küche ist ausgezeichnet. / Die Atmosphäre ist sehr angenehm. / Der Service ist erstklassig.

Gut. / Prima. Wann und wo sollen wir uns treffen?

Treffen wir uns um [sieben Uhr] im Restaurant/vor dem Hotel.
Ich hole Sie um [halb sieben] mit dem Auto vom Hotel ab.

LANGUAGE STUDY

1 Study these forms of the verbs *sein, haben* and *werden*.
   Das **wäre** schön.
   Hätten Sie am Mittwoch Zeit?
   Würde Ihnen Freitagabend passen?
   This is the subjunctive form, which you met in Unit 1.2 (*Möchten Sie? Könnte ich/Könnten Sie?*).
   How is it formed?
   Why do you think it is used here? ▶ 6.3
2 Compare the adjective endings in these examples.
   Ich empfehle **das** französisch**e** Restaurant ...
   Gehen wir in **ein** traditionell**es** deutsch**es** Restaurant.
   Why is there an -e on the end of *französisch*, but an -es on the end of *traditionell* and *deutsch*? ▶ 4.3 - 4.5
3 Can you identify the expressions of time, manner and place in this example?
   Ich hole Sie um halb sieben mit dem Auto vom Hotel ab.
   Why are they in that order? ▶ 7.12

D Machen Sie eine Liste von Restaurants in Ihrer Stadt, in die Sie einen deutschsprachigen Besucher zum Essen einladen könnten. Dann laden Sie den Besucher zum Essen ein. Helfen Sie ihm/ihr, ein Restaurant zu wählen.

3.2 Guten Appetit!

A **1** Lesen Sie die Speisekarte rechts. Welche Gerichte kennen Sie?

2 Welche Definition passt zu welcher Speise auf der Speisekarte?

1 Das ist etwas, das man in eine Suppe tut, z.B. Fleisch, Nudeln oder Ei.
2 Auf Englisch nennt man das einen „Hamburger".
3 Das ist ein Blatt Weißkohl, mit Hackfleisch und Gewürzen gefüllt.
4 Das ist eine Spezialität der Gegend: ein gekochtes Stück Bein vom Schwein.
5 Das sind rote Beeren, die man oft mit Wild isst. Sie schmecken etwas säuerlich.
6 Das ist eine Beilage, die man aus alten Brötchen macht. Ein anderes Wort dafür ist „Knödel".
7 Das ist eine Art von Gelee aus roten Früchten.

3 Machen Sie eine Liste von allen Abkürzungen auf der Speisekarte. Was bedeuten sie?

4 Wie viele Zubereitungsmethoden finden Sie? Z.B.: *gekocht*

5 Was würden Sie von der Speisekarte bestellen? Was würden Sie dazu trinken?
Was würden Sie nicht bestellen? Warum nicht?

B Herr Noske und sein Gast, Herr Weber, sind in der Speisegaststätte „Zum Kuhhirten-Turm". Was bestellen Sie? Nehmen Sie die Bestellung auf.

C Sie essen mit einem Geschäftsfreund im Kuhhirten-Turm. Sprechen Sie über die Speisekarte und bestellen Sie beim Kellner. Der Kellner nimmt die Bestellung auf.

Was nehmen Sie als Vorspeise/Hauptgericht? Was trinken Sie/wir dazu? (Wein oder Bier?)	Ich nehme/möchte/probiere [die Hühnerbrühe]. Können Sie (mir/uns) etwas/eine Vorspeise empfehlen?
[Die Leberknödelsuppe] schmeckt sehr gut/lecker. Ich empfehle Ihnen [den Rinderbraten/ das Eisbein]. (Das ist eine Hausspezialität/Spezialität der Gegend.)	Nein, so was mag/esse ich nicht gern. Das ist mir zu schwer/scharf. Da nehme ich lieber etwas anderes/Warmes/Kaltes.
Herr Ober/Fräulein, wir möchten bestellen.	Bitte schön, was bekommen Sie?

Einmal/Zweimal [Hacksteak] und [ein Pils] dazu. / [Die Salatschüssel] für die Dame/den Herrn.
Zu trinken nehmen wir/hätten wir gern [eine Flasche Riesling/den Trollinger/zwei Glas Rotwein].

LANGUAGE STUDY

1 The dative case is used to indicate the **indirect object** of a sentence,
ie the person or thing the action is done **to** or **for**. Study these examples.
What are the word order rules?

	Indirect object	Direct object	
Können Sie	mir/uns	eine Vorspeise	empfehlen?
Ich empfehle	Ihnen	den Rinderbraten.	
Frau Brett bietet	dem Besucher	eine Erfrischung	an.
Sie holt	ihm	den neuen Prospekt.	

▶ 6.13

2 Note that some verbs are followed by the dative case when you would
expect a direct object in the accusative case, eg:
Passt **Ihnen** Freitagabend?
Können Sie **mir** helfen?
Er dankte **ihr** für den interessanten Rundgang.
Can you think of any more verbs like this?

▶ 6.14

"Zum Kuhhirten-Turm"

Heute zu empfehlen!!!

Vorspeisen:

Leberknödelsuppe	€ 4,00
Hühnerbrühe mit Einlage	€ 4,00
Feldsalat mit Nüssen und Croutons	€ 5,50
Avocado mit Garnelen gefüllt und franz. Brot	€ 8,50

Hauptspeisen:

Salatschüssel mit gekochtem Schinken, Ei und Schafskäse	€ 8,50
Hacksteak mit Röstzwiebeln, Salat und Bratkart.	€ 9,50
Pärchen Bratwurst mit Kraut und Brot	€ 9,50
Hühnerfrikassee mit Reis und gem. Salat	€ 11,50
hausgem. Kohlroulade mit Pfeffersauce, Salzkart.	€ 11,50
Champignonschnitzel mit Rahmsauce und Reis	€ 11,50
Backofenfrische Schweinshaxen mit Sauerkraut und Bratkart.	€ 12,50
Eisbein mit Sauerkraut und Salzkart.	€ 11,50
Rinderbraten mit feinem Gemüse und Salzkart.	€ 12,50
Schweinelendchen mit Ananas und Käse überbacken	€ 14,50

Wildspezialitäten:

1/2 Wildente entbeint mit Rotkraut, Preiselbeeren, Semmelkloß	€ 15,50
Wildschweinkoteletts mit Pilzen, Rotkraut, Bratkart.	€ 18,00
gegrillter Rehrücken mit frischen Pilzen, Preiselbeeren und Speckkart. ab 2 Personen Port. ab	€ 26,00

Fischgerichte:

Wildlachssteak oder Heilbuttsteak gegrillt auf Blattspinat mit Knoblauch überbacken und Salzkart.	€ 16,50

Beilagen: hausgemachte Bandnudeln

oder Portion Reis	€ 3,00
	€ 3,00

Desserts:

Frische Heidelbeeren oder Pflaumenkompott mit Vanilleeis, Sahne	€ 7,00
Rote Grütze mit Sahne	€ 6,00

Getränke

Aperitifs

Campari Soda o. Orange	€ 4,00
Sherry	€ 3,50

Bier

Pils vom Fass	€ 2,50
Alkoholfreies Bier	€ 2,50

Offene Weißweine

97er Riesling »halbtrocken«	€ 3,50
98er Müller-Thurgau »trocken«	€ 3,50

Offene Rotweine

98er Astheimer Karthäuser	€ 3,00
97er Trollinger »trocken«	€ 4,00

Flaschenweine:
Bitte verlangen Sie unsere Weinkarte.

FRANKEN

1991er Volkacher Ratsherr
Müller-Thurgau
Qualitätswein
Amtl. Prüf-Nr. 4000-415-93 3 53137
ERZEUGERABFÜLLUNG
10,5% vol
Gebiets- Winzergenossenschaft Franken eG · D 97307 Kitzingen
Volkach 0,75l

Alkoholfreie Getränke

Säfte (Orange, Apfel, Tomate)	€ 2,50
Apollinaris Mineralwasser	€ 2,50
Coca Cola	€ 2,00

Heiße Getränke

Tasse Kaffee	€ 2,00
Tasse Espresso, Cappuccino	€ 2,50

D Nach der Hauptspeise kommt der Kellner wieder.
Wie beantwortet Herr Noske seine Fragen?

1 Hat es Ihnen geschmeckt?

    a) Ja, es war köstlich, danke.
    b) Schon gut, aber die Ente war etwas zäh.

2 Möchten Sie noch etwas bestellen?

    a) Nein danke, ich bin satt. Kann ich zahlen, bitte?
    b) Ich nehme noch eine Rote Grütze.
       Und bringen Sie mir die Rechnung, bitte.

3 Geht die Rechnung zusammen
oder getrennt?

    a) Getrennt, bitte.
    b) Alles zusammen, bitte.

4 So, die Rechnung, bitte schön.

    a) So, stimmt so.
    b) Ich glaube, die Rechnung stimmt nicht.

E Welche Informationen können Sie
dieser Rechnung entnehmen?

1 Wie viele Leute haben
zusammen gegessen?
2 Was haben sie bestellt?
3 Ist die Rechnung inklusive/
exklusive Mehrwertsteuer?
Bedienung?
4 Stimmt die Rechnung?
Überprüfen Sie sie.

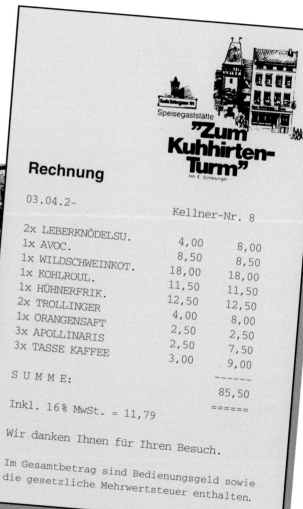

Rechnung

03.04.2-

Kellner-Nr. 8

2x LEBERKNÖDELSU.	4,00	8,00
1x AVOC.	8,50	8,50
1x WILDSCHWEINKOT.	18,00	18,00
1x KOHLROUL.	11,50	11,50
1x HÜHNERFRIK.	12,50	12,50
2x TROLLINGER	4,00	8,00
1x ORANGENSAFT	2,50	2,50
3x APOLLINARIS	2,50	7,50
3x TASSE KAFFEE	3,00	9,00

S U M M E: ------
                       85,50

Inkl. 16% MwSt. = 11,79 ======

Wir danken Ihnen für Ihren Besuch.

Im Gesamtbetrag sind Bedienungsgeld sowie
die gesetzliche Mehrwertsteuer enthalten.

Gartenlokal in Sachsenhausen.

F GÄSTE: Sie möchten das Essen, das
Sie in **C** bestellt haben, bezahlen.
Rufen Sie den/die Kellner/in.
KELLNER/IN: Fragen Sie die Gäste, ob
sie noch etwas bestellen möchten.
Machen Sie die Rechnung fertig und
geben Sie sie den Gästen.

G Stellen Sie eine Speisekarte
zusammen, die für Ihr Land typisch
ist. Empfehlen Sie einem
deutschsprachigen Gast, was er/sie
essen und trinken könnte, und
erklären Sie ihm/ihr eventuell die
Gerichte.

CULTURE BRIEF

VAT (*Mehrwertsteuer*) and service (*Bedienung*)
are generally included in German restaurants.
However, it is common to give an additional tip
of between 5% and 10%.

3.3 Wohnung und Familie

A 1 Herr Noske wohnt in Frankfurt, Herr Weber wohnt in Weimar. Was für Städte sind das? Wie wohnt man Ihrer Meinung nach dort? Antworten Sie mit Hilfe der Ausdrücke unten.

▼ *Weimar Markt*

◀ *Frankfurt Skyline*

> Das ist eine Großstadt/mittelgroße Stadt/Kleinstadt/ein Dorf.
> Das ist eine Industriestadt/ein Handelszentrum/Finanzzentrum/eine historische Stadt.
> Die Stadt ist bekannt/berühmt für ihre Verbindungen mit [Goethe]/ihre Wolkenkratzer.
> Die Stadt ist/Einige Stadtteile sind (sehr/ganz) schön/sauber/schmutzig/(etwas) heruntergekommen.
> Es gibt eine schöne Altstadt/viele/wenige architektonisch interessante Gebäude/ Sehenswürdigkeiten/Grünflächen.
> Das kulturelle Angebot/Das Freizeitangebot ist groß/klein.
> Die Verkehrs- und Straßenverbindungen sind sehr/relativ gut/schlecht.
> Das Leben ist (sehr/ziemlich) teuer/billig/hektisch/ruhig. Es gibt viel/wenig Stress.
> Es gibt viel/wenig Verkehr/Kriminalität. Die Umweltverschmutzung ist ein großes/kein Problem.

2 Beschreiben Sie Ihre eigene Stadt.

B 1 Lesen Sie die Fragen und Antworten. Welche Antworten treffen auf Sie zu?

Wo wohnen Sie?	▶ In der Nähe des Stadtzentrums. / In der Altstadt. / Am Stadtrand. / Außerhalb der Stadt. / In einem Dorf.
Wie wohnt man dort?	▶ Es ist sehr schön dort/relativ ruhig. Es ist direkt am Park/fast im Grünen. Es ist nicht weit zum Bus/zur U-Bahn. Es gibt gute Einkaufsmöglichkeiten/Schulen.
Wie kommen Sie zur Arbeit?	▶ Mit dem Auto/Bus/Fahrrad/Zug/mit der U-Bahn/S-Bahn. Zu Fuß.
Wie wohnen Sie?	▶ In einer Wohnung/Doppelhaushälfte. In einem Einfamilienhaus/Reihenhaus.
Gehört die Wohnung/das Haus Ihnen?	▶ Ja, es ist eine Eigentumswohnung/das Haus gehört mir. Nein, es ist eine Mietwohnung/ein Mietshaus.
Wie groß ist Ihre Wohnung/Ihr Haus?	▶ Relativ klein. / Mittelgroß. / Groß. / Ungefähr 80/120/150 Quadratmeter. / Wir haben 3/4/5 Zimmer.

2 Welche Antworten sind für Herrn Weber und Herrn Noske richtig? Hören Sie zu.

IMMOBILIEN-MARKT

HÄUSER

180 m²
Wohn- Nutzfläche
für DM 760.000,-
in begehrter Wohnlage
direkt am Tierpark

Attraktives Einfamilienhaus, Altbau, 7 Zimmer, großzügiger Wohn-Essbereich mit ca. 38 m², 3 Schlafräume, Gästezimmer, Gäste-WC, Hobbyraum mit Weinkeller, Arbeitszimmer mit sep. Zugang, Wintergarten, 360 m² Garten mit Teich
M. Kuhfuss Immobilien, Tel 069/39 42 13

CAPITAL IMMOBILIEN

Attr. DHH, am westlichen Stadtrand, Wohnfl. ca. 150 m², ruh. u. sonn. S-Grundstück, 2 Balkone, Garage, wenige Gehminuten von S-Bahn, allen Einkaufsmöglichkeiten und Schulen entfernt, **DM 644 800,-**
Tel. 06192/36 77 88

F-Niederrad, Reihenhaus

Neubau, absolut ruhige Lage trotz guter Verkehrsverbindungen, 130 m² Wfl., Wohnküche, Keller, Dachausbau, Gäste-WC, Garage, ca. 190 m² SW-Garten, Terrasse
KP DM 498.000,-
IHS Immobilien, Tel. 069/38 35 80

EIGENTUMSWOHNUNGEN

Im Süden von Frankfurt, verkehrsgünstige Lage, 3 Zi.-ETW 100 m² Wfl., EBK, Westbalkon, Pkw-Stellplatz, Etagenheizung, 5. OG., Lift, **KP DM 385 000,-**
Privat 06910 / 93 06 98

MIETWOHNUNGEN

1 Zimmer-Whg., EG mit Gartenanteil, möbliert, EBK, Dusche, WC, Gasetagenheizung, Kabelanschluss, zentrale Lage, **Miete DM 550,- + NK + Kt.**
Tel. 069 / 75 13 51

Zentrumslage, helle 4 Zi-Whg., 110 m², Ausstattung: EBK, Gäste-WC, Abstellraum, Balkon, TG-Stellplatz, Nähe U-/S-Bahn, **DM 1700,- NK + Kt.**
Tel. 069/59 81 42

Zu vermieten: Zimmer

Möbliertes Zi. in Einfam.-Haus, 14 m², Bad-, Küchenbenutzung, Kühlschrank u. Kabel-TV i. Zi., 5 Min. m. Bus zur S-Bahn, DM 500,- inkl.
Tel. 069/75 13 41

Abkürzungen:

KP	= Kaufpreis	EG	= Erdgeschoss	NK	= Nebenkosten
ETW	= Etagenwohnung	OG	= Obergeschoss	Kt.	= Kaution
EBK	= Einbauküche	TG	= Tiefgarage		

C Mit Hilfe der Immobilienanzeigen und der Ausdrücke in **A** und **B** beschreiben Sie Ihr eigenes Haus/Ihre eigene Wohnung unter folgenden Gesichtspunkten.

- Haus-/Wohnungstyp
- Lage/Wohnqualität
- Wohnfläche/Zahl der Zimmer
- Ausstattung

D Herr Noske und Herr Weber reden über ihre Familien. Welche Aussagen beschreiben ihre Familienverhältnisse?

1 Herr Weber hat zwei Töchter/einen Sohn und eine Tochter/keine Kinder.
2 Seine Frau ist Hausfrau/berufstätig.
3 Der Sohn von Herrn Noske ist 10 Jahre alt/wird bald 18.
4 Er geht noch zur Schule/lernt Industriemechaniker/studiert an der Universität.
5 Herr Noske hat zwei Schwestern/eine Schwester und einen Bruder/keine Geschwister.
6 Sein Schwager arbeitet bei Morita/ist im Moment arbeitslos.
7 Sein Neffe ist der Sohn von seinem Bruder/von seiner Schwester.
8 Herr Noske ist ledig/verheiratet/geschieden/verwitwet.

E Unterhalten Sie sich mit einem deutschsprachigen Gast über Heimatstadt, Wohnung und Familie. Bringen Sie eventuell Ihre eigenen Fotos mit!
PARTNER A benutzt Datenblatt A7, S. 150.
PARTNER B benutzt Datenblatt B7, S. 158.

3.4 Was machen Sie in Ihrer Freizeit?

A **1** Wenn man sich mit Geschäftsfreunden unterhält, ist die Freizeit immer ein gutes Gesprächsthema. Sehen Sie sich die Tabelle an: Von 1991–2000 hat sich das Freizeitverhalten kaum verändert. Welche Aktivitäten machen Sie in Ihrer Freizeit gern?

Freizeitverhalten - Freizeittätigkeiten		@ www.bat.de
Von je 100 Bundesbürgern üben regelmäßig aus (N = 2000 ab 14 Jahren)		
	%	%
fernsehen	89	Ausflüge, Wochenendfahrt machen — 27
Radio, Musik hören	76	heimwerken, basteln, sich mit dem Computer
Zeitung, Illustrierte lesen	76	beschäftigen — 21
telefonieren mit Freunden	64	in die Kneipe gehen — 21
sich mit Freunden treffen	53	selbst Sport treiben, trimmen (joggen, Aerobik usw.) — 19
im Garten arbeiten	38	Handarbeiten (stricken, nähen) *Sowipa Knittip* — 15
Bücher lesen	36	Sportveranstaltungen besuchen — 13
Rad fahren	34	tanzen, in die Disco gehen — 12
spazieren gehen, wandern	33	ins Kino gehen — 10
Einkaufs-, Stadtbummel machen	32	in die Oper, ins Konzert, Theater gehen — 5
Besuche machen, Besuch bekommen	29	Rock-, Pop-, Jazzkonzert besuchen — 4
essen gehen	28	Museum, Kunstausstellung besuchen — 4

Quelle: B.A.T. Freizeit-Forschungsinstitut

2 Wie viele Arten von Fernsehsendungen können Sie nennen? Z.B.:

Sportsendungen, Spielfilme, die Nachrichten ...

3 Wie viele Sportarten können Sie nennen? Z.B.:

Skilaufen, kegeln, wandern ...

4 Haben Sie Freizeitinteressen oder Hobbys, die nicht auf dieser Liste stehen? Wie heißen sie auf Deutsch?

B **1** Herr Noske und Herr Weber sprechen über ihre Freizeitinteressen. Welche Fragen stellen sie?

Was machen Sie in Ihrer Freizeit?
Interessieren Sie sich für Musik oder Theater?
Gehen Sie gern ins Kino?
Was für Filme sehen Sie gern?
Haben Sie in letzter Zeit einen guten Film gesehen?
Sehen Sie viel fern?
Was für Sendungen sehen Sie gern?
Treiben Sie Sport?
Sind Sie sportlich aktiv?
Was für Sportarten treiben Sie?
Sind Sie Mitglied in einem Sportverein?
Wie oft treffen Sie sich?
Wie oft joggen Sie?
Haben Sie noch andere Hobbys?
Lesen Sie gern?
Welche Bücher lesen Sie am liebsten?
Wer sind Ihre Lieblingsautoren?

2 Hören Sie noch einmal zu. Was für Antworten geben sie?

C Sprechen Sie mit Ihrem Partner über Ihre Freizeitinteressen. Stellen und beantworten Sie ähnliche Fragen wie in **B**. Haben Sie etwas gemeinsam?

D **1** Lesen Sie den Text über das Freizeitbudget der Deutschen. Was bedeuten die <u>unterstrichenen</u> Wörter? Können Sie sie auf Deutsch erklären?

2 Sehen Sie sich die Tabelle an. Welche Ausgaben (in Prozent) sind seit 1993 gestiegen/gefallen? Was könnten die Gründe dafür sein?

Freizeitbudget

Das Freizeitbudget der privaten <u>Haushalte</u> in Deutschland ist in den 90er Jahren wieder gestiegen. Je nach Einkommenssituation erreichen die Freizeitausgaben 10% bis 21% der <u>Haushaltsausgaben</u>.

2000 hatte ein durchschnittlicher Haushalt (d.h. eine Familie mit vier Personen, zwei Erwachsene und zwei Kinder) ein <u>ausgabefähiges Einkommen</u> von € 2.929 im Monat. Davon waren € 2.285 für <u>den laufenden Bedarf</u>, gespart wurden € 351. Die monatlichen Freizeitausgaben betrugen rund € 469, also cirka 16 % des ausgabefähigen Einkommens.

Das Freizeitbudget – 1993–2000
Jahresausgaben von Arbeitnehmerhaushalten
4 Personen, mit mittlerem Einkommen

	1993 €	1993 %	2000 €	2000 %
Urlaub	1 242	27,0	1 625	28,9
Auto für Freizeit	606	13,2	748	13,3
Sport, Camping	598	13,0	720	12,8
Radio, Video, Computerspiele	540	11,7	725	12,9
Bücher, Zeitungen, Zeitschriften	362	7,9	450	8,0
Garten, Haustiere	291	6,3	326	5,8
Spiele, Spielzeug	230	5,0	287	5,1
Foto, Film	122	2,6	129	2,3
Kino, Theater, Konzert	106	2,3	118	2,1
Heimwerken	40	0,9	39	0,7
Sonstige Ausg.	468	10,2	455	8,1
Insgesamt	4 605	100,0	5 622	100,0

Freizeit-Ausgaben-Trends
Über das künftige private Ausgabeverhalten für Freizeit und Tourismus kann man sagen:
- Der Anteil der Freizeitausgaben an den Haushaltsausgaben wird weiter wachsen, obgleich mit einer flacheren Kurve.
- Man wird das Geld für die Freizeit kritischer ausgeben, d.h., man wird sich weniger, aber dafür teurere Freizeitwünsche leisten.
- Nicht-materielle, besonders ökologische Überlegungen werden das Freizeitverhalten immer mehr beeinflussen.
- Es wird eine zunehmende Gruppe von Menschen geben, die sich viele Freizeitangebote und -produkte nicht mehr leisten können.
- Der Anteil an Senioren unter den Reisenden wird zunehmen.

3 Lesen Sie die **Freizeit-Ausgaben-Trends**. Was sind Ihrer Meinung nach die Gründe für diese Trends? Z.B.:

www.statistik-bund.de

Die Zahl der Arbeitslosen/Teilzeitarbeiter wird steigen.
Mehr Leute werden einen Nebenberuf haben.
Die Lebenskosten/Steuern werden steigen.
Die Kaufkraft wird stagnieren/sinken.
Das Umweltbewusstsein wird weiter wachsen.

LANGUAGE STUDY

Underline all the examples of the future tense in the text **Freizeit-Ausgaben-Trends.**
How is it formed?
Note: When there is a future time reference, you can use the present tense, eg:
Ich rufe Sie morgen an.
Ich reserviere einen Tisch für Donnerstagabend.

► 6.10

E **1** Machen Sie eine Umfrage zum Thema Freizeit. Welche sind die drei beliebtesten Freizeitaktivitäten? Vergleichen Sie Ihre Ergebnisse mit der Tabelle in **A**.

2 Stellen Sie Ihre Freizeitausgaben grafisch in einer Tabelle dar. Vergleichen Sie Ihr Freizeitbudget mit dem Ihres Partners.

3.5 Wo waren Sie im Urlaub?

A **1** Das Haupreiseland der Deutschen ist Deutschland. Einige beliebte Reiseziele sehen Sie unten. Ordnen Sie die Beschreibungen den Bildern zu.

▲ *Vesper im Weinberg*

Sonne, Strand, Meer ▶

▲ *Die Wald-Romantik erleben*

Eisstockschießen in den Alpen ▶

A

Bayern ist Deutschlands beliebtestes Reiseland. Hauptattraktionen sind die bayerischen Alpen – mit Deutschlands höchstem Berg, der Zugspitze – die malerischen Seen des Alpenvorlands, der Bayerische Wald mit dem ersten deutschen Nationalpark oder die Täler von Donau und Main.

B

Schleswig-Holstein liegt als einziges deutsches Bundesland an zwei Meeren: Nord- und Ostsee. Tausende von Touristen fahren an die Ostsee nach Lübeck oder Travemünde. Für einen Badeurlaub sind die Nordfriesischen Inseln sehr beliebt, darunter die Insel Sylt. Naturfreunde lockt der Nationalpark Wattenmeer an der Nordsee.

C

Das Gebiet rund um die Mosel ist nicht nur bekannt für seine landschaftlichen Schönheiten und sein angenehmes Klima, sondern auch für seine kulinarischen Spezialitäten und natürlich seinen Wein. Fast jede Stadt hat ihr Weinfest, das manchmal mehrere Tage dauert. Höhepunkte sind die Krönung einer Weinkönigin, ein Festumzug und abendliches Feuerwerk. Der Humor und die Kontaktfreudigkeit der Moselaner machen es Gästen leicht, fröhlich mitzufeiern.

D

Thüringen nennt man das „Grüne Herz Deutschlands". Der Thüringer Wald, mit seinen anziehenden Tälern und prächtigen Wäldern, ist ein vielbesuchtes Reiseziel von Wanderfreunden und Liebhabern der Natur. Attraktive Ausflugsorte sind auch die historischen Städte im Thüringer Becken, wie die über 1.250 Jahre alte Landeshauptstadt Erfurt, oder Eisenach, Geburtsort von Johann Sebastian Bach.

2 Welches sind die beliebtesten Ferienorte bzw. -gebiete in Ihrem Land? Warum sind sie beliebt?

3 Die Urlaubsgewohnheiten der Deutschen haben sich geändert. Früher ruhten sie sich lieber aus und lagen am Strand, heute bevorzugen sie den Aktiv-Urlaub mit viel Bewegung. Welche Art von Urlaub bevorzugen Sie? Den Strandurlaub, den Stadturlaub, den Aktiv-Urlaub? Warum?

B **1** Österreich ist auch ein beliebtes Ferienland. Können Sie einige Reiseziele nennen?

2 Informieren Sie sich über St. Gilgen. Lesen Sie den Text aus einem Reiseprospekt.

1 Wo liegt dieser Ferienort?
2 Was für ein Ort ist das?
3 Was kann man dort machen?
4 Wo kann man dort wohnen?

ÖSTERREICH SALZKAMMERGUT

WOLFGANGSEE (550 m)

St. Gilgen ist ein bekannter Urlaubsort am Westufer des Wolfgangsees. Dieses malerische Städtchen, einst Wohnort der Familie Mozart, bietet seinen Gästen Ruhe und Erholung, aber auch viel Abwechslung. Machen Sie einen gemütlichen Stadtbummel durch die bunten Straßen und Gassen mit ihren faszinierenden Geschäften und schmucken Häusern. Besichtigen Sie die alte Kirche mit ihrem Zwiebelturm, den Mozartbrunnen, das Geburtshaus der Mutter Mozarts.

HOTEL JODLERWIRT und
PENSION SALZKAMMERGUT

GASTHOF PENSION ZUR LINDE

Von der Uferpromenade genießen Sie den Blick über den See zum Schafberg. Fahren Sie mit der Seilbahn zum Zwölferhorn hinauf und wandern Sie in den umliegenden Bergen.
An sportlichen Aktivitäten steht der Wassersport im Vordergrund: Baden oder Surfen, Segeln und Rudern. Das Hallenbad mit Sauna und Solarium sowie Minigolf, Kegelbahnen und Fahrradvermietung runden das sportliche Angebot ab. Oder Sie können einfach am Strand in der Sonne liegen!
Konzerte im Park oder in der Kirche, Kinderfeste, Folkloreabende mit Musik und Tanz und vieles mehr erwarten Sie.
Kosten Sie die österreichische Küche und österreichische Weine in den vielen Restaurants und Cafés.
Machen Sie Tagesausflüge in die Mozartstadt Salzburg oder nach Wien und entdecken Sie diese traditionsreichen Städte.
Unsere gemütlichen, familiären Gasthöfe, Pensionen und Hotels liegen rund um den See. Noch mehr Auswahl gibt's in unserem neuen Katalog: Bauernhöfe und Ferienwohnungen für Selbstversorger!

3 Würden Sie diesen Ferienort wählen? Warum? Warum nicht? Sprechen Sie darüber mit Ihrem Partner.

C Herr Weber erzählt Herrn Noske von seinem letzten Urlaub, den er in St. Gilgen verbracht hat. Was ist richtig? Was ist falsch?

1 Herr Weber und seine Familie haben eine Woche in St. Gilgen verbracht.
2 Es hat ihnen sehr gut gefallen.
3 Sie haben in einer Familienpension gewohnt.
4 Sie sind viel in den Bergen gewandert.
5 Herr Webers Sohn ist auf dem See gesegelt.
6 Sie haben einen Tagesausflug nach Wien gemacht.
7 Abends ist Herr Weber mit seiner Frau oft ins Konzert gegangen.
8 Es hat viel geregnet.

LANGUAGE STUDY

In spoken German, the perfect tense is preferred for describing past events. How is it formed? Study these pairs of sentences. Can you work out the rule for the use of the auxiliaries *haben* and *sein*?

    Wir **haben** einige Wanderungen in den Bergen **gemacht**.
    Wir **sind** viel in den Bergen **gewandert**.
    Ich **bin** auf dem See **gesegelt**.
    Ich **habe** die Gorch Fock **gesegelt**.　　　　　　　　　　▶ 6.7

D **1** Herr Weber fragt Herrn Noske nach seinem letzten Urlaub. Ergänzen Sie die Verben im Perfekt mit der richtigen Form von *haben* oder *sein*. Dann lesen Sie den Dialog mit Ihrem Partner und vergleichen Ihre Antworten.

■ Wo waren Sie letztes Jahr im Urlaub?
▶ Wir (1)... in die Türkei geflogen und (2)... zwei Wochen in Side verbracht.

■ Aha! Da war ich noch nie. Wie (3)... es Ihnen gefallen?
▶ Es war wunderbar. Wir (4)... uns richtig erholt!

■ Prima! Wo (5)... Sie denn gewohnt?
▶ Wir (6)... in einem Luxushotel gewohnt, direkt am Strand. Der Service war ausgezeichnet und das Essen (7)... uns sehr gut geschmeckt. Die Leute waren auch sehr freundlich.

■ Und was (8)... Sie dort gemacht?
▶ Natürlich (9)... wir viel am Strand gelegen und wir (10)... auch jeden Tag geschwommen. Wir (11)... die römischen Ruinen besucht, die direkt in Side sind. Wir (12)... auch einige Ausflüge mit dem Bus ins Landesinnere gemacht. Und abends (13)... wir durch die Bazars gebummelt. Es war ein sehr schöner Urlaub.

■ Und wie war das Wetter?
▶ Meistens herrlich, nur am letzten Tag (14)... es geregnet!

■ Wunderbar. Da muss ich auch mal hin! Und haben Sie schon Reisepläne für dieses Jahr?
▶ Ja, dieses Jahr wollen wir wahrscheinlich nach Spanien fahren.

 2 Kontrollieren Sie Ihre Antworten anhand der Kassette.

LANGUAGE STUDY

1 List all the past participles in **C** and **D**. Can you write their infinitive form? Eg:
    gehen - gegangen   wohnen - gewohnt
    Now try to group the verbs according to the way the past participle is formed.　▶ 6.8
2 The perfect is the main tense for talking about the past. But look for examples in **D** of *sein* and *haben* used as full verbs. What tense are they in?　▶ 6.9

E Wo und wie haben Sie Ihren letzten Urlaub verbracht? Tauschen Sie Ihre Urlaubserlebnisse mit einem Partner aus.

3.6 Was kann man hier tun?

A Sie sind auf Geschäftsreise in Frankfurt und haben einen freien Tag. Lesen Sie das Informationsblatt rechts und entscheiden Sie, was Sie am Tag/am Abend machen möchten. Dann vergleichen Sie Ihre Wahl mit Ihrem Partner, z.B.:

> Ich möchte den Römer besichtigen. Ich interessiere mich nämlich für deutsche Geschichte. Und Sie?

> Ich möchte einen Schaufensterbummel auf der Zeil machen. So was macht mir immer Spaß.

LANGUAGE STUDY

Study these examples of the **passive** from the text about Frankfurt.
Das Museum für Moderne Kunst **wurde** 1991 **eröffnet**.
Der Palmengarten **wurde** 1869 von den Bürgern Frankfurts **gegründet**.
The passive is formed using the relevant tense of *werden* and the past participle of the verb. Can you find any more examples in the text?

▶ 6.11

B **1** Herr Weber und Herr Noske sprechen darüber, was es in Frankfurt zu tun gibt. Was möchte Herr Weber tun? Was empfiehlt Herr Noske? Suchen Sie die Orte auf dem Informationsblatt rechts.

2 Hören Sie noch einmal zu. Was sagt Herr Noske über
a) das Museumsufer? b) die Zeil? c) die Alte Oper?

LANGUAGE STUDY

The **conjunctions** *wenn* and *weil* introduce a subordinate clause.

Subordinate clause	Main clause
Wenn Sie sich für Filme interessieren,	**könnten** Sie das Filmmuseum besuchen.
Main clause	**Subordinate clause**
Die Straße dort nennt man „Museumsufer",	**weil** es dort so viele Museen **gibt**.

What happens to the verb in the subordinate clause?
If the subordinate clause is first, what does the main clause begin with?
Note that there is always a comma between the two clauses.

▶ 7.5

C Bilden Sie *Wenn*-Sätze mit Hilfe des Informationsblatts, z.B.:

Wenn Sie ...		
einige Sehenswürdigkeiten besichtigen wollen,	könn(t)en Sie	[den Römer] besuchen.
sich für Naturkunde/Kunst interessieren,	sollten Sie	ins [Naturmuseum] gehen.
Andenken/Geschenke kaufen wollen,	müssen Sie	in die [Zeil]
gern Oper/Jazz hören/ins Theater gehen,		nach [Sachsenhausen]
Spezialitäten der Gegend probieren wollen,		

D Spielen Sie abwechselnd die Rolle von Gast und Gastgeber in Frankfurt. Stellen Sie diese oder ähnliche Fragen.

> Was kann man hier tun/sehen?
> Wo kann ich am besten einkaufen gehen?
> Was kann man am Abend machen?

> Was möchten Sie machen?
> Haben Sie besondere Interessen/Wünsche?
> Es kommt darauf an, was Sie machen wollen/ wofür Sie sich interessieren.

PARTNER A benutzt Datenblatt A8, S. 150.
PARTNER B benutzt Datenblatt B8, S. 158.

E Machen Sie eine Liste von Dingen, die man in Ihrer Stadt sehen und tun kann, und beraten Sie einen deutschsprachigen Gast. Laden Sie ihn/sie eventuell zu etwas ein.

Frankfurt Welcome

Sehenswürdigkeiten

Alle interessanten Sehenswürdigkeiten liegen zentrumsnah und sind ohne Mühe zu Fuß zu erreichen. Besonders empfehlenswert:

der Römerberg
Frankfurts ältester Platz im historischen Zentrum der Stadt. Auf dem Römerberg fanden im 11. Jahrhundert erstmals Messeveranstaltungen statt.

der Römer
Das mittelalterliche Rathaus Frankfurts, seit 1405 Wahrzeichen der Stadt.

der Kaiserdom
Seit 1356 offizieller Wahlort und seit 1562 die Krönungsstätte der deutschen Könige und Kaiser.

St. Leonhard
Die älteste Kirche Frankfurts.

die Paulskirche
Die Paulskirche wurde 1789-1833 erbaut und war Sitz der ersten Deutschen Nationalversammlung 1848/49.

das Goethehaus
Hier wurde Deutschlands größter Dichter, Johann Wolfgang von Goethe, am 28.8.1749 geboren.

Unser Tip: Eine Stadtrundfahrt – täglich ab Römer oder Hauptbahnhof – oder ein individueller Stadtrundgang mit Walkman und Cassette.

Museen

Frankfurt hat fast 40 Museen. Acht davon finden sich am Ufer des Mains, genannt das „Museumsufer". Besonders empfehlenswert:

Historisches Museum
Besonders interessant ist das Altstadtmodell.

Museum für Moderne Kunst
Das Museum wurde von dem österreichischen Architekten Hans Hollein erbaut und 1991 eröffnet. Ein besonders spektakuläres Beispiel Frankfurter Museumsarchitektur.

Kunsthalle Schirn
Hier finden erstklassige internationale Wechselausstellungen statt.

Deutsches Filmmuseum
Das Kommunale Kino im Filmmuseum präsentiert täglich (außer montags) mehrere Vorstellungen.

Naturmuseum Senckenberg
Das größte Museum seiner Art in Deutschlands. Besonders sehenswert sind die riesigen Skelette der Donnerechsen und Saurier.

Öffnungszeiten: Alle Frankfurter Museen sind, außer montags, von 10 bis 17 Uhr geöffnet, mittwochs oft länger.

Einkaufsstraßen und Märkte

Einkaufen in Frankfurt ist angenehm und bequem. Die wichtigsten Einkaufsstraßen der Innenstadt sind:

die Zeil
Frankfurts berühmte Einkaufsmeile ist außerdem auch Fußgängerzone durch den Stadtkern. Auf der Zeil befinden sich fast alle großen Kauf- und Warenhäuser Frankfurts.

die Große Bockenheimer Straße / Goethestraße
Sie ist Frankfurts exklusive Einkaufszone. Hier findet man Niederlassungen internationaler Modeschöpfer und Juweliere. Die Große Bockenheimer Straße nennt man gleichzeitig auch die „Fressgass", weil hier eine Vielzahl von Delikatessenläden und Feinschmeckerrestaurants angesiedelt sind.
Die meisten Geschenk- und Andenkenläden findet man **unter der Hauptwache**, im **Bahnhofsviertel** und in **Sachsenhausen**.

Typische Souvenirs sind der Frankfurter *Äppelwoi*-Bembel, aus Steinzeug, blau bemalt, und das Bethmännchen aus Marzipan.

Wer Wochenmärkte liebt, kann samstagsvormittags den **Flohmarkt am Museumsufer** besuchen. Hier findet man alles vom wertlosen Gerümpel bis zur Antiquität.

Freizeit in und um Frankfurt

Frankfurt hat viele Grünflächen und Parks. Besonders beliebt sind Ausflüge in den ...

Frankfurter Zoo
Der ca. 11 ha. große Zoo wurde 1858 vom Tierarzt Max Schmidt gegründet.

Palmengarten
Der Palmengarten, 1869 von den Bürgern Frankfurts gegründet, zeigt tropische und subtropische Pflanzen. Besonders berühmt für seine Orchideensammlung.

Frankfurt und seine Umgebung bieten viele interessante Ausflugsmöglichkeiten. Attraktive Ziele für Tagesausflüge sind **das Taunusgebirge, Heidelberg, Rothenburg ob der Tauber** oder **Würzburg**.

Unser Tipp: Eine Schifffahrt auf dem Main oder Rhein.

Unterhaltung

Frankfurt bietet viele Unterhaltungsmöglichkeiten: Theater, klassische Konzerte, Ballett- oder Opernveranstaltungen, Kinos, Diskotheken, Musikkeller usw.
Für Kulturinteressierte:
die Alte Oper

Konzert- und Kongresshaus. International renommierte Konzertinterpreten gastieren regelmäßig hier.

die Stadtoper Frankfurt
das Schauspielhaus Frankfurt
Genauere Informationen über alle wichtigen Ereignisse findet man in den verschiedenen Veranstaltungskalendern oder in der Tagespresse.

Unser Tipp: ... besonders sehenswert:

Alt-Sachsenhausen
Frankfurts Vergnügungsviertel am südlichen Mainufer. Hier erlebt man die echte Frankfurter Atmosphäre. Traditionelle Lokale mit Frankfurter Spezialitäten wie

Äppelwoi (Apfelwein), *Handkäs' mit Musik* (Käse mit Zwiebeln), Straßencafés, Jazzkeller.

Wie in den meisten Ländern gibt es in Deutschland verschiedene Landschaftstypen, klimatische, wirtschaftliche, kulturelle und sprachliche Unterschiede zwischen den einzelnen Regionen.

1 Sehen Sie sich die Landkarte an. Können Sie die Städte nennen? Z.B.: *D* steht für *Düsseldorf* oder *Duisburg* oder ...

2 Lesen Sie die Kurzinformationen in den Kästen. Welche landschaftlichen Unterschiede gibt es zwischen den einzelnen Regionen? Was sind die wichtigsten Industriegebiete?

3 Können Sie einem Deutsch sprechenden Gast ähnliche Informationen über Ihr Land/Ihre Region geben?

12

Die Lüneburger Heide ist das bekannteste Naturschutzgebiet Norddeutschlands. Auf trockenem, sandigem Boden wachsen hier Heidekraut, Kiefern und Birken.

1

Hamburg ist der wichtigste Seehafen der Bundesrepublik und zugleich Deutschlands zweitgrößter Industriestandort. Es ist Zentrum eines Wirtschaftsraumes von 2,8 Millionen Menschen, mit Branchen wie Maschinenbau, Nahrungsmittel-, Textil- und Elektroindustrie.

11

An der Nordseeküste ist die Landschaft flach, wie in Holland. Zahlreiche Deiche schützen das Land vor der See. Die Menschen leben von der Seefahrt und der Fischerei. Der Dialekt dieser Region ist „plattdeutsch".

2

Sachsen ist das am dichtesten besiedelte, am stärksten industrialisierte der neuen Bundesländer (Maschinenbau, Automobilbau, Mikroelektronik). Hier liegt die traditionelle Messestadt Leipzig, die einer der wichtigsten Brennpunkte des friedlichen Widerstandes gegen das DDR-Regime war.

10

Das Ruhrgebiet ist Deutschlands wichtigstes Zentrum für Schwerindustrie (Kohle, Stahl, Kraftwerke) und ist gleichzeitig ein sehr dicht besiedeltes Wohngebiet mit rund 7,5 Millionen Einwohnern.

3

In Thüringen liegt Weimar, die Stadt, in der Goethe und Schiller lebten. Hier wurde die erste Republik gegründet, die „Weimarer Republik". Die Berge des Harz und der Thüringer Wald charakterisieren hier die Landschaft.

9

Das Land zwischen Rhein und Mosel ist bekannt für seine romantische Landschaft, seine Schlösser und Burgen und seine malerischen Weinorte. Rheinland-Pfalz erzeugt zwei Drittel der deutschen Weinernte.

8

Frankfurt am Main ist das Finanzzentrum Deutschlands und ein wichtiger Messeplatz. Hier ist der Sitz der Europäischen Zentralbank, der Bundesbank und der Börse.

7

Der Schwarzwald, im Dreiländereck mit der Schweiz und Frankreich, ist eine reizvolle Mittelgebirgslandschaft und ein sehr beliebtes Urlaubsziel. Hier entspringt die Donau. Im Schwarzwald konzentriert sich die Feinmechanische Industrie.

6

Baden-Württemberg ist hochindustrialisiert und gehört zu den wirtschaftlich stärksten Bundesländern. In der Landeshauptstadt Stuttgart haben weltbekannte Unternehmen wie DaimlerChrysler, Porsche, IBM und Bosch ihren Sitz. Weitere wichtige Industriezentren sind Mannheim, Heidelberg und Karlsruhe.

4

In den Alpen ist Tourismus die wichtigste Einnahmequelle. Hier liegt Garmisch-Partenkirchen, der bekannte Wintersportort, und die Zugspitze (2962m), der höchste Berg Deutschlands.

5

Bayern ist das größte deutsche Agrarland. Heute ist die Landeshauptstadt München Zentrum einer zukunftsorientierten Wirtschaftsregion mit Elektro- und Elektronikindustrie, Auto- und Flugzeugbau als wichtigsten Branchen.

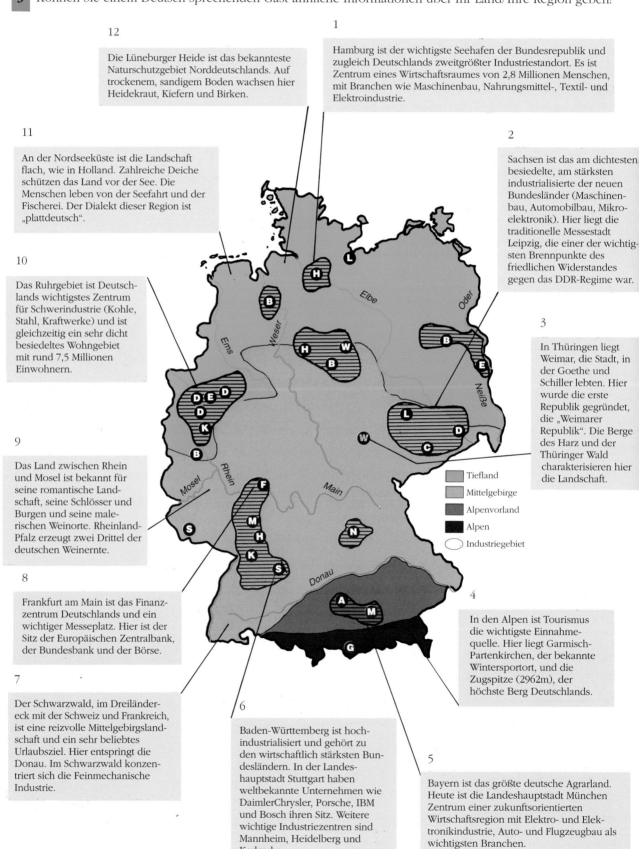

Tiefland
Mittelgebirge
Alpenvorland
Alpen
Industriegebiet

Als Besucher beginnen Sie eine Unterhaltung am besten, indem Sie Interesse an Land und Leuten zeigen, und nicht mit einer persönlichen Frage oder Bemerkung. Die Deutschen sind mit Recht stolz auf ihr Land, ihre Geschichte, Kultur und ihren wirtschaftlichen Erfolg.

1 Stellen Sie sich vor, Sie besuchen einen Geschäftspartner in Berlin oder Bayern. Bereiten Sie einige allgemeine Fragen über das Land/die Stadt und die Bewohner vor, die Ihr Partner dann mit Hilfe des Textes beantwortet.

2 Stellen Sie ein kurzes Profil einer Stadt oder einer Region Ihres Landes für einen Deutsch sprechenden Besucher zusammen.

Berlin

Einwohner	3,4 Mio.
Landeshauptstadt	Berlin

Landtagswahl 1999	
CDU	40,8 %
SPD	22,4 %
PDS	17,7 %
Die Grünen	9,9 %
Die Republikaner	2,7 %
FDP	2,2 %

Bereits in den zwanziger Jahren war Berlin eines der wichtigsten kulturellen und wirtschaftlichen Zentren Europas. Seit 1991 ist Berlin wieder Hauptstadt des vereinten Deutschlands. 1999 zog der Bundestag von Bonn nach Berlin.

Berlin gilt mit Recht als die aufregendste Stadt Deutschlands. Für jeden Geschmack hat die Stadt ein passendes Angebot bereit: Es gibt in Berlin Tausende von Kneipen, Restaurants, Nachtlokalen, zahlreiche Einkaufszentren, über 50 Theater, drei Opernhäuser, die Berliner Philharmoniker, zahlreiche Museen, Galerien, Konzertsäle und mehr als hundert Kinos.

Berlin ist nicht nur die Kulturhauptstadt, sondern auch ein wichtiges Zentrum für Bank- und Finanzwesen sowie die größte deutsche Industriestadt. Besondere Bedeutung haben die Elektroindustrie, der Maschinenbau und die chemische Industrie.

Berlin ist eine Stadt am Wasser. Die beiden Flüsse Spree und Havel haben viele kleine Seen und Inseln gebildet und sind durch zahlreiche Kanäle miteinander verbunden. Berlin hat 1.662 Brücken!

Das Umland Berlins ist bekannt für seine Seen, Wälder und zahlreiche historische Sehenswürdigkeiten.

Kurfürstendamm. Im Hintergrund: Kaiser-Wilhelm-Gedächtniskirche

Die Mark Brandenburg, Potsdam mit seinen Parkanlagen und Schlössern, die von den preußischen Königen gebaut wurden, gehören zu den beliebtesten Ausflugszielen der Berliner.

Gibt es den „typischen" Berliner? Natürlich kann man nicht verallgemeinern, aber es gibt doch einige typische Eigenschaften: Die Berliner sind Großstadtmenschen, an Tempo gewöhnt, schnell in der Reaktion, weltoffen. Sie sprechen „Berlinerisch" und sind bekannt für ihren Witz und für ihre Schlagfertigkeit. Keine andere Stadt erfindet so viele neue Wörter!

Bayern

Einwohner	11,8 Mio.
Landeshauptstadt	München

Landtagswahl 1998	
CSU	52,9%
SPD	28,7%
Die Grünen	5,7%
Republikaner	3,9%
FDP	1,7

Bayern – da denkt man an Bauernhöfe mit blumengeschmückten Holzbalkonen, Kühe auf grünen Wiesen, im Hintergrund hohe Berge. Man denkt an Urlaub, Wandern, Bergsteigen und Skilaufen. Das alles gilt aber nur für den südlichsten Teil, nämlich für die Alpen.

Bayern bedeutet aber auch das fruchtbare Hügelland in Niederbayern (die bayerische Kornkammer südlich von der Donau) oder Weinberge und malerische alte Städtchen mit schmucken Fachwerkhäusern im Frankenland oder bewaldete Hügel und kleine Seen im Bayerischen Wald an der Grenze zur tschechischen Republik.

Neben der Landwirtschaft haben sich auch einige neuere Industrien angesiedelt, besonders Elektrotechnik und Elektronik. Eine alte Tradition hat in Bayern die Bierbrauerei.

Wie sind die Bayern? „Sie tragen alle Lederhosen, singen und jodeln bei jeder Gelegenheit und trinken Unmengen von Bier." Das ist natürlich ein Klischee, aber man kann sagen, dass die Bayern ursprünglich ein Bauernvolk sind und Sinn für Tradition haben. Sie schätzen Ruhe und Gemütlichkeit und mögen keine Hektik. Also eher Laptop und Lederhose?

Die überwiegende Mehrheit der Bevölkerung ist katholisch (Norddeutschland ist hauptsächlich protestantisch) und feiert gern farbenfrohe Feste. Der bayerische Dialekt, der auch in Teilen von Österreich gesprochen wird, ist nicht nur für Fremde schwer zu verstehen, sondern bereitet auch Nord- und Ostdeutschen Verständnisprobleme.

Oktoberfest im Bierzelt

4 Am Arbeitsplatz

The language in this unit will help you to
- discuss departmental organization and functions
- talk about hours of work and pay
- ask for and understand directions inside buildings
- talk about job responsibilities and routines
- ask and explain how some office equipment works
- discuss attitudes to work

You'll also find out what young people in Germany look for in a job.

4.1 Die Firmenorganisation

A **1** Sehen Sie sich das Organigramm der Maschinenbaufirma Rohrbach an.
Welche Abteilungen kennen Sie schon?

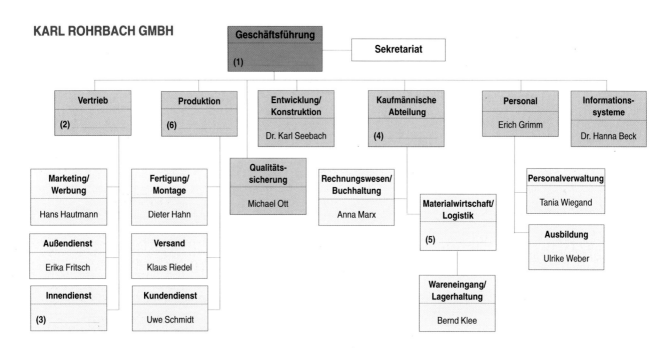

2 Ergänzen Sie die Beschreibung der Firmenorganisation.

> Bei der Firma Rohrbach GmbH gibt es eine Geschäftsführung und sieben Hauptbereiche.
> Die Hauptbereiche sind: Vertrieb, Produktion, (1)..., Entwicklung und (2)..., die (3)...
> Abteilung, Personal und (4)...
> Der Bereich (5)... umfasst die Abteilung Marketing und Werbung, den Außendienst und
> den (6)...
> Die Produktion umfasst die (7)..., den Versand und den (8)...
> Zum kaufmännischen Bereich gehören die Abteilungen (9)..., (10)... und die Lagerhaltung.
> Der Bereich (11)... besteht aus den Abteilungen Personalverwaltung und (12)...

B **1** Wolfgang Wenz, ein Student, macht sein Praktikum bei Rohrbach. Der Personalleiter,
Herr Grimm, erklärt ihm den Ablauf seines Praktikums.
Sehen Sie sich das Organigramm an. In welchen Abteilungen soll Herr Wenz arbeiten?

2 Hören Sie noch einmal zu. Schreiben Sie die im Organigramm fehlenden Namen auf.

C Stellen und beantworten Sie Fragen über das Personal von Rohrbach, z.B.:

| Wie heißt | (der/die) | Leiter/in Vertrieb? |
| Wer ist | | Abteilungsleiter/in Innendienst? |

Wer leitet die Produktionsabteilung/den Kundendienst?
Wer ist für das Personal/die Buchhaltung verantwortlich?

D Was für Funktionen haben diese Rohrbach-Abteilungen? Ordnen Sie zu.

1 Die Entwicklung/Konstruktion   a) beschafft das nötige Produktionsmaterial.
2 Die Fertigung/Montage   b) betreut die Kunden.
3 Die Materialwirtschaft/Logistik   c) verkauft die Produkte.
4 Der Vertrieb   d) fertigt bzw. montiert die Produkte.
5 Der Außendienst   e) entwickelt die Produkte und konzipiert Prototypen.

E Stellen und beantworten Sie Fragen zu den Funktionen anderer Abteilungen.

Welche Abteilung ...
1 beobachtet den Markt und den Wettbewerb?
2 schickt den Kunden Rechnungen?
3 ist verantwortlich für die Planung, Einrichtung und Betreuung der EDV-Systeme?
4 entscheidet über die Marketing-Strategie?
5 nimmt Rohmaterialien an, prüft und lagert sie?
6 versorgt die Kunden mit Ersatzteilen?
7 ist für die Fertigungsplanung und -steuerung verantwortlich?
8 ist für die Aus- und Weiterbildung der Mitarbeiter verantwortlich?
9 bearbeitet schriftliche und telefonische Aufträge?
10 verwaltet das Qualitätssicherungssystem im Gesamtbetrieb?

F **1** Ordnen Sie die Berufe den Kategorien im Schaubild zu.

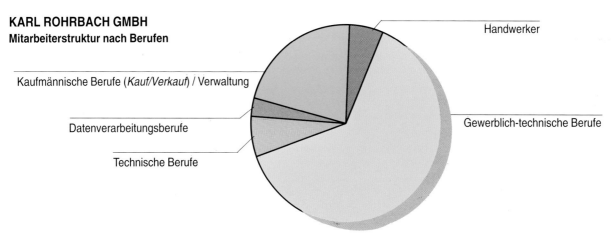

KARL ROHRBACH GMBH
Mitarbeiterstruktur nach Berufen

Kaufmännische Berufe (*Kauf/Verkauf*) / Verwaltung

Datenverarbeitungsberufe

Technische Berufe

Handwerker

Gewerblich-technische Berufe

Buchhalter/in	Industriemechaniker/in	Verpackungshelfer/in	Dreher/in
Diplom-Ingenieur/in	Programmierer/in		Technische/r Zeichner/in
Verkaufsberater/in	Service-Monteur/in	Einkäufer/in	Chemiker/in
Systemanalytiker/in	Industriekaufmann/-frau		Elektroniker/in
Lagerist/in	Architekt/in	Sachbearbeiter/in	Maurer/in

2 In welchen Abteilungen bei Rohrbach findet man diese Berufe?
Welche Berufe gibt es bei Rohrbach nicht?

G Welche sind Ihrer Meinung nach die wichtigsten Abteilungen bei folgenden Unternehmen?

- Versicherungsgesellschaft
- Automobilhersteller
- Chemieunternehmen
- Hersteller von Genussmitteln

4.2 Zeit und Geld

A **1** Der Praktikant Wolfgang Wenz fragt den Personalleiter Herrn Grimm nach den Arbeitszeiten bei der Firma Rohrbach. Ergänzen Sie die Lücken mit Hilfe der Wörter im Kasten.

Kernzeit	Überstunden	Mittagspause	Schichtarbeit
Feiertage	gleitende Arbeitszeit	Urlaubstage	Feierabend

Wie sind die Arbeitszeiten bei der Firma? ▶ In der Fabrik gibt es (1)..., aber in der Verwaltung haben wir (2)... . Die (3)... geht von 9.00 bis 16.00 Uhr.

Und wann kann man morgens anfangen? ▶ Man kann zwischen halb acht und neun Uhr anfangen und aufhören kann man zwischen 16.00 Uhr und 18.30 Uhr, außer freitags. Freitags machen wir schon um 16.00 Uhr (4)...

Wie viele Stunden muss man pro Woche arbeiten? ▶ 37,5 Stunden einschließlich einer halben Stunde (5)...

Muss man auch (6)... machen? ▶ Die gibt es normalerweise hier in der Verwaltung nicht, aber in der Fabrik manchmal schon, wenn viel Arbeit da ist.

Eine Frage noch: Wie viele (7)... gibt es im Jahr? ▶ 30, und die gesetzlichen (8)... kommen noch dazu.

2 Kontrollieren Sie Ihre Antworten anhand der Kassette.

LANGUAGE STUDY

Look at these time expressions. What is the difference in meaning?

Freitags machen wir um 16.00 Uhr Feierabend.

Am Freitag bin ich nicht im Büro.

Complete these pairs:

am Morgen/...   .../nachmittags   am Abend/...

▶ 9.2

B Machen Sie eine Umfrage zum Thema Arbeitszeit. Fragen Sie andere Kursteilnehmer, z.B.:

Wann fangen Sie mit der Arbeit an?

Wie lange machen Sie Mittagspause?

Gibt es große Unterschiede?

 www.iwkoeln.de

C **1** Anhand der Tabelle beantworten Sie die Fragen zu den durchschnittlichen Wochenarbeitszeiten in verschiedenen Ländern.

1 Wie viele Stunden arbeiten die Deutschen pro Woche? Und die Österreicher? Die Schweizer?

2 Vergleichen Sie die Arbeitswoche in Ihrem Land mit anderen Ländern. Ist sie länger, kürzer oder so lang wie bei Ihnen?

3 In welchen Ländern arbeitet man am meisten/am wenigsten?

Durchschnittliche Wochenarbeitszeit

eines Industriearbeiters in Stunden (2000)			
Polen	40,5	Irland	39,0
Schweiz	40,5	Großbritannien	38,8
Japan	40,0	Niederlande	38,5
Griechenland	40,0	Österreich	38,4
Italien	40,0	Deutschland	37,8
Luxemburg	40,0	Norwegen	37,5
USA	40,0	Belgien	37,0

2 1950 arbeitete man in Deutschland durchschnittlich 48 Stunden pro Woche. Gibt es auch in Ihrem Land den Trend zu kürzeren Wochenarbeitszeiten? Glauben Sie, dass diese Entwicklung positiv oder negativ ist?

D 1 Herr Wenz stellt Herrn Grimm einige Fragen zu seiner Bezahlung. Welche Aussagen sind richtig?

1 Herr Wenz verdient € 500 pro Woche/pro Monat.
2 Das ist sein Bruttogehalt/Nettogehalt.
3 Als Praktikant bekommt er noch Wohngeld/Fahrgeld.
4 Angestellte bei Rohrbach bekommen zu Weihnachten eine Zulage/ein 13. Monatsgehalt.
5 Herr Wenz bittet um eine Gehaltserhöhung/ einen Vorschuss.

2 Vergleichen Sie diese Bedingungen mit Ihrem Land.

E 1 Wie viel man in Deutschland verdient, kommt auch auf die Branche an. Stellen und beantworten Sie Fragen zu dem Schaubild, z.B.:

> Was ist der durchschnittliche Monatsverdienst [imGastgewerbe/im Dienstleistungssektor]?
>
> Ist der Monatsverdienst [im Handel/im öffentlichen Dienst] höher/niedriger als [in der Industrie]?
>
> In welcher Branche verdient man mehr/weniger: [im Verkehrssektor] oder [im Baubereich]?
>
> In welcher Branche verdient man das meiste/wenigste Geld? Welche Branche zahlt die höchsten/ niedrigsten Löhne?

2 Können Sie dieselben Fragen in Bezug auf Ihr Land beantworten?

Verdiener 2000

Durchschnittliches Bruttomonatseinkommen

3 196	Gastgewerbe
3 256	Dienstleistungen
4 119	Handel
4 400	Bau
4 572	Post, Verkehr
4 640	Öffentlicher Dienst
5 095	Industrie
5 420	Versicherungen, Banken

LANGUAGE STUDY

1 How do you form the **superlative** of adjectives and adverbs in German? What are the comparative and superlative forms of these?
   lang/kurz   hoch/niedrig   viel/wenig   früh/spät
2 What is the German equivalent of *as ... as*? Complete this example.
   Die Briten arbeiten ... viele Stunden pro Woche ... die Holländer.   ► 4.9

F Vergleichen Sie Deutschland und Ihr Land in Bezug auf Arbeitszeiten, Urlaubstage, Einkommen usw., z.B.:

> Die Arbeitswoche ist kürzer/gleich lang.
> Wir fangen mit der Arbeit früher/später an.
> Bei uns gibt es (nicht) so viele Urlaubstage wie in Deutschland.

4.3 Wo ist das Büro?

Geländeplan

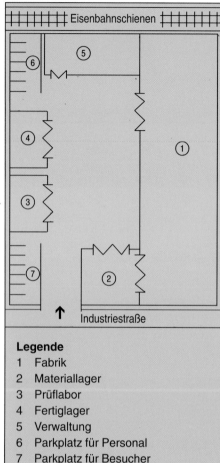

Legende
1 Fabrik
2 Materiallager
3 Prüflabor
4 Fertiglager
5 Verwaltung
6 Parkplatz für Personal
7 Parkplatz für Besucher

Plan des Verwaltungsgebäudes

2.Stock

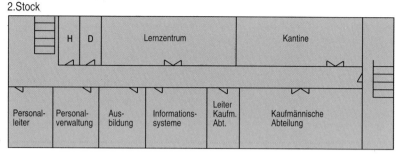

1. Stock

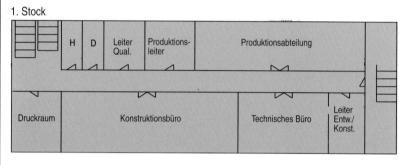

Erdgeschoß

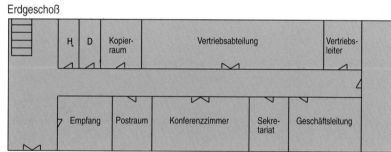

A **1** Sehen Sie sich den Geländeplan von Rohrbach an. Setzen Sie das richtige Wort ein.

in	hinter	gegenüber	rechts vom	neben	zwischen	links vom

1 Der Haupteingang ist ... der Industriestraße.
2 Das Verwaltungsgebäude ist ... dem Haupteingang.
3 ... Haupteingang sind das Materiallager und die Fabrik.
4 ... Haupteingang ist der Parkplatz für Besucher.
5 ... dem Verwaltungsgebäude ist der Parkplatz für das Personal.
6 Das Fertiglager ist ... der Fabrik.
7 Das Prüflabor ist ... dem Fertiglager und dem Parkplatz.
8 ... dem Verwaltungsgebäude sind die Eisenbahnschienen.

2 Vergleichen Sie Ihre Antworten mit Ihrem Partner.

Wo ist der Haupteingang? ▶ In der Industriestraße.

LANGUAGE STUDY

Study these examples.
   links/rechts **vom** (= von dem) Haupteingang
   neben/gegenüber **der** Fabrik
   hinter **dem** Verwaltungsgebäude
What is the case of the noun following these prepositions? ▶ 5.3, 5.4

B 1 Sehen Sie sich den Plan des Verwaltungsgebäudes an.
Stellen und beantworten Sie Fragen dazu, z.B.:

Wo ist der Empfang? ▶ Im Erdgeschoss.
Wo ist das Büro des
Produktionsleiters? ▶ Im ersten Stock.

2 Am Anfang seines Praktikums kennt sich Herr Wenz
bei Rohrbach nicht sehr gut aus. Er muss öfter nach
dem Weg fragen. Lesen Sie die Dialoge.
Wo will er hin?

Dialog 1
Entschuldigung, wo ist das Büro des ... ? ▶ Sein Büro ist im zweiten Stock. Vom Empfang aus
gehen Sie zwei Treppen hoch. Wenn Sie oben sind,
sehen Sie seine Tür schon vor sich.

Dialog 2
Wie komme ich zur Abteilung ... ? ▶ Gehen Sie wieder nach unten ins Erdgeschoss,
dann links um die Ecke, den Gang entlang und es
ist die vierte Tür links.

Dialog 3
Ich muss in die ... . Wie komme ich
dahin? ▶ Gehen Sie zurück zum Empfang, dann eine Treppe
hinauf in den ersten Stock. Dort gehen Sie links,
dann geradeaus bis fast zum Ende. Sie sehen die
Abteilung auf der linken Seite.

Dialog 4
Wo ist der ... ? ▶ Gehen Sie hier rechts raus, zurück zur Treppe,
dann die Treppe runter ins Erdgeschoss. Wenn Sie
unten sind, gehen Sie links und er ist auf der
rechten Seite gleich hinter dem Empfang.

3 Kontrollieren Sie Ihre Antworten anhand der Kassette. Folgen Sie auf dem Plan links.

LANGUAGE STUDY

1 Compare these examples.
Der Haupteingang ist **in der** Industriestraße.
Gehen Sie hinauf **in den** ersten Stock.
The preposition is the same, but the following nouns are in different cases.
Which cases and why? ▶ 5.4
2 When the meaning is clearly implied, the main verb can often be omitted
after a modal verb. What verb is missing in these examples?
Wo wollen Sie hin?   Ich muss in die Produktionsabteilung. ▶ 6.4

C 1 Üben Sie die Dialoge in **B**.

2 Spielen Sie weitere Dialoge.
Partner A benutzt Datenblatt A9, S. 150.
Partner B benutzt Datenblatt B9, S. 158.

D   Skizzieren Sie einen Plan Ihrer Firma/Ihrer Schule. Schreiben Sie die Namen der
Abteilungen bzw. Zimmer nicht auf den Plan, sondern schreiben Sie eine Legende dazu.
Geben Sie einem/einer Besucher/in Anweisungen, wie er/sie vom Eingang aus verschiedene
Räume erreicht. Kann sich der/die Besucher/in mit Hilfe Ihrer Anweisungen gut orientieren?

4.4 Wofür sind Sie zuständig?

A

1 Herr Wenz beginnt sein Praktikum in der Vertriebsabteilung. Der Chef, Herr Dorn, stellt ihn einigen Kollegen vor. Welche Position haben sie? Ordnen Sie zu.

1	Frau Kern	a)	Verkaufsberater
2	Herr Barth	b)	Auftragssachbearbeiterin
3	Herr Abt	c)	Sekretärin
4	Frau Richter	d)	Marketing-Assistent

2 Hören Sie noch einmal zu. Welche/r Kollege/Kollegin ...

1 ist für die Kundenbetreuung verantwortlich?
2 ist für allgemeine Büroarbeiten zuständig?
3 kümmert sich um die Aufträge?
4 befasst sich mit Marktforschung und Werbung?

LANGUAGE STUDY

1 Study these sentences, which contain a **reflexive verb**.
    Ich **kümmere mich** um die Aufträge.
    Er **befasst sich** mit Marktforschung und Werbung.
Why does the reflexive pronoun change?
What other reflexive verbs do you know?

▶ 6.15

2 The usual way of asking *Für was sind Sie zuständig?* is to say:
    Wofür sind Sie zuständig?
Can you see how the question word is formed?
Try converting these questions in the same way. Be careful!
    Mit was befassen Sie sich?   **Um was** kümmern Sie sich?

▶ 3.11

B PARTNER A: Stellen Sie Herrn Wenz den Kollegen vor.
PARTNER B/C: Spielen Sie die Rollen von Herrn Wenz und den Kollegen.

C Die Auftragsabwicklung ist eine wichtige Aufgabe der Vertriebsabteilung. Wofür benutzt man folgende Formulare?

der Auftrag	die Anfrage	die Auftragsbestätigung
der Lieferschein	die Rechnung	das Angebot

1 Ein Kunde möchte etwas kaufen. Mit einer ... fragt er nach Preis und Lieferzeit der Ware.
2 Der Lieferant beantwortet die Anfrage mit einem ..., in dem er eine Produktspezifikation, den Preis und die Lieferzeit angibt.
3 Wenn ein Kunde bestellen möchte, schickt er dem Lieferanten einen ...
4 Mit der ... nimmt der Lieferant den Auftrag an.
5 Der ... geht mit der Ware zum Kunden.
6 Mit der ... fordert der Lieferant Zahlung.

D **1** Frau Kern erklärt Herrn Wenz, worin ihre Arbeit als Auftragssachbearbeiterin besteht. Nummerieren Sie ihre Aufgaben in der richtigen Reihenfolge.

☐ a) Angebote erstellen
☐ b) Aufträge bestätigen
☐ c) Verkaufsberichte schreiben
☐ d) Liefertermine überwachen
☐ e) Kundenanfragen entgegennehmen
☐ f) Reklamationen bearbeiten

2 Hören Sie noch einmal zu. Beantworten Sie die Fragen.

1 Mit welchen Abteilungen arbeitet Frau Kern eng zusammen?
2 Wie oft muss sie Verkaufsberichte schreiben?
3 Kommen Reklamationen oft vor?

E Lesen Sie die Stellenbeschreibungen. Ergänzen Sie die fehlenden Informationen (s. auch S. 52/53).

1

Name: Birgit Richter

Stellenbezeichnung: ....

Abteilung: Vertrieb (Innendienst)

Zuständigkeiten: allgemeine
Büroarbeiten/Büroorganisation

Aufgaben: die Korrespondenz erledigen, die Ablage
machen, Termine vereinbaren und überwachen, bei
Sitzungen das Protokoll führen, Kunden empfangen

2

Name: Jochen Barth

Stellenbezeichnung: ....

Abteilung: Vertrieb (Außendienst)

Zuständigkeiten: Betreuung der
Kundschaft, Gewinnung neuer Kunden

Aufgaben: Kundenbesuche machen, den Kundenbedarf
besprechen, fachliche Beratung geben, Produkte
vorführen, Verkaufsbedingungen besprechen, die
Verkaufsstatistik führen

3

Name: Anna Doliwa

Stellenbezeichnung: ....

Abteilung: ....

Zuständigkeiten: Finanzbuchhaltung

Aufgaben: Kundenkonten verwalten,
Rechnungen schreiben und an die Kunden schicken,
Monats- und Jahresabschlüsse erstellen

4

Name: Jörg Walisch

Stellenbezeichnung: ....

Abteilung: ....

Zuständigkeiten: Materialauswahl und
-beschaffung

Aufgaben: den Lagerbestand überwachen, Angebote
von Lieferanten einholen, Bestellungen vorbereiten,
Liefertermine festlegen und überwachen

F **1** Sie sind neu bei der Firma. Stellen Sie sich den Kollegen oben vor,
dann fragen Sie sie nach ihrer Arbeit.

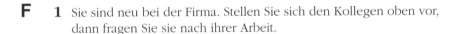

| In welcher Abteilung arbeiten Sie?
Was ist Ihre Funktion in der Firma/Abteilung? | ▶ | Ich arbeite in der Abteilung ...
Ich bin [Sekretärin]. |

| Wofür sind Sie zuständig/verantwortlich? | ▶ | Ich bin für ... zuständig/verantwortlich.
Ich befasse mich mit [den Büroarbeiten]. |

| Was müssen Sie bei der Arbeit (alles) machen?
Worin besteht Ihre Arbeit? | ▶ | Ich [erledige die Korrespondenz], ...
Zu meinen (Haupt)Aufgaben gehören: ..., ...
Jeden Tag/Einmal im Monat/in der Woche muss ich ...
Ich muss manchmal/oft/regelmäßig/ständig ... |

2 Fragen Sie zwei andere Kollegen nach ihrer Arbeit.
PARTNER A benutzt Datenblatt A10, S. 150.
PARTNER B benutzt Datenblatt B10, S. 158.

G Schreiben Sie Ihre eigene Stellenbeschreibung. Tauschen Sie Informationen
über Ihr Aufgabengebiet mit anderen Kursteilnehmern aus.

4.5 Wie funktioniert das Gerät?

A Wie heißen die Teile eines Fotokopierers?

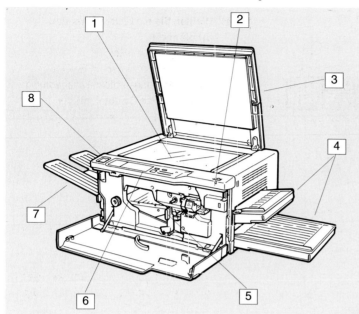

a) **Kopienauffang**
b) **Bedienfeld**
   Hier finden Sie die zur Bedienung des Kopierers nötigen Tasten und Anzeigen.
c) **Papierkassetten**
d) **Hauptschalter**
   Stellung „1": an.
   Stellung „2": aus.
e) **Grüner Hebel**
   Mit diesem Hebel können Sie gestautes Papier im Inneren des Kopierers lösen.
f) **Ablage für Heftklammern**
g) **Originalabdeckung**
h) **Vorlagenglas**

B Frau Richter erklärt dem Praktikanten Herrn Wenz, wie der Fotokopierer in der Vertriebsabteilung funktioniert. Welche Sätze spricht sie?

1 a) Hier kann man das Gerät ein- und ausschalten.
  b) Mit diesem Hauptschalter hier schalten Sie das Gerät ein.
2 a) Das Gerät ist nicht angeschlossen.
  b) Der Stecker ist nicht in der Steckdose.
3 a) Die Steckdose ist hier unter dem Schreibtisch.
  b) Hier schließt man das Gerät an.
4 a) Wenn Sie eingeschaltet haben, müssen Sie etwas warten, bis diese Anzeige grün leuchtet.
  b) Wenn Sie eingeschaltet haben, warten Sie einige Sekunden, bis das Gerät betriebsbereit ist.
5 a) Heben Sie die Abdeckung hoch und legen Sie den Text auf das Vorlagenglas.
  b) Öffnen Sie die Abdeckung und legen Sie den Text hier auf.
6 a) Schließen Sie die Abdeckung.
  b) Vergessen Sie nicht die Abdeckung zu schließen.
7 a) Wählen Sie die Kopienanzahl mit den Zahlentasten.
  b) Mit diesen Tasten hier stellen Sie die Kopienanzahl ein.
8 a) Dann drücken Sie die Starttaste – fertig!
  b) Dann drücken Sie den Startknopf – fertig!

LANGUAGE STUDY

1 In commands and instructions, the **imperative** is normally used. Find and underline all the verbs in the imperative form in **B**. What do you notice about the position of the verb in the sentence or clause?
2 The form of the imperative depends on the person you are talking to.
   If you are adressing one or more people with the formal *Sie*, you use the same form as the infinitive, followed by *Sie*.
   How would you give the instructions in **B** if you were addressing someone with the informal *you* in a) the singular b) the plural?

▶ 6.12

C PARTNER A: Bitten Sie Ihren Partner Ihnen zu zeigen, wie man den Fotokopierer benutzt.
PARTNER B: Mit Hilfe der Sätze in **B** erklären Sie, wie der Fotokopierer funktioniert.

D **1** Lesen Sie die Bedienungsanleitungen für ein Faxgerät und nummerieren Sie
sie in der richtigen Reihenfolge anhand der Piktogramme.

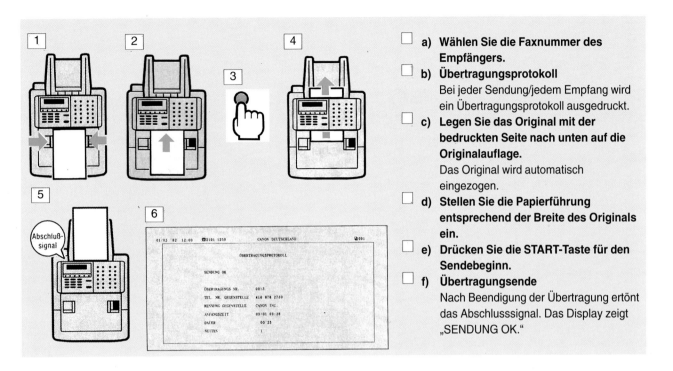

a) **Wählen Sie die Faxnummer des Empfängers.**

b) **Übertragungsprotokoll**
Bei jeder Sendung/jedem Empfang wird ein Übertragungsprotokoll ausgedruckt.

c) **Legen Sie das Original mit der bedruckten Seite nach unten auf die Originalauflage.**
Das Original wird automatisch eingezogen.

d) **Stellen Sie die Papierführung entsprechend der Breite des Originals ein.**

e) **Drücken Sie die START-Taste für den Sendebeginn.**

f) **Übertragungsende**
Nach Beendigung der Übertragung ertönt das Abschlusssignal. Das Display zeigt „SENDUNG OK."

2 Frau Kern erklärt Herrn Wenz, wie man das Faxgerät benutzt.
Kontrollieren Sie Ihre Antworten anhand der Kassette.

E PARTNER A: Sie haben folgende Probleme mit dem Fotokopierer:

1 Es ist kein Papier mehr im Fotokopierer. Sie wissen nicht, wie man es auffüllt.

2 Diese Anzeige leuchtet: 8⋀ Sie wissen nicht, was es bedeutet.

Bitten Sie eine/n Kollegen/Kollegin um Hilfe.

PARTNER B: Mit Hilfe der Stichwörter unten erklären Sie einem/einer neuen
Kollegen/Kollegin, was er/sie machen muss, damit der Fotokopierer wieder funktioniert.

PAPIERZUFUHR: 🗎 LEUCHTET

Papierkassette herausziehen/ca. 250 Blatt Papier
einlegen/darauf achten, dass das Papier unter den
Befestigungsecken liegt/Kassette in den Kopierer
zurückschieben/weiter kopieren

PAPIERSTAU: 8⋀ LEUCHTET

vordere Abdeckung öffnen/grünen Hebel nach links
umlegen/gestautes Papier vorsichtig herausziehen/
darauf achten, dass das Papier nicht reißt/Abdeckung
wieder zumachen/weiter kopieren

F **1** In den Texten in **B**, **D** und **E** kommen viele Verben vor, die wichtig sind, wenn man
ein Gerät bedienen oder seine Funktion erklären muss. Machen Sie eine Liste von
Verben, die Sie benutzen könnten, um die Funktion der folgenden Geräte zu erklären.

1 ein Kassettenrecorder   2 ein Videogerät   3 eine Kaffeemaschine   4 ein Overheadprojektor

2 Wählen Sie eins von diesen Geräten und erklären Sie Ihrem Partner, wie man es benutzt.

4.6 Wie finden Sie Ihre Arbeit?

A

1 Bei einer Kaffeepause im Büro sprechen Frau Kern, Frau Richter und der Praktikant, Herr Wenz, über ihre Einstellung zur Arbeit. Wer sagt was? Schreiben Sie *K*, *R* oder *W*.

1 „Wie ich Reklamationen hasse!"
2 „Unangenehme Telefongespräche mit Kunden mag ich nicht."
3 „Anfragen entgegennehmen, neue Produkte anbieten, solche Sachen mache ich gerne."
4 „Ich verhandle auch gern mit Kunden über Preise."
5 „Ich arbeite am liebsten selbstständig."
6 „Mir gefällt die Arbeit ganz gut."
7 „Geschäftsreisen für den Chef zu organisieren macht mir Spaß."
8 „Die langen Arbeitsstunden mag ich nicht."
9 „Die Ablage machen finde ich todlangweilig!"
10 „Bei Sitzungen führe ich nicht gern Protokoll."
11 „Ich arbeite gern hier, denn die Arbeit ist sehr abwechslungsreich."
12 „Das Beste an dem Job sind die netten Kollegen!"

2 Wem gefällt die Arbeit besser, Frau Kern oder Frau Richter?

LANGUAGE STUDY

Find examples in **A** of these ways of expressing likes and dislikes.
1 verb + *(nicht) gern(e)*
   This is the commonest way of saying *I like/don't like **doing** something.* ▶ 4.10
2 the modal verb *mögen* + noun object
   Note that *mögen* is most often used with a negative. ▶ 6.4
3 *jdm gefallen*
   Can you identify the **subject** and **object** of the verb in the example?
   What case is the object in?
   Note that *gefallen* is most often used for first impressions, eg:
      Mir gefällt das neue Büro nicht. ▶ 6.14

B

1 Schreiben Sie möglichst viele Sätze über Ihre Einstellung zur Arbeit.
(Wenn Sie noch nicht berufstätig sind, wählen Sie eine Stelle aus **4.4**.)
Benutzen Sie folgende Fragen.

   Gefällt Ihnen Ihre Arbeit? / Arbeiten Sie gern bei der Firma?
   Welche Aufgaben machen Sie gern/nicht gern?
   Was machen Sie am liebsten?
   Was gefällt Ihnen am besten an Ihrer Stelle? / Was gefällt Ihnen nicht so gut?

Beispiele:
   Ich mache gern/nicht gern Kundenbesuche.
   Ich nehme gern/nicht gern an Besprechungen teil.
   Ich telefoniere gern/nicht gern.
   Ich arbeite gern/nicht gern am Computer/im Büro.
   Am besten gefällt mir die selbstständige Arbeit.
   Routinearbeiten mag ich nicht.
   Ich reise nicht gern/übernachte nicht gern im Hotel.

2 Vergleichen Sie Ihre Einstellung zur Arbeit mit Ihrem Partner.

C Man arbeitet besser, wenn das Arbeitsklima gut ist, d.h. wenn man mit seinen Kollegen und Vorgesetzten gut auskommt. Welche der folgenden Eigenschaften sind Ihrer Meinung nach besonders wichtig für einen Vorgesetzten? Einen Kollegen?

Beispiel: Ein Vorgesetzter soll zugänglich sein.

teamfähig	hilfsbereit	ehrgeizig	geduldig
zuverlässig	einsatzbereit	sympathisch	gelassen
fair	freundlich	genau	höflich	gutmütig
zugänglich	humorvoll	flexibel	intelligent

D

In der Kantine lernt Wolfgang Wenz den Praktikanten Udo Petzold kennen. Sie unterhalten sich über das Arbeitsklima in ihren Abteilungen.

1 Wie lange arbeitet Udo Petzold schon bei der Firma?
2 In welcher Abteilung arbeitet er zur Zeit?
3 Ist das Arbeitsklima in der Abteilung gut oder schlecht?
4 Wie findet Udo seinen Chef, Herrn Swoboda, und die Kollegen Herrn Marek und Herrn Uhl?
5 Wie beschreibt Wolfgang Wenz das Arbeitsklima in seiner Abteilung?

> **CULTURE BRIEF**
>
> Notice that the two trainees use the informal *du*, not the formal *Sie*, to address each other. This indicates a degree of equality and intimacy. The use of the *du* form is more common among colleagues today than it was. However, always use the *Sie* form yourself and wait until you are invited before switching to *du*!

E Die Tabelle unten zeigt die Ergebnisse einer Mitarbeiterbefragung bei einem großen deutschen Unternehmen. Die Prozentzahlen drücken aus, für wie viele der Befragten die Aussagen zutreffen.

Einflussfaktoren für gutes und schlechtes Betriebsklima

➕		➖	
Man arbeitet gut zusammen.	82%	Ich kann die Kollegen nicht um Rat fragen.	15%
Man hilft sich gegenseitig.	73%	Man informiert sich zu wenig gegenseitig.	12%
Ich fühle mich im Kollegenkreis sehr wohl.	58%	Man hat zu wenig Freiraum, die Arbeit selbst zu gestalten.	11%
Wir treffen uns auch privat.	48%	Wir konkurrieren fast immer miteinander.	8%
Wir versuchen, die Arbeit selbstständig aufzuteilen.	46%	Man macht oft Doppelarbeit, weil man zu wenig miteinander spricht.	7%
Wir halten in allen Situationen zusammen.	30%	Meist herrscht ein gespanntes Klima.	6%

1 Wie würden Sie das Arbeitsklima bei dieser Firma beurteilen?

a) sehr gut
b) gut
c) könnte besser sein
d) nicht gut

2 Mit Hilfe der Befragungsergebnisse nummerieren Sie folgende Faktoren in Rangordnung (von sehr wichtig bis weniger wichtig).

☐ private Kontakte mit den Kollegen
☐ selbstständige Arbeitsaufteilung
☐ effektive Kommunikation
☐ nette Kollegen
☐ gute Zusammenarbeit
☐ Teambewusstsein

F 1 Welche von den Aussagen in der Tabelle oben treffen für Ihre Firma/Schule zu?

2 Wenn das Arbeitsklima schlecht ist, wie könnte man versuchen es zu verbessern? Machen Sie Vorschläge.

Feiertage und Öffnungszeiten

Im Vergleich zu anderen Ländern ist die Zahl der Feiertage in der Bundesrepublik Deutschland relativ hoch. Die meisten dieser Feiertage sind religiöse Feste. Deshalb gibt es manchmal Unterschiede von Land zu Land je nach Konfession (katholisch oder protestantisch). Außerdem gibt es politisch begründete Feiertage wie z.B. den 1. Mai (Tag der Arbeit).
NB Die Daten von einigen Feiertagen sind vom Kalender abhängig. In dieser Tabelle sind nur die unveränderlichen Daten angegeben.

1 Füllen Sie die Spalte für Ihr Land aus. Haben Sie noch weitere Feiertage in Ihrem Land?
2 Vergleichen Sie die Zahl der Feiertage in Ihrem Land mit Deutschland, Österreich und der Schweiz.

Gesetzliche und religiöse Feiertage

		Deutschland	Österreich	Schweiz	Großbritannien	Frankreich	Italien	Spanien	Dänemark	Niederlande	Schweden	Norwegen	Finnland
1. Januar	Neujahr	■	■	■									
6. Januar	Heilige Drei Könige	■	■										
-	Karfreitag	■		■									
-	Ostersonntag	■	■	■									
-	Ostermontag	■	■	■									
1. Mai	Maifeiertag	■	■	■									
-	Christi Himmelfahrt	■	■	■									
-	Pfingstsonntag	■	■	■									
-	Pfingstmontag	■	■	■									
-	Fronleichnam	■	■	■									
1. August	Nationaler Feiertag			■									
15. August	Mariä Himmelfahrt	■	■	■									
3. Oktober	Tag der Deutschen Einheit	■											
26. Oktober	Nationaler Feiertag		■										
1. November	Allerheiligen	■	■										
2. November	Allerseelen		■										
-	Buß- und Bettag	■											
8. Dezember	Mariä Empfängnis		■	■									
25. Dezember	1. Weihnachtstag	■	■	■									
26. Dezember	2. Weihnachtstag	■	■	■									

Vergleichen Sie Ihre Ladenschlusszeiten mit anderen europäischen Ländern. Glauben Sie, dass Geschäfte bis spät/sonntags geöffnet sein sollen? Was sind die Vor- und Nachteile?

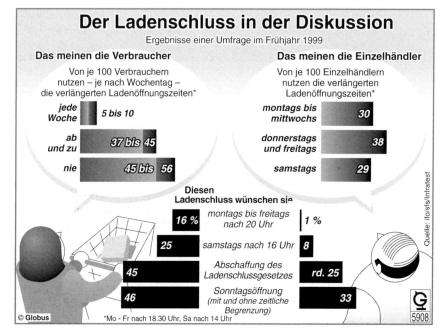

Der Ladenschluss in der Diskussion
Ergebnisse einer Umfrage im Frühjahr 1999

Seit 1996 sind die Ladenschlusszeiten in Deutschland liberalisiert. Immer wieder wird die Aufhebung der Ladenschlusszeiten gefordert. Jeder Geschäftsinhaber sollte tun können, was er für richtig hält – so wie in Frankreich, Griechenland, Schweden oder Spanien. Hier ist es den Tarifpartnern überlassen, wie die Verkaufszeiten eingeteilt werden. Aktuelle Informationen finden Sie z.B. unter dem Stichwort „Ladenschluss" bei der folgenden Metasuchmaschine:

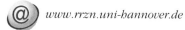 *www.rrzn.uni-hannover.de*

Ansprüche junger Menschen an Arbeit und Beruf im Jahresvergleich

Wichtige Dinge an einer späteren Arbeit / Berufstätigkeit sind für mich ...

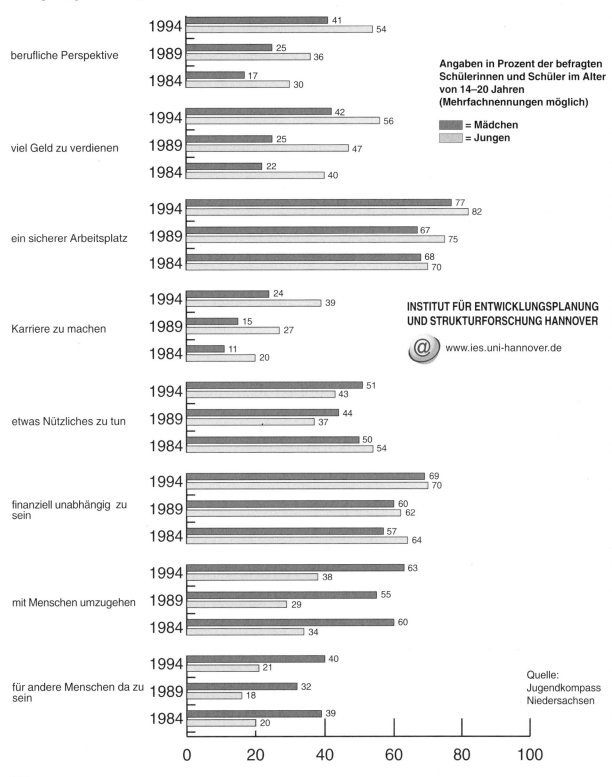

Angaben in Prozent der befragten
Schülerinnen und Schüler im Alter
von 14–20 Jahren
(Mehrfachnennungen möglich)

▇ = Mädchen
☐ = Jungen

INSTITUT FÜR ENTWICKLUNGSPLANUNG
UND STRUKTURFORSCHUNG HANNOVER

@ www.ies.uni-hannover.de

Quelle:
Jugendkompass
Niedersachsen

Die Berufswahl wird nicht nur von den Verhältnissen am Arbeitsmarkt beeinflusst, sondern auch von den persönlichen Zukunftsvorstellungen und Wertorientierungen der Jugendlichen, wie die Ergebnisse mehrerer Meinungsumfragen unter jungen Menschen in Deutschland zeigen.

1 Sehen Sie sich zuerst die Präferenzen der Mädchen und Jungen an. Was ist wichtiger für Mädchen bzw. Jungen in Bezug auf den Beruf?

2 Schauen Sie jetzt den Jahresvergleich an. Welche Ziele waren in den 80er Jahren wichtiger als in den 90er Jahren? Gab es einen merklichen Wandel in den Wertorientierungen junger Menschen?

3 Wählen Sie fünf Punkte, die für Sie im Berufsleben besonders wichtig sind. Dann vergleichen Sie Ihre Liste mit Ihrem Partner.

5 Am Telefon

By the end of this unit, you'll be able to
- dial an international call
- get through to the right person and arrange a return call
- state your business and find out who to speak to
- leave a message and understand recorded messages

You'll also find out about the impact of the communications revolution on the workplace.

5.1 Das Auslandsgespräch

A **1** Lesen Sie folgende Texte. Was bedeuten die <u>unterstrichenen</u> Wörter in Ihrer Sprache?

Rund ums Telefon

Anrufe aus dem Ausland

Wenn Sie vom Ausland zu Hause oder in ein anderes Land anrufen wollen, wählen Sie zunächst die <u>Vorwahl</u> für ein internationales Gespräch. Sie ist abhängig vom Land, aus dem Sie telefonieren (oft <<00>>, wie aus Deutschland, aus den USA z.B. <<001>>). Wählen Sie dann die <u>Kennzahl</u> 49 für Deutschland. Es folgt die <u>Ortsnetzkennzahl</u> (ohne die erste 0) und die <u>Rufnummer des Teilnehmers</u>. Also in der Reihenfolge: internationale Vorwahl, Land, Ort, Teilnehmer.

■ Manchmal müssen Sie nach der Landeskennzahl erneut einen <u>Wählton</u> abwarten, bevor Sie weiterwählen.

Zeichenerklärung

Es bedeuten:

432-1 **543-0** **654-01** **765-00**	Rufnummern von Telefonanlagen mit <u>Durchwahl</u>. Wenn Sie -1, -0, -01 oder -00 nach der Rufnummer wählen, erreichen Sie die <u>Nebenstellenvermittlung</u> (die Zentrale).
432-516	Durchwahlnummer einer <u>Nebenstelle</u>. Wenn die Nummer der Nebenstelle bekannt ist, lässt man nach der Rufnummer die -0/-1 weg und wählt die Durchwahlnummer.
☎ 65 43 21	Anschluss mit einem automatischen <u>Anrufbeantworter</u> bzw. Auskunftgeber.

Selbstwahl für Deutschland, Österreich und die Schweiz

Internationale Vorwahl von		Landeskennzahl (Landesvorwahl)		Ortsnetzkennzahl (Ortsvorwahl) z.B.:	
GB	00	D	49	Berlin	(0)30
DK	00			Bonn	(0)2 28
I	00			München	(0)89
F	19	A	43	Wien	(0)1
S	009	CH	41	Genf	(0)22

2 Beantworten Sie die Fragen mit Hilfe der Informationen oben.

1 Die Firma Vontobel hat die Telefonnummer (41) 022/9 25 11 41.
   - Identifizieren Sie die Landeskennzahl, die Ortsnetzkennzahl und die Rufnummer.
   - In welchem Land ist die Firma?
   - Was wählen Sie, wenn Sie die Firma aus Deutschland anrufen?
2 Wenn man die Nummer 84 00 03-43 wählt, erreicht man a) eine Nebenstelle b) die Zentrale?
3 Bei welcher Nummer kann man eine Nachricht hinterlassen?
   a) (☎ 0 40) 0 78 74 64   b) (04 21) 1 47 78

B

Elke Novak, Auszubildende bei einer österreichischen Firma, muss Frau Seidel bei
der Firma Gummimeyer in München anrufen. Die Nummer ist 17 33 - 24.
Eine Kollegin erklärt, wie man das macht. Vervollständigen Sie den Text mit Hilfe
der Informationen links, dann kontrollieren Sie Ihre Antworten anhand der Kassette.

„ Sie wählen zuerst die (1)..., also von uns aus 00.
Dann wählen Sie die (2)..., das heißt 49 für
Deutschland.

Danach kommt die (3)... für München. Sie lassen da
die (4)... weg und wählen also 89.

Dann kommt die (5)... der Firma, also 17 33. Auf
diesem Brief steht auch Frau Seidels (6)... . Wenn Sie
direkt nach der (7)... -24 wählen, erreichen Sie
Frau Seidel direkt.
So, alles klar? Oder soll ich's wiederholen? Also,
noch einmal ... „

C

Erklären Sie Ihrem Partner, wie man folgende
Firmen von Ihrem Land aus anruft.

1 Zimmerli & Co. AG in Basel, Tel. (0 61) 2 43 31 95
2 Frau Wittich bei Gerberich GmbH in Bonn,
   Tel. (02 28) 16 78 - 34

D

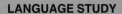

Vier Personen in Deutschland rufen die
internationale Auskunft an, um nach einer
Telefonnummer zu fragen. Notieren Sie die
Nummern.

1 Flora-Print, Wien	3 UNISYS España, Madrid
2 Intrex Trading, Paris	4 International Watch & Co., Schaffhausen

---

LANGUAGE STUDY

In German the dialling code (*die Vorwahl*) is always given in individual digits. The actual
number (*die Rufnummer*) can be given in individual digits or in pairs, eg:
(0 89) 2 33 16   null acht neun - zwei (zwo) - drei drei - eins sechs *or*
                    null acht neun - zwei (zwo) - dreiunddreißig - sechzehn
Tip! When noting a telephone number given in pairs, try writing down the figures as you
hear them, ie back to front!

E

Vergleichen Sie Ihre Antworten in **D** mit Ihrem Partner. Benutzen Sie diese Ausdrücke.

Was ist die Telefonnummer der Firma ...? Geben Sie mir bitte die Nummer von ...	Sie wählen ... für [Österreich]. Die Vorwahl für [Wien] ist ... , die Rufnummer ist ...
Könnten Sie das in einzelnen Ziffern sagen? Bitte langsamer.	Haben Sie das? / Soll ich das wiederholen? Also, ich wiederhole ...

F

Rufen Sie die nationale Auskunft an.
PARTNER A benutzt Datenblatt A11, S. 151.
PARTNER B benutzt Datenblatt B11, S. 159.

5.2 Kann ich Herrn Schuster sprechen?

A **1** Hören Sie zu und identifizieren Sie die Signaltöne des deutschen Telefonnetzes (1 - 3).

	Töne im Inlandsverkehr	Bedeutung
a)	t ü ü ü ü ü ü	**Wählton:** Bitte wählen.
b)	tüüt tüüt	**Freiton:** Der erreichte Anschluss ist frei und wird gerufen.
c)	tüt tüt tüt tüt tüt tüt	**Besetztton:** Der erreichte Anschluss oder die Leitungswege sind besetzt.
d)	tüt tüt tüt tüt	**Aufschalteton:** Die deutsche Telekom hat sich eingeschaltet (z.B. beim Eingrenzen von Störungen).
e)	t ü ü ü ü ü ü	**Datenton:** (anhaltend hoher Ton): Anschluss für Datenübertragung oder Telefaxanschluss mit automatischer Empfangsstation ist angewählt.

2 Sie hören vier automatische Hinweisansagen. Vervollständigen Sie die Sätze, dann kontrollieren Sie Ihre Antworten anhand des Hörtextes.

1 „Kein ... unter dieser Nummer.“
2 „Die Rufnummer des ... hat sich ... . Bitte ... Sie 6 72 85 60.“
3 „Die ... für Hinterliederbach hat sich ... . Bitte ... Sie vor der ... 20.“
4 „Alle ... sind zur Zeit ... . Bitte ... Sie nicht ... ! Sie werden gleich ... !“

B Sie hören den Anfang von drei Telefongesprächen. Beantworten Sie die Fragen zu jedem Gespräch.

Anruf 1
1 Welche Firma ruft Frau Henrik an?
2 Wen möchte sie sprechen?

Anruf 3
1 Welche Firma wollte der Anrufer?
2 Warum erreicht er die Firma nicht?

Anruf 2
1 Aus welchem Land ruft Herr Werner an?
2 Ist Frau Pfeiffer gleich zu sprechen?

C Üben Sie ähnliche Dialoge mit Hilfe der Sprachmuster.

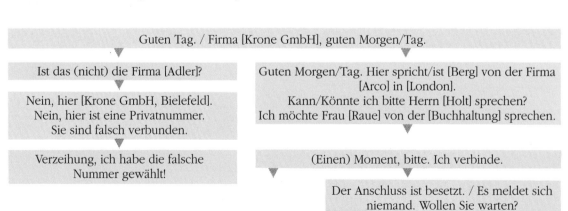

LANGUAGE STUDY

Compare these examples.
Herr Schuster arbeitet bei Videco.
Kann ich **Herrn** Schuster sprechen?
Herr is one of a small group of masculine nouns that ends in *-n/-en* in all forms except the nominative. Can you think of any more examples? Eg:
Kollege (-n, -n), Kunde (-n, -n)   ▶ 2.4

D In folgenden drei Anrufen bei der Firma Braun sind die Gesprächspartner im Moment nicht zu erreichen. Notieren Sie zu jedem Gespräch:

1 den Namen des gewünschten Gesprächspartners
2 warum der Gesprächspartner nicht zu erreichen ist
3 wann der Anrufer wieder anruft

E Üben Sie ähnliche Dialoge mit Hilfe der Sprachmuster und der Zeitangaben.

> [Steinke], Apparat [Müller] / Büro [Bach], guten Tag. / [Linz] (am Apparat).

> Ich möchte bitte Herrn/Frau [Müller] sprechen. / Ist das Herr/Frau [Bach]?

> Herr/Frau [Müller] ist im Moment leider nicht da/in einer Besprechung/auf Geschäftsreise.

> Soll ich etwas ausrichten? / Kann ich Ihnen helfen?   Wollen Sie zurückrufen?

> Nein, danke. (Ich muss ihn/sie persönlich sprechen.)   Wann kann ich ihn/sie erreichen? Können Sie mir sagen, wann ich ihn/sie erreichen kann? Wissen Sie, ob er/sie diese Woche wieder im Büro ist?

> Sie könnten es [in einer halben Stunde/gegen 16.00 Uhr] wieder probieren. Am besten rufen Sie [morgen] zurück. (Er/Sie ist ab [8.30 Uhr] im Büro.) Er/Sie ist [(erst) nächsten Montag] wieder da.

> Gut, dann rufe ich ... wieder an. Vielen Dank, auf Wiederhören.

ZEITANGABEN FÜR DEN RÜCKRUF

Sie können ...
etwas später/in 10 Minuten/in zwei Stunden
nach der Mittagspause/nach 14.00 Uhr
heute Nachmittag
            ... zurückrufen.

Er/Sie ist (erst) ...
übermorgen/am Freitag/Montag
nächsten Dienstag/Donnerstag
nächste Woche
            ... wieder im Büro.

LANGUAGE STUDY

1 What does *erst* mean in these examples?
   Er ist **erst** übermorgen wieder im Büro.
   Ich arbeite **erst** seit zwei Monaten bei der Firma.   ▶ 9.4
2 Study these examples of indirect questions.
   Können Sie mir sagen, **wann er wieder da ist?**
   Wissen Sie, **ob er morgen im Büro ist?**
   Can you form the direct questions? What does *ob* mean?   ▶ 7.7

F Spielen Sie weitere Telefongespräche.
PARTNER A benutzt Datenblatt A12, S. 151.
PARTNER B benutzt Datenblatt B12, S. 159.

5.3 Mit wem spreche ich am besten?

> **TELEPHONE TIP**
>
> Before making a phone call in a foreign language, work out beforehand what you are going to say, particularly if you need to state your business to the switchboard operator. Be as brief as possible, so that you can be transferred quickly. Once you are given the name of a person or department to speak to, note it down, as this is your toehold within the organisation. And if you are phoning about an order or delivery, always have the relevant documentation to hand.

A **1** Wenn man nicht weiß, mit wem man in einer Organisation sprechen soll, muss man der Zentrale den Grund seines Anrufs kurz erklären. Sie hören den Anfang von drei Anrufen nach Deutschland. Beantworten Sie die Fragen zu jedem Gespräch.

1 Was ist der Grund des Anrufs?
2 Mit wem/mit welcher Abteilung wird der Anrufer verbunden?

2 Hören Sie noch einmal zu. Welche Sätze benutzen die Sprecher?

Dialog 1

| Ich möchte gern Informationsmaterial | über | Ihre Konferenzeinrichtungen. |
| Ich brauche einige Informationen | | Ihre Firma. |

Können Sie mir das schicken? / Wer kann mir das senden?

Ich verbinde Sie mit der Bankettabteilung/der Öffentlichkeitsabteilung.

Dialog 2

Ich muss eine Lieferung reklamieren.
Es geht um die Reklamation einer mechanischen Presse.

Mit wem spreche ich am besten darüber? / Wer kann mir da helfen?
▼
Ich verbinde Sie mit dem Kundendienst/der Verkaufsabteilung.

Dialog 3

Es handelt sich um eine Rechnung. / Ich rufe an wegen einer Rechnung.
Mit wem kann ich darüber sprechen? / Wer ist dafür zuständig?
▼
Ich verbinde Sie mit Herrn ... von der Buchhaltung/vom Finanzwesen.
▼
Es geht um Folgendes: Mit Ihrer letzten Rechnung gibt es ein Problem.
Ich habe eine Frage zu Ihrer letzten Rechnung Nr. ...
▼
Da sprechen Sie am besten mit ... . Ich verbinde Sie weiter.
Ich verbinde Sie mit Frau ... weiter.

LANGUAGE STUDY

Study these examples.
  Es handelt sich/geht **um** einen Auftrag/eine Reklamation/Folgendes.
  Ich rufe an **wegen** eines Auftrags/einer Rechnung/eines Angebots.
  Ich habe eine Frage **zu** Ihrem letzten Auftrag/unserer Bestellung/Ihrem Angebot.
What cases do the prepositions *um*, *wegen* and *zu* take? ▶ 5

B   Mit Hilfe der Ausdrücke in **A** spielen Sie abwechselnd die Rolle von Anrufer und
Zentrale in folgenden Situationen. Anrufer, fassen Sie sich kurz!

ANRUFER: Sie rufen die Firma Dresselhaus, München, aus folgenden Gründen an:
1   Sie interessieren sich für die Produkte der Firma, die Sie bei der Hannover-
Messe gesehen haben, und möchten die neueste Broschüre mit Preisliste haben
bzw. die Adresse einer Vertretung in Ihrem Land.
2   Ihr Lagerbestand an Kaffeemaschinen geht bald zu Ende. Ihr jetziger Lieferant
kann im Moment nicht liefern. Sie möchten ein Angebot für 100 Stück.
3   Die Lieferung Ihres Auftrags Bestell-Nr. 281/A ist gerade eingetroffen.
Einige der bestellten Produkte sind defekt.
4   Sie haben vor zwei Wochen eine Bestellung über Ersatzteile aufgegeben
(Bestell-Nr. 361-10), aber noch keine Bestätigung erhalten. Sie brauchen die
Ersatzteile dringend.
5   Die Lieferung Ihres Auftrags Nr. AM/89 ist noch nicht eingetroffen und Sie
möchten wissen, wo sie bleibt. Sie haben Kunden, die schon seit einigen
Wochen auf die Ware warten.
6   Sie haben vor sieben Wochen Ware geliefert und warten noch auf Zahlung
Ihrer Rechnung Nr. 98106.
ZENTRALE: Verbinden Sie den Anrufer mit der richtigen Abteilung:
der Kundendienst / die Verkaufsabteilung / die Öffentlichkeitsabteilung /
die Buchhaltung / die Marketing-Abteilung / die Versandabteilung

C   Am Telefon muss man oft Namen und Adressen buchstabieren.
Buchstabieren Sie folgende Namen mit dem Telefonalphabet.

1   Jäger   2   Münch   3   Swarowski   4   Zeiss   5   Weyhe   6   Quantas

---

Buchstabiertafel Inland

A	=	Anton	G	=	Gustav	O	=	Otto	U	=	Ulrich
Ä	=	Ärger	H	=	Heinrich	Ö	=	Ökonom	Ü	=	Übermut
B	=	Berta	I	=	Ida	P	=	Paula	V	=	Viktor
C	=	Cäsar	J	=	Julius	Q	=	Quelle	W	=	Wilhelm
Ch	=	Charlotte	K	=	Kaufmann	R	=	Richard	X	=	Xanthippe
D	=	Dora	L	=	Ludwig	S	=	Samuel/Siegfried	Y	=	Ypsilon
E	=	Emil	M	=	Martha	Sch	=	Schule	Z	=	Zacharias/Zeppelin
F	=	Friedrich	N	=	Nordpol	T	=	Theodor			

Beispiele
Bach: B wie Berta, A wie Anton, C wie Cäsar, H wie Heinrich *oder* Berta, Anton, Charlotte
Tøbol: Theodor, Otto mit Strich, Berta, Otto, Ludwig

D   Eine Mitarbeiterin einer französischen Firma ruft eine Firma in Deutschland an,
um sich einen Katalog schicken zu lassen. Notieren Sie ihren Namen und die
Adresse ihrer Firma. Dann vergleichen Sie Ihre Notizen mit Ihrem Partner.

E   Wählen Sie eine dieser Firmen. Stellen und beantworten Sie folgende Fragen am Telefon.

Kühlmann & Blasius
Rolladen-Fabrikation
Hemelinger Str. 30
85551 Kirchheim bei München
Tel. (0 89) 9 21 12 48
www.kuehlmann.de

Wie heißt Ihre Firma?
Was ist die Adresse?
Wie schreibt man das? /
Können Sie das buchstabieren?

Wöbse & Co
Kunstglaserei
Bayreuther Str. 89
41189 Mönchengladbach
Fon: (021 66) 4 10 57
Fax: (021 66) 4 10 58

F   Spielen Sie weitere Telefongespräche.
PARTNER A benutzt Datenblatt A13, S. 151. PARTNER B benutzt Datenblatt B13, S. 159.

5.4 Eine Nachricht hinterlassen

A Sie hören den Anfang von drei Telefongesprächen. Aus welchem Grund ist der gewünschte Gesprächspartner nicht zu erreichen?

Er/Sie ...   ... ist krank.   ... ist beim Mittagessen.

... ist in einer Sitzung.   ... ist heute nicht im Haus.   ... ist auf Dienstreise.   ... ist nicht an seinem/ihrem Platz.   ... spricht auf der anderen Leitung.

B 1 In den folgenden drei Telefongesprächen hinterlässt der Anrufer eine Nachricht. Vergleichen Sie Gespräch 1 und 2 mit der entsprechenden Notiz und korrigieren Sie eventuelle Fehler.

TELEPHONE TIP

When taking German phone messages, try to write it all down in German. If you didn't quite understand it at the time, you can work out its meaning after the phone call.

1

☎ Gesprächsnotiz

An Herrn Kaderli

☐ Herr ☑ Frau Dupont
Firma: AVN
Straße: Ort: Lyon
Tel.-Nr.: 33 24 79 36 80   Datum: 14.3.
Uhrzeit: 7 8 9 <u>10</u> 11 12 13 14 15 16 17 18

☑ hat angerufen
☑ erbittet Rückruf
☐ ruft wieder an am/um
☐ erbittet Besprechungstermin am/um

Betrifft: Einen Besuchstermin.
         Ist bis 17.00 Uhr im Büro.
Aufgenommen: Zimmermann

2

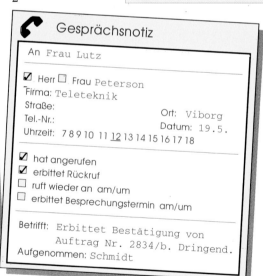

☎ Gesprächsnotiz

An Frau Lutz

☑ Herr ☐ Frau Peterson
Firma: Teleteknik
Straße: Ort: Viborg
Tel.-Nr.:   Datum: 19.5.
Uhrzeit: 7 8 9 10 11 <u>12</u> 13 14 15 16 17 18

☑ hat angerufen
☑ erbittet Rückruf
☐ ruft wieder an am/um
☐ erbittet Besprechungstermin am/um

Betrifft: Erbittet Bestätigung von
         Auftrag Nr. 2834/b. Dringend.
Aufgenommen: Schmidt

2 Schreiben Sie die dritte Nachricht selbst auf. Dann vergleichen Sie Ihre Notizen mit Ihrem Partner.

LANGUAGE STUDY

Study these examples.
   Sagen Sie ihm/ihr/Herrn/Frau ...,
   dass ich angerufen habe.
   dass ich bis 18.00 Uhr im Büro zu erreichen bin.
   dass wir den Auftrag erhalten haben.
The word *dass* introduces an indirect statement. Can you form the direct statements?   ▶ 7.5

C **1** Üben Sie ähnliche Dialoge mit Hilfe der Sprachmuster.

Büro Herr/Frau [Kaderli], guten Tag. / Zimmermann (am Apparat).

Hier spricht/ist ... . Kann ich bitte Herrn/Frau [Kaderli] sprechen?

Herr/Frau ... ist (leider) mit einem Kunden zusammen/hat heute einen Tag Urlaub/...

Soll ich etwas ausrichten?
Wollen Sie ihm/ihr eine Nachricht hinterlassen?

Könnten Sie ihm/ihr etwas ausrichten?
Könnte ich eine Nachricht hinterlassen?

Aber gern! / Natürlich! / Selbstverständlich!

(Ja.) Sagen Sie bitte Herrn/Frau ..., dass ich angerufen habe.
Es geht um einen Besuchstermin/Ihren Auftrag Nummer ... /Ihre letzte Lieferung.
Könnte er/sie mich (sobald wie möglich) zurückrufen?
(Ich bin bis [17.00] im Büro zu erreichen. / Es ist (nicht) dringend.)

Ist gut. Wiederholen Sie Ihren Namen, bitte. ▷ Mein Name ist ... . Ich buchstabiere: ...

Und von welcher Firma sind Sie? ▷ Von der Firma ...

Was ist Ihre Telefonnummer?
Hat Herr/Frau ... Ihre Telefonnummer?
▷
Die Telefonnummer ist ...
Ja, aber ich gebe Sie Ihnen noch mal durch: ...

In Ordnung, Herr/Frau ... . Ich sage Herrn/Frau ... Bescheid. / Das richte ich Herrn/Frau ... aus.

2 Hinterlassen Sie Telefonnachrichten und nehmen Sie welche entgegen.
Dann vergleichen Sie Ihre Notizen mit Ihrem Partner.
PARTNER A benutzt Datenblatt A14, S. 151.
PARTNER B benutzt Datenblatt B14, S. 159.

...BITTE SPRECHEN SIE NACH DEM SIGNALTON...

D Sie hören drei Ansagen auf Anrufbeantwortern.
Beantworten Sie die Fragen zu jeder Ansage.

Ansage 1: Firma Wollgast & Co.
1 Warum ist das Büro geschlossen?
2 Wenn Sie eine Nachricht hinterlassen,
  wann können Sie einen Rückruf
  erwarten?

Ansage 2: Firma Klaus Forsbach
1 Wann ist das Büro geöffnet?
2 Welche Einzelheiten sollen Sie in einer
  Nachricht angeben?

Ansage 3: Jochen Schmidt
1 Warum hören Sie den Anrufbeantworter?
2 Sie müssen Herrn Schmidt dringend sprechen.
  Welche Nummer wählen Sie?

E Schreiben Sie eine Nachricht, die Sie auf einem Anrufbeantworter hinterlassen können.
Benutzen Sie diese Notizen. Nehmen Sie Ihre Nachricht eventuell auf Band auf.

1
Name/Firma: ...
Datum/Uhrzeit: ...
Nachricht für: Frau Doliwa
Grund des Anrufs: Ankunft Montag
15.10 Uhr Frankfurter Flughafen,
Flugnummer LH 103. Abholen?
Bitte zurückrufen.

2
Name/Firma: ...
Datum/Uhrzeit: ...
Nachricht für: Herrn Fromme
Grund des Anrufs: Nächsten
Dienstag in Nürnberg. Treffen
möglich? Bitte zurückrufen um
passenden Termin zu vereinbaren.

Können Sie die folgenden Fragen anhand des Textes und der Schaubilder beantworten?

Welche Konsequenzen hat die Multimedia-Revolution für ...
... den Arbeitsplatz?
... die Organisation der Arbeit?
... die Berufsmöglichkeiten der Zukunft?
... die Arbeitgeber?

DIE INFOTECHNIK REVOLUTIONIERT DIE BERUFE.

Unabhängigkeit vom Büro, Zugang zu Expertenwissen und Teamwork werden bald für alle Berufstätigen Realität. Für einige hat das neue Arbeiten schon begonnen

„Ich arbeite, wann und wo es mir gefällt."

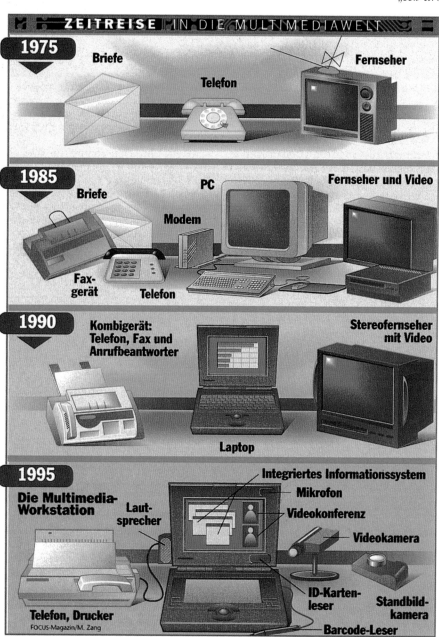

ZEITREISE IN DIE MULTIMEDIAWELT

1975
Briefe
Telefon
Fernseher

1985
Briefe
Modem
PC
Fernseher und Video
Faxgerät
Telefon

1990
Kombigerät: Telefon, Fax und Anrufbeantworter
Stereofernseher mit Video
Laptop

1995
Die Multimedia-Workstation
Lautsprecher
Integriertes Informationssystem
Mikrofon
Videokonferenz
Videokamera
ID-Karten-leser
Standbildkamera
Telefon, Drucker
FOCUS-Magazin/M. Zang
Barcode-Leser

In der neuen Arbeitswelt stehen formationen und Experten-Know-h allen Arbeitnehmern zur Verfügung.

Selbstständig wickeln sie in imn neuen Teams unterschiedliche Proje ab. Dabei sind sie nicht mehr an herkömmlichen Büros und Arbeitszei gebunden: die Multimedia-Workstat lässt sich auch zu Hause an den In mations-Highway anschließen.

„In der Kommunikationsbranc können bis zu fünf Millionen ne Arbeitsplätze entstehen", schätzt U ternehmensberater Roland Berger. (eine Million davon sind völlig ne Berufe wie Netzwerkintegrator oc Bildschirmdesigner.

Eigentlich gute Aussichten für beitnehmer. Doch mit den Chanc steigen auch die Anforderungen. [Umgang mit modernen Kommunik tionsmitteln wie elektronischer P (E-Mail), Videokonferenzen oder c gemeinsamen Arbeit an räumlich g trennten Computern gerät zur unv meidbaren Notwendigkeit.

Teams bilden sich, die gemeinsa Probleme lösen. Diese Arbeitswe wird bald für die meisten Berufstätig alltägliche Realität sein. „Schon he ist der Projektmanager der meistg suchte Job in deutschen Unternehmen", erklärt Heike Huck, Geschäftsführerin der Perrsonalberatung SCS in Frankfurt.

„Die Arbeit in Projektteams erfordert Flexibilität, Organisationstalent und Kommunikationsfähigkeit", definiert Huck die wichtigsten Qualifikationen der Zukunft.

Revol
der Ar
alte Be
werc
frise
defin
neu
entste

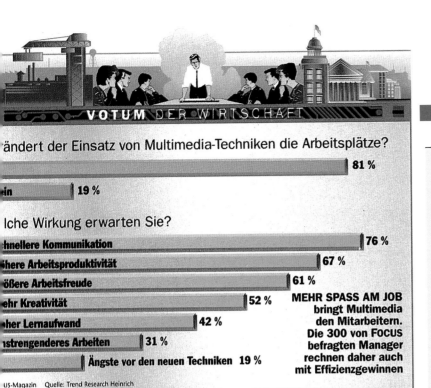

VOTUM DER WIRTSCHAFT

ändert der Einsatz von Multimedia-Techniken die Arbeitsplätze?

- 81 %
- in 19 %

lche Wirkung erwarten Sie?

- hnellere Kommunikation — 76 %
- here Arbeitsproduktivität — 67 %
- ößere Arbeitsfreude — 61 %
- ehr Kreativität — 52 %
- her Lernaufwand — 42 %
- nstrengenderes Arbeiten — 31 %
- Ängste vor den neuen Techniken — 19 %

MEHR SPASS AM JOB bringt Multimedia den Mitarbeitern. Die 300 von FOCUS befragten Manager rechnen daher auch mit Effizienzgewinnen

US-Magazin   Quelle: Trend Research Heinrich

üros sind nicht mehr nötig. Denn ver ständig neue Aufgaben mit ande-en Partnern erledigt, muss seinen On-ne-Computer nicht unbedingt am esten Arbeitsplatz in der Firma stehen aben. Er kann überall dort arbeiten, wo in Anschluss an die Datenautobahn xistiert. So zum Beispiel die 75 Mitarbeiter der Werbeagentur Rauser in Reutlingen: Nur fünf sind ständig im Unternehmen, die anderen brüten zu Hause über Kampagnen. In den USA vird die Zahl der Teleworker schon auf echs Millionen geschätzt.

Via Datenleitung können diese nodernen Heimarbeiter sämtliche nformationen nutzen, die ihnen sonst ur im Büro zur Verfügung stehen. Ein Vorteil, den sich die Unternehmen vor llem im Vertrieb zu Nutze machen vollen.

Die Sparkassen zum Beispiel, LBS und Provinzial planen, ihre Finanzbe-ater mit Multimedia-Laptops auszu-üsten. „Mit den interaktiven Program-nen können sie beim Kundenbesuch gleich individuelle Angebote errechnen, die das gesamte Fachwissen der Zentrale enthalten", erklärt Holger Stiebing.

Völlig neue Berufe wie Screen-Desig-ner entstehen täglich. „In der Kom-munikationstechnik, der Produktion der inhalte und bei Informationsdiensten entwickelt sich ein riesiger Arbeits-markt mit ganz neuen Tätigkeiten", weiß Waldemar Timm, Personalberater bei Kienbaum und Partner.

Die Vorteile von Multimedia erkennen die Firmenstrategen sehr klar. Nach Schätzungen der EU-Kommission sind Einsparungen von durchschnittlich vier Prozent der Umsätze drin.

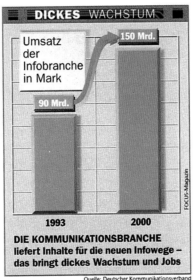

DICKES WACHSTUM

Umsatz der Infobranche in Mark

- 90 Mrd. (1993)
- 150 Mrd. (2000)

DIE KOMMUNIKATIONSBRANCHE liefert Inhalte für die neuen Infowege – das bringt dickes Wachstum und Jobs

Quelle: Deutscher Kommunikationsverband

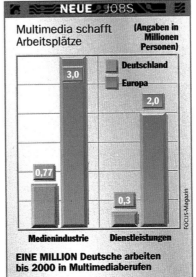

NEUE JOBS

Multimedia schafft Arbeitsplätze

(Angaben in Millionen Personen)

- Deutschland
- Europa

Medienindustrie: 0,77 / 3,0
Dienstleistungen: 0,3 / 2,0

EINE MILLION Deutsche arbeiten bis 2000 in Multimediaberufen

Quelle: Arthur D. Little

INTERVIEW

„Das Ende des Jobs"

Der alte Arbeitsplatz verschwindet in der Infogesellschaft

FOKUS: Wie verän-dert Multimedia die Arbeitsplätze?

Ehrhardt: Die neu-en Kommunikations-techniken ändern nicht nur Jobs, sie schaffen sie ab. Den herkömmlichen Ar-beitsplatz wird es bald nicht mehr geben.

FOKUS: Also noch mehr Arbeitslose?

Ehrhardt: Die Ar-beitslosigkeit im traditionellen Sinn wird sicher steigen. Arbeitsplätze mit genau definierter Aufgabe, klarer Kompetenz und festem Ver-trag fallen weg. Man wird nur noch für eine bestimmte Aufgabe ein-gekauft.

FOKUS: Aber die Arbeit wird doch nicht weniger.

Ehrhardt: Im Gegenteil, der Bedarf an Leistung steigt sogar. Die Bewältigung der Aufgaben wird aber anders organisiert. Man trennt zwischen der Arbeit, die getan werden muss, und dem fe-sten Arbeitsverhältnis.

FOKUS: Wie funktioniert das?

Ehrhardt: Jeder bietet seine Kom-petenz an und bringt sie in kom-plexe Projekte ein, die von immer neu zusammengesetzten Teams bearbeitet werden.

FOKUS: Wir sollen also alle kleine Unternehmer werden?

Ehrhardt: Ein Rest an Festange-stellten bleibt sicher, zum Beispiel im Staatsdienst oder bei besonde-ren Aufgaben wie Piloten oder Krankenhausärzten. Die anderen aber müssen sich die Arbeit für ihre Fähigkeiten selber suchen.

FOKUS: Und wie finden sie die?

Ehrhardt: Durch Teamarbeit bilden sich schnell persönliche Netz-werke. Außerdem bieten die Un-ternehmen ja die Projekte an.

> **Multimedia verändert das Sozialleben – ganz besonders die Art zu arbeiten**
>
> ANDY HOPPER
> OLIVETTI RESEARCH

6 Planen und Reservieren

The language in this unit will help you to
- ask the local tourist board for hotel recommendations
- understand hotel literature
- compare prices for conference facilities
- make and change business appointments
- make and alter hotel bookings by phone and in writing

You'll also find out what Stuttgart is doing to attract visitors.

6.1 Können Sie mir einige Hotels empfehlen?

A Claudia Lind, Personalreferentin bei HML, organisiert die internationale Jahreskonferenz der Firma und ihrer Auslandsgesellschaften für das folgende Jahr. Der Tagungsort ist Freiburg. Lesen Sie den Text. Warum, glauben Sie, hat die Firma diesen Ort gewählt?

Freiburg hat, was Sie suchen

Freiburg, die deutsche Universitätsstadt im Dreiländereck mit der Schweiz und Frankreich war schon immer – dank der Lage im Zentrum Europas – eine Stadt der Begegnungen. Zieht man um Paris – London – Berlin – Wien – Rom einen Kreis, dann liegt Freiburg im Mittelpunkt. Hier kommen Menschen verschiedenster Nationalitäten zusammen, wählen Freiburg als internationalen Treffpunkt. Man weiß, hier lässt sich gut reden. Hier, wo andere Urlaub machen, ist der Geist frei für neue Eindrücke, Impulse, Kreativität.

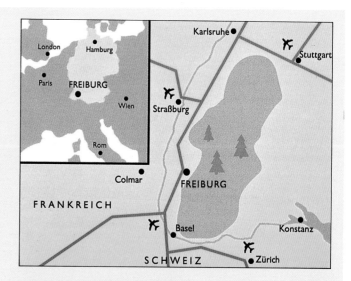

B

1 Frau Lind ruft die Tourist-Information in Freiburg an, um sich nach Kongress-Hotels zu erkundigen. Hören Sie dem ersten Teil des Gesprächs zu. Was für ein Hotel sucht Frau Lind? Beantworten Sie die Fragen.

1 Wie viele Teilnehmer hat die Konferenz?
2 Sollen alle Teilnehmer im Hotel wohnen?
3 Was für Tagungsräume soll das Hotel haben?
4 In welcher Preiskategorie soll das Hotel sein?
5 Welche Lage soll das Hotel haben?
6 Welche weiteren Wünsche hat Frau Lind?

2 Hören Sie weiter. Welche Hotels empfiehlt die Tourist-Information? Schreiben Sie die Namen und die Telefonnummern auf und notieren Sie zusätzliche Informationen.

	Kat	Km	🛏	1*	2*	3*	👪	♿	☎	TV	🍴	DIÄT	P	⌂P	↕	≋	S	☀	▱	🐕
Hotel AM RATHAUS, Rathausgasse 4–8, 79098 FR, Tel. 3 11 29, Fax 28 65 14	C	0,6 L1/5	60			EZ 98 DZ 175		x	x				x	x					x	x
Hotel BÄREN, Zum Roten, Oberlinden 12, 79098 FR, Tel. 3 87 87-0, Fax 3 87 87-17	B	1,0 L1	45			EZ 175–195 DZ 220–250	x	x	x	x	x	x	x	x	x			x	x	x
Hotel BARBARA, Poststraße 4, 79098 FR, Tel. 2 60 60, Fax 2 66 88	C	0,3	40			EZ 105–115 DZ 160–170			x	x				x						
Gasthaus DEUTSCHER KAISER, Günterstalstraße 38, 79100 FR, Tel. 7 49 10, Fax 70 98 22	D	2,0 L2/4 B12	30	EZ 65 DZ 90	EZ 75 DZ 100				x			x	x	x	x			x		x
INTERCITYHOTEL Freiburg, Bismarckallee 3, 79098 FR, Tel. 38 00-0, Fax 3 80 09 99	C	direkt	198			EZ 165–195 DZ 205–235	x	x	x	x	x	x	x	x	x			x	x	x
Hotel KREUZBLUME, Konviktstraße 31, 79098 FR, Tel. 3 11 94/95	C	1,0 L1	12			EZ 108 DZ 156			x	x	x				x					
Hotel MARKGRÄFLER HOF, Gerberau 22, 79098 FR, Tel. 3 25 40, Fax 3 79 47	C	1,0 L1,4,5	29	EZ 65–90 DZ 110–120		EZ 120–160 DZ 180–200			x	x	x		x					x	x	
Hotel MINERVA, Poststraße 8, 79098 FR, Tel. 3 14 66, Fax 3 64 20	C	0,3	49			EZ 95–135 DZ 160–175			x	x	x		x	x					x	x
NOVOTEL, Am Karlsplatz, 79098 FR, Tel. 38 51-0, Fax 3 07 67	B	1,1 B14	228			EZ 160–170 DZ 190–206	x		x	x	x			x				x		
PANORAMA Hotel Mercure, Wintererstraße 89, 79104 FR, Tel. 51 03-0, Fax 5 10 33 00	B	8,0 B14	145			EZ 170–225 DZ 190–275	x		x	x	x	x	x	x	x	x	x	x	x	x
Hotel RHEINGOLD, Eisenbahnstraße 47, 79098 FR, Tel. 28 21-0, Fax 28 21-111	B	0,1	95			EZ 165–210 DZ 220–320	x		x	x			x	x				x	x	x
Hotel SCHIFF, Basler Landstraße 35–37, 79111 FR, Tel. 47 30 41, Fax 47 55 63	C	4,0 B14	120			EZ 115–145 DZ 155–185		x	x	x	x	x	x	x				x	x	
Hotel SCHWARZWÄLDER HOF, Herrenstraße 43, 79098 FR, Tel. 3 23 86, Fax 3 08 53	D/C	0,8 L1	72	EZ 65–75 DZ 108–115	EZ 75 DZ 118	EZ 95–125 DZ 168–175			x	x	x		x		x				x	
Hotel VICTORIA, Eisenbahnstraße 54, 79098 FR, Tel. 3 18 81, Fax 3 32 29	B	0,2	100			EZ 135–165 DZ 185–235	x		x	x	x		x	x				x	x	x

Hotel-Kategorie: E = Economy   D = Standard   C = Komfort   B = First Class   A = Luxus

* Inklusivpreise pro Zimmer und Frühstück in DM

Kat	**Kategorie**
Km	**Entfernung vom Hauptbahnhof in km** L = Straßenbahn B = Omnibus
🛏	**Bettenanzahl**
1	**Zimmer mit fließend kalt/warm Wasser**
2	**Zimmer mit Bad oder Dusche**
3	**Zimmer mit Bad/Dusche und WC**
EZ	**Einzelzimmer**
DZ	**Doppelzimmer**
👪	**Kinderermäßigung**
♿	**Behindertenfreundlich**
☎	**Zimmertelefon**
TV	**TV im Zimmer**
🍴	**Restaurant**
DIÄT	**Diätkost auf Wunsch**
P	**Parkplatz**
⌂P	**Garage**
↕	**Lift**
≋	**Schwimmbad**
S	**Sauna, Solarium**
☀	**Konferenzräume**
▱	**Kreditkarten**
🐕	**hundefreundlich**

C   **1**   Sehen Sie sich den Auszug aus dem Freiburger Hotelverzeichnis an. Welche anderen Hotels kommen für Frau Lind in Frage?

     2   Mit Hilfe des Hotelverzeichnisses empfehlen Sie einem Anrufer passende Hotels.
PARTNER A benutzt Datenblatt A15, S. 152.
PARTNER B benutzt Datenblatt B15, S. 160.

D   Schreiben (oder faxen) Sie an das Verkehrsamt in Köln oder Stuttgart und bitten Sie um ein Hotelverzeichnis und Informationsmaterial über die Stadt. Benutzen Sie das Muster im Arbeitsheft.

COLONIA · ケルン · KEULEN · COLOGNE · קלן · КЕЛЬН · KÖLN — Stadt Köln
Tourist-Information Stadt Köln
Unter Fettenhennen 19,
50667 Köln
Tel. (02 21) 2 21 33 45
Fax (02 21) 2 21 33 20

STUTTGART
Lautenschlagerstraße 3
70173 Stuttgart
Telefon 07 11/22 28 - 0
Telefax 07 11/22 28 - 217
info @ stuttgart-tourist.de

6.2 Wann dürfen wir Sie begrüßen?

A Frau Lind hat die Hotels, die die Tourist-Information empfohlen hat, angerufen und sie gebeten, ihr Informationsmaterial über die Hotel- und Konferenzeinrichtungen zu schicken.
PARTNER A: Lesen Sie die Informationen über das Kongress-Hotel Dorint rechts.
PARTNER B: Lesen Sie die Informationen über Schloss Reinach auf S. 80.
Machen Sie sich Notizen zu diesen Punkten.

- Hoteltyp (groß/klein; modern/traditionell; exklusiv/gemütlich)
- Lage
  Entfernung
  - vom Flughafen
  - vom Hauptbahnhof (= Stadtmitte)
  - von der Autobahn
- Zimmeranzahl
- Zimmerausstattung
- Tagungsräume
- Kapazität
- Küche
- Fitness- und Freizeitangebot
- Sonstige Vorteile

B Benutzen Sie folgende Fragen und tauschen Sie Informationen über die beiden Hotels mit Ihrem Partner aus. Machen Sie sich Notizen über das andere Hotel.

1 Was für ein Hotel ist das?
2 Wo liegt das Hotel?
3 Wie weit ist es vom Flughafen/Hauptbahnhof Freiburg/von der Autobahn entfernt?
4 Wie viele Zimmer hat das Hotel?
5 Wie sind die Hotelzimmer ausgestattet?
6 Was für Konferenzeinrichtungen bietet das Hotel?
7 Wie groß ist die Konferenz-Kapazität?
8 Was für eine Küche bietet das Hotel?
9 Was für Fitness- und Freizeitmöglichkeiten bietet das Hotel?
10 Bietet das Hotel sonst noch Vorteile?

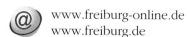

www.freiburg-online.de
www.freiburg.de

C Welches Hotel würden Sie persönlich a) für eine Konferenz b) für einen Urlaub wählen? Warum? Sprechen Sie darüber mit Ihrem Partner.

D Lesen Sie beide Texte. Machen Sie eine Liste von allen Adjektiven, die das Hotel und die Ausstattung beschreiben. Schreiben Sie die Adjektive in der Form auf, in der sie im Wörterbuch stehen, z.B.:

ein alter Gutshof → alt

LANGUAGE STUDY

1 Study these examples from the Dorint Hotel brochure.

	Preposition	Def. article	Adjective	Noun
in guter Nachbarschaft	zu	dem	neuen	Hauptbahnhof
	zu	der	historischen	Altstadt
Das Haus ist eine Symbiose	aus	-	exklusivem	Stadthotel
und	(aus)	-	sympathischer	Eleganz

What is the gender and case of the nouns?
What endings do the adjectives take when there is a) a definite article b) no article?
Can you find any more examples of each type in the brochure and the letter ? ▶ 4.3, 4.6
2 How many examples of the passive can you find in each text? ▶ 6.11

E Tauschen Sie Informationen über zwei weitere Hotels in Freiburg aus.
PARTNER A benutzt Datenblatt A16, S. 152.
PARTNER B benutzt Datenblatt B16, S. 160.

Dorint

★ ★ ★ ★

AM KONZERTHAUS

FREIBURG

Lage: Freiburg, die sonnenreichste Stadt Deutschlands, hat in doppelter Hinsicht eine exzellente Lage: ausgesprochen verkehrsgünstig und klimatisch überaus attraktiv. Im Stadtzentrum Freiburgs, in guter Nachbarschaft zum neuen Hauptbahnhof und zur historischen Altstadt, liegt das Dorint Hotel *Am Konzerthaus.*

Ausstattung: Ein modernes Hotel, das seinen Gästen erstklassige Wohnkultur, komfortable Ausstattung und professionellen Service bietet. Das Haus ist eine Symbiose aus exklusivem Stadthotel und sympathischer Eleganz. Alle Gasträume und die 219 eleganten Zimmer und Suiten sind im Art-Deco-Stil eingerichtet. Alle Zimmer haben Bad/Dusche, WC, Fön im Bad, Selbstwahltelefon, Kabel-TV, Minibar und Klima-Anlage. Als zusätzliches Angebot: Entspannung und Erholung. In der DORIMARE-Badelandschaft mit Sauna, und Solarien können Sie den Alltag abschalten und sich entspannen.

Tagungsangebot: Im Hotel steht ein modernes Tagungszentrum zur Verfügung. Unsere exklusive Business-Etage bietet 9 vollklimatisierte Konferenz- und Seminarräume für 5 bis 200 Personen. Alle Zimmer haben Tageslicht und sind mit modernster Kommunikationstechnik ausgestattet. Ihr Freizeitprogramm – ein Bummel durch die Altstadt oder eine Bootsfahrt auf dem Rhein – steht vor der Tür. Wir organisieren gern Veranstaltungen für Sie.

Gastronomie: Kaum ein Ort in Deutschland wird wegen seiner guten Küche so gelobt wie Freiburg. Die Freiburger Tradition guter Gastlichkeit wird im Dorint Hotel kultiviert und fortgeführt. Verwöhnen Sie Ihren guten Geschmack im Spezialitäten-Restaurant „La Rotonde" oder in der eleganten Lobby Lounge, die kulinarische Spezialitäten den ganzen Tag serviert. *Als Gast werden Sie es erleben – wann dürfen wir Sie begrüßen?*

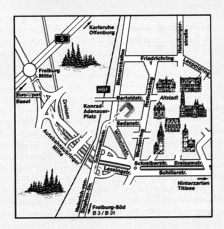

So finden Sie uns:

ICE Intercity-Express
100 m bis zum Hotel

Flughafen EuroAirport
60 km bis zum Hotel

BAB5 Freiburg-Mitte
5 km bis zum Hotel

P hoteleigene Tiefgarage
mit 100
Einstellplätzen

Busparkplatz am
Hotel

SCHLOSS REINACH MUNZINGEN GMBH · ST. ERENTRUDIS-STR. 12 ·

Frau Claudia Lind
Firma HML
...

Munzingen, 14.06.20--

Sehr geehrte Frau Lind,

ich beziehe mich auf unser gestriges Telefongespräch und übersende Ihnen wunschgemäß unsere Unterlagen über unser Haus, eine Tagungsmappe und Bankettunterlagen.

Schloss Reinach ist ein alter, traditionsreicher Gutshof aus dem 16. Jahrhundert. Nach aufwendigen Renovierungsarbeiten wurde es Mitte 1993 eröffnet und wird seither von der Freiburger Familie Hosp geführt. Durch den aufmerksamen und freundlichen Service spürt der Gast das persönliche Engagement der Inhaber.

Unser Haus liegt nur neun Kilometer von Freiburg entfernt. Von der Autobahn Karlsruhe-Basel erreichen Sie uns in zehn Minuten. Eine hoteleigene Tiefgarage und genügend Parkplätze sind vorhanden. Die Fahrzeit vom Flughafen Basel/Mulhouse beträgt zirka 30 Minuten. Vom Freiburger Hauptbahnhof fahren Sie mit dem Bus Linie 33 bis vor das Hotel, Fahrzeit zirka 20 Minuten. Ein Shuttle-Dienst zum Flughafen oder Bahnhof kann gegen Entgeld organisiert werden.

Für Tagungen, Kongresse und Bankette bietet Schloss Reinach ein stimmungsvolles Ambiente. In modernen Seminarräumen können 10 bis 250 Teilnehmer ungestört arbeiten. Alle Räume haben Tageslicht und sind mit neuester Tagungstechnik ausgestattet. Ruhig gelegen im Obergeschoss befinden sich Seminarraum I und II, mit Kapazitäten von 35 bis zu 70 Personen. Im Erdgeschoss befindet sich der Saal Reinach, unser Bankettsaal, der bis zu 300 Personen fasst, und der in zwei kleinere Säle unterteilt werden kann, mit Platz für 100 bzw. 200 Personen. Durch die stilvolle Kulisse wird eine angenehme Atmosphäre vermittelt.

Unsere 72 elegant und modern eingerichteten Zimmer sind mit Bad oder Dusche, Selbstwahltelefon und Farb-TV ausgestattet. Im Schloss befinden sich drei Appartements. Selbstverständlich stehen Nichtraucherzimmer sowie ein behindertengerechtes Zimmer zur Verfügung.

Kulinarisch verwöhnt werden die Gäste mit exzellenten badischen und internationalen Spezialitäten in unseren zwei geschmackvoll restaurierten Restaurants.

Für Ihre Gäste stellen wir gerne ein individuelles Programm zusammen. Freiburg, Colmar und Basel bieten dem Kunst- und Kulturliebhaber fast alles, was er in einer Metropole finden könnte. Ein Golfplatz, Joggingpfade und Kanutouren stehen Sportlern zur Verfügung. Im Haus steht ein Fitness-Studio für Sie bereit.

Wir freuen uns, wenn Ihnen unser Haus und unsere Leistungen zusagen. Rufen Sie uns einfach an und wir vereinbaren gerne einen Termin für eine individuelle Hausführung, bei der wir uns persönlich kennen lernen können.

Mit freundlichen Grüßen

Angelika Fell
Angelika Fell
Bankettabteilung

6.3 Einige Fragen zu Ihren Preisen

A **1** Viele Kongress-Hotels bieten eine Konferenzpauschale an, d.h. einen inklusiven Tagespreis für Konferenzraum, Tagungstechnik und Essen. Wenn Sie die Konferenzpauschale buchen, bekommen Sie oft eine Zimmerpreisermäßigung. Informieren Sie sich über den Tagungstarif des Hotels Dorint.

1 Wovon hängt der Zimmerpreis ab?
2 Ist die Konferenzpauschale zahlenunabhängig?
3 Ist die Konferenzpauschale inklusive oder exklusive Abendessen?
4 Welche Geräte sind in der Grundausstattung inbegriffen?
5 Werden zusätzliche Konferenzräume separat berechnet?

Dorint

★ ★ ★ ★
AM KONZERTHAUS
FREIBURG

◆
TAGUNGSTARIF
◆

Übernachtung / Zimmer

- 219 elegant und modern ausgestattete Zimmer und Suiten stehen Ihnen zur Verfügung.
- Alle Zimmer haben Bad/Dusche, WC, Fön im Bad, Selbstwahltelefon, Kabel-TV, Minibar und (individuell regelbare) Klima-Anlage.

Alle Zimmerpreise erhalten Sie auf Anfrage. Die Zimmerpreise variieren bei Konferenzen und Seminaren nach Jahreszeit/Saison, Wochentagen, Teilnehmerzahl und Aufenthaltslänge.

Konferenzpauschale

Die Dorint-Konferenzpauschale ist gültig ab einer Teilnehmerzahl von 10 Personen – unabhängig von der Zimmerreservierung. Sie beinhaltet folgende Leistungen:

- Bereitstellung eines passenden Konferenzraumes
- Grundausstattung Tagungstechnik (Overhead- oder Diaprojektor mit Leinwand, Flipchart)
- Kaffeepause vormittags mit Snack
- Mittagessen als Business-Lunch-Buffet
- Kaffeepause nachmittags mit Snack
- 2 Softgetränke im Konferenzraum

... und das alles für € 44,- pro Person und Tag

Für Sie und Ihre Gäste arrangieren wir gerne den gemeinsamen Abend. Treffen Sie mit unserem Küchenchef die Auswahl aus feinen Menüs oder Büffets. Gerne erhalten Sie hierfür unsere Vorschläge.

Ihre Gesprächspartner

- Herr Olaf Offers – Direktor
- Frau Andrea Stotz – Veranstaltungsleiterin

Tagungstechnik

Folgende Grundausstattung steht Ihnen im Rahmen der Konferenzpauschale zur Verfügung bzw. ist in den Bereitstellungskosten für das Plenum enthalten:
- Overheadprojektor mit Leinwand
- 1 Flipchart mit 1 Block Papier, 2 Stifte
- 2 Pinnwände/Metaplanwand
- Notizblöcke, Stifte für alle Teilnehmer
- Zeigestock
- Rednerpult
- 1 Videorekorder und Monitor

Zusätzliche mobile Tagungstechnik (pro Tag, gegen Berechnung auf Selbstkostenbasis)
- Kassettenrekorder   €   20,-
- Videokamera   €   75,-
- Mikrofon, Verstärker, Boxen   €   75,-
- Schreibmaschine   €   25,-

Weitere Geräte können auf Anfrage gemietet werden.

Bereitstellungskosten

Bereitstellungskosten und Raummieten für Konferenzräume entfallen bei der Buchung der Konferenzpauschale.

Alle genannten Preise beinhalten Bedienungsgeld und die Mehrwertsteuer. Preisänderungen vorbehalten.

2 Informieren Sie sich über das Raumangebot des Hotels Dorint. Welcher Konferenzraum und welche Bestuhlung wären am besten geeignet ...

1 für eine Plenarsitzung mit 70 Teilnehmern?
2 für eine Gruppendiskussion mit 35 Teilnehmern?

Dorint
AM KONZERTHAUS
FREIBURG

Raum- und Saalangebot

Konferenzräume	Fläche	Maximale Anzahl der Personen/Plätze Bestuhlung				Bereitstellungs- kosten pro Tag
	qm	Stuhlreihen	Parlament	U-Form	Bankett	
Baden-Baden	122	70	55	28	80	650 €
Mühlhausen	71	55	32	15	42	350 €
Basel	53	45	28	15	30	220 €
Baden-Baden + Mühlhausen	193	140	120	-	115	899 €
Mühlhausen + Basel	124	100	74	28	75	650 €
Baden-Baden, Mühlhausen, Basel, kombiniert	246	200	150	-	180	1 150 €
Colmar-Straßburg	86	70	50	28	50	450 €
Luzern (teilbar)	44	35	26	18	30	250 €
Kehl (teilbar)	44	35	26	18	30	250 €

B **1** Frau Lind ruft das Hotel Dorint an, um Weiteres über die Preise zu erfahren. Hören Sie dem ersten Teil des Gesprächs zu. Richtig oder falsch?

1 Die HML-Konferenz findet Mitte Juni nächstes Jahr statt.
2 Der Anreisetag ist Sonntag und die Abreise ist Dienstag.
3 Das Hotel Dorint ist in der 3. Juniwoche völlig ausgebucht.

2 Hören Sie weiter. Frau Lind stellt folgende Fragen.
Notieren Sie die Antworten.

1 Was wäre der Zimmerpreis für 70 Teilnehmer für drei Nächte?
2 Was kosten zusätzliche Konferenzräume?
3 Können Sie einige Menüpreise nennen?

C Lesen Sie das Angebot rechts, das Frau Lind von Schloss Reinach bekommen hat. Vergleichen Sie die Preise mit denen des Hotels Dorint. Welches Hotel ist billiger?

D Welches Hotel soll Frau Lind Ihrer Meinung nach für ihre Konferenz wählen? Überlegen Sie: Welches Hotel ...

1 hat eine günstigere Lage, d.h. ist für die Teilnehmer leichter zu erreichen?
2 hat geeignetere Konferenzräume?
3 hat eine gemütlichere Atmosphäre, sodass sich die Teilnehmer besser kennen lernen können?
4 bietet bessere Möglichkeiten für ein Freizeitprogramm?
5 ist preisgünstiger?

SCHLOSS REINACH
FREIBURG-MUNZINGEN

Frau Claudia Lind
Firma HML
...

Munzingen, 05.07.20--

Angebot für Ihre Veranstaltung im Juni 20--

Sehr geehrte Frau Lind,

vielen Dank für Ihre Anfrage und das Interesse an unserem Haus. Gerne unterbreiten wir Ihnen das gewünschte Angebot wie folgt:

Anreise:	Sonntag, 18.06.20--
Abreise:	Mittwoch, 21.06.20--

70 Einzelzimmer zum Preis von € 60,- pro Person und Tag, inklusive Frühstück.

Veranstaltungsablauf:

Sonntag:	individuelle Anreise von 70 Personen
Montag:	gemeinsames Frühstück
	Tagungsbeginn

Tagungspauschale No. 1 € 30,- **pro Person/Tag** inklusive folgender

Leistungen:

2 Pausen mit Kaffee/Tee, feinem Gebäck und Joghurt/Obstkorb, ein 3-Gang-Tagungsmenü oder Lunch-Buffet, die Bereitstellung der Räume und die Standardtagungstechnik
oder

Tagungspauschale No. 2 € 50,-
bei der zusätzlich zur Tagungspauschale No. 1 ein Drei-Gang-Menü zum Abendessen enthalten ist.

3 Tagungsräume zu Ihrer Verfügung:
Tagung in einem Konferenzraum für 70 Personen, 2 weitere Räume für je 35 Personen
Standardtagungstechnik in den Räumen: Overheadprojektor mit Leinwand, Rednerpult, Flipchart, Pinnwand

Dienstag: siehe Montag
Mittwoch: siehe Montag

Abreise der Tagungsteilnehmer

Für eine Abendveranstaltung in unserem Haus möchten wir Ihnen Folgendes vorschlagen:
- eine Weinprobe mit verschiedenen Weinen und Baguette für € 10,- pro Person
- musikalische Unterhaltung
- Volkstanz-Vorführung mit Musik
- ein badisches Buffet

Die Zimmer und den Veranstaltungsraum haben wir gerne vorreserviert und möchten Sie um eine Entscheidung bis zum 30.09.20-- herzlich bitten. Sollten Sie noch weitere Fragen bezüglich der Tagungsorganisation haben, rufen Sie uns an, wir stehen Ihnen gerne jederzeit zur Verfügung.

Herzliche Grüße von SCHLOSS REINACH

Ihre

Angelika Fell
Bankettabteilung

6.4 Können wir einen Termin vereinbaren?

A Frau Lind ruft das Schloss Reinach an, um einen Termin für eine Hausführung zu vereinbaren. Danach ruft sie Herrn Frey, den Geschäftsführer einer HML-Tochtergesellschaft in Stuttgart, an. Beantworten Sie die Fragen zu jedem Gespräch.

Dialog 1
1 In welcher Woche möchten Frau Lind und ihr Chef das Hotel besichtigen?
2 Welcher Tag passt ihnen am besten?
3 Für welche Uhrzeit ist der Termin?

Dialog 2
1 Warum ist Herr Frey im Moment nicht erreichbar?
2 Worum geht es bei dem Anruf?
3 Wann ist Herr Frey frei?
4 Für welchen Tag und welche Uhrzeit wird der Termin vereinbart?

LANGUAGE STUDY

1 Ordinal numbers, *der erste, zweite, dritte, vierte* etc. are used for giving dates.
Can you continue the sequence up to the thirty-first?
At what point does the ending of ordinal numbers change from -*te* to -*ste*? ▶ 8.2
2 Study these ways of saying the date.
Heute ist Montag, der 21. (einundzwanzigste) Juni.
Wir sehen uns am Donnerstag, dem 7. (siebten) Oktober.
Ordinal numbers are adjectives and require normal adjective endings.
Why is a masculine ending used in each example above? ▶ 9.3

B Üben Sie Dialoge, in denen Sie einen Termin vereinbaren.

Ich möchte Sie/Ihre Firma gerne besuchen. Können wir einen Termin vereinbaren?
Ich möchte (gern) einen Termin/eine Besprechung mit Ihnen (in den nächsten Tagen/
in der nächsten Woche/in der Woche vom 13. März) vereinbaren.

Geht es am [Mittwoch, den 7. Juni]?
Passt Ihnen [Montag, der 13. März]?
Wäre Ihnen [Donnerstagvormittag] recht?
Hätten Sie [nächsten Dienstag] Zeit?

Wann möchten Sie kommen?
Welches Datum/Welcher Tag passt Ihnen am besten?

Vormittags oder nachmittags?
Um welche Uhrzeit? / Um wie viel Uhr möchten Sie kommen?

Vormittags/Nachmittags wäre mir lieber.
Sagen wir um [10.00 Uhr]?

Einen Moment, ich sehe in meinem Terminkalender nach.

Ja, das passt sehr gut.
Ja, [Mittwoch um 10.00 Uhr] geht.
Ja, am [Donnerstag] bin ich den ganzen Tag frei.

Das geht leider nicht/passt mir schlecht.
Da habe ich schon einen Termin/eine Besprechung.
Da bin ich nicht im Haus.
[Nachmittag um 14.00 Uhr] / [Donnerstagvormittag] passt mir besser.

Gut, wir treffen uns also am … um … Uhr. (Ich bestätige Ihnen den Termin per E-Mail.)

C **1** Sie hören drei Telefongespräche. Aus welchen Gründen müssen
die Anrufer ihre Termine absagen bzw. verschieben?

Ich muss unseren Termin leider absagen/verschieben ...
1 ... Es ist nämlich etwas dazwischen gekommen.
2 ..., denn ich stehe im Moment auf der Autobahn im Stau.
3 ..., da ich ganz plötzlich eine Geschäftsreise machen muss.
4 ..., weil die Fluglotsen hier am Flughafen streiken.
5 ..., weil ich im Moment zu beschäftigt bin.
6 ..., weil wir hier in der Firma im Augenblick einige Probleme haben.
7 ... Ich muss den Termin aus persönlichen Gründen absagen.

2 Hören Sie noch einmal zu. Welche neuen Vereinbarungen treffen die Gesprächspartner?

LANGUAGE STUDY

Four different words for *because* are used in **C**. What are they?
Which two words introduce a subordinate clause, where the verb goes to the end?   ▶ 7.4, 7.5

D Ändern Sie Ihre Termine. Spielen Sie abwechselnd die Rolle
des Anrufers und des Angerufenen in folgenden Situationen.

Anruf 1
Sie haben einen Termin mit Herrn Krause von
der Fima Klingspor am Mittwoch, den 29.
November um 11.15 Uhr, müssen aber leider
absagen. Rufen Sie ihn an und vereinbaren Sie
einen neuen Termin.

Anruf 2
Sie haben eine Besprechung mit Ihrer Kollegin,
Frau Walter, am nächsten Dienstag um 15.30
Uhr, können sie aber leider nicht einhalten und
möchten sie auf die folgende Woche
verschieben.

Benutzen Sie diese Ausdrücke und wählen Sie einen passenden Grund aus **C**.

Es geht um unseren Besuchstermin/unsere Besprechung am ...
Ich muss diesen Termin leider absagen. / Ich kann den Termin leider nicht mehr einhalten.
Wäre es möglich einen neuen Termin zu vereinbaren?
Könnten wir den/unseren Termin um eine Woche/einige Tage / auf den [4. Dezember]/die
folgende Woche verschieben?

E Vereinbaren und ändern Sie einen Termin mit einem Geschäftspartner.
Partner A benutzt Datenblatt A17, S. 152.
Partner B benutzt Datenblatt B17, S. 161.

F Sie haben einen Kundentermin für die folgende Woche, müssen aber leider absagen.
Hinterlassen Sie eine Nachricht auf seinem/ihrem Anrufbeantworter. Sagen Sie:
- Namen und Firmennamen
- für wann der Termin vereinbart wurde
- warum Sie den Termin absagen müssen
- wann Sie wieder anrufen
Nehmen Sie Ihre Nachricht eventuell auf Band auf.

6.5 Ich möchte zwei Zimmer reservieren

A Frau Lind ruft zwei Hotels in Stuttgart an, um eine Zimmerreservierung zu machen. Beantworten Sie die Fragen zu jedem Gespräch.

Dialog 1

1 Welches Hotel ruft Frau Lind an?
2 Wie hat Sie den Namen des Hotels erfahren?
3 Wie kann man das Hotel vom Hauptbahnhof erreichen?
4 Was möchte Frau Lind reservieren? Für wann?
5 Was ist das Problem, und wie reagiert Frau Lind?

Dialog 2

1 Welches Hotel ruft Frau Lind dann an?
2 Was kostet ein Einzelzimmer?
3 Was ist der Unterschied zwischen den niedrigeren und höheren Zimmerpreisen?
4 Was ist im Zimmerpreis inbegriffen?
5 Wo liegt das Hotel?
6 Für welchen Zimmerpreis entscheidet sich Frau Lind?

B Das Hotel schickt Frau Lind eine schriftliche Bestätigung ihrer Zimmerreservierung per Fax. Lesen Sie den Text und vervollständigen Sie die fehlenden Informationen mit Hilfe Ihrer Notizen in **A**. Dann beantworten Sie diese Fragen.

1 Ab wann stehen die Zimmer zur Verfügung?
2 Was muss ein Gast tun, wenn er spät anreisen will?

TELEFAX-NACHRICHT

Best Western HOTEL KETTERER
STUTTGART

An/To: Firma HML
zu Hd. von/Attention: Frau Lind
Telefax Nr./No.:
Betrifft/Subject: Reservierungsbestätigung
Seitenzahl/Pages: 1

Marienstr. 3, 70178 Stuttgart 1
Tel. (0711) 20 39-0
Fax (0711) 203 96 00
E-Mail: info@Ketterer.bestwestern.de

Stuttgart, den 25. Juli 20--

Sehr geehrte Frau Lind,

wir bedanken uns für Ihr Interesse an unserem Haus und
☒ bestätigen Ihre Reservierung wie folgt:
☐ unterbreiten Ihnen folgendes Angebot:

_____ Einzelzimmer mit Dusche/Bad/WC   zum Preis von € _____ pro Tag/pro Zimmer
_____ Doppelzimmer mit Dusche/Bad/WC   zum Preis von € _____ pro Tag/pro Zimmer

Der Zimmerpreis ist inklusive Frühstücksbüffet, Service und Mehrwertsteuer.

Anreise: _____ 20--
                                für _____ Nacht
Abreise: _____ 20--

Bitte berücksichtigen Sie, dass die Zimmer am Anreisetag ab 14 Uhr zur Verfügung stehen.
Im Falle einer Spätanreise bitten wir um telefonische Benachrichtigung, da die Zimmer
nur bis 18 Uhr freigehalten werden.

Für Rückfragen stehen wir Ihnen jederzeit gerne zur Verfügung.

Wir freuen uns auf Ihren Besuch und wünschen Ihnen schon heute eine angenehme Anreise.

Mit freundlichen Grüßen

C Sie hören zwei Telefongespräche, in denen der Anrufer eine Zimmerreservierung ändern bzw. absagen muss. Beantworten Sie die Fragen zu jedem Gespräch.

1 Was hat der Anrufer reserviert?
2 Was möchte er/sie jetzt tun?
3 Geht das in Ordnung oder gibt es ein Problem?

D Ändern Sie folgende Hotelreservierungen, die Sie schon gemacht haben.

Ein Doppelzimmer vom 8.4. - 9.4. im Panorama-Hotel
Zwei Einzelzimmer vom 18.9. - 22.9. im Hotel Sieben Schwaben
Ein Einzelzimmer und ein Doppelzimmer vom 24.5. - 26.5. im City-Hotel
Zwei Einzelzimmer und drei Doppelzimmer vom 30.7. - 1.8. im Hotel Föhr

[Panorama-Hotel], guten Tag.

Guten Tag, hier spricht ... . Ich möchte bitte eine Reservierung ändern.

Was haben Sie reserviert?

[Ein Doppelzimmer/Zwei Einzelzimmer] auf den/die Namen ... und ... vom ... bis zum ...

Und was möchten Sie jetzt reservieren?

Ich hätte gern [zwei Einzelzimmer] anstatt [eines Doppelzimmers].
Ich möchte noch ein Zimmer reservieren, und zwar ...
Ich möchte die Buchung auf den [15. April] verschieben.
Ich möchte die Reservierung für Herrn/Frau ... absagen.

Es tut mir Leid, aber in der Zeit haben wir keine [Einzelzimmer]/
überhaupt nichts mehr frei.

Ja, das geht in Ordnung.

Ach so. Haben Sie denn am ... / vom ... bis ... etwas frei?
(Dann muss ich die Reservierung leider absagen. Ich versuche es bei einem anderen Hotel. Fallen da Stornierungskosten an?)

Vielen Dank! Soll ich Ihnen das bestätigen?
Könnten Sie mir die Umbuchung schriftlich bestätigen?

Nein, eine kostenfreie Stornierung ist bis drei Wochen vor Anreisedatum möglich.

Ja, bitte. / Nein, das ist nicht nötig. / Ja, selbstverständlich.

Gut, danke schön. Auf Wiederhören.

LANGUAGE STUDY

Look at this example.
    Ich brauche zwei Einzelzimmer **anstatt** eines Doppelzimmers.
What is the case of the noun following the preposition *anstatt*?   ▶ 5.6

E Nach ihrem Besuch in Freiburg macht Frau Lind die endgültige Hotelbuchung für die Jahreskonferenz der Firma HML in Freiburg. Beantworten Sie die Fragen und notieren Sie die Reservierung.

1 Für welches Konferenzhotel hat sich Frau Lind entschieden?
2 Bis wann kann sie kostenfrei absagen?
3 Welche Ermäßigung gibt das Hotel, wenn weniger Teilnehmer kommen?
4 Notieren Sie Frau Linds Reservierung.

F Machen und ändern Sie Zimmerreservierungen.
PARTNER A benutzt Datenblatt A18, S. 153.
PARTNER B benutzt Datenblatt B18, S. 161.

Die Stuttgart-Marketing GmbH gibt es seit 1993 als Nachfolgeinstitution des städtischen Amts für Touristik. Ihr Ziel: Die Spitzenposition der Region Stuttgart als hochrangige Tourismus- und Wirtschaftsregion stärken und ausbauen.

1 Eine Initiative der Stuttgart-Marketing GmbH ist der Stuttgarter City-Pass. Was ist der City-Pass? Welche Leistungen umfasst er?

2 Was würden Sie anbieten, um Ihre Stadt für Touristen und die Industrie attraktiv zu machen?

Das ist Stuttgart:

▲ Landeshauptstadt von Baden-Württemberg, in reizvoller Lage und eine der grünsten Großstädte. 207 km² groß, 560.000 Einwohner.

▲ Bedeutendes Industriezentrum, in dem weltbekannte Unternehmen wie DaimlerChrysler, Porsche, Bosch und IBM ihren Sitz haben. Wiege des Automobils!

▲ Hochrangiges Innovationszentrum: Drei Universitäten, drei Fachhochschulen, mehrere Forschungseinrichtungen, darunter zwei Max-Planck-Institute.

▲ Eine der führenden Kongressstädte und Messeplätze in Europa mit idealen Verkehrsanbindungen und 50.000m² Ausstellungsfläche.

▲ Kulturangebot von hohem, internationalem Rang.

Der Stuttgarter City-Pass

Mit dem Stuttgarter City-Pass wird ein Aufenthalt in Stuttgart erst so richtig zu einem Ereignis. Er bietet für wenig Geld viel Gutes. Und er ist so etwas wie der rote Faden, der Sie mit Gutscheinen und Vergünstigungen sicher durch die Landeshauptstadt führt.

Am Anfang steht eine Stadtrundfahrt. Sie verspricht zweieinhalb Stunden „Sehenswertes Stuttgart". An der Route liegen die wichtigsten Sehenswürdigkeiten der Stadt: Neue Staatsgalerie, Staatsoper, Landtag, Neues und Altes Schloss. Weiter geht es zu den Schauplätzen der Internationalen Gartenbauausstellung „IGA Stuttgart Expo", Baden-Württembergs erster Weltausstellung. Zur „Wilhelma", einem der schönsten zoologisch-botanischen Gärten in Europa. Über reizvolle Panoramastraßen auf die Höhen der Stadt zum Fernsehturm. Mit 217 Metern ist er das Wahrzeichen des modernen Stuttgarts.

Wo ist in Stuttgart was los? Die neuesten Ausgaben der „Stuttgarter Zeitung" oder der Stadtillustrierten PRINZ oder LIFT geben darüber detailliert Auskunft. Je ein Exemplar bietet Ihnen der City-Pass umsonst. Im Restaurant „Alte Kanzlei" wird das Mittagessen eingenommen; der City-Pass „spendiert" für den großen Durst ein Glas kühles Bier der „Stuttgarter Hofbräu AG".

Nach der Stadtrundfahrt der Einkaufsbummel. Königstraße und Calwer Passage, Eberhard-Straße und Schwabenzentrum – überall befinden sich viele gute Geschäfte, Kaufhäuser, Boutiquen, Restaurants, Cafés und Weinstuben. In einer der Hochland-Filialen verhilft der City-Pass zu 125 Gramm Kaffee nach Wahl. Die Firma Steinmann verwöhnt mit einer leckeren Zuckertüte.

Bevor das Programm für den Abend festgelegt wird, sollte im Mineral-Bad Cannstatt etwas für die Gesundheit getan werden. Für diese und für weitere Erlebnisse bietet der City-Pass ermäßigte Eintrittspreise. Das gilt auch für eine Fahrt mit der Neckar-Personen-Schifffahrt neckarabwärts, an reizvollen Weinbergen vorbei, nach Ludwigsburg – bekannt für seine Gartenschau „Blühendes Barock" im Schlosspark.

Der beginnende Abend führt den City-Pass-Bummler zunächst in die „1. Stuttgarter Lokalbrauerei". Bei einem Glas „Calwer Eck Bräu" lassen sich am besten Pläne für den weiteren Verlauf schmieden. Darf es ein anspruchsvolles Schauspiel im Alten Schauspielhaus sein, modernes Theater im Theater der Altstadt oder steht der musikalische Sinn mehr nach einem klassischen Konzert mit weltberühmten Orchestern, Solisten und Ensembles? Kein Problem, der City-Pass mit seinen Ermäßigungen bietet ungewöhnlich vieles.

Haben Sie Ihre Wahl getroffen? Prima, dann kann der Abend beginnen.

@ **www.stuttgart.de**

Stuttgart hat ein umfangreiches, internationales Hotelangebot aller Kategorien.
Sie wohnen im Hotel REGA. Lesen Sie die Hotel-Information. Was tun Sie in folgenden Situationen?

1 Sie möchten morgen um 6.00 Uhr geweckt werden.
2 Sie müssen Geld wechseln.
3 Sie möchten das Frühstück im Zimmer.
4 Es ist 11.00 Uhr abends. Sie haben Hunger.

5 Ihr Zimmer ist zu warm.
6 Ihr Anzug hat einen Fleck.
7 Sie möchten außer Haus anrufen.
8 Sie wollen eine Nacht länger bleiben.
9 Sie müssen ein Fax an Ihre Firma schicken.

HOTEL-INFORMATION

Anreise: Das Zimmer steht am Anreisetag ab 15.00 Uhr zur Verfügung und bleibt bis 18.00 Uhr reserviert, falls nicht eine spätere Ankunftszeit vereinbart wird.

Abreise: Bis 12.00 Uhr, Aufenthaltsverlängerung bitte bis 10.00 Uhr dem Empfangspersonal – Hausruf 84 – mitteilen.

Rezeption: Rund um die Uhr besetzt, Hausruf 84.

Frühstück: Das internationale Frühstücksbüffet servieren wir täglich von 6.00 Uhr bis 10.00 Uhr, an Wochenenden bis 10.30 Uhr, in unserem Restaurant im Erdgeschoss.

Warme Küche: Von 11.30 Uhr bis 14.00 Uhr und von 18.00 Uhr bis 22.00 Uhr.

Hotelbar: Die Bar ist geöffnet bis 24.00 Uhr. Neben Getränken sind auch kleinere Speisen wie Suppen oder belegte Brote erhältlich.

Autovermietung: Bitte wenden Sie sich an den Empfang, Hausruf 84.

Geldwechsel: Rund um die Uhr an der Rezeption.

Hotelsafe: Steht kostenlos an der Rezeption. Das Hotel haftet nicht bei Verlust von Bargeld oder anderen Wertgegenständen im Zimmer und in anderen Räumen!

Kreditkarten: Wir akzeptieren: Visa, Eurocard, American Express, Diners Club.

Telefon: Steht als Direktwahltelefon im Zimmer. Um eine Amtsleitung zu erhalten, wählen Sie bitte die 0. Die Einheiten der einzelnen Gespräche werden automatisch auf Ihre Rechnung gebucht.

Klimaanlage: In Ihrem Zimmer können Sie mit Hilfe eines Thermostats die Zimmertemperatur höher oder niedriger stellen.

Minibar: Wir bitten Sie, täglich den Minibarzettel ausgefüllt und unterschrieben am Empfang abzugeben.

TV: Mit der TV-Selbstbedienung wählen Sie ganz nach Wunsch Ihr Fernseh-, Kabel-, Video- oder Radioprogramm.

Stromanschluss: Achtung! Nur 220 Volt!

Schuhputzautomat: Steht in jeder Etage zu Ihrer Verfügung.

Post: An der Rezeption.

Fax- und Fotokopie-Service: An der Rezeption.

Taxi: Über Rezeption – Hausruf 84.

Friseur: Wir arrangieren für Sie gern einen Termin bei einem Stuttgarter Stylisten – Hausruf 84.

Wäsche und Reinigung: Geben Sie Ihre Wäsche montags bis freitags bis 9.00 Uhr an der Rezeption ab, erhalten Sie Ihre Kleidung am nächsten Tag spätestens um 12.00 Uhr zurück.

Wecken: Ihren Weckruf bestellen Sie bitte an der Rezeption, Hausruf 84.

Zimmerservice: Von 6.00 Uhr bis 24.00 Uhr über Hausruf 84.

Zimmerschlüssel: Bitte das Abgeben vor der Abreise nicht vergessen!

Wir wünschen Ihnen einen angenehmen Aufenthalt!

7 Unterwegs in Deutschland

In this unit you'll learn how to
- find your way from the airport to the city centre
- enquire about train times, buy a ticket and reserve a seat
- get around a city by public transport or on foot
- follow directions for reaching places by car

You'll also find out about efforts to ease
traffic congestion in the cities.

7.1 Wie geht's vom Flughafen weiter?

A Wenn man zum ersten Mal mit dem Flugzeug in einer Stadt
ankommt, muss man wissen, wie es vom Flughafen
weitergeht. Das kann man im Voraus erfahren, z.B. aus
Informationsbroschüren der Tourist-Information oder vom
Flughafen selbst.
Informieren Sie sich über die Verkehrsverbindungen vom
Flughafen Frankfurt/Main.

Situation 1
Sie fahren zur Frankfurter Messe. Das Messegelände befindet
sich in der Stadtmitte, etwa zehn Gehminuten vom
Hauptbahnhof entfernt. *— walking distance*
1 Mit welchen öffentlichen Verkehrsmitteln kommt man
  zum Hauptbahnhof?
2 Wie kann man direkt zur Messe fahren?
3 Von wo fährt a) die S-Bahn b) der Messebus am Flughafen ab?
4 Wie oft fährt die S-Bahn nach Frankfurt-Hauptbahnhof?
  Wie lange dauert die Fahrt?
5 Wo kann man Fahrscheine bzw. Fahrkarten im Flughafen kaufen?
  Kann man sie im Zug kaufen?

Situation 2
Sie wollen mit dem Taxi zu Ihrem Hotel in der Innenstadt fahren.
1 Wo ist der Taxistand?
2 Was sollte die Fahrt kosten?
3 Wie lang ist die Fahrzeit?

Situation 3
Vom Flughafen müssen Sie weiter mit dem Zug nach Koblenz fahren.
1 Wie oft fahren die InterCity-Züge?
2 Von welchem Gleis fahren sie ab?

Situation 4
Sie fahren weiter mit einem Mietwagen nach Wiesbaden.
1 Welche Autobahn müssen Sie nehmen?
2 Wie kommen Sie auf die Autobahn?

LANGUAGE STUDY

Study these ways of describing frequency.
  Züge fahren **stündlich/alle 60 Minuten** in Richtung [Koblenz].
How would you say these?
  daily/weekly/monthly
  every 15 minutes/half an hour/two hours
You may also see this method of describing frequency on train and bus timetables:
  Der Airport Bus fährt täglich **im 15 Minuten-Takt** zwischen Hauptbahnhof
  und Flughafen.

▶ 9.6

Flughafen
Frankfurt Main AG

Schiene

Der Flughafen-Bahnhof im **Terminal 1** ist über die Ebene „Unterm Flughafen" zu erreichen.
Elektronische Informationstafeln in der Ebene „Unterm Flughafen" und in der Ankunftsebene geben Auskunft über

- Zuganschluss
  Nahverkehr – S-Bahn (FVV)
  Fernverkehr – Intercity/Eurocity/ICE
- Fahrtrichtung
- Abfahrtszeit
- Gleisnummer
  Bahnsteig 1: S-Bahn Richtung Frankfurt-Innenstadt
  Bahnsteig 2: Fernzüge Richtung Süddeutschland
  Bahnsteig 3: S-Bahn Richtung Mainz/Wiesbaden
  Fernzüge Richtung Rheinland und Norddeutschland

Fahrscheine

An blauen FVV-Automaten und am Verkaufsschalter der Deutschen Bahn AG (DB Reisezentrum, Ebene „Unterm Flughafen", Bereich B) erhältlich. Im DB-Reisezentrum befinden sich auch Schalter zur Gepäckaufgabe und Gepäckausgabe. FVV-Automaten gibt es in der Ankunftsebene, Bereich B, in der Ebene „Unterm Flughafen" und auf den Bahnsteigen.

Fahrscheine bitte vor Fahrtantritt lösen; ein Nachlösen in der S-Bahn ist nicht möglich.

Fernverkehr

Ab Flughafen Frankfurt bestehen von 7.00 - 23.00 Uhr stündliche IC- bzw. ICE-Direktverbindungen in folgende Richtungen:

- Koblenz - Bonn - Köln - Dortmund - Bremen - Hamburg
- Würzburg - Nürnberg (München/Wien)

Straße

Autobahn

Die Terminals sind angeschlossen an die
A3 aus Richtung - München, Würzburg, Offenbach
　　　　　　 - Köln, Mainz, Wiesbaden
A5 aus Richtung - Hamburg, Hannover, Kassel
　　　　　　 - Basel, Karlsruhe, Heidelberg, Darmstadt

Abfahrten führen direkt vor die Terminals. Folgen Sie bitte den Hinweisschildern „Abflug" beziehungsweise „Ankunft".

Bus

Nahverkehr

Reise- und Linienbusse halten am **Terminal 1** am Busbahnhof vor der Ankunftshalle auf der Ebene 1 und am **Terminal 2** an der Haltebucht vor der Ankunfts-/Abflughalle.

Fahrscheine sind entweder beim Busfahrer oder aus den blauen FVV-Automaten erhältlich. Fahrpläne finden Sie im Terminal in der Ankunftsebene, in der Ebene „Unterm Flughafen" und an den Abfahrtsbuchten.

Taxis

Taxistände befinden sich vor beiden Terminals. Eine Fahrt von/nach Frankfurt-Innenstadt kostet ca. 25 €. Die Fahrzeit beträgt ca. 20 – 25 Minuten.

Mietwagen

Autovermietungen sind in beiden Terminals vertreten.
Im **Terminal 1** in der Ankunftshalle A.
Im **Terminal 2** in der Ebene 3, Mitte.

S S-Bahnen, Linien S14 und S15
Suburban Rail Services S14 and S15

Abfahrt vom Flughafen nach Frankfurt-Hauptbahnhof
Departure from Airport to Frankfurt Central Station

04.33	w 06.43●	w 08.43●	w 10.43●	w 12.43●	w 14.43●	a 16.43●	a 18.43●	21.13	00.23●
04.53	06.53	08.53	10.53	12.53	14.53	16.53	18.53	21.23●	00.33
w 05.03●	w 07.03●	w 09.03●	w 11.03●	w 13.03●	w 15.03●	a 17.03●	a 19.03●	21.33	
05.13	07.13	09.13	11.13	13.13	15.13	17.13	19.13	21.53	
05.23●	07.23●	09.23●	11.23●	13.23●	15.23●	17.23●	19.23●	22.13	
05.33	07.33	09.33	11.33	13.33	15.33	17.33	19.33	22.23●	
w 05.43●	w 07.43●	w 09.43●	w 11.43●	w 13.43●	w 15.43●	a 17.43●	a 19.43●	22.33	
05.53	07.53	09.53	11.53	13.53	15.53	17.53	19.53	22.53	
v 06.03●	w 08.03●	w 10.03●	w 12.03●	w 14.03●	a 16.03●	a 18.03●	20.13	23.13	
06.13	08.13	10.13	12.13	14.13	16.13	18.13	20.23●	23.23●	
06.23●	08.23●	10.23●	12.23●	14.23●	16.22●	18.23●	20.33	23.33	
06.33	08.33	10.33	12.33	14.33	16.33	18.33	20.53	23.53	

Fahrzeit Flughafen-Hauptbahnhof ca. 11 Minuten./Travel time from Airport to Frankfurt Central Station is about 11 minutes.
● Die Züge der Linie S 14 halten im Tiefbahnhof des Frankfurter Hauptbahnhofs und fahren von dort aus weiter in die Frankfurter Innenstadt und nach Frankfurt-Sachsenhausen.
● The trains of the S 14 line stop at the underground station of Frankfurt Central Station and from there travel on into downtown Frankfurt and to Frankfurt-Sachsenhausen.

🚌 Busse
Buses

Haltestelle Bus Stop	Linie Line	Zielort Destination	Haltestelle Bus Stop	Linie Line	Zielort Destination
14	250	Darmstadt	18	964	Neu-Isenburg, Dreieich
	975	Offenbach			
	975	Rüsselsheim	19		Messe Frankfurt Walldorf-Mörfelden
15	62	Schwanheim, Kelsterbach			
	73	Kelsterbach	20		Heilbronn
16	61	Frankfurt-Niederrad, Südbahnhof	21		Prag
17	68	Zeppelinheim, Neu-Isenburg	22		Straßburg
	915	Bad Homburg	23		Seeheim (DLH-Werkverkehr)

Abfahrtszeiten bzw. Zwischenhalte sind den Aushangfahrplänen zu entnehmen.
For departure times and further stops see timetables.

B Welche Flughafen-Dienstleistungen passen zu welchen Piktogrammen?

a) Informationsschalter
b) Treffpunkt
c) Gepäcknachforschung
d) Mietwagen
e) Gepäckausgabe
f) Gepäckschließfach
g) Post
h) Linienbusse/Busbahnhof
i) Bank/Geldwechsel
j) Geschäfte/Zeitungskiosk
k) Gepäckwagen
l) Apotheke

C Vier Reisende bitten um Informationen bzw. Hilfe im Flughafen. Beantworten Sie die Fragen zu jedem Gespräch.

1 Wo findet das Gespräch statt? Wählen Sie das entsprechende Piktogramm in **B**.
2 Welche Frage bzw. Bitte hat der/die Reisende?
3 Welche Antwort bekommt er/sie?

D Bilden Sie ähnliche Dialoge mit Hilfe der Stichwörter.

Dialog 1

helfen? / Koffer nicht angekommen! ▶ Von wo geflogen?
Maschine aus Istanbul ▶ Mit welcher Fluggesellschaft?
Lufthansa ▶ zum Lufthansa-Schalter/gehen
sagen/wo/Schalter? ▶ Ecke/drüben links

Dialog 2

Wie/am besten/in die Stadtmitte? ▶ S-Bahn Linie 14/15/zum Hauptbahnhof
sagen/wo/Bahnhof? ▶ unterm Terminalgebäude
Wie/dahinkommen? ▶ die Treppe runter/zwei Etagen tiefer
Wissen/wie oft/fahren? ▶ alle 10 Minuten

Dialog 3

hier/Haltestelle/Messebus? ▶ Nein/hier/Busse für den Fernverkehr
Wissen/wo/Messebus/abfahren? ▶ vom Busbahnhof/gegenüber / Haltestelle 19
Wo/Fahrschein/bekommen? ▶ beim Busfahrer/vom Automaten
sagen/was/kosten? ▶ 9/10 Euro

Dialog 4

20 Euro in Kleingeld wechseln?/ ▶ Mal gucken/ Einen Zehneuroschein/
Münzen für das Telefon ... Fünfeurostücke/ ... Eurostücke/
... Fünfzigcentstücke/den Rest
in Zehncentstücken

E Informieren Sie sich über die Verkehrsverbindungen von anderen Flughäfen.
Partner A benutzt Datenblatt A19, S. 153.
Partner B benutzt Datenblatt B19, S. 162.

7.2 Wann fahren die Züge?

A **1** Sehen Sie sich die Zeichenerklärungen an.

1 Wie viele Zugtypen gibt es bei der Deutschen Bahn?
2 Welche Zugtypen sind für den Fernverkehr? Für den Nahverkehr?
3 Welche Züge sind zuschlagpflichtig?
4 Wie viele Zugtypen haben Sie in Ihrem Land? Gibt es bei Ihnen auch zuschlagpflichtige Züge?
5 Was bedeuten die Symbole in Ihrer Sprache? Haben Sie die gleichen Symbole?

2 Sehen Sie sich den Streckennetzplan an. Er zeigt die IC-Verbindungen von Frankfurt/Main.

1 Über welche Städte fährt man von Frankfurt/Main nach
   a) Freiburg?   b) Dortmund?   c) München?
2 Was ist der kürzeste Weg zwischen Frankfurt und Berlin?
3 Kann man direkt von Frankfurt nach Wien fahren?
4 Wie oft fahren die Züge von Frankfurt nach Amsterdam?

Zeichenerklärungen

ICE *InterCityExpress*
Hochgeschwindigkeitszug mit bis zu 280 km/h. Besonderer Fahrpreis. Übergang aus anderen Zügen ist nur gegen Zahlung des Preisunterschiedes möglich.

EC *EuroCity-Zug*
Internationaler Qualitätszug. EC/IC-Zuschlag erforderlich.

IC *InterCity-Zug*
Nationaler Qualitätszug. Größtenteils im Stundentakt mit bis zu 200 km/h. EC/IC-Zuschlag erforderlich.

IR *InterRegio*
Überregionaler Zug mit gehobenem Komfort. Meistens im 2-Stunden-Takt.

D *Schnellzug*
Bei Fahrten unter 50 Km Zuschlag erforderlich.

RSB *RegionalSchnellBahn*
Qualitätszug des Regionalverkehrs. Überbrückt die längeren Distanzen zwischen größeren Orten der Region. Fährt mindestens alle zwei Stunden.

E *Eilzug*
N *Zug des Nahverkehrs*
S *S-Bahn*
Zug des Verdichtungsverkehrs mit dichtem Taktverkehr.

- Busverbindung
- Schiffsverbindung
- Kurswagen
- Schlafwagen
- Liegewagen 2. Klasse
- *Bord Restaurant,* Zugrestaurant
- Bistro Café, Zugrestaurant
- Imbiss und Getränke im Zug erhältlich

B Beantworten Sie die Fragen unten anhand des Fahrplans.

1 Wie oft fahren ICE-Züge direkt von Frankfurt/Main nach München? Wie lange dauert die Fahrt?

2 Mit welchen IC-Zügen können Sie direkt fahren? Wie lang ist die Fahrzeit?

3 Wo müssen Sie umsteigen, wenn Sie den EC-Zug um 12.14 Uhr von Frankfurt nehmen? Mit welchem Zugtyp fahren Sie weiter nach München?

4 Sie wollen in Stuttgart aussteigen. Können Sie mit dem IC-Zug um 7.14 Uhr fahren?

5 Welche Züge kommen nicht in Frage, wenn Sie an einem Sonntag nach München fahren wollen?

6 Welche Züge haben kein Zugrestaurant?

7 Sie haben einen Termin mit einem Kunden um 14.00 Uhr in München. Sie brauchen 20 Minuten vom Hauptbahnhof bis zu seiner Firma. Mit welchem Zug fahren Sie am besten ab Frankfurt?

C Eine Reisende, Frau Brenner, ruft die Reiseauskunft am Frankfurter Hauptbahnhof an, um sich nach Zügen nach München zu erkundigen. Notieren Sie folgende Einzelheiten, dann vergleichen Sie Ihre Notizen mit Ihrem Partner.

- Reisetag
- gewünschte Reisezeit
- Abfahrts- u. Ankunftszeit der Züge
- Anschlussverbindungen
- Service im Zug

Frankfurt(Main)Hbf → München Hbf

423 km

ab	Zug	Umsteigen	an	ab	Zug		an	Verkehrstage
0.02	D 1123	München Ost	4.04	4.27	S	2.Kl	4.35	täglich 01
5.42	IC 821						9.20	Mo - Sa 02
6.14	IC 721	Regensburg Hbf	9.29	9.37	IR 2068		11.01	täglich
6.28	D 350	Heidelberg Hbf	7.22	8.07	EC 15		11.10	täglich
6.31	ICE 993						9.41	Mo - Fr 03
6.40	ICE 271	Mannheim Hbf	7.23	7.27	ICE 995		10.15	täglich
7.14	IC 723	Würzburg Hbf	8.26	8.41	D 2085		11.16	Mo - Sa 02
7.43	ICE 997						11.15	Mo - Sa 02
7.47	IR 2671	Heidelberg Hbf	8.40	9.07	EC 113		12.10	täglich
8.43	ICE 999						12.15	täglich
8.51	IC 552	Mannheim Hbf	9.44	9.55	EC 13		13.10	Mo - Sa 02
9.43	ICE 791						13.15	Mo - Sa 02
9.47	IR 2571	Heidelberg Hbf	10.40	11.07	IC 119		14.10	täglich
10.09	ICE 771	Mannheim Hbf	10.50	10.55	IC 119		14.10	täglich
10.14	EC 25	Würzburg Hbf	11.26	12.02	D 781			täglich 04
		München Ost	14.35	14.39	S	2.Kl	14.48	
10.43	ICE 591						14.15	täglich
11.14	IC 725						15.18	täglich
11.43	ICE 793						15.15	täglich
12.14	EC 27	Würzburg Hbf	13.26	13.41	D 2089		16.16	täglich
12.43	ICE 593						16.15	täglich
12.51	IC 556	Mannheim Hbf	13.44	13.55	IC 513		17.10	täglich
13.43	ICE 895						17.15	täglich
13.47	IR 2575	Heidelberg Hbf	14.40	15.07	IC 613		18.10	Mo - Fr, So 05
14.43	ICE 595						18.15	täglich
14.51	EC 56	Mannheim Hbf	15.44	15.55	EC 19		19.10	täglich
15.14	IC 621						19.18	Mo - Fr, So 05
15.43	ICE 897						19.15	täglich
16.14	IC 729	Würzburg Hbf	17.26	17.41	D 2183		20.16	täglich
16.43	ICE 597						20.15	täglich
16.51	IC 558	Mannheim Hbf	17.44	17.55	IC 617		21.10	täglich
17.43	ICE 899						21.15	täglich
17.47	IR 2579	Heidelberg Hbf	18.40	19.07	IC 719			täglich
		Stuttgart Hbf	19.50	20.02	EC 67		22.10	
18.43	ICE 599						22.15	täglich
19.14	IC 523	Würzburg Hbf	20.26	20.41	D 2187		23.16	täglich
19.43	ICE 795						23.18	täglich
19.47	IR 2673	Darmstadt Hbf	20.04	20.33	IC 619			Mo - Fr, So 05
		Stuttgart Hbf	22.03	22.16	IR 2299		0.35	
20.43	ICE 695	Stuttgart Hbf	22.08	22.16	IR 2299		0.35	täglich 06

01 = an München Hbf (Tief); nicht 30. Okt bis 31. Mär
02 = nicht 3. Okt, 26. bis 31. Dez, 15., 17. Apr, 1. Mai
03 = ICE-Sprinter incl. Service; nicht 18. Jul bis 26. Aug, 3. Okt, 26. bis 30. Dez, 14., 17. Apr, 1., 25. Mai
04 = an München Hbf (Tief)
05 = nicht 2. Okt, 25. bis 30. Dez, 14., 16., 30. Apr
06 = nicht 24., 31. Dez

Die S-Bahn (Nahverkehrszüge)

Der ICE: der High-Tech-Zug der Deutschen Bahn

D Spielen Sie ähnliche Dialoge.

REISENDE/R: Entscheiden Sie, wann Sie nach München fahren wollen, bzw. wann Sie dort sein müssen. Bitten Sie um Auskunft über Züge.

AUSKUNFT: Geben Sie einem Kunden/einer Kundin die gewünschte Auskunft anhand des Fahrplans links. Beginnen Sie so:

> Deutsche Bahn Frankfurt, guten Tag. Wie kann ich Ihnen helfen?

> Guten Tag. Ich hätte gern eine Zugauskunft.
> Ich möchte [morgen Vormittag gegen ... Uhr] nach München fahren. Wann fahren die Züge, bitte?

> Da fahren Sie um ... Uhr mit ... und kommen um ... Uhr in München an.

E Frau Brenner bucht ihre Fahrkarte telefonisch. Welche Aussagen sind richtig?

1 Sie fährt einfach/hin und zurück.
2 Sie möchte erste/zweite Klasse.
3 Sie möchte eine Platzreservierung für die Hinfahrt/für die Hin- und Rückfahrt.
4 Sie fährt am Samstag, den 17. Juni/am Freitag, den 14. Juli.
5 Für die Platzreservierung muss sie extra bezahlen/braucht sie nicht extra zu bezahlen.
6 Sie möchte im Großraumwagen/im Abteilwagen sitzen.
7 Sie möchte einen Raucher-/einen Nichtraucherwagen.
8 Sie möchte einen Fensterplatz/einen Gangplatz.
9 Das macht € 188,- mit/ohne € 8,- IC-Zuschläge.
10 Sie kann die Fahrkarte bei allen Fahrkartenschaltern/beim Schalter für vorbestellte Fahrscheine abholen.
11 Die DB akzeptiert Kreditkarten/keine Kreditkarten.

E Spielen Sie ähnliche Dialoge mit Hilfe der Alternativen in **E**. Beginnen Sie so:

> Guten Tag. Ich fahre mit dem [ICE/InterCity] nach München und möchte [eine Fahrkarte/zwei Fahrkarten] buchen.

> Fahren Sie einfach oder hin und zurück?

G Sie hören vier Durchsagen am Bahnhof. Was bedeuten die Durchsagen für Sie?

1 Sie kommen im Bahnhof an. Der Zug, mit dem Sie fahren wollen, steht auf Gleis 4. Was müssen Sie tun? Warum?
2 Sie stehen am Gleis 9 und warten auf den Zug nach Stuttgart. Ihr Zug wird angekündigt. Was müssen Sie tun?
3 Sie stehen am Gleis 8. Ihr Zug aus München hat Verspätung. Wie lange müssen Sie noch warten?
4 Sie stehen am Gleis 2 und warten auf den EC nach Amsterdam. Eine Gleisänderung wird angekündigt. Zu welchem Gleis müssen Sie gehen?

H Erkundigen Sie sich nach Abfahrts- und Ankunftszeit eines Zuges und kaufen Sie Fahrkarten.
PARTNER A benutzt Datenblatt A20, S. 153.
PARTNER B benutzt Datenblatt B20, S. 162.

7.3 Wie komme ich hin?

A **1** Sehen Sie sich den Verkehrslinienplan des VVS (Verkehrsverbund Stuttgart) an.
Mit welchen öffentlichen Verkehrsmitteln kann man in Stuttgart und Umgebung fahren?

2 Am Stuttgarter Hauptbahnhof fragen vier Besucher nach dem Weg ...

1 nach Untertürkheim
2 zu den Mineralschwimmbädern, Bad Cannstatt

3 zum Hotel Ketterer
4 zur Universität

Notieren Sie die Anweisungen, die sie erhalten. Dann folgen Sie den Anweisungen auf den Plänen.

LANGUAGE STUDY

1 To ask how to get somewhere, you begin *Wie komme ich ...?* followed by *nach* or one of the forms of *zu: zum/zur/zu den*. When do you use *nach*, when *zu* ?
2 Study this example.
Sie können entweder mit der S-Bahn **fahren** oder zu Fuß **gehen**.
When do you use *fahren* and *gehen*?

▶ 5.5

B **1** Suchen Sie folgende Ziele auf dem Verkehrslinienplan. Mit Hilfe der Sprachmuster fragen bzw. erklären Sie, wie man vom Hauptbahnhof aus dorthin fährt.

1 Flughafen **S** 2/3
2 Killesberg-Messe **U** 7
3 Russische Kirche
　🚋 2 Russische Kirche

4 Hauptverwaltung, Porsche AG **S** 6 Neuwirtshaus
5 Fernsehturm in Degerloch **🚋** 15 Ruhbank/Fernsehturm
6 Gottlieb Daimler-Gedächtnisstätte **S** **U** Charlottenplatz,
　🚋 2 Kursaal

> Wie komme ich am besten zum/zur/zu den ...?
> (Mit welcher Linie fahre ich?)　(Wie viele Haltestellen sind das?)
>
> ▼
>
> Nehmen Sie | die [S2/U7] direkt [zum Flughafen/zur Messe].
> | die Straßenbahn [Nr. ...] Richtung [Heumaden].
> Fahren Sie mit der [S-Bahn] bis [zum Rotebühlplatz]. (Das sind ungefähr ... Haltestellen.)
> [Am Rotebühlplatz] steigen Sie in die ... um (und fahren [vier] Haltestellen).
> Steigen Sie am .../an der Haltestelle ... aus.

---

2 Suchen Sie diese Sehenswürdigkeiten auf dem Stadtplan. Mit Hilfe der Sprachmuster fragen bzw. erklären Sie, wie man sie zu Fuß vom Hauptbahnhof aus erreicht.

1 Staatsgalerie, Konrad-Adenauer-Str.
2 Altes Schloss

3 Haus der Wirtschaft, Willi-Bleicher-Straße
4 Leonhardskirche am Leonhardsplatz

> Gehen Sie | hier rechts/links raus, die ... Straße entlang/runter/hoch.
> | (immer) geradeaus (bis zur Kreuzung/zum Ende).
> | rechts/links in die ... Straße.
> | über die Kreuzung/quer durch den Park/am [Postamt] vorbei.
> | durch die Straßenunterführung und nehmen Sie den Ausgang ...
> Nehmen Sie die erste/zweite Straße rechts/links.
> Überqueren Sie die ... Straße. (Nach zirka [500 Meter] kommen Sie zu [einer Grünanlage].)
> Sie sehen es auf der rechten/linken Seite/direkt vor sich. Sie können es überhaupt nicht verfehlen.
> Das sind nur [5] Minuten/gute [15] Minuten zu Fuß.

---

3 Spielen Sie weitere Gespräche.
PARTNER A benutzt Datenblatt A21, S. 154. PARTNER B benutzt Datenblatt B21, S. 163.

C Fragen Sie bzw. geben Sie Anweisungen, wie man bestimmte Orte in Ihrer Stadt mit öffentlichen Verkehrsmitteln bzw. zu Fuß erreicht.

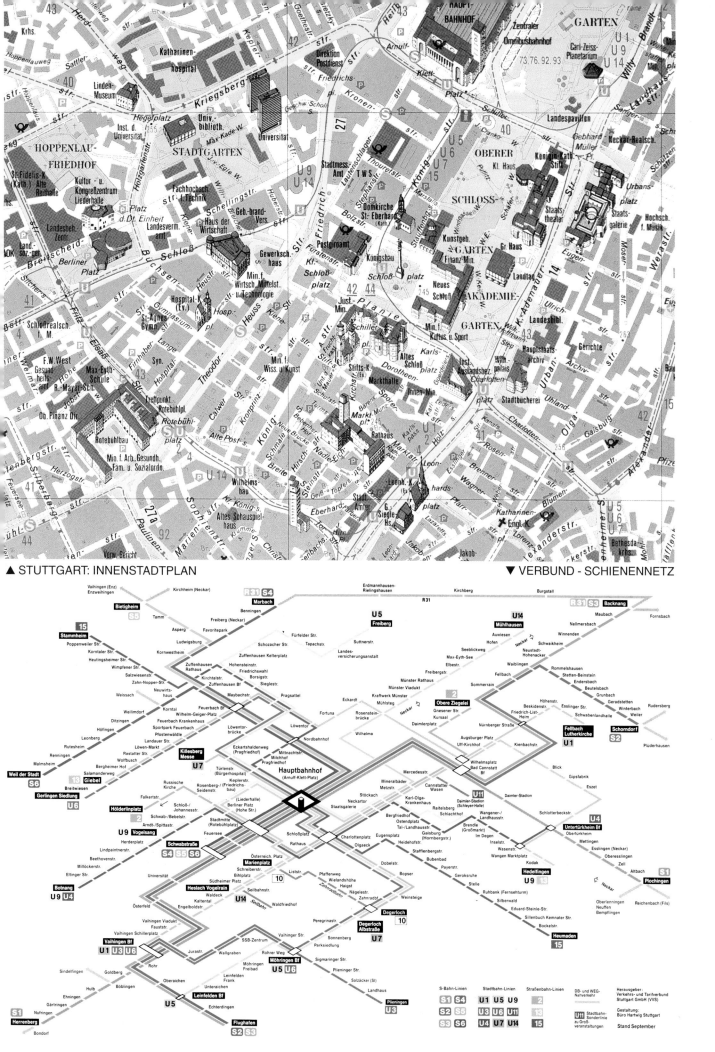

▲ STUTTGART: INNENSTADTPLAN ▼ VERBUND - SCHIENENNETZ

7.4 Mit dem Auto unterwegs

A **1** Die Firma Vorwerk & Co., die u.a. Elektrogeräte und Teppichböden herstellt, hat verschiedene Standorte in Wuppertal, einer Stadt im Ruhrgebiet (Nordrhein-Westfalen). Wie viele Firmen hat Vorwerk eine Karte mit Fahrthinweisen für Besucher.
Lesen Sie die Fahrthinweise rechts und sehen Sie sich die Karte an. Welche Standort-Adressen passen zu welchen Hinweisen?

1 Rauental 38 3 Mühlenweg 17 - 37
2 Am Diek 52

2 Lesen Sie die Anweisungen noch einmal. Was bedeuten die <u>unterstrichenen</u> Wörter in Ihrer Sprache?

B Ein Firmenbesucher hat einen Termin mit Herrn Blaue im Werk Am Diek. Er ruft Herrn Blaue an, um sich zu erkundigen, wie er am besten dorthin kommt. Hören Sie sich das Gespräch an und ergänzen Sie die fehlenden Wörter im Text.

„ Wenn Sie (1)... der A46 (2)... Düsseldorf kommen, (3)... Sie die Ausfahrt Wuppertal-Wichlinghausen.

Dann (4)... Sie geradeaus (5)... die erste Ampel. (6)... der zweiten Ampel (7)... Sie links (8)... in Richtung Wichlinghausen.

Dann (9)... Sie sich immer geradeaus, am Wichlinghauser Markt (10)..., und nach etwa einem Kilometer (11)... Sie das Vorwerk-Gebäude auf der rechten Seite. Sie können es gar nicht (12)... "

LANGUAGE STUDY

Compare the written and spoken instructions for how to get to the site address *Am Diek 52*. How do they differ? Complete these rules.
- In .... instructions, the infinitive form of the verb is used. Sometimes the verb is omitted altogether. Articles and prepositions are also omitted.
- In .... instructions you use the imperative form of the verb.

Can you turn the written instructions to the other two sites into spoken instructions?

Schildern Zentrum folgen → ... Sie ... Schildern ... Richtung Zentrum
links einordnen → ... Sie sich links ...

▶ 6.12

C Mit Hilfe der Fahrthinweise rechts spielen Sie ähnliche Dialoge wie in **B**.
PARTNER A: Erklären Sie, wie ein/e Firmenbesucher/in aus Richtung Düsseldorf zur Hauptverwaltung im Mühlenweg kommt.
PARTNER B: Erklären Sie, wie ein/e Firmenbesucher/in aus Richtung Köln zu den Elektrowerken in Rauental kommt.

D Fragen Sie bzw. geben Sie Anweisungen, wie man in die DaimlerChrysler Zenrale in Stuttgart-Untertürkheim kommt.
PARTNER A benutzt Datenblatt A22, S. 154.
PARTNER B benutzt Datenblatt B22, S. 163.

E Schreiben Sie Fahrthinweise für Ihre Firma/Schule und skizzieren Sie einen Plan.

Damit
Sie uns leichter
finden

A

A 46 aus Richtung Düsseldorf
<u>Ausfahrt</u> Wuppertal-Barmen (linke <u>Spur</u>)
<u>Schildern</u> Zentrum folgen
Carnaper Straße ca. 1 km hinunter fahren
Nach Eisenbahn-Viadukt in Abbiegespur <u>links einordnen</u>
<u>Einbahnstraße</u> bis zum Ende fahren
Dort scharf links in den Mühlenweg einbiegen

B

A1 aus Richtung Köln
Ausfahrt Wuppertal-Ost/Schwelm
B 7 Richtung Wuppertal
B 51 Richtung Remscheid/Solingen abbiegen (links, über die Brücke)
linke Spur, geradeaus
100 m hinter der <u>Biegung</u> auf der rechten Seite

 www.vorwerk.de

C

A 46 Ausfahrt Wuppertal-Wichlinghausen
1. <u>Kreuzung</u> (<u>Ampel</u>) geradeaus
2. Ampel links abbiegen in Richtung Wichlinghausen
Immer geradeaus halten, dem Straßenverlauf folgend. Am Wichlinghauser Markt vorbei.
Nach ca. 1,2 km auf der rechten Seite

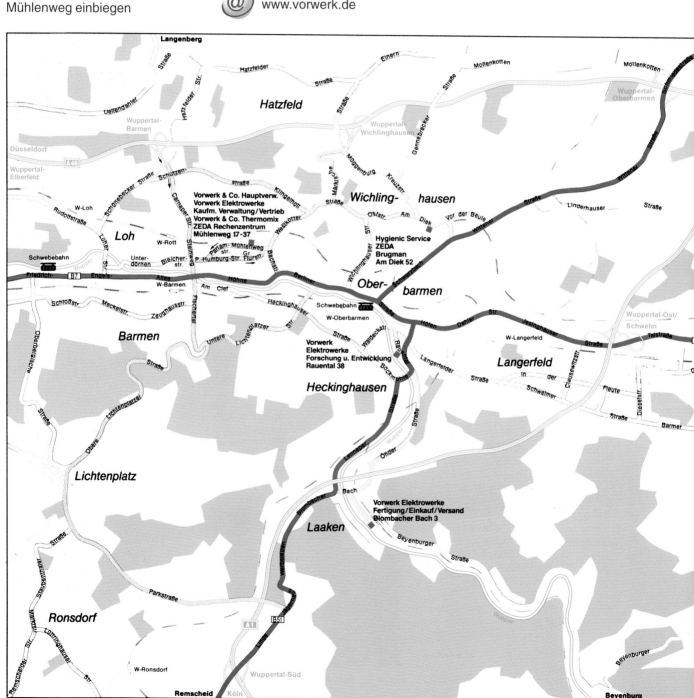

Überall auf der Welt sucht man Lösungen für das Problem der zunehmenden *(increasing)* Verkehrsdichte auf unseren Straßen.

1 Was halten Sie von den Konzepten, die der Münchner Automobilhersteller BMW für die Lösung des Verkehrsproblems in der Innenstadt Münchens vorgelegt hat?

2 Mit welchen Maßnahmen hat Ihr Land/Ihre Stadt auf das Verkehrsproblem reagiert?

Kooperatives
Verkehrsmanagement

City-Konzept „Blaue Zone"

Die Vision einer fußgängerfreundlichen Innenstadt: Mit dem Projekt „Blaue Zone" will BMW die Münchner City für alle Verkehrsteilnehmer attraktiver machen. Trotzdem bleibt die Innenstadt gut erreichbar – ein durchdachtes öffentliches Verkehrssystem macht's möglich.

Konzeptionelle Grundüberlegungen

Heute besitzen rund 88 Prozent aller Haushalte in der Bundesrepublik Deutschland ein Kraftfahrzeug. Der zunehmende Verkehr auf unseren Staßen wird immer stärker als Belastung empfunden. Gegen die hohe Verkehrsdichte helfen rein *(only)* fahrzeugbezogene technische Lösungen (z.B. Verringerung der Emissionen, sparsame Motoren usw.) allein nicht.
Angesichts dieser Entwicklung hat BMW das Forschungsprojekt „Kooperatives Verkehrsmanagement München". Zur Projektgruppe gehören heute über 50 Partner aus Politik, Verwaltung, Industrie und Wissenschaft.

Im Mittelpunkt steht das „Gesamtsystem Verkehr"
Im Mittelpunkt der Überlegungen steht nicht das Automobil, sondern das „Gesamtsystem Verkehr". Auto, Bus und Bahn dürfen nicht konkurrieren, sondern müssen in kooperativem Miteinander genutzt werden. Und die Attraktivität der Öffentlichen Verkehrsmittel muss erhöht werden.

City-Konzept „Blaue Zone"
Während sich das „Kooperative Verkehrsmanagement" vorwiegend *(mainly)* mit den Verkehrsproblemen im Großraum München befasst, *(dealt with)* behandelt ein weiteres BMW *(supplement)* Verkehrskonzept in logischer Ergänzung die Münchner City. Dieses Konzept, „Blaue Zone" *(heart)* genannt, möchte die Ziele im Kern der Innenstadt – Geschäfte, Restaurants etc. – für alle Verkehrsteilnehmer gut erreichbar machen und damit die Lebensqualität in der Großstadt verbessern. *(improve)*

Bisherige Konzepte europäischer Großstädte *(Previous)*
In den vergangenen zehn Jahren haben einige europäische Städte bereits unterschiedliche Konzepte entwickelt. In Athen haben Fahrzeuge mit Katalysatoren bei extremer Witterung stets Vorrang. In den Kurorten Zermatt, Berchtesgaden und Oberstdorf gibt es elektrisch betriebene Citybusse. Bergen und Oslo verlangen Straßengebühren. *(fee)*

„Blaue Zone": keine Einzellösungen, sondern vernetzte Maßnahmen
Dies sind jedoch alles Einzelmaßnahmen, *(individual measures)* die „Blaue Zone" versucht eine Gesamtlösung anzubieten. Die hier dargestellten Vorschläge sollen nicht als *(stimulate)* endgültiges Konzept verstanden werden, sondern als Anregung zur Diskussion. Bei entsprechendem politischen Willen könnte die „Blaue

Zone" in 10 bis 15 Jahren Wirklichkeit werden.
Was verbirgt sich also hinter diesem Projektnamen? *(is hidden)*

Die Elemente der „Blauen Zone"

1. Automatisierte Tiefgaragen
Am Rand der Zone gibt es zehn automatisierte Parkgaragen mit je etwa 600 Stellplätzen. Im Parkhaus stellt der Autofahrer sein Fahrzeug in der Übergabebox ab. Er steigt aus und überlässt alles Weitere der Technik: Sein Auto steht in der Box auf einer fahrbaren Palette. Auf dieser Palette wird das Fahrzeug ohne Insassen automatisch in die Parkebenen transportiert und dort eingelagert.

2. Das City-Straßennetz
Das komplette Straßennetz in der „Blauen Zone" besteht ausschließlich aus vorhandenen

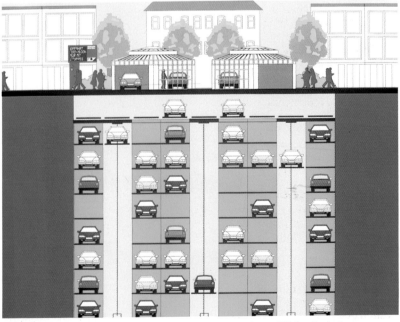

Automatisiertes Parkhaus: 600 Stellplätze, aber nur geringer Flächenbedarf

Umweltfreundliche Citybusse transportieren die Besucher der „Blauen Zone". Die nächste erreichbare Citybus-Haltestelle ist nie mehr als rund 3 Gehminuten entfernt.

EINFAHRT
7.00-19.00 h
NUR MIT
CITYPASS

Citybereich
Blaue Zone
München

Straßen. Die Citybusse fahren in einem rund 20 Kilometer langen Ringstraßennetz (s. Grafik). Die äußeren Ringlinien führen unmittelbar an den automatisierten Tiefgaragen vorbei. So können die Autofahrer bequem vom Auto in den Citybus umsteigen. Während der Spitzenzeiten fahren die Citybusse im Abstand von vier Minuten in beide Richtungen. Die fünf Citybus-Ringlinien sind an vier Umsteigeknoten miteinander und mit dem Schnellbahnnetz sowie den Straßenbahnlinien und Buslinien verbunden.

3. Die Citybusse
Die Citybusse sollen in der „Blauen Zone" so weit wie möglich das private Automobil ersetzen. Sie bieten etwa 40 bis 60 Fahrgästen Platz und können auch enge Altstadtstraßen befahren. Sie sind abgasarm und geräuschgekapselt. Als Antrieb kommt ein schadstoffarmer Dieselmotor mit Oxidationskatalysator in Betracht.

4. Fußgängerzonen
Zusätzlich zur zentralen Fußgängerzone in der Münchner Altstadt sind noch sechs weitere, kleinere Fußgängerzonen geplant.

5. Radwege
Das Radwege-Netz nutzt das gesamte Straßennetz der „Blauen Zone". Dies ist möglich, da auf allen Straßen in der „Blauen Zone" ein 30 km/h-Tempolimit gilt. Nur in den Grünanlagen und in den weniger stark besuchten Fußgängerzonen gibt es eigene Radwege.

Die Einfahrt: Wer darf hinein?
Am Gürtel um die „Blaue Zone" sind 12 Ein- und Ausfahrten vorgesehen. Der Zugang könnte per Ampel-system geregelt werden. Je nach Tageszeit sind unterschiedliche

Regelungen für Einfahrtberechtigte geplant. So dürfen während der Geschäftszeiten in die „Blaue Zone":
• Anwohner
• Beschäftigte von Firmen und Behörden bei Nachweis eines eigenen Stellplatzes

• Fahrzeuge von Behinderten
• Hotelgäste
• Wirtschaftsverkehr und Taxen
• Rettungsdienste, Polizei, Ärzte im Einsatz
Außerhalb der Geschäftszeiten ist die Zufahrt für alle Verkehrs-teilnehmer frei.

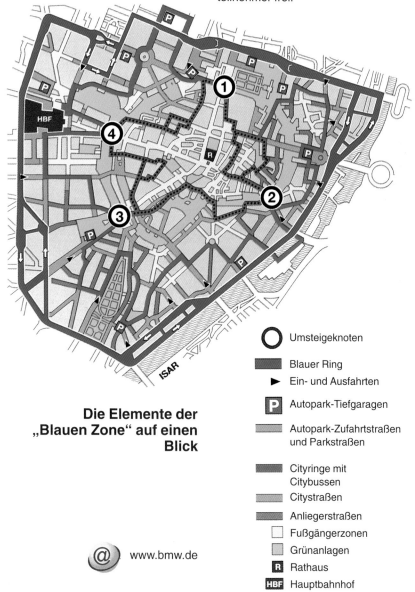

Die Elemente der „Blauen Zone" auf einen Blick

○ Umsteigeknoten
▬ Blauer Ring
► Ein- und Ausfahrten
P Autopark-Tiefgaragen
▬ Autopark-Zufahrtstraßen und Parkstraßen
▬ Cityringe mit Citybussen
▬ Citystraßen
▬ Anliegerstraßen
☐ Fußgängerzonen
☐ Grünanlagen
R Rathaus
HBF Hauptbahnhof

@ www.bmw.de

8 Auf der Messe

The language in this unit will help you to
- understand and express reasons for attending a trade fair
- respond to visitors when manning a stand
- describe products in terms of dimensions, use or purpose
- compare and recommend products
- follow up contacts made at a trade fair

You'll also be given some tips for planning a successful visit to a trade fair.

8.1 Messeplatz Deutschland

A Beantworten Sie die Fragen über das deutsche Messewesen anhand der Informationen im Text rechts.

1 Warum könnte man Deutschland „Messeland Nr. 1" nennen?
2 Seit wann gibt es Messen in Deutschland?
3 Was war die erste „Messestadt" Deutschlands?
4 Nennen Sie einige Messestädte, die heute wichtig sind.
5 Was bedeutet der Ausdruck „Fachmesse"?
6 Welchen Nutzen hat die Messebeteiligung für Aussteller und Besucher?
7 Ungefähr welcher Prozentsatz a) der Aussteller b) der Besucher
auf deutschen Messen kommt aus dem Ausland?

| Aussteller | ☐ 20% | ☐ 50% | ☐ 70% |
| Besucher | ☐ 5% | ☐ 15% | ☐ 30% |

8 Warum ist ein hoher Prozentsatz ausländischer Teilnehmer bei einer Messe wichtig?

B Diese sind fünf der wichtigsten Fachmessen in Deutschland. Kennen Sie weitere Messen, die in Deutschland stattfinden?

Welt-Centrum
Büro • Information • Telekommunikation

Internationale
Fachmesse für
Sportartikel,
Campingbedarf
und Gartenmöbel
Köln

LANGUAGE STUDY

1 The form of the imperfect tense depends on whether the verb is **weak** eg *entwickeln*, **strong** eg *erhalten*, or irregular eg *sein*.
   Find and circle all the verbs in the imperfect tense in the text opposite.
   What is added to the stem of weak verbs?
   What change occurs to the stem of strong verbs? ▶ 6.9
2 Now find and underline all the verbs in the perfect tense.
   What is the difference in use here between the imperfect and the perfect tense? ▶ 6.7

Hier handelt die Welt

Messeplatz Deutschland
Durch seine geografische Lage im Herzen Europas ist Deutschland schon immer Knotenpunkt für den Handel gewesen. Heute gehört die Bundesrepublik mit immer neuen Ausfuhrrekorden zur Weltspitze.

Messe ist Kommunikation
Für den Handel sind Informationen ebenso wichtig wie die Waren selbst. Neue Produkte und Dienstleistungen müssen den Kunden präsentiert werden. Persönliche Kontakte müssen geknüpft und gepflegt werden. Wo könnte dies besser geschehen als auf Messen und Ausstellungen, im direkten Gespräch mit Kunden und Interessenten? Die Messe ist auch im Internet-Zeitalter ein wichtiges Marketinginstrument im Marketing-Mix des Unternehmens.

Deutsche Messen haben Tradition
Deutsche Handelsmessen entwickelten sich im Mittelalter aus einzelnen Jahrmärkten, auf denen die Menschen zusammenkamen, um Handel zu treiben. Im Jahr 1240 verlieh Kaiser Friedrich II. der Stadt Frankfurt am Main das erste Messeprivileg und stellte die Kaufleute, die zur Messe reisten, unter seinen Schutz. Die Stadt Leipzig erhielt das Messeprivileg 1507. Jahrhundertelang war die Leipziger Messe ein Inbegriff für das Messewesen selbst.

 www.auma.de

Messestädte in Deutschland

Deutschland: Messeland Nr. 1
Nach dem Ersten Weltkrieg entstanden auch in anderen Ländern Messen, von denen sich einige zu weltweiter Bedeutung entwickelt haben. Deutsche Messen und Ausstellungen haben jedoch in den letzten Jahrzehnten eine dominante Position im Welthandel erlangt. Von den international etwa 150 führenden Fachmessen finden derzeit 110 bis 120 in Deutschland statt. Die wichtigsten deutschen Messestädte sind: Berlin, Düsseldorf, Essen, Frankfurt am Main, Hamburg, Hannover, Köln, Leipzig, München, Nürnberg und Stuttgart.

Deutsche Fachmessen: Branchentreffpunkte
Die Messeart, die heute am Messeplatz Deutschland vorherrscht, ist die Fachmesse. Ein immer größeres Produktangebot machte die Konzentration auf bestimmte Produktgebiete notwendig. Fast alle Branchen sind auf deutschen Fachmessen vertreten. Einige Beispiele: Büro- und Informationstechnik, Chemie, Elektronik und Elektrotechnik, Fotografie, Maschinenbau, Mode, Möbelindustrie und Unterhaltungselektronik.

Zahl der Aussteller und Besucher
Die Zahl der Aussteller ist kontinuierlich gewachsen. Im letzten Jahr lag sie auf den überregionalen Messen bei über 160 000. Die Auslandsbeteiligung liegt inzwischen bei 50 Prozent: 79 000 der Aussteller, die ihre Waren auf deutschen Fachmessen präsentierten, kamen aus dem Ausland. Von den jährlich über 9 Millionen Besuchern kommen ca. 1,5 Millionen aus dem Ausland. Ausländische Besucher gehören oft zum Top-Management. Je weiter die Anreise, desto größer die Entscheidungskompetenz im Unternehmen. Diese Multinationalität weckt noch mehr internationales Interesse.

Messeplatz Deutschland:
Hier ist der Weltmarkt präsent.

C Vor der Entscheidung über eine Messebeteiligung muss man genaue Ziele erarbeiten und definieren. Es ist möglich, verschiedene Ziele zu kombinieren. Welche der folgenden Beteiligungsziele sind Ihrer Meinung nach am wichtigsten ...

1 für eine kleine Firma, die versucht, ihre Exportmärkte aufzubauen?
2 für ein etabliertes Unternehmen, das ein neues Produkt auf den Markt bringt?

Allgemeine Beteiligungsziele
- neue Märkte kennen lernen, Marktnischen entdecken
- sich über Neuheiten und Entwicklungstrends informieren
- den Absatz steigern, Aufträge bekommen
- die Konkurrenz beobachten

Kommunikationsziele
- den Kontakt zu Stammkunden pflegen
- Wünsche und Ansprüche der Kunden herausfinden
- neue Kunden werben
- das Firmen- und Produktprofil erhöhen
- Marktinformationen sammeln

Produktziele
- Produktinnovationen vorstellen
- Prototypen vorstellen
- Akzeptanz des Produktsortiments am Markt testen

Distributionsziele
- Vertreter suchen
- Händler und Vertriebsgesellschaften suchen
- Kontakt mit potentiellen Lieferanten aufnehmen

D Vertreter der folgenden Unternehmen erklären einem Journalisten, warum sie auf der Messe ausstellen. Welche der Ziele oben erwähnen sie?

Interview 1: Herr Steiner, Sonnenstrand Freizeitartikel
Interview 2: Frau Burkart, Technotalk
Interview 3: Herr Lindner, Karat Fahrradwerk, Chemnitz

LANGUAGE STUDY

1 What construction is used in these examples?
   Unser Ziel ist, Marktinformationen **zu sammeln**.
   Wir hoffen(,) deutsche Vertreter **zu finden**.
   Can you think of any more verbs that take this construction?   ▶ 7.8
2 Study these examples from the tapescript. What does *um ... zu* mean?
   Wir sind hier(,) **um** Aufträge **zu** bekommen.
   Wir stellen aus(,) **um** den Prototyp unseres neuen Systems vor**zu**stellen.
   What happens to *zu* when the verb is separable?   ▶ 7.9

   Try converting the bullet points in **C** into sentences using one or both
   of these constructions.

E Was sind die wichtigsten Messen bzw. Ausstellungen in Ihrem Land? Wo finden sie statt? Waren Sie schon einmal als Besucher oder Aussteller auf einer Messe? Wenn ja, was waren Ihre Eindrücke?
Warum sollten sich gerade kleine und mittelständische Unternehmen an Messen beteiligen? Warum tun viele es nicht?

8.2 Ich sehe, Sie interessieren sich für ... @ www.koelnmesse.de

specialised

A **1** Sie hören zwei Gespräche auf einem Messestand der SPOGA-Messe in Köln.
(Das ist eine Fachmesse für Sportartikel, Campingbedarf und Gartenmöbel.)
Beantworten Sie die Fragen zu jedem Gespräch.

▼ *Hauszelte*

Dialog 1

1 Wofür interessiert sich die Standbesucherin?
2 Was bietet ihr der Standmitarbeiter an?
3 Was fragt die Besucherin dann? *Showing*
4 Wann ist die nächste Produktvorführung?

Dialog 2

1 Ist der Standbesucher Großhändler oder
Einzelhändler?
2 Worüber möchte der Besucher sprechen und
warum?
3 Mit wem und für wann vereinbart die *agree upon*
Standmitarbeiterin einen Termin?

Garten-
möbel ▶

▲ *Badeboote*

2 Hören Sie sich beide Gespräche noch einmal an. Welche von diesen Sätzen
spricht der/die Standmitarbeiter/in?

Die Aufmerksamkeit *attendant* *des Besuchers wecken*	Ich sehe, Sie interessieren sich für unsere ... *extensive* Wir haben ein umfangreiches Angebot in dieser Serie. Sind Sie an einem besonderen Modell interessiert? Dieses Modell ist besonders beliebt/gefragt. Diese Serie verkauft sich dieses Jahr besonders gut.
Produktliteratur *überreichen*	Darf ich Ihnen (vielleicht) unseren Katalog mitgeben? Da können Sie alles über unsere Produkte nachlesen. Da ist auch eine Preisliste drin. Darin ist eine Liste unserer Händler/Auslandsvertretungen. *at your disposal* Wenn Sie weitere Fragen haben, stehe ich Ihnen gerne zur Verfügung.
Einen Termin *vereinbaren*	*showing / demo ?* Möchten Sie zu einer Produktvorführung kommen? Die nächste Produktvorführung ist um ... Uhr. Am besten sprechen Sie mit unserem [Geschäftsführer] darüber. Unser [Verkaufsleiter] ist dafür zuständig. *responsible* Ich vereinbare gern einen Termin für Sie.

agree *similar*

B Mit Hilfe Ihrer Antworten und der Sätze in **A** üben Sie ähnliche Dialoge auf einem Messestand.
Spielen Sie abwechselnd die Rolle von Standmitarbeiter und Besucher.

alternate

C Sie hören jetzt noch ein Gespräch auf dem Stand der Firma Sonnenstrand Freizeitartikel, die u.a. PVC-Luftmatratzen herstellt. Eine Besucherin erkundigt sich nach Preisen, Lieferzeiten und Zahlungsbedingungen. Wie beantwortet der Standmitarbeiter ihre Fragen?

1 Was kostet dieses Modell?

a) Der Katalogpreis ist 28,90 Euro.
b) Alle Preise sind in der Preisliste.

2 Ist der Preis inklusive Zubehör? *attachments*

a) Ja, da ist eine Pumpe dabei.
b) Nein, die Pumpe wird extra berechnet. *charged*

3 Wie viel Rabatt geben Sie für Händler?

a) Ich kann Ihnen unsere Händlerpreisliste geben.
b) Das kommt auf die Stückzahl an. *quantity*

4 Wie sind Ihre Lieferzeiten?

a) Kleinere Mengen können wir ab Lager innerhalb einer Woche liefern. *'within'*
b) Die Lieferzeit ist normalerweise eine Woche.

5 Wie sind Ihre Zahlungsbedingungen? *conditions*

a) Die üblichen Zahlungsbedingungen. *usual/normal*
b) 30 Tage nach Rechnungsdatum.

6 Soll ich Ihnen einen Katalog schicken?

a) Ja, bitte, hier ist meine Karte.
b) Nein, danke, ich nehme ihn lieber mit.

D Benutzen Sie die Alternativantworten in **C** und üben Sie ähnliche Dialoge. *practice / similar*

E Der Messe-Katalog ist eine wichtige Informationsquelle für Aussteller und Besucher. Lesen Sie die Eintragungen *entries* im Katalog der SPOGA-Messe. Welche Stände würden Sie in folgenden Situationen besuchen?

1 Ihre Firma stellt Schlafsäcke her und möchte ein Vertriebsnetz in Deutschland aufbauen.

2 Ihre Firma ist Großhändler für Grillgeräte und sucht einen neuen Lieferanten.

3 Sie arbeiten bei einer Firma, die Gartenmöbel herstellt, und möchten etwas Marktforschung *research* betreiben (Produkte, Preise und Bedingungen vergleichen). *compare*

4 Sie sind Wassersportfan und interessieren sich für die neuesten Boote.

F Schreiben Sie einen ähnlichen *similar* Katalog-Eintrag für Ihre Firma/eine imaginäre Firma.

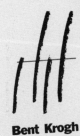

Les Exposants • List of firms • Firmen

Bent Krogh A/S, Grønlandsvej 5, DK-8660 Skanderborg/Dänemark – ☎ +45 / 86-520922. ⊡ 63120 bksdk. Fax +45 / 86-523698 – Hochwertige Garten- und Objektmöbel aus Aluminium und Stahlrohr – Vertretung für Deutschland: Robinson GmbH, Tegelbarg 43, D-24576 Bad Bramstedt – ☎ 04192 / 7901. Fax 04192 / 7996 – In Köln anwesend: Herren P. Rasmussen, E. Raunsgaard. **Halle 11.1, Gang C Stand 21; Gang D Stand 20**

INTERSWING SA, Via Bernasconi, 16, CH-6850 Mendrisio/Switzerland – ☎ 4191 / 466477. Fax 4191 / 466065 – Campingmöbel (weltweit die einzigen Campingstühle mit TÜV-GS-Zertifikat sowie patentiertem Gelenk), Gartenmöbel aus Metall, Vollkunststoff und Holz, Gartenschaukeln, Gartenschirme, Gartenschirmständer, Schutzhüllen für Gartenmöbel, Camping und Gartenmöbelauflagen, Badeboote, Luftmatratzen, Stahlrohrbecken, Blasebälge, Paddel, Kühltaschen. **Halle 2.1, Gang C Stand 30; Gang D Stand 31**

Landmann GmbH & Co. KG, Am Binnenfeld 3, D-27711 Osterholz-Scharmbeck – ☎ 04791 / 3080. Fax 04791 / 30835 – Holzkohle-Grillgeräte, Gas-Grillgeräte, Elektro-Grillgeräte, Grill-Zubehörartikel, Holzkohle und Grillbriketts; Marke: «Grill-Chef» – In Köln anwesend: Geschäftsleitung, Verkaufsmanagement, Inlands- und Auslandsvertretungen. **Halle 10.2, Gang F Stand 81** – Stand-Tel. 819117

Zimmermann U., Einzel- und Großhandel, Im- und Export GmbH, Gerhard-Stalling-Str. 9, D-26135 Oldenburg – ☎ 0441 / 92070-0. ⊡ 254983 uzett. Fax 0441 / 92070-98 – Importeur von Schlafsäcken, Haushalts- und Freizeitartikel, Gartenartikel – Marken: «PULLY'S» / «ZIMMERMANN» – In Köln anwesend: Geschäftsleitung, Verkaufsmitarbeiter. **Halle 10.2, Gang G Stand 72**

8.3 Können Sie mir etwas zu diesem Produkt sagen?

requirements/needs *Fachmesse - specialist fair*

A 1 Astra Products, ein Hersteller von Campingbedarf, stellt auf der ISPO-Messe in München aus. (Das ist eine internationale Fachmesse für Sportartikel und -mode.) Sehen Sie sich die Eintragung im Firmenkatalog an. Für wen ist dieser Schlafsack geeignet?

whom *suitable*

2 Ein Besucher interessiert sich für diesen Schlafsack. Hören Sie sich das Gespräch auf dem Stand an und vervollständigen Sie die Produktspezifikation.

complete

www.ispo.de

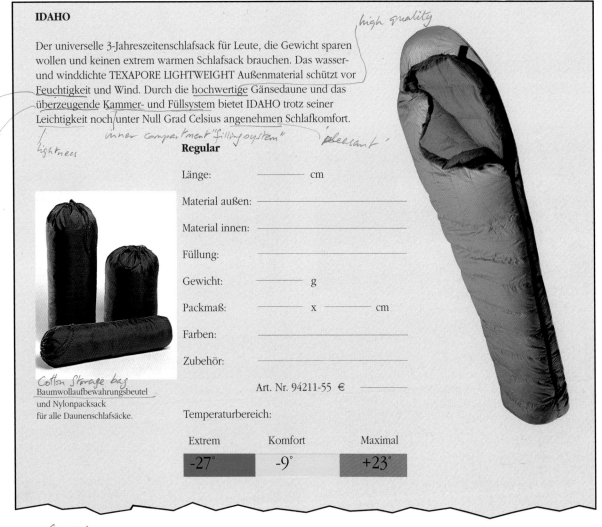

IDAHO

high quality

Der universelle 3-Jahreszeitenschlafsack für Leute, die Gewicht sparen wollen und keinen extrem warmen Schlafsack brauchen. Das wasser- und winddichte TEXAPORE LIGHTWEIGHT Außenmaterial schützt vor Feuchtigkeit und Wind. Durch die hochwertige Gänsedaune und das überzeugende Kammer- und Füllsystem bietet IDAHO trotz seiner Leichtigkeit noch unter Null Grad Celsius angenehmen Schlafkomfort.

moisture *convincingly* *lightness* *inner compartment "filling system"* *pleasant*

Regular

Länge: _____ cm

Material außen: _____

Material innen: _____

Füllung: _____

Gewicht: _____ g

Packmaß: _____ x _____ cm

Farben: _____

Zubehör: _____

Art. Nr. 94211-55 € _____

Cotton storage bag
Baumwollaufbewahrungsbeutel und Nylonpacksack für alle Daunenschlafsäcke.

Temperaturbereich:

Extrem	Komfort	Maximal
-27°	-9°	+23°

Compare

B Vergleichen Sie Ihre Notizen in **A** mit Ihrem Partner. Stellen und beantworten Sie diese Fragen über den IDAHO.

1 Für welchen Temperaturbereich ist dieser Schlafsack geeignet? ► Für den Temperaturbereich bis zu minus ... Grad.

available

2 In wie vielen Größen ist er erhältlich? ► In zwei Größen, ... *model/version*

3 Wie lang ist der Schlafsack? ► Die Regular-Ausführung hat eine Länge von ... Zentimetern.

4 Aus welchem Material ist er? ► Das Außenmaterial ist ... Die Füllung ist aus ...

5 Wie viel wiegt er? ► Das Gewicht ist ... Gramm

6 Wie groß ist der Schlafsack eingepackt? ► Er hat ein Packmaß von ... mal ...

7 In welchen Farben ist er erhältlich? ► In der Farbkombination ...

8 Gibt es dafür Zubehör? ► Ja, der Schlafsack wird mit ... geliefert.

9 Was kostet er? ► Der Katalogpreis ist ...

C Welche Produktbeschreibung passt zu welchem Bild?

1 Hängesitz

2 CITY-CRUISER Fahrrad

3 „E-Z Up INSTANT SHELTERS®"

4 LUFTIKUS
Wanderrucksack

C

Für Wanderfreunde und Liebhaber der freien Natur. Zwei geräumige Seitentaschen, eine große Deckeltasche, alle mit Reißverschluss. Das integrierte Tragegestell verbessert den Tragekomfort. Weitere Komfortdetails: *cheststrap* höhenverstellbarer Brustgurt, abnehmbarer Bauchgurt. *Waist Strap*

Material:	Nylon
Maße:	Höhe: 44 cm,
	Breite: 34 cm,
	Tiefe: 17 cm
Volumen:	ca. 30 l
Gewicht:	1150 g
Farben:	Rot/Violett,
	Art. Nr. 23420-30
	Blau/Beige
	Art. Nr. 23420-34
	€ 79,-

A

Speziell für die Stadt geeignet. Fahren Sie bequem ohne Stau und Stress zur Arbeit oder zum Shopping.

❑ Aluminium-Rahmen mit Kunststoff beschichtet *– coated* *plastic*
❑ 7 Gänge
❑ Aluminium Cantileverbremse vorne

❑ bequemer, verstellbarer Sattel für entspanntes Fahren *relaxed*
❑ ergonomisch geformter Lenker
❑ leistungsstarke Lichtanlage
❑ attraktives Design
❑ Farbkombination: Silber/Schwarz
❑ Herren- und Damenausführung

unverbindliche Preisempfehlung € **599,-**

B

Ideal für entspanntes Schaukeln im Garten, auf Balkon und Terrasse.
Stabiler Rahmen aus Hartholz, feuchtigkeitsbeständig,
Bezug aus festem Baumwollstoff.
Sitzpolster und Kopfkissen in den Bezug eingearbeitet.
Aufhängeseile längenverstellbar, mit Montageanleitung.
Rahmengröße 90 x 70 cm.

In Verkaufskarton mit Klarsichtfenster.

„Acapulco"	36 001 8
Baumwollbezug in buntem Streifenmuster	
„Amalfi"	36 002 5
Baumwollbezug naturbelassen	

Verbraucherpreis € 45,-/49,-

D

- Ideal für Gartenfeste. Als Regen- oder Sonnenschutz geeignet. Auch bei Ausstellungen einsetzbar.
- Schnelle Aufbauzeit (kann innerhalb von 60 Sekunden aufgebaut werden).
- Verstärkter Stahlrahmen und Qualitätsdach aus wasserdichtem Kunststoff garantieren eine lange Lebensdauer.
- Pflegeleichtes Design.
- Bequem und kompakt zusammenlegbar, mit praktischer Aufbewahrungstasche.
- Leicht zu transportieren.
- Farbauswahl: blau, rot, weiß, grün, champagne sind Standardfarben für sofortige Lieferung.
- Lieferbar mit viel Zubehör (extra berechnet), z.B. Seitenwände, Halbwände, Gardinen usw.
- Erhältlich in den Größen 2,5m x 2,5m, 3,0m x 3,0m, 3,0 x 4,5m.

D Lesen Sie die Produktbeschreibungen in **A** und **C** noch einmal.

1 Machen Sie eine Liste von allen Farbwörtern. Welche anderen Farbwörter kennen Sie?

2 Machen Sie eine Liste von allen Materialien. Kennen Sie weitere Materialien?

3 Machen Sie eine Liste der Adjektive, die diese Produkte beschreiben.
Ordnen Sie die Wörter in zwei Gruppen:

GRUPPE 1: Adjektive, mit denen man Produktmerkmale objektiv beschreibt.
GRUPPE 2: Adjektive, die man für subjektive Produktbeschreibungen benutzt.

4 Aus welchen Verben sind diese Adjektive gebildet? Was bedeutet die Endung *-bar*?

verstellbar   abnehmbar   einsetzbar   lieferbar   zusammenlegbar

E Spielen Sie Gespräche auf einem Messestand.
BESUCHER: Wählen Sie ein Produkt aus **C**. Bereiten Sie einige Fragen
über das Produkt vor, die Sie einem Standmitarbeiter stellen können.
STANDMITARBEITER: Beantworten Sie die Fragen eines potenziellen Kunden
über Ihr Produkt. Dann bieten Sie ihm/ihr Produktliteratur an.

> Guten Tag, mein Name ist ... Ich sehe, Sie interessieren sich für unsere [Fahrräder].

> Ja, ich bin an diesem Modell besonders interessiert.
> Können Sie mir etwas mehr darüber sagen? Zum Beispiel, wofür ist das geeignet?
> ...
> Gut, vielen Dank für das Gespräch.

> Darf ich Ihnen also unseren Katalog mitgeben?
> Er enthält eine Preisliste/eine Liste unserer Händler.

F Bereiten Sie eine kurze
Präsentation eines Produktes
in **C** oder eines Produktes
Ihrer Firma vor. Erwähnen
Sie folgende Punkte.

- für wen/wofür das
  Produkt geeignet ist
- die Spezifikationen/
  technischen Daten
- Besonderheiten

Beginnen Sie so:

> Meine Damen und Herren,
> Sie sehen hier ...

*Verkaufsgespräch
auf dem Messestand* ▶

8.4 Welches Modell würden Sie empfehlen?

A Sie arbeiten bei einer Firma, die Laser- und Tintenstrahldrucker herstellt. Die Firma stellt auf der CeBIT-Messe aus (die Fachmesse für Informations- und Kommunikationstechnik). Informieren Sie sich im Voraus über die Vor- und Nachteile ihrer Produkte und vervollständigen Sie die Sätze unten.

Welcher Drucker der richtige ist, hängt davon ab, welche Dokumente für wen produziert werden sollen. Kommt es auf hohe Druckqualität an, auf schnellen Druck, große Auflagen, farbige Darstellung oder eine Kombination aus diesen Kriterien? Jeder Druckertyp hat seine Vor- und Nachteile, die ihn für unterschiedliche Einsatzzwecke mehr oder weniger geeignet machen.

	Vorteile	Nachteile
Tintenstrahl-drucker	leise; gute Druckqualität; ausreichende Druckgeschwindigkeit; relativ niedriger Kaufpreis (ab 150 €); niedrige Betriebskosten	sehr gute Druckqualität nur auf speziellem Papier; wenige eingebaute Schriftarten
Laser-drucker	hervorragende Druckqualität; schneller Druck; große Auswahl von Schriftarten; relativ leise	relativ teuer (ab 500 €); hohe Betriebskosten

Laserdrucker bieten (1)... Druckqualität, (2)... Druckgeschwindigkeit und eine (3)... Auswahl von Schriftarten als Tintenstrahldrucker.
Auf der anderen Seite bieten Tintenstrahldrucker (4)... Druckqualität bei relativ geringen Kosten. Sie sind (5)... als Laserdrucker und die Betriebskosten sind auch (6)... .
Tintenstrahldrucker sind auch etwas (7)... als Laserdrucker.

B Ein Standbesucher fragt, welche Art von Drucker für seine Bedürfnisse geeigneter wäre. Wie beantwortet er folgende Fragen? Was würden Sie diesem Kunden empfehlen?

1 Wofür braucht der Kunde den Drucker? ☐ für die Heimanwendung   ☐ für das Büro
2 Was möchte er drucken?
    ☐ Routinearbeiten ☐ Korrespondenz ☐ Tabellen und Grafiken ☐ Publikationen
3 Druckt er große Auflagen? ☐ Ja ☐ Nein
4 Was ist für ihn wichtig/nicht so wichtig?

	wichtig	nicht so wichtig
die Druckgeschwindigkeit	☐	☐
die Druckqualität	☐	☐
der Kaufpreis	☐	☐
die Betriebskosten	☐	☐
der leise Druck	☐	☐

C Vergleichen Sie die beiden Tintenstrahldrucker rechts in Bezug auf Druckqualität (Auflösung), Geschwindigkeit, Geräuschpegel usw., z.B.:

Bei dem ... ist die [Druckqualität] ebenso gut/nicht so gut wie bei dem ...
Der ... ist [schneller/lauter/leichter] als/nicht so [schnell/laut/leicht] wie der ...
Der ... hat mehr/weniger [Schriften] als der ...
Beide Modelle drucken/bieten ...
Nur der ... ist [aufrüstbar]/bietet ...
Ein Vorteil/Eine Besonderheit des ... : Er ...

D Beraten Sie einen Interessenten/eine Interessentin auf dem Messestand.
PARTNER A benutzt Datenblatt A23, S. 155.
PARTNER B benutzt Datenblatt B23, S. 164.

Canon

Der BJ-300 ist der perfekte Drucker für den Einsatz direkt am Arbeitsplatz. Mit einer Geschwindigkeit von bis zu 300 Zeichen pro Sekunde druckt er Briefe, Tabellen, Grafiken oder Adressaufkleber in außergewöhnlicher Qualität. Außerdem arbeitet er extrem leise. Weitere Vorteile sind seine hohe Zuverlässigkeit und Belastbarkeit. Der BJ-300 läßt sich problemlos an Ihr vorhandenes System anschließen. Er emuliert den IBM Proprinter sowie den Epson LQ 850. Damit können Sie mit einer Vielzahl von Softwareprogrammen arbeiten.

Die Bedienung ist äußerst anwenderfreundlich, und die Wartung beschränkt sich auf ein Minimum. Dieses Modell hat 3 integrierte Schriften. Optional zusätzliche Schriftkarten stehen zur Verfügung. Außerdem kann der interne Speicher mit einer Speichererweiterung um 128 KB aufgerüstet werden.

BJ-300
Büro- / Desktopdrucker

Technische Daten:

Auflösung:	360 x 360 dpi
Geschwindigkeit:	300 Zeichen/Sekunde
Schriften fest:	3 (5 Punktgrößen)
Emulationen:	IBM Proprinter X24E, Epson LQ 850
Tintenpatrone (schwarz):	Lebensdauer ca. 1 Mio. Zeichen
Druckpapier:	Normalpapier, Briefumschläge, OHP-Folien
Papierformat:	A4 (Hoch- und Querformat) A3 (Hochformat), Endlospapier
Papier-Management:	Einzelblatt-, Endlospapier
Geräuschpegel:	< 45 dB
Speicherkapazität:	30 KB
Abmessungen (BxTxH):	45,8 x 33,3 x 13,7 cm
Gewicht:	ca. 6,9 kg
Optionen:	automatischer Einzelblatteinzug – Schriftkarten – Speichererweiterung

Preis: 699,- €* zuzüglich Mehrwertsteuer

* unverbindlich empfohlener Verkaufspreis

BJ-230
Kompakter DIN A3-Drucker

Der BJ-230 überzeugt durch Laserdruckqualität, hohe Druckgeschwindigkeit von 248 Zeichen pro Sekunde und extrem niedrige Geräuschentwicklung. Mit 40 Dezibel gehört er zu den leisesten Tintenstrahldruckern der Welt und ist somit für den täglichen Einsatz in Großraumbüros bestens geeignet.

Der BJ-230 druckt mit wasserlöslicher und ungiftiger Tinte. Sie haben außerdem die Wahl zwischen Normal- und Recyclingpapier. So wird die Umwelt geschont.

Trotz seinen kompakten Abmessungen und geringem Gewicht (nur 3,5 kg inkl. automatischer Einzelblattzuführung und integriertem Netzteil) druckt der BJ-230 auf A3-Formaten. Das macht ihn für alle interessant, die z.B. mit CAD-Anwendungen und großformatigen Tabellen arbeiten.

Technische Daten:

Auflösung:	360 x 360 dpi
Geschwindigkeit:	max. 248 Zeichen/Sekunde
Schriften:	8 interne Fonts in 6 verschiedenen Punktgrößen
Emulationen:	IBM ProPrinter, Epson LQ
Druckpapier:	Normal- oder Recyclingpapier, Overheadfolien DIN A4, Briefumschläge, Zweckform-Etiketten
Papierverarbeitung:	max. Papierformat: DIN A3 Hochformat automatische Einzelblattzuführung (100 Blatt)
Geräuschpegel:	ca. 40 dB
Abmessungen:	42,8 x 20,8 x 20,1 cm (BxHxT)
Gewicht:	ca. 3,5 kg

Preis: 499,- €* exkl. MwSt.

* unverbindlich empfohlener Verkaufspreis

8.5 Nach der Messe

A Nach der Messe schreiben viele Aussteller an ihre Standbesucher, um die gewünschten Unterlagen zu senden, oder einfach, um den Kontakt aufrechtzuerhalten. Lesen Sie den Brief rechts und beantworten Sie die Fragen.

1 Auf welcher Messe hat der Absender ausgestellt?
2 Was für ein Produkt stellt die Firma her?
3 Was ist in der Anlage?
4 Welche Produkteigenschaften werden im Brief noch einmal erwähnt?

B 1 Die Bestandteile des deutschen Geschäftsbriefes sind unten aufgelistet.
Lesen Sie den Brief rechts noch einmal und nummerieren Sie die Bestandteile (1 – 9).

---

1 Briefkopf
Der Briefkopf besteht aus dem Namen und der Anschrift der Firma, gegebenenfalls mit dem Firmenzeichen oder -logo.

2 Anschrift des Empfängers
Die Anschrift besteht aus dem Namen und der Postanschrift des Empfängers.
Wenn der Brief einer bestimmten Person in einer Firma zugeleitet werden soll, setzt man den Namen dieser Person unter den Firmennamen.

```
Graphopack GmbH
Herrn Dr. Rolf Schwarz
```

Bei Briefen an Einzelpersonen setzt man den Namen oberhalb des Firmennamen.

```
Herrn Dr. Rolf Schwarz
Graphopack GmbH
```

Die Postanschrift besteht aus:
a) Straße und Hausnummer bzw. Postfachnummer
b) Postleitzahl und Ortsangabe.

3 Datum
So kann man das Datum schreiben:
04.08.20--   4. Aug. 20--
4.8.20--   4. August 20--

4 Betreffzeile
Die Betreffzeile – eine stichwortartige Inhaltsangabe – steht vor der Anrede, gegebenenfalls mit dem Vermerk *Betreff* oder *Betr.*

5 Anrede
Nach der Anrede setzt man normalerweise ein ein Komma (,), manchmal noch ein Ausrufezeichen (!).
Nach einem Ausrufezeichen hat das erste Wort des Brieftextes einen Großbuchstaben, nach einem Komma einen Kleinbuchstaben.
Die Standardanrede für Firmen und Organisationen lautet:
Sehr geehrte Damen und Herren
Bei Einzelpersonen lautet die Standardanrede:
Sehr geehrter Herr Schmidt oder
Sehr geehrte Frau Müller

6 Brieftext
Damit der Inhalt übersichtlich wird, macht man für jedes neue Thema einen Absatz.
Der Brieftext und alle Absätze beginnen am linken Rand des Briefblatts.

7 Schlussformel
Die meistgebrauchte Schlussformel bei Geschäftsbriefen ist: *Mit freundlichen Grüßen*
Andere Varianten sind: *Mit freundlichem Gruß* oder *Freundliche Grüße*

8 Unterschrift
Die Abkürzungen i.V. (*in Vollmacht/in Vertretung*) bzw. i.A. (*im Auftrag*) vor der Unterschrift bedeuten, dass ein Bevollmächtigter den Brief in Abwesenheit des Absenders unterschrieben hat.

```
Mit freundlichen Grüßen
i.A. H. Maschlich
```

9 Anlagevermerk
Der Anlagevermerk steht links unten auf dem Briefblatt. Es gibt verschiedene Möglichkeiten:

```
Anlage
```

```
2 Anlagen
```

```
Anlage:
Katalog
```

```
Prospekt
Preisliste
```

---

2 Vergleichen Sie einen deutschen Geschäftsbrief und einen Geschäftsbrief in Ihrer Sprache in Bezug auf die äußere Form.

E-Z UP Europe B.V.
Zandweg 19
P.O. Box 339
3960 BG Wijk bij Duurstede
The Netherlands
Tel.: (31) 3435-78269
Fax: (31) 3435-78254
ID. no.: NL-801754732

Ellermann KG
Frau Katrin Busch
Gottfried-Daimler-Ring 49
63654 Büdingen
DEUTSCHLAND

20. September 20--

SPOGA 20--
Ihr Besuch vom 05.09.20--

Sehr geehrte Frau Busch,

wir bedanken uns recht herzlich für Ihren Besuch auf unserem Stand während der SPOGA und für Ihr Interesse an unserem Schutzdach **E-Z Up Instant Shelter**®. In der Anlage senden wir Ihnen unsere neueste Broschüre sowie die aktuelle Preisliste.

Auf einer Messe bekommt man so viele Informationen, dass es manchmal schwierig ist, alle Einzelheiten zu behalten. Deshalb möchten wir Sie gern noch einmal kurz über unser **E-Z Up Instant Shelter**® informieren. Das **E-Z Up Instant Shelter**® ist berühmt als "das schnellste Dach der Welt". Innerhalb von 60 Sekunden entsteht aus einem golftaschenähnlichen Paket ein fertiges, freistehendes Schutzdach. Das Gestell ist aus verzinktem Stahl und das Dach ist aus Polyester mit Poly-Urethane beschichtet. Eine Kreuzrahmen-Konstruktion verhindert ein Verbiegen des Rahmens unter größter Belastung und bei Dauergebrauch. So ist das **E-Z Up Instant Shelter**® ein starkes Schutzdach für die höchsten Ansprüche. Das Dach ist in 12 Standardfarben erhältlich und auch Farbkombinationen sind lieferbar. Das **E-Z Up**-Zubehör umfasst z.B. Seitenwände, Eckgardinen und vieles mehr. **E-Z Up Instant Shelters**® können u.a. als Gartenpavillon, als Festzelt oder als Verkaufsstand eingesetzt werden. Als Innovation können wir das Schutzdach jetzt mit Kundenaufschrift bzw. -Logo anbieten.

Für weitere Informationen oder für ein individuelles Angebot stehen wir Ihnen jederzeit gerne zur Verfügung.

Wir würden uns freuen bald von Ihnen zu hören.

Mit freundlichen Grüßen

i. A. J. Evelinde

Eveline van Gemert
Director of European Operations

Anlage

C Ihre Firma hat auf einer Messe in Deutschland ihre Produkte ausgestellt.
Schreiben Sie einen Brief an einen Deutsch sprechenden Messestandbesucher.
(Sie können auch eine der Firmen aus **8.3** wählen.) In diesem Brief ...

- danken Sie für seinen Besuch bei Ihrem Stand und sein Interesse an Ihrem Produkt
- übersenden Sie einen Katalog und eine Preisliste
- erinnern Sie nochmals an Ihr Produkt, indem Sie Eigenschaften und Verwendungszweck(e) kurz erwähnen
- bieten Sie weitere Informationen an, falls erwünscht.

Eine erfolgreiche Messebeteiligung erfordert eine gezielte Planung und Budgetfestlegung. Aus diesen Texten können Sie ersehen, welche Faktoren zu berücksichtigen sind.

1 Sehen Sie sich die **Checkliste für die Messebeteiligung** an. Können Sie die Aktivitäten den drei Überschriften zuordnen?

2 Sehen Sie sich die Checkliste **Kosten einer Messebeteiligung** an. Welche Überschrift passt zu welcher Spalte?

3 Würde sich eine Messebeteiligung für Ihre Firma/eine Firma, die Sie kennen, lohnen?

Wie plane ich die Messebeteiligung und deren Erfolg?

Bevor sich der Messeverantwortliche mit der Beantwortung dieser wichtigen Fragen beschäftigt, muss er sich darüber im Klaren sein, dass eine optimale und erfolgreiche Messebeteiligung gut durchdacht, detailliert geplant und straff organisiert werden sollte. Bei einer Messebeteiligung handelt es sich um einen Prozess, der schon vor der Messe beginnt und nicht mit dem letzten Messetag endet. Die Aufgaben unterteilen sich in die, die vor, während und nach einer Messe durchgeführt werden. Dabei fallen die meisten Aufgaben in die Vorplanung. Bereits in der Planungsphase lässt sich feststellen, ob sich eine Messebeteiligung lohnt.

Checkliste für die Messebeteiligung

1. Vor der Messe: Planung und Vorbereitung
2. Während der Messe: Messedurchführung
3. Nach der Messe: Messenachbearbeitung

 www.spoga.de

Die Kölner Messe: Treffpunkt der SPOGA

- Messeziele erarbeiten und exakt definieren
- Manöverkritik am letzten Messetag
- Anmeldung beim Veranstalter
- Internen Abschlussbericht anfertigen
- Werbe-Konzeption
- Auswerten der Gesprächsprotokolle
- Tägliche Lagebesprechungen

- Bearbeitung des Serviceangebotes vom Veranstalter
- Besucher-Einladungen versenden
- Dankeschön an das Messeteam
- Terminplanung
- Training des Messeteams
- Unterkunftsreservierung für das Standpersonal
- Nachbearbeiten der Messekontakte

- Budgetfestlegung
- Pressekonferenz
- Bestellung der benötigten Standausstattung
- Standabbau und Abreise
- Bestätigung der Standfläche durch den Veranstalter
- Gesprächsprotokolle ausfüllen
- Auswahl der Exponate und Ausstellungsprogramm

Das Kölner Messehaus

Die Hannover Messe: Treffpunkt der CeBIT

Kosten einer Messebeteiligung

Personalkosten

Kosten für das Ausstellungsgut

Kostenbeiträge an den Veranstalter

Kosten für Standbau und Versorgung

Kosten für Werbung, Presse und Verkaufsförderung

1. ...
- Standmiete
- evtl. Zuschläge
- Eintragung in den Messe-Katalog
- Eintragung in Messe-Informationssysteme
- Ausstellerausweise
- Parkscheine

2. ...
- Vorführmodelle
- Transport und Lagerung
- Versicherung

3. ...
- Standbaumaterial
- Leistungen des Standbauunternehmens
- Transport

- Standausstattung (Möbel, Bodenbeläge, Beleuchtung usw.)
- Standbeschriftung
- Technische Versorgung (Strom, Wasser usw.)
- Telekommunikationsanschluss
- Standreinigung und -bewachung

4. ...
- Direktwerbung
- Besondere Einladungen
- Anzeigen
- Drucksachen und Prospekte
- Pressemappen
- Übersetzungen

5. ...
- Reisekosten
- Tagegeld
- Unterkunft
- Dolmetscher
- Aushilfskräfte

Sehen Sie sich den Geländeplan unten an. Welche von diesen Dingen
kann man oder kann man nicht auf der Messe machen?

1	seinen Mantel abgeben	6	ins Kino gehen
2	Reiseschecks einlösen	7	einen Arzt konsultieren
3	Briefmarken kaufen	8	mit dem Hubschrauber fliegen
4	zum Friseur gehen	9	einen Imbiss einnehmen
5	Schmerztabletten kaufen	10	ein Geschenk kaufen

Die CeBIT bietet mehr als jede andere Messe

www.cebit.de
www.messe.de

Als internationale Leitmesse der Informations-
und Telekommunikationstechnik stellt die
CeBIT den Weltmarkt in konzentrierter Form
dar. Hier treffen über 7.500 Aussteller aus 65
Nationen auf mehr als eine halbe Million
Besucher aus über 100 Ländern.
Weil Entscheidungsträger und Fachleute aus
allen Anwenderbereichen wie Industrie,
Handel, aus Handwerk, den freien Berufen,
der Verwaltung und Wissenschaft nach
Hannover kommen, erspart Ihnen die CeBIT
viele Messen im Laufe des Jahres. Auf einen
Schlag können Sie in allen zentralen
Anwendungsbereichen neue Kontakte knüpfen
und Ihre Absatzchancen erhöhen.

Ausstellungsprogramm

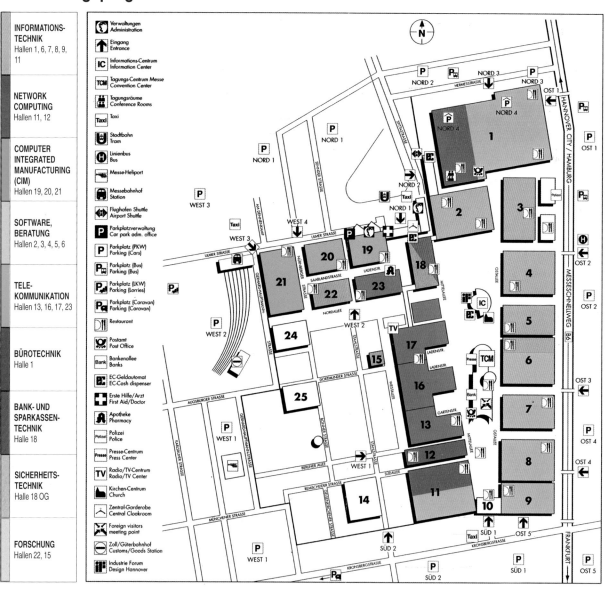

9 Import – Export

The language in this unit will help you to
- understand general terms and conditions of trade
- deal with enquiries and quotation requests
- place and confirm orders
- deal with delivery problems
- deal with complaints

You'll also learn something about German technical and safety standards and environmental concerns.

9.1 Allgemeine Geschäftsbedingungen

A **1** Der Kauf und Verkauf von Produkten erfolgt in mehreren Schritten. Nummerieren Sie die Schritte in einer logischen Reihenfolge für den Käufer bzw. den Verkäufer.

der Käufer
- ☐ a) zwischen Konkurrenzangeboten wählen
- ☐1☐ b) Lieferanten suchen
- ☐ c) einen Auftrag erteilen – *to place*
- ☐ d) die Lieferung entgegennehmen
- ☐ e) Anfragen machen
- ☐ f) die Rechnung bezahlen
- ☐ g) ein Angebot erbitten   *request*
- ☐ h) die Ware prüfen
- ☐ i) über die Preise und Bedingungen verhandeln
     negotiate

der Verkäufer
- ☐ a) die Rechnung an den Kunden schicken
- ☐ b) Referenzen einholen (bei neuen Kunden)
- ☐ c) eine Anfrage entgegennehmen – *to receive or take*
- ☐ d) einen Auftrag erhalten
- ☐ e) die Zahlung erhalten
- ☐ f) ein Angebot erstellen – *to draw up/compile*
- ☐ g) eventuelle Reklamationen bearbeiten
- ☐ h) den Auftrag bestätigen *to deal with*
- ☐ i) die Ware liefern   *pro*

2 Vergleichen Sie Ihre Antworten mit Ihrem Partner, z.B.:

Zuerst sucht der Käufer Lieferanten. Dann macht er Anfragen.
Danach ... / Zuletzt ...

3 Von welchen Abteilungen einer Firma werden diese Aufgaben erledigt? Bilden Sie Sätze.

Lieferanten	werden	von der	Vertriebsabteilung *Sales Dept*	gesucht.
Ein Angebot	wird		Versandabteilung	erstellt.
Die Ware			Buchhaltung	bezahlt.
Die Rechnung		*despatch*	Einkaufsabteilung	geliefert.

B **1** Mit einer Bestellung akzeptiert der Käufer die Geschäftsbedingungen des Verkäufers. Sehen Sie sich die Geschäftsbedingungen der Firma XYZ rechts an. Was bedeuten die unterstrichenen Wörter?

2 Lesen Sie die Geschäftsbedingungen noch einmal und beantworten Sie die Fragen.

1 Sind telefonische Bestellungen möglich?
2 Wann wird eine Bestellung verbindlich?
3 In welcher Währung sind die Preise? *currency*
4 Wie lang ist die Zahlungsfrist? —— *term*
5 Wann gewährt der Verkäufer Skonto? *to grant*
6 Was geschieht, wenn der Käufer nicht rechtzeitig bezahlt? *happens*
7 Wer trägt die Kosten und die Gefahr der Lieferung?
8 Was geschieht, wenn der Verkäufer nicht rechtzeitig liefert?
9 Welche Garantie gibt der Verkäufer?

Allgemeine Verkaufs-, Liefer- und Zahlungsbedingungen der XYZ AG
(Auszug)

Allgemeine Bestimmungen

1. Bestellungen führen wir ausschließlich zu nachstehenden Bedingungen aus. Andere Einkaufs- und Zahlungsbedingungen des Käufers können nicht anerkannt werden.

2. Telefonische Bestellungen müssen grundsätzlich schriftlich oder per Fax bestätigt werden, bevor die Sendung ausgeliefert wird.

Angebot und Annahme

1. Unsere Angebote sind grundsätzlich unverbindlich.

2. Die Annahme von Bestellungen wird für uns nur durch unsere schriftliche Bestätigung verbindlich.

Preise, Zahlungsbedingungen

1. Die in Katalogen genannten Preise sind unverbindlich und jederzeit änderbar.

2. Die Preise sind €-Preise und verstehen sich ohne gesetzliche Mehrwertsteuer.

3. Wir räumen ein Zahlungsziel ab Rechnungsdatum von 30 Tagen ein. Bei Bar- oder Scheckzahlung innerhalb von 14 Tagen ab Rechnungsdatum gewähren wir 3% Skonto.

4. Rabatte für Einzelhändler sind bei der Vertriebsabteilung zu erfragen.

5. Bei Zahlungsverzug sind wir berechtigt, Verzugszinsen in Höhe von 2% zu verlangen.

Lieferbedingungen, Lieferfristen

1. Wir liefern in Verpackung nach unserer Wahl ab Werk.

2. Versand erfolgt auf Gefahr des Käufers.

3. Lieferfristen sind verbindlich, wenn wir sie schriftlich bestätigt haben. Die Lieferfrist ist erfüllt, sobald die Sendung dem Spediteur, der Bahn oder der Post übergeben ist.

4. Bei Betriebs- und Transportstörungen, Verzögerungen durch unsere Zulieferanten sowie ähnlichen Lieferhindernissen werden vereinbarte Lieferfristen verlängert.

5. Bei Lieferverzug wird der Anspruch des Käufers auf Schadenersatz für jede Woche des Verzuges auf maximal 5% des Wertes der Ware begrenzt.

Garantie

1. Bei Mängeln der gelieferten Ware verpflichten wir uns zu kostenloser Nachbesserung oder Ersatzlieferung. Wir tragen die Kosten für die Versendung von uns zum Käufer.

2. Mängel jeder Art sind uns spätestens innerhalb von 10 Tagen nach Zugang der Ware schriftlich anzuzeigen. Versteckte Mängel sind spätestens 10 Tage nach ihrer Entdeckung schriftlich anzuzeigen.

3. Die Garantiezeit ist 6 Monate.

XYZ Aktiengesellschaft, Frankfurt am Main.

LANGUAGE STUDY

1 Study these examples of the passive used with a modal verb from the text above.
  Telefonische Bestellungen **müssen** grundsätzlich schriftlich **bestätigt werden**.
  Andere Einkaufsbedingungen des Käufers **können** nicht **anerkannt werden**.
  Can you transform the examples into active sentences? ▶ 6.11

2 Notice how *sein* + infinitive is used to express the idea that you must or should do something.
  Mängel **sind** innerhalb von 10 Tagen schriftlich **anzuzeigen**.
  Can you find another example of this construction in the text? ▶ 7.10

C Die Incoterms (International Commercial Terms) sind international verwendete Ausdrücke für die Lieferung von Waren. Sie legen die Pflichten der Vertragsparteien, vor allem die Kostenübernahme (wer trägt die Kosten der Lieferung?) und den Gefahrenübergang (wer trägt das Risiko?), eindeutig fest. Dadurch werden Missverständnisse vermieden. Ordnen Sie folgende Incoterms ihren Definitionen zu.

[handwritten: duties, used, contract parties, Expressions, avoid, definitely]

1 **EXW** Ex works / Ab Werk

2 **FOB** Free on board / Frei an Bord

3 **CFR** Cost and freight / Kosten und Fracht

4 **CIF** Cost, insurance and freight / Kosten, Versicherung und Fracht

a) Der Verkäufer trägt alle Kosten einschließlich der Versicherung bis zu dem vom Kunden benannten Bestimmungshafen/-ort. *[handwritten: CIF]*

b) Der Verkäufer stellt dem Käufer die Ware auf seinem Gelände (Werk, Lager usw.) zur Verfügung. Der Käufer trägt alle Kosten für Fracht und Versicherung. *[handwritten: Ab Werk]*

c) Der Verkäufer trägt alle Kosten, bis die Ware an Bord des Schiffes bzw. Flugzeugs geladen wird. *[handwritten: FOB]*

d) Der Verkäufer trägt alle Kosten ausschließlich der Versicherung bis zu dem vom Kunden benannten Bestimmungshafen/-ort. *[handwritten: CFR]*

D 1 Zahlungsbedingungen sind Vereinbarungen über Zeitpunkt und Ort der Zahlung einer Rechnung. Sie werden oft mit Lieferbedingungen verbunden. Welche der folgenden Bedingungen kommen beim Import-Export-Geschäft am häufigsten vor?

[handwritten: agreed, connect, frequently]

- Vorauszahlung *[handwritten: pre-payment]*
- Zahlung bei Erhalt der Ware (Nachnahme) *[handwritten: C.O.D]*
- Zahlung bei Rechnungserhalt
- Zahlung innerhalb 30/60/90 Tage nach Rechnungsdatum
- Drittelzahlung (1/3 bei Auftragserteilung, 1/3 bei Lieferung, 1/3 innerhalb (30) Tagen nach Lieferung)

2 Welche Zahlungsform passt zu welchem Bild?

1

2

3

4

a) Barzahlung
b) Zahlung mit Scheck
c) Zahlung mit Kreditkarte *[handwritten: transfer]*
d) Zahlung durch Banküberweisung auf das Konto des Verkäufers

E Wer sind die wichtigsten Handelspartner Ihres Landes? Was sind die wichtigsten Einfuhr- und Ausfuhrgüter: Fertigwaren wie z.B. Maschinen, elektrotechnische Erzeugnisse usw.? Rohstoffe wie z.B. Öl? Agrarprodukte?

[handwritten: die Leistung? service, performance, import + export of goods, products, raw materials]

9.2 Unser Angebot zu Ihrer Anfrage

A Vulcan Forgings ist eine Firma, die Schmiedeteile herstellt. Ihre Kunden sind vorwiegend Zulieferungsfirmen für die Automobilindustrie.

▲ *Fertigungsprozess eines Gesenks*

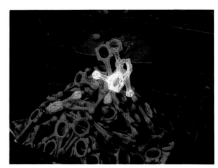

▲ *Heiße Schmiedeteile*

▲ *Fertige unbearbeitete Motorbauteile*

1 Frau Keller, Vertriebsassistentin bei Vulcan, bekommt eine telefonische Anfrage von einem Kaufinteressenten, Herrn Schuster von der Firma Habermann, München. Herr Schuster sucht einen neuen Lieferanten für Bremspedale. Er hat den Namen und die Adresse von Vulcan von Geschäftspartnern erfahren und möchte sich erst einmal allgemein über ihre Preise und Lieferbedingungen informieren. Welche Fragen stellt er?

> Können Sie mir Näheres über Ihre Preise und Lieferbedingungen sagen?
> Haben Sie eine Mindestabnahmemenge?
> Geben Sie Rabatt auf Ihre Katalogpreise?
> Ab welcher Menge geben Sie Rabatt?
> Was ist der Stückpreis bei dieser Menge?
> Ist das Ihr Nettopreis, ohne Rabatt?
> Können Sie mir einen Preis für 1.000 Stück nennen?
> Wie lange bleibt dieser Preis gültig?
> Wie sind Ihre Zahlungsbedingungen?
> Gewähren Sie Skonto für prompte Zahlung?
> Wie schnell können Sie liefern?
> Wie sind Ihre Lieferbedingungen?
> Haben Sie die Ware auf Lager?
> Können Sie mir ein schriftliches Angebot machen?

2 Hören sie noch einmal zu. Notieren Sie folgende Informationen.

Mindestabnahmemenge:	Zahlungsfrist:	Lieferbedingungen:
Mengenrabatt:	Skonto:	Lieferzeit:
Stückpreis:		

B Mit Hilfe Ihrer Notizen in **A** spielen Sie das Gespräch zwischen Frau Keller und Herrn Schuster nach.

C Lesen Sie die schriftliche Anfrage an die Firma Spielco, einen Hersteller von Modellspielzeugen in Deutschland, und das entsprechende Angebot rechts. Benutzen Sie die Informationen und spielen Sie ein Telefongespräch. Der/Die Kaufinteressent/in soll sich zuerst allgemein über die Preise und Verkaufsbedingungen der Firma informieren, dann ein schriftliches Angebot erbitten.

Renault 6 CV

In Frankreich heißt ein kleines Auto "voiturette". Der erfolgreiche Renault 6 CV von 1911 ist eines davon. Wir haben ihn 1964 erstmals präsentiert. Mit detaillierter Technik: linke Tür und Motorhaube lassen sich öffnen, Handbremse und Schalthebel für Leerlauf und Vorwärtsfahrt sind funktionsfähig. Das robuste Federwerk erzeugt das typische Rütteln – und im Motorraum imitiert eine Glühlampe mit Batterie-Unterstützung die Zünd-funken!

Renault 6CV Voiturette

12.1.20--
Spielco GmbH
Postfach 33 57
90027 Nürnberg
Deutschland

Sehr geehrte Damen und Herren,

wir sind Einzelhändler für Spielzeugwaren mit fünf Verkaufsstellen in unserem Gebiet (Gesamtumsatz ca. 1 Million €). Letztes Jahr haben wir Ihren Messestand in Nürnberg besucht und Ihren Katalog bekommen. Wir sind sehr an Ihrer Oldtimer Replica-Serie interessiert. Wir beabsichtigen, einen Markttest durchzuführen und möchten Ihnen zu diesem Zweck einen Probeauftrag erteilen. Bitte senden Sie uns ein Angebot mit Mustern für folgende Artikel:

Art.-Nr.	Bezeichnung	Stück
81238	Repl. Opel Doktorwagen	20
81237	Repl. Ford Coupé schwarz	20
81230	Repl. Renault 6CV	20

Wir wären Ihnen auch dankbar für die Sendung ausführlicher Informationen über Ihre Zahlungs- und Lieferbedingungen sowie Ihre Lieferzeiten.

Bankreferenzen und Auskünfte über unsere Firma erhalten Sie jederzeit von der ... Bank in ... .

Wenn der Markttest positiv ausfällt, können Sie mit regelmäßigen Aufträgen rechnen.

Mit freundlichen Grüßen

Christian Legrand

Christian Legrand
Geschäftsführer

Spielco GmbH Nürnberg

Spielco

Spielco GmbH - Postfach 33 57 - 90027 Nürnberg

Telefon: (09 11) 4 60 23 - 0
Telefax: (09 11) 4 60 23 42

[Herr Legrand
Firma
Adresse]

Ihr Zeichen	Ihre Nachricht vom	Unser Zeichen HH/b	Durchwahl -33	Datum 17. Januar 20--

ANGEBOT

Sehr geehrter Herr Legrand,

wir danken Ihnen für Ihre Anfrage vom 12.1. und freuen uns, dass Sie an unseren Produkten interessiert sind. Gerne unterbreiten wir Ihnen folgendes Angebot:

Um Ihnen die Einführung unserer Produkte zu erleichtern, gewähren wir einen 5%-igen Rabatt auf die Preise unserer Händlerpreisliste, die Sie in der Anlage finden.

Art.-Nr.	Bezeichnung	Menge	Stückpreis (minus 5% Rabatt)
81238	Repl. Opel Doktorwagen	20	€ 44,25
81237	Repl. Ford Coupe schwarz	20	€ 37,50
81230	Repl. Renault 6CV	20	€ 44,50

Die Preise verstehen sich ab Werk, ausschließlich Verpackung, in € zuzüglich der jeweils gültigen Mehrwertsteuer. Für Verpackung berechnen wir € 3,50 extra.

Unsere Zahlungsbedingungen lauten: 14 Tage – 2 % Skonto, 30 Tage netto. Die Lieferung kann sofort nach Erhalt der Aufträge erfolgen.

Wir halten Ihnen unser Angebot für zwei Wochen offen.

Mit getrennter Post senden wir Ihnen je ein Musterexemplar der oben genannten Artikel. Diese werden berechnet, auch wenn der Auftrag nicht erteilt wird.

Wir freuen uns auf Ihren Auftrag.

Mit freundlichen Grüßen

Hartmut Holtkamp
Verkaufsleiter

Anlage

D Mit Hilfe der Muster schreiben Sie die Anfrage der Firma Habermann an Vulcan Forgings und das entsprechende Angebot. Benutzen Sie Ihre Notizen in **A** (S. 119) und die folgenden Informationen.

- Herr Schuster bezieht sich auf sein Telefongespräch mit Frau Keller vom 23.6.20-- und erbittet ein Angebot auf der Basis CIF München über 10.000 Bremspedale nach der beiliegenden Zeichnung KN 3594. Er bittet Frau Keller auch ihm mitzuteilen, wie die Ware verpackt wird. Als Referenz nennt er die Deutsche Bank AG, München. Die Adresse der Firma ist: Wilhelm Habermann GmbH & Co. KG Postfach 1266 D-80819 München.

- In ihrem Angebot nennt Frau Keller einen Stückpreis von € 1,42 (d.h. der Nettopreis von € 1,50 minus 5% Mengenrabatt). Sie erklärt, dass die Ware in Pappkartons in Holzkisten verpackt wird. Das Angebot ist für vier Wochen gültig.

9.3 Wir danken für Ihre Bestellung!

A
Frau Keller von Vulcan Forgings hat ein Angebot über 10.000 Bremspedale an die
Firma Habermann geschickt. Jetzt ruft sie Herrn Schuster an, um sich zu erkundigen,
ob er die Ware bestellen will. Was ist hier richtig, falsch oder nicht bekannt?

1 Herr Schuster erwartet noch das Angebot eines Konkurrenten.
2 Frau Keller ist nicht bereit, über den Preis zu verhandeln.
3 In ihrem Angebot hat Frau Keller einen Stückpreis von € 1,42 genannt.
4 Das ist der Nettopreis von € 1,50 minus 5 Prozent Mengenrabatt.
5 Herr Schuster verlangt einen Rabatt von 9 Prozent.
6 Sie einigen sich auf 6 Prozent.
7 Herr Schuster hat Probleme mit der Lieferzeit von vier Wochen.
8 Die Firma Vulcan kann die Lieferfrist nicht verkürzen.

B Ordnen Sie die Sätze zu einem sinnvollen Dialog. Dann üben Sie den Dialog mit Ihrem Partner.

Verkäufer	**Käufer**
☐1 Ich rufe an wegen unseres Angebots über Bremspedale. Haben Sie eine Entscheidung getroffen?	☐ Gut. In Ihrem Angebot haben Sie uns einen Rabatt von 5% genannt. Können Sie uns bei dieser Bestellmenge einen besseren Rabatt geben?
☐ Ja, in unserem Angebot nennen wir vier Wochen.	☐ Gut, ich erwarte Ihren Anruf. Auf Wiederhören.
☐ Ich kann Ihnen maximal 6% anbieten. Das ist leider mein letztes Angebot.	☐ Wir haben Ihr Angebot mit der Konkurrenz verglichen und Ihr Preis ist uns zu hoch. Können Sie uns da etwas entgegenkommen?
☐ Ich glaube nicht, denn wir sind im Moment völlig ausgelastet, aber ich kann mit dem Produktionsleiter sprechen.	☐ Nun, gut. Einigen wir uns auf 6%. Da ist aber auch noch die Lieferzeit.
☐ Ja, natürlich, ich rufe Sie morgen an.	☐ Können Sie nicht schneller liefern, sagen wir drei Wochen? Wir brauchen die Ware dringend.
☐ Ja, über den Preis können wir noch verhandeln.	☐ Danke. Könnten Sie mich sobald wie möglich zurückrufen?

C **1** Die Firma Habermann erteilte Vulcan Forgings die Bestellung rechts. Wenn man eine
Bestellung bekommt, muss man nachprüfen, ob sie mit dem Angebot übereinstimmt
oder ob sie eventuell Fehler enthält. (Falls es Diskrepanzen oder Fehler gibt, muss
man diese mit dem Kunden klären, bevor man die Bestellung bestätigt.) Lesen und
überprüfen Sie die Bestellung.

1 Wie viel Stück hat der Kunde bestellt?
2 Hat er den Rabatt bei der bestellten Menge richtig berechnet
  oder hat er zu viel Rabatt abgezogen?
3 Stimmt der Gesamtbetrag?
4 Welche Lieferzeit gibt der Kunde an? Konnte Vulcan die Lieferfrist verkürzen?

2 Spielen Sie die Rolle von Frau Keller und klären Sie eventuelle Diskrepanzen
oder Fehler mit Herrn Schuster am Telefon.

D Füllen Sie die Auftragsbestätigung rechts aus.

E Der Spielzeughersteller Spielco hat einen Auftrag für seine Oldtimer Replica-Serie bekommen.
Schreiben Sie die Auftragsbestätigung anhand der Informationen in der Anfrage und dem
entsprechenden Angebot auf S. 120/121.

Postfach 1266 80819 München

Wörlitzer Str. 52 - 55 80819 München

[Vulcan Forgings
...
...
...   ]

Wilhelm Habermann

GmbH & Co. KG

Telefon: (0 89) 66 31 92 - 1

Telefax: (0 89) 66 31 92 71

Bestell-Nr.	119771
Bestelldatum	04.07.20--
Lieferant-Nr.	994258
Zuständig	Herr Schuster
Telefon/Durchwahl	- 672

BESTELLUNG

Wir danken für Ihr Angebot vom 25.6.20-- und bitten um Lieferung gemäß umseitigen Einkaufsbedingungen:

Pos.	Art.-Nr.	Menge	Einh.	Bezeichnung	Preis je Stück
1	S-9751	10.000	Stck.	Bremspedal-Rohling gemäß unserer beiliegenden Zeichnung KN 3594	€ 1.35
				Gesamt-Bestellwert	€ 13,500

Zahlungsbedingungen: 14 Tage 3% Skonto, 90 Tage netto; Zahlung durch Banküberweisung
Lieferbedingungen: CIF München einschließl. Verpackung
Versandart: per LKW
Liefertermin: 3 Wochen vom Auftragseingang (K.W. 30/20--)
Lieferanschrift: s.o. (Tor 1). Bitte beachten Sie folgende Warenannahmetermine:
Mo. - Fr.: 6.30 Uhr - 14.00 Uhr

Als Anlage erhalten Sie 5 Rohlinge als Muster. Ihre Werkzeuge sind entsprechend diesem Muster anzufertigen, damit wir unsere vorhandenen Vorrichtungen ohne Änderung benutzen können.
Lieferscheine und Rechnungen müssen unsere Bestellnummer und unsere Artikel-Nummer enthalten. Andernfalls müssen wir einen Unkostenbetrag von der Rechnung abziehen.

AUFTRAGSBESTÄTIGUNG

Unser Zeichen: JK/es   Ihr Zeichen: Herr Schuster   Datum: 08.07.20--

Wilhelm Habermann GmbH & Co. KG
Postfach 1266
D-80819 München

Sehr geehrte Damen und Herren,

wir bedanken uns für Ihren Auftrag vom ..., Ihre Bestellnummer ..., die wir wie folgt notiert haben:

Art.-Nr.	Menge	Einh.	Bezeichnung	Stückpreis	Liefertermin

Preise und Lieferbedingungen: Die Preise verstehen sich ... München, einschließlich Verpackung.
Zahlungsbedingungen: 14 Tage ... Skonto, ... Tage netto.
Versand: Der Versand erfolgt mit Spedition Intertrans.
Verpackung: Die Ware wird in Pappkartons in Holzkisten verpackt.

Mit freundlichen Grüßen

J. Keller

J. Keller
Vertriebsassistentin

9.4 Wo bleibt die Ware?

A 1 Die Exportprodukte von Vulcan Forgings werden von einem deutschen Spediteur, Spedition Intertrans, nach Deutschland befördert. Die Sätze unten beschreiben den Transportweg. Nummerieren Sie sie in der richtigen Reihenfolge.

- ☐ a) In einem Distributionslager wird die Ware vom LKW entladen und auf einen Sattelschlepper verladen.
- ☐ b) Die Ware wird per LKW an den Kunden geliefert.
- ☐ c) In einem Distributionslager in Deutschland wird die Ware vom Sattelschlepper entladen und wieder auf einen LKW verladen.
- ☐ d) Der Spediteur holt die Ware per LKW beim Lieferanten ab.
- ☐ e) Die Ware wird per Sattelschlepper nach Deutschland transportiert.

2 Vergleichen Sie Ihre Antworten mit Ihrem Partner, z.B.:

> Was passiert zuerst? Und dann?

B Damit die Sendung nicht fehlgeleitet wird oder verloren geht, muss jedes Kollo (Frachtstück) richtig markiert werden. Bei der Markierung müssen die Anweisungen des Käufers beachtet werden. Gemäß den Anweisungen der Firma Habermann werden die Kolli von Vulcan Forgings wie folgt markiert. Identifizieren Sie die Markierungen:

Lieferanschrift/Bestimmungsort
Kennmarke des Empfängers
Nummer des Kollos und Gesamtzahl der Kolli
Bestellnummer

INTERTRANS
Internationale Transporte   München

Empfänger
Destinataire   *WH*
Consignee

colli	total
3/10	
119771	

An: *Tor 1 Wörlitzer Str. 52-55 München*

C 1 Einige Tage nachdem die Lieferung von Bremspedalen für Wilhelm Habermann abgeschickt wurde, erhielt Vulcan Forgings folgendes Fax. Was ist das Problem? Welche Bitte hat der Kunde?

Kurz-Fax

An: Frau Keller, Vulcan Forgings   **von:** Schuster, Wilhelm Habermann, München

Telefon-Nr.: (089) 66 31 92 - 672
Telefax-Nr.: (089) 66 31 92 71   **Datum:** 31.7.19--

Betr. Bestell-Nr. 119771 vom 4.7.19--

Die Lieferung dieser Bestellung war für Freitag, den 28.7.19--, angesagt.
Die Sendung ist noch nicht eingetroffen. Bitte teilen Sie uns dringendst mit,
wo die Ware bleibt. E I L T S E H R!!

---

2 Was muss Frau Keller tun um herauszufinden, was mit der Sendung passiert ist?

D

1 Durch einen Anruf bei dem Spediteur am Ort hat Frau Keller festgestellt, dass die Sendung termingerecht nach Deutschland verladen wurde. Jetzt ruft sie das Lager des Spediteurs in Deutschland an und spricht mit Herrn Köbel. Welche Informationen braucht er, um die Sendung zu identifizieren?

2 Herr Köbel ruft Frau Keller zurück. Aus welchem Grund wurde die Sendung nicht rechtzeitig geliefert?

Es ist Folgendes passiert. Die Sendung ...

1 ... ist noch nicht im Lager angekommen. Die Lastwagen haben Verspätung wegen des schlechten Wetters.

2 ... wurde vom Zollamt festgehalten, weil die Exportdokumente nicht vollständig sind.

3 ... ist am richtigen Tag angekommen, aber zu spät für die Warenannahmezeiten bei dem Kunden.

4 ... wurde an die falsche Adresse geliefert, und zwar an die Verwaltung anstatt an das Lager.

5 ... wurde aus Versehen an den falschen Empfänger geliefert.

3 Wann wird der Kunde die Ware erhalten?

E

1 Mit Hilfe der Sprachmuster und Ihrer Antworten in **D** spielen Sie beide Telefongespräche zwischen Frau Keller und Herrn Köbel nach.

> Es geht um eine verspätete Sendung (von uns) an die Firma ... in ...
> Der Liefertermin war ..., aber der Kunde hat die Ware noch nicht erhalten.
> Ich habe bereits erfahren, dass die Sendung am ... nach Deutschland verladen wurde.
> Können Sie mir bitte sagen, wo die Ware bleibt?

> Wie viele Frachtstücke sind es? Was ist drin?
> Wer ist der Empfänger? Wie ist die Lieferanschrift?

> Ich werde mich erkundigen und rufe Sie dann zurück.

2 Spielen Sie ähnliche Telefongespräche. PARTNER A benutzt Datenblatt A24, S. 155. PARTNER B benutzt Datenblatt B24, S. 164.

F Vervollständigen Sie den Text dieses Faxes, in dem Frau Keller der Firma Habermann den Grund der Verspätung erklärt.

G Schreiben Sie ein Fax an die Firma Gruber (s. **E2**), das den Grund für die verspätete Lieferung angibt.

Bestell-Nr. 119771 vom 4.7.20--

Sehr geehrter Herr Schuster,

mit Bezug auf Ihr Fax von heute Morgen haben wir uns beim Distributionslager von Spedition Intertrans in München erkundigt und festgestellt, dass ...
Die Ware wird ... an Sie geliefert.

Wir hoffen mit diesen Informationen gedient zu haben und bitten um Verständnis für die Verspätung.

Mit freundlichen Grüßen

J. Keller

J. Keller
Vertriebsassistentin

9.5 Wir müssen Ihre Lieferung reklamieren

A Der Käufer ist rechtlich verpflichtet, eingehende Ware sofort zu prüfen und festgestellte Mängel dem Verkäufer unverzüglich anzuzeigen. Man unterscheidet folgende Arten von Mängeln:

- Mängel in der Art: Der Verkäufer hat die falsche Ware geliefert
- Mängel in der Güte oder Qualität: Die Ware ist defekt, beschädigt oder verdorben
- Mängel in der Menge: Der Verkäufer hat zu viel oder zu wenig geliefert

1 Sie hören vier Telefongespräche, in denen folgende Lieferungen reklamiert werden. Um welche Art von Mängeln geht es bei jeder Lieferung? Notieren Sie die Einzelheiten zu jeder Reklamation.

Gespräch 1: Bad-Teppich-Garnituren

Gespräch 2: Keramikfliesen

Gespräch 3: Kaffeeservice und Weinsets

Gespräch 4: eine Maschine

2 Welche Regelung würden Sie in jedem einzelnen Fall vorschlagen?

1 Wir schicken Ihnen die fehlenden Artikel auf unsere Kosten zu.
2 Wir senden Ihnen Ersatz für die beschädigte/mangelhafte Ware.
3 Sie kürzen unsere Rechnung um den Wert der fehlenden Waren.
4 Sie behalten die reklamierte Ware und wir gewähren Ihnen einen Preisnachlass von 50%.
5 Wir nehmen die ganze Lieferung zurück und schicken Ihnen kostenlos eine Ersatzlieferung.
6 Wir vereinbaren den Besuch eines Technikers, um das Problem zu untersuchen.
7 Wir führen die notwendigen Reparaturen kostenlos durch.
8 Sie senden uns die reklamierte Ware zur Prüfung.
9 Ich bespreche die Reklamation mit unserer technischen Abteilung und rufe Sie dann zurück.

B Mit Hilfe Ihrer Notizen in **A** spielen Sie ähnliche Telefongespräche über die vier Reklamationen. Der Verkäufer soll einen passenden Vorschlag machen.

> Es geht um Ihre Sendung vom ..., die wir gestern erhalten haben.
> Ich habe leider eine Reklamation.
> Ich muss leider Ihre letzte Lieferung von ... reklamieren.

> Das tut mir sehr Leid. Was ist passiert?
> Könnten Sie mir Näheres dazu sagen?

> Bei der Prüfung der Sendung haben wir festgestellt, dass ...
> ... die Lieferung unvollständig ist. Es fehlen ...
> ... Sie uns die falsche Ware geliefert haben. Wir haben ... bestellt, Sie haben uns aber ... geschickt.
> ... ein Teil der Ware beschädigt/zerbrochen ist/einen Riss hat. Sie sind daher unbrauchbar.
> Bei Inbetriebnahme der Maschine sind Störungen aufgetreten. Sie funktioniert nicht richtig.

> Darf ich also Folgendes vorschlagen: ...

C 1 Die Firma Wilhelm Habermann war mit der Qualität der von Vulcan Forgings gelieferten Ware nicht zufrieden. Lesen Sie das Fax, das Herr Schuster an Frau Keller geschickt hat.

1 Warum beschwert sich die Firma Habermann?
2 Welche Regelung verlangt der Kunde?

FAX-MESSAGE

Wilhelm Habermann GmbH & Co. KG
Postfach 1266   80819 München
Telefon (0 89) 66 31 92 -1   Telefax (0 89) 66 31 92 71

An:	Vulcan Forgings	Datum: 03.08.20--
zu Hd. von:	Frau Keller	Mit der Bitte um:
Telefon-Nr.:		☐ Erledigung
Telefax-Nr.:		☑ Stellungnahme
Betrifft:	Reklamation	☐ Prüfung
		☐ Kenntnisnahme
Seiten:	1	Zuständig: Herr Schuster

Sehr geehrte Frau Keller,

unsere Wareneingangskontrolle stellte bei den gelieferten 10.000 Bremspedalen, Bestell-Nr. 119771 vom 04.07.20-- Mängel fest. Die Abmessungen entsprechen nicht unserer Zeichnung. In einigen Fällen weichen sie um 1,5 mm von den gegebenen Toleranzen ab. Eine genaue Untersuchung von 5 Kartons zeigte, dass ca. jede 10. Einheit mangelhaft ist.

Daher lehnen wir die Annahme der gesamten Lieferung ab und bitten Sie, uns sobald wie möglich eine Ersatzlieferung zu senden.

Diese Angelegenheit hat uns große Unannehmlichkeiten bereitet. Für Ihre umgehende Stellungnahme wären wir dankbar.

Mit freundlichen Grüßen

R. Schuster

2 Frau Keller hat Herrn Schuster angerufen, um Näheres über die Reklamation zu erfahren. Sie hat vorgeschlagen, dass Habermann die ganze Lieferung kontrollieren sollte. Dann würde Vulcan nur die fehlerhafte Ware ersetzen müssen.
Lesen Sie das Fax, das sie nach ihrem Telefongespräch an Herrn Schuster schickt.

1 Hat Herr Schuster Frau Kellers Vorschlag akzeptiert?
2 Würden Sie den Vorschlag akzeptieren? Warum (nicht)?
3 Glauben Sie, dass Habermann der Firma Vulcan weitere Aufträge geben wird?

> Sehr geehrter Herr Schuster,
>
> mit Bezugnahme auf unser heutiges Telefongespräch bestätigen wir die kostenlose Rücknahme unserer Lieferung vom 31.7.20--, Bestell-Nr. 119771. Die Ersatzlieferung erfolgt in der Woche vom 29.8.20--.
>
> Wir bedauern, dass es bei dieser Lieferung zu einer Reklamation gekommen ist. Wir werden uns bemühen, Ihre zukünftigen Aufträge zu Ihrer vollen Zufriedenheit auszuführen.
>
> Mit freundlichen Grüßen
>
> *J. Keller*
>
> J. Keller
> Vertriebsassistentin

D Wählen Sie eine der Situationen in **A** (S. 126).
PARTNER A: Schreiben Sie einen Brief/ein Fax, in dem Sie als Kunde die Lieferung reklamieren.
PARTNER B: Schreiben Sie die entsprechende Antwort des Lieferanten.

Schmiede mit Fallhammer

Sehen Sie sich den Auszug aus dem *Landmann* Produkt-Katalog an und lesen Sie den Text unten. Was bedeuten die Ausdrücke *DIN, TÜV* und *GS*? Warum sollte ein Exporteur in die Bundesrepublik Deutschland etwas darüber wissen?

LANDMANN

GRILLS & ZUBEHÖR

LANDMANN-Produkte unterliegen strengen Qualitäts-Kontrollen und entsprechen den unten angegebenen Normen und Richtlinien:

GRILLGERÄTE	DIN 66077
GRILL-HOLZKOHLE UND GRILL-HOLZKOHLEBRIKETTS	DIN 51749
ANZÜNDHILFEN	DIN 66358

Unsere Produkte sind überwiegend bzw. geprüft.

Änderungen in Technik und Design vorbehalten. Alle Maße sind ca.-Maße.

Qualität, Sicherheit und Zuverlässigkeit sind bekannte Merkmale von deutschen Produkten. Sie unterliegen strengen Qualitätskontrollen und sollen außerdem den Deutschen Industrie-Normen (DIN) und den Sicherheitsvorschriften entsprechen.

Viele verschiedene Organisationen setzen und veröffentlichen Standards, die nationalen Status haben. Zum Beispiel bestimmt der VDE (Verein Deutscher Elektrotechniker) elektrische Standards, der VDI (Verein Deutscher Ingenieure) ist verantwortlich für Standards in der Mechanik, und der TÜV (Technischer Überwachungsverein) ist vor allem bekannt durch seine Überprüfung von Autos und anderen Kraftfahrzeugen. Wenn diese Standards erst einmal akzeptiert sind, werden sie in einen Katalog aufgenommen, der vom Deutschen Institut für Normung herausgegeben wird. In diesem Katalog befinden sich mehr als 25.000 Industriestandards.

Deutsche Konsumenten achten beim Kauf und bei der Benutzung besonders von elektrischen Geräten darauf, dass die Geräte den relevanten deutschen Standards entsprechen. Exporteure in die Bundesrepublik müssen deshalb mit geringeren Marktchancen rechnen, wenn ihre Produkte nicht nach den deutschen Standards hergestellt werden und kein deutsches Standard-Zeichen tragen.

Außerdem gibt es in der Bundesrepublik das allgemein anerkannte Zeichen GS (Geprüfte Sicherheit), das von etwa 100 regierungsbevollmächtigten Organisationen verliehen wird, zum Beispiel vom TÜV. Das GS-Zeichen enthält normalerweise in der linken oberen Ecke das Logo der Testorganisation und beweist dem potenziellen Kunden, dass ein Produkt mit diesem Symbol technisch sicher ist, obwohl es nicht unbedingt einer DIN-Norm entsprechen muss.

Wenn also ein ausländisches Unternehmen erfolgreich nach Deutschland exportieren möchte, dann sollte es sich nach den DIN-Standards richten oder dafür sorgen, dass sein Produkt das GS-Zeichen trägt.

Die deutsche Bevölkerung ist sehr umweltbewusst. **Umweltfreundlichkeit von Produkten**, **Ressourcenschonung**, **Wiederver-
ertbarkeit**, **Recycling** und **Müllentsorgung** sind wichtige
Konzepte und werden sowohl vom Verbraucher als auch vom Hersteller ernst genommen. Das **Bundesumweltministerium** ist für
den Umweltschutz zuständig. Auch die Bundesländer haben
Umweltministerien. Die Umweltpolitik der Bundesregierung will
erreichen, dass Wirtschaft und Bürger größere Verantwortung für
die Lösung von Umweltproblemen übernehmen.

1 Was halten Sie von den Maßnahmen, die hier beschrieben werden?
2 Gibt es in Ihrem Land ähnliche Initiativen?

Vermeiden und verwerten

Zentrales Ziel der deutschen Umweltpolitik ist die **Abfallvermeidung**.
Abfallvermeidung wird erreicht durch a) weniger Materialverbrauch bei der
Produktion und b) **Kreislaufwirtschaft**, d.h. durch Sammlung verbrauchter
Produkte und anschließendes Recycling.

Am 21. Juni 1991 ist die *Verordnung über die Vermeidung von
Verpackungsabfällen* in Kraft getreten. Die Verpackungsverordnung führt zur
Abfallvermeidung durch Rücknahmepflichten der Industrie, die nach dem
Verursacherprinzip für das Recycling der Verpackungsmaterialien
aufkommen muss. Unter anderem legt sie Sammelquoten fest und formuliert ausdrücklich den Schutz
und den Ausbau von **Mehrwegsystemen**.

Das **„Duale System Deutschland"** (DSD, „Grüner Punkt") organisiert privatwirtschaftlich die
Einsammlung und Sortierung der gebrauchten Verpackungen, die dann der **Wiederverwertung**
zugeführt werden. Finanziert wird das Duale System durch **Lizenzgebühren** für die Nutzung des
Grünen Punktes. Der Grüne Punkt ist das international geschütztes Warenzeichen der Duales System
Deutschland GmbH und kennzeichnet Verpackungen aus recyclingfähigem Material.

Laut Verpackungsverordnung werden 80 Prozent aller Verpackungen vom Dualen System wieder
eingesammelt.

Außerdem haben einige deutsche Städte eine kommunale Einwegverpackungssteuer eingeführt. Damit
will man einen weiteren Anreiz zur Reduzierung von Verpackungen und Umstellung auf
Mehrwegverpackung geben.

@ www.gruener-punkt.de
www.hausfrauenbund.de

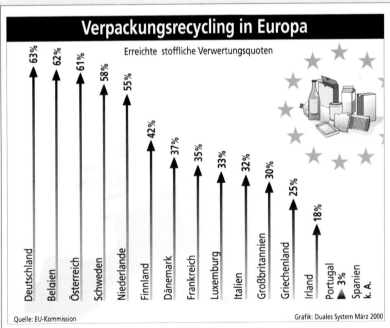

Verpackungsrecycling in Europa

Erreichte stoffliche Verwertungsquoten

Deutschland 63%
Belgien 62%
Österreich 61%
Schweden 58%
Niederlande 55%
Finnland 42%
Dänemark 37%
Frankreich 35%
Luxemburg 33%
Italien 32%
Großbritannien 30%
Griechenland 25%
Irland 18%
Portugal 3%
Spanien k. A.

Quelle: EU-Kommission

Grafik: Duales System März 2000

Verpackungen sind out

*Deutschland, Österreich und
Belgien sind im Verpackungsrecycling europaweit führend.
Während in Österreich und
Belgien schon ein großer Anteil von Verpackungen aus dem
Gewerbe stofflich verwertet
wird, geht die hohe Recycling-
quote in Deutschland zu einem
deutlich überwiegenden Anteil
auf das Recycling von Verkaufs-
verpackungen mit dem Grünen
Punkt zurück, die direkt beim
Verbraucher gesammelt werden.
Im Recycling von Verpackungen,
die im gewerblichen Bereich
anfallen, besteht in Deutschland eindeutig Nachholbedarf.*

130

Lesen Sie die Anzeige für den Compaq Deskpro XE. Welche umweltfreundlichen Eigenschaften werden in der Anzeige besonders hervorgehoben?

Lesen Sie jetzt den Text aus COMPUTER News. Was hat der Text über die umweltfreundlichkeit von Computern zu sagen? Was empfiehlt der Artikel dem Verbraucher?

COMPUTER News

PC-Produktion: hohe ökologische Folgekosten

Die größten Umweltbelastungen treten bei der Herstellung von Computern auf. Das ist das Ergebnis einer Studie des US-Verbands Microelectronics und Computer Technology in Texas. Bislang waren lediglich die ökologischen Belastungen bekannt, die beim Betrieb und Recycling von PCs entstehen.

Noch bevor Sie Ihren neuen PC zum ersten Mal eingeschaltet haben, hat er bereits
● so viel Energie verschlungen, dass davon ein deutscher Durchschnittshaushalt ein Jahr lang mit Strom versorgt werden könnte,
● soviel Wasser verbraucht wie jemand, der ein halbes Jahr lang täglich ein Vollbad nimmt,
● doppelt so viel

Abfall erzeugt, wie der PC selbst wiegt,
● so viel CO_2 in die Atmosphäre abgegeben wie ein Auto nach 6000 Kilometern.

Dazu kommen die im Vergleich zu anderen elektronischen Konsumgütern – Fernseher oder Hifi-Anlage – äußerst kurzlebigen Produktzyklen.

Die Empfehlung für den Konsument: Vermeiden Sie Neukäufe, rüsten Sie Ihren PC auf oder kaufen Sie einen Gebraucht-PC. Auch der Umstieg auf einen neuen Green-PC macht nur Sinn, wenn man ohnehin einen neuen PC anschaffen muss. Und: Achten Sie beim Neukauf auf den blauen **Umweltengel**.

■ **UMWELT-TEST**

Zum erstenmal bewertete die Stiftung Warentest auch die Umwelteigenschaften von PCs. Das Ergebnis: Nur vier der zehn getesteten PCs erhielten das Prädikat „Gut". Einige PCs enthalten sogar **krebserregende** Schadstoffe.

■ **RECYCLING TIPP**

Das Aachener Recycling-Unternehmen „**Service 4U**" kauft verbrauchte Laser-, Kopierer- und Tintendrucker-Kassetten auf. Ab zehn Stück übernimmt das Unternehmen sogar die Frachtkosten. **Tel.: 0241-573011**

* *der Umweltengel*: Umweltzeichen des Bonner Umweltministeriums
* *die Stiftung Warentest*: Verein, der Produkte einer Produktgruppe nach Qualität und Preis vergleicht, um den Konsumenten eine Kaufhilfe zu geben.

 www.warentest.de
www.bundesumwelt-ministerium.de

10 Ich möchte in Deutschland arbeiten

In this unit you'll learn how to
- go about looking for work in Germany
- relate the German educational system and qualifications to your own
- assess your own experience and strengths
- understand job advertisements
- write a CV and letter of application
- prepare for a job interview

You'll also learn something about working conditions in Germany.

10.1 Wie stehen meine Chancen?

A Sie möchten in Deutschland arbeiten? Vergleichen Sie Ihre Zukunftspläne bzw. -wünsche mit anderen Kursteilnehmern:

Was für eine Stelle suchen Sie? (Suchen Sie einen Ferienjob? Eine Praktikantenstelle oder einen Austausch während der Ausbildung? Eine Dauerbeschäftigung?)
Warum wollen Sie in Deutschland arbeiten? (Möchten Sie ein anderes Land kennen lernen? Ihre Sprachkenntnisse verbessern? Mehr Geld verdienen?)

B Jeder Bürger der Europäischen Union (EU) kann sich in jedem Mitgliedsland Wohnung und Arbeit suchen. Wie sieht das in der Praxis aus? Unten sind einige Fragen, die Sie vielleicht stellen möchten. Die Texte auf diesen Seiten werden Ihnen helfen sie zu beantworten.

- Welche persönlichen und beruflichen Anforderungen muss ich erfüllen, um mich in Deutschland erfolgreich zu bewerben?
- In welchen Berufen sind die Beschäftigungschancen gut?
- Habe ich bei einer Bewerbung mit einer großen Konkurrenz zu rechnen?
- Wie sind deutsche Gehälter im Vergleich zu meinem Land?
- Gibt es rechtliche Probleme?
- Wie steht es mit Sozial- und Rentenversicherung?
- Ich interessiere mich für eine Praktikantenstelle. Wo kann ich mich erkundigen?
- Ich bin an einer Dauerbeschäftigung interessiert. Wo suche ich eine Stellung?

FREMDSPRACHEN AM ARBEITSPLATZ

Fremdsprachenkenntnisse sind bei diesen Mitarbeitern für die befragten Unternehmen sehr wichtig oder wichtig (Angaben in Prozent):

Gewerbliche Mitarbeiter:	
Un- und Angelernte	0
Facharbeiter	7
Technische Mitarbeiter:	
Meister/Techniker	14
Ingenieure/Naturwissenschaftler	53
Kaufmännische Fachkräfte:	
Kaufleute	54
Betriebswirte/Juristen	55
Sekretärinnen:	62
Führungskräfte:	83

Quelle: Institut der deutschen Wirtschaft Köln

Bei Berufen mit Auslandskontakten sind Fremdsprachen gefragt. Wie wichtig sind Fremdsprachenkenntnisse am Arbeitsplatz? Dazu hat das Institut der deutschen Wirtschaft 232 Unternehmen in Deutschland befragt (siehe Grafik). Besonders groß ist der Bedarf im Büro – bei kaufmännischen Berufen, Sekretärinnen und bei Führungskräften. Aber auch immerhin 14 Prozent der Betriebe halten Fremdsprachenkenntnisse bei Technikern für wichtig bis sehr wichtig, sieben Prozent der Betriebe bei Facharbeitern.

Im Bereich der neuen Medien und des Internets ist Englisch ein Muss.

Ortswechsel in Europa
Wie stehen die Chancen?

Die Chancen für deutsche Fachkräfte, in einem anderen europäischen Land eine Anstellung zu finden, sind grundsätzlich gut, so Dr. Günther Schauenberg, Leiter der Auslandsabteilung bei der Zentralstelle für Arbeitsvermittlung (ZAV) in Frankfurt. „Man muss jedoch die nötigen Voraussetzungen mitbringen. Rund 120 000 Anfragen erhält die ZAV jährlich. Aber nur fünf Prozent der Interessierten erfüllen die Anforderungen, die man braucht, um sich erfolgreich im europäischen Ausland zu bewerben." Ohne gründliche Fremdsprachenkenntnisse kommt man nicht aus. Nicht zuletzt: Man muss in der Lage sein, sich in einer fremden Situation – getrennt von Familie und Freunden – zurechtzufinden und auf die Gewohnheiten und kulturellen Besonderheiten des Landes eingehen können.

Berufserfahrung und Qualifikationen

Ein guter Ausbildungsabschluss ist das A und O jeder Bewerbung. Nur: Die Ausbildungen sind in den europäischen Ländern noch so unterschiedlich, dass Berufsabschlüsse nicht problemlos anerkannt werden. Die Qualität der Ausbildung in Deutschland wird jedoch in allen europäischen Ländern hoch eingeschätzt. Wer zwei oder drei Jahre Berufserfahrung nachweisen kann, hat bessere Aussichten. In jedem Fall aber sollte man die jeweilige Landessprache flüssig sprechen, wenn eine Bewerbung erfolgreich sein soll.

Gefragte Berufe

In der Regel gilt: Berufe, bei denen in Deutschland Nachfrage nach Arbeitskräften besteht, sind auch in anderen EU-Ländern gefragt. Wie in Deutschland werden überall Computer- und Internetspezialisten gesucht. Auch Dienstleistungshandwerker wie z.B. Maler und Lackierer, Radio- und Fernsehtechniker sind gesucht. Oder auch Krankenschwestern und Krankenpfleger: In fast allen europäischen Ländern fehlt es an Pflegepersonal. Gute Chancen haben natürlich Arbeitnehmer in Berufen, in denen Sprachkenntnisse wichtig sind, z.B. Fremdsprachenkorrespondenten oder Exportkaufleute. Das gilt auch für Berufe in der Touristik und im Gastgewerbe. Aber Vorsicht: In vielen EU-Ländern herrscht noch größere Arbeitslosigkeit als in Deutschland und als Folge harte Konkurrenz um Arbeitsplätze.

Löhne und Urlaubszeit

Was Tariflöhne und Urlaubszeit angeht – hier steht Deutschland europaweit mit an der Spitze. Bei einer Arbeit in vielen anderen europäischen Ländern muss man in dieser Beziehung mit weniger rechnen.

Von Gesetz wegen kein Problem

Jeder Arbeitnehmer aus einem EU-Land kann in einem anderen Land der Union arbeiten. Er zahlt in diesem Land dann Steuern und Beiträge zur Sozial- und Rentenversicherung. Diese Beiträge werden ihm dann später in Deutschland angerechnet.

Berufsperspektive Europa - Sonderausgabe der *Informationszeitung* der Berufsberatung

 www.ZAV-reintegration.de
www.zeitarbeit-online.de
www.aiesec.de

ANSPRECHPARTNER FÜR AUSLÄNDISCHE ARBEITNEHMER

Austausch während der Ausbildung

Der Austausch während der Ausbildung wird europaweit gefördert – durch das EU-Programm PETRA II. Austauschgruppen werden von den Berufsschulen, den Industrie- und Handelskammern oder von Betrieben zusammengestellt. Dort muss man nachfragen.

Praktika in einem Betrieb

Auskunft über offene Praktikantenstellen geben:
- die Industrie- und Handelskammern
- die Zentralstelle für Arbeitsvermittlung (ZAV), Frankfurt/Main

Jobs

Auskunft und Stellenvermittlung bei:
- Europa-Service der Berufsberatung

Man schickt seinen Bewerbungsbrief und Lebenslauf (auf Deutsch) an den regionalen Europaberater eines landeseigenen Arbeitsamtes. Über das internationale Datennetz EURES kann der Europaberater über geeignete Stellen in Deutschland informieren. (Dieser Service steht nur EU-Bürgern zur Verfügung.)
- Abteilung Arbeitsvermittlung und Beratung der deutschen Arbeitsämter
- Internationale Zeitarbeitbüros mit deutschen Niederlassungen. Viele sind im Raum Düsseldorf konzentriert.

Man kann sich auch bei deutschen Arbeitgebern direkt bewerben. Lesen Sie die Stellenangebote in Fachzeitschriften und Tageszeitungen oder sprechen Sie die Personalabteilungen von Firmen an, in denen Sie gern arbeiten möchten. Am schnellsten informieren Sie sich über die Homepages der Unternehmen.

10.2 Das deutsche Bildungswesen

A Bei Stellenbewerbungen spielen formale Qualifikationen eine wichtige Rolle. Ausländische Arbeitsuchende haben das Problem, dass deutsche Arbeitgeber ihre Ausbildungsabschlüsse oft nicht kennen und schwer einstufen können. Man sollte also in seiner Bewerbung versuchen, Parallelen zwischen seinem eigenen Bildungsgang und dem deutschen Bildungssystem zu ziehen. Dazu braucht man erst einmal Grundkenntnisse über das deutsche Bildungswesen. Ergänzen Sie die verschiedenen Bildungsabschlüsse im Diagramm anhand der Informationen rechts.

Schematische Gliederung des Bildungswesens in Deutschland

Berufsqualifizierender Abschluss	Allgemeine Hochschulreife	Berufsqualifizierender Studienabschluss
		Wissenschaftliche Hochschule
Fachschule	**Abendgymnasium/Kolleg**	**Fachhochschule**

Schuljahr						Schuljahr
			3 _____		4 _____	
13	Berufsbildender Abschluss Mittlerer Bildungsabschluss				**Gymnasiale**	13
12	**Berufsausbildung in Betrieb**	**Berufs-**	**Fach-**		**Oberstufe**	12
11	**u. Berufsschule (Duales System)**	**fachschule**	**oberschule**			11
10	Berufsgrundbildungsjahr					10
	1 _____	2 _____				
10	**10. Schuljahr**					10
9						9
8	**Hauptschule**	**Realschule**		**Gymnasium**	**Gesamt-**	8
7					**schule**	7
6						6
5						5
4		**Grundschule**				4
3						3
2						2
1						1

B 1 Ziehen Sie Parallelen zwischen Bildungsstätten und Abschlüssen in Deutschland und im eigenen Land, z.B.:

> Eine [deutsche Gesamtschule] ist mit unserem/unserer … zu vergleichen.
> Ein/Eine … bei uns ist (ähnlich) wie [eine Fachhochschule].
> Unser … entspricht etwa [der mittleren Reife/dem Abitur].

2 Welche Schulen haben Sie besucht? Welche Abschlüsse haben Sie? Erklären Sie es auf Deutsch.

C Vergleichen Sie das Bildungswesen in Deutschland und in Ihrem Land in Bezug auf folgende Punkte.

1 Die Schulpflicht beträgt 12 Jahre.
2 Das Schulsystem ist grundsätzlich dreigliedrig.
3 Das „duale System" der Berufsausbildung verbindet praktische Ausbildung im Betrieb und theoretische Ausbildung in der Berufsschule.
4 Das Studium an einer wissenschaftlichen Hochschule steht allen offen, die die Hochschulreife erworben haben.
5 Die Studiendauer an einer Hochschule ist nicht begrenzt.

Das deutsche Bildungswesen

Die Bundesländer sind für die allgemeinbildenden und berufs-
bildenden Schulen zuständig. Daher gibt es in verschiedenen
Bundesländern leichte Variationen im Schulsystem. Der
Besuch aller öffentlichen Schulen ist kostenlos.

☐ **DIE SCHULPFLICHT.** Die Schulpflicht in Deutschland beträgt
zwölf Jahre. Um sie zu erfüllen, muss man neun oder (in einigen Bundesländern) zehn Jahre lang eine allgemeinbildende
Vollzeitschule und danach eine Berufsschule in Teilzeitform
bzw. weiter eine Vollzeitschule besuchen.

☐ **DIE ALLGEMEINBILDENDEN SCHULEN.** Mit sechs Jahren
besuchen alle Kinder eine **Grundschule**. Nach in der Regel
vier Jahren wechseln sie in eine andere Schulform. Je nach
Schultyp erwirbt man verschiedene Abschlüsse.
Die **Hauptschule** führt nach der 9. oder 10. Klasse (je nach
Bundesland) zum **Hauptschulabschluss**. Die meisten
Jugendlichen mit Hauptschulabschluss beginnen eine Berufs-
ausbildung im Betrieb und besuchen daneben bis zum 18.
Lebensjahr eine Berufsschule.
Die **Realschule** steht zwischen Hauptschule und Gymnasium
und führt zu einem **mittleren Bildungsabschluss (Mittlere
Reife/Realschulabschluss)**. Dieser Abschluss berechtigt
zum Besuch einer Fachoberschule.
Das **Gymnasium** führt zur akademischen Weiterbildung. Das
Abschlusszeugnis der Gymnasien, die **Allgemeine
Hochschulreife (das Abitur)**, berechtigt im Prinzip zum
Studium an einer Fachhochschule oder wissenschaftlichen
Hochschule.
Die **Gesamtschule** vereint die drei Schulformen
Hauptschule, Realschule und Gymnasium unter einem Dach.
Dieses Modell existiert aber nur in einigen Bundesländern.

☐ **BERUFLICHE BILDUNG.** Die meisten Jugendlichen, die die
Hochschulreife nicht erwerben, werden im „dualen System"
ausgebildet. Das duale System verbindet praktische Ausbildung im Betrieb mit theoretischer Ausbildung in der **Berufsschule**, die der Jugendliche für zwei bis drei Jahre in
Teilzeitform besuchen muss. Die private Wirtschaft und der
Staat sind also gemeinsam für die berufliche Bildung verant-
wortlich. Das duale System führt zu bis ca. 400 anerkannten
Ausbildungsberufen. Bevorzugte Berufe bei Jungen sind z.B.
Kfz-Mechaniker, Elektroinstallateur, Industriemechaniker
oder Kaufmann im Groß- und Außenhandel. Mädchen
bevorzugen Berufe im Büro- und Dienstleistungsbereich wie
z.B. Bürokauffrau, Kauffrau im Einzelhandel, Arzthelferin. Die
Berufsschule ist Pflichtschule für alle Jugendlichen unter 18
Jahren, die keine andere Schule besuchen.
Neben Lehre und Berufsschule gibt es weitere Wege der
Berufsausbildung. Ein Beispiel: Die **Fachoberschule** ist eine
Vollzeitschule und führt Schüler mit mittlerem Bildungsab-
schluss in zwei Jahren zur **Fachhochschulreife**. Der
Lehrplan umfasst Unterricht in Lehrwerkstätten, Praktika und
Theorie.

☐ **DER ZWEITE BILDUNGSWEG.** Der zweite Bildungsweg bietet
die Möglichkeit, Versäumtes nachzuholen. Im Abendgymnasium können sich Berufstätige auf die Hochschulreife vorbereiten. In Abendschulen können sie den Hauptschul- oder
Realschulabschluss nachholen.

Eingang Fachhochschule Düsseldorf

☐ **WEITERBILDUNG.** Die **Universitäten**, **Technischen Universitäten** und **Technischen Hochschulen** bilden die **Wissenschaftlichen Hochschulen**. Bei Geisteswissenschaften
führt das Studium zur **Magisterprüfung**, bei Naturwis-
senschaften zur **Diplomprüfung**. Danach kann man eine
weitere Qualifizierung bis zur **Doktorprüfung** (**Promotion**)
machen.
Die **Fachhochschulen** sind eine jüngere Hochschulform, die
hauptsächlich in den Bereichen Ingenieurwesen, Wirtschaft,
Sozialwesen, Design und Landwirtschaft eine stärker praxis-
bezogene Ausbildung bietet. Das Studium schließt mit einer
Diplomprüfung ab.
Das Studium steht allen offen, die die erforderlichen
Abschlussprüfungen haben. Da es bei einigen sehr begehrten
Fächern, z.B. Medizin, zu viele Studienbewerber gibt, besteht
jedoch eine Zulassungsbeschränkung, der Numerus Clausus.
Die durchschnittliche Studienzeit beträgt fünf bis sechs Jahre.
Es gibt keine Studiengebühren. Studenten, die die Kosten für
ihren Lebensunterhalt nicht aufbringen können, haben die
Möglichkeit, nach dem Bundesausbildungsförderungsgesetz
(BAföG) staatliche Finanzierung zu beantragen. Die Hälfte
des Förderungsbetrags wird als Stipendium gewährt, die
andere Hälfte als Darlehen.

www.bmbf.de

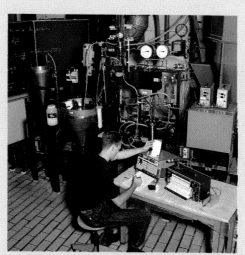
Im Labor Elektrotechnik

10.3 Ein Fragebogen zur Selbsteinschätzung

A Füllen Sie den vom Bundesministerium für Arbeit und Sozialordnung zusammengestellten Fragebogen aus.

B Spielen Sie mit Ihrem Partner ein Berufsberatungsgespräch.
ARBEITSBERATER/IN: Fragen Sie Ihre/n Gesprächspartner/in nach konkreten Beispielen für seine/ihre Erfahrungen, Fertigkeiten und Fähigkeiten. Welchen Rat könnten Sie ihm/ihr in Bezug auf seine/ihre berufliche Zukunft geben?
ARBEITNEHMER/IN: Beantworten Sie die Fragen des/der Berufsberaters/-beraterin anhand des ausgefüllten Fragebogens.

▮▮▮ Mein persönlicher Fragebogen ▮▮▮

Nehmen Sie sich jetzt die Zeit, über Ihre berufliche Zukunft nachzudenken. Eine Hilfe dabei soll Ihr persönlicher Fragebogen sein, der Ihnen Klarheit über Ihre beruflichen Fähigkeiten und Neigungen geben kann. Wenn Sie alle Fragen beantwortet haben, wissen Sie schon besser, wo Ihre Stärken liegen, in welche Richtung Sie sich weiterbilden möchten, ob Sie überhaupt in Ihrem alten Beruf weiterarbeiten oder vielleicht sogar lieber einen neuen erlernen wollen. Jetzt können Sie einfach besser und effektiver beraten werden.

Lesen Sie die Fragen durch und versuchen Sie, sie so realistisch wie möglich zu beantworten. Kreuzen Sie bitte das Zutreffende (auch mehreres) an oder machen Sie Ihre Angaben in den dafür vorgesehenen Zeilen.

Diesen Fragebogen können Sie vollständig ausgefüllt zu Ihrem Beratungsgespräch beim Arbeitsamt mitnehmen. Er kann für Ihren Gesprächspartner und für Sie selber eine große Hilfe sein.

1. Was habe ich gelernt und wie ist meine berufliche Ausbildung?

☐ Ich bin ausgebildet als: _____

_____

_____

☐ Ich übe folgenden Beruf aus: _____

_____

_____

☐ Schul- und Berufsabschlüsse: _____

_____

_____

☐ Ich habe an Weiterbildungsveranstaltungen teilgenommen:
    ☐ ja   ☐ nein

2. Formale Berufsausbildung und Berufsbezeichnung – das ist das eine. Das gibt aber nur zum Teil Auskunft über die besonderen Erfahrungen und Fertigkeiten, die jeder in seiner Berufsausübung erworben hat.

	Habe Erfahrung	Hätte gern Erfahrung
im Umgang mit Holz	☐	☐
im Umgang mit Metall	☐	☐
im Umgang mit Textilien	☐	☐
im Umgang mit Baumaterialien	☐	☐
im Umgang mit Rohstoffen	☐	☐
im Umgang mit Chemie/Chemikalien	☐	☐
im Umgang mit Maschinen	☐	☐
im Umgang mit Nahrungsmitteln	☐	☐
im Umgang mit Autos/LKW	☐	☐
im Umgang mit handwerklichen Geräten	☐	☐
im Umgang mit technischen Geräten allgemein	☐	☐
im Umgang mit Computern	☐	☐
im Umgang mit Texten	☐	☐
im Umgang mit Verwaltungsvorgängen, -prozessen	☐	☐
im Umgang mit Berechnungen, Kalkulationen	☐	☐
im Umgang mit Planung, Organisation	☐	☐
im Umgang mit Geld	☐	☐
im Umgang mit Kunden	☐	☐
in der Pflege von Menschen	☐	☐
in der Führung von Mitarbeitern	☐	☐
im Umgang mit Menschen allgemein	☐	☐
in Pflege und Umgang mit Tieren	☐	☐

3. Jeder Mensch hat persönliche Fähigkeiten, die ihm häufig gar nicht klar sind. Es ist wichtig, darüber nachzudenken, was man wirklich alles kann und was einem möglicherweise für den weiteren Berufsweg nützt.

	Was kann ich?
Mit anderen Menschen umgehen	☐
Mich voll auf eine Sache konzentrieren	☐
Sparsam haushalten, wirtschaften	☐
Lösungen für Probleme finden	☐
Weitgehend selbstständig arbeiten	☐
Autofahren	☐
Organisieren	☐
Körperlich hart arbeiten	☐
Sicher auftreten	☐
Andere Menschen führen	☐
Schnell begreifen	☐
Lange und ausdauernd arbeiten	☐
Gut zuhören	☐
Handwerklich arbeiten	☐
Überzeugend etwas verkaufen	☐
Formulieren und schreiben	☐
Flexibel auf neue Situationen reagieren	☐
Andere Menschen überzeugen	☐
Theoretisch arbeiten	☐
Planen	☐

4. Wie ist meine aktuelle Arbeitssituation?

☐ Ich habe einen sicheren Arbeitsplatz
☐ Mein Arbeitsplatz ist von Kurzarbeit bedroht
☐ Mein Arbeitsplatz ist gefährdet
☐ Ich mache eine Umschulung zum: _____

_____

☐ Ich befinde mich in einer Berufsausbildung zum:

_____

☐ Ich bin noch in der Schulausbildung
☐ Ich bin arbeitslos mit der Perspektive auf einen Arbeitsplatz in näherer Zukunft
☐ Ich mache Gelegenheitsjobs und suche nach einer festen Arbeitsmöglichkeit

5. Viele Menschen üben in ihrem Leben verschiedene Berufe aus, entweder weil sie in ihrem erlernten Beruf nicht den passenden Arbeitsplatz finden oder weil sie gerne etwas anderes tun möchten. Wie können Sie sich Ihren weiteren Berufsweg vorstellen?

☐ Ich möchte am liebsten in meinem jetzigen Beruf bleiben
☐ Ich kann mir vorstellen etwas ganz anderes zu machen

6. Was möchten Sie – unabhängig von Ihrem jetzigen Beruf – können? Was wäre für Sie eine berufliche Alternative?

_____

7. Die soziale Marktwirtschaft bietet verschiedene Möglichkeiten der Beschäftigung. Wie würden Sie persönlich am liebsten arbeiten?

☐ als Arbeiter/Arbeiterin   ☐ als Beamter/Beamtin
☐ als Angestellte/r   ☐ als Selbstständige/r

NACHFRAGE: In welchem Beruf möchten Sie sich gerne selbstständig machen?

_____

8. Welche Bereiche kommen für Sie überhaupt in Frage? Welche Berufsmöglichkeiten würden Sie interessieren? Kreuzen Sie bitte den entsprechenden Bereich an und tragen Sie daneben Ihren Berufswunsch ein.

		Beruf
☐	Baugewerbe	____
☐	Elektro- und Kfz.-Wesen	____
☐	Metallverarbeitung	____
☐	Bergbau und Energie	____
☐	EDV	____
☐	Handel/Verkauf	____
☐	Banken/Versicherungen	____
☐	Hotel/Gaststätten/Tourismus	____
☐	Verkehr/Transport	____
☐	Gesundheit, Kranken- und Altenpflege	____
☐	Soziales, Erziehung	____
☐	Bildung/Ausbildung/ Weiterbildung	____
☐	Öffentliche Verwaltung	____
☐	Umweltschutz	____
☐	Anderes, nämlich:	____

_____

9. Eine Weiterbildung kann Ihrer weiteren beruflichen Qualifizierung und der Verbesserung Ihrer Arbeitsmarktchancen dienen. Zu welcher Art von Qualifizierung wären Sie bereit?

☐ Fortbildung im erlernten Beruf
☐ Umschulung in einen verwandten Beruf
☐ Umschulung in einen ganz anderen Beruf
☐ berufliche Fortbildung im Betrieb
☐ berufliche Fortbildung außerhalb des Betriebes
☐ Fernlehrgänge zur beruflichen Weiterbildung mit Abschluss

10. Welcher Zeitrahmen wäre für eine Qualifizierungsmaßnahme möglich?

☐ Vollzeit
☐ Teilzeit (zwischen 12 und 25 Stunden wöchentlich)
☐ berufsbegleitend (abends/am Wochenende)
☐ Ich wäre auch zu einem Wohnungswechsel bereit
☐ Ich würde auch längere Wege in Kauf nehmen, wenn dies erforderlich wäre

10.4 Ein Blick in die Stellenangebote

A Große Firmen inserieren meistens in überregionalen Zeitungen oder in Wochenzeitschriften, z.B.:

SüddeutscheZeitung
Deutschlands große Tageszeitung

Frankfurter Allgemeine
ZEITUNG FÜR DEUTSCHLAND

Mittelständische Betriebe geben ihre Stellenanzeigen hauptsächlich in Lokalzeitungen auf, z.B.:

BERLINER MORGENPOST
Forum der Hauptstadt

Kennen Sie die Namen weiterer deutscher Zeitungen und Zeitschriften?

B In den Zeitungen werden Stellenangebote unter verschiedenen Rubriken veröffentlicht.
Sehen Sie sich die Stellenangebote rechts an. Unter welcher Rubrik wären sie zu finden?

12	Personalwesen	**24**	Wissenschaft/Forschung/Labor	**38**	Werbung/Publizistik/Film/Kunst	**62**	Medizinische und soziale Berufe
14	Finanz- und Rechnungswesen	**30**	Verkauf/Vertrieb	**42**	Planung/Konstruktion/Entwicklung/Fertigung	**64**	Hotel und Gaststättengewerbe/Küchenpersonal
16	EDV und Organisation	**34**	Kaufmännische Berufe	**48**	Technische Berufe	**74**	Weitere Berufe
18	Einkauf	**36**	Sekretariat/Büro- und Schreibkräfte	**56**	Öffentlicher Dienst	**78**	Ausbildungsplätze
				58	Handwerker/Facharbeiter		

C **1** Wählen Sie eine Stelle, die Sie interessant finden. Lesen Sie die Anzeige durch und machen Sie sich Notizen zu diesen Punkten.

- Stelle
- Firma/Stadt
- Voraussetzungen (Ausbildung/Erfahrung/persönliche Eigenschaften)
- Was die Firma bietet

Abkürzungen:
TU = Technische Universität
FH = Fachhochschule
BAT = Bundesangestelltentarif

2 Tauschen Sie Informationen über die Anzeige, die Sie gelesen haben, mit einem Partner aus. Stellen Sie diese oder ähnliche Fragen.

Was für eine Stelle ist das?
Wie heißt der Arbeitgeber?
In welcher Stadt ist die Stelle?
Worin besteht die Arbeit?
Welche Qualifikationen braucht der Bewerber?
Ist Berufserfahrung erforderlich?
Werden besondere persönliche Eigenschaften verlangt?
Bietet die Firma eine Ausbildung/Fortbildungsmöglichkeiten?
Gibt die Anzeige Informationen über Arbeitsbedingungen, Gehalt oder Sozialleistungen?
Wie bewirbt man sich um die Stelle?

www.arbeitsamt.de
www.stellenboerse.de
www.jobs.zeit.de
www.dv-job.de
www.stepstone.de
www.stellenanzeigen.de

Wenn Sie die entsprechenden Informationen in der Anzeige nicht gefunden haben, antworten Sie:

Das steht nicht in der Anzeige.

D Könnten Sie sich mit Ihren Qualifikationen und Ihrer Erfahrung um eine dieser Stellen bewerben?

10.5 Die schriftliche Bewerbung

A Bei den meisten Bewerbungen, vor allem wenn es sich um höher qualifizierte Stellen handelt, ist zunächst eine schriftliche Bewerbung üblich. Bei der Bewerbung wollen Sie sich in ein gutes Licht setzen; der Arbeitgeber wünscht Informationen, die eine Vorentscheidung über den Bewerber erleichtern. Für eine erfolgreiche Bewerbung sollen folgende Tipps eine Hilfe sein. Lesen Sie sie und beantworten Sie die Fragen.

1 Welche Punkte sollte Ihr Bewerbungsschreiben enthalten?
2 Welche Informationen sollte Ihr Lebenslauf enthalten? Wie sollte er gegliedert sein?
3 Welche Unterlagen gehören zu einer vollständigen Bewerbung?
4 Wie präsentieren Sie Ihre Bewerbungsunterlagen am besten?

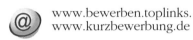 www.bewerben.toplinks.
www.kurzbewerbung.de

Bewerbungs-Ratgeber

Für eine erfolgreiche Bewerbung ist es unbedingt notwendig, daß Sie folgende Punkte beachten:

1 Legen Sie in Ihrem Bewerbungsanschreiben kurz, aber ausreichend dar, aus welchen Gründen Sie für die Stelle qualifiziert sind. Gehen Sie möglichst genau auf die Anforderungen der Stelle ein.

2 Legen Sie einen tabellarischen Lebenslauf bei. Gliedern Sie ihn nach der zeitlichen Abfolge Ihrer Ausbildungs- und Berufsstationen.

3 Kleben Sie ein Foto mit Passbildformat rechts oben auf Ihren Lebenslauf. Investieren Sie ein wenig Zeit und lassen Sie Ihr Bewerbungsfoto vom Fotografen machen. Es lohnt sich.

4 Legen Sie Ihre Ausbildungs- und Arbeitszeugnisse als Kopien bei. Ordnen Sie sie in zeitlicher Reihenfolge, das neueste zuoberst. Achtung: Die Daten des Lebenslaufes müssen mit den Daten der Zeugnisse übereinstimmen.

5 Wählen Sie für die ordentliche Zusammenstellung Ihrer kompletten Bewerbungsunterlagen eine Clip-Mappe oder einen Schnellhefter. Falls Sie einen Schnellhefter benutzen, heften Sie jede einzelne Seite in einer Klarsichtfolie ab.

B Vor kurzem hat Simone Schemann ihr Studium an der Fachhochschule Düsseldorf beendet. Jetzt sucht sie eine feste Anstellung mit guten Aufstiegsmöglichkeiten. Aufgrund der Anzeige rechts entscheidet sie, sich bei der Supermarktkette Tengelmann zu bewerben. Lesen Sie die Anzeige und beantworten Sie die Fragen.

1 Um was für eine Stelle handelt es sich?
2 Was für Bewerber sucht Tengelmann?
3 Welche Informationen gibt die Anzeige über Tengelmann?

Professionell handeln im jungen Team!

a – 35 Jahre, Referentin Gbl. Grosso
b – 38 Jahre, Stellvertretender Justitiar
c – 33 Jahre, Verkaufsleiter Kaiser´s
d – 40 Jahre, Ressortleiter Betriebswirtschaft
e – 33 Jahre, Leiter Rechnungswesen
f – 40 Jahre, Leiter Verkaufscontrolling
g – 44 Jahre, Geschäftsbereichsleiter Plus
h – 36 Jahre, Sonderbeauftragter Ausland
i – 38 Jahre, Leiter Umwelt

j – 27 Jahre, Sen. Associate Untern.-entwicklung
k – 41 Jahre, Ressortleiter Expansion
l – 36 Jahre, Leiter Management-Entwicklung
m – 35 Jahre, Verkaufsleiter Grosso
n – 32 Jahre, Einkäuferin Obst & Gemüse Italien
o – 34 Jahre, Leiter Untern.-entwicklung
p – 40 Jahre, Einkäuferin Nonfood
q – 39 Jahre, Leiter Category Management
r – 28 Jahre, Geschäftsführer Plus Tschechien

Wir suchen Top-Nachwuchsführungskräfte

im Einkauf • Marketing • Verkauf • Personal • Rechnungswesen/Finanzen

Wir handeln:

Wir wollen unser Team junger Handelsprofis verstärken und suchen überdurchschnittlich talentierte Nachwuchskräfte:

- mit einem überzeugenden Fach-/Hochschul-Abschluß
- international einsetzbar (mindestens eine Fremdsprache)
- mit ausgeprägten analytischen Fähigkeiten
- mit praxisorientierter Ausbildung (Praktika u. a.)

Sie erwartet bei uns zum Einstieg ein TRAINEESHIP von 4–6 Monaten in Filialen und Regionszentralen unserer Unternehmensgruppe. Im Anschluß beginnt Ihre individuelle Karriere: z.B. als Einkaufs- oder Finanzassistent/in oder als Führungskraft im Verkauf.

Handeln Sie mit:

Wenn Sie Handeln begeistert, senden Sie uns bitte Ihre detaillierte Bewerbung zu. Wir freuen uns auf ein baldiges Kennenlernen.

Unternehmensgruppe Tengelmann
Management-Entwicklung
z. Hd. Herrn Jörg Wins

Wissollstraße 5-43
45478 Mülheim an der Ruhr
Telefon 0208-4590-137
Fax 0208-4590-133

TENGELMANN
Wir handeln

 Wir handeln weltweit: in ca. 7.700 Filialen, mit rund 200.000 Mitarbeiterinnen und Mitarbeitern erzielen wir einen Jahresumsatz von 26 Milliarden EURO.

Die Unternehmensgruppe TENGELMANN

C Lesen Sie den Lebenslauf Simone Schemanns und beantworten Sie die Fragen. Ist Frau Schemann Ihrer Meinung nach eine geeignete Bewerberin für eine Stelle bei Tengelmann?

1 Was für eine Schul- und Berufsausbildung hat sie gemacht? Welche Abschlüsse hat sie?
2 Welche praktischen Berufserfahrungen hat sie?
3 Hat sie sonstige Fähigkeiten?

Simone Schemann
Dickelsbachweg 12
40625 Düsseldorf
Tel.: (02 11) 8 04 57

Lebenslauf

Geburtsdatum:	5.3.1974
Geburtsort:	Herford
Staatsangehörigkeit:	deutsch
Familienstand:	ledig

Schule

Aug. 84 - Juni 90 — Geschwister-Scholl-Realschule, Herford
Abschluß: Mittlerer Bildungsabschluss mit Durchschnittsnote 1,2

Ausbildung

Aug. 90 - Juni 93 — Abgeschlossene Ausbildung zur Kauffrau im Einzelhandel bei Möbelhaus Korsmeier, Bielefeld

Aug. 93 - Juni 95 — Besuch des Abendgymnasiums Westfalenkolleg, Bielefeld
Abschluss: Abitur (Durchschnittsnote 1,3)

Okt. 95 - Mai 2000 — Betriebswirtschaftsstudium an der Fachhochschule Düsseldorf,
Studiengang: Außenwirtschaft
Schwerpunkte im Hauptstudium: Internationales Marketing/
Außenhandel, Internationales Rechnungswesen/Controlling
Sprachkurse: Wirtschaftsenglisch
Im Studium integriert: Praxissemester in der Firma Lorfonte, Frankreich
Diplomarbeit „Expansion nach Polen: rechtliche und betriebswirtschaftliche Grundlagen", Note 1,5
Abschluss: Diplom-Betriebswirtin der FH Düsseldorf im Studiengang Außenwirtschaft, Gesamtnote „gut"

Berufliche Tätigkeiten

Juli 93 - Sep. 95 — Kaufmännische Angestellte bei Karstadt, Bielefeld; verantwortlich für Großkundenbetreuung und Bestellungen
Nach einem Jahr Aufstieg zur Einkäuferin

Okt. 95 - Juli 99 — Aushilfskraft auf Stundenbasis bei Karstadt in Bielefeld und anschließend in Düsseldorf

Besondere Fertigkeiten

Internet, MS-Office-Kenntnisse (Word, Excel, Access)
Fremdsprachen: Französisch, Englisch in Wort und Schrift
Führerschein Klasse 3

Referenzen

Herr Prof. Erwin Schmidt
FH Düsseldorf
Dörnerhofstraße 14
40225 Düsseldorf
Tel.: (02 11) 43 35 65

Herr Karl Lehmann
Personalleiter, Karstadt
Humboldtstraße 24
33615 Bielefeld
Tel.: (05 21) 8 04 57

11.8.20--

Simone Schemann

D **1** Der Brieftext eines Bewerbungsschreibens sollte die Punkte unten enthalten.
Lesen Sie das Bewerbungsschreiben Simone Schemanns. Schreiben Sie die Ziffern 1 - 4
neben die entsprechenden Absätze im Brief.

> **1** Erklären Sie, woher Sie wissen, dass die Firma neue Mitarbeiter sucht, und
> zu welchem Termin Sie sich bewerben.
>
> **2** Erklären Sie, warum Sie sich für die Stelle bewerben.
>
> **3** Beschreiben Sie, aus welchen Gründen Sie qualifiziert sind. Erläutern Sie
> Ihre Erfahrung bzw. Ausbildung für die Stelle, Ihre besonderen Kenntnisse
> und persönlichen Fähigkeiten.
>
> **4** Bitten Sie um einen Vorstellungstermin.

2 Vergleichen Sie das Bewerbungsschreiben Frau Schemanns mit ihrem Lebenslauf.
Welche Punkte hebt sie im Brief besonders hervor? Warum?

3 Machen Sie eine Liste von den Ausdrücken im Brief, die Sie bei Ihrem Bewerbungsschreiben
benutzen könnten.

Simone Schemann
Dickelsbachweg 12
40625 Düsseldorf
Tel.: (02 11) 8 04 57

Düsseldorf, 11.8.20--

Unternehmensgruppe Tengelmann
Management-Entwicklung
zu Hd. Herrn Jörg Wins
Wissollstraße 5-43
45478 Mülheim an der Ruhr

Ihre Anzeige in der ... Zeitung vom ...

Sehr geehrter Herr Wins,

aus Ihrer Anzeige entnehme ich, dass Ihr Unternehmen talentierte Führungsnachwuchskräfte sucht. Vor kurzem habe ich mein Studium der Betriebswirtschaft an der FH Düsseldorf mit der Gesamtnote „gut" abgeschlossen und suche jetzt eine herausfordernde und verantwortungsvolle Tätigkeit zum frühestmöglichen Zeitpunkt. Da mir Ihr Trainee-Programm anspruchsvoll und interessant erscheint und gute Karrieremöglichkeiten in meinen Interessenbereichen bietet, möchte ich mich bei Ihnen bewerben.

Ich glaube, dass ich den beschriebenen Anforderungen aufgrund meiner Qualifikationen, meiner praktischen Berufserfahrungen und meiner persönlichen Eigenschaften entspreche. Neben meinem Fachhochschulabschluss habe ich auch eine kaufmännische Ausbildung mit Abschluss als Kauffrau im Einzelhandel sowie einige Jahre Erfahrung in den Bereichen Verkauf und Einkauf. Während meines Studiums habe ich ein sechsmonatiges Praxissemester bei einer Firma in Frankreich verbracht. Dort konnte ich meine Französischkenntnisse erheblich verbessern. Ich verfüge außerdem über gute Englischkenntnisse in Wort und Schrift.

Neben Belastbarkeit und Verantwortungsbereitschaft kann ich auch Kreativität und Organisationstalent beweisen. Ich arbeite gern im Team und bin geschickt im Umgang mit Menschen.

Ich würde mich freuen, wenn Sie mir Gelegenheit zu einem Vorstellungsgespräch geben könnten.

Mit freundlichen Grüßen

Simone Schemann

Anlagen

E Wählen Sie eine Stelle aus **10.4** oder ein anderes (Internet-)Angebot, das Sie interessiert.
Verfassen Sie einen Lebenslauf und ein Bewerbungsschreiben mit Ihren Angaben.

10.6 Das Vorstellungsgespräch

A Ein Vorstellungsgespräch bei einem potenziellen Arbeitgeber ist eine große Chance. Unten sind einige Tipps, wie man sich am besten darauf vorbereitet und sich dabei verhält. Was sollen Sie tun? Bilden Sie Sätze. Würden Sie weitere Ratschläge geben?

Tips für das Vorstellungsgespräch

Sich gezielt vorbereiten

- sich vorher über den Arbeitgeber informieren; Arbeitgeber werten es negativ, wenn Bewerber nicht informiert sind
- sehen Sie sich die Homepage des Unternehmens an
- zu Hause überlegen, welche Fragen vom Personalchef gestellt werden könnten
- Fragen zum Betrieb, zur Stelle bzw. zum Ablauf der Ausbildung vorbereiten, einige Stichpunkte dazu aufschreiben

Sich positiv darstellen

- sich sauber und korrekt kleiden
- pünktlich ankommen, z.B. fünf Minuten vor der Zeit
- alle Fragen klar und sachlich beantworten
- überzeugen ohne zu übertreiben
- Fragen stellen, die Ihr Interesse an der Firma und an der Arbeit zeigen

B Auf folgende Fragen des Personalchefs sollte man Antworten wissen. Welche Fragen würden Sie problematisch finden? Hat man Ihnen auch andere Fragen bei einem Vorstellungsgespräch gestellt?

Ablauf des Interviews:

1. Kontaktaufnahme
Was wissen Sie schon über die Firma?
Warum möchten Sie bei uns arbeiten?

2. Lebenslaufanalyse
Was für eine Schul-/Berufsausbildung haben Sie gemacht?
Warum haben Sie sich für diese Ausbildung/dieses Studium entschieden?
Welche Fächer haben Sie gemacht/studiert?
In welchen Fächern haben Sie das Abitur gemacht?
Haben Sie während des Studiums Praktika gemacht oder praktische Erfahrungen gesammelt?
Haben Sie Fremdsprachenkenntnisse?
Können Sie Ihre bisherigen Tätigkeiten/Ihre Tätigkeit bei ... schildern?
Warum haben Sie die Stelle bei ... verlassen?
Was machen Sie zur Zeit?
Wie sieht Ihr jetziger Tätigkeitsbereich aus?
Welche von Ihren bisherigen Stellen haben Sie am positivsten empfunden?
Wo liegen Ihre besonderen beruflichen Interessen und Neigungen?
Auf Grund welcher persönlichen Eigenschaften glauben Sie, dass Sie für diese Stelle geeignet sind?

3. Sonstige Merkmale
Können Sie überall in Deutschland oder im Ausland arbeiten?
Haben Sie sich bei anderen Unternehmen beworben?
Welche Kündigungsfrist müssen Sie bei Ihrem jetzigen Arbeitgeber einhalten?

C **1** Sie hören den ersten Teil des Vorstellungsgesprächs bei Tengelmann mit der Bewerberin Simone Schemann. Welche Fragen in **B** stellt der Personalchef?

2 Hören Sie noch einmal zu. Wie beantwortet Frau Schemann die Fragen?

D Auch Sie müssen sich entscheiden, ob die Stelle für Sie geeignet ist. Fragen Sie deshalb nach allen Informationen, die Sie für Ihre Entscheidung brauchen, z.B. nach Ihrer Verantwortung, Ihrer Bezahlung, nach den Arbeitsbedingungen usw. Formulieren Sie höfliche Fragen zu folgenden Punkten.

- Ablauf der Traineeausbildung?
- Möglichkeit einer festen Anstellung nach der Ausbildung?
- Tätigkeitsbereich?
- Arbeitszeiten? (Gleitzeit, arbeiten am Wochenende)
- Probezeit?
- Bezahlung? (Monatsgehalt, 13. Monatsgehalt, Weihnachtsgeld)
- Hilfe bei der Wohnungssuche?
- Erstattung von Umzugskosten?
- Weiterbildungsmöglichkeiten?
- Sozialleistungen? (Krankenkasse, Altersversorgung, Pflegeversicherung)
- Termin der Arbeitsaufnahme?

> Können Sie mir Näheres über den Ablauf der Traineeausbildung sagen?

> Bitte geben Sie mir noch Auskunft über meinen Tätigkeitsbereich.

> Würden Sie mir bitte sagen, wie lang die Probezeit ist?

> Ich möchte gerne wissen, ob Sie neue Mitarbeiter bei der Wohnungssuche unterstützen.

E Hören Sie sich den zweiten Teil des Vorstellungsgesprächs mit Simone Schemann an. Frau Schemann stellt dem Personalchef einige Fragen. Welche Antworten gibt er?

F Spielen Sie ähnliche Vorstellungsgespräche als Rollenspiel.

1 Wählen bzw. erfinden Sie als Gruppe/Klasse eine geeignete Firma und Stelle, um die sich alle Kursteilnehmer bewerben könnten.
2 Teilen Sie sich in zwei Gruppen, Personalleiter und Bewerber, auf. Als Vorbereitung auf das Vorstellungsgespräch überlegen Sie sich geeignete Fragen/Antworten.
3 Die Personalleiter führen ein Vorstellungsgespräch mit zwei oder drei Bewerbern hintereinander durch. Die restlichen Kursteilnehmer hören den Gesprächen zu.
4 Während der Gespräche machen Sie sich Notizen über die Bewerber zu folgenden Punkten.

- Ausbildung und Qualifikationen
- berufliche Erfahrung
- Motivierung zur Stellenbewerbung
- persönliches Auftreten (ungeeignet/zufriedenstellend/ gut/sehr gut)

5 Die Personalleiter machen einen Entscheidungsvorschlag und begründen ihre Wahl. Die anderen Kursteilnehmer stimmen dann über die Kandidatenwahl ab.

Das M+E-Magazin berichtet aus den Unternehmen der Metall- und Elektro-Industrie: Reportagen, Meinungen und Erfahrungen am Ort. Lesen Sie das Interview mit Hildegard Fleck.

1 Wie sieht Frau Fleck die Karrierechancen von Frauen in technischen Berufen?
Fassen Sie ihren Standpunkt kurz zusammen in Bezug auf folgende Punkte.
- Chancengleichheit in der schulischen Ausbildung
- Chancengleichheit in der Einstellungspolitik der Unternehmen
- Berufswahl der Frauen
- Sozialpolitik der Unternehmen
Stimmen Sie mit Frau Fleck überein?

2 Welche Maßnahmen gibt es in Ihrem Land, um die Karrierechancen von Frauen zu fördern?

Interview

Mut zum Wettbewerb der Fähigkeiten

Hildegard Fleck, Beauftragte für Chancengleichheit bei der IBM Deutschland Informationssysteme GmbH, Stuttgart

M+E: Haben Frauen immer noch schlechtere Karriere-Karten als Männer?

H. Fleck: Nicht schlechtere Karriere-Karten, aber eine schlechtere Ausgangssituation.

M+E: Wo liegen die Schwierigkeiten?

H. Fleck: Viele Frauen geben der Berufswahl nicht annähernd den Stellenwert, den die Berufsentscheidung für junge Männer hat, obwohl in der schulischen Ausbildung die Chancen längst gleich sind. Oft haben Mädchen bessere Schulabschlüsse als Jungen. Sehr oft aber zementieren junge Frauen mit einer einseitigen Berufswahl alte Vorurteile.

M+E: Wie sehen die Unternehmen das Problem?

H. Fleck: Die Unternehmen sind bereit, den Anteil der Frauen in den technischen Berufsfeldern zügig zu steigern. Dass das so langsam geht, liegt nicht an den Betrieben. Das Problem ist meines Erachtens, dass zu wenige Frauen in der industriellen Welt mitmischen und Verantwortung übernehmen wollen.

Mit ihrem Zögern verzichten sie auf hervorragende Lebenschancen. Denn die Berufe in der M+E-Industrie sind zukunftsorientiert und beschäftigungssicher. Sie bedeuten finanzielle Unabhängigkeit und ein selbstbestimmtes Leben. Ich frage mich, warum sich immer noch so wenige Mädchen daran beteiligen, Einfluss auf die technische Entwicklung zu nehmen.

M+E: Was tut die IBM, um das zu ändern?

H. Fleck: Einer der wichtigsten IBM-Grundsätze und Teil unserer weltweiten Unternehmenskultur ist das Prinzip der Chancengleichheit. Dieses Prinzip bedeutet: Wir bemühen uns, allen Mitarbeiterinnen und Mitarbeitern die gleichen Möglichkeiten im beruflichen Einsatz und in der Entwicklung ihrer Fähigkeiten zu geben. Ob und wie sie ihre Chancen wahrnehmen, bestimmen sie allerdings selbst.

M+E: Welche Fortschritte gibt es seit der Einführung dieser verstärkten Maßnahmen?

H. Fleck: Ich nenne ein paar Beispiele: Unsere Einstellungspraxis ist eindeutig frauenfreundlich. Letztes Jahr war z.B. jede vierte Neueinstellung weiblich bei einem Bewerbungsanteil von 19 Prozent Hochschulabsolventinnen. In den letzten Jahren hat IBM mit einem Stipendienprogramm für

Metallerinnen verdienen mehr.

Abiturientinnen 60 Stipendiatinnen in ingenieurwissenschaftlichen Studiengängen gefördert.

Ferner bieten wir Hilfen an, um Familie und Beruf besser aufeinander abzustimmen. Dazu gehören die verlängerte Erziehungszeit, flexible Formen der Teilzeitarbeit während der Erziehungszeit, die Möglichkeit, auch zu Hause zu arbeiten, und die Beurlaubung zur Betreuung schwer pflegebedürftiger Angehöriger. Das sind heute ja Selbstverständlichkeiten.

M+E: Was würden Sie jungen Frauen raten?

H. Fleck: Ich würde sagen: Stellen Sie sich dem Wettbewerb der Fähigkeiten und Talente, nicht dem Wettbewerb der Geschlechter. Die Türen zu den vermeintlichen Männerdomänen stehen heute weiter offen als je zuvor.

M+E: Das ist leichter gesagt als getan ...

H. Fleck: Nicht unbedingt. Denn junge Frauen von heute planen doch ihr Leben wie junge Männer auch. Dabei müssen Beruf und Familie zu ihrem Recht kommen. Wichtig ist, dass der Lebenspartner nicht nur die beruflichen Interessen und Ambitionen unterstützt, sondern auch bei der Wahrnehmung der familiären Aufgaben und Pflichten ein Partner ist. Aber das ist heute ja nicht mehr die Ausnahme.

M+E: Ihre Wünsche?

H. Fleck: Wir brauchen dringend viel mehr weibliche Vorbilder in technischen Berufen!

Tarifliche Bruttomonatsverdienste im ersten Jahr nach Abschluss der Ausbildung - in € -

Friseurin	1.000
Arzthelferin	1.230
Kauffrau (Einzelhandel)	1.360
Bürokauffrau (Groß- und Außenhandel)	1.400
Industriekauffrau	1.590
Bankkauffrau	1.690

Tarifgebiet Nordrhein-Westfalen; Stand Januar 2000
Quelle: Bundesvereinigung der Deutschen Arbeitgeberverbände

1 Was ist ein Betriebsrat? Welche Rechte hat der Betriebsrat in den folgenden Situationen?

- Der Arbeitgeber möchte Kurzarbeit einführen. Braucht er dazu die Zustimmung des Betriebsrats?
- Der Arbeitgeber beabsichtigt 50 Leute zu entlassen. Kann der Betriebsrat das verhindern?
- Der Arbeitgeber plant den Bau einer neuen technischen Anlage. Hat der Betriebsrat das Recht, Vorschläge zu machen?
- Ein neuer Geschäftsführer wird vom Vorstand eingestellt. Hat der Betriebsrat ein Vetorecht?

2 Welche Kommunikationskanäle existieren in Ihrem Land zwischen Arbeitgebern und Arbeitnehmern? Welche Funktionen/Aufgaben/Rechte haben Sie?

@ www.dgb.de
www.igmetall.de

Betriebsrat im Alltag

Die gemeinsamen sozialen Interessen der Arbeitnehmer innerhalb eines Betriebs können in der Bundesrepublik durch einen Betriebsrat vertreten werden. In allen Betrieben der privaten Wirtschaft, in denen mindestens fünf Arbeitnehmer beschäftigt sind, kann ein Betriebsrat gewählt werden. Er wird von der Belegschaft alle vier Jahre in geheimer Wahl gewählt. Die Wahlberechtigung setzt die Vollendung des 18. Lebensjahrs voraus. Leitende Angestellte sind nicht wahlberechtigt. Die Mitwirkungs- und Mitbestimmungsrechte des Betriebsrats werden durch das Betriebsverfassungsgesetz (BetrVG) definiert. Der Betriebsrat wird von den Gewerkschaften unterstützt und beraten.

Der Betriebsrat hat das Recht, über bestimmte soziale, personelle und wirtschaftliche Angelegenheiten im Betrieb mitzuentscheiden. Gleichzeitig hat er darüber zu wachen, dass die Arbeitsgesetze, Tarifverträge und sonstige Vorschriften (z.B. Sicherheitsvorschriften), die dem Schutz der Arbeitnehmer dienen, eingehalten werden.

Wenn sich Arbeitgeber und Betriebsrat bei Konflikten im Betrieb nicht einigen können, entscheidet eine Einigungsstelle.

Die Rechte des Betriebsrats

M I T B E S T I M M U N G	Erzwingbare Mitbestimmung	Diese Angelegenheiten darf der Arbeitgeber ohne eine Einigung mit dem Betriebsrat nicht entscheiden. Der Betriebsrat hat auch ein Initiativrecht, d.h. er kann von sich aus aktiv werden, um bestimmte Angelegenheiten zu regeln. Bei Nichteinigung mit dem Arbeitgeber entscheidet die Einigungsstelle.	• Fragen der Ordnung des Betriebs (Tragen von Schutzkleidern, Rauchverbot usw.) • Beginn und Ende der täglichen Arbeitszeit sowie der Pausen • vorübergehende Verlängerung/Verkürzung der Arbeitszeit (Überstunden, Sonderschichten, Einführung der Kurzarbeit) • Fragen der Leistungs-/Verhaltenskontrolle der Arbeitnehmer mittels technischer Einrichtungen (Stechuhren, Filmkameras usw.) • Ausschreibung von Arbeitsplätzen • Aufstellung von Entlohnungsgrundsätzen (Zeitlohn, Prämien, Akkord) • Ausgestaltung eines Sozialplans zur Minderung der Folgen einer Betriebsänderung, z.B. Stilllegung/Verlegung des Betriebs
M I T W I R K U N G	Widerspruchs-/Zustimmungsrechte	In diesen Angelegenheiten muss der Arbeitgeber die Zustimmung des Betriebsrats erhalten. Erhält er diese nicht, so entscheidet entweder die Einigungsstelle oder das Arbeitsgericht. Der Betriebsrat hat folglich nur eine indirekte Mitbestimmungsfunktion in diesen Bereichen.	• eingeschränkte Widerspruchsmöglichkeit des Betriebsrats bei arbeitgeberseitigen Kündigungen • Zustimmungserfordernis bei personellen Einzelmaßnahmen wie Einstellung, Ein-/Umgruppierung und Versetzung • Formulierung von Einstellungs- und Personalfragebögen • Maßnahmen im Bereich der Berufsausbildung
	Beratungsrechte	Der Arbeitgeber muss den Betriebsrat über geplante Maßnahmen informieren und der Betriebsrat hat das Recht, den Arbeitgeber in diesen Angelegenheiten zu beraten. Er kann jedoch die endgültige Entscheidung des Arbeitgebers nicht wirksam beeinflussen.	• Beratungsrechte über Einführung neuer Arbeitsmethoden, Techniken und Fertigungsverfahren
	Informationsrechte		• Unterrichtung über die wirtschaftlichen Angelegenheiten des Unternehmens • Einstellung leitender Angestellter

Informationen für Partner A

DATENBLATT A1
(1.1F, S. 11)

Situation 1
Sie arbeiten bei der Firma Oriel & Co. Sie holen Frau Kohl, einen Gast aus Deutschland, um 9.30 Uhr vom Flughafen ab und fahren sie zu der Firma. Machen Sie Konversation unterwegs. Stellen Sie Fragen mit Hilfe der Stichwörter:
- Wie/Reise?
- Wetter in Deutschland?
- erster Besuch?
- Woher/in Deutschland?
- Was für eine Stadt?

Beenden Sie das Gespräch mit: *So, da ist die Firma.*

Situation 2
Sie sind Dr. Udo Gerlach aus Stuttgart. Sie besuchen die Firma Infotec. Es ist 15.00 Uhr. Ein/e Mitarbeiter/in holt Sie vom Empfang ab. Beantworten Sie seine/ihre Fragen mit Hilfe dieser Informationen:
- Sie hatten Probleme, vom Hotel zum Büro zu kommen, da sehr viel Verkehr war.
- In Deutschland ist es im Moment heiß und sonnig.
- Sie kommen oft geschäftlich hierher, Sie waren das letzte Mal vor zwei Monaten hier.
- Es gefällt Ihnen hier, die Leute sind freundlich und das Essen ist gut.
- Sie kommen aus Stuttgart, der Hauptstadt von Baden-Württemberg.
- Ihrer Meinung nach ist Stuttgart eine der schönsten Städte Deutschlands.

DATENBLATT A2
(1.2E, S. 13)

Situation 1
Sie sind Chefassistent/in bei der Firma ABC und betreuen einen Firmenbesucher, Herrn Manfred Weber. Sagen Sie, Ihr Chef kommt in fünf Minuten. Bieten Sie dem Besucher Erfrischungen an und eventuell Hilfe.
NB Die neue Preisliste ist noch nicht fertig.

Situation 2
Sie sind Dagmar Braun und besuchen die Firma Data Systems. Sie haben einen Termin mit dem Chef, er ist aber noch nicht da. Sein/e Assistent/in bietet Ihnen Erfrischungen an. Sie trinken keinen Kaffee und keine Cola, möchten aber gern eine Tasse Tee mit Zitrone. Sie haben keinen Hunger.
Sie haben folgende Bitten:
- Sie möchten ein Fax an Ihre Firma schicken.
- Sie müssen Ihren Flug nach Deutschland umbuchen, könnte der/die Assistent/in Ihnen helfen?
- Sie möchten rauchen.

DATENBLATT A3
(1.3F, S. 15)

Situation 1
Ein Kollege/eine Kollegin braucht einige Informationen über Frau Köpke von der Firma Elco Papier. Beantworten Sie seine/ihre Fragen mit Hilfe der Informationen auf der Visitenkarte.

ELCO PAPIER	
Gabriele Köpke	
Personalleiterin	
Elco Papier GmbH	Telefon (0 40) 5 41 70 12 - 0
Grünerweg 65	Durchwahl (0 40) 5 41 70 12 - 33
22525 Hamburg	Telefax (0 40) 5 41 70 80
	E-Mail:koepke@elco.com
	http:\\www.elco.de

Situation 2
Sie brauchen einige Informationen über Herrn Graulich von der Firma Bilfinger Werbedruck. Bitten Sie einen Kollegen/eine Kollegin darum. Notieren Sie die Antworten.

Position: _____

Büronummer: _____

E-Mail: _____

Adresse der Firma: _____

Privatnummer: _____

DATENBLATT A4
(2.3C, S. 26)

Situation 1
Sie sind Journalist/in und interviewen Herrn Otmar C. Küsel, Vorsitzender des Vorstands der Rosenthal AG. Stellen Sie Fragen und machen Sie sich Notizen zu folgenden Punkten:
Branche
Produkte
Umsatz
Mitarbeiterzahl

Situation 2
Sie sind Herr Werner M. Bahlsen, Sprecher der Unternehmensleitung bei Bahlsen. Beantworten Sie die Fragen eines Journalisten/einer Journalistin mit Hilfe dieser Informationen.

Branche Nahrungs- und Genussmittelindustrie
Produkte Süßgebäck (führende Marke: Leibniz-Kekse), Snackprodukte (z.B. Crunchips, Stackers)
Umsatz fast 500 Mio. €
Mitarbeiterzahl über 4.000 weltweit

DATENBLATT A5
(2.3E, S. 27)

Situation 1
Bitten Sie eine/n Mitarbeiter/in bei Rosenthal um die fehlenden Zahlen in dieser Mehrjahresübersicht. Dann bitten Sie ihn/sie, einige Zahlen zu erklären.

Rosenthal Konzern in Zahlen

	1997	1998	1999
Weltumsatz (Mio. €)	160	——	——
Auslandsanteil der Rosenthal Gruppe - Anteil am Gruppenumsatz (%)	38	42,1	——
Vollzeitbeschäftigte (im Inland)	——	1.762	——
Vollzeitbeschäftigte (im Ausland)	145	147	——

Situation 2
Sie sind Mitarbeiter/in bei der Firma Bahlsen. Mit Hilfe dieser Informationen beantworten Sie die Fragen eines Interessenten/einer Interessentin zu der Entwicklung der Bahlsen-Gruppe.

Die Bahlsen-Gruppe im Langzeitvergleich

1996	1997	1998	1999	
1.010	1.023	1.030	500	**Umsatz** netto in Millionen €
9.005	9.031	8.983	4.000	**Mitarbeiter** Durchschnitt, in Tsd.
132	90	79	50	**Investitionen** in Millionen €

1997 Verluste in Höhe von 10 Mio. €
1998-2000 Neuordnung der Bahlsen-Gruppe in 3 selbstständige Einheiten
111 Jahre Bahlsen (2000)

 www.bahlsen.de

---

DATENBLATT A6
(2.4F, S. 30)

Situation 1
Beantworten Sie die Fragen Ihres Partners über die Porsche-Gruppe mit Hilfe dieser Informationen.

@ www.porsche.de

PORSCHE
Porsche AG
Stammsitz und Produktion: Stuttgart-Zuffenhausen
Bereich Vertrieb und Marketing: Ludwigsburg
Bereich Design und Entwicklung: Weissach
Branche: Automobilbau
Produktionsprogramm: Produktion von Sportwagen

Gesamtumsatz: 992 Mio. € (1999)
Mitarbeiter: 8.712 weltweit

Die Unternehmen der Porsche-Gruppe:
Inland: Porsche Financial Services GmbH, Bietigheim-Bissingen,
Porsche Consulting GmbH, Stuttgart,
Porsche Engineering Services GmbH, Bietigheim-Bissingen
Ausland: Porsche Cars Great Britain Ltd;
Porsche Italia S.p.A., Padua/Italien;
Porsche España S.A., Madrid/Spanien;
Porsche Cars North America Inc., USA;
Porsche Cars Australia Pty. Ltd., Richmond/Australien;
Porsche Japan K.K., Tokio/Japan

Situation 2
Informieren Sie sich bei Ihrem Partner über die BASF-Gruppe. Stellen Sie Fragen und machen Sie sich Notizen zu folgenden Punkten:
Branche und Produkte
Umsatz und Mitarbeiterzahl
Firmenstruktur und -standorte

DATENBLATT A7
(3.3E, S. 42)

Situation 1

Sie haben einen Firmenbesucher, Herrn Dr. Krause, zum Abendessen in ein Restaurant eingeladen. Dr. Krause kommt aus Bremen und wird wahrscheinlich Ihr Firmenvertreter für das Gebiet Norddeutschland. Beginnen Sie das Gespräch im Restaurant mit einem Kommentar über seine Heimatstadt. (Sie wissen, dass Bremen eine wichtige Hafenstadt ist.) Stellen Sie weitere Fragen über Bremen, wo und wie er wohnt, und ob er Familie hat.
Beantworten Sie die Fragen Ihres Gasts anhand Ihrer eigenen Wohn- und Familiensituation.

Situation 2

Sie sind Eva Raab. Sie arbeiten zwei Monate bei einer ausländischen Tochtergesellschaft Ihrer Firma, die ihren Hauptsitz in Köln, Nordrhein-Westfalen, hat. Da dies Ihre erste Woche hier ist, hat ein Kollege/eine Kollegin Sie zum Essen in ein Restaurant eingeladen. Beantworten Sie die Fragen Ihres Gastgebers/Ihrer Gastgeberin mit Hilfe der Informationen unten. Stellen Sie ihm/ihr auch ähnliche Fragen.

Heimatstadt: Sie sind in Köln geboren. Köln ist die größte Stadt Nordrhein-Westfalens und ist berühmt für den gotischen Dom, das Wahrzeichen der Stadt, aber auch wegen seiner vielen Museen. Die Kölner sind voller Lebensfreude und es gibt immer viel zu tun. Der Karneval, der im Februar oder März jedes Jahr stattfindet, ist auch sehr bekannt.

Wohnort: Sie wohnen am südlichen Stadtrand. Es ist eine ruhige Wohngegend, direkt an einem Park gelegen. Sie fahren mit der S-Bahn zur Arbeit, es ist nicht weit zur Haltestelle.

Wohnung: Sie wohnen mit Ihren Eltern in einem Einfamilienhaus. Es ist gemietet. Sie haben etwa 140 qm, mit Keller und einem großen Garten.

Familie: Sie haben eine Schwester, Anna, und einen Bruder, Uwe. Sie sind beide älter als Sie. Anna arbeitet bei einer Bank und Ihr Bruder ist Arzt.

DATENBLATT A8
(3.6D, S. 48)

Situation 1

Mit Hilfe des Informationsblatts auf S. 49 erklären Sie einem Gast, was er/sie in Frankfurt tun und sehen kann. Fragen Sie ihn/sie, wofür er/sie sich besonders interessiert.

Situation 2

Sie sind auf Geschäftsreise in Frankfurt. Fragen Sie Ihre/n Gastgeber/in, was Sie hier tun können. Erklären Sie ihm/ihr, wofür Sie sich besonders interessieren: Sie möchten die wichtigsten Sehenswürdigkeiten besichtigen. Sie interessieren sich für Literatur und Geschichte. Sie möchten auch einen Einkaufsbummel machen. Am Abend möchten Sie gut essen. Sie gehen gern in die Oper.

DATENBLATT A9
(4.3C, S. 57)

Situation 1

Fragen Sie bei Rohrbach nach dem Weg.
1 Sie haben eine Lieferung für Herrn Hansen. Fragen Sie die Empfangsdame, wo sein Büro ist.
2 Sie arbeiten in der kaufmännischen Abteilung und müssen 100 Fotokopien machen. Fragen Sie, wo der Fotokopierer ist.

Situation 2

Geben Sie Anweisungen, wie man zu bestimmten Räumlichkeiten bei Rohrbach kommt.
1 Sie sind Frau Weber von der Ausbildungsabteilung. Heute wollen Sie einem neuen Mitarbeiter/einer neuen Mitarbeiterin das Lernzentrum zeigen. Wenn er/sie anruft, erklären Sie ihm/ihr, wo und wie er/sie hinkommen soll.
2 Sie arbeiten in der Produktionsabteilung. Ein neuer Mitarbeiter/eine neue Mitarbeiterin fragt nach dem Weg. Geben Sie ihm/ihr entsprechende Anweisungen.

DATENBLATT A10
(4.4F, S.59)

Situation 1

Sie sind neu bei der Firma. Stellen Sie sich einem Kollegen/einer Kollegin in der Kantine vor. Fragen Sie ihn/sie nach seiner/ihrer Arbeit. Fangen Sie das Gespräch so an:
Entschuldigung, ist hier noch frei?
Ich bin hier neu. Ich arbeite in der ...-Abteilung.
In welcher Abteilung arbeiten Sie?

Situation 2

In der Kantine stellt sich Ihnen ein/e neue/r Mitarbeiter/in vor. Beantworten Sie seine/ihre Fragen anhand der Informationen in der Stellenbeschreibung.

Stellenbezeichnung: Projekt-Ingenieur/in
Abteilung: Entwicklung/Konstruktion
Zuständigkeiten: Projektmanagement und -controlling
Aufgaben: Kunden beraten, Produktspezifikationen besprechen, Angebote erstellen, nach den Plänen und Wünschen der Kunden Programme für die CNC-Maschinen schreiben

(CNC = Computer Numeric Controlled)

DATENBLATT A11
(5.1F, S. 67)

Situation 1

Spielen Sie die Rolle der nationalen Telefonauskunft mit Hilfe der Telefonnummern unten. Wenn Sie einen Anruf bekommen, sagen Sie:

Auskunft, guten Tag. Welcher Ort, bitte?
Wie heißt der Teilnehmer?

> **Bremen**
> Stubbe Stahl und Metallbau GmbH,
> Tel: (04 21) 26 99 77
>
> **Frankfurt am Main**
> Golisch Elektro-Service,
> Tel: (0 69) 68 54 32
>
> **Hannover**
> Wilhelmsen Kunststoffe GmbH,
> Tel: (05 11) 42 51 85

Situation 2

Rufen Sie die nationale Auskunft an. Sie brauchen die Telefonnummern folgender Firmen:

Schreiber Büromaschinen, München
Zimmermann & Co. Spedition, Berlin

DATENBLATT A12
(5.2F, S. 69)

Situation 1

Rufen Sie die Firma Würth, Saarbrücken, an. Sie möchten folgende Personen sprechen:

1 Herrn Münster von der Verkaufsabteilung
2 Frau Lautenbach von der Buchhaltung
3 Herrn Schlüter vom Kundendienst

Situation 2

Sie sind Telefonist/in bei der Firma Hedemann Ludwigshafen. Nehmen Sie Anrufe für folgende Personen entgegen.

Name	Abteilung	
Herr Becker	Versandabteilung	Auf Geschäftsreise, erst nächste Woche wieder im Büro.
Frau Lutsch	Produktionsabteilung	Meldet sich nicht.
Frau Richter	Personalabteilung	Heute nicht im Büro, morgen ab 9.00 Uhr wieder da.

DATENBLATT A13
(5.3F, S. 71)

Situation 1

Sie sind Herr/Frau Müller. Sie interessieren sich für die Produkte der Firma Broom Export. Rufen Sie die Firma an, um sich einen Katalog schicken zu lassen. Geben Sie Ihren Namen an sowie den Namen und die Adresse Ihrer Firma:

> **Bultze GmbH**
> Pottlehmplatz 5
> 78166 Donaueschingen
> Tel: (07 71) 26 39 40

Situation 2

Sie arbeiten an der Rezeption des Arabella Hotels. Ein Anrufer möchte Informationsmaterial über das Hotel. Notieren Sie seinen/ihren Namen sowie den Namen und die Adresse der Firma. Sagen Sie, Sie schicken ihm/ihr eine Broschüre heute noch zu. Gern kann er/sie sich vorab über die Homepage (www.arabella.de) informieren.

DATENBLATT A14
(5.4C, S. 73)

Situation 1

Rufen Sie folgende Firmen an und hinterlassen Sie eine Nachricht.

Anruf 1

Sie wollen Frau Bethmann, die Verkaufsleiterin bei der Firma Neurath in Stuttgart, sprechen. Es geht Frau Bethmanns Besuch nächste Woche. Sie möchten wissen, wann ihr Flug ankommt. Sie sind bis 18.00 Uhr im Büro. Hinterlassen Sie Ihre Telefonnummer.

Anruf 2

Sie möchten Herrn Munz von der Firma König GmbH in Berlin sprechen. Es geht um Bestellung Nr. AJ/4320. Wegen Produktionsschwierigkeiten können Sie den Liefertermin nicht einhalten. Könnte Herr Munz sobald wie möglich zurückrufen?

Situation 2

Nehmen Sie Nachrichten entgegen und notieren Sie Einzelheiten.

Anruf 1

Sie heißen Kern und arbeiten bei BW Motorsport in Essen. Sie bekommen einen Anruf für den Abteilungsleiter Herrn Jäger. Er ist aber auf Dienstreise und kommt erst in zwei Tagen wieder.

Anruf 2

Sie heißen Lanitz und arbeiten in der Vertriebsabteilung bei der Firma Luxart in Cottbus. Sie bekommen einen Anruf für Ihre Chefin, Frau Gerhardt. Frau Gerhardt ist heute nicht im Haus, kommt aber morgen wieder.

DATENBLATT A15
(6.1C, S. 77)

Situation 1
Sie sind Angestellte/r bei der Tourist-Information Freiburg. Mit Hilfe des Hotelverzeichnisses auf S.77 empfehlen Sie einem Anrufer passende Hotels. Rechnen Sie die DM-Angaben in Euro um.

Situation 2
Ihr Chef fährt für zwei Tage auf Geschäftsreise nach Freiburg. Er braucht ein Hotel in der Nähe des Hauptbahnhofs, das nicht zu teuer ist (Kategorie Komfort). Das Hotel sollte möglichst ein eigenes Restaurant haben, aber das ist nicht unbedingt nötig. Rufen Sie die Tourist-Information in Freiburg an und bitten Sie um einige Hotelempfehlungen. Notieren Sie Namen und Telefonnummern der Hotels.

DATENBLATT A16
(6.2E, S. 78)

Situation 1
Sie arbeiten an der Rezeption des Hotels Rheingold, Freiburg. Beantworten Sie die Fragen eines Anrufers anhand dieser Informationen.

HOTEL RHEINGOLD FREIBURG

Dieses moderne Hotel liegt zentral im Herzen Freiburgs, nur wenige Gehminuten von der historischen Altstadt und vom Hauptbahnhof entfernt.
Wir bieten 49 geschmackvoll eingerichtete Komfortzimmer und 95 Betten. Alle Zimmer haben Kabel-TV, Selbstwahltelefon, Minibar, einen großen Schreibtisch, abschließbaren Safe, Hosenbügler, Badezimmer mit Dusche/Bad, WC und Haarfön. Vier größenvariable Seminarräume bilden das Konferenz-Center mit Platz für acht bis 300 Personen. Modernste Tagungstechnik und individueller Service garantieren eine erfolgreiche Veranstaltung.
Neben Kunst und Kultur genießt der Seminarteilnehmer aktive Entspannung nach einem harten Arbeitstag bei Golf, Tennis, Schwimmen, Surfen, Segeln, Reiten und mehr in der Umgebung.

So finden Sie uns:
Autobahn A 5 Frankfurt, Karlsruhe/Basel, Ausfahrt Freiburg-Mitte: 7 km bis zum Hotel
Flughafen Basel-Mulhouse-Freiburg: 70 km bis zum Hotel

DATENBLATT A17
(6.4E, S. 85)

Situation 1
Sie sind Frau Schumacher und arbeiten bei der Firma Otto Elektrik. Sie haben Herrn Weiss, einem potenziellen Kunden, Fachliteratur und Kataloge geschickt. Sie möchten in der nächsten Woche einen Erstbesuch bei ihm machen. Sehen Sie sich Ihren Terminkalender an und rufen Sie dann Herrn Weiss an, um einen Termin zu vereinbaren.

JUNI	24. Woche
Montag 13	Termine für Mittwoch absagen! 9.30 Besprechung m. dem Vertriebsleiter 14.15 Hrn. Blau vom Flughafen abholen
Dienstag 14	9 - 13 Kundenbesuche in München Hrn. Blum anrufen! Theaterkarten f. Samstag bestellen.
Mittwoch 15	Düsseldorf / Messe ↓
Donnerstag 16	Verkaufsbericht schreiben! 11.00 Besprechung Dr. Jung (Handelskammer) 12.30 Mittagessen m. Hrn. Schmidt
Freitag 17	Termine f. Woche 28 vereinbaren! 15.20 Flug nach Paris

Situation 2
Einen Tag später ruft Herr Weiss zurück, weil er den Termin nicht einhalten kann. Vereinbaren Sie einen neuen Termin in der gleichen Woche.

Situation 2
Sie möchten einige Informationen über das Panorama-Hotel Mercure, Freiburg. Rufen Sie das Hotel an und stellen Sie Fragen über:
- Hoteltyp
- Lage und Entfernung vom Hauptbahnhof/ Flughafen/Autobahn
- Zimmeranzahl und -ausstattung
- Konferenzeinrichtungen
- Küche
- Fitness- und Freizeitmöglichkeiten

DATENBLATT A18
(6.5F, S. 87)

Situation 1
Sie müssen eine Hotelreservierung für die Frankfurter Messe machen. Rufen Sie das Hotel Viktoria an. Erkundigen Sie sich, was die Zimmer kosten und ob das Hotel auch einen Konferenzraum hat. Reservieren Sie auf den Namen Ihrer Firma ein Doppelzimmer und zwei Einzelzimmer mit Bad/Dusche und WC vom 04.10. bis zum 09.10. (fünf Nächte) sowie einen Konferenzraum für acht Personen von 15.30 Uhr bis 19.30 Uhr am 06.10. Bitten Sie das Hotel, Ihre Reservierung per Fax zu bestätigen.

Situation 2
Sie müssen Ihre Reservierung beim Hotel Viktoria ändern. Sie brauchen eines der Einzelzimmer nur noch für zwei Nächte, vom 07.10. bis zum 09.10. Rufen Sie das Hotel noch einmal an. Fragen Sie, ob Sie Stornierungskosten bezahlen müssen.

DATENBLATT A19
(7.1E, S. 92)

Situation 1
Sie arbeiten am Informationsschalter im Flughafen Köln/Bonn. Beantworten Sie die Fragen eines/einer Reisenden anhand dieser Informationen.

ZUBRINGER

Schnellbusse (Airport Bus)
Ab **KÖLN** (Linie 170) Stadthaltestelle Hauptbahnhof/Busbahnhof Breslauer Platz. Haltestelle am Bahnhof Deutz mit direktem Zugang zur Kölner Messe:
täglich 05.40 sowie 06.00 bis 07.00 Uhr alle 30 Minuten, 07.15 bis 20.00 Uhr alle 15 Minuten, 20.30 bis 23.00 alle 30 Minuten.
Ab **FLUGHAFEN** nach Köln: täglich 06.05 bis 07.35 alle 30 Minuten, 07.50 bis 20.35 alle 15 Minuten, 21.05 bis 23.35 Uhr alle 30 Minuten.
Zusatzbusse zur und von der **Kölner Messe** bei Bedarf. (Busse halten direkt vor den Messe-Eingängen.)
Fahrzeiten: 20 bis 30 Minuten
Fahrpreise: Erwachsene € 4,90 (einfache Fahrt); Kinder € 3,20 (einfache Fahrt)

Situation 2
Sie sind auf Geschäftsreise und Ihre Maschine ist gerade in Hannover gelandet. Es ist 8.00 Uhr abends. Informieren Sie sich am Informationsschalter im Flughafen, wie Sie am besten zu Ihrem Hotel in der Innenstadt kommen. Erkundigen Sie sich nach Fahrpreisen und Fahrzeiten.

DATENBLATT A20
(7.2H, S. 95)

Situation 1
Sie wollen morgen mit der Bahn von Frankfurt/Main nach Berlin fahren. Sie müssen um 16.00 Uhr in Berlin sein. Rufen Sie die Auskunft an, um sich nach Zügen zu erkundigen. Dann buchen Sie eine Rückfahrkarte 2. Klasse und eine Platzkarte für die Hin- und Rückfahrt.

Situation 2
Sie arbeiten in der Reiseauskunft am Hauptbahnhof Frankfurt/Main. Geben Sie Auskunft über Züge nach Wuppertal anhand des Fahrplans und der Preistafel.

Frankfurt(Main)Hbf → **Wuppertal Hbf**
268 km

ab	Zug		Umsteigen	an	ab	Zug			an	Verkehrstage	
5.23	Ⓢ		Wiesbaden Hbf	6.09	6.16	IC	608	✕	8.40	Mo - Sa	01
5.44	D	352	Koblenz Hbf	7.01	7.13	IC	608	✕	8.40	Mo - Sa	02
5.55	IR	2514	⚊ Hagen Hbf	8.47	8.52	RSB	3156		9.12	täglich	
6.09	D	1122	⚊ Köln Hbf	8.33	8.41	E	3512		9.15	Mo - Sa	03
6.51	IC	739	✕ Köln Hbf	9.05	9.10	IC	508	⑪	9.40	täglich	
6.58	D	222	2.Kl Köln Hbf	9.21	9.41	E	3516		10.15	Mo - Sa	04
7.51	IC	326	✕						10.40	täglich	
7.55	IR	2512	⚊ Hagen Hbf	10.47	10.52	RSB	3160		11.12	täglich	
8.51	IC	526	⚊						11.40	täglich	
9.51	IC	822	✕ Köln Hbf	12.05	12.10	IC	504	✕	12.40	täglich	
9.55	IR	2510	⚊ Hagen Hbf	12.47	12.52	RSB	3164		13.12	täglich	
10.51	IC	524	✕						13.40	täglich	
11.51	IC	522	✕ Köln Hbf	14.05	14.10	IC	500	✕	14.40	täglich	
11.55	IR	2418	⚊ Hagen Hbf	14.47	14.52	RSB	3168		15.12	täglich	
12.51	IC	620	✕						15.40	täglich	
13.51	IC	728	✕						16.40	täglich	
13.55	IR	2416	⚊ Hagen Hbf	16.47	16.52	RSB	3172		17.12	täglich	
14.51	IC	520	✕ Köln Hbf	17.05	17.10	EC	108	✕	17.40	täglich	
15.03	Ⓢ		Mainz Hbf	15.38	15.48	EC	112	✕		Mo - Fr, So	05
			Köln Hbf	17.29	17.41	E	3548		18.18		
15.51	EC	28	✕ Köln Hbf	18.05	18.10	IC	547	✕	18.40	Mo - Fr, So	06
15.51	EC	28	✕ Köln Hbf	18.05	18.13	N	3135		19.01	täglich	
15.55	IR	2414	⚊ Hagen Hbf	18.47	18.52	RSB	3176		19.12	täglich	07
16.51	IC	724	✕ Köln Hbf	19.05	19.10	IC	549	✕	19.40	täglich	
17.03	Ⓢ		Mainz Hbf	17.38	17.48	IC	714	✕		Mo - Fr, So	05
			Köln Hbf	19.29	19.41	E	3556		20.15		
17.51	EC	26	✕						20.40	täglich	
18.51	IC	726	✕						21.40	Mo - Fr, So	06

Preistafel

	Einfache Fahrt		
	Fahrpreis 2. Kl. €	Fahrpreis 1. Kl. €	IC-Zuschlag
von Frankfurt Hbf. nach: Wuppertal Hbf.	42,00	66,00	4,00

DATENBLATT A21
(7.3B, S. 96)

Situation 1

Sie arbeiten an der Rezeption des Hotels Unger, in der Kronenstraße (in der Nähe des Hauptbahnhofs). Ein Gast fragt, wie er/sie zu verschiedenen Orten/Gebäuden kommt. Erklären Sie ihm/ihr, wie er/sie zu Fuß bzw. mit öffentlichen Verkehrsmitteln am besten dorthin kommt.
Benutzen Sie die Pläne auf S. 97.

Situation 2

Sie wohnen im Hotel Royal in der Sophienstraße, wenige Gehminuten vom Rotebühlplatz. Fragen Sie an der Rezeption, wie Sie am besten folgende Ziele erreichen.
1   Sie nehmen an einer Tagung in der Universität teil.
2   Sie möchten das Carl-Zeiss-Planetarium im Schlossgarten besuchen.
Notieren Sie die Anweisungen, die Sie bekommen, dann prüfen Sie sie anhand der Pläne auf S. 97. Stimmen die Anweisungen?

DATENBLATT A22
(7.4D, S. 98)

Situation 1

Sie haben morgen um 14.00 Uhr einen Termin mit Herrn Dornier in der DaimlerChrysler Zentrale in Stuttgart-Untertürkheim. Rufen Sie ihn an und erkundigen Sie sich, wie Sie am besten dorthin fahren. Sie kommen auf der A8 aus München. Notieren Sie die Anweisungen, die Sie bekommen bzw. markieren Sie den Weg auf der Karte unten.

Situation 2

Sie sind Frau Engeler und arbeiten in der Daimler-Chrysler Zentrale in Stuttgart-Untertürkheim. Sie bekommen einen Anruf von einem Vertreter/einer Vertreterin, mit dem/der Sie morgen um 10.00 Uhr einen Termin haben. Erklären Sie ihm/ihr anhand der Fahrthinweise unten, wie er/sie am besten zur Firma fährt.

Wenn Sie nach Stuttgart kommen ...

Mit dem Auto

aus Richtung Karlsruhe/Pforzheim

Autobahnausfahrt Stuttgart-Vaihingen. Weiterfahrt über den Autobahnzubringer in Richtung Zentrum. Nach etwa 7 km Abfahrt auf die B14 in Richtung Zentrum. Dem Straßenverlauf der B14 durch die Innenstadt folgen. Hinter dem Tunnel rechts einordnen. Gleich nach Überquerung des Neckars rechts nach Untertürkheim in die Mercedesstraße einbiegen.

DATENBLATT A23
(8.4D, S.110)

Situation 1
Sie arbeiten für eine Firma, die Drucker herstellt, und vertreten Ihre Firma auf der CeBIT-Messe. Ein/e Interessent/in bittet Sie, ein geeignetes Modell zu empfehlen. Fragen Sie, wofür er/sie den Drucker braucht, dann empfehlen Sie das geeignetere Modell auf S. 111. Erklären Sie die Spezifikationen und Besonderheiten bzw. Vorteile dieses Modells.

Situation 2
Sie sind selbstständige Marketingberaterin. Auf der CeBIT-Messe suchen Sie einen geeigneten Tintenstrahldrucker für Ihr kleines Heimbüro. Sie wollen Korrespondenz, Berichte, zum Teil mit Tabellen und Grafiken, und Rundschreiben drucken. Sie drucken aber keine großen Auflagen. Das Gerät darf nicht zu viel kosten, muss aber später aufrüstbar sein. Fragen Sie eine/n Standmitarbeiter/in um Rat und erklären Sie, wofür Sie den Drucker brauchen. Stellen Sie eventuell Fragen zu dem Modell, das er/sie empfiehlt.

DATENBLATT A24
(9.4E, S. 125)

Situation 1
Sie arbeiten bei einer Firma, die Christbaumkugeln herstellt. Ein Kunde in Bremerhaven hat 5.000 Kugelsätze zur Lieferung Ende November bestellt. Die Sendung wurde vom Spediteur am 27. November bei Ihnen abgeholt und am nächsten Tag nach Deutschland verladen. Der Kunde hat Ihnen aber heute in einem Fax mitgeteilt, dass die Ware noch nicht angekommen ist. Rufen Sie das Distributionslager des Spediteurs in Bremen an und erkundigen Sie sich nach der Ware. Benutzen Sie folgende Informationen.

Liefertermin:	30. November
Abholdatum beim Sender:	27. November
Zahl der Frachtstücke/ Verpackung:	80 Pappkartons in 4 Holzkisten
Inhalt:	Christbaumkugeln
Name des Empfängers:	Firma Gruber
Lieferanschrift:	Neuenmoorweg 176 - 179, Bremerhaven

Situation 2
Etwas später ruft der Spediteur zurück und erklärt, was mit der Sendung passiert ist. Fragen Sie, wann die Ware geliefert wird, damit Sie dem Kunden Bescheid sagen können.

Informationen für Partner B

DATENBLATT B1
(1.1F, S. 11)

Situation 1
Sie sind Dagmar Kohl. Sie besuchen die Firma Oriel &
Co. Ein/e Mitarbeiter/in der Firma holt sie um 9.30 Uhr
vom Flughafen ab. Beantworten Sie seine/ihre Fragen
mit Hilfe dieser Informationen:
- Sie hatten einen guten Flug, das Essen war aber
  nicht sehr gut.
- Das Wetter in Deutschland ist sehr schlecht, es
  regnet schon seit drei Tagen.
- Sie sind zum ersten Mal hier.
- Sie kommen aus Ludwigshafen in Rheinland-Pfalz,
  wohnen und arbeiten aber seit einigen Jahren in
  Berlin.
- Berlin ist eine sehr interessante und lebendige Stadt,
  aber das Leben dort ist manchmal sehr hektisch.

Situation 2
Sie arbeiten bei der Firma Infotec und treffen einen
Firmenbesucher, Dr. Udo Gerlach, um 15.00 Uhr am
Empfang. Führen Sie ihn zum Büro Ihres Chefs und
machen Sie Konversation unterwegs. Stellen Sie Fragen
mit Hilfe der Stichwörter:
- Büro gut gefunden?
- Wetter in Deutschland?
- erster Besuch?
- Wie gefällt/hier?
- Woher/in Deutschland?
- Was für eine Stadt?
Beenden Sie das Gespräch mit: *So, da kommt mein
Chef.*

DATENBLATT B2
(1.2E, S. 13)

Situation 1
Sie sind Manfred Weber und besuchen die Firma ABC.
Sie haben einen Termin mit dem Chef, er ist aber noch
nicht da. Sein/e Assistent/in bietet Ihnen Erfrischungen
an. Sie möchten einen Kaffee mit Milch, aber ohne
Zucker. Sie essen auch gern einige Kekse.
Sie haben auch folgende Bitten:
- Sie möchten noch etwas Milch haben.
- Sie möchten kurz nach Deutschland anrufen.
- Sie möchten die neue Preisliste haben.

Situation 2
Sie sind Chefassistent/in bei der Firma Data Systems
und betreuen eine Firmenbesucherin, Frau Dagmar
Braun. Sagen Sie, Ihr Chef kommt in zehn Minuten.
Bieten Sie der Besucherin Erfrischungen an und
eventuell Hilfe.
NB Rauchen ist bei Ihnen nur in der Kantine erlaubt.

DATENBLATT B3
(1.3F, S. 15)

Situation 1
Sie brauchen einige Informationen über Frau Köpke,
Personalleiterin bei der Firma Elco Papier. Bitten Sie
einen Kollegen/eine Kollegin darum. Notieren Sie die
Antworten.

Büronummer/Durchwahl: _____

Faxnummer: _____

E-Mail: _____

Adresse der Firma: _____

Situation 2
Ein Kollege/eine Kollegin braucht einige Informationen
über Herrn Graulich von der Firma Bilfinger
Werbedruck. Beantworten Sie seine/ihre Fragen mit
Hilfe der Informationen auf der Visitenkarte.

KARL GRAULICH   **BWD**
Dipl.-Kaufmann

Geschäftsführer der Firma
Bilfinger Werbedruck GmbH & Co.

Königstr. 14-18,   76133 Karlsruhe
Telefon (07 21) 16 48 - 0, Telefax (07 21) 1 65 71 50
E-Mail: Graulich@bilfinger.de
Privat: Mahlower Str. 30, Telefon (07 21) 74 69 22

DATENBLATT B4
(2.3C, S. 26)

Situation 1
Sie sind Herr Otmar C. Küsel, Vorsitzender des
Vorstands der Rosenthal AG. Beantworten Sie die
Fragen eines Journalisten/einer Journalistin mit Hilfe
dieser Informationen.

Branche Konsumgüterindustrie
Produkte Porzellan, Keramik, Glas (z.B. die neue
    Trinkglas-Serie „Saga"), Besteck
Umsatz über 165 Mio. € weltweit
Mitarbeiterzahl an die 3.000 weltweit

Situation 2
Sie sind Journalist/in und interviewen Herrn Werner M.
Bahlsen, Sprecher der Unternehmensleitung bei
Bahlsen. Stellen Sie Fragen und machen Sie sich
Notizen zu folgenden Punkten:
Branche
Produkte
Umsatz
Mitarbeiterzahl

DATENBLATT B5
(2.3E, S.27)

Situation 1
Sie sind Mitarbeiter/in bei der Firma Rosenthal. Mit Hilfe dieser Informationen beantworten Sie die Fragen eines Interessenten/einer Interessentin zu der Entwicklung der Rosenthal-Gruppe.

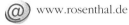 www.rosenthal.de

Rosenthal Konzern in Zahlen

	1997	1998	1999
Weltumsatz (Mio. €)	160	161	165
Auslandsanteil der Rosenthal Gruppe - Anteil am Gruppenumsatz (%)	38	42,1	45
Vollzeitbeschäftigte (im Inland)	1.893	1.762	1.760
Vollzeitbeschäftigte (im Ausland)	145	147	150

1997 - 99   Stagnation im Inlandsmarkt, Wachstum im Ausland
1998 - 2000   Umstrukturierungsmaßnahmen, Rationalisierung der Fertigung, Vertriebsoptimierung

Situation 2
Bitten Sie eine/n Mitarbeiter/in bei Bahlsen um die fehlenden Zahlen in dieser Mehrjahresübersicht. Dann bitten Sie ihn/sie, einige Zahlen zu erklären.

Die Bahlsen-Gruppe im Langzeitvergleich

1996	1997	1998	1999	
1.010	___	1.030	___	**Umsatz** netto in Millionen €
___	9.031	8.983	___	**Mitarbeiter** Durchschnitt, in Tsd.
132		79		**Investitionen**

DATENBLATT B6
(2.4F, S. 30)

Situation 1
Informieren Sie sich bei Ihrem Partner über die Porsche AG. Stellen Sie Fragen und machen Sie sich Notizen zu folgenden Punkten:
Branche und Produkte
Umsatz und Mitarbeiterzahl
Firmenstruktur und -standorte

Situation 2
Beantworten Sie die Fragen Ihres Partners über die BASF-Gruppe mit Hilfe der Informationen.

 www.basf.de

Die BASF

Weltweit führendes Unternehmen der chemischen Industrie

110 000 Mitarbeiter weltweit

Produktbereiche: Erdgas, Öl, Petrochemikalien, Kunststoffe, Pflanzenschutzmittel, Pharmazeutika

Jahresumsatz des Konzerns: 29 Mrd. Euro
  Hauptsegmente: Gesundheit/Ernährung: 5 Mrd. €
                           Farbmittel/Veredelung: 6 Mrd. €
                           Chemikalien: 5 Mrd. €
                           Kunststoffe: 8 Mrd. €
  Regionen: Europa: 18 Mrd €
                           Nordamerika: 6 Mrd. €
                           Südamerika: 2 Mrd. €
                           Asien, Pazifischer Raum, Afrika: 3 Mrd. €

Bedeutendste Standorte: Ludwigshafen (Deutschland), Antwerpen (Belgien), Barcelona (Spanien), Cheadle (Großbritannien), Mount Olive (USA) und Guarantinguetá (Brasilien).
Die BASF AG ist die größte Einzelgesellschaft. Sie hat ihren Stammsitz in Ludwigshafen.

DATENBLATT B7
(3.3E, S. 42)

Situation 1

Sie sind Dr. Krause und besuchen eine ausländische Firma. Dies ist Ihr erster Besuch. Sie hoffen, der Vertreter für das Gebiet Norddeutschland zu werden. Man hat Sie zum Essen in ein Restaurant eingeladen. Beantworten Sie die Fragen Ihres Gastgebers/Ihrer Gastgeberin mit Hilfe der Informationen unten. Stellen Sie ihm/ihr auch ähnliche Fragen.

Heimatstadt: Sie kommen aus Bremen. Bremen und Bremerhaven bilden zusammen das kleinste Bundesland. Bremen ist die älteste Hafenstadt Deutschlands, entwickelt aber auch eine wichtige Luft- und Raumfahrtindustrie. Bremen ist auch eine historische Stadt, mit vielen schönen alten Gebäuden. Das Freizeitangebot ist groß, besonders Wassersport.

Wohnort: Sie wohnen in der neuen Satellitenstadt Neue Vahr, nicht weit von der Altstadt am östlichen Stadtrand. Es ist sehr schön, dort zu wohnen, die Atmosphäre ist angenehm. Es gibt gute Schulen und gute Einkaufsmöglichkeiten, und die Verkehrsverbindungen sind ausgezeichnet.

Wohnung: Sie wohnen im dritten Stock eines Wohnblocks. Sie haben fünf Zimmer und einen großen Balkon.

Familie: Sie sind verheiratet und haben zwei Töchter, Anneliese, 10, und Mechthild, 8.

Situation 2

Sie arbeiten bei der Tochtergesellschaft einer deutschen Firma mit Sitz in Köln, Nordrhein-Westfalen. Eva Raab, eine junge Mitarbeiterin in der Hauptverwaltung, soll zwei Monate in Ihrer Firma verbringen. Da dies ihre erste Woche ist, haben Sie sie zum Essen in ein Restaurant eingeladen.

Beginnen Sie das Gespräch im Restaurant mit einem Kommentar über Köln. (Sie wissen z.B., dass der gotische Dom besonders berühmt ist.)

Stellen Sie weitere Fragen über die Stadt, wo und wie Eva wohnt, und ob sie Familie hat.

Beantworten Sie Evas Fragen anhand Ihrer eigenen Wohn- und Familiensituation.

DATENBLATT B8
(3.6D, S. 48)

Situation 1

Sie sind auf Geschäftsreise in Frankfurt. Fragen Sie Ihre/n Gastgeber/in, was Sie hier tun können. Erklären Sie ihm/ihr, wofür Sie sich besonders interessieren: Sie besuchen gern Museen. Sie interessieren sich für Kunst und Filme. Sie gehen nicht gern in Kaufhäusern einkaufen, lieben aber Flohmärkte. Am Abend möchten Sie die echte Frankfurter Atmosphäre erleben.

Situation 2

Mit Hilfe des Informationsblatts auf S. 49 erklären Sie einem Gast, was er/sie in Frankfurt tun und sehen kann. Fragen Sie ihn/sie, wofür er/sie sich besonders interessiert.

DATENBLATT B9
(4.3C, S. 57)

Situation 1

Geben Sie Anweisungen, wie man zu bestimmten Räumlichkeiten bei Rohrbach kommt.
1 Sie sind die Empfangsdame bei Rohrbach. Herr Hansen ist in der kaufmännischen Abteilung.
2 Sie arbeiten in der kaufmännischen Abteilung. Wenn man mehr als 20 Fotokopien braucht, muss man den Fotokopierer im Erdgeschoss benutzen.

Situation 2

Fragen Sie nach dem Weg bei Rohrbach.
1 Sie arbeiten in der Abteilung Vertrieb und Marketing. Sie haben einen Termin mit Frau Weber von der Ausbildungsabteilung. Rufen Sie sie an. Fragen Sie, wo Sie sich treffen und wie man dorthin kommt.
2 Sie arbeiten in der Produktionsabteilung und müssen dem Leiter Vertrieb und Marketing einige Unterlagen bringen. Wie finden Sie sein Büro?

DATENBLATT B10
(4.4F, S.59)

Situation 1

In der Kantine stellt sich Ihnen ein/e neue/r Mitarbeiter/in vor. Beantworten Sie seine/ihre Fragen anhand der Informationen in der Stellenbeschreibung.

Stellenbezeichnung: Industriemechaniker/in
Abteilung: Fertigung/Montage
Zuständigkeiten: Warten und Instandhalten der Fertigungsanlagen
Aufgaben: Maschinen und Anlagen inspizieren, Defekte erkennen, defekte Anlagen reparieren

Situation 2

Sie sind neu bei der Firma. Stellen Sie sich einem Kollegen/einer Kollegin in der Kantine vor. Fragen Sie ihn/sie nach seiner/ihrer Arbeit. Fangen Sie das Gespräch so an:
Entschuldigung, ist hier noch frei?
Ich bin hier neu. Ich arbeite in der ...-Abteilung.
In welcher Abteilung arbeiten Sie?

DATENBLATT B11
(5.1F, S. 67)

Situation 1

Rufen Sie die nationale Auskunft an. Sie brauchen die Telefonnummern folgender Firmen:

Golisch Elektro-Service, Frankfurt am Main
Wilhelmsen Kunststoffe GmbH, Hannover

Situation 2

Spielen Sie die Rolle der nationalen Telefonauskunft mit Hilfe der Telefonnummern unten. Wenn Sie einen Anruf bekommen, sagen Sie:
Auskunft, guten Tag. Welcher Ort, bitte?
Wie heißt der Teilnehmer?

> **Berlin**
> Zimmermann & Co. Spedition,
> Tel: (0 30) 67 28 59
>
> **Bremerhaven**
> H. Grote GmbH Apparatebau,
> Tel: (04 71) 7 32 08
>
> **München**
> Schreiber Büromaschinen,
> Tel: (0 89) 8 47 33 84

DATENBLATT B12
(5.2F, S. 69)

Situation 1

Sie sind Telefonist/in bei der Firma Würth, Saarbrücken. Nehmen Sie Anrufe für folgende Personen entgegen.

Name	Abteilung	
Herr Münster	Verkaufsabteilung	Anschluss besetzt.
Frau Lautenbach	Buchhaltung	Bis 16.00 Uhr in einer Besprechung.
Herr Schlüter	Kundendienst	Im Moment nicht da.

Situation 2

Rufen Sie die Firma Hedemann, Ludwigshafen, an. Sie möchten folgende Personen sprechen:

1 Herrn Becker von der Versandabteilung
2 Frau Lutsch von der Produktionsabteilung
3 Frau Richter von der Personalabteilung

DATENBLATT B13
(5.3F, S. 71)

Situation 1

Sie arbeiten bei der Firma Broom Export. Ein Anrufer möchte sich einen Katalog Ihrer Produkte schicken lassen. Notieren Sie seinen/ihren Namen sowie den Namen und die Adresse der Firma. Sagen Sie, Sie schicken ihm/ihr den Katalog heute zu.

Situation 2

Sie sind Herr/Frau Schreiber. Sie möchten Informationsmaterial über das Hotel Arabella. Rufen Sie das Hotel an, um sich eine Broschüre schicken zu lassen. Geben Sie Ihren Namen an sowie den Namen und die Adresse Ihrer Firma:

> **Kerzler & Co GmbH**
> Heerwasenstr. 59
> 49084 Osnabrück
> Tel. (05 41) 54 17 38
> E-Mail: schreiber@kerzler.de

DATENBLATT B14
(5.4C, S. 73)

Situation 1

Nehmen Sie Nachrichten entgegen und notieren Sie die Einzelheiten.

Anruf 1

Sie heißen Strobl und arbeiten bei der Firma Neurath in Stuttgart als Assistent/in von Frau Bethmann, der Verkaufsleiterin. Sie bekommen einen Anruf für Frau Bethmann. Sie ist aber den ganzen Vormittag in einer Besprechung.

Anruf 2

Sie heißen Holtkamp und arbeiten in der Einkaufsabteilung bei König GmbH in Berlin. Sie bekommen einen Anruf für Ihren Chef, Herrn Munz. Er ist aber gerade mit einem Kunden zusammen.

Situation 2

Rufen Sie folgende Firmen an und hinterlassen Sie eine Nachricht.

Anruf 1

Sie wollen Herrn Jäger von der Firma BW Motorsport in Essen sprechen. Ihr Chef kann den Termin am Donnerstag im Hotel Mercure nicht einhalten. Könnte Herr Jäger zurückrufen, um einen neuen Termin zu vereinbaren?

Anruf 2

Sie möchten Frau Gerhardt von der Firma Luxart in Cottbus sprechen. Sie müssen ihre letzte Lieferung reklamieren. Bei den 75 bestellten Schreibtischlampen Modell „Klara" sind fünf Stück defekt. Sie möchten, dass Luxart die defekten Lampen sofort zurücknimmt.

DATENBLATT B15
(6.1C, S. 77)

Situation 1
Ihre Firma veranstaltet eine zweitägige
Vertreterkonferenz im September und Sie suchen ein
passendes Hotel. Sie brauchen Unterkunft für 45
Teilnehmer sowie einen Konferenzraum mit Platz für 50
Personen. Die Lage kann auch außerhalb des
Stadtzentrums sein. Das Hotel muss einen Parkplatz
oder Garage haben und ein eigenes Restaurant.
Ein Schwimmbad oder Sauna wäre schön, aber das ist
nicht unbedingt nötig.
Rufen Sie die Tourist-Information in Freiburg an und
bitten Sie um einige Hotelempfehlungen. Notieren Sie
die Namen und Telefonnummern der Hotels.

Situation 2
Sie sind Angestellte/r bei der Tourist-Information
Freiburg. Mit Hilfe des Hotelverzeichnisses auf S. 77
empfehlen Sie einem Anrufer passende Hotels.
Rechnen Sie die DM-Angaben in Euro um.

DATENBLATT B16
(6.2E, S. 78)

Situation 1
Sie möchten einige Informationen über das Hotel
Rheingold, Freiburg. Rufen Sie das Hotel an und stellen
Sie Fragen über:
- Hoteltyp
- Lage und Entfernung vom Hauptbahnhof/
  Flughafen/Autobahn
- Zimmeranzahl und -ausstattung
- Konferenzeinrichtungen
- Küche
- Fitness- und Freizeitmöglichkeiten

Situation 2
Sie arbeiten an der Rezeption des Panorama-Hotels
Mercure, Freiburg. Beantworten Sie die Fragen eines
Anrufers anhand der Informationen.

Hotel *M*ercure
PANORAMA FREIBURG

Im Panorama-Hotel am Jägerhäusle erleben Sie
Freiburg von seiner schönsten Seite. Unser modernes Haus liegt etwas außerhalb von Freiburg
auf dem Berg, mit Sicht über die ganze Stadt, den
Kaiserstuhl und das Elsass.

Alle unsere 84 First-Class-Hotelzimmer haben
einen Balkon, von dem Sie den eindrucksvollen
Blick genießen können, und sind mit Bad und/oder
Dusche, Selbstwahltelefon, Minibar und Farb-
fernseher ausgestattet.

Fünf Konferenzräume verschiedener Größe (100,
60, 30, 2 x 25 qm) lassen Ihre Veranstaltung erfolgreich verlaufen. Wir geben unser Bestes, damit
Ihre Veranstaltung so besonders wie unsere Lage
wird.

In unserem Restaurant beeinflusst die Nähe
Frankreichs die Vielfalt des Menüs.

Für Ihr tägliches Freizeit- und Fitnessprogramm
stehen Ihnen Schwimmbad, Tennisplätze und
Sauna, Beauty-Farm, Yoga und Fastenkuren,
kilometerlange Wanderwege, Trimm- und Joggingpfade und vieles mehr zur Verfügung.
Wir freuen uns auf Sie!

So kommen Sie uns näher!
Von der Autobahn Karlsruhe-Basel (Ausfahrt
Freiburg Mitte) erreichen Sie uns in 20 Minuten.
Der EuroBus bringt Sie vom Flughafen Basel-
Mulhouse zum Hauptbahnhof, Fahrzeit ca. 45
Minuten. Von dort fahren Sie ca. 10 Minuten mit
dem Taxi bis zum Hotel.

DATENBLATT B17

(6.4E, S. 85)

Situation 1

Sie sind Herr Weiss und haben von Frau Schumacher von der Firma Otto Elektrik, Fachliteratur und Kataloge bekommen. Frau Schumacher ruft Sie an, weil sie Sie in der nächsten Woche besuchen möchte. Sehen Sie sich Ihren Terminkalender an und vereinbaren Sie einen Termin.

Situation 2

Sie können den Termin mit Frau Schumacher leider nicht einhalten. Es ist etwas dazwischengekommen. Rufen Sie sie an und vereinbaren Sie einen neuen Termin in der gleichen Woche.

JUNI		24. Woche
Montag **13**	*Kopierer-Service anrufen!* *11.30 Besprechung mit dem Produktionsleiter, Lieferung der neuen Maschine!*	*9 - 12 Betriebsrundgang (Fa. Schickel)* *Mittagessen m. Frau Reiter* *Bericht für Riedel schreiben!* Donnerstag **16**
Dienstag **14**	*Nachmittag in Frankfurt*	*Eva anrufen! Blumen besorgen!* *14.00 Sitzung der Betriebsleitung* Freitag **17**
Mittwoch **15**	*9.00 Vorstandssitzung* *16.00 Zahnarzt* *Peter Geburtstag!*	Samstag **18** Sonntag **19**

DATENBLATT B18

(6.5F, S. 87)

Situation 1

Sie arbeiten an der Rezeption des Hotels Viktoria, Frankfurt. Sie nehmen eine Zimmerreservierung entgegen. Beantworten Sie die Fragen des Anrufers anhand folgender Informationen und notieren Sie die Einzelheiten auf dem Formular unten.

Situation 2

Einige Tage später ruft die Firma noch einmal an, um die Reservierung zu ändern. Notieren Sie die Umbuchung und bitten Sie die Firma, das schriftlich zu bestätigen.
NB Eine kostenfreie Stornierung ist bis zum 28. Juli möglich.

Hotel Viktoria

Tarife 20--

Einzelzimmer	€ 155,-
Doppelzimmer	€ 175,-
Konferenzraum	€ 160,- pro Tag

Der Zimmerpreis ist inklusive Frühstück, Bedienung und Mehrwertsteuer.
Alle Zimmer sind mit Bad, Dusche, WC, Telefon, Radio, Kabel-TV und Minibar ausgestattet.

von	Einzel ☐	Preis	Code	
bis	Doppel ☐	Anreise spät ☐		
Name			Bestätigen	☐
Bemerkung			Vertrag	☐
Firma			Garantiert	☐
Besteller			Änderung	☐
Tel./Telex/Telefax			Voucher	☐
Adresse			Rg. an Firma	☐
			Bestätigung folgt	☐
Eingang	Telex ☐ Telefax ☐ Telefon ☐ Brief ☐		Datum Unterschrift	
Storno	Telex ☐ Telefon ☐ Brief ☐			
Datum	durch		Unterschrift	

DATENBLATT B19
(7.1E, S. 92)

Situation 1
Sie besuchen die Kölner Messe. Informieren Sie sich am Informationsschalter, wie Sie vom Flughafen Köln/Bonn zur Messe kommen, wie lang die Fahrzeit ist und was eine Fahrkarte kostet.

Situation 2
Sie arbeiten am Informationsschalter im Flughafen Hannover. Beantworten Sie die Fragen eines/einer Reisenden anhand dieser Informationen.

Verkehrsverbindungen vom und zum Flughafen Hannover

Taxi
Taxistände befinden sich vor dem Terminal-Gebäude. Die Fahrt vom Flughafen zum Hauptbahnhof/Innenstadt kostet ca. € 15,-. Die Fahrzeit beträgt ca. 15 bis 20 Min.

Schnellbuslinie 60
Verkehrsverbindung zwischen Flughafen und Innenstadt. Vom City Air Terminal am Hauptbahnhof (Innenstadt) bis zum Flughafen und zurück verkehrt alle 30 bzw. 20 Minuten die Schnellbuslinie nonstop. Preis € 4,- einfach.

Hannover Messe
Vom Hauptbahnhof Hannover fährt die S-Bahn-Linie 8 direkt zum Messegelände.

DATENBLATT B20
(7.2H, S. 95)

Situation 1
Sie arbeiten in der Reiseauskunft am Hauptbahnhof Frankfurt/Main. Geben Sie Auskunft über Züge nach Berlin anhand des Fahrplans und der Preistafel.

Preistafel

ICE-Fahrpreise für einfache Fahrt von Frankfurt Hbf. nach:
Berlin Hbf.

Fahrpreis 2. Kl.	Fahrpreis 1. Kl.
€ 115,00	€ 162,00

Gewöhnliche Preise für einfache Fahrt

2. Kl.	1. Kl.
€ 90,00	€ 125,00

Situation 2
Sie wollen morgen zwischen 8.00 und 9.00 Uhr mit der Bahn von Frankfurt/Main nach Wuppertal fahren. Rufen Sie die Auskunft an, um sich nach Zügen zu erkundigen. Dann buchen Sie eine Rückfahrkarte 2. Klasse.

Frankfurt(Main)Hbf → Berlin Zoolg. Garten
533 km

ab	Zug		Umsteigen	an	ab	Zug		an	Verkehrstage	
5.22	IC	657	⑪	Erfurt Hbf	8.24	8.31	E	4985		12.54	Mo - Sa	01
				Magdeburg Hbf	11.05	11.35	IC	545	✕			
5.26	E	3800		Fulda	6.48	7.08	ICE	886	✕	11.08	Mo - Sa	01
				Hannover Hbf	8.31	8.39	ICE	641	✕			
7.18	ICE	698	✕							12.10	täglich	
7.22	IC	655	✕	Erfurt Hbf	10.24	10.31	E	4987		14.54	täglich	
				Magdeburg Hbf	13.05	13.35	IC	508	⑪			
9.18	ICE	694	✕							14.10	täglich	
9.22	IC	653	✕	Erfurt Hbf	12.24	12.50	D	2204	⌶	16.21	täglich	
				Berlin-Wannsee	15.50	16.00	Ⓢ		2.Kl			
10.18	IR	2153	⑪	Flugh B-Schönef	17.06	17.17	Ⓢ		2.Kl	18.07	täglich	
11.18	ICE	696	✕							16.10	täglich	
11.22	IC	651	✕	Erfurt Hbf	14.24	14.31	E	4991		18.54	täglich	
				Magdeburg Hbf	17.05	17.35	IC	502	✕			
13.18	ICE	596	✕							18.10	täglich	
13.22	IC	559	✕	Erfurt Hbf	16.24	16.50	IR	2200	⌶	20.30	täglich	02
				Berlin-Wannsee	19.50	20.10	Ⓢ		2.Kl			
14.22	ICE	692	✕							19.18	täglich	03
15.18	ICE	594	✕							20.10	täglich	
15.22	EC	57	✕	Naumburg(S)	19.14	19.33	IR	2202		22.01	täglich	
16.22	ICE	690	✕							21.18	Mo - Fr, So	04
17.18	ICE	592	✕							22.10	täglich	02
17.18	ICE	592	✕	Braunschweig	20.01	20.47	EC	108	✕	22.54	täglich	
19.18	ICE	590	✕							0.10	täglich	05
23.23	D	1955	⌶⛌⌇							6.41	täglich	06

01 = nicht 3. Okt, 26. bis 31. Dez, 15., 17. Apr, 1. Mai
02 = nicht 24. Dez
03 = nicht 24., 31. Dez, 14. bis 16. Apr
04 = nicht 14., 16. Apr
05 = nicht 24., 31. Dez
06 = nicht 24. Sep, 19. Nov

DATENBLATT B21
(7.3B, S. 96)

Notieren Sie die Anweisungen, die Sie bekommen, dann prüfen Sie sie anhand der Pläne auf S. 97 nach. Stimmen die Anweisungen?

Situation 1
Sie wohnen im Hotel Unger in der Kronenstraße (in der Nähe des Hauptbahnhofs). Fragen Sie an der Rezeption, wie Sie am besten folgende Ziele erreichen.
1 Sie möchten das Lindenmuseum besichtigen.
2 Sie müssen einen Bekannten besuchen, der in Bietigheim, einer kleinen Stadt im Nordwesten von Stuttgart, wohnt.

Situation 2
Sie arbeiten an der Rezeption des Hotels Royal, in der Sophienstraße, wenige Gehminuten vom Rotebühlplatz. Ein Gast fragt, wie er/sie zu verschiedenen Orten/Gebäuden kommt. Erklären Sie ihm/ihr, wie er/sie zu Fuß bzw. mit öffentlichen Verkehrsmitteln am besten dorthin kommt. Benutzen Sie die Pläne auf S. 97.

DATENBLATT B22
(7.4D, S. 98)

Situation 1
Sie sind Herr Dornier und arbeiten in der Daimler-Chrysler Zentrale in Stuttgart-Untertürkheim. Sie bekommen einen Anruf von einem Kunden/einer Kundin, mit dem Sie morgen um 14.00 Uhr einen Termin haben. Erklären Sie ihm/ihr anhand der Fahrthinweise unten, wie er/sie am besten zur Firma fährt.

Situation 2
Sie sind Vertreter/in und haben morgen um 10.00 Uhr einen Termin mit Frau Engeler in der DaimlerChrysler Zentrale in Stuttgart-Untertürkheim. Rufen Sie sie an und erkundigen Sie sich, wie Sie am besten dorthin fahren. Sie kommen aus Karlsruhe. Notieren Sie die Anweisungen, die Sie bekommen bzw. markieren Sie den Weg auf der Karte.

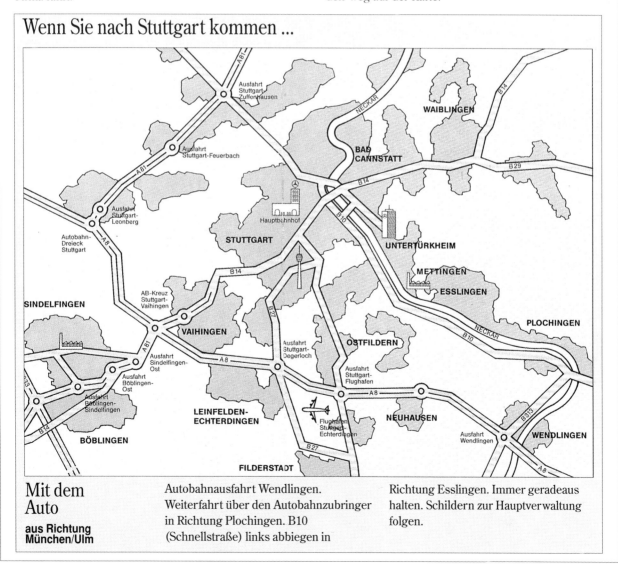

Wenn Sie nach Stuttgart kommen ...

Mit dem Auto

aus Richtung München/Ulm

Autobahnausfahrt Wendlingen. Weiterfahrt über den Autobahnzubringer in Richtung Plochingen. B10 (Schnellstraße) links abbiegen in Richtung Esslingen. Immer geradeaus halten. Schildern zur Hauptverwaltung folgen.

DATENBLATT B23
(8.4D, S.110)

Situation 1
Sie arbeiten bei einer kleinen Ingenieurfirma. Auf der CeBIT-Messe suchen Sie einen Tintenstrahldrucker zum Drucken von externer und interner Korrespondenz und vor allem technischen Zeichnungen auf groß-formatigem Papier. Ihre Prioritäten sind hochwertige Druckqualität bei Grafiken und eine breite Schriftarten-auswahl. Fragen Sie eine/n Standmitarbeiter/in um Rat und erklären Sie, wofür Sie den Drucker brauchen. Stellen Sie eventuell Fragen zu dem Modell, das er/sie empfiehlt.

Situation 2
Sie arbeiten für eine Firma, die Drucker herstellt, und vertreten Ihre Firma auf der CeBIT-Messe. Ein/e Interessent/in bittet Sie, ein geeignetes Modell zu empfehlen. Fragen Sie, wofür er/sie den Drucker braucht, dann empfehlen Sie das geeignetere Modell auf S. 111. Erklären Sie die Spezifikationen und Besonderheiten bzw. Vorteile dieses Modells.

DATENBLATT B24
(9.4E, S. 125)

Situation 1
Sie arbeiten im Distributionslager des Spediteurs Panalpina in Bremen. Sie bekommen einen Anruf wegen einer verspäteten Lieferung. Notieren Sie die Einzelheiten. Erklären Sie dem Anrufer, dass Sie sich erkundigen und dann zurückrufen werden.

Situation 2
Rufen Sie den Kunden/die Kundin zurück und erklären Sie, was mit der Sendung passiert ist: Die Lastwagen haben Verspätung wegen des schlechten Wetters. Sie sollen am nächsten Tag in Bremen eintreffen. Die Sendung geht wahrscheinlich übermorgen an den Empfänger ab.

Hörtexte

KAPITEL 1

1.1A

DIALOG 1

Frau Brett: Entschuldigen Sie bitte! Sind Sie Herr Becker?
Herr Becker: Ja.
Frau Brett: Ich bin Anna Brett von der Firma Norco.
Herr Becker: Wie bitte, wie war Ihr Name?
Frau Brett: Brett.
Herr Becker: Ach, guten Morgen, Frau Brett!
Frau Brett: Guten Morgen, Herr Becker! So, gehen wir? Mein Auto steht draußen.

DIALOG 2

Empfangsdame: Guten Tag, bitte schön?
Dr. Hoffmann: Guten Tag. Mein Name ist Hoffmann von der Firma Hansen und Co. Ich habe einen Termin bei Frau Andersen.
Empfangsdame: Einen Moment bitte, ich rufe an ... Ja, Frau Andersen kommt gleich. Möchten Sie solange Platz nehmen?
Dr. Hoffmann: Ja, danke.
Frau Andersen: Ach, Herr Doktor Hoffmann, guten Tag. Schön, Sie wiederzusehen! Wie geht's Ihnen?
Dr. Hoffmann: Danke, gut, und Ihnen?
Frau Andersen: Gut, danke. So, kommen Sie bitte mit ins Büro.

1.1D

Frau Brett: Wie war die Reise, Herr Becker?
Herr Becker: Ganz gut, danke. Wir hatten nur fünf Minuten Verspätung.
Frau Brett: Sehr gut! Und wie ist das Wetter in Deutschland? So schön wie hier?
Herr Becker: Nein, wir hatten schlechtes Wetter.
Frau Brett: Ach, schade! Und ist es Ihr erster Besuch hier, Herr Becker?
Herr Becker: Nein, letztes Jahr war ich zwei Wochen hier im Urlaub.
Frau Brett: Aha. Und wie hat es Ihnen hier gefallen?
Herr Becker: Prima! Wir hatten die ganze Zeit Sonne.
Frau Brett: Das ist gut. Und woher kommen Sie in Deutschland?
Herr Becker: Aus Regensburg in Bayern. Ich wohne und arbeite aber seit vielen Jahren in Hamburg.
Frau Brett: Ach so! Ich war auch einmal in Hamburg. Das ist eine schöne Stadt, nicht wahr?
Herr Becker: Ja, das stimmt.
Frau Brett: So, da ist die Firma, da sind wir schon.

1.2A

Frau Brett: So, Herr Becker, gehen wir rein.
Herr Becker: Danke schön.
Frau Brett: Bitte schön. Herr Olson kommt in fünf Minuten. Möchten Sie solange hier Platz nehmen?
Herr Becker: Danke.
Frau Brett: Darf ich Ihren Mantel nehmen?
Herr Becker: Ja, vielen Dank.
Frau Brett: Möchten Sie etwas trinken? Tee oder Kaffee? Wir haben auch Apfelsaft, Orangensaft, Mineralwasser oder Cola.
Herr Becker: Ich möchte bitte eine Tasse Kaffee.
Frau Brett: Wie trinken Sie den Kaffee? Mit Milch?
Herr Becker: Mit Milch, aber ohne Zucker.
Frau Brett: Gut. ... So, hier ist der Kaffee. Möchten Sie auch Kekse?
Herr Becker: Nein, danke. Ich habe keinen Hunger.

1.2C

Herr Becker: Frau Brett, entschuldigen Sie bitte!
Frau Brett: Ja, bitte schön?
Herr Becker: Könnte ich vielleicht nach Deutschland faxen?
Frau Brett: Aber selbstverständlich! Schreiben Sie Ihr Telefax und ich schicke es für Sie ab.
Herr Becker: Ach, vielen Dank!
Herr Becker: Frau Brett, kann ich bitte etwas fotokopieren?
Frau Brett: Das ist leider nicht möglich. Der Fotokopierer ist im Moment kaputt.
Herr Becker: Ach, so.
Herr Becker: Frau Brett, entschuldigen Sie, darf man hier rauchen?
Frau Brett: Nein, das geht leider nicht. Das ist hier nicht erlaubt.
Herr Becker: Wie schade.
Herr Becker: Frau Brett!
Frau Brett: Ja, bitte?
Herr Becker: Entschuldigen Sie bitte nochmal, aber wo ist die Toilette?
Frau Brett: Kommen Sie mit. Ich zeige es Ihnen.
Herr Becker: Frau Brett, könnten Sie mir Ihren neuen Prospekt zeigen?
Frau Brett: Der neue Prospekt ist leider noch nicht fertig.
Herr Becker: Ach, so.
Frau Brett: Aber ich kann Ihnen gerne einen alten holen.
Herr Becker: Danke, den habe ich schon.

1.3A

Sprecher: Leiter Marketing; Exportleiter; Leiter Qualitätssicherung; Produktionsleiter; Leiter Finanz- und Rechnungswesen; Personalleiter

1.3B

Frau Brett: Herr Becker, darf ich vorstellen? Das ist unser Geschäftsführer, Herr Olson.
Herr Becker: Sehr angenehm.
Herr Olson: Guten Tag, Herr Becker.
Frau Brett: Ich bin die Sekretärin von Herrn Olson. Und Frau Scheiber, die Leiterin Vertrieb und Marketing, kennen Sie ja.
Herr Becker: Guten Tag, Frau Scheiber, wie geht's Ihnen?
Frau Scheiber: Sehr gut, danke.
Frau Brett: Das ist Herr Doil, unser technischer Leiter.
Herr Becker: Ah, Herr Doil, guten Tag!
Frau Brett: Dann Herr Boltmann, der Werksleiter.
Herr Becker: Entschuldigung, wie war Ihr Name?
Herr Boltmann: Boltmann.
Herr Becker: Sehr erfreut.
Frau Brett: Und das ist Herr Becker, unser neuer Vertreter für Norddeutschland.
Herr Olson: So, Herr Becker, herzlich willkommen bei Norco!

1.3D

Sprecher: *(spricht das Alphabet)*

1.4A

Frau Brett: So, Herr Becker, hier ist das Tagesprogramm für Ihren Besuch bei uns. Zuerst sehen Sie einen kurzen Videofilm über unsere Firma, und dann um 11.00 Uhr findet eine Betriebsbesichtigung statt.
Herr Becker: Mit Ihnen?
Frau Brett: Ja, und auch mit Herrn Boltmann, dem Werksleiter. Um 12.30 Uhr essen wir dann zu Mittag.
Herr Becker: Hier in der Firma?

Frau Brett: Nein, in einem kleinen Lokal hier in der Nähe. Um 14.00 Uhr haben Sie ein Gespräch mit unserem technischen Leiter, Herrn Doil. Er erklärt Ihnen alle technischen Aspekte unserer Produkte.

Herr Becker: Gut.

Frau Brett: Und um 15.30 Uhr nehmen Sie an einer Sitzung unserer Marketing-Gruppe teil.

Herr Becker: Da lerne ich die Marketingstrategie besser kennen.

Frau Brett: Ja, genau. Und um 19.00 Uhr gibt es Abendessen mit Herrn Olson und mir.

Herr Becker: Wo essen wir denn?

Frau Brett: In einem netten Restaurant in der Innenstadt. Ist Ihnen das recht?

Herr Becker: Ja, danke, alles wunderbar.

1.5B

Frau Brett: So, Herr Becker, ich zeige Ihnen unsere Firma. Hier ist der Empfang, wie Sie sehen.

Herr Becker: Mm. Sehr schön.

Frau Brett: Und hier nebenan ist das Büro des Geschäftsführers, Herrn Olson. Durch diese Tür geht es zur Abteilung Vertrieb und Marketing. Hier koordinieren wir die Arbeit unserer Vertreter.

Herr Becker: Also, mit dieser Abteilung werde ich direkt zu tun haben.

Frau Brett: Ja, das stimmt. Hier nebenan ist die Buchhaltung. Hier machen wir die Kontenführung und rechnen die Löhne und Gehälter ab.

Herr Becker: Ah, hier bezahlt man also meine Provision!

Frau Brett: Ja, genau. Und daneben ist die Einkaufsabteilung. Hier kaufen wir das Material für die Fertigung ein.

Herr Becker: Und was für ein Zimmer ist das gegenüber?

Frau Brett: Das ist unser Konferenzzimmer. Möchten Sie reinschauen?

Herr Becker: Aha, sehr imposant!

Frau Brett: Also, gehen wir weiter. Hier links sehen Sie das Konstruktionsbüro. Hier entwerfen wir Designs für neue Modelle.

Herr Becker: Mit Computern?

Frau Brett: Mit Computern und auch manuell. Dort in der Ecke links ist die Küche und gegenüber sind die Toiletten. Und das ist die Arbeitsvorbereitung. Hier planen wir die Produktion für die kommenden Wochen. So, und jetzt gehen wir links in die Fertigungshalle.

Herr Becker: Hier fertigen Sie also die Produkte an. Mm, das ist aber beeindruckend! Und alles so modern!

Frau Brett: Ja, dieses Jahr haben wir in neue Maschinen investiert. Dort in der Ecke sitzt Herr Boltmann und überwacht die Produktion. Gehen wir rein.

Herr Becker: Hallo, Herr Boltmann.

Herr Boltmann: Tag, Herr Becker. So, jetzt machen wir einen Rundgang durch die Fertigungshalle. Kommen Sie mal mit.

Herr Becker: Was ist das da drüben?

Herr Boltmann: Das ist unser Prüfraum. Dort testen wir unsere Produkte.

Herr Becker: Sehr interessant.

Herr Boltmann: So, gehen wir mal weiter.

Herr Becker: Also, das war wirklich interessant. Und was für ein Gebäude ist das da draußen?

Herr Boltmann: Das ist unser Fertiglager. Dort lagern wir die Fertigprodukte.

Herr Becker: Aha.

Frau Brett: So, das wäre dann alles. Gehen wir zurück in das Verwaltungsgebäude?

Herr Becker: Recht herzlichen Dank für den interessanten Rundgang, Frau Brett. Die Büros sind sehr schön und die Fabrik ist höchst modern. Ich freue mich auf die Zusammenarbeit mit Norco!

Frau Brett: Vielen Dank, Herr Becker.

KAPITEL 2

2.1A

TEIL 1

Sprecher: Aventis; Braun; Bayer; ThyssenKrupp; Rosenthal; DaimlerChrysler; Siemens; Porsche

TEIL 2

Sprecher: AEG; VW; IBM; BMW; BASF; MAN

2.1B

DIALOG 1

Interviewer: Eine Frage, bitte. Kennen Sie den Namen Agfa?

Mann: Agfa? Sie machen doch Fotofilme, oder?

DIALOG 2

Interviewer: Guten Tag, was bedeutet für Sie der Name Rosenthal?

Frau: Rosenthal? Ach, Rosenthal ist doch für Porzellan bekannt!

DIALOG 3

Interviewer: Entschuldigung, kennen Sie den Namen Varta?

Mann: Ja, natürlich. Batterien von Varta habe ich zu Hause.

DIALOG 4

Interviewer: Verzeihung, darf ich mal fragen, was bedeutet für Sie der Name BASF?

Frau: BASF – das bedeutet für mich in erster Linie Tonbänder und Videos.

DIALOG 5

Interviewer: Was für ein Image haben die Produkte von Porsche?

Mann: Porsche, das bedeutet für mich schnelle, rassige Sportwagen.

2.1C

DIALOG 1

Interviewer: Was produziert die Firma Schwarzkopf?

Mitarbeiterin: Schwarzkopf produziert Toilettenartikel, zum Beispiel Shampoo, Rasierwasser, Deodorants. Unsere führende Marke ist das Shampoo „Schauma".

DIALOG 2

Interviewer: Sie arbeiten bei der Firma Grundig. Was für Produkte hat Ihre Firma?

Mitarbeiter: Grundig ist eine Firma, die Geräte der Unterhaltungselektronik herstellt, zum Beispiel Radios, Fernsehapparate und Stereoanlagen.

DIALOG 3

Interviewer: Bayer ist ein Unternehmen, das unter anderem Arzneimittel produziert. Was für Produkte haben Sie eigentlich?

Mitarbeiterin: Bayer produziert und vertreibt rezeptfreie Arzneimittel gegen Schmerzen, Husten und Erkältung. Unser bekanntestes Produkt ist Aspirin.

DIALOG 4

Interviewer: Das neueste Produkt des Münchener Kraftfahrzeugherstellers MAN ist der Reisebus „Lion's Star". Ich mache eine Testfahrt mit Herrn Kuriat ... Herr Kuriat, können Sie uns etwas über den neuen Reisebus sagen?

Herr Kuriat: Ja, unser neuer Fernreise-Hochdecker „Lion's Star" hat eine ganze Reihe technischer Raffinessen ...

DIALOG 5

Interviewer: Sagen Sie mir bitte, was stellt eigentlich die Firma Siemens her?

Mitarbeiter: Siemens hat sehr unterschiedliche Produkte. Die Firma ist Ihnen wahrscheinlich durch Haushaltsgeräte bekannt. Wir sind aber auch in der Informationstechnik tätig. Vielleicht haben Sie ein Siemens Telefon mit Anrufbeantworter zu Hause?

2.2B

DIALOG 1
Interviewer: Was für eine Firma ist ThyssenKrupp?
Mitarbeiter: ThyssenKrupp ist ein führender deutscher Technologie- und Dienstleistungskonzern.

DIALOG 2
Interviewer: In welcher Branche ist Aventis tätig?
Mitarbeiterin: Aventis ist ein großer Pharmakonzern.
Interviewer: Was macht die Firma Aventis eigentlich?
Mitarbeiterin: Aventis produziert Medikamente, Impfstoffe, Diagnoseinstrumente, Pflanzen, biotechnische Produkte und Tiernahrungsmittel.

DIALOG 3
Interviewer: DaimlerChrysler ist der größte Automobilhersteller Deutschlands. Ist die Firma aber auch in anderen Bereichen aktiv?
Mitarbeiter: Ja, außer im Automobilbau auch in den Bereichen Luft- und Raumfahrt, Bahnsysteme sowie im Finanzdienstleistungssektor.

DIALOG 4
Interviewer: In welcher Branche ist die Firma Mannesmann tätig?
Mitarbeiterin: Mannesmann ist in vielen Branchen tätig. Wir bauen Maschinen und Anlagen, stellen Komponenten für die Kraftfahrzeugindustrie und Röhren her. Außerdem produzieren wir so ziemlich alles im Bereich Telekommunikation.

DIALOG 5
Interviewer: VEBA zählt zu den fünf größten Firmen Deutschlands, in welchen Bereichen ist die Firma aktiv?
Mitarbeiter: VEBA ist im Bereich Energiewirtschaft tätig, wir produzieren nämlich Öl und Strom, sowie auch in der chemischen Industrie. Wir sind auch im Dienstleistungssektor vertreten, z.B. in den Bereichen Handel und Verkehr.
Interviewer: Aber der Name VEBA ist doch relativ unbekannt.
Mitarbeiter: Das stimmt, aber vielleicht kennen Sie die Firma Aral?
Interviewer: Ach, Aral Tankstellen!
Mitarbeiter: Sehen Sie, Aral gehört zu VEBA.

2.2D

DIALOG 1
Interviewer: Was für eine Firma ist Lufthansa?
Mitarbeiterin: Lufthansa ist Deutschlands größte Fluggesellschaft. Sie hat Flugverbindungen in alle Welt.

DIALOG 2
Interviewer: Was für eine Firma ist Aldi?
Mitarbeiter: Aldi ist eine Supermarktkette, die Lebensmittel zu Niedrigpreisen verkauft.

DIALOG 3
Interviewer: Können Sie mir bitte sagen, was Neckermann eigentlich macht?
Mitarbeiterin: Gerne. Neckermann ist ein Versandhaus, das heißt, wir verkaufen Waren per Katalog und schicken sie dann den Kunden ins Haus.

DIALOG 4
Interviewer: Hertie ist ein Kaufhaus, nicht wahr?
Mitarbeiter: Ja, Hertie ist eines der bekanntesten Kaufhäuser Deutschlands. Ein Hertie-Kaufhaus findet man in jeder größeren Stadt.

DIALOG 5
Interviewer: Was für eine Firma ist die Allianz?
Mitarbeiterin: Die Allianz ist eine der größten Versicherungsgesellschaften Deutschlands.

DIALOG 6
Interviewer: In welchem Bereich ist Kühne und Nagel tätig?
Mitarbeiter: Wir sind im Bereich Transport tätig. Wir sind eine Speditionsfirma, das heißt, wir transportieren Waren per LKW, per Luftfracht und per Schiff.

2.3A

TEIL 1
Sprecher: dreizehntausendvierhundert;
neun Millionen dreihundertsiebenundsiebzigtausend;
achtunddreißig Milliarden zweiundvierzig Millionen;
siebzehn Komma fünf Prozent;
fünf Komma zwei sechs Milliarden;
neunzehnhundertneunundachtzig;

TEIL 2
Sprecher: einhundertsechsunddreißigtausendsiebenhundert;
fünfundfünfzig Millionen sechshundertdreiundsiebzigtausend;
vier Milliarden achtundvierzig Millionen;
eine Milliarde siebenhundertneunundsiebzig Millionen dreihunderttausend;
einundsechzig Komma fünf Prozent;
neunzehnhundertsechsundneunzig

2.3B

DIALOG 1
Interviewer: In welcher Branche ist Springer Sportmoden tätig?
Mitarbeiter: Springer Sportmoden ist in der Bekleidungsindustrie tätig und stellt Tennisbekleidung, Trainingsanzüge und Radfahrerbekleidung her.
Interviewer: Und wie hoch ist Ihr Umsatz?
Mitarbeiter: Unser Umsatz beträgt zirka siebzehn Millionen Euro.
Interviewer: Wie viele Leute beschäftigen Sie?
Mitarbeiter: Wir haben einhundertvierzig Mitarbeiter.

DIALOG 2
Interviewer: In welcher Branche ist die Firma BASF tätig?
Mitarbeiterin: Die BASF-Gruppe ist ein großer Chemiekonzern. Wir produzieren unter anderem Chemikalien, Chemiefasern, Produkte aus Öl und Gas sowie Pflanzenschutzmittel und Pharmazeutika.
Interviewer: Und wie viel beträgt Ihr Umsatz?
Mitarbeiterin: Über neunundzwanzig Milliarden Euro.
Interviewer: Wie viele Mitarbeiter beschäftigt Ihre Firma ungefähr?
Mitarbeiterin: Wir beschäftigen weltweit etwa einhundertzehntausend Mitarbeiter.

DIALOG 3
Interviewer: Was für eine Firma ist Kessel?
Mitarbeiter: Kessel Auto-Electric ist eine Firma, die Komponenten für die Kraftfahrzeugindustrie herstellt.
Interviewer: Und wie groß ist die Firma?
Mitarbeiter: Unser Umsatz liegt zwischen neunhunderttausend und einer Million Euro, und wir haben siebenundzwanzig Beschäftigte.

2.4D

Interviewer: Was für eine Firma ist die AEG?
Sprecher: Die AEG ist ein führender Elektrokonzern.
Interviewer: Könnten Sie mir bitte die Firmenstruktur kurz beschreiben?
Sprecher: Ja, die AEG gehört seit 1986 dem Daimler-Benz-Konzern. Daimler-Benz ist eine Holding-Gesellschaft für die vier Unternehmenseinheiten Mercedes-Benz, AEG, Deutsche Aerospace und Daimler-Benz InterServices, oder *debis*.
Interviewer: In welchen Bereichen ist die AEG tätig?
Sprecher: Die Aktivitäten der AEG umfassen fünf Geschäftsbereiche, und zwar: Automatisierungstechnik, Elektrotechnische Anlagen und Komponenten, Bahnsysteme, Hausgeräte und Mikroelektronik.
Interviewer: Und wie viele Gesellschaften gehören zur AEG-Gruppe?
Sprecher: Zur AEG gehören mehr als 100 Tochter- und Beteiligungsgesellschaften in über 107 Ländern.
Interviewer: Wo ist der Hauptsitz der Firma?
Sprecher: Die Hauptverwaltung ist in Frankfurt am Main.
Interviewer: Und hat die AEG andere Standorte in Deutschland?

Sprecher: Wir haben Vertriebsniederlassungen und Fertigungsstätten sowie auch Tochtergesellschaften an 81 Standorten in Deutschland, z.B. in Berlin, in Hannover, in Stuttgart, aber auch in den neuen Bundesländern, z.B. in Dresden.
Interviewer: Und wo sind die wichtigsten Standorte im Ausland?
Sprecher: Die AEG hat Vertretungen, Produktions- und Vertriebsgesellschaften in allen wichtigen europäischen Ländern, z.B. in Frankreich, in Spanien, in Großbritannien und auch in Russland.
Interviewer: In Russland auch?
Sprecher: Ja, in Moskau und St. Petersburg. Und im übrigen Ausland sind wir an 147 Standorten vertreten, z.B. in den USA, in Südamerika, Afrika und Australien.
Interviewer: Also eigentlich weltweit.
Sprecher: Jawohl, das stimmt.
Interviewer: Und wie hoch ist Ihr Umsatz?
Sprecher: Unser Gesamtumsatz beträgt zirka 12 Milliarden Mark, und wir beschäftigen ungefähr 60.000 Mitarbeiter weltweit.
Interviewer: Das ist interessant. Herzlichen Dank für das Gespräch.
Sprecher: Gern geschehen.

2.5A

Sprecherin: Guten Morgen, meine Damen und Herren. Herzlich willkommen in unserer Zentrale hier in Hamburg. Zuerst möchte ich Ihnen kurz etwas über den Otto-Konzern erzählen.
Otto ist in erster Linie ein Versandhaus, das Waren per Katalog und Online-Bestellung verkauft und den Kunden direkt ins Haus schickt. Insgesamt gibt es mehr als 600 Kataloge pro Saison. Den deutschen Hauptkatalog mit dem Motto „Ist es Trend, hat es Otto" kennen Sie sicher. Er bietet auf 1.300 Seiten über 25.000 Produkte an, vor allem Bekleidung und Schuhe. Darüber hinaus gibt es hier mehr als 20 Spezialkataloge, zum Beispiel „Multimedia", „Baumarkt", „Klitzeklein", „Gartencenter" oder „p.s. company" – trendige Mode für junge Leute. Selbstverständlich alle kostenlos.
Otto existiert seit 1949. Im Herbst 1950 brachte unser Firmengründer, Werner Otto, den ersten Katalog heraus. Dieser erschien in einer Auflage von 300 Exemplaren, alle handgebunden, mit einem Angebot von 28 Paar Schuhen. Er hatte übrigens 14 Seiten. Und nach 50 Jahren ist die Otto-Handelsgruppe mit 51 Unternehmen in 20 Ländern in Europa, Amerika und Asien der einzige Global Player der Branche und das umsatzstärkste Versandunternehmen der Welt. Der Konzern erwirtschaftet einen Jahresumsatz von 17 Mrd. Euro, etwa die Hälfte davon im Ausland. Er beschäftigt 65.000 Menschen.
Der Sitz der Handelsgruppe ist, wie gesagt, nach wie vor Hamburg.
In jüngster Zeit hat Otto seine Position in Großbritannien, dem zweitgrößten Versandhandelsmarkt Europas, entscheidend verstärkt. Otto hat das britische Versandhandelsunternehmen Freemans Plc., London, übernommen. Dadurch hat Otto seinen Marktanteil am Versandhandel in Großbritannien von bisher 8 auf 15 Prozent erhöht. Der Otto-Konzern plant, seine Marktposition in den großen Versandhandelsmärkten auszubauen.
Das war also ein kurzer Überblick über unsere Firma. Möchte jemand eine Frage stellen?
Besucher 1: Entschuldigung, könnten Sie den Umsatz bitte wiederholen?
Sprecherin: Ja, wir haben einen Umsatz von 17 Mrd. Euro weltweit. Hat jemand weitere Fragen?
Besucher 1: Ja. können Sie uns bitte etwas über Ihre Aktivitäten in Spanien sagen?
Sprecherin: Ja, gerne. Wir verfolgen in Spanien ebenfalls einen Wachstumskurs. Deshalb hat Otto beschlossen, ein Joint Venture mit dem Textileinzelhandelsunternehmen Inditex zu gründen.
Besucher 2: Danke.
Sprecherin: So, meine Damen und Herren, beginnen wir jetzt unsere Betriebsbesichtigung ...

KAPITEL 3

3.1B

Herr Noske: Herr Weber, darf ich Sie irgendwann diese Woche zum Abendessen einladen?
Herr Weber: Gern, Herr Noske, das ist sehr freundlich von Ihnen.
Herr Noske: Würde Ihnen Donnerstag passen?
Herr Weber: Ja, das wäre prima, da habe ich nichts anderes vor.
Herr Noske: Gut. Essen Sie gern chinesisch? Ich kenne nämlich ein sehr gutes chinesisches Restaurant, das Restaurant Lotus. Die Küche ist ausgezeichnet und die Atmosphäre dort finde ich sehr angenehm.
Herr Weber: Es tut mir Leid, aber ich befürchte, die chinesische Küche schmeckt mir nicht.
Herr Noske: Wie wär's also mit einem gutbürgerlichen deutschen Restaurant?
Herr Weber: Ja, ehrlich gesagt ist mir das lieber.
Herr Noske: Dann kann ich zwei Restaurants empfehlen, die Bingelsstube oder das Restaurant Zum Kuhhirten-Turm. Die Bingelsstube hat eine Freiterrasse, da kann man wunderbar draußen sitzen. Aber das Restaurant Zum Kuhhirten-Turm hat, glaube ich, die bessere Speisekarte. Der Kuhhirten-Turm ist auch in Sachsenhausen. Das ist unser Vergnügungsviertel, das sollten Sie sehen.
Herr Weber: Prima, gehen wir also ins Restaurant Zum Kuhhirten-Turm.
Herr Noske: Gut, dann reserviere ich einen Tisch für Donnerstagabend.
Herr Weber: Wann und wo sollen wir uns treffen?
Herr Noske: Ich hole Sie so um halb sieben mit dem Auto von Ihrem Hotel ab.
Herr Weber: Vielen Dank für die Einladung, Herr Noske, ich freue mich drauf!

3.2B

Herr Noske: Guten Abend, ich habe einen Tisch reserviert auf den Namen Noske, Firma Morita.
Empfangsdame: Ja, Herr Noske, kommen Sie bitte mit. Ich hoffe, dieser Tisch passt Ihnen?
Herr Noske: Ja, wunderbar. Danke schön.
Kellner: So, meine Herrschaften, die Speisekarte, bitte schön.
Herr Weber: Mm. Sieht alles sehr lecker aus. Nehmen Sie eine Vorspeise?
Herr Noske: Ja. Ich glaube, ich nehme die Hühnerbrühe mit Einlage.
Herr Weber: Ich auch.
Herr Noske: Und was nehmen Sie als Hauptgericht?
Herr Weber: Können Sie mir etwas empfehlen?
Herr Noske: Das Eisbein mit Sauerkraut schmeckt hier besonders gut. Das ist eine Spezialität der Gegend.
Herr Weber: Ach nein, danke, da nehme ich lieber etwas anderes. Ich glaube, ich probiere die halbe Wildente. Und was nehmen Sie?
Herr Noske: Für mich das Champignonschnitzel mit Rahmsauce. Also, Herr Ober, wir möchten bestellen!
Kellner: Bitte schön, die Herrschaften, was bekommen Sie?
Herr Noske: Also, zweimal Hühnerbrühe ... und dann die halbe Wildente für den Herrn und Champignonschnitzel für mich.
Kellner: Jawohl. Und was möchten Sie dazu trinken?
Herr Noske: Also, kein Alkohol für mich. Ich muss noch Auto fahren. Ich nehme ein Apollinaris. Aber Sie, Herr Weber, Sie dürfen ruhig etwas trinken. Ich fahre Sie dann nach Hause.
Herr Weber: Dann nehme ich bitte ein Glas Rotwein, den Trollinger, und auch eine Flasche Mineralwasser.
Kellner: Ist gut, vielen Dank.

3.2D

Kellner: So, meine Herrschaften, hat es Ihnen geschmeckt?
Herr Noske: Ja, es war köstlich, danke.
Herr Weber: Ja, es hat wirklich sehr gut geschmeckt.
Kellner: Möchten Sie noch etwas bestellen?
Herr Noske: Ich nehme noch eine Rote Grütze. Und Sie, Herr Weber?
Herr Weber: Ich möchte bitte das Pflaumenkompott mit Vanilleeis, aber ohne Sahne.
Herr Noske: Und bringen Sie mir die Rechnung, bitte.
Kellner: Geht die Rechnung zusammen oder getrennt?
Herr Noske: Alles zusammen, bitte.
Kellner: So, die Rechnung, bitte schön.
Herr Noske: Danke. So, stimmt so.
Kellner: Vielen Dank. Angenehmen Abend noch.
Herr Noske: Vielen Dank, auf Wiedersehen.
Kellner: Wiedersehen.

3.3B

Herr Noske: Also, trinken wir auf Moritas neue Niederlassung in Weimar!
Herr Weber: Ja, auf ihren Erfolg!
Herr Noske: Sie sind doch aus Weimar, Herr Weber. Was ist denn Weimar für eine Stadt?
Herr Weber: Weimar ist eine mittelgroße Stadt und ist, wie Sie bestimmt wissen, für ihre historischen Verbindungen mit Goethe, Schiller und Liszt bekannt. Goethe hat mal gesagt: „Wählen Sie Weimar zu Ihrem Wohnort. Wo finden Sie auf einem so engen Flecken noch so viel Gutes!"
Herr Noske: Es muss ja sehr schön sein. Und wo wohnen Sie?
Herr Weber: In der Nähe des Stadtzentrums, in der Altstadt.
Herr Noske: Und wie wohnt man dort?
Herr Weber: Es ist schon sehr schön, dort zu wohnen. Trotz der Zentrumslage ist es dort relativ ruhig. Nur es kommen jetzt immer mehr Touristen und das Parken wird immer schwieriger!
Herr Noske: Ja, das Parken ist immer ein Problem in der Stadt. Wie kommen Sie denn zur Arbeit? Fahren Sie mit dem Auto?
Herr Weber: Nein, ich gehe zu Fuß, dafür brauche ich nur 15 Minuten.
Herr Noske: Toll, ich brauche mindestens eine Stunde. Und wie wohnen Sie, wenn ich fragen darf?
Herr Weber: Wir haben eine Wohnung im dritten Stock eines Altbaus.
Herr Noske: Gehört die Wohnung Ihnen oder ist es eine Mietwohnung?
Herr Weber: Es ist eine Mietwohnung.
Herr Noske: Und wie groß ist sie?
Herr Weber: Ungefähr 80 Quadratmeter. Wir haben drei Zimmer und einen Balkon. Und wo wohnen Sie, Herr Noske?
Herr Noske: In einem Stadtteil, der Schwalbach heißt, das liegt am nordwestlichen Stadtrand.
Herr Weber: Und wie wohnt man dort?
Herr Noske: Es ist eigentlich eine schöne Wohngegend, es ist fast im Grünen. Wir haben's nicht weit zum Taunusgebirge.
Herr Weber: Und wie kommen Sie zur Arbeit? Gibt es gute Verkehrsverbindungen ins Stadtzentrum?
Herr Noske: Ich fahre meistens mit dem Auto, die Straßenverbindungen sind sehr gut.
Herr Weber: Und wie wohnen Sie?
Herr Noske: Ich wohne in einer Doppelhaushälfte mit Südgarten.
Herr Weber: Schön, einen Garten hätte ich gern. Gehört das Haus Ihnen?
Herr Noske: Ja, das Haus habe ich vor etwa vier Jahren gekauft.
Herr Weber: Und wie groß ist es?
Herr Noske: 120 Quadratmeter. Es hat vier Zimmer.
Herr Weber: Hat das Haus einen Keller?
Herr Noske: Ja, der Keller kommt noch dazu. Da unten macht mein Sohn Musik.

3.3D

Herr Noske: Und haben Sie auch Familie, Herr Weber?
Herr Weber: Ja. Darf ich Ihnen diese Fotos zeigen?
Herr Noske: Gern.
Herr Weber: Das sind meine Kinder, Matthias und Claudia.
Herr Noske: Und wie alt sind sie?
Herr Weber: Matthias ist jetzt zehn und Claudia ist zwölf Jahre alt. Und das ist meine Frau, Barbara. Sie arbeitet im Krankenhaus, sie ist Krankenschwester.
Herr Noske: Sehr nett. Ich müsste auch irgendwo ein Familienfoto haben ... ja, da ist es. Da bin ich und der da, das ist mein Sohn, Thomas.
Herr Weber: Wie alt ist er?
Herr Noske: Er wird bald 18 und geht noch zur Schule. Nächstes Jahr macht er sein Abitur.
Herr Weber: Und wer sind die anderen?
Herr Noske: Das ist meine Schwester Ingrid mit ihrem Mann und das ist mein Bruder Johann mit seiner Frau. Mein Schwager Albert arbeitet übrigens auch bei Morita, vielleicht lernen Sie ihn noch kennen.
Herr Weber: Und wer ist der Kleine da?
Herr Noske: Das ist mein Neffe Georg, der Sohn von meiner Schwester Ingrid. Mein Bruder und seine Frau haben noch keine Kinder.
Herr Weber: Und Ihre Frau?
Herr Noske: Meine Ex-Frau ist nicht dabei. Ich bin seit zwei Jahren geschieden und erziehe meinen Sohn alleine.
Herr Weber: Ach so, das tut mir Leid.
Herr Noske: Na ja, das passiert heutzutage so oft.

3.4B

Herr Noske: Was machen Sie denn in Ihrer Freizeit, Herr Weber?
Herr Weber: Na ja, ich gehe gern mit meiner Familie im Park oder im Wald spazieren. Sonntags machen wir auch gern mal Ausflüge und besuchen alte Burgen, Schlösser und Kirchen. Ich interessiere mich nämlich sehr für Geschichte.
Herr Noske: Ja, Ihre Gegend muss historisch sehr interessant sein. Interessieren Sie sich auch für Musik oder Theater?
Herr Weber: Ja, ich höre sehr gern klassische Musik. Meine Frau und ich gehen gern mal ins Konzert oder ins Theater. Und Sie?
Herr Noske: Eigentlich gehe ich lieber ins Kino.
Herr Weber: Ach so. Ich interessiere mich auch sehr für Filme. Was für Filme sehen Sie gern?
Herr Noske: Eigentlich alles, nur nicht Horrorfilme oder Sciencefiction! Ja, ich finde die Filme von Wim Wenders sehr interessant.
Herr Weber: Ich persönlich mag die alten Hitchcock-Filme am liebsten. Die bringen sie ganz oft im Fernsehen.
Herr Noske: Ja, mir gefällt Hitchcock auch. Sehen Sie denn viel fern?
Herr Weber: Nein, ich habe keine Zeit. Nur Fußball sehe ich gern im Fernsehen, die Nachrichten natürlich, und ab und zu schaue ich mir einen interessanten Dokumentarfilm an.
Herr Noske: Treiben Sie Sport?
Herr Weber: Leider nicht mehr! Sind Sie denn sportlich aktiv?
Herr Noske: Ja, ziemlich.
Herr Weber: Was für Sportarten treiben Sie?
Herr Noske: Na, im Winter fahre ich mit meinem Sohn Ski und im Sommer fahre ich gern Rad. Ich mache oft Radtouren im Taunus. Und zweimal pro Woche jogge ich, um fit zu bleiben.
Herr Weber: Alle Achtung! Ich müsste auch wieder mal joggen gehen, ich bin überhaupt nicht mehr fit. Und haben Sie noch andere Hobbys?
Herr Noske: Na ja, ich lese gern, die Zeitung natürlich, aber auch Literatur und Sachbücher, am liebsten Biografien.
Herr Weber: Wer sind Ihre Lieblingsautoren?
Herr Noske: Ja, ich lese gern die Bücher von Heinrich Böll, Christa Wolf, Patrick Süskind ...
Herr Weber: Ah, ja, „Das Parfüm" von Süskind hat mir sehr gut gefallen ...

3.5C

Herr Noske: In der DDR konnte man nur selten in die westlichen Länder fahren. Sind Sie seit der Wiedervereinigung viel gereist?

Herr Weber: O ja, natürlich!

Herr Noske: Wohin sind Sie denn letztes Jahr in Urlaub gefahren?

Herr Weber: Nach Österreich. Wir haben zwei Wochen in St. Gilgen verbracht.

Herr Noske: Ah, St. Gilgen kenne ich. Ich war selbst vor zwei Jahren im Skiurlaub dort. Wie hat es Ihnen gefallen?

Herr Weber: Sehr gut. Die Stadt ist sehr schön, sauber und ruhig und die Landschaft ist herrlich.

Herr Noske: Ja, das fand ich auch. Wo haben Sie gewohnt?

Herr Weber: Wir haben in einer Familienpension gewohnt. Es war recht gemütlich. Die Familie war sehr freundlich, der Service war ausgezeichnet und das Essen hat uns sehr gut geschmeckt.

Herr Noske: Prima! Und was haben Sie dort gemacht?

Herr Weber: Wir sind viel in den Bergen gewandert. Wir sind auch oft geschwommen und mein Sohn hat auf dem See Surfen gelernt. An einem Tag haben wir einen Ausflug nach Salzburg gemacht. Abends sind meine Frau und ich oft ins Konzert gegangen und einmal haben wir eine Folklore-Veranstaltung besucht. Es war ein schöner Urlaub.

Herr Noske: Ja, es hat mir dort auch gefallen. Und wie war das Wetter?

Herr Weber: Herrlich, es hat nicht einmal geregnet!

Herr Noske: Prima! Und haben Sie schon Reisepläne für dieses Jahr?

Herr Weber: Ja, dieses Jahr wollen wir wahrscheinlich in die Schweiz fahren. Und Sie? Wo waren Sie letztes Jahr im Urlaub?

Herr Noske: Wir sind in die Türkei geflogen und haben ...

3.5D

Herr Weber: Wo waren Sie letztes Jahr im Urlaub?

Herr Noske: Wir sind in die Türkei geflogen und haben zwei Wochen in Side verbracht.

Herr Weber: Aha! Da war ich noch nie. Wie hat es Ihnen gefallen?

Herr Noske: Es war wunderbar. Wir haben uns richtig erholt!

Herr Weber: Prima! Wo haben Sie denn gewohnt?

Herr Noske: Wir haben in einem Luxushotel gewohnt, direkt am Strand. Der Service war ausgezeichnet und das Essen hat uns sehr gut geschmeckt. Die Leute waren auch sehr freundlich.

Herr Weber: Und was haben Sie dort gemacht?

Herr Noske: Natürlich haben wir viel am Strand gelegen und wir sind auch jeden Tag geschwommen. Wir haben die römischen Ruinen besucht, die direkt in Side sind. Wir haben auch einige Ausflüge mit dem Bus ins Landesinnere gemacht. Und abends sind wir durch die Bazars gebummelt. Es war ein sehr schöner Urlaub.

Herr Weber: Und wie war das Wetter?

Herr Noske: Meistens herrlich, nur am letzten Tag hat es geregnet!

Herr Weber: Wunderbar. Da muss ich auch mal hin! Und haben Sie schon Reisepläne für dieses Jahr?

Herr Noske: Ja, dieses Jahr wollen wir wahrscheinlich nach Spanien fahren.

3.6B

Herr Weber: Herr Noske, ich habe bald ein freies Wochenende in Frankfurt. Was kann man hier tun?

Herr Noske: Was möchten Sie gern machen?

Herr Weber: Ich möchte natürlich einige Sehenswürdigkeiten besichtigen.

Herr Noske: Also, wenn Sie sich für Geschichte interessieren, sollten Sie den Römer besuchen, das mittelalterliche Rathaus der Stadt. Und nicht weit vom Römer ist die Paulskirche, wo die erste deutsche Nationalversammlung stattfand.

Herr Weber: Ja, von dem Römer und der Paulskirche habe ich schon gehört.

Herr Noske: Und weil Sie ja aus der Goethe-Stadt Weimar kommen, müssen Sie unbedingt Goethes Geburtshaus besuchen. Das ist auch nicht weit vom Römer.

Herr Weber: Ach ja, eine gute Idee!

Herr Noske: Es gibt auch viele interessante Museen in Frankfurt. Wenn Sie sich für Filme interessieren, könnten Sie das Deutsche Filmmuseum besuchen.

Herr Weber: Aha, wo ist es denn?

Herr Noske: Am südlichen Mainufer. Die Straße dort nennt man jetzt „Museumsufer", weil es dort so viele Museen gibt. Selbst wenn Sie die Museen nicht besuchen, können Sie ihre spektakuläre moderne Architektur bewundern!

Herr Weber: Da muss ich unbedingt hin! Ich möchte auch einige Geschenke kaufen. Wo kann man am besten einen Einkaufsbummel machen?

Herr Noske: Die wichtigste Einkaufszone ist die Zeil. Dort finden Sie fast alle großen Kaufhäuser und Geschäfte. Wissen Sie, dass die Zeil die umsatzstärkste Einkaufsstraße Frankfurts ist?

Herr Weber: Tatsächlich? Und kann ich dort auch Andenken kaufen?

Herr Noske: Unter der Hauptwache finden Sie viele Souvenirläden, das ist am Anfang der Zeil. Auch hier in Sachsenhausen können Sie Souvenirs kaufen.

Herr Weber: Und was ist ein typisches Andenken von Frankfurt?

Herr Noske: Oh, ein *Äppelwoi*-Bembel, das ist ein großer Steinkrug, blau bemalt. *Äppelwoi* ist ja das typische Frankfurter Getränk!

Herr Weber: Und was macht man abends in Frankfurt?

Herr Noske: Es gibt viele Möglichkeiten. Es kommt darauf an, was Sie gerne tun. Wenn Sie sich für Kultur interessieren, könnten Sie in die Alte Oper gehen. Dort hört man allerdings Konzerte, keine Opern. Das Gebäude wurde 1944 zerstört und 1981 als Konzert- und Kongresshaus wieder eröffnet. Übrigens, da habe ich eine Idee. Gehen Sie gern in die Oper?

Herr Weber: Ja, aber warum?

Herr Noske: Wir haben ein Abonnement für die Stadtoper und am nächsten Mittwoch habe ich eine Karte für den „Fliegenden Holländer" von Wagner übrig. Hätten Sie Lust mitzukommen?

Herr Weber: O ja, mit Vergnügen! Recht vielen Dank!

KAPITEL 4

4.1B

Herr Grimm: So, Herr Wenz, hier ist das Organigramm unserer Firma. Wie Sie sehen, wird die Firma von einer Geschäftsführung geleitet, unser Geschäftsführer heißt Dr. Schwarz. Organisatorisch ist die Firma in sieben Hauptbereiche aufgeteilt.

Herr Wenz: Das sind Vertrieb, Produktion und so weiter?

Herr Grimm: Ja, genau.

Herr Wenz: Und einige Bereiche sind in Abteilungen aufgeteilt?

Herr Grimm: Ja, richtig. Der Bereich Vertrieb zum Beispiel umfasst die Abteilung Marketing und Werbung, den Außendienst und den Innendienst. Zum kaufmännischen Bereich gehören die Abteilungen Rechnungswesen und Buchhaltung, Materialwirtschaft und Logistik sowie die Lagerhaltung.

Herr Wenz: Aha. Und wo arbeite ich?

Herr Grimm: Sie arbeiten in drei Abteilungen bei uns. So bekommen Sie einen guten Überblick über das Zusammenwirken der verschiedenen Abteilungen. Zuerst arbeiten Sie vier Wochen im Vertrieb. Der Leiter dort ist Herr Dorn. Zu Anfang arbeiten Sie im Innendienst, dort unterstehen Sie Frau Peer.

Herr Wenz: Frau Peer, P-E-E-R?

Herr Grimm: Ja, genau. Die nächsten vier Wochen verbringen Sie in der kaufmännischen Abteilung.

Herr Wenz: Und wer ist da der Chef?

Herr Grimm: Unser kaufmännischer Leiter ist Herr Fleck.

Herr Wenz: Herr Fleck?

Herr Grimm: Ja. Dort fangen Sie in der Abteilung Materialwirtschaft und Logistik an. Der Abteilungschef heißt Herr Braun.

Herr Wenz: Und danach?

Herr Grimm: Die letzten vier Wochen sind Sie in der Produktion. Unser Produktionschef ist Herr Swoboda.
Herr Wenz: Wie schreibt man den Namen, bitte?
Herr Grimm: S-W-O-B-O-D-A, Swoboda.
Herr Wenz: Aha, danke.
Herr Grimm: So lernen Sie bei uns etwas über die Tätigkeiten und Anforderungen in den verschiedenen Berufen, was bei der Berufswahl ja sehr wichtig ist.

4.1D

Herr Wenz: Herr Grimm, könnten Sie bitte erklären, wie das alles bei Rohrbach funktioniert?
Herr Grimm: Ja. Wir sind eine Maschinenbaufirma, die wichtigste Abteilung bei uns ist also die Entwicklung und Konstruktion. Die Projektingenieure in dieser Abteilung besprechen mit den Kunden, was diese genau haben möchten, und entwickeln dann entsprechende Produkte. Das Konstruktionsbüro konzipiert die Prototypen.
Herr Wenz: Und was geschieht dann?
Herr Grimm: Die Abteilung Fertigung und Montage fertigt, beziehungsweise montiert, die Produkte. Wir fertigen nach dem Just-in-Time-System.
Herr Wenz: Was ist das Just-in-Time-System?
Herr Grimm: Just-in-Time bedeutet, dass unsere Lieferanten das richtige Produktionsmaterial zum richtigen Zeitpunkt und in der richtigen Menge an den Fertigungsort liefern müssen. Das spart Geld. Wir kaufen nämlich nur das ein, was wir brauchen, und wir haben keine hohen Lagerkosten.
Herr Wenz: Ach so, ich verstehe. Und wer organisiert das?
Herr Grimm: Das alles macht die Abteilung Materialwirtschaft und Logistik. Dabei arbeitet sie natürlich eng mit den Abteilungen Entwicklung und Konstruktion und Produktion zusammen. Diese Abteilungen informieren sie, was für Rohmaterialien sie brauchen und zu welchem Termin.
Herr Wenz: Aha. Und wer verkauft die Produkte?
Herr Grimm: Das macht der Vertrieb durch sein Netz von Außendienstmitarbeitern. Die Mitarbeiter im Außendienst betreuen unsere Stammkunden, suchen aber auch ständig neue Kunden.
Herr Wenz: Ach so. Ich verstehe. Vielen Dank, Herr Grimm.
Herr Grimm: Bitte.

4.2A

Herr Wenz: Herr Grimm, wie sind die Arbeitszeiten bei der Firma?
Herr Grimm: In der Fabrik gibt es Schichtarbeit, aber in der Verwaltung haben wir gleitende Arbeitszeit. Die Kernzeit geht von 9.00 bis 16.00 Uhr.
Herr Wenz: Und wann kann man morgens anfangen?
Herr Grimm: Man kann zwischen halb acht und neun Uhr anfangen und aufhören kann man zwischen 16.00 Uhr und 18.30 Uhr, außer freitags. Freitags machen wir schon um 16.00 Uhr Feierabend.
Herr Wenz: Wie viele Stunden muss man pro Woche arbeiten?
Herr Grimm: 37 $\frac{1}{2}$ Stunden einschließlich einer halben Stunde Mittagspause.
Herr Wenz: Muss man auch Überstunden machen?
Herr Grimm: Die gibt es normalerweise hier in der Verwaltung nicht, aber in der Fabrik manchmal schon, wenn viel Arbeit da ist.
Herr Wenz: Eine Frage noch: wie viele Urlaubstage gibt es im Jahr?
Herr Grimm: 30, und die gesetzlichen Feiertage kommen noch dazu.

4.2D

Herr Wenz: Herr Grimm, eine Frage zur Bezahlung. Ich bekomme monatlich 500 Euro, nicht?
Herr Grimm: Ja, richtig. Da Sie einen Angestelltenberuf lernen, bekommen Sie ein Monatsgehalt.
Herr Wenz: Und ist das brutto oder netto?
Herr Grimm: Das ist Ihr Bruttogehalt, aber Sie bekommen noch Wohngeld dazu.

Herr Wenz: Und wie viel ist das Wohngeld?
Herr Grimm: 150 Euro im Monat. Leider bekommen Sie das dreizehnte Monatsgehalt nicht, da Sie nur drei Monate bei uns bleiben.
Herr Wenz: Das 13. Monatsgehalt?
Herr Grimm: Ja, alle Angestellten bei uns bekommen noch ein Monatsgehalt zu Weihnachten.
Herr Wenz: Ach, schade! ... Aber, Herr Grimm, noch eine Frage. Wann bekomme ich mein erstes Gehalt?
Herr Grimm: Am Ende des ersten Monats.
Herr Wenz: Das ist erst in drei Wochen. Könnte ich vielleicht einen Vorschuss bekommen?
Herr Grimm: Natürlich, das ist überhaupt kein Problem. Gehen Sie zu unserer Kassiererin und lassen Sie sich einen Vorschuss geben.
Herr Wenz: Danke schön, Herr Grimm.

4.3B

DIALOG 1

Herr Wenz: Entschuldigung, wo ist das Büro des Personalleiters?
Empfangsdame: Sein Büro ist im zweiten Stock. Vom Empfang aus gehen Sie zwei Treppen hoch. Wenn Sie oben sind, sehen Sie seine Tür schon vor sich.
Herr Wenz: Danke.

DIALOG 2

Herr Wenz: Wie komme ich zur Abteilung Vertrieb?
Herr Grimm: Gehen Sie wieder nach unten ins Erdgeschoss, dann links um die Ecke, den Gang entlang und es ist die vierte Tür links.
Herr Wenz: Danke.

DIALOG 3

Herr Wenz: Ich muss in die Produktionsabteilung. Wie komme ich dahin?
Mitarbeiterin: Gehen Sie zurück zum Empfang, dann eine Treppe hinauf in den ersten Stock. Dort gehen Sie links, dann geradeaus bis fast zum Ende. Sie sehen die Abteilung auf der linken Seite.

DIALOG 4

Herr Wenz: Wo ist der Postraum, bitte?
Mitarbeiter: Gehen Sie hier rechts raus, zurück zur Treppe, dann die Treppe runter ins Erdgeschoss. Wenn Sie unten sind, gehen Sie links und er ist auf der rechten Seite gleich hinter dem Empfang.

4.4A

Herr Dorn: Herr Wenz, ich möchte Sie einigen Kollegen vorstellen, mit denen Sie zu tun haben werden.
Herr Wenz: Ah, gut.
Herr Dorn: Das ist Frau Kern vom Innendienst. Sie ist Sachbearbeiterin und kümmert sich um die Aufträge.
Herr Wenz: Guten Tag, Frau Kern. Sehr erfreut.
Frau Kern: Guten Tag, Herr Wenz.
Herr Dorn: Das ist Herr Barth vom Außendienst. Er ist Verkaufsberater und ist verantwortlich für die Kundenbetreuung.
Herr Wenz: Freut mich Sie kennen zu lernen!
Herr Barth: Tag, Herr Wenz.
Herr Dorn: Und das ist unser Marketing-Assistent, Herr Abt. Herr Abt befasst sich mit Marktforschung und Werbung.
Herr Wenz: Guten Tag, Herr Abt.
Herr Abt: Angenehm.
Herr Dorn: Und das ist Frau Richter. Frau Richter ist unsere Sekretärin.
Herr Wenz: Guten Tag, Frau Richter!
Frau Richter: Guten Tag.
Herr Wenz: Wofür sind Sie zuständig?
Frau Richter: Ich bin zuständig für allgemeine Büroarbeiten in der Abteilung.
Herr Dorn: So, dann lasse ich Sie jetzt hier. Frau Kern wird sich um Sie kümmern. Viel Spaß bei der Arbeit!
Herr Wenz: Vielen Dank, Herr Dorn.

4.4D

Herr Wenz: Frau Kern, Sie sind für die Aufträge zuständig. Wie läuft das? Was müssen Sie alles bei der Arbeit machen?

Frau Kern: Was ich bei der Auftragsabwicklung mache? Also, ich nehme Kundenanfragen entgegen, d. h. ein Kunde möchte etwas kaufen und fragt nach Preis und Lieferzeit der Ware. Ich beantworte die Anfrage, indem ich ein Angebot erstelle. Im Angebot geben wir eine Produktspezifikation, den Preis und die Lieferzeit an. Das mache ich in Zusammenarbeit mit der Abteilung Entwicklung und Konstruktion.

Wenn der Kunde unser Angebot annimmt und etwas bestellen möchte, gibt er uns einen Auftrag. Dann muss ich den Auftrag bestätigen. Mit der Auftragsbestätigung nehmen wir den Auftrag an. Die Auftragsbestätigung leite ich dann an die Abteilung Rechnungswesen weiter, damit man dort eine Rechnung schreiben kann. Die Versandabteilung bekommt natürlich auch eine Kopie, weil man dort den Lieferschein ausstellt. Ich bin dafür verantwortlich, dass wir die Waren rechtzeitig ausliefern, da muss ich also ständig Liefertermine überwachen. Und einmal im Monat muss ich einen Verkaufsbericht schreiben.

Was mache ich denn sonst noch? Ach ja, ich muss mich manchmal um Reklamationen kümmern, z.B. die Waren sind nicht rechtzeitig angekommen oder sie funktionieren nicht richtig oder so was, dann reklamiert der Kunde.

Herr Wenz: Also Reklamationen kommen hier auch manchmal vor?

Frau Kern: Leider ja!

4.5B

Herr Wenz: Entschuldigen Sie, Frau Richter, können Sie mir zeigen, wie man den Fotokopierer benutzt?

Frau Richter: Ja, natürlich. Also, mit diesem Hauptschalter hier schalten Sie das Gerät ein ... Moment, warum funktioniert das nicht? ... Ah, das Gerät ist nicht angeschlossen. Können Sie das machen?

Herr Wenz: Wo schließt man das Gerät an?

Frau Richter: Die Steckdose ist hier unter dem Schreibtisch.

Herr Wenz: Ach, ja. So, jetzt geht's.

Frau Richter: Danke. So, wenn Sie eingeschaltet haben, müssen Sie etwas warten, bis diese Anzeige grün leuchtet, dann ist das Gerät betriebsbereit. Dann öffnen Sie die Abdeckung und legen den Text hier auf, mit der bedruckten Seite nach unten ... so ... und dann schließen Sie die Abdeckung. Wie viele Kopien brauchen Sie?

Herr Wenz: Fünf.

Frau Richter: Mit diesen Tasten hier stellen Sie die Kopienanzahl ein. Dann drücken Sie die Starttaste – fertig!

Herr Wenz: Vielen Dank, Frau Richter.

Frau Richter: Bitte schön.

4.5D

Frau Kern: Könnten Sie vielleicht dieses Fax für mich senden, Herr Wenz?

Herr Wenz: Gerne, Frau Kern, ich hab' aber noch nie ein Faxgerät benutzt. Können Sie mir zeigen, wie man das macht?

Frau Kern: Ja, sicher. Also zuerst stellen Sie die Papierführung ein, so ... Und dann legen Sie das Original hier auf und zwar mit der bedruckten Seite nach unten. Schieben Sie das Papier etwas, bis es automatisch eingezogen wird, sehen Sie. So, und jetzt wählen Sie die Faxnummer des Empfängers, mit diesen Wähltasten hier. Moment ... 030 44 97 – 1. Dann drücken Sie die Starttaste, so, und das Gerät beginnt zu senden. Wenn der Text durchgelaufen ist, ertönt das Abschlusssignal und das Display zeigt „Sendung OK".

Herr Wenz: Aha.

Frau Kern: Und zuletzt druckt das Gerät ein Übertragungsprotokoll aus, sehen Sie.

Herr Wenz: Und was macht man damit?

Frau Kern: Das heften Sie auf den Text und legen ihn dann hier in die Ablage. Frau Richter wird das dann zu den Akten legen.

Herr Wenz: Danke, Frau Kern. Ich hoffe, ich kann mir das alles merken!

Frau Kern: Ich auch. Wenn Sie Probleme haben, dann fragen Sie mich ruhig.

4.6A

Frau Kern: Ach, schon wieder eine Reklamation von Walter Betz! Ich brauche erst einmal einen Kaffee, bevor ich die Firma anrufe.

Herr Wenz: Ich koche Ihnen einen Kaffee, Frau Kern!

Frau Kern: Ach, das ist nett von Ihnen, Herr Wenz.

Herr Wenz: Möchten Sie auch einen Kaffee, Frau Richter?

Frau Richter: O ja, bitte.

Herr Wenz: So, hier ist der Kaffee.

Frau Kern: Vielen Dank.

Frau Richter: Danke.

Frau Kern: Ach, jetzt geht's mir schon viel besser. So, lesen wir den Brief von Herrn Betz noch mal ... ach, wie ich Reklamationen hasse!

Herr Wenz: Aber Frau Kern, die Arbeit hier gefällt Ihnen doch gut, oder?

Frau Kern: Meistens schon, aber unangenehme Telefongespräche mit Kunden mag ich nicht.

Herr Wenz: Was machen Sie denn gerne?

Frau Kern: Ach, Anfragen entgegennehmen, neue Produkte anbieten, solche Sachen mache ich gerne. Ich verhandle auch gern mit Kunden über Preise.

Herr Wenz: Was gefällt Ihnen am besten an Ihrer Stelle?

Frau Kern: Ich arbeite am liebsten selbstständig und hier kann ich meine Arbeit selbst einteilen.

Herr Wenz: Und Sie, Frau Richter, wie finden Sie denn Ihre Stelle?

Frau Richter: Na ja, mir gefällt die Arbeit ganz gut.

Herr Wenz: Was machen Sie gern?

Frau Richter: Mm ... Geschäftsreisen für den Chef zu organisieren macht mir Spaß.

Herr Wenz: Und was gefällt Ihnen an der Arbeit nicht so gut?

Frau Richter: Die langen Arbeitsstunden mag ich nicht. Manchmal muss ich bis abends um sieben arbeiten. Da bleibt wenig Zeit für das Private übrig! Ja, das, und die Ablage. Die Ablage machen finde ich todlangweilig! Und bei Sitzungen führe ich auch nicht gern Protokoll.

Frau Kern: Und Sie, Herr Wenz, Sie sind jetzt schon fast drei Wochen hier. Arbeiten Sie gern bei der Firma?

Herr Wenz: Ja, ich arbeite gern hier, denn die Arbeit ist sehr interessant – sehr abwechslungsreich. Das Beste an dem Job sind aber die netten Kollegen!

Frau Kern: Meint er etwa uns?

4.6D

Wolfgang Wenz: Entschuldigung, ist hier noch frei?

Udo Petzold: Aber sicher. Du bist der neue Praktikant, oder?

Wolfgang: Ja, bist du auch Praktikant?

Udo: Ja, ich heiße Udo.

Wolfgang: Grüß dich, ich heiße Wolfgang. Wie lange arbeitest du denn schon bei Rohrbach?

Udo: Seit über zwei Monaten. Mein Praktikum geht bald zu Ende.

Wolfgang: In welchen Abteilungen warst du denn schon?

Udo: Zuerst war ich in der kaufmännischen Abteilung, dann bei Informationssystemen, und jetzt bin ich in der Produktion.

Wolfgang: Ach, das ist aber interessant! Da fange ich nämlich nächsten Monat an! Wie ist es denn in der Abteilung zu arbeiten?

Udo: Na, pass auf. Das Arbeitsklima dort ist schlecht. Der Produktionschef, Herr Swoboda, ist ein sehr unsympathischer Typ. Die meisten Kollegen haben Angst vor ihm. Er ist sehr autoritär, er schreit dauernd und kommandiert die Leute herum.

Wolfgang: Und wie sind die anderen Kollegen?

Udo: Da gibt's den Herrn Marek, er ist sehr ehrgeizig und konkurriert ständig mit den anderen. Ich glaube, er möchte die Stelle des Abteilungsleiters haben. Er ist überhaupt nicht hilfsbereit, er nimmt sich nie Zeit, einem zu helfen oder irgendetwas zu erklären.

Wolfgang: Und ich muss ganze vier Wochen dort arbeiten!
Udo: Na ja, es gibt dort wenigstens einen sympathischen Kollegen, er heißt Herr Uhl. Er ist gutmütig und gelassen und hat immer Zeit, wenn man ein Problem hat. Halte dich an ihn. Aber wie ist das Arbeitsklima dort, wo du arbeitest?
Wolfgang: In der Vertriebsabteilung ist das Klima eigentlich sehr positiv. Unser Chef ist sehr freundlich und zugänglich und die Kollegen sind wirklich sehr nett.
Udo: Du hast es aber gut.

KAPITEL 5

5.1B
Kollegin: Sie wählen zuerst die internationale Vorwahl, also von uns aus null null. Dann wählen Sie die Landesvorwahl, das heißt vier neun für Deutschland. Danach kommt die Ortsnetzkennzahl für München. Sie lassen da die Null weg und wählen also acht neun. Dann kommt die Rufnummer der Firma, also siebzehn dreiunddreißig. Auf diesem Brief steht auch Frau Seidels Durchwahlnummer. Wenn Sie direkt nach der Rufnummer zwo vier wählen, erreichen Sie Frau Seidel direkt.
So, alles klar? Oder soll ich's wiederholen? Also, noch einmal ...

5.1D
ANRUF 1
Auskunft: Platz 87. Auslandsauskunft, guten Tag. Welches Land, bitte?
Anrufer: Guten Tag. Österreich.
Auskunft: Welcher Ort, bitte?
Anrufer: Wien.
Auskunft: Wie heißt der Teilnehmer?
Anrufer: Die Firma Flora-Print.
Auskunft: Einen Moment. ... Sie wählen null null vier drei für Österreich. Die Vorwahl ist eins für Wien, die Nummer ist zweiundneunzig - sechsundsechzig - null eins.
Anrufer: Also null null vier drei für Österreich, dann eins - neun zwo - sechs sechs - null eins.
Auskunft: Ja.
Anrufer: Vielen Dank, auf Wiederhören.

ANRUF 2
Auskunft: Platz 19. Auslandsauskunft, guten Tag. Welches Land, bitte?
Anrufer: Frankreich. Was ist die Nummer der Firma Intrex Trading in Paris?
Auskunft: Bleiben Sie am Apparat. Sie wählen null null drei drei für Frankreich. Die Vorwahl für Paris ist eins, die Rufnummer ist dreißig - dreiundfünfzig - zweiundzwanzig - sechsundvierzig.
Anrufer: Könnten Sie das bitte in einzelnen Ziffern sagen?
Auskunft: Ja, drei null - fünf drei - zwei zwei - vier sechs.
Anrufer: Drei null - fünf drei - zwei zwei - vier sechs. Gut, danke, auf Wiederhören.

ANRUF 3
Auskunft: Platz 56. Internationale Auskunft, guten Tag. Welches Land, bitte?
Anrufer: Spanien.
Auskunft: Ort, bitte.
Anrufer: Madrid.
Auskunft: Wie heißt der Teilnehmer?
Anrufer: Unisys España.
Auskunft: Moment, bitte. ... Sie wählen null null drei vier für Spanien, die Vorwahl für Madrid ist eins, die Nummer ist vier - null drei - sechs null - null null.
Anrufer: Könnten Sie das bitte langsamer sagen?
Auskunft: Null null drei vier für Spanien. Die Vorwahl für Madrid ist eins und die Rufnummer der Firma ist vier - null drei - sechs null - null null.
Anrufer: Vielen Dank, auf Wiederhören.

ANRUF 4
Auskunft: Platz 17. Auslandsauskunft, guten Tag. Welches Land, bitte?
Anrufer: Die Schweiz. Geben Sie mir bitte die Nummer von International Watch und Co. in Schaffhausen.
Auskunft: Einen Moment, bitte. ... Die Vorwahl ist fünf drei für Schaffhausen, die Rufnummer ist achtundzwanzig - fünfundfünfzig - vierundfünfzig.
Anrufer: Also, ich wiederhole: fünf drei - achtundzwanzig - fünfundfünfzig - vierundfünfzig. Und was ist die internationale Vorwahl für die Schweiz?
Auskunft: Von hier aus wählen Sie null null vier eins.
Anrufer: Recht vielen Dank, auf Wiederhören.
Auskunft: Bitte schön, auf Wiederhören.

5.2A
TEIL 1
Nummer 1: (*Freiton*)
Nummer 2: (*Besetztton*)
Nummer 3: (*Datenton*)

TEIL 2
Ansage 1: Kein Anschluss unter dieser Nummer.
Ansage 2: Die Rufnummer des Teilnehmers hat sich geändert. Bitte wählen Sie: sechs -zwoundsiebzig - fünfundachtzig - sechzig. Ich wiederhole: sechs - zwoundsiebzig - fünfundachtzig - sechzig.
Ansage 3: Die Ortsnetzkennzahl für Hinterliederbach hat sich geändert. Bitte wählen Sie vor der Rufnummer zwo null.
Ansage 4: Alle Auskunftsplätze sind zur Zeit belegt! Bitte legen Sie nicht auf! Sie werden gleich bedient!

5.2B
ANRUF 1
Zentrale: Videco, Frankfurt, guten Tag.
Frau Henrik: Hallo, ist da die Firma Videco?
Zentrale: Videco, Frankfurt, guten Tag.
Frau Henrik: Guten Tag. Hier spricht Henrik von der Firma Dansk Data in Aalborg. Kann ich bitte Herrn Schuster von der Einkaufsabteilung sprechen?
Zentrale: Ja, Moment bitte, ich verbinde.
Frau Henrik: Danke.
Herr Schuster: Schuster, guten Tag.
Frau Henrik: Spreche ich mit Herrn Schuster?
Herr Schuster: Ja, wer ist am Apparat?
Frau Henrik: Hier ist Henrik, Dansk Data, Aalborg, guten Tag.

ANRUF 2
Zentrale: Schulze, Nürnberg, guten Morgen.
Herr Werner: Guten Morgen. Hier spricht Udo Werner von der Firma Novartis in Basel. Könnte ich bitte Frau Pfeiffer sprechen?
Zentrale: Einen Moment, bitte, ich verbinde. Der Anschluss ist besetzt. Wollen Sie warten?
Herr Werner: Ja, ich warte.
Zentrale: Ich verbinde.
Frau Pfeiffer: Pfeiffer.
Herr Werner: Guten Tag, Frau Pfeiffer, hier Udo Werner, Novartis, Basel.

ANRUF 3
Teilnehmer: Guten Tag.
Anrufer: Guten Tag. Ist da die Firma Lasco?
Teilnehmer: Nein, hier ist eine Privatnummer. Sie sind falsch verbunden!
Anrufer: Ach, Verzeihung, ich habe falsch gewählt. Auf Wiederhören!
Teilnehmer: Auf Wiederhören!

5.2D

ANRUF 1

Zentrale: Firma Braun, guten Tag.
Herr Ellis: Guten Tag. Hier spricht John Ellis von Computec in London. Kann ich bitte Herrn Müller von der Verkaufsabteilung sprechen?
Zentrale: Kleinen Moment, bitte, ich verbinde.
Büro: Guten Tag, Steinke, Apparat Müller.
Herr Ellis: Guten Tag, Ellis, Computec London. Ich möchte bitte Herrn Müller sprechen.
Büro: Herr Müller ist im Moment leider nicht da. Wollen Sie zurückrufen?
Herr Ellis: Wann kann ich ihn erreichen?
Büro: Sie können es in einer halben Stunde wieder probieren.
Herr Ellis: Gut, dann rufe ich in einer halben Stunde wieder an.
Büro: Ist gut, auf Wiederhören.
Herr Ellis: Auf Wiederhören.

ANRUF 2

Zentrale: Firma Braun, guten Tag.
Frau Gomez: Guten Tag, Gomez, Firma Rumasa, Barcelona. Könnte ich Frau Bach sprechen?
Zentrale: Ich verbinde.
Büro: Büro Bach, guten Tag.
Frau Gomez: Guten Tag, Gomez, Firma Rumasa, Barcelona. Ist Frau Bach zu sprechen, bitte?
Büro: Wie bitte? Die Verbindung ist sehr schlecht!
Frau Gomez: Hier Gomez, Rumasa, Barcelona. Ich möchte Frau Bach sprechen.
Büro: Frau Bach ist in einer Besprechung. Soll ich ihr etwas ausrichten?
Frau Gomez: Nein, danke. Ich muss sie persönlich sprechen. Können Sie mir sagen, wann ich sie erreichen kann?
Büro: Am besten rufen Sie morgen zurück. Sie ist ab 8.30 Uhr im Büro.
Frau Gomez: Gut, dann rufe ich morgen früh kurz nach halb neun wieder an. Vielen Dank.
Büro: Bitte schön, auf Wiederhören.

ANRUF 3

Zentrale: Firma Braun, guten Tag.
Herr Borg: Guten Tag, hier spricht Borg, Svenska Marketing, Stockholm. Ich möchte bitte Herrn Weber sprechen.
Zentrale: Einen Moment, ich stelle Sie durch.
Büro: Linz am Apparat.
Herr Borg: Könnte ich bitte Herrn Weber sprechen?
Büro: Es tut mir Leid, Herr Weber ist auf Geschäftsreise.
Herr Borg: Ach so. Wissen Sie, ob er diese Woche wieder im Büro ist?
Büro: Er ist erst nächsten Montag wieder da. Kann ich Ihnen helfen?
Herr Borg: Nein, danke, ich rufe am Montag wieder an. Vielen Dank.
Büro: Gern geschehen. Auf Wiederhören.

5.3A

ANRUF 1

Rezeption: Arabella Hotel, guten Tag.
Herr Green: Guten Tag, mein Name ist Green, von der Firma Midfast, Birmingham. Ich möchte gerne Informationsmaterial über Ihre Konferenzeinrichtungen. Wer kann mir das senden?
Rezeption: Einen Moment, ich verbinde Sie mit der Bankettabteilung.
Herr Green: Mit welcher Abteilung, bitte?
Rezeption: Mit der Bankettabteilung.
Herr Green: Danke.

ANRUF 2

Zentrale: Hedemann GmbH, guten Tag.
Frau Arup: Guten Tag, Arup, Lunaprint, Kopenhagen. Es geht um die Reklamation einer mechanischen Presse, die Sie uns geliefert haben. Mit wem spreche ich am besten darüber?

Zentrale: Ich verbinde Sie mit dem Kundendienst. Bleiben Sie am Apparat.
Herr Schmidt: Schmidt, guten Tag.
Frau Arup: Guten Tag, ist das der Kundendienst?
Herr Schmidt: Ja, worum handelt es sich, bitte?
Frau Arup: Es geht um die Reklamation einer mechanischen Presse, die Sie uns gerade geliefert haben.
Herr Schmidt: Wie ist Ihr Name, bitte?
Frau Arup: Arup, Lunaprint, Kopenhagen.
Herr Schmidt: Geben Sie mir die Bestellnummer, bitte.
Frau Arup: Die Bestellnummer ist 183/1B.
Herr Schmidt: Und was ist das Problem?

ANRUF 3

Zentrale: EOC Normalien, Lüdenscheid, guten Tag.
Frau Bethmann: Guten Tag, hier spricht Bethmann, Firma Arco, Paris. Ich rufe an wegen einer Rechnung, die ich gerade bekommen habe. Wer ist dafür zuständig?
Zentrale: Ich verbinde Sie mit Herrn Weyhe von der Buchhaltung.
Frau Bethmann: Entschuldigung, wie war der Name noch mal?
Zentrale: Weyhe.
Frau Bethmann: Danke.
Herr Weyhe: Weyhe am Apparat.
Frau Bethmann: Guten Tag, hier spricht Bethmann, Firma Arco, Paris. Ich habe eine Frage zu Ihrer letzten Rechnung Nummer 781/A.
Herr Weyhe: Ja, dafür bin ich leider nicht zuständig. Da sprechen Sie am besten mit Frau Weiß. Bleiben Sie am Apparat, ich verbinde Sie weiter.
Frau Bethmann: Danke.

5.3C

Nummer 1: Jäger: J wie Julius, Ä wie Ärger, G wie Gustav, E wie Emil, R wie Richard.
Nummer 2: Münch: Martha, Übermut, Nordpol, Cäsar, Heinrich.
Nummer 3: Swarowski: Samuel, Wilhelm, Anton, Richard, Otto, Wilhelm, Samuel, Kaufmann, Ida.
Nummer 4: Zeiss: Z wie Zacharias, E wie Emil, I wie Ida, Samuel, Samuel.
Nummer 5: Weyhe: Wilhelm, Emil, Ypsilon, Heinrich, Emil.
Nummer 6: Quantas: Q wie Quelle, U wie Ulrich, A wie Anton, N wie Nordpol, T wie Theodor, A wie Anton, S wie Samuel.

5.3D

Zentrale: Schäfer GmbH, guten Tag.
Frau Lionne: Guten Tag, mein Name ist Lionne. Ich rufe aus Paris an, von der Firma Raphael. Ich hätte gern einen Katalog Ihrer Produkte. Wer kann mir das schicken?
Zentrale: Kleinen Moment, ich verbinde Sie mit der Marketingabteilung.
Frau Lionne: Danke.
Herr Riller: Riller, guten Tag.
Frau Lionne: Guten Tag, Lionne, Firma Raphael, Paris. Können Sie mir bitte ihren neuesten Katalog schicken?
Herr Riller: Natürlich. Sagen Sie mir Ihren Namen, bitte.
Frau Lionne: Lionne.
Herr Riller: Oh, das müssen Sie mir aber buchstabieren!
Frau Lionne: Also, L wie Ludwig, I wie Ida, O wie Otto, Nordpol, Nordpol, Emil.
Herr Riller: Und wie heißt Ihre Firma noch mal?
Frau Lionne: Firma Raphael.
Herr Riller: Wie schreibt man das, bitte?
Frau Lionne: Richard, Anton, Paula, Heinrich, Anton, Emil, Ludwig.
Herr Riller: Und was ist die Adresse?
Frau Lionne: 24 rue Levallois. Ich buchstabiere: Ludwig, Emil, Viktor, Anton, Ludwig, Ludwig, Otto, Ida, Samuel. Haben Sie das?
Herr Riller: Ja.
Frau Lionne: Und die Postleitzahl ist 75017 Paris.
Herr Riller: Also, ich wiederhole: Frau Lionne, Firma Raphael, 24 rue Levallois, 75017 Paris.

Frau Lionne: Ja, richtig.
Herr Riller: In Ordnung, Frau Lionne. Wir schicken Ihnen den Katalog heute zu.

5.4A

ANRUF 1

Büro: Bartsch, guten Tag.
Frau Lehmann: Guten Tag, hier Lehmann, Firma Strehl, Hamburg. Kann ich bitte Herrn Kuhn sprechen?
Büro: Herr Kuhn ist gerade beim Mittagessen. Soll er Sie zurückrufen?
Frau Lehmann: Nein, ich melde mich etwas später wieder.
Büro: Ist gut, auf Wiederhören.
Frau Lehmann: Auf Wiederhören.

ANRUF 2

Büro: Linz.
Herr Harrap: Guten Tag, hier spricht Harrap, Svenska Marketing, Stockholm. Ich möchte Frau Lehmann sprechen.
Büro: Frau Lehmann ist in einer Sitzung.
Herr Harrap: Ach so. Wissen Sie, wie lange das dauert?
Büro: Das geht wahrscheinlich den ganzen Tag. Wollen Sie eine Nachricht hinterlassen?
Herr Harrap: Ja, können Sie Frau Lehmann sagen ...

ANRUF 3

Büro: Werner am Apparat.
Herr Brown: Guten Tag, Brown, Cooper Engineering, Manchester. Könnte ich bitte Herrn Hubert sprechen?
Büro: Herr Hubert spricht gerade auf der anderen Leitung. Soll er Sie zurückrufen?
Herr Brown: Ja, bitte.
Büro: Wiederholen Sie Ihren Namen, bitte.
Herr Brown: Brown, Berta, Richard, Otto ...

5.4B

ANRUF 1

Büro: Sekretariat Kaderli, grüß Gott, Zimmermann am Apparat.
Frau Dupont: Guten Tag. Hier spricht Chantal Dupont von der Firma AWN in Lyon. Kann ich bitte Herrn Kaderli sprechen?
Büro: Es tut mir Leid, Herr Kaderli ist gerade mit einem Kunden zusammen. Soll ich etwas ausrichten?
Frau Dupont: Ja, sagen Sie bitte Herrn Kaderli, dass ich angerufen habe. Es geht um einen Besuchstermin. Könnte er mich zurückrufen? Ich bin bis 18.00 Uhr im Büro.
Büro: Ist gut. Wie war Ihr Name noch mal?
Frau Dupont: Dupont. Ich buchstabiere: Dora, Ulrich, Paula, Otto, Nordpol, Theodor.
Büro: Und von welcher Firma sind Sie?
Frau Dupont: Von der Firma AWN, Lyon.
Büro: Hat Herr Kaderli Ihre Telefonnummer?
Frau Dupont: Ja, ich glaube schon, aber ich gebe sie Ihnen noch mal durch: drei drei, vierundzwanzig, neunundsiebzig, sechsunddreißig, achtzig.
Büro: Ich wiederhole: drei drei, vierundzwanzig, neunundsiebzig, sechsunddreißig, achtzig. In Ordnung, Frau Dupont, ich sage Herrn Kaderli Bescheid.
Frau Dupont: Vielen Dank, auf Wiederhören.
Büro: Auf Wiederhören!

ANRUF 2

Büro: Büro Herr Lutz, Schmidt.
Herr Petterson: Hier spricht Olaf Petterson von Teleteknik in Viborg. Ist Herr Lutz zu sprechen, bitte?
Büro: Nein, es tut mir Leid, Herr Lutz hat heute einen Tag Urlaub.
Herr Petterson: Ach, könnten Sie ihm bitte etwas ausrichten?
Büro: Aber gerne!
Herr Petterson: Es handelt sich um unseren Auftrag Nr. 2814b. Könnte er ihn sobald wie möglich per Fax bestätigen?
Büro: Ist gut, ich richte es Herrn Lutz aus.
Herr Petterson: Und könnte er mich zurückrufen? Es ist ziemlich dringend.

Büro: Ja, gut. Können Sie mir Ihren Namen bitte wiederholen?
Herr Petterson: Ja, ich heiße Petterson, P wie Paula, E wie Emil, Theodor, Theodor, E wie Emil, R wie Richard, S wie Samuel, O wie Otto, N wie Nordpol, und ich bin von der Firma Teleteknik, Viborg.
Büro: Teleteknik, Viborg. Also, kein Problem, Herr Petterson, ich sage Herrn Lutz Bescheid.
Herr Petterson: Recht vielen Dank. Auf Wiederhören.
Büro: Nichts zu danken. Auf Wiederhören.

ANRUF 3

Büro: Fischer am Apparat.
Herr Cipolli: Guten Tag. Cipolli, Firma Castelli, Bologna. Ist Herr Becker da, bitte?
Büro: Es tut mir leid, Herr Becker ist nicht an seinem Platz. Ich glaube, er ist beim Mittagessen.
Herr Cipolli: Ach so. Könnte ich eine Nachricht hinterlassen?
Büro: Ja, selbstverständlich.
Herr Cipolli: Es geht um die Lieferung unseres Auftrags Nr. 123/b, die gerade eingetroffen ist. Sagen Sie ihm bitte, dass die Maschine defekt ist. Könnte er jemanden vom Kundendienst sobald wie möglich zu uns schicken? Die Sache ist dringend.
Büro: In Ordnung, das sage ich Herrn Becker. Können Sie Ihren Namen wiederholen, bitte?
Herr Cipolli: Ja, Cipolli, Cäsar, Ida, Paula, Otto, Ludwig, Ludwig, Ida. Haben Sie das?
Büro: Ja. Und Sie sind von der Firma Castelli, Bologna?
Herr Cipolli: Ja.
Büro: Alles klar, Herr Cipolli, ich sage Herrn Becker Bescheid.
Herr Cipolli: Danke, auf Wiederhören.
Büro: Gern geschehen, auf Wiederhören.

5.4D

Ansage 1: Guten Tag. Die Firma Clemens Wollgast und Co. ist wegen Betriebsferien geschlossen. Wenn Sie eine Nachricht hinterlassen möchten, geben Sie Ihren Namen, Ihre Telefonnummer und Adresse an. Wir rufen Sie dann am Montag, dem 8. August, wieder zurück. Bitte sprechen Sie nach dem Signalton.
Ansage 2: Guten Tag. Hier ist die Firma Klaus Forsbach, Telefonnummer drei - fünfundneunzig - fünfzig - sechsundzwanzig. Persönlich erreichen Sie uns montags bis freitags von 8.00 Uhr bis 12.30 Uhr und von 13.00 Uhr bis 17.00 Uhr. Sie können uns gerne eine Nachricht mit Ihrem Namen, Ihrer Anschrift und gegebenenfalls Ihrer Kundennummer hinterlassen. Wir rufen Sie dann zurück. Bitte sprechen Sie nach dem folgenden Signalton.
Ansage 3: Jochen Schmidt, guten Tag. Unser Büro ist zur Zeit nicht besetzt. Bitte rufen Sie unsere Niederlassung in Hamburg unter null vier null - fünf - fünfunddreißig - vierund-achtzig an. Oder versuchen Sie mich unter null vier null - neunundsechzig - vierzig - sechsundfünfzig zu erreichen. Danke.

KAPITEL 6

6.1B

Tourist-Information: Freiburg-Information, guten Tag.
Frau Lind: Ist das die Tourist-Information Freiburg?
Angestellter: Ja, bitte schön?
Frau Lind: Guten Tag, mein Name ist Lind, von der Firma HML. Ich brauche Informationen über Hotels in Freiburg. Kann ich mit Ihnen darüber sprechen?
Angestellter: Ja, was suchen Sie genau?
Frau Lind: Ich muss eine Konferenz für ungefähr 70 Personen organisieren und suche ein passendes Hotel. Ich brauche Unterkunft für alle Teilnehmer sowie einen großen Konferenzraum und zwei kleinere Räume. Könnten Sie mir bitte einige Hotels empfehlen?
Angestellter: In welcher Preiskategorie soll das Hotel sein? Sie denken wahrscheinlich an Luxus- oder First-Class?
Frau Lind: Ja, bitte.
Angestellter: Und wo soll das Hotel liegen? Zentral oder kann es etwas außerhalb sein?
Frau Lind: Es kann auch außerhalb sein, aber nicht zu weit außerhalb. An einem Abend möchten wir nämlich ein Gala-Essen in Freiburg veranstalten und da soll es nicht zu schwierig sein die Teilnehmer hinzubringen.
Angestellter: Und haben Sie weitere Kriterien?
Frau Lind: Ja, das Hotel muss ein eigenes Restaurant haben. Es müssen auch Parkmöglichkeiten vorhanden sein, einige Teilnehmer werden nämlich mit dem Auto kommen.
Angestellter: Also, einen Moment bitte, ich schaue nach ... Also, Frau Lind, da gibt es das Colombi Hotel, ein ausgesprochenes Luxushotel, direkt in der Stadtmitte, mit 180 Betten ... oder das Dorint Hotel mit 222 Betten. Das ist ein First-Class Hotel und wurde erst 1994 eröffnet. Dann weiter außerhalb gibt es das Panorama-Hotel Mercure, das hat eine wunderschöne Lage oberhalb der Stadt. Und in Munzingen, etwa neun Kilometer von Freiburg, ist das Schloss Reinach, ein ehemaliger Bauernhof.
Frau Lind: Ach, ein alter Bauernhof, das klingt aber ganz toll! Wie heißt das Hotel bitte noch mal?
Angestellter: Schloss Reinach, ich buchstabiere: Richard, Emil, Ida, Nordpol, Anton, Cäsar, Heinrich.
Frau Lind: Und die Telefonnummer, bitte?
Angestellter: Die Vorwahl ist 0 76 64 und die Rufnummer ist 4 07-0.
Frau Lind: Und Sie sagten, das Hotel liegt neun Kilometer außerhalb von Freiburg?
Angestellter: Ja, Schloss Reinach ist in Munzingen, das ist etwa zehn Minuten mit dem Auto von Freiburg entfernt.
Frau Lind: Danke, und das erste Hotel auf Ihrer Liste war ...?
Angestellter: Hotel Colombi, das schreibt sich Cäsar, Otto, Ludwig, Otto, Martha, Berta, Ida. Die Telefonnummer ist 07 61/2 10 60.
Frau Lind: Und das ist ein Luxushotel?
Angestellter: Ja, es ist eines der besten Stadthotels in Deutschland.
Frau Lind: Und dann das Hotel Dorint. Können Sie den Namen bitte auch buchstabieren?
Angestellter: Gerne. Dora, Otto, Richard, Ida, Nordpol, Theodor. Jetzt die Telefonnummer. Das ist die gleiche Vorwahl für Freiburg, also 07 61 und dann 38 89-0.
Frau Lind: Und alle diese Hotels haben Konferenzräume?
Angestellter: Ja.
Frau Lind: Gut. So, das sind drei Hotels, ich glaube, das reicht im Moment. Recht vielen Dank für Ihre Hilfe. Nur noch eine Bitte. Könnten Sie mir Informationsmaterial über Freiburg und Ihr Hotelverzeichnis zusenden?
Angestellter: Selbstverständlich. Geben Sie mir Ihre Adresse, das schicke ich Ihnen heute noch zu.
Frau Lind: Also meine Firma heißt HML, die Adresse ist ...

6.3B

Rezeption: Hotel Dorint, Freiburg-City, guten Tag.
Frau Lind: Guten Tag, hier Lind, Firma HML. Kann ich bitte den Direktor, Herrn Offers, sprechen?
Rezeption: Einen Moment, bitte, ich verbinde.
Herr Offers: Guten Tag, Offers.
Frau Lind: Guten Tag, Lind, Firma HML. Es geht um unsere Jahreskonferenz nächstes Jahr. Erstmal vielen Dank für die Konferenzunterlagen, die Sie mir geschickt haben.
Herr Offers: Gern geschehen.
Frau Lind: Nun, die Konferenz soll Mitte Juni stattfinden und dauert drei Tage. Der Anreisetag ist Sonntag und die Abreise ist am Mittwochnachmittag.
Herr Offers: So, das wären drei Übernachtungen.
Frau Lind: Ja. Wie Sie wissen, brauchen wir Unterkunft für 70 Teilnehmer sowie einen großen Konferenzraum für 70 Personen und zwei kleinere Seminarräume für je 35 Personen. Können Sie mir sagen, ob das Hotel um diese Zeit noch frei ist oder haben Sie schon Buchungen?
Herr Offers: Einen Moment, bitte, ich schaue nach ... Die zweite Juniwoche ist leider völlig ausgebucht, aber die dritte Woche ist noch frei.
Frau Lind: Ah, gut, die dritte Woche wäre möglich, das notiere ich mir ... Also, Herr Offers, darf ich einige Fragen zu Ihren Preisen stellen?
Herr Offers: Aber selbstverständlich!
Frau Lind: Aus Ihrer Broschüre entnehme ich, dass Ihre Zimmerpreise bei Konferenzen und Seminaren variieren. Was wäre der Zimmerpreis für 70 Teilnehmer für drei Nächte?
Herr Offers: Da können wir einen Preis von 90 Euro pro Person pro Nacht anbieten.
Frau Lind: Dieser Preis basiert auf der Teilnehmerzahl von 70, der Aufenthaltslänge von drei Tagen und der Saison?
Herr Offers: Ja, genau.
Frau Lind: Ist der Preis inklusive Frühstück?
Herr Offers: Ja.
Frau Lind: Gut. Nun habe ich eine Frage zu Ihrer Konferenzpauschale: Wie gesagt, wir brauchen einen großen Konferenzraum und zwei kleinere Räume. Was kosten zusätzliche Konferenzräume?
Herr Offers: Wenn Sie unsere Konferenzpauschale buchen, entfallen die Bereitstellungskosten und Raummieten. Der Preis unserer Pauschale beträgt 44 Euro pro Person pro Tag.
Frau Lind: Das heißt, zusätzliche Räume werden nicht separat berechnet?
Herr Offers: Nein.
Frau Lind: Ach so, gut. Und jetzt eine Frage zum Abendessen. Wie ich sehe, ist die Pauschale exklusive Abendessen, stimmt's?
Herr Offers: Ja, das stimmt.
Frau Lind: Haben Sie eine Auswahl von Menüs?
Herr Offers: Ja, natürlich.
Frau Lind: Können Sie mir einige Menüpreise nennen?
Herr Offers: Die 3-Gang-Menüs fangen bei 13 Euro an und gehen bis zu 26 Euro. Dann haben wir einige 4-Gang-Menüs, die zwischen 32 und 35 Euro kosten. Wir bieten auch Büffets zu 25 und 32 Euro.
Frau Lind: Gut, Herr Offers, ich habe alles notiert. Könnten Sie mir bitte ein schriftliches Preisangebot machen?
Herr Offers: Ja, gerne, Frau Lind, das mache ich noch heute.
Frau Lind: Vielen Dank, Herr Offers, auf Wiederhören.
Herr Offers: Auf Wiederhören.

6.4A

DIALOG 1

Rezeption: Schloss Reinach, Grüß Gott.
Frau Lind: Guten Tag, hier spricht Lind von der Firma HML. Ich möchte bitte Frau Fell von der Bankettabteilung sprechen.
Rezeption: Ich verbinde.
Frau Fell: Fell, guten Tag.
Frau Lind: Guten Tag, Frau Fell, hier Lind, Firma HML.
Frau Fell: Ah, guten Tag, Frau Lind.

Frau Lind: Ich habe Ihr Angebot für unsere Konferenz im nächsten Jahr bekommen, vielen Dank. Bevor wir unsere Entscheidung treffen, möchten mein Chef, Herr Cook, und ich Ihr Hotel und die Konferenzeinrichtungen besichtigen. Können wir einen Termin vereinbaren?

Frau Fell: Aber gerne. Wann möchten Sie kommen?

Frau Lind: Geht es in der ersten Septemberwoche?

Frau Fell: Ja, selbstverständlich. Welcher Tag passt Ihnen am besten?

Frau Lind: Sagen wir Mittwoch, der 6. September?

Frau Fell: Ja, das geht. Vormittags oder nachmittags?

Frau Lind: Vormittags wäre uns lieber. Dann haben wir genug Zeit um alles zu sehen und um die Konferenzorganisation zu besprechen. Sagen wir um 10.30 Uhr?

Frau Fell: In Ordnung, Frau Lind. Und wollen Sie auch übernachten?

Frau Lind: Nein, danke, nach der Besichtigung fahren wir gleich weiter.

Frau Fell: Ist gut. Ich bestätige Ihnen den Termin für Ihren Besuch per Fax.

Frau Lind: Vielen Dank, auf Wiederhören.

Frau Fell: Auf Wiederhören.

DIALOG 2

Zentrale: HML Stuttgart, Grüß Gott.

Frau Lind: Guten Tag, können Sie mich bitte mit Herrn Frey verbinden?

Zentrale: Einen Moment, bitte.

Sekretärin: Müller am Apparat.

Frau Lind: Guten Tag, ich möchte Herrn Frey sprechen.

Sekretärin: Herr Frey ist gerade in einer Besprechung. Kann ich Ihnen helfen? Ich bin seine Sekretärin.

Frau Lind: Ja, vielleicht. Hier spricht Lind von der Hauptverwaltung. Es geht um die Konferenz im nächsten Jahr in Freiburg. Mein Chef, Herr Cook, und ich fliegen in der ersten Septemberwoche nach Freiburg, um einige Konferenzhotels zu besichtigen. Wir möchten gern Herrn Frey besuchen, um die Organisation der Konferenz zu besprechen. Können wir einen Termin vereinbaren?

Sekretärin: Moment bitte, ich schaue mal in seinem Terminkalender nach. Also, in der letzten Augustwoche ist er im Urlaub und kommt erst am Dienstag, dem 5. September, ins Büro zurück. Am Mittwoch, dem 6. September, ist er nur am Vormittag frei oder am Nachmittag ab 15.00 Uhr. Am Donnerstag, dem 7. September ist er den ganzen Tag frei.

Frau Lind: Donnerstag passt sehr gut. Geht es um 10.00 Uhr?

Sekretärin: Ja, das geht. Donnerstag, der 7. September um 10.00 Uhr, Herr Cook und Frau Lind. Ich trage es ein.

Frau Lind: Sehr gut, vielen Dank.

Sekretärin: Gern geschehen. Auf Wiederhören.

Frau Lind: Auf Wiederhören.

6.4C

DIALOG 1

Herr Beck: Beck.

Herr Werner: Grüß Gott, Herr Beck, hier Werner, Firma Kluwer, Wien.

Herr Beck: Ah, guten Tag, Herr Werner.

Herr Werner: Es geht um unseren Termin am nächsten Montag.

Herr Beck: Ja, um 9.30 Uhr, nicht wahr?

Herr Werner: Ja. Ich muss leider absagen, weil wir hier in der Firma im Augenblick einige Probleme haben.

Herr Beck: Ach so, das tut mir Leid.

Herr Werner: Könnte ich Sie nächste Woche wieder anrufen, um einen neuen Termin zu vereinbaren? Ich bitte um Verständnis für diese Unannehmlichkeit.

DIALOG 2

Frau Doliwa: Doliwa am Apparat.

Herr Riedel: Guten Morgen, Frau Doliwa, hier spricht Riedel, Lieberoth GmbH. Wie Sie wissen, haben wir einen Termin für heute Nachmittag um zwei Uhr. Ich glaube aber, das schaffe ich nicht. Ich stehe im Moment auf der Autobahn im Stau. Bis wann sind Sie im Büro?

Frau Doliwa: Das ist kein Problem, Herr Riedel, ich bin bis fünf Uhr hier.

Herr Riedel: Ah, gut. Ich melde mich später wieder, sobald ich weiß, wann ich wahrscheinlich ankomme. Auf Wiederhören.

Frau Doliwa: Auf Wiederhören.

DIALOG 3

Herr Fleck: Fleck, guten Tag.

Frau Laval: Guten Tag, Herr Fleck, hier spricht Yvette Laval, Intrex Trading, Paris. Ich habe einen Termin mit Ihnen übermorgen um 11.00 Uhr. Ich muss den Termin aber leider absagen, weil die Fluglotsen hier am Flughafen streiken. Könnten wir den Termin vielleicht auf nächste Woche verschieben?

Herr Fleck: Ja, ich schaue in meinem Terminkalender nach. Mm, das wäre wohl schwierig. Nächste Woche bin ich nämlich drei Tage auf der Messe in Köln.

6.5A

DIALOG 1

Rezeption: Hotel Royal, guten Tag.

Frau Lind: Guten Tag, hier spricht Lind von der Firma HML. Ich habe den Namen Ihres Hotels dem Hotelverzeichnis von der Tourist-Information entnommen und möchte eine Zimmerreservierung machen. Erst mal eine Frage. Wie weit sind Sie vom Hauptbahnhof entfernt?

Rezeption: Das ist nur eine S-Bahn Haltestelle. Zu Fuß läuft man etwa 15 Minuten.

Frau Lind: Gut. Dann möchte ich bitte zwei Einzelzimmer reservieren.

Rezeption: Für wann, bitte?

Frau Lind: Vom 6. bis zum 7. September, also für eine Nacht.

Rezeption: Möchten Sie Bad oder Dusche?

Frau Lind: Lieber Bad, wenn's geht.

Rezeption: Dann muss ich mal schauen ... Es tut mir Leid, in der Zeit haben wir nur noch Doppelzimmer frei.

Frau Lind: Ach, so. Nun gut, dann versuche ich's bei einem anderen Hotel. Vielen Dank, auf Wiederhören.

Rezeption: Auf Wiederhören.

DIALOG 2

Rezeption: Hotel Ketterer, guten Tag.

Frau Lind: Guten Tag, mein Name ist Lind von der Firma HML. Ich habe den Namen Ihres Hotels dem Hotelverzeichnis der Tourist-Information entnommen. Ich möchte zwei Einzelzimmer mit Bad und WC für den 6. September reservieren. Haben Sie da was frei?

Rezeption: Zwei Einzelzimmer für den 6. September, also für eine Nacht?

Frau Lind: Ja.

Rezeption: Ja, das geht in Ordnung.

Frau Lind: Gut. Nur eine Frage: Im Hotelverzeichnis steht, dass Einzelzimmer mit Bad zwischen 85 und 120 Euro kosten. Was ist da der Unterschied?

Rezeption: Die Zimmer zum Preis von 120 Euro sind im Neubau, sie sind etwas größer, mit einem großen Schreibtisch und Minibar. Die zu 85 Euro sind etwas kleiner, aber auch mit Minibar.

Frau Lind: Aha, ich verstehe. Ist das mit Frühstück?

Rezeption: Ja, der Zimmerpreis ist inklusive Frühstück, Bedienung und Mehrwertsteuer.

Frau Lind: Eine Frage noch. Wie weit ist das Hotel vom Hauptbahnhof entfernt?

Rezeption: Wir sind einen Kilometer vom Hauptbahnhof entfernt in der Fußgängerzone. Mit dem Taxi erreichen Sie uns in ein paar Minuten, das kostet etwa 8 Euro.

Frau Lind: Gut, dann reservieren Sie bitte zwei Zimmer zum Preis von 120 Euro auf die Namen Cook, C O O K, und Lind, L-I-N-D, Firma HML.
Rezeption: Ist gut.
Frau Lind: Könnten Sie mir diese Reservierung bitte per Fax bestätigen?
Rezeption: Gerne. Was ist denn bitte Ihre Faxnummer?
Frau Lind: Also das ist ...

6.5C

DIALOG 1
Rezeption: Intercity Hotel, guten Tag.
Herr Lehmann: Guten Tag, hier spricht Lehmann von der Firma Rose und Meyer. Ich möchte eine Reservierung ändern.
Rezeption: Was haben Sie reserviert?
Herr Lehmann: Drei Zweibettzimmer und ein Einbettzimmer auf den Namen Slessor vom 29.9. bis zum 4.10. Ich möchte die Reservierung für Herrn Slessor absagen und brauche also nur noch die drei Doppelzimmer.
Rezeption: Gut, Herr Lehmann, das geht in Ordnung.
Herr Lehmann: Fallen da Stornierungskosten an?
Rezeption: Nein, eine kostenfreie Stornierung ist bis drei Wochen vor Anreisedatum möglich.
Herr Lehmann: Gut. Soll ich Ihnen die neue Reservierung per Fax bestätigen?
Rezeption: Ja bitte, das wäre nett.
Herr Lehmann: Gut, dann schick' ich Ihnen sofort ein Fax. Danke schön, auf Wiederhören.
Rezeption: Wiederhören.

DIALOG 2
Rezeption: Hotel Münchner Hof, guten Tag.
Frau Fritsch: Guten Tag, hier Fritsch von der Firma Dataware, München. Ich möchte bitte eine Reservierung ändern.
Rezeption: Was haben Sie reserviert?
Frau Fritsch: Zwei Einzelzimmer auf die Namen Johnson und Reed von der Firma Communications Controlware vom 2. bis zum 4. Juni.
Rezeption: Und was möchten Sie jetzt reservieren?
Frau Fritsch: Ich hätte gern ein Einzelzimmer und ein Doppelzimmer anstatt zwei Einzelzimmer.
Rezeption: Aber für die gleiche Zeit?
Frau Fritsch: Ja, für die gleiche Zeit.
Rezeption: Einen Moment, bitte, ich schaue mal nach. ... Es tut mir Leid, Frau Fritsch, aber in der Zeit haben wir keine Doppelzimmer mehr frei.
Frau Fritsch: Ach, so. Schade. Wie wär's also mit drei Einzelzimmern?
Rezeption: Ja, das geht in Ordnung.
Frau Fritsch: Gut. Könnten Sie mir die neue Reservierung per Fax bestätigen?
Rezeption: Ja, selbstverständlich. Was ist bitte Ihre Faxnummer?
Frau Fritsch: Die Faxnummer ist ...

6.5E

Rezeption: Schloss Reinach, guten Tag.
Frau Lind: Guten Tag, hier spricht Lind von der Firma HML. Könnte ich bitte Frau Fell von der Bankettabteilung sprechen?
Rezeption: Einen Moment bitte, ich verbinde.
Frau Fell: Fell, guten Tag.
Frau Lind: Guten Tag, hier Lind, Firma HML. Es geht um unsere Jahreskonferenz nächstes Jahr. Wir haben Ihr Angebot bekommen und das Hotel besichtigt. Wir sind sehr zufrieden und möchten jetzt eine endgültige Buchung machen.
Frau Fell: Das freut mich sehr, Frau Lind.
Frau Lind: Nur noch zwei Fragen. Bis wann können wir absagen?
Frau Fell: Eine kostenfreie Stornierung der Zimmer-reservierungen ist bis sechs Wochen vor Anreisedatum möglich. Danach müssen Sie zwischen 50% und 80% des Zimmerpreises bezahlen, je nachdem, wie spät Sie abbestellen. Die Stornofrist für die Konferenzräume ist 22 Tage.

Frau Lind: Aha. Und wie ist es mit der Konferenzpauschale, wenn weniger Teilnehmer kommen?
Frau Fell: Für die Konferenzräume geben wir eine Ermäßigung bis zu maximal 5%.
Frau Lind: Gut, danke. Dann möchte ich Folgendes buchen: 30 Doppelzimmer und 10 Einzelzimmer mit Bad oder Dusche, Ihre Tagungspauschale Nummer 2 für einen Tag und die Pauschale Nummer 1 für zwei Tage, d.h. ohne Abendessen. Weitere Einzelheiten der Tagungsorganisation teile ich Ihnen später mit.
Frau Fell: Gut, Frau Lind, das habe ich mir alles notiert. Ich schicke Ihnen eine schriftliche Bestätigung. Vielen Dank für Ihre Buchung.
Frau Lind: Ich danke auch, auf Wiederhören.
Frau Fell: Auf Wiederhören.

KAPITEL 7

7.1C

DIALOG 1
Fluggast: Können Sie mir bitte helfen? Ich bin eben mit der Maschine aus Wien gekommen. Ich warte die ganze Zeit am Band hier und mein Koffer ist nicht angekommen. Was soll ich machen?
Angestellte: Sind Sie mit Lufthansa geflogen?
Fluggast: Nein, mit Austrian Airlines.
Angestellte: Dann müssen Sie zum Schalter der Austrian Airlines im Bereich B gehen und den Verlust dort melden.
Fluggast: Bereich B, danke schön.

DIALOG 2
Angestellter: Bitte schön?
Reisende: Guten Tag, wie komme ich am besten nach Mainz?
Angestellter: Mit der S-Bahn vom Flughafenbahnhof.
Reisende: Und können Sie mir sagen, wo der Bahnhof ist?
Angestellter: Im Untergeschoss. Sie erreichen ihn über die Ebene „Unterm Flughafen". Fahren Sie mit der Rolltreppe zwei Etagen tiefer. Die Züge nach Mainz fahren von Gleis 3 ab.
Reisende: Danke. Und wo kaufe ich eine Fahrkarte?
Angestellter: Sie können einen Fahrschein im DB-Reisezentrum kaufen, das ist eine Etage tiefer, oder auch an einem der Automaten im Bahnhof.
Reisende: Vielen Dank.

DIALOG 3
Reisender: Entschuldigung, ist hier die Haltestelle für den Airport-Bus nach Mannheim?
Reisende: Nein, hier fahren die Busse für den Nahverkehrs-bereich ab.
Reisender: Ach so. Wissen Sie, wo der Airport-Bus abfährt?
Reisende: Ja, die Haltestelle ist da drüben, Ankunftsebene Bereich B, Tor 4.
Reisender: Aha, danke. Und wo kann ich einen Fahrschein kaufen?
Reisende: Fahrscheine erhalten Sie beim Busfahrer.
Reisender: Vielen Dank!

DIALOG 4
Reisende: Entschuldigung, könnten Sie bitte 10 Euro wechseln? Ich brauche Kleingeld fürs Telefon.
Verkäufer: Es tut mir Leid, wir können kein Kleingeld herausgeben. Am besten gehen Sie zur Bank.
Reisender: Wie viel brauchen Sie?
Reisende: Ich habe einen Zehneuroschein.
Reisender: Na, mal gucken, was ich habe. Ein Fünfeurostück, drei Eineurostücke, zwei Fünfzigcentstücke und den Rest muss ich Ihnen in Zehncentstücken geben. Geht das?
Reisende: Ja, prima, das ist sehr nett von Ihnen.
Reisender: So, bitte schön.
Reisende: Vielen Dank.

7.2C

Auskunft: Reiseauskunft der Deutschen Bahn Frankfurt, guten Tag.

Frau Brenner: Guten Tag, ich hätte gern eine Zugauskunft. Ich möchte am Freitagvormittag nach München. Wann fahren die Züge, bitte?

Auskunft: Um wie viel Uhr möchten Sie fahren?

Frau Brenner: So gegen 11.00 Uhr.

Auskunft: Einen Moment, bitte. Da fahren Sie um 10.43 Uhr mit dem InterCity Express ab Frankfurt und kommen um 14.15 Uhr in München an.

Frau Brenner: Mm, das ist mir etwas zu früh. Gibt es einen etwas späteren Zug?

Auskunft: Ja, es gibt eine Verbindung um 11.14 Uhr mit Ankunftszeit 15.18 Uhr in München.

Frau Brenner: Abfahrt von Frankfurt 11.14 Uhr, Ankunft in München 15.18 Uhr. Was für ein Zug ist das?

Auskunft: Ein InterCity.

Frau Brenner: Muss man da umsteigen?

Auskunft: Nein, der Zug fährt direkt. Oder Sie können mit dem nächsten ICE um 11.43 Uhr fahren, Ankunftszeit 15.15 Uhr. Das ist auch eine direkte Verbindung.

Frau Brenner: Ja, das hört sich besser an, da komme ich sogar früher an. Also, 11.43 Uhr ab Frankfurt, Ankunft 15.15 Uhr. Noch eine Frage, gibt es ein Restaurant im Zug?

Auskunft: Ja.

Frau Brenner: Gut, danke schön, auf Wiederhören.

Auskunft: Auf Wiederhören.

7.2E

Auskunft: Deutsche Bahn Frankfurt, guten Tag. Wie kann ich Ihnen helfen?

Frau Brenner: Guten Tag, ich fahre mit dem ICE von Frankfurt nach München und möchte eine Fahrkarte buchen.

Auskunft: Fahren Sie einfach oder hin und zurück?

Frau Brenner: Hin und zurück, bitte.

Auskunft: Möchten Sie erste oder zweite Klasse?

Frau Brenner: Erste Klasse, bitte.

Auskunft: Möchten Sie auch eine Platzreservierung haben?

Frau Brenner: Ja, bitte, für die Hinfahrt. Ich fahre am Freitag, dem 14. Juli, um 11.43 Uhr. Muss ich da extra bezahlen?

Auskunft: Nein, wenn Sie mit dem ICE fahren, brauchen Sie für die Platzreservierung nicht extra zu bezahlen. Möchten Sie im Großraumwagen oder im Abteilwagen sitzen?

Frau Brenner: Im Großraumwagen, bitte.

Auskunft: Raucher oder Nichtraucher?

Frau Brenner: Nichtraucher, bitte.

Auskunft: Möchten Sie einen Fensterplatz oder einen Gangplatz haben?

Frau Brenner: Einen Fensterplatz, bitte.

Auskunft: So, das macht 180 Euro plus 8 Euro ICE-Zuschlag, alles zusammen 188 Euro.

Frau Brenner: 188 Euro, ist gut. Sagen Sie, kann ich die Fahrkarte am Bahnhof abholen?

Auskunft: Ja, Sie gehen zum Schalter für vorbestellte Fahrscheine. Wie möchten Sie die Fahrkarte bezahlen?

Frau Brenner: Mit Kreditkarte. Ich habe American Express.

Auskunft: Gut. Also, sagen Sie mir zuerst Ihren Namen ...

7.2G

Durchsage 1: Auf Gleis 4 bitte einsteigen und Türen schließen. Der Zug fährt in Kürze ab.

Durchsage 2: Bitte zurücktreten. Auf Gleis 9 planmäßige Ankunft des InterCity 713 aus Hamburg. Zur Weiterfahrt um 13.51 Uhr nach Stuttgart über Bonn, Koblenz, Mainz und Mannheim.

Durchsage 3: Achtung auf Gleis 8. Der InterCity 712 nach München wird voraussichtlich mit 15 Minuten Verspätung ankommen. Ich wiederhole.

Durchsage 4: Achtung am Gleis 2. Der in Kürze einfahrende EuroCity um 14.02 Uhr nach Amsterdam hat Einfahrt auf dem gegenüberliegenden Gleis. Alle EuroCity Fahrgäste nach Amsterdam werden gebeten sich zu Gleis 3 zu begeben.

7.3A

DIALOG 1

Besucherin: Guten Tag, wie komme ich am besten nach Untertürkheim? Ich möchte zu DaimlerChrysler.

Angestellte: Steigen Sie hier am Hauptbahnhof in die S-Bahn Nummer. 1 Richtung Plochingen. Von den Haltestellen „Stadion" oder „Untertürkheim" sind es nur wenige hundert Meter bis zum Werksgelände.

Besucherin: Also, ich nehme die S-Bahn Nummer. 1 bis zur Haltestelle „Stadion" oder „Untertürkheim."

Angestellte: Ja.

Besucherin: Und können Sie mir sagen, wie lange die Fahrt dauert?

Angestellte: Zirka 15 Minuten.

Besucherin: Vielen Dank.

Angestellte: Nichts zu danken.

DIALOG 2

Besucher: Guten Tag, ich möchte zu den Mineralschwimmbädern in Bad Cannstatt. Wie komme ich am besten dorthin?

Angestellte: Sie nehmen die U14 oder die U1 im Untergeschoss, oder die Straßenbahn Nr. 2.

Besucher: In welche Richtung fahre ich mit der U-Bahn?

Angestellte: Sie fahren mit der U14 Richtung Mühlhausen. Mit der U1 fahren Sie Richtung Felbach Lutherkirche.

Besucher: Und an welcher Haltestelle steige ich aus?

Angestellte: An der Haltestelle Mineralbäder.

Besucher: Mineralbäder. Können Sie mir sagen, wie viele Haltestellen das sind?

Angestellte: Mm, etwa fünf, aber in der Straßenbahn werden die Haltestellen angekündigt.

Besucher: Ach so. Vielen Dank, auf Wiedersehen.

DIALOG 3

Besucherin: Guten Tag. Ich muss zum Hotel Ketterer in der Marienstraße. Wie komme ich am besten dorthin?

Angestellte: Sie können entweder mit der S-Bahn oder der U-Bahn fahren oder Sie können auch zu Fuß gehen.

Besucherin: Wie weit ist es zu laufen?

Angestellte: Das sind zirka 15 Minuten zu Fuß.

Besucherin: Nein, das ist zu weit, ich habe einen schweren Koffer. Wie fahre ich mit der S-Bahn?

Angestellte: Sie steigen hier ein und fahren zwei Haltestellen. Am Rotebühlplatz steigen Sie aus.

Besucherin: Und welche Linie ist das?

Angestellte: Das ist egal. Alle S-Bahn-Linien fahren zum Rotebühlplatz. Von der Haltestelle gehen Sie die Eberhardstraße runter und die Marienstraße ist gleich die erste Straße links.

Besucherin: Die Eberhardstraße runter, dann die erste Straße links. Vielen Dank.

Angestellte: Bitte schön.

DIALOG 4

Besucher: Entschuldigung, wie komme ich am besten zur Universität?

Angestellte: Ach, das ist hier ganz in der Nähe, nur etwa zehn Minuten zu Fuß. Sie gehen durch die Klett-Passage, das ist die Straßenunterführung, und nehmen den Ausgang Theodor-Heuss-Straße. Wenn Sie aus der Unterführung rauskommen, gehen Sie geradeaus die Theodor-Heuss-Straße entlang, über die Kreuzung, dann nehmen Sie die erste Straße rechts.

Besucher: Wie heißt die Straße?

Angestellte: Das ist die Geschwister-Scholl-Straße.

Besucher: Also durch die Straßenunterführung, Ausgang Theodor-Heuss-Straße, dann geradeaus und die erste Straße rechts hinter der Kreuzung.

Angestellte: Richtig. Sie sehen die Universität direkt vor sich, Sie können sie überhaupt nicht verfehlen.

Besucher: Vielen Dank, auf Wiedersehen.

7.4B

Herr Blaue: Blaue, guten Tag.

Herr Nielsen: Guten Tag, Herr Blaue, hier spricht Nielsen von der Firma Guthof. Wir haben heute Nachmittag einen Termin, nicht wahr?

Herr Blaue: Ja, ich erwarte Sie um 14.00 Uhr.

Herr Nielsen: Richtig. Ich komme aus Düsseldorf, können Sie mir sagen, wie ich am besten in Ihre Firma komme?

Herr Blaue: Ja, also, wenn Sie auf der A46 aus Düsseldorf kommen, nehmen Sie die Ausfahrt Wuppertal-Wichlinghausen ...

Herr Nielsen: ... Ausfahrt Wuppertal-Wichlinghausen, ja ...

Herr Blaue: Ja, und dann fahren Sie geradeaus über die erste Ampel. An der zweiten Ampel biegen Sie links ab in Richtung Wichlinghausen ...

Herr Nielsen: Also, einen Moment, geradeaus über die erste Ampel und an der zweiten Ampel links ...

Herr Blaue: Ja, richtig. Und dann halten Sie sich immer geradeaus, am Wichlinghauser Markt vorbei, und nach etwa einem Kilometer sehen Sie das Vorwerk-Gebäude auf der rechten Seite. Sie können es gar nicht verfehlen.

Herr Nielsen: ... und das Vorwerk-Gebäude ist auf der rechten Seite. Recht vielen Dank, Herr Blaue, also bis später, auf Wiederhören!

Herr Blaue: Wiederhören.

KAPITEL 8

8.1D

INTERVIEW 1

Journalist: Ich spreche mit Herrn Steiner auf dem Stand von Sonnenstrand Freizeitartikel. Herr Steiner, Sie sind ein regelmäßiger Aussteller hier, nicht wahr?

Herr Steiner: Ja, wir stellen schon seit 12 Jahren hier auf der SPOGA Messe aus.

Journalist: Und warum sind Sie dieses Jahr hier?

Herr Steiner: Wir sind in erster Linie hier, um den Absatz zu steigern, auf gut Deutsch: um Aufträge zu bekommen. Dabei hoffen wir auch einige neue Kunden zu werben. Den Kontakt zu unseren existierenden Kunden dürfen wir auch nicht vergessen. Die Messe ist für uns nämlich ein wichtiger Treffpunkt. Ich treff' mich hier mit Kunden aus der ganzen Welt und das erspart mir gut drei, vier Geschäftsreisen pro Jahr. Und rein persönlich freue ich mich drauf, alte Geschäftsfreunde auf der Messe wiederzusehen.

Journalist: Ja, ich verstehe.

INTERVIEW 2

Journalist: Frau Burkart, Sie vertreten die Firma Technotalk hier auf der CeBIT. Warum stellen Sie hier aus?

Frau Burkart: Wir sind vor allen Dingen hier, um den Prototyp unseres neuen Systems „Screentalk" vorzustellen und seine Akzeptanz auf der Messe zu testen. Die Reaktionen der Messebesucher sind für uns nämlich sehr wertvoll. Andere Ziele für uns sind dann, neue Marktinformationen zu sammeln und herauszufinden, was unsere Konkurrenten machen.

Journalist: Ja, das ist natürlich sehr wichtig.

INTERVIEW 3

Journalist: Mein Gesprächspartner ist Herr Lindner vom Karat-Fahrradwerk, Chemnitz. Herr Lindner, warum haben Sie sich entschieden hier auszustellen?

Herr Lindner: Erstens um den Namen unserer Firma überhaupt in Westdeutschland bekannt zu machen und zweitens, um unsere Spezialität, ein Fahrrad mit Elektromotor, vorzustellen.

Dabei hoffen wir einige Aufträge mit neuen Kunden abzuschließen. Ein weiteres Ziel ist, Vertreter für einige deutsche Gebiete und für das Ausland zu finden.

Journalist: Herr Lindner, ich wünsche Ihnen viel Erfolg dabei!

Herr Lindner: Danke!

8.2A

DIALOG 1

Standmitarbeiter: Guten Tag, mein Name ist Koch. Ich sehe, Sie interessieren sich für unsere Hauszelte. Sind Sie an einem besonderen Modell interessiert?

Besucherin: Ja, an diesem hier.

Standmitarbeiter: Aha, das ist in unserer Holiday-Serie und verkauft sich dieses Jahr besonders gut. Darf ich Ihnen vielleicht unseren Katalog mitgeben?

Besucherin: Ja, danke. Haben Sie vielleicht eine Vorführung, wie man diese Zelte aufbaut?

Standmitarbeiter: Ja, die nächste Vorführung ist um 14.00 Uhr.

Besucherin: Ah, gut, dann komme ich um zwei Uhr zurück.

DIALOG 2

Besucher: Guten Tag, Maccario. Ich bin Großhändler und interessiere mich für Ihre Gartenmöbel hier. Ich möchte unter Umständen diese Serie bestellen. Kann ich mit Ihnen über Ihre Preise und Bedingungen sprechen?

Standmitarbeiterin: Am besten sprechen Sie mit unserem Geschäftsführer darüber, Herr Maccario. Ich vereinbare gerne einen Termin für Sie.

Besucher: Ja, gut.

Standmitarbeiterin: Einen Moment, bitte, ich sehe in seinem Terminkalender nach. Er ist um 16.00 Uhr frei, wäre das möglich?

Besucher: Ja, das geht. Hier ist meine Karte.

Standmitarbeiterin: Gut, Herr Maccario, ich schreibe das in den Terminkalender: Herr Maccario, 16.00 Uhr.

Besucher: Danke, auf Wiedersehen.

8.2C

Standmitarbeiter: Guten Tag, mein Name ist Schmidt. Ich sehe, Sie sind an unseren PVC-Luftmatratzen interessiert.

Besucherin: Ja, was kostet z.B. dieses Modell?

Standmitarbeiter: Der Katalogpreis ist 28,90 Euro.

Besucherin: Ist das inklusive Zubehör?

Standmitarbeiter: Nein, die Pumpe wird extra berechnet.

Besucherin: Wie viel Rabatt geben Sie für Großhändler?

Standmitarbeiter: Das kommt auf die Stückzahl an.

Besucherin: Mm. Und wie sind Ihre Lieferzeiten?

Standmitarbeiter: Kleinere Mengen können wir ab Lager innerhalb einer Woche liefern.

Besucherin: Gut. Und wie sind Ihre Zahlungsbedingungen?

Standmitarbeiter: 30 Tage nach Rechnungsdatum.

Besucherin: OK, ich bin sehr an diesen Matratzen interessiert, es kann sein, dass ich einen Auftrag erteile. Haben Sie vielleicht einen Katalog mit Preisliste?

Standmitarbeiter: Selbstverständlich. Wollen Sie den Katalog mitnehmen oder soll ich Ihnen einen schicken?

Besucherin: Ja, schicken Sie ihn mir nach der Messe, ich habe ja schon die Hände voll! Hier ist meine Karte.

Standmitarbeiter: Und hier ist meine. Vielen Dank für Ihren Besuch, Frau Graaf, ich schicke Ihnen den Katalog nach der Messe sofort zu.

8.3A

Standmitarbeiterin: Guten Tag, ich sehe, Sie sind an diesem Schlafsack interessiert. Das ist eines der beliebtesten Modelle.

Besucher: Ja, könnten Sie mir etwas dazu sagen?

Standmitarbeiterin: Gerne. Dieser Schlafsack hat einen Komforttemperaturbereich bis zu minus neun Grad Celsius, d.h. wenn die Temperatur bis auf minus neun Grad sinkt, hält er Sie noch angenehm warm. Daher ist er ein Allroundschlafsack für drei Jahreszeiten. Bei niedrigeren Temperaturen fangen Sie an zu frieren, Sie schlafen nicht mehr ruhig.

Besucher: Aha. Und in wie vielen Größen ist der Schlafsack erhältlich?

Standmitarbeiterin: Wir haben diesen Schlafsack in zwei Größen: Die Regular-Ausführung hat eine Länge von 210 Zentimetern und die Large-Ausführung ist 230 Zentimeter lang.

Besucher: Aus welchem Material ist er?

Standmitarbeiterin: Das Außenmaterial ist Texapore Lightweight. Dieses Material ist wasser- und winddicht und bietet somit einen guten Schutz gegen Feuchtigkeit. Das Innenmaterial ist ein Softnylon, PERTEX 4, und die Füllung ist hochwertige Gänsedaune.

Besucher: Und wie viel wiegt er?

Standmitarbeiterin: Das Gewicht ist zirka 1500 Gramm.

Besucher: Wie groß ist denn der Schlafsack eingepackt?

Standmitarbeiterin: 36 mal 17 Zentimeter. Dieses Packmaß gilt für beide Größen, regular und large.

Besucher: Und in welchen Farben ist er erhältlich?

Standmitarbeiterin: In der Farbkombination grün, violett und schwarz.

Besucher: Gibt es dafür irgendein Zubehör?

Standmitarbeiterin: Ja, der Schlafsack wird mit einem Nylonpacksack und einem Baumwollaufbewahrungsbeutel geliefert.

Besucher: Gut. Nun, eine letzte Frage: was kostet er?

Standmitarbeiterin: Der Katalogpreis ist € 299,-.

Besucher: Aha, vielen Dank. Ja, ich bin sehr an diesem Schlafsack interessiert.

Standmitarbeiterin: Darf ich Ihnen also unseren Katalog mitgeben? Er enthält eine Liste unserer Händler im In- und Ausland.

Besucher: Ja, gut. Vielen Dank.

8.4B

Standmitarbeiterin: Guten Tag, mein Name ist Binder. Kann ich Ihnen vielleicht einige Informationen zu diesen Druckern geben?

Besucher: Ja, ich suche einen geeigneten Drucker, aber ich bin nicht sicher, ob ein Tintenstrahldrucker oder ein Laserdrucker für mich geeigneter wäre. Können Sie mich vielleicht beraten?

Standmitarbeiterin: Ja, gerne. Zuerst, wofür brauchen Sie den Drucker?

Besucher: Ich bin Professor an der Universität und arbeite viel zu Hause. Ich habe gerade einen IBM-kompatiblen Personalcomputer gekauft und brauche dafür einen Drucker.

Standmitarbeiterin: Aha. Und was für Texte wollen Sie drucken?

Besucher: Mm, hauptsächlich Routinearbeiten, Referate, Übungsblätter, Briefe, solche Sachen.

Standmitarbeiterin: Müssen Sie Tabellen oder Grafiken drucken?

Besucher: Ja, manchmal.

Standmitarbeiterin: Sie drucken aber keine großen Auflagen?

Besucher: Nein.

Standmitarbeiterin: Die Druckgeschwindigkeit spielt also für Sie keine große Rolle. Was ist für Sie wichtiger, Kaufpreis und Betriebskosten, oder die Druckqualität?

Besucher: Die Druckqualität ist für meine Bedürfnisse eigentlich nicht sehr wichtig, eher der Preis.

Standmitarbeiterin: Aha, und spielt der Geräuschpegel eine Rolle?

Besucher: Was meinen Sie?

Standmitarbeiterin: Einige Drucker sind relativ laut und das stört manche Verbraucher.

Besucher: Ach, ja, leiser ist natürlich besser, weil ich manchmal am Abend arbeite.

Standmitarbeiterin: Also, wenn Sie herüberkommen möchten ... hier sehen Sie einige Drucker, die für Sie in Frage kommen.

Besucher: Ach, gut.

KAPITEL 9

9.2A

Frau Keller: Guten Tag, Keller am Apparat.

Herr Schuster: Guten Tag, hier Schuster, von der Firma Habermann, München.

Frau Keller: Guten Tag, Herr Schuster. Wie kann ich Ihnen helfen?

Herr Schuster: Habermann ist eine Zulieferungsfirma für die Autoindustrie und wir suchen im Moment einen neuen Lieferanten für Bremspedale. Ich habe den Namen Ihrer Firma von Geschäftsfreunden erfahren. Können Sie uns ein Angebot für diesen Artikel machen?

Frau Keller: Bremspedale? Ja, die können wir Ihnen anbieten.

Herr Schuster: Gut. Können Sie mir also Näheres über Ihre Preise und Lieferbedingungen sagen?

Frau Keller: Ja, gerne. Welche Menge benötigen Sie?

Herr Schuster: Haben Sie eine Mindestabnahmemenge?

Frau Keller: Ja, unsere Mindestabnahmemenge ist 1.000 Stück.

Herr Schuster: Und ab welcher Menge geben Sie Rabatt?

Frau Keller: Ab 5.000 Stück geben wir 2,5% Rabatt, ab 10.000 geben wir 5%.

Herr Schuster: Aha. Und können Sie mir einen Preis für 1.000 Stück nennen?

Frau Keller: Den Stückpreis muss ich erst einmal ausrechnen, Herr Schuster. Am besten schicken Sie mir eine schriftliche Anfrage mit allen Einzelheiten und eine Zeichnung.

Herr Schuster: Nun, gut. Aber ich möchte jetzt schon wissen, wie Ihre Zahlungsbedingungen sind.

Frau Keller: Ja, natürlich. Normalerweise 90 Tage netto.

Herr Schuster: Gut. Gewähren Sie Skonto für prompte Zahlung?

Frau Keller: Ja, bei 14 Tagen geben wir 3% Skonto.

Herr Schuster: Mm. Wie sind Ihre Lieferbedingungen?

Frau Keller: Der Preis versteht sich CIF. Unsere Lieferfristen sind im Moment vier Wochen.

Herr Schuster: Gut, Frau Keller, ich faxe Ihnen meine Anfrage zu. Können Sie mir sobald wie möglich ein schriftliches Angebot machen?

Frau Keller: Ja, selbstverständlich, Herr Schuster.

Herr Schuster: Gut. Wenn Ihre Preise konkurrenzfähig sind und die Qualität unseren Erwartungen entspricht, können Sie mit regelmäßigen Aufträgen rechnen.

Frau Keller: Vielen Dank, ich erwarte also Ihre Anfrage. Auf Wiederhören.

Herr Schuster: Auf Wiederhören.

9.3A

Herr Schuster: Guten Tag, Schuster.

Frau Keller: Guten Tag, Herr Schuster, hier Keller von Vulcan Forgings.

Herr Schuster: Tag, Frau Keller.

Frau Keller: Ich rufe an wegen unseres Angebots über Bremspedale. Haben Sie eine Entscheidung getroffen?

Herr Schuster: Einen Moment bitte, ich hole mir die Unterlagen. ... Ja, jetzt habe ich die Unterlagen vor mir liegen. Ja, Frau Keller, wir haben Ihr Angebot mit der Konkurrenz verglichen und Ihr Preis ist uns etwas zu hoch. Können Sie uns da vielleicht etwas entgegenkommen?

Frau Keller: Ja, über den Preis können wir noch verhandeln.

Herr Schuster: Gut. Sie haben uns in Ihrem Angebot einen Stückpreis von 1,42 Euro für eine Menge von 10.000 Stück genannt. Das ist der Nettopreis von 1,50 minus 5% Mengenrabatt, nicht wahr?

Frau Keller: Stimmt.

Herr Schuster: Können Sie uns bei dieser Bestellmenge einen besseren Rabatt gewähren? Wir haben an 8% gedacht.

Frau Keller: Das ist entschieden zu hoch, Herr Schuster, ich kann Ihnen maximal 6% anbieten.

Herr Schuster: Ist das Ihr letztes Wort?

Frau Keller: Das ist leider mein letztes Angebot.

Herr Schuster: Nun, gut, einigen wir uns auf 6%. Da ist aber auch noch die Lieferzeit.

Frau Keller: Ja, in unserem Angebot nennen wir eine Lieferzeit von vier Wochen.

Herr Schuster: Können Sie nicht schneller liefern, sagen wir drei Wochen? Wir brauchen die Ware dringend.

Frau Keller: Ich glaube nicht, denn unsere Kapazität ist schon völlig ausgelastet, aber ich kann mit unserem Produktionsleiter sprechen.

Herr Schuster: Danke. Könnten Sie mich sobald wie möglich zurückrufen?

Frau Keller: Ja, natürlich. Ich rufe Sie morgen an, Herr Schuster.

Herr Schuster: Gut, ich erwarte Ihren Anruf. Auf Wiederhören.

Frau Keller: Auf Wiederhören.

9.4D

DIALOG 1

Zentrale: Spedition Intertrans, guten Tag.

Frau Keller: Guten Tag, Keller, Firma Vulcan Forgings. Es geht um eine verspätete Lieferung von uns an eine Firma in München. Mit wem kann ich bitte darüber sprechen?

Zentrale: Augenblick bitte, ich verbinde Sie mit Herrn Köbel.

Herr Köbel: Köbel.

Frau Keller: Guten Tag, Herr Köbel, hier Keller, Vulcan Forgings. Herr Köbel, es geht um eine verspätete Sendung von uns an eine Firma in München. Der Liefertermin war letzter Freitag, der 28. Juli, aber der Kunde hat die Ware noch nicht erhalten und braucht sie dringend. Ich habe bereits erfahren, dass die Sendung am Donnerstag, dem 27. Juli, nach Deutschland verladen wurde. Können Sie mir sagen, wo die Ware bleibt?

Herr Köbel: Sie sind der Sender?

Frau Keller: Ja, Vulcan Forgings.

Herr Köbel: Und wann wurde die Sendung bei Ihnen abgeholt?

Frau Keller: Am Mittwoch, dem 26. Juli.

Herr Köbel: Wie viele Frachtstücke sind es?

Frau Keller: Es sind 10 Holzkisten.

Herr Köbel: Was ist drin?

Frau Keller: Es sind Schmiedeteile.

Herr Köbel: Wer ist der Empfänger?

Frau Keller: Wilhelm Habermann GmbH und Co. KG. Die Lieferanschrift ist Tor 1, Wörlitzer Str. 52-55, München. Alle Holzkisten sind mit der Lieferanschrift gekennzeichnet.

Herr Köbel: Frau Keller, ich werde mich erkundigen und rufe Sie dann zurück. Was ist Ihre Telefonnummer?

Frau Keller: Die Nummer ist 021 ...

DIALOG 2

Frau Keller: Keller.

Herr Köbel: Hallo Frau Keller, hier Köbel, Spedition Intertrans, München.

Frau Keller: Guten Tag, Herr Köbel. Danke für den prompten Rückruf. Also, was ist mit unserer Sendung passiert?

Herr Köbel: Wir haben Ihre Sendung für Wilhelm Habermann hier im Lager gefunden. Es ist Folgendes passiert: Die Sendung ist am Freitag angekommen, aber erst am späten Nachmittag. Das war außerhalb der Warenannahmezeiten beim Empfänger, die nur bis 14.00 Uhr sind.

Frau Keller: Ach so. Und wann wird die Ware geliefert?

Herr Köbel: Die Sendung geht heute ab.

Frau Keller: Vielen Dank, Herr Köbel. Ich sage dem Kunden Bescheid. Auf Wiederhören.

Herr Köbel: Auf Wiederhören.

9.5A

DIALOG 1

Herr Nagel: Nagel, guten Tag.

Frau Eckstein: Guten Tag, Herr Nagel, hier Eckstein von der Firma Aqua Badespaß. Es geht um die Bad-Teppich-Garnituren, die wir von Ihnen bekommen haben. Ich habe leider eine Reklamation.

Herr Nagel: Das tut mir Leid, Frau Eckstein. Was ist passiert?

Frau Eckstein: Bei der Prüfung der Sendung haben wir festgestellt, dass sie unvollständig ist. Wir haben 200 Stück bestellt, Sie haben uns aber nur 180 geschickt.

Herr Nagel: Also, es fehlen 20 Stück. Ich notiere.

Frau Eckstein: In Ihrer Rechnung haben Sie uns aber 200 Stück berechnet. Irgendwo ist ein Fehler passiert. Was schlagen Sie denn vor?

DIALOG 2

Frau Raue: Raue am Apparat.

Herr Vitelli: Guten Tag, Frau Raue, hier Vitelli von der Firma KB Innenausstattung. Es handelt sich um Ihre Lieferung von 5.000 Fliesen, die wir gerade erhalten haben. Ich muss sie leider reklamieren.

Frau Raue: Das tut mir Leid. Könnten Sie mir Näheres dazu sagen?

Herr Vitelli: Ja, bei den fünf Kartons, die wir kontrolliert haben, haben die ersten acht bis zehn Fliesen einen Riß. Sie sind also unbrauchbar.

Frau Raue: Also, Herr Vitelli, darf ich Ihnen folgenden Vorschlag machen?

DIALOG 3

Herr Fischer: Fischer.

Herr Janssen: Guten Tag, Herr Fischer, hier Janssen, Firma EBJ-Glas. Herr Fischer, ich habe leider eine Reklamation bei Ihrer letzten Lieferung von Kaffeeservice und Weinsets.

Herr Fischer: Oh, das tut mir aber sehr Leid! Was ist denn passiert?

Herr Janssen: Sie haben uns die falsche Ware geschickt. Bei den Kaffeeservice haben wir Blumenmuster in rot bestellt, stattdessen aber haben Sie uns Blumenmuster in blau geschickt.

Herr Fischer: Ach so. Darf ich fragen, sind die Waren selbst beschädigt?

Herr Janssen: Die Kaffeeservice sind nicht beschädigt. Aber bei einigen Weinsets ist ein Teil der Gläser zerbrochen. Das ist anscheinend auf mangelhafte Verpackung zurückzuführen. Wie wollen wir also das Problem lösen?

DIALOG 4

Dr. Wagner: Herr Büttner, mit der neuen Maschine, die Sie vor kurzem in unserem Werk Diepholz installiert haben, sind wir nicht recht zufrieden.

Herr Büttner: Oh, das tut mir Leid. Könnten Sie mir Näheres dazu sagen?

Dr. Wagner: Bei Inbetriebnahme der Maschine sind Störungen aufgetreten. Sie funktioniert nicht ganz richtig. Erstens arbeitet sie sehr langsam und zweitens ist die Fehlerquote viel zu hoch.

Herr Büttner: Vielleicht ist sie für Ihren Werkstoff nicht richtig kalibriert. Herr Dr. Wagner, ich schlage Ihnen Folgendes vor ...

KAPITEL 10

10.6C

Personalchef: Guten Tag, Frau Schemann. Nehmen Sie bitte Platz. Haben Sie gut zu uns gefunden?

Frau Schemann: Ja, danke, ohne Probleme.

Personalchef: Gut. Frau Schemann, erzählen Sie mir erst mal, was Sie über Tengelmann wissen.

Frau Schemann: Von Ihrem Geschäftsbericht weiß ich, dass Sie weltweit zirka 7.700 Filialen und einen Jahresumsatz von 26 Milliarden Euro haben. Tengelmann ist also einer der größten Handelsbetriebe der Welt. Die Gruppe expandiert auch rapide in den neuen Bundesländern. Außerdem engagiert sich die Gruppe stark für die Umwelt. 1993 erhielt der Geschäftsführer von Tengelmann den Earth Day International Award für sein zukunftsorientiertes Umweltmanagement.

Personalchef: Und warum möchten Sie gerade bei uns arbeiten?

Frau Schemann: Tengelmann ist ein erfolgreicher und progressiver Konzern im Bereich Einzelhandel, aus dem ich ja selber komme. Auch glaube ich, dass Tengelmann ein dynamisches und gut abgerundetes Trainee-Programm bietet, welches die Grundlage meiner Karriere bilden könnte.

Personalchef: Gut. Nun, Frau Schemann, einige Fragen zu Ihrem bisherigen Lebenslauf. Was für eine Ausbildung haben Sie gemacht?

Frau Schemann: Ich habe die Realschule besucht und dann eine abgeschlossene Ausbildung zur Kauffrau im Einzelhandel gemacht. Später habe ich das Abitur auf dem Abendgymnasium nachgeholt.

Personalchef: Warum haben Sie sich dafür entschieden?

Frau Schemann: Ich wollte meine Berufschancen verbessern und das war nur durch die Weiterbildung möglich. Auch bekam ich Lust zu studieren!

Personalchef: In welchen Fächern haben Sie das Abitur gemacht?

Frau Schemann: Meine Hauptfächer waren Deutsch, Englisch und Politik. Die Nebenfächer waren Mathe und Französisch.

Personalchef: Aha. Und während dieser Zeit waren Sie als kaufmännische Angestellte, später als Einkäuferin, bei Karstadt beschäftigt. Können Sie mir Ihre Tätigkeit dort schildern?

Frau Schemann: Ich habe zuerst im Bereich Haushaltsmöbel und später bei Porzellan und Kristall gearbeitet. Ich war verantwortlich für Großkundenbetreuung und Bestellungen.

Personalchef: Mit dem Einkauf von Lebensmitteln hatten Sie also nichts zu tun?

Frau Schemann: Nein, ich war nur im Nonfood-Bereich tätig.

Personalchef: Nun gut. Sie haben dann Betriebswirtschaft an der Fachhochschule Düsseldorf studiert. Haben Sie während des Studiums Praktika gemacht?

Frau Schemann: Ja, ich habe ein Praxissemester in Frankreich gemacht und zwar bei der Firma Lorfonte in Grenoble. Dort konnte ich meine Französischkenntnisse erheblich verbessern.

Personalchef: Gut. Nun, Frau Schemann, was machen Sie zur Zeit?

Frau Schemann: Zur Zeit habe ich keine feste Stellung. Ich arbeite vorübergehend durch ein Zeitarbeitbüro.

Personalchef: Wo liegen Ihre besonderen beruflichen Interessen und Neigungen?

Frau Schemann: Ich wäre besonders interessiert an einer Tätigkeit im Einkauf.

Personalchef: Könnten Sie überall in Deutschland arbeiten, oder haben Sie private Bindungen zu einem bestimmten Ort?

Frau Schemann: Nein, ich könnte überall in Deutschland arbeiten.

Personalchef: Wären Sie auch bereit, im Ausland für Tengelmann zu arbeiten?

Frau Schemann: Ja, sicher. Ich würde mich darüber freuen.

Personalchef: Gut, Frau Schemann. Ich habe jetzt keine Fragen mehr an Sie.

10.6E

Personalchef: Gut, Frau Schemann. Ich habe jetzt keine Fragen mehr an Sie. Bestehen Ihrerseits Fragen?

Frau ScheMann: Ja. Können Sie mir Näheres über den Ablauf des Traineeship bei Ihnen sagen?

Personalchef: Zum Einstieg bekommen Sie eine vier- bis sechsmonatige Einarbeitung in Filialen und Regionszentralen unserer Unternehmensgruppe. Sie werden systematisch darauf vorbereitet, Verantwortung für einen Aufgabenbereich zu übernehmen. Sie erhalten auch Einblicke in die anderen Unternehmensbereiche. So lernen Sie die Struktur und die Kultur des Unternehmens kennen. Im Anschluss beginnt Ihre individuelle Karriere. Sie z.B. würden höchstwahrscheinlich als Einkaufsassistentin anfangen.

Frau Schemann: Und könnten Sie mir bitte sagen, wie hoch das Gehalt ist?

Personalchef: Das Trainee-Gehalt beträgt monatlich 2.500 Euro brutto. Wenn Sie danach fest angestellt werden, könnten Sie zwischen 2.500 und 3.000 Euro pro Monat verdienen.

Frau Schemann: Zahlen Sie auch Weihnachtsgeld?

Personalchef: Ja, im ersten Jahr würden Sie 100 Euro Weihnachtsgeld erhalten, danach 75 % eines Bruttomonatsgehalts.

Frau Schemann: Und welche Sozialleistungen bieten Sie?

Personalchef: Die normalen, das heißt Rentenversicherung, Krankenversicherung und Urlaubsgeld. Wir zahlen auch die obligatorische Pflegeversicherung für den Fall, dass Sie im Alter Pflege brauchen.

Frau Schemann: Aha. Und darf ich mal fragen, wie Ihre Arbeitszeiten sind?

Personalchef: Grundsätzlich werden bei Tengelmann 37,5 Stunden pro Woche gearbeitet. In der Gruppenverwaltung gibt es gleitende Arbeitszeit, aber in den Verkaufsstellen nicht. Ausgebildete Bezirksleiter mit Verantwortung für mehrere Verkaufsstellen in einem Bezirk müssen an manchen Samstagen arbeiten, bekommen aber dafür in der Woche einen freien Tag.

Frau Schemann: Sie haben gefragt, ob ich überall in Deutschland arbeiten könnte. Ich möchte gern wissen, ob Sie neue Mitarbeiter bei der Wohnungssuche unterstützen.

Personalchef: Nein, neue Mitarbeiter nicht. Wir könnten Ihnen die Namen von Immobilienmaklern geben, die Mietwohnungen in der Nähe unserer Filialen oder Regionszentralen vermitteln.

Frau Schemann: Auch bei einem Auslandseinsatz nicht?

Personalchef: Ach, da sieht es ganz anders aus. Auslandseinsätze kommen nur für fest angestellte Nachwuchskräfte in Frage. Wenn Sie einmal übernommen werden, werden Ihre eventuellen Umzugskosten im Inland sowie ins Ausland schon bezahlt.

Frau Schemann: Vielen Dank. Das war schon alles, was ich wissen wollte.

Personalchef: Ich danke Ihnen, Frau Schemann. Wenn Sie draußen wieder Platz nehmen möchten ...

Pronunciation

The best way to improve your German pronunciation is to listen as much as you can, think about the sounds and try to imitate them. A useful technique is listening and reading at the same time. This will help you to understand the relationship between the spoken and the written word.
This section offers some guidance on the pronunciation of specific letters in German.

Vowels

Vowels in German can be pronounced long or short. In writing, short vowels are usually followed by a double consonant, eg *Mann, treffen, kommen,* whereas long vowels are followed by a single consonant, eg *fragen, lesen, holen.* Long vowels are often represented by a double letter, eg *Tee,* or a following *h,* eg *fahren.*

Short vowels	English equivalent	Examples
a	hut	Hand, Hamburg, danke
ä	bed	Geschäft, ergänzen
e	*stressed:* bed	es, treffen, Wetter
	unstressed: the	Gerät, Besuch, danke
i	it	mit, ist, nimmt
o	song	oft, Sonne, Problem
ö	*like short German* e, *but with lips rounded as for* o	können, möchten
u	put	und, Hunger, warum
ü	*like short German* i, *but with lips rounded as for* u	fünf, pünktlich, Tschüs

Long vowels		
a, aa, ah	car	Name, Abend, wahr
ä, äh	*like long German* e	Gespräch, Städte, spät, während
e, ee, eh	great	Problem, Tee, steht
i, ie, ih	see	Termin, schien, Ihnen, Politik
o, oo, oh	boat	schon, holen, wohnen, ohne
ö, öh	*like long German* e, *but with lips pursed as for a kiss*	schön, höflich, Lösung, gewöhnlich
u, uh	mood	gut, tun, Besuch
ü, üh	*like short* ü, *but with lips pursed as for a kiss*	über, führen, Küche, natürlich

Diphthongs

Note that stressed *ie* is pronounced as in English *see.*

	English equivalent	Examples
ai, ei, ay	kind	Main, Daimler, bei, Reise, Bayern
au	house	Frau, Auto, Urlaub, Pause
äu, eu	oil	Gebäude, Fräulein, Leute, deutsch

Consonants

		Examples
b	*like English* p *at the end of a word*	ab, Urlaub, Vertrieb
c	- *like* ts	circa, Cäsar, Mercedes
	- *before* a, l, o, r, u *like English* k	Cola, Computer
ch	- *after* a, au, o, u *like Scottish* loch	auch, Woche, Besuch
	- *before* s *usually like* k	sechs
	- *otherwise* h *in* human	ich, Milch
d	*like English* t *at the end of a word*	und, Bild, Deutschland, Abend
g	*as in English, but pronounced*	
	- *like* k *or German* ch *at the end of words*	Geburtstag
	- *like English* treasure *in loan words*	Montage, Ingenieur, Giro
-ig	*like Scottish* loch	niedrig, tätig, billig
j	*as in* yes	ja, Projekt
p	*as in English, but also pronounced before* n *and* s	Psychologie
qu	*like* kv	Qualität
r	*pronounced at the back of the throat, like* ch *in* loch	treffen, reden
s	*as in English, but like* z *before a vowel*	Sie, also, Reise
sch	*like English* sh	schön, schlecht
sp, st	*like* shp, sht *at the beginning of a word or syllable*	Sport, Stadt, Stunde
ß	*equivalent to* ss, *like English* s	grüßen, Straße
v	*like English* f	vormittags, Verspätung, Vertrieb
w	*like English* v	wie, woher, Wetter, Woche
z	*like* ts	zum, zentral, ganz

Word stress

Most words of more than one syllable have the main stress on the first syllable, eg:

Name, Firma, abends, geben, anfangen, teilnehmen

Words beginning with the inseparable prefixes *be-, emp-, ent-, er-, ge-, ver-* and *zer-* have the main stress on the second syllable, eg:

begrüßen, Empfang, entwerfen, erbitten, gefallen, Vertrieb, zerbrechen

Words with a Greek or Latin origin generally have the main stress on the last syllable, eg:

Symbol, Produzent.

Words of English or French origin are stressed in a similar way to the original language, eg:

Manager, Computer

Dealing with new words

Learning a language involves learning a lot of words. It is often possible to work out the meaning of new words for yourself rather than resorting at once to the dictionary. Here are some suggestions.

- Look out for cognates, ie words that look similar to English words and mean more or less the same thing. Eg:

willkommen	*welcome*	Licht	*light*
finden	*find*	Pfund	*pound*
machen	*make*	neu	*new*
denken	*think*	frei	*free*
Firma	*firm*	besser	*better*
Hilfe	*help*	lang	*long*

- Break long words up into their component parts. German often makes one long word from two or more shorter ones. Eg:

Geschäftsführer = Geschäft + Führer
Konferenzzimmer = Konferenz + Zimmer
Selbstwahltelefon = selbst + Wahl (from *wählen, dial*) + Telefon

- Learn to recognize members of a 'word family'. As in English, nouns, verbs, adjectives and adverbs in German are often formed from the same stem by adding a prefix to the beginning or a suffix to the end. Eg:

Stem	Verb	Noun	Adjective/ Adverb
-spät-	sich ver**spä**ten	**Ver**spät**ung**	spät
-arbeit-	arbeit**en**	Arbeit/ Arbeit**er**	arbeits**los**
-sprech-/ -sprach-	sprech**en**	Sprech**er**/ Sprach**e**	sprach**los**

- Try to work out the meaning of a word from the context. The surrounding text often provides clues in the form of synonyms, opposites, definitions, examples etc. Eg, the meaning of *Haushaltsgeräte* in the following sentence should become clear from the examples given (which are cognates).

Die Firma produziert kleine **Haushaltsgeräte**, z.B. Haartrockner, Kaffeemaschinen usw.

Grammar

This section presents the main grammatical areas covered and gives further information about the points raised in the **LANGUAGE STUDY** sections in each unit. The numbers in those sections refer you to this grammar guide.

Abbreviations

m.	masculine	nom.	nominative	sep.	separable
f.	feminine	acc.	accusative	insep.	inseparable
n.	neuter	gen.	genitive		
pl.	plural	dat.	dative		

1 The cases

1.1 What are cases?

There are four cases in German: nominative, accusative, genitive and dative. The case of a noun is shown by the endings, or inflections, of articles (*der/die/das, ein/e*) and other words associated with it. Sometimes the ending of the noun itself changes according to its case (▸ **2.4**). The function of the cases is to show the role of the noun in a sentence, eg whether it is the subject, direct object or indirect object of the verb. In English, this is normally shown by means of word order. Because German has cases, the order of words in a sentence can be more flexible than in English (▸ **7.1**).

1.2 Nominative case

The nominative case shows the **subject** of a sentence, ie who or what does the action of the verb. The **number** (singular or plural) of the subject agrees with the verb, eg:

Der Besucher komm**t** (sing.) aus Hamburg.
Die Besucher komm**en** (pl.) aus Hamburg.

The nominative is also used after linking verbs like *sein (be)* and *werden (become)*, eg:

Herr Olson ist **der Geschäftsführer**.

1.3 Accusative case

The accusative case shows the **direct object** of the verb, ie the person or thing 'receiving' the action of the verb, eg:

Frau Brett holt **den Besucher** vom Flughafen ab.
Der Besucher trinkt **einen Kaffee**.

The object can come before the subject, eg:

Den Exportleiter (object) kennen **Sie** (subject) schon.

The accusative is also used after some prepositions (▸ **5.2**); in some time expressions (▸ **9**).

1.4 Genitive case

The genitive is less common than the other three cases. It indicates **possession** and is equivalent to *of* or apostrophe *-s* (*'s*) in English, eg:

Hier ist das Büro **des Geschäftsführers**.

The genitive is also used after some prepositions (▸ **5.6**).
Note: It is possible to use *von* + dative instead of the genitive, eg:

Hier ist das Büro **vom (= von dem)** Geschäftsführer.

1.5 Dative case

The dative case is used to show the **indirect object** of the verb, ie the person or thing to whom the action of the verb is done, eg:

Ich gebe **Ihnen** meine Visitenkarte.
Der Kellner bringt **den Gästen** die Speisekarte.

The dative is also used after some prepositions (▸ **5.3**); after certain verbs (▸ **6.14**); in some time expressions (▸ **9**).

2 Nouns

2.1 What is a noun?

A noun is a word that names a person, thing, or concept. In German, nouns are written with a capital letter, eg:

der **B**esucher, die **F**irma, die **P**ünktlichkeit, das **A**uto

2.2 Gender of nouns

German nouns are either masculine, feminine or neuter. Learn each noun together with its definite article to help you remember the gender: *der* (m.), *die* (f.), *das* (n.). Here are some useful rules of thumb.

Masculine nouns

There are more masculine nouns than feminine or neuter ones. The following are masculine.

Male persons	der Kaufmann, der Student, der Vater
Days, months and seasons	der Montag, der Juni, der Sommer
Points of the compass	der Norden, der Süden,
Most nouns ending in **-er**	der Besucher, der Vertreter, der Koffer
Most nouns ending in **-el**	der Apfel, der Titel
Nouns ending in **-eur, -or**	der Ingenieur, der Projektor

Feminine nouns

Female persons		die Frau, die Mutter
Most rivers		die Donau, die Mosel (**but** der Rhein)
Numerals		die Eins, die Fünf, die Million
Nouns ending in	**-ei, -ie**	die Partei, die Industrie
	-enz	die Konferenz
	-heit	die Gesundheit
	-keit	diePünktlichkeit
	-ik	die Politik, die Fabrik
	-(t)ion	die Konversation, die Direktion
	-schaft	die Wirtschaft
	-tät	die Qualität
	-ung	die Verspätung, die Einladung
	-ur	die Reparatur, die Natur
Most nouns ending in -e		die Reise, die Woche, die Sonne

Neuter nouns

Infinitives used as nouns	das Baden, das Segeln
Nouns ending in **-o, -ment**	das Büro, das Museum, das Sortiment

● Masculine and feminine job titles

In certain cases, such as names of jobs, a woman can be distinguished from a man by the addition of the ending **-in** to the masculine form, eg:

Man	der Leiter, Kollege, Kunde, Beamte
Woman	die Leiterin, Kollegin, Kundin, Beamtin

Note: Some job titles have gender-specific forms, eg *der Kaufmann/die Kauffrau.*

Both masculine and feminine forms are now used in job adverts. However, the masculine form can be used to refer to either sex where the distinction is not felt to be important.

● Gender of compound nouns

German often puts two or more words together to form a new noun. The compound noun has the gender of the final noun, eg:

die Konferenz + das Zimmer	=	das Konferenzzimmer
das Gelände + der Plan	=	der Geländeplan
der Einkauf + s + die Abteilung	=	die Einkaufsabteilung
der Kunde + n + die Betreuung	=	die Kundenbetreuung

2.3 Noun plurals

The main ways of forming the plural in German are as follows.

Singular		Plural
der Wagen, der Drucker	-	die Wagen, die Drucker
der Mantel	¨	die Mäntel
das Produkt, der Film	-e	die Produkte, die Filme
der Schrank, die Stadt	¨e	die Schränke, die Städte
die Batterie, die Antwort	-(e)n	die Batterien, die Antworten (and most feminine nouns)
das Bild, das Kind	-er	die Bilder, die Kinder
das Band, das Rad	¨er	die Bänder, die Räder
das Büro, das Video	-s	die Büros, die Videos (especially loan words)

Nouns ending in **-in** or **-nis** double the final consonant, eg:

die Sekretäri**n** - die Sekretäri**nnen**

das Erzeug**nis** - die Erzeug**nisse**

Some nouns of Latin origin have their own plural forms, eg:

die Firma - die Firmen; das Konto - die Konten

das Material - die Materialien

2.4 Case endings of nouns

The endings of a noun sometimes change according to what case they are in.

In the **genitive singular,** masculine and neuter nouns add the ending **-(e)s**, eg:

das Büro des Geschäftsführer**s**

The same ending is added to a person's name, eg:

Frau Brett nimmt Herrn Becker**s** Koffer.

Was ist Frau Binder**s** Telefonnummer?

In the **dative plural** the ending **-n** is added, unless the plural form already ends in **-n** or in **-s**, eg:

die Gäste	→	den Gäste**n**
die Frauen	→	den Frauen
die Büros	→	den Büros

● Weak nouns

A small group of masculine nouns, called weak nouns, end in **-(e)n** in all forms except the nominative singular, eg:

	sing.	pl.
nom.	der Mensch	die Menschen
acc.	den Menschen	die Menschen
gen.	des Menschen	der Menschen
dat.	dem Menschen	den Menschen

This group includes the following:

der Herr -(e)n, -en; der Nachbar -n, -n

der Kunde -n, -n; der Kollege -n, -n; der Deutsche -n, -n

der Student -en, -en; der Journalist -en, en

The following nouns have the ending **-ns** in the genitive:

der Name -ns, -n; der Gedanke -ns, -n

3 Determiners and pronouns

3.1 What is a determiner?

Determiners are function words that come before a noun and any adjectives associated with the noun. They include the definite articles *der/die/das* (*the*); the indefinite articles *ein/e* (*a/an*); the demonstratives *dieser/diese/dieses* (*this*); the possessives *mein/e, dein/e* etc (*my, your,* etc). While a noun can be preceded by several adjectives, it is only preceded by one determiner at a time, eg **either** *der* **or** *ein*, but not both.

In German the ending of the determiner must agree with the gender (▶ 2.2), number (singular or plural) and case (▶ 1) of the noun it precedes. The determiner thus acts as a 'marker', helping to show the function of the noun in the sentence.

3.2 What is a pronoun?

Unlike determiners, pronouns stand on their own. They are used instead of nouns, to avoid repetition. Eg:

> Das ist Herr Müller. **Er** ist von der Firma ABC.
>
> „Sind Sie an einem besonderen Modell interessiert?"
>
> > „Ja, an **diesem** hier."
>
> „Ist das Ihr Taschenrechner?" „ Nein, es ist **seiner**."

Demonstratives and possessives can function both as pronouns and determiners.

3.3 How to say *the*: the definite article

	m.	f.	n.	pl.
nom.	der Mann	die Frau	das Kind	die Männer
acc.	den Mann	die Frau	das Kind	die Frauen
gen.	des Mann**es**	der Frau	des Kind**(e)s**	der Kinder
dat.	dem Mann	der Frau	dem Kind	den Männer**n**/ Frauen

3.4 How to say *a/no*: the indefinite and negative articles

	m.	f.	n.
nom.	(k)ein Mann	(k)eine Frau	(k)ein Kind
acc.	(k)einen Mann	(k)eine Frau	(k)ein Kind
gen.	(k)eines Mann**es**	(k)einer Frau	(k)eines Kind**(e)s**
dat.	(k)einem Mann	(k)einer Frau	(k)einem Kind

	pl.
nom.	keine Männer/Frauen/Kinder
acc.	keine Männer/Frauen/Kinder
gen.	keiner Männer/Frauen/Kinder
dat.	keinen Männer**n**/Frauen/Kinder**n**

Like English *a*, the indefinite article has no plural form. The negative article *(k)ein/e* means *no, not a* or *not any*, eg:

> Wir haben keinen Kaffee.   (*We don't have any coffee.*)
>
> Ich habe keinen Hunger.   (*I'm not hungry.*)

3.5 Use of the article with geographical names

The definite article is used
- with feminine and plural country names, eg:

> **f. sing.:** die Bundesrepublik, die Schweiz, die Türkei,
>
> **pl.:**   die Niederlande, die Vereinigten Staaten (die USA)

NB: There is usually no article with neuter names of countries, eg: Deutschland, Frankreich, Ungarn

- with names of lakes, mountains and rivers, eg:

> der Bodensee, der Genfer See
>
> die Zugspitze, der Großglockner
>
> der Rhein, die Donau

- with street names in a sentence (though not in addresses), eg:

> Der Haupteingang ist in **der** Industriestraße.

3.6 Omission of the article with job names and nationalities

Normally no article is used with nouns denoting jobs, professions or nationalities, eg:

> Ich bin Ingenieur.
>
> Frau Schmidt ist Einkaufsleiterin bei der Firma ABC.
>
> Er ist Deutscher.

However, the definite article can be used if only one person holds a particular job in a company, eg:

> Er ist **der** Einkaufsleiter bei uns.

3.7 How to say *this/that (one)*, *each/every (one)*: demonstratives

• *dieser/diese/dieses*

The demonstratives *dieser/diese/dieses* are the equivalent of English *this (one)*. They can be used as determiners or pronouns. The endings are the same for both.

	m.	f	n.	pl.
nom.	dieser	diese	dieses	diese
acc.	diesen	diese	dieses	diese
gen.	dieses	dieser	dieses	dieser
dat.	diesem	dieser	diesem	diesen

Eg (used as a determiner):

> Ich hoffe, **dieser** Tisch passt Ihnen?
>
> Ich bin an **diesem** Modell interessiert.

(used as a pronoun):

> Im Herbst 1950 brachte Otto den ersten Katalog heraus. **Dieser** erschien in einer Auflage von ...
>
> „Sind Sie an einem besonderen Modell interessiert?" „Ja, an **diesem** hier."

The words *jener/jene/jenes* (that, those), *jeder/jede/jedes* (each/ every) take the same endings and can be used in the same way.

• *der/die/das*

The words *der/die/das* are commonly used as pronouns to mean *this (one)* or *that (one)*. The forms of the pronouns differ from the definite article in the genitive and the dative plural.

	m.	f.	n.	pl.
nom.	der	die	das	die
acc.	den	die	das	die
gen.	**dessen**	**deren**	**dessen**	**deren**
dat.	dem	der	dem	**denen**

Eg: Was für eine Abteilung ist **das**?

> „Muss man auch Überstunden machen?" „**Die** gibt es hier in der Verwaltung nicht."
>
> Wie plane ich die Messebeteiligung und **deren** Erfolg?

The pronoun *das* can be used to refer back to a whole idea, eg:

> Könnten Sie **das** bitte wiederholen?

3.8 How to say *my/mine, your/yours* etc: possessives

Possessives show who or what someone or something belongs to.

Singular		Plural	
mein	*my*	unser	*our*
dein	*your*	euer	*your*
Ihr	*your (polite)*	Ihr	*your (polite)*
sein	*his*	ihr	*their*
ihr	*her*		

They can be used as determiners, (equivalent to *my, your*, etc), or as pronouns (equivalent to *mine/yours*, etc).

When used as determiners, their endings follow the same pattern as the indefinite article (▶ **3.4**). Eg:

> Wie war **Ihr** Name noch mal?
>
> Was ist **seine** Stellung im Betrieb?

When used as pronouns, they have the same endings as *dieser/diese/dieses* (▶ **3.7**). Eg:

> Mein Auto ist nicht so groß wie sein**(e)s**.

Note: The -**e** of the neuter nominative and accusative is often dropped.

3.9 How to say *I, you* etc: personal pronouns

Personal pronouns refer to people or things.
Their forms vary according to person, number and case.

	Person	nom.	acc.	dat.
sing.	*I, me*	ich	mich	mir
	you (familiar)	du	dich	dir
	you (polite)	Sie	Sie	Ihnen
	he, him; it	er	ihn	ihm
	she, her; it	sie	sie	ihr
	it	es	es	ihm
pl.	*we, us*	wir	uns	uns
	you (familiar)	ihr	euch	euch
	you (polite)	Sie	Sie	Ihnen
	they, them	sie	sie	ihnen

The pronoun *er* refers to any masculine noun, *sie* to any feminine noun and *es* to any neuter noun, regardless of natural gender, eg:

„Gefällt Ihnen mein neuer Wagen (m.)?" „Ja, **er** ist sehr schön."
Ich empfehle Ihnen die Leberknödelsuppe (f.). **Sie** schmeckt besonders lecker.

Note: German has familiar and polite forms for *you*, unlike English. The familiar form indicates a degree of intimacy, and is used by relatives, close friends or children, teenagers and students among themselves.

The polite form is used between strangers and adults who are not on first name terms. Even work colleagues who have known each other for a long time still tend to use the polite form.

3.10 Indefinite pronouns

• one/you: man

The indefinite pronoun *man* corresponds to English *one (you/someone/people in general)*. It has the following forms:

nom. man
acc. einen
dat. einem

Eg: In Deutschland stellt **man** sich mit Nachnamen vor.
Das könnte **einen** viel kosten.

• one (of): einer/eine/ein(e)s

The endings of the indefinite pronouns differ from the indefinite article (▶ **3.4**) in three instances. This is because the endings have to mark the gender of the noun being referred to.

	m.	f.	n.
nom.	ein**er**	eine	ein**(e)s**
acc.	einen	eine	ein**(e)s**
gen.	eines	einer	eines
dat.	einem	einer	einem

Eg: Herr Braun ist **einer** unserer besten Kunden.
Bayern ist **ein(e)s** der schönsten Bundesländer.
Ich möchte **einen** Ihrer etablierten Kunden besuchen.

Note: *keiner/keine/keins (none, not one)* can also be used as pronouns with the same endings.

• something: etwas

The word *etwas* is invariable, eg:
Möchten Sie etwas trinken?

It can be combined with an adjective, which is then written with a capital letter, eg:
Ich esse lieber etwas **K**altes.

But NB: etwas **a**nderes

3.11 How to ask *who? which (one)? what (for)?*: interrogatives

• who: wer

The question word *wer* has the following forms.

nom. wer
acc. wen
gen. wessen
dat. wem

Eg: **Wer** ist der Geschäftsführer?
Wessen Auto ist das? / **Wem** gehört das Auto?

• which (one): welcher/welche/welches

This can be used as a determiner or a pronoun, and follows the same pattern as *dieser/diese/dieses*.
Eg (used as a determiner):
In **welchem** Bereich ist die Firma tätig?

• what (for): was/wo(r)-

The question word *was* is invariable, eg:
Was möchten Sie trinken?

But to ask *what for? what with?* the question words *wofür, womit* are used, not *für was, mit was*.
These interrogatives are formed by adding *wo-* to the preposition, or *wor-* if it starts with a vowel.
Eg: Wofür sind Sie zuständig?
Womit befasst sich Herr Barth?
Worum kümmert sich Frau Kern?
Worin besteht Ihre Arbeit?
Worüber ist das Referat?

4 Adjectives and adverbs

4.1 What is an adjective?

Adjectives describe or modify nouns and give more information about them.
If an adjective comes after the noun it describes, it has no endings, eg:
Die Fabrik ist sehr **modern**.
Meine Kollegen sind **sympathisch**.

If an adjective comes before the noun, it must have an adjective ending. The endings vary according to the gender (▶ **2.2**), number (singular or plural) and case (▶ **1**) of the noun.
They also vary depending on whether or not there is a determiner, and which determiner it is. eg:
der groß**e** Konzern
ein groß**er** Konzern
Exceptions are:
- a few colour adjectives eg *rosa*
- names of towns and cities used as adjectives. These add **-er**, but no case endings, eg:
der Frankfurter Hauptsitz der Firma
die echte Frankfurter Atmosphäre

4.2 What is an adverb?

Adverbs modify and give more information about verbs. Most adjectives in German can be used as adverbs. The form of adverbs doesn't change. eg:

Adjective	Unsere **eleganten** Zimmer.
	Er ist ein **guter** Arbeiter.
Adverb	Unsere **elegant** eingerichteten Zimmer
	Wir arbeiten **gut** zusammen.

4.3 *der/die/das* + adjective + noun

After the determiners *der/die/das, dieser/diese/dieses (this/these), jener/jene/jenes (that, those), jeder/jede/jedes (each/every), welcher/welche/ welches (which)* the adjective endings are as follows.

	m.	f.	n.	pl.
nom.	der große Konzern	die große Firma	das große Unternehmen	die großen Konzerne/Firmen/Unternehmen
acc.	den großen Konzern	die große Firma	das große Unternehmen	die großen Konzerne/Firmen/Unternehmen
gen.	des großen Konzerns	der großen Firma	des großen Unternehmens	der großen Konzerne/Firmen/Unternehmen
dat.	dem großen Konzern	der großen Firma	dem großen Unternehmen	den großen Konzernen/Firmen/Unternehmen

4.4 *ein/eine/ein* + adjective + noun

After the indefinite article, the negative article *kein/keine/kein* (▶ 3.4) and possessive determiners *mein, dein*, etc (▶ 3.8) three of the adjective endings differ from those in 4.3.

	m.	f.	n.	pl.
nom.	-er	-e	-es	-en
acc.	-en	-e	-es	-en
gen.	-en	-en	-en	-en
dat.	-en	-en	-en	-en

Eg: ein großer Konzern; ein großes Unternehmen
Remember that the indefinite article has no plural form!

4.5 More than one adjective after a determiner

When there is more than one adjective after a determiner, each adjective has the same ending, eg:

> ThyssenKrupp ist **ein** führender deutscher Technologiekonzern.
> Gehen wir in **ein** traditionelles deutsches Restaurant.
> Dieses alte, traditionsreiche Hotel wurde 1893 eröffnet.

4.6 Adjective + noun

When there is no determiner to indicate the gender and case of the noun, the adjective has to perform this function, and takes the following endings.

	m.	f.	n.	pl.
nom.	-er	-e	-es	-e
acc.	-en	-e	-es	-e
gen.	-en	-er	-en	-er
dat.	-em	-er	-em	-en

Eg:
> Das Hotel bietet professionellen Service (m. sing. acc.).
> Das Haus ist eine Symbiose aus exklusivem Stadthotel (m. sing. dat.) und sympathischer Eleganz (f. sing. dat).

4.7 *viele, wenige, einige* + adjective + noun

After these words, and after numerals, the adjective ending in the nominative and accusative plural is **-e**, as in 4.6, eg:

> Frankfurt hat viele interessante Sehenswürdigkeiten.
> Die Wohnung hat fünf große Zimmer.

Note: Although they take endings in the plural, the words *viel* and *wenig* are usually invariable in the singular, eg:

> Ich habe **wenig** Freizeit.
> St. Gilgen bietet seinen Gästen **viel** Abwechslung.

4.8 Adjectives used as nouns

Many adjectives and participles can be used as nouns, particularly when the following noun would otherwise simply be *Mann, Frau* or *Person*. Adjectival nouns begin with a capital letter like other nouns, but they take adjective endings. The gender is that of the implied noun. eg:

> der/die Angestellte, ein Angestellter/eine Angestellte
> der/die Bekannte, ein Bekannter/eine Bekannte
> der/die Reisende, ein Reisender, eine Reisende
> der/die Selbstständige, ein Selbstständiger, eine Selbstständige
> der/die Verwandte, ein Verwandter, eine Verwandte

4.9 Comparatives and superlatives

• Adjectives

To form the comparative, add **-er** to the base form.
To form the superlative, add **-(e)st** to the base form.
An Umlaut is often added to the main vowel of the base form.
A few forms are irregular.

Base form	Comparative	Superlative
Regular		
niedrig	niedriger	der/die/das niedrigste
wenig	weniger	der/die/das wenigste
früh	früher	der/die/das früh(e)ste
intelligent	intelligenter	der/die/das intelligenteste
Regular + Umlaut		
lang	länger	der/die/das längste
kurz	kürzer	der/die/das kürzeste
stark	stärker	der/die/das stärkste
schwach	schwächer	der/die/das schwächste
Irregular		
hoch	höher	der/die/das höchste
nah	näher	der/die/das nächste
viel	mehr	der/die/das meiste
gut	besser	der/die/das beste

Comparative and superlative forms of adjectives have the usual adjective endings before a noun, except for *mehr* and *weniger*, which don't change.
The equivalent of the word *than* in comparisons is *als*, eg:

> Der Umsatz 2001 war höher **als** 2000.
> Die Deutschen fangen mit der Arbeit früher **als** die Briten an.

The equivalent of *as ... as* in comparisons of equality is *so ... wie*, eg:

> Weimar ist nicht **so** groß **wie** Frankfurt.

To say *just as ... as*, you use *genauso ... wie*, eg:

> Die Briten arbeiten **genauso** viele Stunden pro Woche **wie** die Holländer.

• Adverbs

The comparative of adverbs is formed in the same way as adjectives. The superlative of adverbs has *am* in front of it, and the ending **-(e)sten**, eg:

> am wenigsten   am kürzesten
> am meisten   am besten

Note: The irregular adverb *gern* (4.10) has the forms:

> gern, lieber, am liebsten

4.10 Expressing likes and dislikes using verb + *gern*

The most frequent and idiomatic way of saying *like, dislike* and *prefer* in German is to use the adverb *gern/lieber/am liebsten* with *haben* or another verb, eg:

> Ich habe meine Kollegen **gern**.
> Scharfe Sachen esse ich nicht **gern**.
> Ich gehe **lieber** ins Kino als ins Theater.
> Ich arbeite **am liebsten** selbstständig.

5 Prepositions

5.1 What are prepositions?

Prepositions are words such as *in (in), auf (on), um (at)*. They come before nouns or pronouns and answer questions like *Where? When?*, eg *in Berlin, auf dem Tisch, um acht Uhr*. Many adjectives and verbs are used with particular prepositions, which must be learned, eg *interessiert an, sich interessieren für*. The form of prepositions doesn't vary, although some prepositions in German may be fused with the following determiner, eg:

ans = an das	beim = bei dem	im = in dem	zum = zu dem
am = an dem	ins = in das	vom = von dem	zur = zu der

Prepositions in German determine the case of the following noun. They take the accusative or dative, or occasionally the genitive.

5.2 Prepositions with the accusative

The following prepositions take the accusative case.

bis	Er ist bis nächste Woche im Urlaub.
durch	Gehen wir durch diese Tür.
für	Ich bin für die Kundenbetreuung zuständig.
gegen	Ich möchte gegen 10.00 Uhr nach München fahren.
ohne	Ohne gründliche Fremdsprachenkenntnisse kommt man nicht aus.
um	Gehen Sie links um die Ecke.

5.3 Prepositions with the dative

The following prepositions take the dative case.

ab	Jugendliche ab 16 Jahren ...
aus	Viele Besucher kommen aus dem Ausland.
außer	Außer uns ist noch niemand da.
bei	Er arbeitet bei der Firma ABD. Sie ist beim Mittagessen.
gegenüber	Das Fertiglager ist gegenüber der Fabrik.
mit	Ich spreche mit Herrn Steiner.
nach	Nach der Stadtrundfahrt machen Sie einen Einkaufsbummel.
seit	Seit der Gründung der Firma ...
von	Der Parkplatz ist links vom Haupteingang.
zu	Ich habe eine Frage zu Ihrer letzten Rechnung.

5.4 Prepositions with the accusative or dative

The following prepositions take the accusative or the dative, depending on the context.

an	hinter	neben	unter	zwischen
auf	in	über	vor	

The accusative is used to indicate motion from one place to another, while the dative is used to indicate position, where there is no movement, or non-directional movement. Eg:

Accusative
Ich schicke die Rechnung **an den** Kunden.
Legen Sie den Text **auf das** Vorlagenglas.
Gehen Sie hinauf **in den** ersten Stock.
Er stellte seinen Koffer **neben den** Tisch.

Dative
Schuster **am** Apparat.
Die Unterlagen liegen **auf dem** Tisch.
Die Produktionsabteilung ist **im** ersten Stock.
Der Parkplatz ist **neben dem** Verwaltungsgebäude.

5.5 How to say *to* a place: *nach, zu* or *in*?

The prepositions *nach, zu* and *in* all mean *to* a place, but they are used in slightly different ways.

- **nach**

is used with place names which have no article, eg:
    Wir wollen **nach** Spanien fahren.
    Wie komme ich **nach** Untertürkheim?
Note: *in*, not *nach*, is used with country names preceded by an article, eg:
    Wir sind **in** die Türkei geflogen.

- **zu + dative**

is used where the emphasis is on general direction rather than reaching the destination, eg:
    Wie komme ich **zum** Hotel?
    Wir fahre ich am besten **zur** Messe?

- **in + accusative**

is used for going to places which you will then be inside, eg:
    Gehen wir **ins** Restaurant Angthong.
    Gehen Sie gern **ins** Kino?
    Wenn Sie sich für Naturkunde interessieren, müssen Sie **ins** Naturmuseum gehen.

5.6 Prepositions with the genitive

There are only a few common prepositions which take the genitive (and sometimes the dative is preferred in speech).

wegen	Ich rufe wegen einer Rechnung an.
(an)statt	Ich brauche zwei Einzelzimmer anstatt eines Doppelzimmers.
während	Sie unterhalten sich während der Autofahrt.
trotz	Trotz der Zentrumslage ist die Gegend relativ ruhig.
innerhalb	Wir können die Ware innerhalb einer Woche liefern.

Other prepositions taking the genitive are normally only found in formal, written German, eg *anhand/an Hand, aufgrund/auf Grund (on the basis of)*.

5.7 *da(r)-* + preposition

The syllable *da-* or *dar-* is often attached to the front of a preposition when referring back to something. It is equivalent to *it/them, this/that*:
    dafür (*for it/this*); danach (*after this/that*);
    daneben (*next to it/them*);
    darin (*in it/them*); darüber (*about it/them*)
Eg: Zuerst sehen Sie einen Videofilm. **Danach** findet eine Betriebsbesichtigung statt.
    Ich rufe an wegen einer Rechnung. Wer ist **dafür** zuständig?
Where a verb requires a particular preposition (▶ 6.16), *da(r)-* is attached to that preposition, eg:
    Ich werde mich **darum** kümmern.
Note: The letter *-r-* is inserted if the preposition starts with a vowel.
See also **3.11**.

6 Verbs

6.1 What is a verb?

Verbs indicate an action done by the subject of the sentence, or a state of affairs, eg:

Subject	Verb		
Der Chef	kommt	in fünf Minuten.	(*action*)
Sie	kennen	den Exportleiter.	(*state*)
Mein Auto	steht	draußen.	(*state*)

In dictionaries and word lists the verb is given in the infinitive or 'base' form, ie the stem plus the ending **-en** or occasionally **-n**, eg *kommen, stehen, entwickeln*.
The various verb endings are attached to the stem. They vary according to the person and number of the subject, and according to the tense (present or past).

6.2 Weak, strong and irregular (mixed) verbs

There are three main types of verb in German, **weak, strong** and **irregular**. Weak and strong verbs differ mainly in the formation of the imperfect (past) tense and the past participle.

• Weak verbs

Most German verbs are weak: in the present and imperfect tenses they add certain endings to the stem according to a regular pattern, while the stem itself remains unchanged (▶ 6.6, 6.9). The past participle always ends in **-t** or **-et** (▶ 6.8). Eg:

> wohnen, wohn**t**, wohn**te**, **ge**wohn**t**
> arbeiten, arbeit**et**, arbeit**ete**, **ge**arbeit**et**

• Strong verbs

These include many of the commonest verbs, eg *fahren, finden, gehen, kommen, nehmen, sehen, sprechen*. They often change the vowel of the stem in the 3rd person singular (*er/sie/es*) and in the past participle, and there is always a vowel change in the imperfect. The past participle always ends in **-en**. Eg:

> finden, findet, f**a**nd, gefund**en**
> fahren, f**ä**hrt, f**u**hr, gefahr**en**

• Irregular verbs

Irregular verbs include *sein, haben* and *werden* (▶ 6.3) and the modal auxiliaries (▶ 6.4). These don't follow a regular pattern and have to be learned individually.
The following verbs are also irregular, in that they share characteristics of both weak and strong verbs (ie a vowel change, but a past participle ending in **-t**):

> bringen, bringt, brachte, gebracht
> verbringen, verbringt, verbrachte, verbracht
> denken, denkt, dachte, gedacht
> kennen, kennt, kannte, gekonnt
> wissen, weiß, wusste, gewusst

6.3 Irregular verbs *sein, haben, werden*

These verbs can be used as full verbs in their own right, or as auxiliary verbs, to form compound tenses (future tense ▶ 6.10, perfect tense ▶ 6.7).

	sein	*haben*	*werden*
Present			
ich	bin	habe	werde
du	bist	hast	wirst
er/sie/es	ist	hat	wird
wir	sind	haben	werden
ihr	seid	habt	werdet
sie/Sie	sind	haben	werden
Imperfect			
ich	war	hatte	wurde
du	warst	hattest	wurdest
er/sie/es	war	hatte	wurde
wir	waren	hatten	wurden
ihr	wart	hattet	wurdet
sie/Sie	waren	hatten	wurden
Subjunctive II			
ich	wäre	hätte	würde
du	wärst	hättest	würdest
er/sie/es	wäre	hätte	würde
wir	wären	hätten	würden
ihr	wärt	hättet	würdet
sie/Sie	wären	hätten	würden
Past participle			
	gewesen	gehabt	geworden/ worden

• Use of the subjunctive

Sein, haben and *werden* are often used in the **Subjunctive II** form. This is formed by adding an Umlaut to the imperfect. The Subjunctive II form is equivalent to *would* in English, and is frequently used to moderate the tone of a statement, question, request or offer, and make it seem less abrupt, eg:

> „Darf ich Sie zum Essen einladen?" „Ja, das **wäre** schön."
> **Hätten** Sie am Mittwoch Zeit?
> **Würde** Ihnen Freitagabend passen?

6.4 Modal auxiliary verbs

There are six modal verbs in German. They are normally used with another verb in the bare infinitive form (without *zu*) to express ability (*können*), permission (*dürfen, können*), desire/ intention (*wollen*), inclination/liking (*mögen*), obligation (*müssen*) or advice (*sollen*).

	dürfen	*können*	*mögen*	*müssen*	*wollen*
Present					
ich	darf	kann	mag	muss	will
du	darfst	kannst	magst	musst	willst
er/sie/es	darf	kann	mag	muss	will
wir	dürfen	können	mögen	müssen	wollen
ihr	dürft	könnt	mögt	müsst	wollt
sie/Sie	dürfen	können	mögen	müssen	wollen
Imperfect tense					
ich	durfte	konnte	mochte	musste	wollte
du	durftest	konntest	mochtest	musstest	wolltest
er/sie/es	durfte	konnte	mochte	musste	wollte
wir	durften	konnten	mochten	mussten	wollten
ihr	durftet	konntet	mochtet	musstet	wolltet
sie/Sie	durften	konnten	mochten	mussten	wollten
Subjunctive II					
ich	dürfte	könnte	möchte	müsste	wollte
du	dürftest	könntest	möchtest	müsstest	wolltest
er/sie/es	dürfte	könnte	möchte	müsste	wollte
wir	dürften	könnten	möchten	müssten	wollten
ihr	dürftet	könntet	möchtet	müsstet	wolltet
sie/Sie	dürften	könnten	möchten	müssten	wollten
Past participle					
	gedurft	gekonnt	gemocht	gemusst	gewollt

Note: Apart from the present tense singular (*soll, sollst, soll*), the verb *sollen* conjugates in the same way as *wollen*.
The verb in the infinitive comes at the end of a main clause, eg:

> Kann ich bitte etwas **fotokopieren**?
> Hier darf man nicht **rauchen**.

In a subordinate clause (▶ 7.5), the infinitive comes before the modal verb, eg:

> Wenn Sie ins Theater **gehen** wollen, ...

• Omission of the infinitive

With verbs of motion like *gehen, kommen* or *fahren*, the infinitive is often understood and left out, especially in spoken German. Here, *gehen* is the understood verb of motion.

> „Wo wollen Sie hin?" „Ich muss in die Produktionsabteilung."

• Use of the subjunctive

The Subjunctive II of *können* and *mögen* is often used as a polite form, eg:

> **Möchten** Sie etwas trinken?
> **Könnte** ich nach Deutschland faxen?

Note that *mögen* is far more often in the subjunctive than any other form. The Subjunctive II of *sollen* corresponds closely to English *should/ought to*, eg:

> Sie **sollten** Sachsenhausen besuchen.

191

6.5 Separable and inseparable verbs

Many verbs in German consist of two parts, a basic verb (stem) and a prefix. These prefixes may be **inseparable**, ie they always remain attached to the stem, or **separable**, ie they can separate off from the stem. Some verbs can be separable or inseparable, depending on their meaning.

• Inseparable prefixes

These prefixes are always inseparable: *be-, emp-, ent-, er, ge-, ver-, zer-*.

Eg: beantworten, begrüßen, bearbeiten;
     empfangen, empfehlen; entwickeln, entspannen;
     erfinden, erbitten; gefallen, gewinnen;
     vertreiben, verwöhnen; zerreißen

• Separable prefixes

Most separable prefixes also exist independently, as prepositions, adverbs, adjectives or nouns. Their meanings in both uses are often closely related. Some common separable prefixes are: *an-, ab-, aus-, auf-, ein-, her-, mit-, vor-, weg-*.
In main clauses with only one verb, the prefix separates off and goes to the end of the sentence, eg:

anfangen	Das Seminar **fängt** um 9.30 Uhr **an** ...
aufhören	... und **hört** um 17.15 Uhr **auf**.
stattfinden	Wann **findet** die Betriebsbesichtigung **statt**?
teilnehmen	Sie **nehmen** an einer Sitzung **teil**.

The prefix remains joined to the stem
- if the sentence contains a modal or auxiliary verb, eg:
    Darf ich nach Deutschland **anrufen**?
    Wo **kann** ich meinen Koffer **abstellen**?
- in subordinate clauses (► **7.5**), eg:
    Das ist eine Firma, die Reisebusse **herstellt**.
In the past participle, the syllable **ge-** is inserted between the prefix and the stem eg:
    Er hat den Besucher zum Essen ein**ge**laden.

• Separable or inseparable prefixes

A few prefixes, eg *um, über, unter* can be separable or inseparable. Eg:
    Die Aktivitäten der Firma **um**fassen 5 Geschäftsbereiche. (insep.)
    Wir planen die Firma **um**zustrukturieren. (sep.)

6.6 The present tense

The basic verb endings for the present tense are the same for **weak** and **strong** verbs (► **6.2**).

	Weak verbs		Strong verbs
	sagen	*arbeiten*	*fahren*
ich	sag**e**	arbeit**e**	fahr**e**
du	sag**st**	arbeit**est**	fähr**st**
er/sie/es	sag**t**	arbeit**et**	fähr**t**
wir	sag**en**	arbeit**en**	fahr**en**
ihr	sag**t**	arbeit**et**	fahr**t**
sie/Sie	sag**en**	arbeit**en**	fahr**en**

The present tense is used
- to talk about present, habitual or timeless actions, events or states.
- to talk about an action that began in the past and is still going on at the time of speaking, often together with a time expression, like *schon* or *seit*, eg:
    Ich arbeite schon seit zwei Monaten hier.
- to refer to future time if the future reference is clear from the context, eg:
    Ich rufe Sie morgen an.
    Ich hole Sie um halb sieben ab.

6.7 The perfect tense

The perfect tense is formed using the past participle and the auxiliary verbs *haben* or *sein* (► **6.3**).
The majority of verbs form the perfect with *haben*, eg:
    Haben Sie das Büro leicht **gefunden**?
    Wie **hat** es Ihnen hier **gefallen**?
Verbs forming their perfect with *sein* are all intransitive, ie they don't have an object in the accusative case. They include intransitive verbs of motion, eg *gehen, fahren, fliegen; sein, bleiben*; intransitive verbs indicating a change of state, eg *wachsen, werden, verschwinden*. Eg:
    Wir **sind** in die Türkei **geflogen**.
    Ich **bin** nie in der Türkei **gewesen**.
    Die Zahl der Aussteller auf deutschen Messen **ist gewachsen**.
The perfect is the commonest past tense in spoken German, and increasingly in written German. It is used
- to refer to completed past actions or events (where English requires the past tense). Eg:
    Letztes Jahr haben wir zwei Wochen in der Türkei verbracht.
- to refer to a past action or event which still has an effect on or relevance for the present. In this sense it is similar to English. Eg:
    Deutsche Messen haben in den letzten Jahrzehnten eine dominante Position im Welthandel erlangt.

6.8 Formation of the past participle

The following are the main ways of forming the past participle.

	Infinitive	Past participle
Weak verbs (► **6.2**)	-en →	**ge- -(e)t**
	wohnen	**ge**wohn**t**
	machen	**ge**mach**t**
	arbeiten	**ge**arbeit**et**
- with separable prefix (► **6.5**)		**--ge--(e)t**
	aufhören	auf**ge**hör**t**
	herstellen	her**ge**stell**t**
- with inseparable prefix (► **6.5**)		**-t**
	besuchen	besuch**t**
	erholen	erhol**t**
- ending in *-ieren*		**-iert**
	produzieren	produz**iert**
	telefonieren	telefon**iert**
Strong verbs (► **6.2**)	-en →	**ge- -en** (+ vowel change)
	fahren	**ge**fahr**en**
	fliegen	**ge**flog**en**
	gehen	**ge**gang**en**
	schwimmen	**ge**schwomm**en**
- with separable prefix (► **6.5**)		**--ge--en**
	anfangen	an**ge**fang**en**
	teilnehmen	teil**ge**nomm**en**
- with inseparable prefix (► **6.5**)		**-en**
	bekommen	bekomm**en**
	gefallen	gefall**en**

Past participles are used to form the perfect tense (► **6.7**) and the passive (► **6.11**).
They can also be used as adjectives, with the usual adjective endings, eg:
    Unsere 72 elegant und modern **eingerichteten** Zimmer

6.9 The imperfect (past) tense

The endings of **weak** and **strong** verbs (▶ **6.2**) differ in the imperfect tense.

	Weak verbs		Strong verbs
	sagen	*arbeiten*	*fahren*
ich	sag**te**	arbeit**ete**	fuhr
du	sag**test**	arbeit**etest**	fuhr**st**
er/sie/es	sag**te**	arbeit**ete**	fuhr
wir	sag**ten**	arbeit**eten**	fuhr**en**
ihr	sag**tet**	arbeit**etet**	fuhr**t**
sie/Sie	sag**ten**	arbeit**eten**	fuhr**en**

The imperfect tense, like the perfect tense (▶ **6.7**), refers to completed past actions or events, eg:

Deutsche Messen **entwickelten** sich im Mittelalter.

The tendency is to use the imperfect tense in writing and the perfect tense in speech, although this is subject to regional variations.

The imperfect is the commonest past tense of *sein, haben* and the modal verbs (▶ **6.3, 6.4**). Eg:

„Wie **war** das Wetter?" „Es **war** herrlich. Wir **hatten** die ganze Zeit Sonne."

6.10 The future tense

The future tense is formed using the present tense of *werden* (▶ **6.3**) and the infinitive of the relevant verb. Don't confuse it with the passive (▶ **6.11**).

The future is not used as frequently in German as it is in English. Where the future reference is clear, the present tense tends to be preferred (▶ **6.6**). When the future tense is used, it conveys the idea of an intention or a prediction, eg:

Ich **werde** Sie sobald wie möglich **zurückrufen**.

Man **wird** das Geld für die Freizeit kritischer **ausgeben**.

6.11 The passive

Sentences consisting of a subject, verb and direct object can be either active or passive. The passive is used when the subject, or 'doer' of the action, is considered less important than the action itself, or is unknown.

It is formed using the relevant tense of *werden* and the **past participle** of another verb. Eg:

Active

Subject	Verb	Object
Die Familie Hosp	führt	das Hotel.
?	eröffnete 1991	das Museum.

Passive

Subject	Form of *werden*	Agent (doer)	Past participle
Das Hotel	wird	von der Familie Hosp	geführt.
Das Museum	wurde 1991	-	eröffnet.

Note that the object of the verb in the active sentence becomes the subject of the passive sentence. Thus only verbs which take a direct object (transitive verbs) can be used in the passive.

When the passive is used with a modal verb, *werden* goes to the end of the sentence or clause, after the past participle, eg:

Telefonische Bestellungen **müssen** per Fax bestätigt **werden**.

6.12 The imperative

The imperative form of the verb is used in commands and instructions. In German, the verb usually comes at the beginning of the sentence. The form of the verb depends on the person you are talking to.

• The polite *Sie* form

Use the same form as the infinitive, followed by *Sie*, eg:

Kommen Sie mit.
Drücken Sie die Starttaste.
Setzen Sie sich.
Fahren Sie immer geradeaus.

Note: The imperative form of *sein* is *Seien Sie*.

• The *du* form

Use the *du* form of the verb, removing the **-st** ending. In the case of strong verbs, remove the Umlaut too, eg:

| Komm mit. | Drück die Starttaste. |
| Setz dich. | Fahr immer geradeaus. |

Note: Sometimes an **-e** is added to this imperative form.

• The *ihr* form

Use the *ihr* form of the verb, eg:

| Kommt mit. | Drückt die Starttaste. |
| Setzt euch. | Fahrt immer geradeaus. |

6.13 Verbs with a direct (accusative) and indirect (dative) object

Many verbs require **a direct object** in the accusative case (▶ **1.3**) to complete the sentence, eg:

Ich nehme **den Rinderbraten**.

But some verbs require two objects, **a direct object** plus an indirect object in the dative case. The direct object is usually a thing, the indirect object is usually a person. Eg:

anbieten	Kann ich Ihnen **einen Kaffee** anbieten?
empfehlen	Können Sie mir **eine Vorspeise** empfehlen?
erzählen	Sie erzählte dem Besucher **etwas** über die Firma.
geben	Geben Sie mir **Ihren Koffer**.
holen	Ich hole Ihnen **den neuen Prospekt**.
schicken	Ich schicke Ihnen **den Katalog** heute zu.
schreiben	Sie schreibt dem Kunden **einen Brief**.
wünschen	Wir wünschen Ihnen **eine angenehme** Reise.

• The order of objects

Generally, the dative object comes before the accusative object, as in the above examples.

The accusative object may come before the dative object for the sake of emphasis, eg:

Frau Brett stellt Herrn Becker (acc.) ihren Kollegen (dat.) vor.

If both objects are pronouns (▶ **3.2**), the accusative object comes first, eg:

Frau Brett holt dem Besucher (dat.) den neuen Prospek (acc.).
Sie gibt ihn (acc.) ihm (dat.).

6.14 Verbs with a dative object

A number of verbs in German have an object in the dative, where in English you would expect an object in the accusative. Eg:

antworten	Sie antwortete **ihm** nicht.
danken	Er dankte **ihr** für ihre Hilfe.
entsprechen	Wenn die Qualität **unseren Erwartungen** entspricht, ...
gehören (*belong to*)	Die Wohnung gehört **uns**.
erlauben	Das kann ich **Ihnen** nicht erlauben.
folgen	Folgen Sie **mir**.
glauben	Ich glaube **seiner Antwort** nicht.
helfen	Können Sie **mir** helfen?
imponieren	Das hat **dem Besucher** imponiert.
passen	Passt **Ihnen** Freitagabend?
zuhören	Hören Sie **dem Gespräch** zu.

Note 1: The verb *gehören* is followed by *zu* when it means *include, be one of*, eg:

Zur Canon-Gruppe gehören viele Tochter- und Beteiligungsgesellschaften.

Wir gehören zu den führenden Unternehmen der Branche.

Note 2: The dative object of a few verbs corresponds to the subject of the English equivalent, eg:

gefallen	**Ihr** gefällt die Arbeit ganz gut.
	(**She** quite likes the job.)
schmecken	Wie schmeckt **Ihnen** der Wein?
	(*How do* **you** *like the wine?* literally: *How does the wine taste* **to you**?)
leid tun	Es tut **mir** leid.
	(**I'm** *sorry.*)

6.15 Reflexive verbs

Some German verbs, like *wash yourself* in English, require a reflexive pronoun. This means that the subject and object of the verb are the same person or thing. The reflexive pronoun agrees with the person, and can be in the accusative or dative.

• Verbs with accusative reflexive pronoun

The accusative reflexive pronoun has the following forms:

ich befasse **mich**	wir befassen **uns**
du befasst **dich**	ihr befasst **euch**
er/sie/es befasst **sich**	sie/Sie befassen **sich**

Other verbs that take an accusative reflexive pronoun include:

sich bedanken für	Wir bedanken uns für Ihre Anfrage.
sich befinden	Auf der Zeil befinden sich fast alle großen Kaufhäuser.
sich beziehen auf	Ich beziehe mich auf unser gestriges Telefongespräch.
sich entwickeln	Diese Produktgruppe entwickelt sich sehr positiv.
sich erholen	Wir haben uns im Urlaub richtig erholt.
sich treffen	Wir treffen uns um 6.30 Uhr.
sich unterhalten	Er unterhält sich mit dem Besucher.
sich verstehen	Die Preise verstehen sich ohne Mehrwertsteuer.

• Verbs with dative reflexive pronoun

With some verbs and expressions with a second object, the reflexive pronoun is in the dative, eg:

ich wasche **mir** die Hände
du wäschst **dir** die Hände
er/sie/es wäscht **sich** die Hände
wir waschen **uns** die Hände
ihr wäscht **euch** die Hände
sie/Sie waschen **sich** die Hände

Other examples include:

sich etwas anhören	Hören Sie sich das Gespräch an.
sich etwas ansehen	Ab und zu sehe ich mir einen Dokumentarfilm an.
	Er möchte sich ein Andenken kaufen.

6.16 Verbs with a prepositional object

Some verbs require a particular preposition which introduces the object of the verb. The verb and its preposition form a fixed phrase and should be learned together. Eg:

sich freuen auf + acc	Wir freuen uns auf Ihren Besuch.
warten auf + acc.	Ich warte auf meinen Kollegen.
sich bedanken für + acc.	Wir bedanken uns für Ihre Anfrage.

sich interessieren für + acc.	Ich interessiere mich für Geschichte.
sich erkundigen nach + dat.	Sie erkundigt sich nach Luxus-Hotels in Freiburg.
fragen nach + dat	Sie fragte nach dem Preis.
sich befassen mit + dat.	Er befasst sich mit Marktforschung.
sich bewerben um + acc.	Wie bewirbt man sich um eine Stelle bei der Firma?
es handelt sich/geht um + acc.	Es handelt sich /geht um einen Auftrag.
sich kümmern um + acc.	Ich kümmere mich um die Büroarbeiten.
abhängen von + dat	Der Zimmerpreis hängt von der Saison ab.

7 Word order and clauses

7.1 Word order in German

In English the order of words and phrases in a sentence is very strict. The basic pattern is Subject, Verb, Object. If the order of these elements is changed, it is no longer clear who is doing what.

Subject	**Verb**	**Object**
I	know	the Export Manager.

In German the word order can be more flexible, because it has case endings (► 1) which help to identify the subject and object of a sentence. Both of the following sentences are possible in German. They mean the same, but placing the object of the verb in initial position gives it greater emphasis.

Subject	**Verb**	**Object**
Ich	kenne	den Exportleiter.
Object	**Verb**	**Subject**
Den Exportleiter	kenne	ich.

7.2 The position of the verb in main clause statements

A clause is a group of words that make sense together. Normally it must contain at least a subject and a **finite verb** (ie a verb with a tense) to be complete. A sentence consists of at least one main clause.

In a main clause statement, the finite verb must always be the **second element** or idea (though not necessarily the second word). The first element is often the subject. But it may also be:

the object;
a time expression, eg *Um 12.30 Uhr, Jeden Tag*
a place expression, eg *In Stuttgart*
a single adverb, eg *Zuerst, Leider, Manchmal*
or a dependent subordinate clause (► **7.5**).

If the subject is not the first element, it must follow the verb (inversion). Eg:

First element	**Verb**	
Sie	**sehen**	zuerst einem Videofilm.
Um 12.30 Uhr	**essen**	wir zu Mittag
Leider	**hatte**	mein Flug Verspätung.

Note: There are a few expressions which don't count as the first item of a sentence, eg names of people addressed; interjections such as *Ach, Also, So*; the words *Ja/Nein*. They are placed before the first element and separated off with a comma, eg:

So, Herr Becker, da ist die Firma.

Separable prefixes and any non-finite part(s), ie infinitive, past participle, go to the end of the sentence.

Um 11.00 Uhr **findet** eine Betriebsbesichtigung **statt**.

Leider **darf** man hier nicht **rauchen**.

Ich **habe** das Büro ohne Probleme **gefunden**.

7.3 The position of the verb in questions and imperatives

In questions with a question word, the 'verb second' rule applies (▶ **7.2**). Eg:

>Wie **war** die Reise?
>
>Woher **kommen** Sie in Deutschland?

In questions without a question word, the subject and the finite verb are inverted, so the verb occupies the initial position, eg:

>**Haben** Sie das Büro leicht gefunden?
>
>**Ist** es Ihr erster Besuch hier?

Imperatives (▶ **6.12**) also begin with the verb, eg:

>**Nehmen** Sie Platz.

7.4 Clauses linked by *und, aber, oder, denn*

A sentence may consist of two or more main clauses linked by the co-ordinating conjunctions *und, aber, oder, denn (= because)*. These conjunctions don't affect the word order and the finite verb remains the second element in each clause. Clauses linked by *aber* and *denn* must be separated by a comma. (The comma in German is used to indicate grammatical units, not to signal a pause when speaking, as in English.) Eg:

>Ich gehe gern ins Kino**,** aber meine Frau geht lieber ins Theater.
>
>Ich muss unseren Termin absagen**,** denn es ist etwas dazwischengekommen.

With the conjunctions *und* and *oder* a comma is not required eg:

>**Unser Umsatz** beträgt etwa eine Million Euro und **wir** haben 17 Beschäftigte.
>
>**Wir** beschäftigen zirka 1.600 Mitarbeiter und produzieren Kunststoffe und Chemikalien.
>
>Hier machen **wir** die Kontenführung und rechnen die Löhne und Gehälter ab.

7.5 Word order in subordinate clauses

In addition to a main clause, a sentence may have one or more subordinate clauses. A subordinate clause doesn't make sense on its own but depends on the main clause. It is introduced by a subordinating conjunction, a relative pronoun (▶ **7.6**) or a question word (▶ **7.7**). There must be a comma separating the subordinate clause and the main clause.

The following conjunctions introduce subordinate clauses:

weil, da (*because*) bis (*until*) dass (*that*)
damit (*so that*) bevor (*before*) obwohl (*although*)
wenn (*if*) nachdem (*after*) ob (*whether*)
als, wenn (*when*)

In subordinate clauses, the finite verb goes to the end. Any other verbs or parts of the verb usually come directly before it.

Eg: Ich möchte den Römer besuchen, **weil** ich mich für Geschichte **interessiere**.

>Sie müssen etwas warten, **bis** das Gerät betriebsbereit **ist**.
>
>Ich muss unseren Termin absagen, **da** etwas dazwischen-**gekommen ist**.
>
>Sagen Sie Frau Lutz, **dass** ich **angerufen habe**.
>
>Man entfernt das Papier, **bevor** man die Blumen **übergibt**.

When the subordinate clause comes before the main clause, it counts as the first element of the sentence, and is followed immediately by the finite verb of the main clause (▶ **7.2**).

>Wenn Sie sich für Filme interessieren, **könnten** Sie das Filmmuseum **besuchen**.

7.6 Relative clauses

A relative clause is inserted after a noun, and gives more information about that noun. Relative clauses are introduced by a relative pronoun, which can never be omitted, unlike English. They must be separated off by commas from the main clause.

As in all subordinate clauses, the finite verb of the relative clause goes to the end.

● Relative pronouns *der/die/das*

A relative clause is most commonly introduced by the relative pronouns *der/die/das*, equivalent to *who, which* or *that* in English.

	m.	f.	n.	pl.
nom.	der	die	das	die
acc.	den	die	das	die
gen.	**dessen**	**deren**	**dessen**	**deren**
dat.	dem	der	dem	**denen**

The relative pronoun must agree in **gender** (m./f./n.) and **number** (sing./pl.) with the noun it refers back to, eg:

>MAN ist **eine Firma, die** (f. sing.) Reisebusse herstellt.
>
>Bayer ist **ein Unternehmen, das** (n. sing.) Arzneimittel produziert.
>
>Herr Braun ist **ein Kunde, der** (m. sing.) für uns sehr wichtig ist.
>
>Das sind **Ergebnisse, die** (pl.) optimistisch stimmen.

The **case** of the relative pronoun depends on its function within the relative clause itself. In the examples above, the relative pronoun functions as the subject of the relative clause. It can also be the accusative object, eg:

>Das ist ein Vorteil, **den** (m. sing. acc.) sich die Unternehmen zunutze machen wollen.

The genitive pronouns *dessen* and *deren* are equivalent to *whose* in English, eg:

>Herr Noske, **dessen** Sohn 18 Jahre alt ist, ist geschieden.
>
>Die Frau, **deren** Bild auf seinem Tisch steht, ist seine Schwester.

The dative pronouns are required for the indirect object of the relative clause, or after a preposition taking the dative, eg:

>Stuttgart ist ein bedeutendes Industriezentrum, **in dem** weltbekannte Unternehmen ihren Sitz haben.

● wo

To refer to a place, *wo* is often used as a relative, eg:

>In Freiburg, **wo** andere Urlaub machen, ist der Geist frei neue Eindrücke.

● wer

When introducing a relative clause, *wer* is equivalent to *the one who* or *whoever* in English, eg:

>**Wer** eine Kanutour machen möchte, kann sich an der Rezeption informieren.

7.7 Clauses introduced by question words: indirect questions

An indirect question can be introduced by a question word, eg *wann, wo, wie viele*, etc, or the subordinating conjunction *ob* (*whether*). As in all subordinate clauses, the finite verb goes to the end of the clause.

When asking for information, an indirect question can sound more polite. Note that it does not necessarily end with a question mark. Eg:

Direct question

>**Wann ist** er wieder da?
>
>**Wann kann** ich sie erreichen?
>
>**Wie viele** Urlaubstage **gibt** es?
>
>**Fährt** dieser Zug nach Koblenz?

Indirect question

Können Sie mir sagen, **wann** er wieder da **ist**?

Bitte sagen Sie mir, **wann** ich sie erreichen **kann**.

Ich möchte gern wissen, **wie viele** Urlaubstage es **gibt**.

Wissen Sie, **ob** dieser Zug nach Koblenz **fährt**?

7.8 Infinitive clauses with *zu*

An infinitive clause is a **reduced clause**, ie it has no finite verb (no verb with a tense). It is used to give more information about, or complete the meaning of, a verb, noun or adjective in the main clause. The verb in the infinitive form comes at the end of the clause and is preceded by *zu*. If it has a separable prefix, *zu* goes between the prefix and and stem, eg *weiter**zu**entwickeln.*

• Infinitive clause as object

Many verbs in German require an infinitive clause as their object, in order to complete their meaning. The infinitive clause is separated off by a comma. Eg:

Wir hoffen, unseren Geschäftserfolg zu erweitern.
Wir beabsichtigen(,) eine neue Fabrik zu bauen.
Wir versuchen(,) unsere Exportmärkte aufzubauen.
Wir planen(,) unsere Märkte in Osteuropa weiterzuentwickeln.

If the infinitive clause is the object of a verb that takes a preposition (▶ **6.16**), it may be anticipated in the main clause by *da(r)-* + preposition, eg:

Wir freuen uns **darauf**, Sie wiederzusehen.

The same construction is used with adjectives that take prepositions, eg:

Wir sind **daran** interessiert, eine neue Maschine zu kaufen.

• Infinitive clause as subject

An infinitive clause may also be the subject of the verb in the main clause. In this case, it may follow or precede the main clause, eg:

Unser Ziel ist(,) **unsere Exportmärkte aufzubauen.**
Geschäftsreisen für den Chef zu organisieren macht mir Spaß.

If the infinitive clause comes first, a comma is not needed. If it comes second, it may be anticipated by the dummy subject **es** in the main clause, eg:

Es macht mir Spaß(,) Geschäftsreisen ... zu organisieren.

7.9 How to say *in order to*: *um ... zu* + infinitive

The construction *um ... zu* is the equivalent of English *in order to* and is used to express purpose, eg:

Zweimal pro Woche jogge ich(,) **um** fit **zu** bleiben.
Wir sind hier(,) **um** Aufträge **zu** bekommen.
Wir stellen aus(,) **um** unseren neuen Prototyp vor**zu**stellen.

7.10 *sein* + *zu* to express possibility or obligation

In constructions with *sein* + *zu*, the verb *sein* expresses possibility or necessity, and is the equivalent of *können*, *müssen* or *sollen*. The infinitive that follows *sein* has a passive meaning. Eg: Ist Herr Schmidt zu sprechen?

Mängel sind innerhalb von 10 Tagen anzuzeigen.
Rabatte für Einzelhändler sind bei der Vertriebsabteilung zu erfragen.

7.11 How to say *to have something done*: *lassen* + infinitive without *zu*

The verb *lassen* can be used with the infinitive of another verb without *zu* to mean *have/get something done*. It is often used with a dative reflexive pronoun. (▶ **6.15**) Eg:

Ich lasse meine Sekretärin einen Tisch reservieren.
Ich möchte mir einen Katalog schicken lassen.

7.12 The order of expressions denoting time, manner, place

Expressions of time answer the question *When?*, eg: *heute, nächste Woche, um halb sieben*

Expressions of manner answer the question *How?*, eg: *schnell, mit dem Auto, zu Fuß*

Expressions of place/direction answer the question *Where (to)?* eg: *im Büro, nach München*

Their position in the sentence is quite flexible, often depending on where the speaker wants to put the emphasis. They may come before the finite verb in initial position (▶ 7.2), or they may follow the verb in the main part of the clause. If the main part of the clause contains more than one of these expressions, they generally occur in the following order:

	Time	Place	Manner	
Es hat mir	letztes Jahr	in Spanien	gut	gefallen.
Ich wollte	heute	zu Hause	ungestört	arbeiten.
Ich spiele	sonntags	im Park	gern	Fußball.

If the expressions of place/direction depend on verbs of motion or position, they come at the end, eg:

	Time	Manner	Place
Ich hole Sie	um 18.30 Uhr	mit dem Auto	vom Hotel ab.
Ich fahre	morgen früh	mit dem Zug	nach München.
Ich gehe	sonntags	gern	im Wald spazieren.
Er sitzt	abends	glücklich	vor seinem Computer.

8 Numbers and quantities

8.1 Cardinal numbers: *one, two, three*, etc

0-9	10-19	20-29
null	zehn	zwanzig
eins	elf	einundzwanzig
zwei	zwölf	zweiundzwanzig
drei	dreizehn	dreiundzwanzig
vier	vierzehn	vierundzwanzig
fünf	fünfzehn	fünfundzwanzig
sechs	sechzehn	sechsundzwanzig
sieben	siebzehn	siebenundzwanzig
acht	achtzehn	achtundzwanzig
neun	neunzehn	neunundzwanzig

30, 40 ...	100, 200 ...	1 000, 2 000 ...
dreißig	einhundert	(ein)tausend
vierzig	zweihundert	zweitausend
fünfzig	dreihundert	dreitausend
sechzig	vierhundert	hunderttausend
siebzig	fünfhundert	eine Million
achtzig	sechshundert	eine Milliarde
neunzig	siebenhundert	(= 1 000 000 000)
	achthundert	eine Billion
	neunhundert	(= 1 000 000 000 000)

Note: When stating telephone numbers, *zwo* is sometimes used instead of *zwei* to avoid confusion with *drei*.

In German, thousand, millions and billions are separated by a full stop or space, not a comma. The numbers *eine Million* and *eine Milliarde* are treated as separate nouns, and have a plural ending where necessary. Eg:

    30.938: dreißigtausendneunhundertachtunddreißig

    4 048 000 000: vier Milliard**en** achtundvierzig Million**en**

The following abbreviations are often used:

    Tsd. = Tausend; Mio./ Mill. = Million; Mrd. = Milliarde

In speech, millions and billions are commonly expressed as decimals, eg: 3.890 Mio.: drei Komma achtneun Milliarden

• How to say years

1999: neunzehnhundertneunundneunzig

Note: In German, you can say:

    Die Firma wurde 1963 gegründet. *or*

    Die Firma wurde im Jahr(e) 1963 gegründet.

You can **not** say *in 1963* as in English.

• How to say once, twice, three times, etc

Add the suffix *-mal* to the cardinal number, eg:

    einmal, zweimal, dreimal, viermal, fünfmal,
    zwanzigmal, hundertmal

Note: The final **-s** is dropped from *eins*.

8.2 Ordinal numbers: *first, second, third,* etc

Most ordinal numbers are formed by adding the ending **-te** to the cardinal numbers 2 - 19 and **-ste** to the cardinals from 20 upwards. The exceptions are shown in **bold.**

    der/die/das **erste**/zweite/**dritte**/vierte/sechste/ **siebte**/
    achte/neunte/ ... /neunzehnte

    der/die/das zwanzigste/einundzwanzigste/dreißigste/
    vierzigste/hundertste

Ordinal numbers are used as adjectives and therefore require the normal adjective endings, eg:

    Ist es Ihr **erster** Besuch hier?

    Ich möchte einen Termin mit Ihnen in der **dritten**
    Juniwoche vereinbaren.

When writing ordinal numbers in figures, a full stop is used, eg:

    der 21. Juni

• How to say *firstly, secondly, thirdly,* etc

Add **-ens** to the the stem of the ordinal number, eg:

    erst**ens**, zweit**ens**, dritt**ens**, viert**ens**, usw.

8.3 Fractions and decimals

Fractions are neuter nouns. With the exception of *half*, they are formed by adding the ending **-(e)l** to the stem of the ordinal number, eg:

1/3	ein Dritt**el**	3/4	drei Viert**el**
1/4	ein Viert**el**	1/5	ein Fünft**el**

The equivalent of the noun *half* is *die Hälfte*, eg *die Hälfte der Klasse*.

The equivalent of *half a* is the adjective *halb*, eg *in einer halben Stunde*.

The equivalent of *one and a half* is *eineinhalb* or *anderthalb*, *two and a half* is *zweieinhalb*, etc.

In German, **decimals** are written with a comma, not a decimal point, eg:

    61,5%: einundsechzig Komma fünf Prozent

    3,47%: drei Komma vier sieben Prozent

9 Time

9.1 Telling the time

In everday speech, the 12-hour clock is normally used. The 24-hour clock is normal in official contexts, for timetables, programmes and business meetings.

	The 24-hour clock	The 12-hour clock
6.00	sechs Uhr	sechs Uhr
8.10	acht Uhr zehn	zehn (Minuten) nach acht
9.15	neun Uhr fünfzehn	Viertel nach neun/(viertel zehn)
10.25	zehn Uhr fünfundzwanzig	fünf vor halb elf/ fünfundzwanzig nach zehn
11.30	elf Uhr dreißig	halb zwölf
12.35	zwölf Uhr fünfunddreißig	fünfundzwanzig vor eins/fünf nach halb eins
13.45	dreizehn Uhr fünfundvierzig	Viertel vor zwei/(drei viertel zwei)
16.50	sechzehn Uhr fünfzig	zehn (Minuten) vor fünf
12.00	zwölf Uhr	Mittag
24.00	vierundzwanzig Uhr	Mitternacht

Note: Be careful when saying *half past* the hour. English looks back to the previous hour, whereas German looks forward to the next hour. The same applies in the expression *Viertel (zehn)*.

The German for *am* is *morgens/vormittags*, and for *pm* is *nachmittags/abends*, eg:

    Es ist acht Uhr morgens.

9.2 Days of the week and time expressions

The days of the week are:

    Sonntag, Montag, Dienstag, Mittwoch, Donnerstag, Freitag,
    Samstag (*or* Sonnabend in North Germany)

• *an* + dative

is used with nouns denoting days and parts of the day, eg:

am Montag/Dienstag, etc	Am Montag habe ich keine Zeit.
am Abend/Nachmittag	Was möchten Sie am Abend machen?
am Freitagabend	Hätten Sie am Freitagabend Zeit?
am nächsten Tag/Morgen	Er ging am nächsten Tag wieder ins Büro.

Note: The word for part of the day has a small letter when preceded by the day of the week, eg *am Mittwoch vormittag*.

• The accusative

is used to refer to a specific time, sometimes as an alternative to a phrase with *an*, eg:

    Darf ich Sie **nächste Woche** zum Essen einladen?

    Ich war **letzte Woche** auf der Messe in Frankfurt.

    Könnte ich Sie (**am**) **nächsten Dienstag** besuchen?

• How to say *on Mondays,* etc

The following adverbs are equivalent to English *on Mondays, in the mornings,* etc.

montags/freitags/samstags	Wir machen freitags um 16.00 Uhr Feierabend.
morgens/vormittags/abends	Wir treffen uns oft abends.

How to say *This morning,* etc

The words *heute, morgen, gestern* used together with parts of the day are equivalent to English *this morning, tomorrow afternoon, yesterday evening,* etc. Eg:

> heute Morgen/Nachmittag/Abend
> morgen früh/Nachmittag/Abend
> gestern Morgen/Nachmittag/Abend

The word for *the day after tomorrow* is *übermorgen.*

9.3 The months of the year, seasons and dates

The months of the year are:

> Januar, Februar, März, April, Mai, Juni, Juli, August, September, Oktober, November, Dezember

The seasons of the year are:

> der Frühling (*or* das Frühjahr), der Sommer, der Herbst, der Winter

in + dative

is used with months, seasons and years, eg:

> Die Messe findet im Oktober statt.
> Im Winter fahre ich gern Ski.
> Die Firma wurde im Jahr 1949 gegründet.
> Im vergangenen Jahr sind wir nach Spanien geflogen.

Dates

Dates are given using ordinal numbers, eg:

> Der Wievielte ist heute?
> Heute ist der 21. (einundzwanzigste) Juni.
> Den Wievielten haben wir heute?
> Wir haben heute den 21. (einundzwanzigsten) Juni.

Note: *der 21.* is short for *der 21. Tag. Tag* is masculine, so the normal masculine endings are used on the ordinals, which function as adjectives.

The preposition *an* + dative is used with dates, eg:

> Geht es am 7. (siebten) Juni?
> Ich habe am 5. (fünften) Juni Geburtstag.

Where the day of the week precedes the date, the following options are possible.

1 Wir sehen uns am Donnerstag, **dem** 7. Oktober.
2 Wir sehen uns am Donnerstag, **den** 7. Oktober.

In example 1, the date is in the dative, in example 2 it is in the accusative. Example 1 is more formal.

How to say *from ... to ...*

Eg: Ich möchte zwei Einzelzimmer **vom** 6. (sechsten) **bis zum** 7. (siebten) September reservieren.

9.4 *Erst* in expressions of time and quantity

Erst means *only* or *not until* and often implies that something is less or later than expected or desirable. Eg:

> Sie hat erst die Hälfte des Berichts geschrieben.
> *(She's only written half the report.)*
> Er ist erst übermorgen wieder im Büro.
> *(He won't be in the office until the day after tomorrow.)*
> „Sie bekommen Ihr Gehalt am Ende des Monats." „Das ist erst in drei Wochen."
> *(That's not for three weeks.)*
> Wir können erst in vier Wochen liefern.
> *(We can only deliver in four weeks.)*

9.5 How to say *for, since, ago*

The accusative to indicate a length of time

In English we often use *for* + a time expression to indicate a length of time, eg *for two weeks, for several years.* In German, the accusative is normally used, eg:

> Ich war **zwei Wochen** hier im Urlaub.
> Ich wohnte **einige Jahre** in Berlin.
> Die Sitzung geht wahrscheinlich **den ganzen Tag.**
> Die Konferenz dauert **drei Tage.**

für + accusative

When *für* is used, it indicates a time extending from now into the future, eg:

> Ich fahre **für zwei Tage** nach Stuttgart.

seit + dative

is equivalent to English *since* or *for.* It is used with a verb in the present tense (▶ **6.6**) to indicate a period of time starting in the past and continuing up to now, eg:

> Die Firma existiert seit 1949.
> Ich arbeite seit über zwei Monaten hier.

vor + dative

is equivalent to English *ago,* eg:

> vor einer Stunde/vor einem Jahr
> vor kurzem

9.6 How to answer the question *How often?*: frequency expressions

The question *Wie oft? (How often?)* can be answered by specifying a definite time (definite frequency) or an indefinite time (indefinite frequency).

Definite frequency

The following expressions are in the accusative and are equivalent to English *every hour/day,* etc.

> jede (halbe) Stunde
> jeden Tag/jede Woche/jeden Monat/jedes Jahr
> alle dreißig/sechzig Minuten
> alle vierzehn Tage

The suffix *-lich* can be added to some time expressions to give the equivalent of English *hourly, daily,* etc, eg:

> eine Stunde   →   stündlich
> zwei Stunden   →   zweistündlich
> ein Tag   →   täglich
> eine Woche   →   wöchentlich
> ein Monat   →   monatlich

The equivalent of English *once/twice a week/month* etc is:

> einmal in der Woche/im Monat/im Jahr

Eg:

> Ich erledige jeden Tag die Korrespondenz.
> Einmal im Monat schreibe ich einen Verkaufsbericht.
> „Wie oft fahren die Züge?"
> „Alle sechzig Minuten./Stündlich."

Indefinite frequency

To indicate indefinite frequency, the following adverbs and adverbial expressions are used.

> nie *(never)*
> selten *(rarely)*
> ab und zu *(from time to time)*
> hin und wieder *(every now and then)*
> manchmal *(sometimes)*
> oft *(often)*
> häufig *(frequently)*
> gewöhnlich *(usually)*
> regelmäßig *(regularly)*
> immer *(always)*
> ständig *(constantly)*

Eg:

> Manchmal empfange ich Kunden.
> Ich muss ständig die Ablage machen.

Antwortschlüssel zu den Übungen

Die Antworten zu den Hörverstehensübungen finden Sie nicht im Antwortschlüssel. Kontrollieren Sie Ihre Antworten mit den Hörtexten auf S. 165 – 183.

KAPITEL 1

1.1A (S. 10)
ÜBUNG 2
DIALOG 1
1 Falsch.
2 Richtig.
3 Falsch. Sie treffen sich vormittags.
4 Nicht bekannt.
DIALOG 2
1 Richtig.
2 Nicht bekannt.
3 Falsch. Sie kennen einander schon.
ÜBUNG 3
s. Seite 20

1.1E (S. 11)
ÜBUNG 2
(Musterdialog)
A: Haben Sie das Büro leicht gefunden?
B: Ja, danke, es war kein Problem. Ich habe einen Stadtplan.
A: Hatten Sie einen guten Flug?
B: Nein, es war schrecklich. Wir hatten drei Stunden Verspätung.
A: Ach, das tut mir Leid. Warum?
B: Wir hatten schlechtes Wetter.
A: Ach so! Wie ist Ihr Hotel?
B: Das Hotel ist sehr gut, es hat eine zentrale Lage.
A: Gut. Sind Sie oft geschäftlich hier?
B: Ja, wir haben viele Kunden in [*Land/Stadt*].
A: Wann waren Sie das letzte Mal hier?
B: Ich war vor vier Wochen hier.
A: Aha. Und gefällt Ihnen unsere Stadt?
B: Ja, die Stadt ist interessant und die Leute sind sehr freundlich.

1.2D (S. 13)
1 Können Sie mir etwas Papier geben?
2 Könnte ich nach Deutschland anrufen?
3 Wo ist der Fotokopierer?
4 Könn(t)en Sie ein Taxi für mich rufen?
5 Wo kann ich meinen Koffer abstellen?
6 Kann/Könnte ich ein Fax an meine Firma schicken?
7 Kann ich einen Taschenrechner haben?
8 Könn(t)en Sie mir etwas über die Firma erzählen?

1.5D (S. 19)
1 Der Versand. Hier verpacken wir die Waren und liefern sie aus.
2 Der Kundendienst. Hier führen wir Reparaturen für die Kunden aus.
3 Das Ausbildungszentrum. Hier bilden wir die Lehrlinge aus.
4 Die Personalabteilung. Hier stellen wir neue Mitarbeiter ein.

Quiz (S. 21)
1 a)	8 c)	15 b)
2 a)	9 b)	16 a)
3 c)	10 a)	17 c)
4 b)	11 a)	18 b)
5 c)	12 a)	19 b)
6 b)	13 b)	20 c)
7 a)	14 b)	

KAPITEL 2

2.1E (S. 23)
ÜBUNG 1
Toilettenartikel/Kosmetika
Hautcreme, Zahnpasta, Seife, Parfüm
Kraftfahrzeuge
Lieferwagen, Lastkraftwagen, Motorräder
Elektrische Haushaltsgeräte
Haartrockner, Bügeleisen, Mikrowellengeräte, Kühlschränke
Arzneimittel/Gesundheit
Magenmittel, Vitamine, Hustensaft
Unterhaltungselektronik
Videorekorder, CD-Player, Kassettenrekorder
Informationstechnik
Personalcomputer, Mobilfunktelefone, Drucker

2.2A (S. 24)
ÜBUNG 1
1 g)	5 f)	9 c)
2 e)	6 j)	10 h)
3 d)	7 i)	
4 a)	8 b)	

2.3B (S. 26)
ÜBUNG 2
a) BASF
b) Springer Sportmoden
c) Kessel Auto-Electric
(s. auch S. 34)

2.4B (S. 28)
(Muttergesellschaft)
Tochtergesellschaft
Beteiligungsgesellschaft

(Hauptsitz)/
Zentrale

(Produktionsgesellschaft)
Vertriebsgesellschaft
Kundendienstgesellschaft

(Produktionsstätte)/
Werk/
Fertigungsstätte

2.4D (S. 30)   1993
AEG-Profil
● Holding-Gesellschaft: Daimler-Benz
● Geschäftsbereiche: Automatisierungstechnik, Elektrotechnische Anlagen und Komponenten, Bahnsysteme, Haus(halts)geräte, Mikroelektronik
● Zahl der Tochter-/Beteiligungsgesellschaften: über 100
● Hauptsitz: Frankfurt am Main
● Andere Standorte:
- 81 Standorte in Deutschland, z.B. Berlin, Hannover, Stuttgart, Dresden
- Standorte in allen wichtigen europäischen Ländern, in den USA, Südamerika, Afrika, Australien
● Gesamtumsatz: ca. 12 Milliarden Mark
● Beschäftigte (Gesamt): 60.000   Heute

Internet-Recherche
● Der AEG-Konzern wurde 1996 aufgelöst.
● Die Marken- und Namenslizenzen liegen bei der EHG Elektroholding GmbH, Frankfurt. Diese gehört dem DaimlerChrysler Konzern.

KAPITEL 3

3.1A (S. 36)
ÜBUNG 1 (Frage 4)
Erstklassig: La Truffe
Gut: Dei Medici, Lotus
Preiswert: Zum Kuhhirten-Turm, Bingelsstube

3.2A (S. 38)
ÜBUNG 2
1 Einlage	5 Preiselbeeren
2 Hacksteak	6 Semmelkloß
3 Kohlroulade	7 Rote Grütze
4 Eisbein	
ÜBUNG 3
s. Glossar
ÜBUNG 4
gekocht, braten, backen, überbacken, gegrillt

3.2E (S. 40)
1 Drei
2 s. Rechnung
3 Inklusive
4 Nein. Hühnerfrikassee kostet € 11,50, eine Tasse Kaffee kostet € 2,00. Die richtige Summe ist € 81,50.

3.5A (S. 45)
ÜBUNG 1
1 C	3 D
2 B	4 A

KAPITEL 4

4.1A (S. 52)
ÜBUNG 2
1 Qualitätssicherung
2 Konstruktion
3 Kaufmännische (Abteilung)
4 Informationssysteme
5 Vertrieb
6 Innendienst
7 Fertigung/Montage
8 Kundendienst
9 Rechnungswesen/Buchhaltung
10 Materialwirtschaft/Logistik
11 Personal
12 Ausbildung

4.1E (S. 53)
1 Die Abt. Marketing/Werbung
2 Die Abt. Rechnungswesen/Buchhaltung
3 Die Abt. Informationssysteme
4 Die Abt. Marketing/Werbung
5 Der Wareneingang
6 Der Kundendienst
7 Die Abt. Fertigung/Montage
8 Die Ausbildungsabteilung
9 Der Innendienst
10 Die Qualitätssicherung

4.1F (S. 53)
ÜBUNG 1
Kaufmännische Berufe
Buchhalter/in, Verkaufsberater/in, Einkäufer/in, Industriekaufmann/-frau, Sachbearbeiter/in
Datenverarbeitungsberufe
Programmierer/in, Systemanalytiker/in

Technische Berufe
Technische/r Zeichner/in, Diplom-Ingenieur/in, Chemiker/in, Architekt/in
Gewerblich-technische Berufe
Industriemechaniker/in, Dreher/in, Service-Monteur/in, Elektroniker/in
Handwerker
Verpackungshelfer/in, Lagerist/in, Maurer/in

4.1G (S. 53)
● Versicherungsgesellschaft
  Marketing, Investitionsmanagement
● Automobilhersteller
  Design und Entwicklung, Kundendienst
● Chemieunternehmen
  Forschung und Entwicklung
● Hersteller von Genussmitteln
  Vertrieb und Marketing, Logistik

4.3A (S. 56)
ÜBUNG 1
1 in	5 neben
2 gegenüber	6 gegenüber
3 rechts vom	7 zwischen
4 links vom	8 hinter

4.4C (S. 58)
1 Anfrage	4 Auftragsbestätigung
2 Angebot	5 Lieferschein
3 Auftrag	6 Rechnung

4.4E (S. 59)
1 Sekretärin
2 Verkaufsberater
3 Buchhalterin, Rechnungswesen/ Buchhaltung
4 Einkäufer/ Industriekaufmann, Einkauf/ Materialwirtschaft.

4.5A (S. 60)
1 h)	4 c)	7 a)
2 d)	5 e)	8 f)
3 g)	6 b)	

4.5E (S. 61)
(*Muster*)
Papierzufuhr
Ziehen Sie die Papierkassette heraus. Dann legen Sie zirka 250 Blatt Papier ein. Achten Sie darauf, dass das Papier unter den Befestigungsecken liegt. Dann schieben Sie die Kassette in den Kopierer zurück und kopieren Sie weiter.
Papierstau
Öffnen Sie die vordere Abdeckung. Dann legen Sie den grünen Hebel um und ziehen Sie das gestaute Papier vorsichtig heraus. Achten Sie darauf, dass das Papier nicht reißt. Machen Sie die Abdeckung wieder zu und kopieren Sie weiter.

KAPITEL 5

5.1A (S. 66)
ÜBUNG 2
1 Landeskennzahl: 41, Ortsnetzkennzahl: 022, Rufnummer: 9 25 11 41.
  Die Firma ist in der Schweiz. Von Deutschland aus wählt man (00 41) 22 / 9 25 11 41.
2 a)
3 a)

🔊 **5.4B** (S. 72)
ÜBUNG 2
An Herrn Becker
Herr Cipolli
Firma Castelli, Bologna
Betrifft: Lieferung von Auftrag Nr. 123/b. Die

Maschine ist defekt. Erbittet Besuch eines Kundendienstmitarbeiters.

5.4E (S. 73)
(*Muster*)
Nachricht 1
Mein Name ist ... von der Firma ... . Es ist [*Datum*], [*Uhrzeit*]. Ich möchte eine Nachricht für Frau Doliwa hinterlassen. Ich komme am Montag um 15.10 Uhr am Flughafen Frankfurt an. Die Flugnummer ist LH 103. Könnte Frau Doliwa mich vom Flughafen abholen? Bitte rufen Sie mich unter [*Telefonnummer*] zurück. Danke. Auf Wiederhören.
Nachricht 2
[*Name*], [*Firma*], guten Tag. Es ist [*Datum*], [*Uhrzeit*]. Ich möchte eine Nachricht für Herrn Fromme hinterlassen. Ich bin nächsten Dienstag in Nürnberg. Können wir uns treffen? Bitte rufen Sie mich unter [*Telefonnummer*] zurück, um einen passenden Termin zu vereinbaren.

KAPITEL 6

🔊 **6.1B** (S. 76)
ÜBUNG 1
1 Die Konferenz hat ca. 70 Teilnehmer.
2 Alle Teilnehmer sollen im Hotel wohnen.
3 Das Hotel soll einen großen Konferenzraum und zwei kleinere Räume haben.
4 Es soll ein Luxus- oder First-Class-Hotel sein.
5 Es kann zentral oder auch etwas außerhalb der Stadt liegen.
6 Das Hotel muss ein eigenes Restaurant haben sowie Parkmöglichkeiten.

6.3C (S. 82)
Schloß Reinach ist billiger:

	Hotel Dorint	Schloß Reinach
Zimmerpreis	€ 90,- pro Person/Tag	€ 60,- pro Person/Tag
Konferenz-pauschale	€ 44,- exkl. Abendessen	€ 30,- exkl. Abendessen € 50,- inkl. Abendessen
Zusätzliche Tagungsräume	im Pauschalpreis inbegriffen	im Pauschalpreis inbegriffen

KAPITEL 7

7.1B (S. 92)
1 e)	5 i)	9 f)
2 h)	6 c)	10 d)
3 b)	7 k)	11 a)
4 l)	8 j)	12 g)

7.2A (S. 93)
ÜBUNG 1
1 Zu den neun hier aufgelisteten Zügen kommen noch: EuroNight, InterCityNight (für den Fernverkehr), CityBahn, Regionalbahn (für den Nahverkehr).
2 Züge für den Fernverkehr: ICE, EC, IC, IR, D; für den Nahverkehr: RSB, E, N, S.
3 Zuschlagpflichtige Züge: EC, IC.

7.3B (S. 96)
ÜBUNG 2
(*Musterdialoge*)
1 Staatsgalerie
A: Wie komme ich (am besten) zur Staatsgalerie?

B: Gehen Sie hier links raus und die Straße entlang bis zur Kreuzung. Gehen Sie über die Kreuzung und nehmen Sie die erste Straße rechts. Sie sehen sie auf der linken Seite. Das sind nur 5 Minuten zu Fuß.
2 Altes Schloss
A: Wie komme ich (am besten) zum Alten Schloss?
B: Gehen Sie durch die Straßenunterführung und nehmen Sie den Ausgang Königstraße. Wenn Sie aus der Unterführung rauskommen, gehen Sie geradeaus die Königstraße runter. Nach zirka 500 Metern kommen Sie zu einer Grünanlage. Gehen Sie an der Grünanlage vorbei und dann links. Sie sehen es direkt vor sich.
3 Haus der Wirtschaft
A: Wie komme ich (am besten) zum Haus der Wirtschaft?
B: Gehen Sie durch die Straßenunterführung und nehmen Sie den Ausgang Theodor-Heuss-Straße. Gehen Sie die Theodor-Heuss-Straße entlang bis zum U-Bahnhof. Dort gehen Sie links in die Schlossstraße. Sie sehen es auf der linken Seite. Das sind etwa 10 bis 15 Minuten zu Fuß.
4 Leonhardskirche
A: Wie komme ich (am besten) zur Leonhardskirche?
B: Gehen Sie hier links raus, die Straße entlang bis zur Kreuzung, dann gehen Sie links in die Konrad-Adenauer-Straße. Gehen Sie immer geradeaus, über die zweite Kreuzung und Sie sehen die Kirche auf der linken Seite. Das sind gute 20 Minuten zu Fuß.

7.4A (S. 98)
ÜBUNG 1
1 B	2 C	3 A

KAPITEL 8

8.3C (S. 108)
1 B	3 D
2 A	4 C

8.3D (S. 109)
ÜBUNG 4
verstellen	liefern
abnehmen	zusammenlegen
einsetzen	

8.4A (S. 110)
1 bessere	5 billiger
2 höhere	6 niedriger
3 größere	7 leiser
4 gute	

Messeplatz Deutschland (S. 114)
Checkliste für die Messebeteiligung
1. Vor der Messe
  Messeziele erarbeiten ...
  Budgetfestlegung
  Auswahl der Exponate ...
  Anmeldung beim Veranstalter
  Bestätigung der Standfläche ...
  Bearbeitung des Serviceangebotes ...
  Bestellung der benötigten Standausstattung
  Werbe-Konzeption
  Terminplanung
  Besucher-Einladungen versenden
  Training des Messeteams
  Unterkunftsreservierung ...
2. Während der Messe
  Gesprächsprotokolle ausfüllen
  Tägliche Lagebesprechungen
  Pressekonferenz

Manöverkritik am letzten Messetag
Standabbau und Abreise
3. Nach der Messe
Dankeschön an das Messeteam
Auswerten der Gesprächsprotokolle
Internen Abschlussbericht anfertigen
Nachbearbeiten der Messekontakte

Kosten einer Messebeteiligung
1. Kostenbeiträge an den Veranstalter
2. Kosten für das Ausstellungsgut
3. Kosten für Standbau und Versorgung
4. Kosten für Werbung, Presse und Verkaufsförderung
5. Personalkosten

KAPITEL 9

9.1A (S. 116)
Übung 1

Der Käufer		Der Verkäufer	
1	b)	1	c)
2	e)	2	f)
3	g)	3	d)
4	i)	4	b)
5	a)	5	h)
6	c)	6	i)
7	d)	7	g)
8	h)	8	a)
9	f)	9	e)

Übung 3
Lieferanten werden von der Einkaufsabteilung gesucht.
Ein Angebot wird von der Vertriebsabteilung erstellt.
Die Ware wird von der Versandabteilung geliefert.
Die Rechnung wird von der Buchhaltung bezahlt.

9.1B (S. 116)
Übung 2
1 Ja, aber nur mit schriftlicher Bestätigung.
2 Mit der schriftlichen Bestätigung des Auftrags.
3 In Euro.
4 30 Tage.
5 Bei Bar- oder Scheckzahlung innerhalb von 14 Tagen ab Rechnungsdatum.
6 Der Verkäufer berechnet Verzugszinsen in Höhe von 2%.
7 Der Käufer.
8 Der Käufer hat Anspruch auf Schadenersatz.
9 Sechs Monate.

9.1C (S. 118)
1	b)	3	d)
2	c)	4	a)

9.1D (S. 118)
Übung 2
1	c)	3	d)
2	b)	4	a)

9.2A (S. 119)
Übung 2
Mindestabnahmemenge: 1.000 Stück
Mengenrabatt: 2,5% ab 5.000 Stück, 5% ab 10.000 Stück
Stückpreis: muss ausgerechnet werden
Zahlungsfrist: 90 Tage netto
Skonto: 14 Tage - 3%
Lieferbedingungen: CIF
Lieferzeit: 4 Wochen

9.2C (S. 120)
(*Musterdialog*)
A: Guten Tag, Holtkamp.
B: Guten Tag. Hier Legrand, von der Firma ... . Wir sind Einzelhändler für Spielzeugwaren und sind sehr an Ihrer Oldtimer Replica-Serie interessiert. Wir planen einen Markttest durchzuführen und möchten gern einen Probeauftrag erteilen.
A: An welchen Artikeln sind Sie interessiert?
B: An den Replica Doktorwagen, Ford Coupés und Renault 6CVs.
A: Und wie viel Stück brauchen Sie?
B: Je zwanzig Stück. Geben Sie Rabatt auf Ihre Katalogpreise?
A: In diesem Falle könnten wir Ihnen einen fünfprozentigen Rabatt auf die Preise unserer Händlerpreisliste geben.
B: Gut. Wie sind Ihre Zahlungsbedingungen?
A: 30 Tage netto. Bei 14 Tagen geben wir 2% Skonto.
B: Und wie schnell können Sie liefern?
A: Wir können die Ware sofort nach Erhalt des Auftrags liefern.
B: Gut. Können Sie mir bitte ein schriftliches Angebot machen?
A: Selbstverständlich. Sagen Sie mir bitte die Adresse der Firma ...

9.2D (S. 121)
(*Musterbriefe*)
Anfrage
Sehr geehrte Frau Keller,

ich beziehe mich auf unser Telefongespräch vom 23.6.20--. Bitte senden Sie uns Ihr Angebot auf der Basis CIF München über folgende Artikel:

Bezeichnung	Menge
Bremspedale nach der beiliegenden Zeichnung KN 3594	10.000

Bitte teilen Sie uns mit, wie die Ware verpackt wird.
Bankreferenzen erhalten Sie jederzeit von der Deutschen Bank AG, München.

Mit freundlichen Grüßen

Angebot
Sehr geehrter Herr Schuster,

wir danken Ihnen für Ihre Anfrage vom 23.6.20-- und unterbreiten Ihnen gerne folgendes Angebot:

Bezeichnung	Menge	Stückpreis
Bremspedale nach Zeichnung KN 3594	10.000	€ 1,42

Die Preise verstehen sich CIF München einschließlich Verpackung. Die Ware wird in Pappkartons in Holzkisten verpackt.
Unsere Zahlungsbedingungen lauten: 14 Tage - 3% Skonto, 90 Tage netto. Die Lieferung erfolgt 4 Wochen nach Erhalt des Auftrags.
Wir halten Ihnen unser Angebot für 4 Wochen offen.
Wir freuen uns auf Ihren Auftrag.

Mit freundlichen Grüßen

9.3C (S. 122)
Übung 1
1 10.000 Stück.
2 Der Kunde hat zu viel Rabatt abgezogen. Bei 6% Mengenrabatt ist der Stückpreis € 1.41.
3 Der Gesamtbetrag lautet richtig € 14.100.
4 Der Kunde gibt eine Lieferzeit von 3 Wochen an. Es ist nicht bekannt, ob Vulcan die Lieferfrist verkürzt hat oder ob dies ein Fehler ist.

9.4A (S. 124)
1	d)	4	c)
2	a)	5	b)
3	e)		

9.4F (S. 125)
(*Muster*)
... festgestellt, dass die Ware außerhalb Ihrer Annahmezeiten am Freitagnachmittag in München eingetroffen ist. Die Ware wird heute an Sie geliefert.

9.4G (S. 125)
(*Muster*)
... festgestellt, dass die Lastwagen wegen des schlechten Wetters Verspätung haben. Die Ware wird übermorgen an Sie geliefert.

KAPITEL 10

10.2A (S. 134)
1 Hauptschulabschluss
2 Mittlere Reife/Realschulabschluss
3 Fachhochschulreife
4 Allgemeine Hochschulreife/Abitur

10.4B (S. 138)
16 EDV und Organisation
Staatliche Lotterieverwaltung
30 Verkauf/Vertrieb
Borchardt & Partner GmbH
34 Kaufmännische Berufe
AVIS
36 Sekretariat
MDC
42 Planung/Konstruktion
Pöttinger Bauunternehmung
64 Hotel und Gaststättengewerbe
Pizza Hut
78 Ausbildungsplätze
PR-Agentur

10.6D (S. 145)
(*Muster*)
Können Sie mir sagen, ob ich eine feste Anstellung nach der Ausbildung bekommen werde?
Können Sie mir Näheres über die Arbeitszeiten sagen?/Bitte geben Sie mir noch Auskunft über die Arbeitszeiten.
Würden Sie mir bitte sagen,/Ich möchte gern wissen, ob Sie Umzugskosten erstatten.
Ich möchte gern wissen, ob die Firma Weiterbildungsmöglichkeiten bietet.
Würden Sie mir bitte sagen, welche Sozialleistungen Sie bieten?
Sagen Sie mir bitte, wann/zu welchem Termin ich bei der Firma anfangen soll/meine Tätigkeit bei der Firma aufnehmen soll.

Mitbestimmung im Betrieb (S. 147)
Die Rechte des Betriebsrats
Situation 1: Ja, der Arbeitgeber braucht die Zustimmung des Betriebsrats.
Situation 2: Nein, der Betriebsrat kann arbeitgeberseitige Kündigungen nur verzögern, nicht verhindern.
Situation 3: Ja, der Betriebsrat hat Beratungsrechte über die Einführung neuer Techniken und Fertigungsverfahren.
Situation 4: Nein, bei der Einstellung leitender Angestellten muss der Betriebsrat informiert werden, er hat aber kein Vetorecht.

Alphabetical Wordlist

This wordlist contains the key business-related vocabulary in the **Lehrbuch**. Nouns are given with their genitive and plural forms. Strong verbs are given with their imperfect form and past participle. The symbol | indicates a separable verb. Words and phrases are translated according to the context in which they appear in the book. Different senses of a word are separated by semi-colons (;). If a compound noun (a noun made up of more than one word) is not listed, try to find its meaning by looking up the separate elements.

Abbreviations:

o. Pl. = ohne Plural (no plural)
Pl. = im Plural (plural only)

Akk. = Akkusativ (accusative)
Dat. = Dativ (dative)

Gen. = Genitiv (genitive)
jdn. = jemanden (somebody)

jdm. = jemandem (somebody - dative)
etw. = etwas (something)

A

A: das ~ und O the be-all and end-all
ab (+ Dat.) from; **~ und zu** now and again
ab|bestellen to cancel
ab|biegen, bog ab, abgebogen to turn off
die **Abbiegespur** -, -en turning-off lane
die **Abdeckung** -, -en cover; panel
der **Abend** -s, -e evening; **Guten ~** good evening; **zu ~ essen** to have dinner
das **Abendgymnasium** -s, -gymnasien, die **Abendschule** -, -n evening classes, night school
abendlich (in the) evening
abends in the evening
aber but; **~ gerne!** of course, with pleasure; **Das ist ~ schön!** That's really nice!
ab|fahren to leave, go from
die **Abfahrt** -, -en departure; exit
die **Abfahrtbucht** -, -en bus bay, departure bay
der **Abfall** -(e)s, ⁻e waste
der **Abflug** -(e)s, ⁻e take-off, departure
die **Abflughalle** -, -n departure lounge
die **Abfolge** -, -n sequence, order
abgasarm: ~ sein to have low exhaust emissions
ab|geben to hand in; to give off
ab|gehen (an + Akk.) to be sent off (to)
abgeschlossen successfully completed
ab|hängen, hing ab, abgehangen (von + Dat.) to depend (on)
abhängig (von + Dat.) dependent (on)
ab|heften to file (away)
ab|holen to collect
das **Abitur** -s, -e school-leaving exam, required for higher education, ≈ A-levels
der **Abiturient** -en, -en, die **Abiturientin** -, -nen person who is sitting/has passed the Abitur
die **Abkürzung** -, -en abbreviation
die **Ablage** -, -n filing; tray
der **Ablauf** -(e)s, ⁻e course, sequence of events
ab|lehnen to refuse
die **Abmessung** -, -en dimension
abnehmbar detachable
das **Abonnement** -s, -s season ticket, subscription
die **Abreise** -, -n departure
ab|runden to round off; **ein gut abgerundetes Programm** a well-rounded programme
ab|sagen to cancel
der **Absatz** -es, ⁻e sales; paragraph
die **Absatzchance** -, -n sales potential
ab|schaffen to do away with
ab|schalten to switch off
ab|schicken to send off
abschließbar lockable
ab|schließen to end, conclude, complete; **einen Auftrag ~** to get an order/contract
abschließend finally
der **Abschluss** -es, ⁻e end, close; qualification
der **Abschlussbericht** -(e)s, -e final report
die **Abschlussprüfung** -, -en (result of a) school-leaving examination
das **Abschlusssignal** -s, -e end-of-transmission signal

das **Abschlusszeugnis** -ses, -se (school-)leaving certificate
der **Absender** -s, - sender
der **Abstand** -(e)s, ⁻e interval
ab|stellen to put; to park
der **Abstellraum** -(e)s, ⁻e store room
ab|stimmen (über + Akk.) to take a vote (on); **aufeinander ~** to fit in with each other
die **Abteilung** -, -en department
der **Abteilungsleiter** -s, - departmental manager
der **Abteilwagen** -s, - carriage with separate compartments
ab|warten to wait for
abwärts down
der **Abwärtstrend** -s, -s downward trend
abwechselnd alternately, in turns
die **Abwechslung** -, -en variety
abwechslungsreich varied
ab|weichen, wich ab, abgewichen (von + Dat.) to deviate (from)
die **Abwesenheit** -, o. Pl. absence; **in/bei ~ von** in the absence of
ab|wickeln to deal with
das **Abzeichen** -s, - badge
ab|ziehen to deduct
achten (auf + Akk.) to pay attention (to); to look out (for); **darauf ~, dass** to take care that
das **Adressaufkleber** -s, - (adhesive) address label
AG = Aktiengesellschaft
Agrar- agricultural
ähnlich similar
der **Akkord** -(e)s, -e piecework (rate)
die **Akte** -, -n file; **zu den ~n legen** to file (away)
die **Aktie** -, -n share
die **Aktiengesellschaft** -, -en joint-stock company
der **Aktionär** -s, -e shareholder/stockholder
aktiv active; **in welcher Branche ist die Firma ~?** What does the company do?
aktuell current, up-to-date
akzeptieren to accept
der **Albtraum** -(e)s, ⁻e nightmare
alkoholfrei non-alcoholic
alle all; **~ 10 Minuten** every 10 minutes; **in ~ Welt** all over the world
allein on his/her/its etc own
allerdings though
das **Allerheiligen** All Saints' Day
das **Allerseelen** All Souls' Day
alles everything; **das wäre ~** that's it; **~ zusammen** both/all together
allgemein general(ly); in general
allgemeinbildend providing a general education
der **Alltag** -s, o. Pl. everyday life
alltäglich everyday
das **Alpenvorland** -(e)s, o. Pl. foothills of the Alps
als than; as
also so, well
alt old
der **Altbau** -(e)s, -ten old building
die **Altenpflege** -, o. Pl. care of the elderly
die **Altersversorgung** -, o. Pl. old-age pension (scheme)
die **Altstadt** -, ⁻e the old (part of) town
die **Ampel** -, -n traffic light(s)
das **Amt** -(e)s, ⁻er office

amtl. = amtlich official
die **Amtsleitung** exchange line
an (+ Dat./Akk.) on; at; to
die **Ananas** -, -se pineapple
an|bieten to offer; to supply
das **Andenken** -s, - souvenir
änderbar alterable; **die Preise sind jederzeit ~** prices subject to alteration without notice
andere(r/s) other, another; **etwas anderes** something else; **unter anderem** among other things
(sich) **ändern** to change
andernfalls otherwise
anders in a different way
die **Änderung** -, -en alteration
anerkannt recognized
an|erkennen, erkannte an, anerkannt to accept; to recognize
an|fallen to incur, be incurred; **die anfallende Korrespondenz** any correspondence that needs dealing with
der **Anfang** -(e)s, ⁻e beginning
an|fangen, fing an, angefangen to begin
an|fertigen to manufacture, make; to draw up
an|fordern to ask for, request
die **Anforderung** -, -en demand, requirement
die **Anfrage** -, -n inquiry; **auf ~** on request
die **Angaben** Pl. figures; information, details
an|geben to give
das **Angebot** -(e)s, -e range (on offer); quote, quotation; **das kulturelle ~** the range of cultural activities; **als zusätzliches ~** as an extra attraction; **ein ~ über** a quote for (the supply of)
an|gehen: was ... angeht as far as ... is/are concerned
die **Angelegenheit** -, -en matter
angelernt semi-skilled
angenehm pleasant; **sehr ~** pleased to meet you
angesagt (für + Akk.) scheduled (for), due (on)
angeschlossen (an + Dat.) plugged in (to); linked (to/with); **dem Haus ~** attached to the hotel
angesichts (+ Gen) in view of
der/die **Angestellte** -n, -n salaried employee
die **Angst** -, **Ängste** (vor + Dat.) fear (of)
an|halten to continue
anhaltend continuous
anhand (+ Gen.) using, with the help of
sich **an|hören** to listen to
an|kommen to arrive; **auf etw. ~** to depend on something; **es kommt darauf an** it depends
an|kreuzen to put a cross in/by
an|kündigen to announce
die **Ankunft** -, ⁻e arrival
die **Ankunftshalle** -, -n arrivals lounge
die **Anlage** -, -n plant; equipment, installation; enclosure; **in der ~** enclosed
der **Anlagenbau** -s, o. Pl. plant construction
der **Anlagevermerk** -(e)s, -e note of enclosure
die **Anliegerstraße** -, -n adjoining street
die **Anmeldung** -, -en registration
annähernd: nicht ~ nothing like
die **Annahme** -, o. Pl. acceptance
an|nehmen to take delivery of; to accept
an|rechnen: jdm. etw. ~ to credit sth. to sb.

die **Anrede** -, -n form of address, **an|reden** to address
die **Anregung** -, -en stimulus
die **Anreise** -, o. Pl. arrival
an|reisen to arrive
der **Anreiz** -es, -e incentive
der **Anruf** -(e)s, -e (telephone) call
der **Anrufbeantworter** -s, - answering machine
an|rufen to phone, ring up
der **Anrufer** -s, - caller
die **Ansage** -, -n announcement
(sich) **an|schaffen** to get (oneself)
sich **an|schauen ▶ sich ansehen**
an|schließen (an + Akk.) to plug in; to link up with
anschließend subsequent
der **Anschluss** -es, ⁻e (an) number, line; connection, link-up; **kein ~ unter dieser Nummer** number unobtainable; **der ~ ist besetzt** the number/line is engaged/busy; **im ~** after that
die **Anschrift** -, -en address
sich **an|sehen** to have/take a look at
sich **an|siedeln** to become established
an|sprechen to approach, talk to
der **Ansprechpartner** -s, - contact
der **Anspruch** -(e)s, ⁻e demand, requirement
anspruchsvoll high-class, superior, sophisticated
anstatt (+ Gen.) instead (of)
die **Anstellung** -, -en job
anstrengend strenuous
der **Anteil** -(e)s, -e (an + Dat.) proportion; share (of)
der **Antrieb** -(e)s, -e (means of) propulsion
antworten to answer
an|wählen to dial
die **Anweisung** -, -en direction
der **Anwenderbereich** -(e)s, -e user sector
anwenderfreundlich user-friendly
die **Anwendung** -, -en application
anwesend present
der **Anwohner** -s, - resident
die **Anzahl** -, o. Pl. number
die **Anzeige** -, -n advertisement; indicator light
an|zeigen to notify
anziehend attractive
der **Anzug** -s, ⁻e suit
der **Apfelwein** -s, -e type of dry cider
die **Apotheke** -, -n chemist's (shop)/pharmacy
der **Apparat** -(e)s, -e: **Linz am ~** Linz here/speaking
das **Appartement** -s, -s (hotel) suite
der **Appetit** -s, -e: **guten ~!** enjoy your meal!
die **Arbeit** -, -en work
arbeiten to work
der **Arbeiter** -s, -, die **Arbeiterin** -, -nen worker
der **Arbeitgeber** -s, - employer
arbeitgeberseitig decided on by the employer
der **Arbeitgeberverband** -(e)s, ⁻e employers' association
der **Arbeitnehmer** -s, - employee
das **Arbeitsamt** -(e)s, ⁻er employment exchange
die **Arbeitsatmosphäre** -, -n ▶ **Arbeitsklima**
die **Arbeitsaufnahme** -, o. Pl. start of employment; **Termin der ~** start date
die **Arbeitsaufteilung** -, -en allocation of work
die **Arbeitsfreude** -, -n job satisfaction
das **Arbeitsgericht** -(e)s, -e industrial tribunal

das **Arbeitsgesetz -es, -e** labour law
das **Arbeitsklima -s, -s** atmosphere at work
die **Arbeitskraft -, ⸗e** worker
arbeitslos unemployed
die **Arbeitslosigkeit -, o. Pl.** unemployment
der **Arbeitsmarkt -(e)s, ⸗e** labour market
der **Arbeitsplatz -es, ⸗e** job; workplace
der/die **Arbeitsuchende -n, -n** job-seeker
das **Arbeitsverhältnis -ses, -se** employer-employee relationship
die **Arbeitsvermittlung -, o. Pl.** employment exchange
die **Arbeitsvorbereitung -, -en** production planning
die **Arbeitsweise -, -n** way of working
die **Arbeitszeit -, -en** working hours
das **Arbeitszimmer -s, -** study
architektonisch architectural(ly)
die **Art -, en** kind, type; way, method
der **Artikel -s, -n** product, article, item
Art. Nr. = Artikel-Nummer reference number
das **Arzneimittel -s, -** drug
die **Arzthelferin -, -nen** doctor's receptionist
der **Aschenbecher -s, -** ashtray
auch as well, too
auf (+ Dat./Akk.) on(to); in; to; **~ der ganzen Welt** throughout the world
auf | bauen to build, create; to build up; to erect
die **Aufbauzeit -, -en** erection time
die **Aufbewahrungstasche -, -n** storage bag
auf | bleiben to stay open
auf | bringen to find, raise, afford
der **Aufenthalt -(e)s, -e** stay
auf | füllen to load
die **Aufgabe -, -n** job, task
das **Aufgabengebiet -(e)s, -e** area of responsibility
auf | geben to put in
auf | listen to list
aufgrund (+ Gen.) on the basis (of)
das **Aufhängeseil -s, -e** suspension rope
die **Aufhebung -, o. Pl.** abolition
auf | hören to stop, end
auf | kommen (für + Akk.) to pay (for)
die **Auflage -, -n** tray; print run; edition; cover
auf | legen to lay; to put down the receiver
die **Auflösung -, -en** resolution
aufmerksam attentive
die **Aufmerksamkeit -, o. Pl.** attention
auf | nehmen to take; to record; to take (down); to include; **Kontakt ~** to get in contact with
auf | passen to pay attention, listen carefully
aufrecht | erhalten to keep up
aufregend exciting
aufrüstbar upgradable
auf | rüsten to upgrade
auf | schreiben to write down
der **Aufsichtsrat -(e)s, ⸗e** board of directors
die **Aufstellung -, -en** drawing up
der **Aufstieg -(e)s, -e** promotion
die **Aufstiegschance -, -n**, die **Aufstiegsmöglichkeit -, -en** promotion prospects
auf | teilen to divide up
der **Auftrag -(e)s, ⸗e** order; **im ~** p.p., for and on behalf of
die **Auftragsabwicklung -, -en** order processing
die **Auftragsbestätigung -, -en** confirmation of order
der **Auftragseingang -(e)s, ⸗** receipt of order
die **Auftragserteilung -, -en** placement of order
der **Auftragssachbearbeiter -s, -**, die **Auftragssachbearbeiterin -, -nen** person in charge of order processing
auf | treten to arise, occur; to behave; **sicher ~** to appear confident
das **Auftreten -s, o. Pl.** manner
der **Aufwand -(e)s, o. Pl.** (an + Dat.) expenditure (on), investment (in)
aufwendig lavish
der **Augenblick -(e)s, -e** moment; **im ~** at the moment
aus (+ Dat.) from; for; made of; **~ folgenden Gründen** for the following reasons; **von hier ~** from here

der **Ausbau -(e)s, o. Pl.** expansion
aus | bauen to build up; to expand
ausbaufähig with prospects
aus | bilden to train, educate
die **Ausbildung -, -en** training, education
der **Ausbildungsberuf -(e)s, -e** skilled occupation
der **Ausbildungsplatz -es, ⸗e** training vacancy
das **Ausbildungszentrum -s, -zentren** training centre
ausdauernd with staying power
der **Ausdruck -(e)s, ⸗e** expression, phrase
aus | drucken to print out
aus | drücken to express
ausdrücklich expressly
die **Ausfahrt -, -en** (*Autobahn*) exit
aus | fallen to be unable to attend, drop out; to turn out to be
der **Ausflug -(e)s, ⸗e** (day) trip
die **Ausfuhr -, o. Pl.** exports
aus | führen to carry out
die **Ausfuhrgüter Pl.** export(ed) goods
ausführlich detailed
die **Ausführung -, -en** model, version
aus | füllen to fill in
die **Ausgabe -, -n** expenditure, outgoings; edition
ausgabefähig disposable
das **Ausgabeverhalten -s, -** spending habits
der **Ausgang -(e)s, ⸗e** exit; starting point
aus | geben to spend
ausgebucht booked up
ausgelastet working at full capacity
ausgeprägt highly developed
ausgesprochen definitely
die **Ausgestaltung -, -en** drawing up
ausgestattet (mit + Dat) fitted, equipped (with)
ausgezeichnet excellent
die **Aushilfskraft -, ⸗e** temporary worker
sich **aus | kennen** to know one's way around
aus | kommen to get by, to manage; **mit jdm. (gut) ~** to get on (well) with somebody
die **Auskunft -, ⸗e** directory enquiries; (über + Akk.) information (about); (person at the) information desk
der **Auskunftgeber -s, -** information line
das **Ausland -(e)s, o. Pl.: im ~** abroad
der **Ausländer -s, -** foreigner
Auslands- foreign, abroad
der **Auslandsanteil -(e)s, -e** foreign sales
die **Auslandsgesellschaft -, -en** foreign subsidiary
der **Auslandsvertrieb -(e)s, -e** sales office abroad
ausleihbar: ~ sein can be borrowed
aus | liefern to dispatch
die **Ausnahme -, -n** exception
ausreichend adequate
aus | richten: jdm. etw. ~ to give sb. a message
das **Ausrufezeichen -s, -** exclamation mark
sich **aus | ruhen** to relax
aus | rüsten (mit + Dat.) to equip (with)
die **Ausrüstung -, -en** equipment
die **Aussage -, -n** statement
aus | schalten to switch off
ausschließlich exclusively; excluding
die **Ausschreibung -, o. Pl.** (von + Dat.) advertising (of)
aus | sehen: wie sieht das aus? what's it like?
außen (on the) outside, outer
der **Außendienst -(e)s, -e** field sales
der **Außenhandel -s, o. Pl.** foreign trade
die **Außenwirtschaft -, o. Pl.** foreign trade
außer (+ Dat.) except (for), excepting
außerdem as well, in addition; besides
äußere(r/s) outer
außergewöhnlich exceptional
außerhalb (+ Gen.) outside (of); **~ des Betriebs** out of house; **etwas ~ liegen** to lie a little outside
äußerst extremely
die **Aussicht -, -en** prospect; view
die **Ausstattung -, -en** fittings; furnishings
aus | steigen to get off
aus | stellen to exhibit; to issue
der **Aussteller -s, -** exhibitor

der **Ausstellerausweis -es, -e** exhibitor's ID card
die **Ausstellung -, -en** exhibition
das **Ausstellungsgut -(e)s, ⸗er** trade fair exhibits
der **Austausch -es, ⸗e** exchange
aus | tauschen to exchange
aus | üben to do
die **Auswahl -, o. Pl.** choice; selection
aus | wählen to choose
aus | werten to analyse
die **Auszeichnung -, -en** award
der/die **Auszubildende -n, -n** trainee
der **Auszug -(e)s, ⸗e** (aus + Dat.) extract (from)
die **Autobahn -, -en** motorway/expressway
der **Autofahrer -s, -** driver, motorist
der **Automat -en, -en** ticket machine
automatisch automatic(ally)
automatisiert automated
die **Automatisierungstechnik -, o. Pl.** automation technology
der **Automobilbau -(e)s, o. Pl.** car manufacturing
die **Autovermietung -, -en** car hire/rental

B

B = Breite
backofenfrisch fresh from the oven
das **Bad -(e)s, ⸗er** bath
der **Bad-Teppich -s, -e** bathmat
das **Badeboot -(e)s, -e** inflatable boat
das **Baden -s, o. Pl.** bathing
der **Badeurlaub -(e)s, -e** seaside holiday
badisch of the Baden region
die **Bahn -, o. Pl.** railway; **mit der ~** by train
das **Bahnhofsviertel -s, -** area around the railway station
der **Bahnsteig -(e)s, -e** platform
bald soon
baldig early; **wir freuen uns auf ein ~es Kennenlernen** we look forward to meeting you soon
das **Band -(e)s, ⸗er** tape; **auf ~ aufnehmen** to record
die **Bandnudeln Pl.** ribbon noodles
die **Bankettabteilung -, -en** special functions department
der **Bankettsaal -(e)s, -säle** banqueting room
die **Bankkauffrau -, -en** qualified (woman) bank clerk
die **Banküberweisung -, -en** bank transfer
das **Bankwesen -s, o. Pl.** banking
das **Bargeld -(e)s, o. Pl.** cash
die **Barzahlung -, -en** payment in cash
basieren (auf + Dat.) to be based (on)
die **Basis -, Basen** basis; **auf der ~ CIF München** cif Munich
das **Basiswissen -s, o. Pl.** basic knowledge
basteln to do handicrafts
der **Bau -(e)s, o. Pl.** building, construction (industry); manufacture
der **Baubereich -(e)s, -e** construction industry
baubetrieblich of the construction industry
der **Bauchgurt -(e)s, -e** waist strap
bauen to build
der **Bauernhof -(e)s, ⸗e** farm
das **Bauernvolk -(e)s, ⸗er** farming people
das **Baugewerbe -s, o. Pl.** building trade
der **Bauleiter -s, -** (building) site manager
der **Baumwollaufbewahrungsbeutel -s, -** cotton storage bag
der **Baumwollbezug -(e)s, ⸗e** cotton cover
der **Baumwollstoff -(e)s, -e** cotton (material)
die **Bauunternehmung -, -en** construction company
der **Bayer -n, -n** Bavarian
bayerisch Bavarian
das **Bayern** Bavaria
beabsichtigen to intend
beachten to note, take note of
der **Beamte -n, -n**, die **Beamtin -, -nen** official, public service employee
beantworten to answer
bearbeiten to deal with, process
der/die **Beauftragte -n, -n** person responsible for; officer
das **Becken -s, -** basin; (swimming) pool

sich **bedanken** (für + Akk.) to thank sb. (for sth.)
der **Bedarf -(e)s, o. Pl.** (an + Dat.) requirements; need; **bei ~** when required
bedauern to regret
bedeuten to mean
bedeutend important
die **Bedeutung -, -en** importance
bedienen to supply; to operate; **Sie werden gleich bedient!** Your call will be dealt with as soon as possible
das **Bedienfeld -(e)s, -er** control panel
die **Bedienung -, o. Pl.** service; operation; **zur ~** to operate
die **Bedienungsanleitung -, -en** operating instructions
das **Bedienungsgeld -(e)s, -er** service charge
die **Bedingungen Pl.** conditions
bedroht threatened
bedruckt printed
das **Bedürfnis -ses, -se** need, requirement
beeindruckend impressive
beeinflussen to influence
beenden to finish, complete
die **Beendigung -, o. Pl.** end, completion
die **Beere -, -n** berry
befahren, befuhr, befahren to use, drive along
sich **befassen** (mit + Dat.) to deal (with)
die **Befestigungsecke -, -n** retaining clip
sich **befinden, befand, befunden** to be (situated)
befördern to transport
befragen to ask; to survey
der/die **Befragte -n, -n** respondent
die **Befragung -, -en** survey
befürchten to be afraid, sorry
sich **begeben, begab, begeben** to go
die **Begegnung -, -en** meeting
begehrt sought-after; popular
begeistern to fill with enthusiasm
beginnen, begann, begonnen to begin;
der **beginnende Abend** early evening
begrenzen (auf + Akk.) to restrict, limit (to)
die **Begrenzung -, -en** restriction
der **Begriff -(e)s, -e** concept
begründen to give reasons for
begrüßen to greet
die **Begrüßung -, -en** welcoming speech; **bei der ~** when greeting sb.
behalten, behielt, behalten to remember
behandeln to deal with
der/die **Behinderte -n, -n** disabled person
behindertenfreundlich, behindertengerecht with special facilities for disabled people
die **Behörde -, -n** authority
bei (+ Dat.) with, at; when (doing sth.); in the case of; among, for; in the event of; near; **~ der Firma ABD** with/at ABD; **~ uns** in our company/country; **~ der Buchung** when booking; **~ einem Glas Bier** over a beer
beide both
die **Beilage -, -n** side dish
bei | legen to enclose
beiliegend enclosed
das **Bein -(e)s, -e** leg
beinhalten to comprise
das **Beispiel -(e)s, -e** example; **zum ~** for example
der **Beitrag -(e)s, ⸗e** (zu + Dat.) contribution (to)
bei | tragen (zu + Dat.) to contribute (to)
bei | treten to join
bekannt (für/durch + Akk.) known; well-known (for)
der/die **Bekannte -n, -n** acquaintance
bekannt machen to make known
die **Bekleidungsindustrie -, -n** clothing industry
bekommen, bekam, bekommen to get, receive
die **Belange Pl.: in administrativen ~n** in administrative matters
die **Belastbarkeit -, o. Pl.** ability to withstand heavy use; ability to work under pressure

die **Belastung -, -en** burden, strain
die **Belegschaft -, -en** staff
belegt busy
die **Beleuchtung -, -en** lighting
beliebt popular
bemalt painted, decorated
der **Bembel -s, -** stoneware mug (*used for serving cider*)
die **Bemerkung -, -en** remark, comment
sich **bemühen** to make every effort
die **Benachrichtigung -, -en** notification
benennen, benannte, benannt to specify
das **Benehmen -s, -** behaviour
benötigen to need
benötigt necessary
benutzen to use
die **Benutzung -, o. Pl.** use; **bei der ~** when using
-benutzung use of
beobachten to watch
bequem easy, easily; comfortable
beraten, beriet, beraten to advise
der **Berater -s, -** consultant; adviser
die **Beratung -, -en** advice, consultancy; counselling
das **Beratungsrecht -(e)s, -e** right of consultation
berechnen to charge for
die **Berechnung -, -en** charge; calculation; **gegen ~** for a charge
berechtigt: ~ sein, etw. zu tun to be entitled to do sth.
berechtigen to entitle
der **Bereich -(e)s, -e** sector, industry; department, division; sphere; **in welchem ~ ist die Firma tätig?** what business is the company in?; **der ~ Personal** the human resources division
bereit (zu + Dat.) willing, prepared (to do)
bereiten to cause
bereits already
die **Bereitschaft -, o. Pl.** willingness
bereit|stehen to be available
die **Bereitstellung -, o. Pl.** setting up
der **Bergbau -(e)s, o. Pl.** mining
das **Bergsteigen -s, o. Pl.** mountain climbing
berichten to report
berlinerisch: ~ sprechen to speak the Berlin dialect
berücksichtigen to take into account
der **Beruf -(e)s, -e** occupation, profession, job, career; **Was sind Sie von ~?** What do you do?
beruflich professional, vocational; **~e Tätigkeiten** (work) experience
die **Berufsausbildung -, -en** vocational training (course)
berufsbegleitend while working full-time
der **Berufsberater -s, -**, die **Berufsberaterin -, -nen** careers adviser
die **Berufsberatung -, -en** careers guidance
die **Berufsbezeichnung -, -en** job title
berufsbildend vocational
die **Berufserfahrung -, -en** work experience
die **Berufsfachschule -, -n** *vocational college providing full-time training courses*
das **Berufsfeld -(e)s, -er** occupation, profession
das **Berufsgrundbildungsjahr -(e)s, -e** foundation year
berufsqualifizierend professional
die **Berufsschule -, -n** *vocational college providing part-time training courses*
berufstätig working
der/die **Berufstätige -n, -n** working person
die **Berufstätigkeit -, -en** job
die **Berufswahl -, o. Pl.** choice of career; **bei der ~** when choosing a career
der **Berufsweg -(e)s, -e** career path
berühmt famous
beschädigt damaged
beschaffen to procure
beschäftigen to employ
sich **beschäftigen** (mit + Dat.) to deal with; to think about
beschäftigt busy
der/die **Beschäftigte -n, -n** employee
die **Beschäftigung -, -en** employment
beschäftigungssicher offering job security

Bescheid: jdm. ~ sagen to tell sb., let sb. know
beschichtet (mit + Dat.) laminated; coated (with)
sich **beschränken** (auf + Akk.) to be limited (to)
beschreiben, beschrieb, beschrieben to describe
die **Beschreibung -, -en** description
sich **beschweren** (bei jdm., über etw.) to complain (to sb., about sth.)
besetzt engaged/busy; manned
der **Besetztton -(e)s, ¨-e** engaged/busy signal
besichtigen to look at, inspect
besiedelt: dicht ~ densely populated
besitzen, besaß, besessen to own
der **Besitzer -s, -** owner
besondere(r/s) special, particular
die **Besonderheit -, -en** special feature; peculiarity
besonders particularly, especially; special
besorgen to get, buy
besprechen, besprach, besprochen to discuss
die **Besprechung -, -en** meeting, discussion
besser (als) better (than)
der **Bestandteil -(e)s, -e** component
bestätigen to confirm
die **Bestätigung -, -en** confirmation
der/die/das **beste** (the) best (one/thing); **wir geben unser Bestes** we do our best
das **Besteck -(e)s, -e** cutlery
bestehen, bestand, bestanden to be; **~ aus** (+ Dat.) to consist of; **~ in** (+ Dat.) to involve; **Worin besteht Ihre Arbeit?** What does your job involve?
das **Bestelldatum -s, -daten** date of order
bestellen to order; **bei jdm. ~** to place an order with sb.
die **Bestellmenge -, -n** quantity
die **Bestell-Nr = Bestellnummer -, -n** order number
die **Bestellung -, -en** order
der **Bestellwert -(e)s, -e** value of order
am **besten** best; **Mit wem spreche ich am ~?** Who should I speak to?; **Wie komme ich am ~ hin?** What's the best way to get there?
bestens very well
bestimmen to decide
bestimmt specific; certain
die **Bestimmung -, -en** regulation; provision
der **Bestimmungshafen -s, -häfen** port of destination
der **Bestimmungsort -(e)s, -e** destination
die **Bestuhlung -, o. Pl.** seating
der **Besuch -(e)s, -e** visit; attendance; **~e machen** to visit; ~ bekommen to have visitors
besuchen to visit; to attend
der **Besucher -s, -, die Besucherin -n, -nen** visitor
sich **beteiligen** (an + Dat.) to participate, take part (in)
der/die **Beteiligte -n, -n** participant
die **Beteiligung -, o. Pl.** participation
die **Beteiligungsgesellschaft -, -en** associated company; subsidiary
das **Bethmännchen -s, -** *traditional Frankfurt marzipan figure in the shape of a man*
Betr. = Betreff, betrifft re, subject
Betracht: in ~ kommen to be considered
der **Betrag -(e)s, ¨-e** amount
betragen, betrug, betragen to be
Betreff re, subject
betreiben, betrieb, betrieben to carry out
betreuen to look after
die **Betreuung -, o. Pl.** looking after
der **Betrieb -(e)s, -e** company, business, firm
betrieben: elektrisch ~ electrically powered
die **Betriebsänderung -, -en** change in the nature of the company's operations
betriebsbereit ready (for operation)
die **Betriebsbesichtigung -, -en** company tour
das **Betriebsklima -s, -s** atmosphere at work
die **Betriebskosten Pl.** operating costs
der **Betriebsrat -(e)s, ¨-e** works council
die **Betriebsstörung -, en** production problem
das **Betriebssystem -s, -e** operating system

das **Betriebsverfassungsgesetz -es, -e** Industrial Constitution Law
der **Betriebswirt -(e)s, -e** *graduate in business administration*
die **Betriebswirtschaft -, o. Pl.** business administration, business studies
betriebswirtschaftlich business, economic
betrifft re, subject
betrugen ▸ betragen
die **Beurlaubung -, -en** leave
beurteilen to judge
die **Bevölkerung -, -en** population
der/die **Bevollmächtigte -n, -n** authorized representative
bevor before
bevorzugen to prefer
bewaldet wooded
die **Bewältigung -, o. Pl.: ~ der Aufgaben** managing the work
bewarb ▸ bewerben
die **Bewegung -, -en** exercise
beweisen, bewies, bewiesen to show, prove
sich **bewerben, bewarb, beworben** (um + Akk.) to apply (for)
der **Bewerber -s, -**, die **Bewerberin -, -nen** applicant
die **Bewerbung -, -en** job application
das **Bewerbungs(an)schreiben -s, -**, der **Bewerbungsbrief -s, -e** letter of application
die **Bewerbungsunterlagen Pl.** documents supporting an application
bewerten to assess
der **Bewohner -s, -** inhabitant
beworben ▸ bewerben
bewundern to admire
bezahlen to pay
die **Bezahlung -, -en** pay
die **Bezeichnung -, -en** description
sich **beziehen** (auf + Akk.) to refer (to)
die **Beziehung -, -en: in dieser ~** in this respect
beziehungsweise or, and/or; rather
der **Bezirk -(e)s, -e** district
der **Bezug -(e)s, ¨-e** cover; **in ~ auf** (+ Akk.) with respect to; **mit ~ auf** (+ Akk.) with reference to
bezüglich (+ Gen.) with respect to
die **Bezugnahme -, -n: mit ~ auf** (+ Akk.) with reference to
die **Biegung -, -en** bend
die **Bierbrauerei -, o. Pl.** (beer) brewing
das **Bierzelt -(e)s, -e** beer tent
bieten, bot, geboten to provide; to offer
bilden to form; to make up
der **Bildschirm -(e)s, -e** screen
die **Bildung -, o. Pl.** education
der **Bildungsgang -(e)s, ¨-e** education
die **Bildungsstätte -, -n** educational establishment
das **Bildungswesen -s, o. Pl.** education system
der **Bildungsweg -(e)s, -e: der zweite ~** further/adult education
billig cheap
die **Billion** (*BrE*) billion, (*AmE*) trillion
der **Binnensee -s, -n** lake
die **Birke -, -n** birch tree
bis (+Akk.) up to; by; until, till; to, as far as; **zwei ~ drei** two to three
bisherig previous
bislang up to now
die **Bitte -, -n** request
bitte please; **~ schön** you're welcome
bitten, bat, gebeten (um + Akk.) to ask (for)
der **Blasebalg -(e)s, ¨-e** (pair of) bellows
das **Blatt -(e)s, ¨-er** leaf; **ein ~ Papier** a sheet of paper
der **Blattspinat -(e)s, -e** spinach
bleiben, blieb, geblieben to stay, remain; **Wo bleibt die Ware?** Where are the goods?
der **Blick -(e)s, -e** (über + Akk.) view (over); (in + Akk.) look, glance (at)
blieb ▸ bleiben
der **Block -(e)s, ¨-e: ein ~ Papier** pad of (writing) paper
blühend blooming

blumengeschmückt decorated with flowers
der **Boden -s, o. Pl.** soil
der **Bodenbelag -(e)s, ¨-e** floor covering
der **Bodensee -s, o. Pl.** Lake Constance
Bonner in Bonn
die **Börse -, -n** stock exchange
die **Box -, -en** speaker; parking space
brachte ▸ bringen
die **Branche -, -n** sector, industry, line of business
Bratkart. = die Bratkartoffeln Pl. sauté potatoes
die **Bratwurst -, ¨-e** sausage
brauchen to need; to use
sich **bräunen** to tan
breit wide
die **Breite -, -n** width
das **Bremspedal -s, -e** brake pedal
der **Brennpunkt -(e)s, -e** focal point
das **Briefblatt -(e)s, ¨-er** page (*of a letter*)
der **Briefkopf -(e)s, ¨-e** letterhead
die **Briefmarke -, -n** (postage) stamp
der **Briefumschlag -(e)s, ¨-e** envelope
bringen, brachte, gebracht to bring; **im Fernsehen ~** to show on TV
die **Brücke -, -n** bridge
der **Brunnen -s, -** fountain
der **Brustgurt -(e)s, -e** chest strap
brüten (über + Akk) to ponder (over)
brutto, Brutto- gross, before tax
das **Bruttosozialprodukt -(e)s, -e** gross national product
buchen to book; **auf die Rechnung ~** to debit to the account
der **Buchhalter -s, -** bookkeeper
die **Buchhaltung -, o. Pl.** accounts department
buchstabieren to spell
die **Buchstabiertafel -, -n** telephone alphabet
die **Buchung -, -en** booking
das **Bügeleisen -s, -** iron
der **Bummel -s, -** stroll
der **Bummler -s, -** stroller
Bundes- Federal
der **Bundesangestelltentarif -s, o. Pl.** *statutory salary scale for civil servants*
das **Bundesausbildungsförderungsgesetz -es, -e** Federal Education and Training Assistance Act
der **Bundeskanzler -s, -** Federal Chancellor
das **Bundesministerium für Arbeit und Sozialordnung** Federal Ministry for Employment and Social Administration
der **Bundesrat -(e)s, o. Pl.** *upper house of the Federal German Parliament*
die **Bundesrepublik Deutschland** Federal Republic of Germany
der **Bundestag -(e)s, o. Pl.** *lower house of the Federal German Parliament*
das **Bundesumweltministerium -s, o. Pl.** Federal Ministry of the Environment
die **Bundesvereinigung der Deutschen Arbeitgeberverbände** Federal Union of German Employers' Associations
die **Bundeswehr -, o. Pl.** armed forces (of Germany)
das **Bündnis 90** Alliance 90
bunt colourful
die **Burg -, -en** castle
der **Bürger -s, -** citizen
das **Büro -s, -s** office
die **Bürokauffrau -, -en** (office) buyer (*in wholesale or foreign trade*)
die **Bürotechnik -, o. Pl.** office technology
der **Buß- und Bettag -(e)s, -e** Day of Prayer and Repentance
der **Busbahnhof -(e)s, ¨-e** bus station
der **Busfahrer -s, -** bus driver
die **Buslinie -, -n** bus route
bzw. = beziehungsweise

C

ca. = zirka
der **Campingbedarf -(e)s, o. Pl.** camping equipment
die **Cantileverbremse -, -n** cantilever brake
die **CDU = die Christlich-Demokratische Union** Christian Democratic Union

das Champignonschnitzel -s, - veal/pork cutlet with mushrooms
die Chance -, -n prospect; chance, opportunity
die Chancengleichheit -, o. Pl. equal opportunities
der Chef -s, -s, die Chefin -, -nen boss, manager
die Chefsekretärin -, -nen personal assistant
die Chemie -, o. Pl. chemicals
die Chemikalien Pl. chemicals
der Chemiker -s, - chemist
chemisch: die ~e Industrie chemicals industry
die Christbaumkugel -, -n Christmas tree bauble
die Christi Himmelfahrt Ascension Day
die Clipmappe -, -n clip folder

D

da there; as, since; **Ist ~ die Firma Adler?** Is that Adler?
dabei during this (process); with it, included
das Dach -(e)s, ̈er roof
der Dachausbau -s, -ten loft conversion
dadurch in this way, thus
dafür to make up for it; in return; for this/it
dagegen in contrast
daher consequently, therefore
dahin kommen to get there
die Dame -, -n: meine ~n und Herren ladies and gentlemen ▶ **geehrt**
damit thereby; thus; so (that)
das Dampfbad -(e)s, ̈er steam bath
danach afterwards, after that
daneben next to this; at the same time
der Dank -(e)s, o. Pl.: (recht) vielen ~ thank you very much
dank (+ Gen.) thanks to
dankbar grateful
danke thank you, thanks; **~ schön** thank you very much
danken to thank
dann then
dar|legen to set out
das Darlehen -s, - loan
dar|stellen to present
sich **dar|stellen: sich positiv ~** to show oneself in a positive light
die Darstellung -, -en: farbige ~ colour printing
darüber about it; **~ hinaus** in addition
darunter among them
die Daten Pl. data
die Datenautobahn -, -en information highway
der Datenton -(e)s, ̈e data transmission signal
die Datenverarbeitung -, o. Pl. data processing
das Datum -s, Daten date
der Dauer -, o. Pl. duration, period
die Dauerbeschäftigung -, -en permanent job
dauern to last
dauernd continually, all the time
der Dauergebrauch -(e)s, o. Pl. continuous use
der Daunenschlafsack -(e)s, ̈e down-filled sleeping bag
davon of this/these
davor: im Jahr ~ in the previous year
dazu about, for, to this/it, in addition; **~ gehören** these include
dazwischen: es ist etwas ~ gekommen something has come up
dB = Dezibel
DB = Deutsche Bahn AG
die DDR = Deutsche Demokratische Republik Democratic Republic of Germany
die Deckeltasche -, -n top flap pocket
defekt defective
der Deich -(e)s, -e dyke/dike
denken, dachte, gedacht (an + Akk.) to think (about)
denn because; **Wo haben Sie denn gewohnt?** Where did you stay?
deren its
derzeit at present

deshalb for this reason; so
detailliert in detail
die Deutsche Bahn AG German Railways
die Deutsche Industrie-Norm -, -en German industrial standard
das Deutsche Institut für Normung German Standards Institute
deutschsprachig, Deutsch sprechend German-speaking
das Dezibel -s, - decibel
d.h. = das heißt
DHH = Doppelhaushälfte
der Diaprojektor -s, -en slide projector
die Diätkost -, o. Pl. food for people on special diets
dicht: ~ besiedelt densely populated; **mit ~em Taktverkehr** with a frequent service
dick substantial
der Dichter -s, - poet
dienen to serve
der Dienst -(e)s, -e service; **öffentlicher ~** public services
die Dienstleistung -, -en service
der Dienstleistungsbereich -(e)s, -e service sector
das Dienstleistungsgewerbe -s, o. Pl. service industries
die Dienstreise -, -n business trip
der Dienstwagen -s, - company car
diese(r/s) this, these
dieselbe the same
DIN = Deutsche Industrie-Norm; Deutsches Institut für Normung
das Ding -(e)s, -e thing; **vor allen ~en** above all
Dipl.-Ing. = Diplom-Ingenieur
die Dipl.-Kauffrau -, -en (female) holder of a diploma in commerce
die Diplom-Betriebswirtin -, -nen (female) graduate in business management
der Diplom-Ingenieur -s, -e qualified engineer
die Diplomarbeit -, -en dissertation (for degree or similar)
die Diplomprüfung -, -en degree examination
die Direktion -, -en management
der Direktor -s, -en manager
das Direktwahltelefon -s, -e direct-dial telephone
die Direktwerbung -, -en direct mail promotion
das Distributionslager -s, - distribution depot
DM = Deutsche Mark Deutschmark, German mark
doch (used to add emphasis) don't they? isn't it?; but, nevertheless
der Doktor -s, -en doctor; **Herr ~** Doctor
die Doktorprüfung -, -en doctoral examination
der Dolmetscher -s, - interpreter
der Dom -(e)s, -e cathedral
die Donau -, o. Pl. the Danube
die Donnerechse -, -n dinosaur
die Doppelarbeit -, -en: ~ machen to duplicate work
die Doppelhaushälfte -, -n semi-detached house
doppelt: in ~er Hinsicht in two respects
das Doppelzimmer -s, - double room
das Dorf -(e)s, ̈er village
dort there
dorthin there
dpi = dots per inch
der Dreher -s, - lathe operator
dreigliedrig tripartite
das Dreiländereck -s, o. Pl. area of southwestern Germany where three countries border each other
drin in it, inside; **Einsparungen von 4% sind ~** savings of 4% are possible
dringend urgent(ly)
dringendst very urgently
dritte(r/s) third
das Drittel -s, - third; **zwei ~** two thirds
die Drittelzahlung -, -en payment in three equal instalments
drüben over there
der Druck -(e)s, o. Pl. printing
drucken to print

drücken to press
der Drucker -s, - printer
das Druckpapier -s, o. Pl. media type
der Druckraum -(e)s, ̈e print room
die Drucksache -, -n circular
DSD = Duales System Deutschland system of collecting and sorting waste for recycling
das duale System (der Berufsbildung) dual system (of vocational education)
durch by; through; by means of
durchdacht thought out
durch|führen to carry out
die Durchführung -, o. Pl. implementation
durch|geben to give, tell
durch|lesen to read through
die Durchsage -, -n announcement
der Durchschnitt -(e)s, -e average
durchschnittlich average
Durchschnitts- average
das Durchsetzungsvermögen -s, - ability to get things done
die Durchwahl -, o. Pl. internal telephone number (obtainable by direct dialling)
dürfen, durfte, gedurft to be allowed (to do sth.); **Darf ich rauchen?** May I smoke?
der Durst -(e)s, o. Pl. thirst; **~ haben** to be thirsty
die Dusche -, -n shower
der Duschvorhang -(e)s, ̈e shower curtain
DV = Datenverarbeitung
die DV-Anlage -, -n data-processing equipment

E

eben just
die Ebene -, -n level
ebenso ... wie (just) as ... as
echt genuine
die Ecke -, -n corner
EDV = elektronische Datenverarbeitung
die EDV-Kenntnisse Pl. data-processing skills
der Effizienzgewinn -(e)s, -e gain in efficiency
egal: Das ist ~ It makes no difference
ehemalig former
eher rather
ehrgeizig ambitious
ehrlich honest(ly); **~ gesagt** to be honest
eigen (my/your/its etc) own
die Eigeninitiative -, -n initiative
die Eigenschaft -, -en characteristic, feature, quality
eigentlich actually
die Eigentumswohnung -, -en private flat/appartment
die Eignung -, o. Pl. suitability
der Eilzug -(e)s, ̈e fast stopping train
einander (to) one another
ein|arbeiten to incorporate
die Einarbeitung -, -en training
die Einbahnstraße -, -n one-way street
das Einbettzimmer -s, - single room
ein|biegen, bog ein, eingebogen (in + Akk.) to turn off (into)
die Einbindung -, o. Pl. (in + Akk.) integration (into)
eindeutig unambiguously; definitely
der Eindruck -(e)s, ̈e impression
eindrucksvoll impressive
einfach simply; single/one-way; **Fahren Sie ~?** Do you want a single (ticket)?
die Einfahrt -, -en entry; **Der Zug hat ~ auf Gleis 3** the train is arriving at platform 3
das Einfamilienhaus -es, ̈er detached house
der Einfluss -es, ̈e influence
die Einfuhrgüter Pl. imports
ein|führen to bring in, introduce
die Einführung -, o. Pl. introduction
der Eingang -(e)s, ̈e entrance; receipt (of booking)
eingebaut installed
ein|gehen (auf + Akk.) to adapt (to); to deal with
eingehend incoming
eingepackt when packed
eingeschränkt limited
ein|halten to keep; to observe, obey

die Einheit -, -en unity; unit
ein|holen to obtain
einige some, a few, a number of
sich **einigen (auf + Akk.)** to agree (on)
die Einigung -, -en agreement
die Einigungsstelle -, -n arbitration board
der Einkauf -(e)s, o. Pl. purchasing
ein|kaufen to shop; to buy in; **~ gehen** to go shopping
der Einkäufer -s, -, die Einkäuferin -, -nen buyer
die Einkaufsabteilung -, -en purchasing department
die Einkaufsbedingungen Pl. conditions of purchase
der Einkaufsbummel -s, - shopping expedition
der Einkaufsleiter -s, -, die Einkaufsleiterin -, -nen purchasing manager
die Einkaufsmöglichkeiten Pl. shopping facilities
ein|kleben to stick in
das Einkommen -s, - income
ein|laden to invite
die Einladung -, -en invitation
die Einlage -, -n sth. that goes inside sth.; (Cooking) meat, noodles, egg etc added to a clear soup
ein|lagern to store
ein|legen to put in
die Einleitung -, -en introduction
ein|lösen to cash, change
einmal once; **noch ~ (once) again**; **~ Hacksteak** one hamburger
die Einnahmequelle -, -n source of income
ein|nehmen to eat
sich **ein|ordnen** to get in lane
ein|räumen to grant, allow
die Einrichtung -, -en installation; facility; equipment
ein|sammeln to collect
die Einsammlung -, -en collection
der Einsatz -es, ̈e use; employment; **Ärzte im ~** doctors on duty
einsatzbereit keen
der Einsatzzweck -s, -e purpose
ein|schalten to switch on
sich **ein|schalten** to intervene
ein|schätzen: hoch ~ to have a high opinion of
einschließlich including
einseitig one-sided
einsetzbar usable
ein|setzen to put in
ein|sparen to save
die Einsparung -, -en saving
einst once
ein|steigen to board
ein|stellen to take on, appoint; to adjust
der Einstellplatz -es, ̈e parking space
die Einstellung -, -en opinion; appointment, employment
der Einstieg -(e)s, -e entry; **zum ~** on entry
ein|stufen to classify
ein|teilen to divide (up)
ein|tragen to put down, write
der Eintrag -(e)s, ̈e, die Eintragung -, -en entry
ein|treffen to arrive
der Eintrittspreis -es, -e admission charge
die Einwegverpackungssteuer -, -n tax on throw-away packaging
der Einwohner -s, - inhabitant
Einzel- individual; single
der Einzelblatteinzug -s, ̈e, die Einzelblattzuführung -, -en sheet feeder
die Einzelgesellschaft -, -en single company
der Einzelhandel -s, o. Pl. retail trade
der Einzelhändler -s, - retailer
die Einzelheit -, -en detail
einzeln separate, individual
das Einzelzimmer -s, - single room
ein|ziehen to pull in, feed in
einzige(r/s) only
das Eisbein -(e)s, -e knuckle of pork
die Eisenbahnschiene -, -n railway/rail road track

die **Eisköstlichkeit** -, -en ice-cream special(i)ty

das **Eisstockschießen** -s, o. Pl. curling

der **Eiswein** -(e)s, -e sweet white wine (*made from grapes exposed to frost*)

Elektro- electrical

das **Elektro-Großgerät** -s, -e large electrical appliance

der **Elektroinstallateur** -s, -e electrician

die **Elektronik** -, o. Pl. electronics (industry)

der **Elektroniker** -s, - electronics engineer

elektronisch electronic; **~e Post** E-mail

die **Elektrotechnik** -, o. Pl. electrical engineering (industry)

der **Elektrotechniker** -s, - electrical engineer

elektrotechnisch electrical

das **Elektrowerk** -(e)s, -e electrical goods factory

die **E-Mail** -, -s

der **Empfang** -(e)s, ⸚e reception; receipt

empfehlen, empfing, empfangen to meet

der **Empfänger** -s, - recipient

empfehlen, empfahl, empfohlen to recommend

empfehlenswert recommended

die **Empfehlung** -, -en recommendation

empfinden, empfand, empfunden to feel (about), to sense

empfohlen ▶ empfehlen

die **Emulation** -, -en emulation

emulieren to emulate

das **Ende** -s, -n end; **zu ~ gehen** to run out

endgültig final

das **Endlospapier** -s, o. Pl. fan fold paper

die **Energiewirtschaft** -, o. Pl. energy industry

eng closely

das **Engagement** -s, o. Pl. commitment

sich **engagieren** (für + Akk.) to be committed (to)

engagiert committed

entbeint boned

entdecken to discover

die **Entdeckung** -, -en discovery

die **Ente** -, -n duck

entfallen, entfiel, entfallen not to apply

entfernen to remove

entfernt (away) from

die **Entfernung** -, -en distance

entgegen | nehmen to receive, take

enthalten, enthielt, enthalten to contain, include

entladen, entlud, entladen to unload

entlang | gehen to go along

entlassen, entließ, entlassen to dismiss

die **Entlohnungsgrundsätze Pl.** principles of remuneration

entnehmen, entnahm, entnommen to gather from

entscheiden, entschied, entschieden (über + Akk.) to decide (about)

sich **entscheiden** (für + Akk.) to decide (on)

die **Entscheidung** -, -en decision

die **Entscheidungskompetenz** -, -en authority to make decisions

der **Entscheidungsträger** -s, - decision-maker

entschieden decidedly, considerably

Entschuldigung excuse me, pardon

sich **entspannen** to relax

die **Entspannung** -, o. Pl. relaxation

entsprechen, entsprach, entsprochen to correspond to; to be in accordance with; to meet

entsprechend (+ Dat.) in accordance with; corresponding, relevant

entspringen, entsprang, entsprungen to rise, have its source

entstehen, entstand, entstanden to come into being

entweder ... oder either ... or

entwerfen, entwarf, entworfen to draw up

(sich) **entwickeln** to develop

die **Entwicklung** -, -en development

Erachten: meines ~s in my opinion

erarbeiten to produce; to work out

erbauen to build

erbitten, erbat, erbeten to request; **Reservierung erbeten** booking advised

das **Erdgeschoss** -es, -e (*BrE*) ground floor, (*AmE*) first floor

das **Ereignis** -ses, -se event

erfahren, erfuhr, erfahren to find out

die **Erfahrung** -, -en experience

erfinden to invent

der **Erfolg** -(e)s, -e success; **Viel ~!** Good luck

erfolgen to be carried out

erfolgreich successful

erforderlich necessary

erfordern to demand

erfragen to ascertain

erfreut: sehr ~ pleased to meet you

die **Erfrischungen Pl.** refreshments

erfüllen to fulfil

ergänzen to fill in, complete

die **Ergänzung** -, -en extension, completion

das **Ergebnis** -ses, -se result; conclusion

ergreifen, ergriff, ergriffen to grasp

der **Erhalt** -(e)s, o. Pl. receipt

erhalten, erhielt, erhalten to obtain; to receive

erhältlich available

erheblich considerably

erhöhen to increase, raise

sich **erholen** to have a rest

die **Erholung** -, -en rest, relaxation

das **Erholungsgebiet** -(e)s, -e vacation area

erinnern (an + Akk.) to remind (of)

das **Erkältungsmittel** -s, - medication for a cold

erkennen, erkannte, erkannt to recognize; to spot

erklären to explain

sich **erkundigen** (nach + Dat.) to find out (about)

erlangen to achieve

erlauben to allow

erläutern to explain

erleben to experience

das **Erlebnis** -ses, -se experience

erledigen to deal with

erleichtern to facilitate, to make (sth.) easier

erlernt: ~er Beruf profession one has trained for

ermäßigt reduced

die **Ermäßigung** -, -en reduction, discount

erneut again

ernst serious(ly)

ernsthaft serious

eröffnen to open

die **Eröffnung** -, -en opening

erreichbar able to be reached

erreichen to amount to; to reach; to get through to; to achieve; **nicht zu ~** unavailable

der **Ersatz** -es, o. Pl. (für + Akk.) replacement(s)

das **Ersatzteil** -(e)s, -e spare (part)

erscheinen, erschien, erschienen to appear

ersehen, ersah, ersehen to see

ersetzen to replace

ersparen: jdm. etw. ~ to save sb. (doing) sth.

erst only after, not until; **~ einmal** first

der/die/das **erste** (the) first

die **Erstattung** -, -en reimbursement

erstellen to draw up, compile

das **erste Mal: zum ersten Mal** for the first time

erstklassig first-class

erstmals for the first time, first

erteilen to place

ertönen to sound

der/die **Erwachsene** -n, -n adult

erwähnen to mention

erwarten to await; to wait for, expect

die **Erwartung** -, -en expectation

erwerben, erwarb, erworben to obtain, gain; to acquire

das **Erwerbsleben** -s, o. Pl.: **im ~** in employment

der/die **Erwerbstätige** -n, -n working person

erwirtschaften to earn

erworben ▶ erwerben

erwünscht desired

erzählen: jdm. etw. ~ to tell sb. sth.

erzeugen to produce

die **Erzeugerabfüllung** -, o. Pl. bottled by the producer

das **Erzeugnis** -ses, -se product

erziehen to bring up

die **Erziehung** -, o. Pl. childcare

die **Erziehungszeit** -, -en maternity/childcare leave

erzielen to make

erzwingbar enforceable

essen, aß, gegessen to eat; **~ Sie gerne chinesisch?** do you like Chinese food?; **~ gehen** to go (out) for a meal

der **Essenszuschuss** -es, ⸚sse meals allowance

etabliert established, long-standing

die **Etage** -, -n floor, storey

die **Etagenheizung** -, -en *heating that serves an individual apartment*

etwa about; roughly, more or less

etwas something; a little, a bit; **so ~ wie** something like; **~ außerhalb** a little (way) outside

EU = Europäische Union European Union

der **Euro** -s, s euro

europaweit throughout Europe

eventuell if necessary; if you like, perhaps; possible

exakt precisely

das **Exemplar** -s, -e copy; specimen

exklusive (+ Gen.) exclusive of, excluding

das **Exponat** -(e)s, -e exhibit

die **Exportkaufleute Pl.** export sales staff

der **Exportleiter** -s, - export manager/director

F

die **Fabrik** -, -en factory

das **Fach** -(e)s, ⸚er subject

der **Facharbeiter** -s, -, die **Facharbeiterin** -, -nen skilled worker

der **Fachhandel** -s, o. Pl. specialist trade

der **Fachhändler** -s, - specialist retailer

die **Fachhochschule** -, -n *higher education college for professional training*

die **Fachhochschulreife** -, -n college diploma

die **Fachkraft** -, ⸚e qualified employee, skilled worker

die **Fachleute Pl.** experts, specialists

fachlich technical

die **Fachliteratur** -, -en specialist literature

die **Fachmesse** -, -n specialist trade fair

die **Fachoberschule** -, -n *vocational 6th Form college/upper school*

die **Fachschule** -, -n technical college

das **Fachwerkhaus** -es, ⸚er half-timbered house

die **Fachzeitschrift** -, -en trade magazine

der **Faden** -s, ⸚: **der rote ~ sein** to be the guiding thread

die **Fähigkeit** -, -en ability

fahrbar movable

fahren, fuhr, gefahren (nach/zu + Dat.) to go, drive, travel; **mit der Bahn ~** to go by train, take the train

der **Fahrgast** -(e)s, ⸚e passenger

das **Fahrgeld** -(e)s, -er fare

die **Fahrkarte** -, -n ticket

der **Fahrkartenschalter** -s, - ticket office

der **Fahrplan** -(e)s, ⸚e timetable

der **Fahrpreis** -es, -e fare

die **Fahrradvermietung** -, -en cycle hire

der **Fahrschein** -(e)s, -e ticket

die **Fahrt** -, -en journey; trip

der **Fahrtantritt** -(e)s, -e: **vor ~** before boarding

der **Fahrthinweis** -es, -e directions

die **Fahrtreppe** -, -n escalator

das **Fahrzeug** -(e)s, -e vehicle

fahrzeugbezogen vehicle-oriented

der **Fall** -(e)s, ⸚e case; **im ~e** (+ Gen.) in the event of; **in jedem ~** in any case; **für den ~, dass** in case

fallen, fiel, gefallen to fall

der **Fallhammer** -s, - drop forge hammer

falls if

falsch wrong

familiär family

der/die **Familienangehörige** -n, -n family member

die **Familienfirma** -, -firmen family firm

der **Familienstand** -(e)s, ⸚e marital status

fanden ▶ finden

die **Farbe** -, -n colour

farbenfroh colourful

farbig colour

der **Farbstoff** -(e)s, -e dye

das **Fass** -es, ⸚er barrel; **vom ~** on tap

fassen to hold

sich **fassen: sich kurz ~** to keep it short

fast almost, nearly

das **Faxgerät** -(e)s, -e fax machine

FDP = Freie Demokratische Partei Free Democratic Party

das **Federwerk** -(e)s, -e springs

fehlen to be missing; **es ~ ...** there is/are ... missing

der **Fehler** -s, - mistake

fehlerhaft faulty, defective

fehl | leiten to misdirect

der **Feierabend** -s, o. Pl.: **~ machen** to finish work

feiern to celebrate

der **Feiertag** -(e)s, -e holiday

fein choice

das **Feinblech** -(e)s, -e sheet metal

die **feinmechanische Industrie** precision engineering industry

das **Feinschmeckerrestaurant** -s, -s gourmet restaurant

der **Feldsalat** -(e)s, -e lamb's lettuce

der **Fensterplatz** -es, ⸚e window seat

Ferien- holiday/vacation

ferner furthermore

der **Fernlehrgang** -(e)s, ⸚e correspondence course

der **Fernsehapparat** -(e)s, -e television set

fern | sehen to watch television

der **Fernseher** -s, - television set

der **Fernsehtechniker** -s, - television engineer

der **Fernsehturm** -(e)s, -e television tower

der **Fernverkehr** -(e)s, o. Pl. long-distance travel

der **Fernzug** -(e)s, ⸚e long-distance train

fertig ready; finished; **~!** that's it!

fertigen to manufacture

die **Fertigkeit** -, -en skill

das **Fertiglager** -s, - finished goods store

das **Fertigprodukt** -(e)s, -e finished product

die **Fertigung** -, -en production

die **Fertigungshalle** -, -n production workshop

die **Fertigungsstätte** -, -n factory

die **Fertigungssteuerung** -, o. Pl production control

das **Fertigungsverfahren** -s, - production process

die **Fertigware** -, -n finished product

fest fixed, permanent

das **Fest** -(e)s, -e festival

der/die **Festangestellte** -n, -n permanent employee

fest | halten to hold

fest | legen to fix

die **Festplatte** -, -n hard disk

fest | stellen to ascertain, find out

der **Festumzug** -(e)s, ⸚e procession

das **Festzelt** -(e)s, -e marquee

die **Feuchtigkeit** -, o. Pl. moisture

feuchtigkeitsbeständig waterproof, showerproof

das **Feuerwerk** -(e)s, -e firework display

die **Filiale** -, -n branch (office)

der **Filmregisseur** -s, -e film director

die **Finanzberatung und -vermittlung** Financial Consultants and Investment Brokers

die **Finanzbuchhaltung** -, o. Pl. financial accounts department

die **Finanzdienstleistungen Pl.** financial services

finanziell financial(ly)

das **Finanz- und Rechnungswesen** -s, o. Pl. Finance and Accounts (department)

das **Finanzwesen** -s, o. Pl. finance

finden, fand, gefunden to find; to think; **Haben Sie gut zu uns gefunden?** Did you get here all right?

sich **finden** to be (situated)

die **Firma -, Firmen** company, firm
der **Firmensprecher -s, -** company spokesman
das **Firmenzeichen -s, -** trademark
die **Fischerei -, -en** fishing
flach flat
die **Fläche -, -n** area
der **Flaschenwein -(e)s, -e** wine by the bottle
der **Fleck -(e)s, -e** stain
der **Flecken -s, -** (small) place
das **Fleisch -es, o. Pl.** meat
fliegen, flog, geflogen to fly
fließen, floss, geflossen to flow; **fließendes Wasser** running water
der **Flohmarkt -(e)s, ⁓e** flea market
der **Flug -(e)s, ⁓e** flight
die **Fluggesellschaft -, -en** airline
der **Flughafen -s, ⁓** airport
der **Fluglotse -n, -n** air-traffic controller
das **Flugzeug -(e)s, -e** plane
der **Fluss -es, ⁓e** river
flüssig fluent(ly)
die **Folge -, -n** consequence; **als ⁓** as a result
die **Folgekosten Pl.** resultant costs
folgen to follow; **wie folgt** as follows; **es geht um Folgendes** it's about ...
folglich consequently
die **Folie -, -n** film; OHP transparency
der **Fön -(e)s, -e** hair-dryer
fordern to request, demand
fördern to promote; to sponsor
die **Förderung -, -en** promotion; sponsorship
die **Form -, -en** form
die **Förmlichkeit -, -en** formality
das **Formular -s, -e** form
formulieren to formulate
die **Forschung -, -en** research; **⁓ und Entwicklung** research and development
das **Forschungsinstitut -(e)s, -e** research institute
die **Forschungseinrichtung -, -en** research establishment
die **Fortbildung -, o. Pl.** further training
fort|führen to uphold
der **Fortschritt -(e)s, -e** progress
der **Fotofilm -(e)s, -e** film
der **Fotograf -en, -en** photographer
der **Fotokopierer -s, -** photocopier
die **Frachtkosten Pl.** freight charges
das **Frachtstück -(e)s, -e** freight item
die **Frage -, -n** question; matter; **in ⁓ kommen** to be an option
der **Fragebogen -s, -** questionnaire
fragen (nach + Dat./um + Akk.) to ask (about/for)
sich **fragen** to wonder
der **Franken -s, -** (Swiss) franc
das **Frankenland -(e)s, o. Pl.** Franconia
französisch French
die **Frau -, -en** woman; Mrs, Ms; **⁓ Professor** Professor ▶ **geehrt**
frauenfreundlich favourable to women
Fräulein -s, - Miss
frei free; **im Freien** in the open (air)
frei|halten to keep
der **Freiraum -(e)s, ⁓e** freedom
frei stehend free-standing
die **Freiterrasse -, -n** terrace
der **Freiton -(e)s, ⁓e** dial tone
die **Freizeit -, o. Pl.** leisure time
die **Freizeitangebot -(e)s, -e** leisure facilities
der **Freizeitartikel -s, -** leisure good(s)
fremd strange, unfamiliar
der/die **Fremde -n, -n** foreigner
die **Fremdsprache -, -n** foreign language
der **Fremdsprachenkorrespondent -en, -en, die Fremdsprachensekretärin -, -nen** bilingual/multilingual secretary
fressen, fraß, gefressen to stuff oneself
sich **freuen** to be pleased/glad; **(auf + Akk.)** to look forward to; **Freut mich** Pleased to meet you
der **Freund -(e)s, -e** friend
freundlich friendly
friedlich peaceful
frieren, fror, gefroren to freeze
frisch fresh; **⁓ definieren** redefined
der **Friseur -s, -e, die Friseurin -, -nen** hairdresser, stylist

fröhlich happily
Fronleichnam -(e)s, o. Pl. Corpus Christi
die **Frucht -, ⁓e** fruit
fruchtbar fertile
früh early
früher in the old days
der/die/das **frühestmögliche** (the) earliest possible
sich **fühlen** to feel
führen to take, conduct; to run, manage; to go; to lead, supervise; **Statistik ⁓** to collect/compile statistics; **⁓ zu (+ Dat.)** to bring about; to lead to
führend leading
der **Führerschein -s, -e** driving/driver's licence
die **Führung -, o. Pl.** management; supervision
das **Führungsgremium -s, -ien** management board
die **Führungskraft -, ⁓e** senior executive
die **Führungsnachwuchskräfte Pl.** trainee managers
füllen to fill
die **Füllung -, -en** filling
das **Fundament -(e)s, -e** foundation
die **Funkausstellung -, -en** radio and television exhibition
die **Funktionsbezeichnung -, -en** job title
funktionsfähig: ⁓ sein to work
für (+ Akk.) for
der **Fuß -es, ⁓e** foot; **zu ⁓** on foot
der **Fußball -s, o. Pl.** football
der **Fußgänger -s, -** pedestrian
fußgängerfreundlich pedestrian-friendly
FVV = Frankfurt Verkehrsverbund Frankfurt Transport Authority

G

der **Gang -(e)s, ⁓e** course (of a meal); corridor
der **Gangplatz -es, ⁓e** aisle seat
der **Gänsedaune -, o. Pl.** goose down
ganz quite; entirely; whole; **auf der ⁓en Welt** all over the world; **⁓e 4 Wochen** 4 whole weeks
gar nicht not at all
die **Garantie -, -n** guarantee, warranty
die **Garantiezeit -, -en** warranty period
die **Gardine -, -n** curtain
die **Garnele -, -n** prawn
die **Garnitur -, -en** set
der **Gartenanteil -(e)s, -e** share of garden
die **Gartenbauausstellung -, -en** horticultural exhibition
das **Gartenlokal -s, -e** beer garden
der **Gartenmöbel -s, -** garden/outdoor furniture
der **Gartenschirm -(e)s, -e** sunshade
die **Gasse -, -n** alley, street
der **Gast -(e)s, ⁓e** guest; customer
das **Gästezimmer -s, -** guest room
der **Gastgeber -s, -, die Gastgeberin -, -nen** host
das **Gastgeschenk -(e)s, -e** gift (brought by a guest)
das **Gastgewerbe -s, o. Pl.** hotel and catering industry
der **Gasthof -(e)s, ⁓e** inn
gastieren to make a guest appearance
die **Gastlichkeit -, -en** hospitality
der **Gastraum -(e)s, ⁓e** public room
die **Gaststätte -, -n** restaurant
das **Gaststättengewerbe -s, o. Pl.** catering industry
das **Gebäck -(e)s, -e** biscuits/cookies
das **Gebäude -s, -** building
geben, gab, gegeben to give; **es gibt** there is/are
gebeten ▶ bitten
das **Gebiet -(e)s, -e** area, region
das **Gebirge -s, o. Pl.** mountains
geboren born
die **Gebrauchsgüter Pl.** consumer goods
gebraucht used; **Gebraucht-PC** second-hand/used PC
die **Gebühr -, -en** charge, fee; **(Straßen⁓)** toll
gebunden (an + Akk) tied to
das **Geburtsdatum -s, -daten** date of birth
das **Geburtshaus -es, ⁓er** house where sb. was born

der **Geburtsort -(e)s, -e** birthplace; place of birth
die **Gedächtniskirche -, -n** memorial church
die **Gedächtnisstätte -, -n** memorial
geduldig patient
geehrt: sehr ⁓e Frau Dear Ms/Mrs; **sehr ⁓e Damen und Herren** Dear Sir or Madam
geeignet (für + Akk.) suitable (for)
die **Gefahr -, -en** risk; **auf ⁓ des Käufers** at the buyer's risk
gefährden to endanger, jeopardize
der **Gefahrenübergang -, ⁓e** transfer of risk
gefallen, gefiel, gefallen to please; **es gefällt mir** I like/enjoy it
geflogen ▶ fliegen
geformt shaped
gefragt in demand
das **Gefriergerät -(e)s, -e** freezer (unit)
gefunden ▶ finden
gegangen ▶ gehen
gegebenenfalls possibly
gegen (+ Akk.) for; against; about, around
die **Gegend -, -en** area, region
gegenseitig: sich ⁓ informieren to keep one another informed
gegenüber opposite
gegliedert (in + Akk.) subdivided, organized (into)
das **Gehalt -(e)s, ⁓er** salary, pay
die **Gehaltserhöhung -, -en** salary increase
die **Gehaltsvorstellung -, -en** salary expectations
geheim secret
gehen, ging, gegangen to go; **Das geht nicht** It's not allowed; **Wie geht's Ihnen?** How are you?; **es geht um** it's about, it concerns
die **Gehminute -, -n: wenige ⁓n von** a few minutes' walk from
gehoben: mit ⁓em Komfort luxury
gehören (zu + Dat.) to belong to; to be one of; **zu der Gruppe ⁓** the group includes
der **Geist -(e)s, -er** mind, spirit
die **Geisteswissenschaften Pl.** the humanities
gekocht boiled
das **Gelände -s, -** premises; site
der **Geländeplan -(e)s, ⁓e** site plan
gelassen calm
der **Geldwechsel -s, -** currency exchange
der/das **Gelee -s, -s** jelly
die **Gelegenheit -, -en** opportunity
der **Gelegenheitsjob -s, -s** casual work
das **Gelenk -(e)s, -e** hinge
gelten, galt, gegolten to apply, be in force; **⁓ als** to be (regarded as); **⁓ für (+ Akk.)** to go for; **das gilt auch für** the same goes for
gem. = gemischt mixed
gemäß (+ Dat.) in accordance with
gemeinsam joint; common; jointly, together
die **Gemeinde -, -n** local authority
die **Gemeinschaft -, -en** community
das **Gemüse -s, -** vegetables
gemütlich friendly, informal, cosy
die **Gemütlichkeit -, o. Pl.** friendliness, conviviality
genau exact(ly), precise(ly); meticulous; **⁓ere Informationen** details
der **Genfer** See Lake Geneva
genießen, genoss, genossen to enjoy
genannt ▶ nennen
genommen ▶ nehmen
genügend sufficient
das **Genussmittel -s, -** (luxury) food and drinks
geöffnet open
die **Gepäckaufgabe -, -n** baggage check-in
die **Gepäckausgabe -, -n** baggage reclaim
die **Gepäcknachforschung -, -en** baggage tracing
das **Gepäckschließfach -(e)s, ⁓er** luggage locker
der **Gepäckwagen -s, -** baggage trolley
gepflegt well looked-after
geprägt: stark industriell ⁓ highly industrialized
Geprüfte Sicherheit safety-tested
gerade just; exactly, precisely

geradeaus straight ahead
das **Gerät -(e)s, -e** appliance; machine; piece of equipment; tool
geraten, geriet, geraten to become
geräumig spacious
die **Geräuschentwicklung -, -en** noise level
geräuschgekapselt with anti-noise device
der **Geräuschpegel -s, -** noise level
das **Gericht -(e)s, -e** dish
gering little; low
gern(e) with pleasure; willingly; **etw. ⁓ tun** to like (doing sth.)
das **Gerümpel -s, o. Pl.** junk
gesamt entire, total
Gesamt- total, whole of; overall
die **Gesamtschule -, -n** non-selective school, ≈ comprehensive school
das **Geschäft -(e)s, -e** shop; business
geschäftlich on business; business
die **Geschäftsbedingungen Pl.** terms of business, terms and conditions
der **Geschäftsbereich -(e)s, -e** division
der **Geschäftsbesorgungsvertrag -(e)s, ⁓e** agency agreement
die **Geschäftsentwicklung -, -en** (company) track record
der **Geschäftsfreund -(e)s, -e** business associate
der **Geschäftsführer -s, -** managing director
die **Geschäftsführung -, o. Pl.,** die **Geschäftsleitung -, o. Pl.** management (board)
der **Geschäftspartner -s, -** business associate
die **Geschäftsreise -, -n** business trip
die **Geschäftszeit -, -en** hours of business
geschehen, geschah, geschehen to happen; **gern ⁓** my pleasure, you're welcome
das **Geschenk -(e)s, -e** gift, present
die **Geschichte -, o. Pl.** history
geschickt (in + Dat.) good (at)
geschieden divorced
der **Geschirrspüler -s, -,** die **Geschirrspülmaschine -, -n** dishwasher
das **Geschlecht -(e)s, -er** sex
geschlossen closed; **⁓e Gesellschaft** private party
der **Geschmack -(e)s, ⁓e** taste
geschmackvoll tasteful(ly)
geschrieben ▶ schreiben
die **Geschwindigkeit -, -en** speed
die **Geschwister Pl.** brothers and/or sisters
geschwommen ▶ schwimmen
die **Gesellschaft -, -en** company; **⁓ mit beschränkter Haftung** company with limited liability, ≈ private limited company/close corporation
der **Gesellschafter -s, -** shareholder
gesellschaftlich company
gesellschaftsrechtlich in respect of company law
das **Gesenk -(e)s, -e** (hot closed) die
das **Gesetz -es, -e** law
gesetzlich legal
der **Gesichtspunkt -(e)s, -e** point of view
gespannt tense
das **Gespräch -(e)s, -e** conversation; talks; interview
die **Gesprächsnotiz -, -en** memo (of phone conversation)
das **Gesprächsprotokoll -s, -e** notes of discussion
gesprochen ▶ sprechen
gestalten to organize
gestaut jammed
das **Gestell -s, -e** framework
gestern yesterday
gestiegen ▶ steigen
gestrig of yesterday
die **Gesundheit -, o. Pl.** health
das **Gesundheitswesen -s, -** health service
getan ▶ tun
das **Getränk -(e)s, -e** drink
getrennt (von + Dat.) separate(ly); separated, apart (from); **mit ⁓er Post** under separate cover
getroffen ▶ treffen
gewähren to give, grant
gewerblich blue-collar, manual

gewerblich-technisch skilled manual

die Gewerkschaft -, -en (trade) union

gewesen ▶ sein

das Gewicht -(e)s, -e weight

der Gewinn -(e)s, -e profit; gain

gewinnen, gewann, gewonnen (an + Dat.) to increase (in); to win, gain

gewiss certain

die Gewohnheit -, -en habit, custom

gewöhnt (an + Dat.) used (to)

geworden ▶ werden

gewünscht desired

das Gewürz -es, -e spice

gezielt specific; in a purposeful way

das Glas -es, ̈er glass (of)

glauben to think, believe

gleich the same; equally; immediately

gleichzeitig at the same time

das Gleis -es, -e platform

gleitend: ~e Arbeitszeit flexitime

Gleitzeit -, -en flexitime

gliedern (in + Akk.) to subdivide, organize

die Gliederung -, -en structure, organization

die Glühlampe -, -n electric light bulb

GmbH = Gesellschaft mit beschränkter Haftung

golftaschenähnlich like a golf bag

der Grad -(e)s, -e degree

graphisch graphic(ally)

die Grenze -, -n border; limit; an der ~ zu on the border with

das Grillgerät -(e)s, -e barbecue

groß large, big, great

der Großbetrieb -(e)s, -e large concern

der Großbuchstabe -, -n capital letter

die Größe -, -n size

größenvariabel adjustable for size

großformatig large-format

der Großhändler -s, - wholesaler

der Großkunde -n, -n major customer

Grosso wholesale

der Großraum -(e)s, ̈e: ~ München Greater Munich

das Großraumbüro -s, -s open-plan office

der Großraumwagen -s, - open-plan carriage/car

größtenteils for the most part

das Großunternehmen -s, - large concern/corporation

großzügig spacious

die Grünanlage -, -n green space

der Grund -(e)s, ̈e (für + Akk.) reason; auf ~ (+ Gen.) on the basis of

die Grundausstattung -, -en standard equipment

gründen to found, set up

der Gründer -s, - founder

das Grundkapital -s, -e equity capital/original stock

die Grundkenntnisse Pl. basic knowledge

die Grundlage -, -n basis

gründlich thorough

grundsätzlich always; in principle; basically

die Grundschule -, -n primary/elementary school

der Grundstoff -(e)s, -e raw material

das Grundstück -(e)s, ̈e plot (of land)

die Gründung -, -en foundation

die Grünen the Green Party

der Grüne Punkt symbol identifying recyclable packaging

die Grünfläche -, -n green area

das Gruppenunternehmen -s, - company in the group

der Gruß -es, ̈e: mit freundlichen Grüßen Yours faithfully/sincerely

Grüß Gott hello (in Southern Germany/Austria)

die Grütze: Rote ~ red fruit jelly

GS = Geprüfte Sicherheit

gültig valid

günstig favourable

der Gürtel -s, - belt

gut good; well; ~ eine Million a good million; du hast es aber ~ You're lucky; auf ~ Deutsch to tell you straight; gut dotiert well-paid

die Güte -, o. Pl. quality

die Güteklasse -, -n grade

gutmütig good-humoured

der Gutschein -(e)s, -e voucher

der Gutshof -(e)s, ̈e estate

gymnasial: ~e Oberstufe upper school

das Gymnasium -s, -ien secondary/high school for academically inclined students, ≈ grammar school

H

H = Höhe

ha. = Hektar hectare

der Haartrockner -s, - hair dryer

haben, hatte, gehabt to have; wir ~'s nicht weit zum ... we're not far from ...

das Hackfleisch -es, o. Pl. mince(meat)

das Hacksteak -s, -s hamburger

die Hafenstadt -, ̈e port

haften (für + Akk.) to be liable, accept liability (for)

die Haftung -, -en liability

halb half; ~ sieben half past six

halbtrocken medium dry

die Halbwand -, ̈e rail skirt

die Halle -, -n lounge; hall

das Hallenbad -(e)s, ̈er indoor swimming pool

halten, hielt, gehalten to hold; to stop; to keep; ~ für (+ Akk.) to consider (to be); ~ von (+ Dat.) to think of

sich halten: sich geradeaus ~ to keep going straight ahead; sich an jdn ~ to stay close to sb.

die Haltebucht -, -en (bus) bay

die Haltestelle -, -n (bus) stop

die Hand -, ̈e hand; sich die ~ geben to shake hands; von ~ by hand

die Handarbeit -, -en handicraft

die Handbremse -, -n handbrake

der Handel -s, o. Pl. trade, trading

handeln to trade, do business; es handelt sich um it's about

die Handelskammer -, -n chamber of commerce

die Handelsmesse -, -n trade fair

der Handelspartner -s, - trading partner

das Handelszentrum -s, -zentren commercial centre

der Handkäs(e) -s, - small hand-formed curd cheese

der Händler -s, - dealer

die Händlerpreisliste -, -n trade price list

das Handwerk -(e)s, -e craft profession(s)

der Handwerker -s, - manual worker

handwerklich: ~e Geräte craftsman's tools

der Hängesitz -es, -e swing

hart hard

das Hartholz -es, ̈er hardwood

hassen to hate

hätte would; ich ~ gern I'd like

hätten would; ~ Sie Zeit? Do you have time?

häufig often

Haupt- main

der Hauptbahnhof -s, ̈e main railway station

das Hauptgericht -(e)s, -e main course

hauptsächlich mainly

der Hauptschalter -s, - power switch

die Hauptschule -, -n secondary/high school for less academically inclined students

der Hauptsitz -es, -e head office, headquarters

die Hauptspeise -, -n main course

die Hauptstadt -, ̈e capital

das Hauptstudium -s, -ien major (subject)

die Hauptverwaltung -, -en head office

das Haus -es, ̈er house; home; nach ~e home; zu ~e at home; nicht im ~ not in the office

die Hausfrau -, -en housewife

die Hausführung -, -en tour of the premises

hausgem. = hausgemacht home-made

das Hausgerät ▶ Haushaltsgerät

der Haushalt -(e)s, -e household

haus|halten: sparsam ~ to be economical

die Haushaltsausgaben Pl. household expenditure

das Haushaltsgerät -(e)s, -e domestic appliance

der Hausruf -(e)s, -e internal telephone number

das Haustier -(e)s, -e pet

das Hauszelt -(e)s, -e ridge tent

die Hautcreme -, -s skin cream

Hd.: zu Händen (von) for the attention of

der Hebel -s, - lever

heften (auf + Akk.) to attach (to)

die Heftklammer -, -n staple

die Heide -, -n heath

das Heidekraut -(e)s, ̈er heather

die Heidelbeere -, -n bilberry

das Heilbuttsteak -s, -s halibut steak

Heilige drei Könige Epiphany

die Heimanwendung -, o. Pl. home use

die Heimat -, -en home (country)

die Heimatstadt -, ̈e home town

die Heimtextilien Pl. soft furnishings

heimwerken do-it-yourself/DIY

heiß hot

heißen to be called; Wie heißt er? What's his name?; das heißt that is

die Hektik -, o. Pl. hustle and bustle

helfen, half, geholfen to help

hell light

her: lange ~ a long time ago; vom Umsatz ~ in terms of turnover

heraus | bringen to publish

heraus | finden to find out

herausfordernd challenging

heraus | geben to publish

heraus | ziehen to pull out, remove

herkömmlich traditional

der Herr -en, -en Mr; ~ Doktor Doctor ▶ geehrt

herrlich marvellous

die Herrschaften Pl.: Was bekommen die ~? What would you like to order?

herrschen to be, prevail

her | stellen to produce, to manufacture

der Hersteller -s, - producer, manufacturer

die Herstellung -, o. Pl. manufacture

herüber | kommen to come over here

herum | kommandieren to order about

heruntergekommen run-down

hervor | gehen (aus + Dat.) to be evident (from)

hervor | heben to emphasize

hervorragend exceptional

das Herz -ens, -en heart

herzlich: ~ willkommen welcome; ~e Grüße best wishes; ~en Dank many thanks

heute today; ~ Morgen/Nachmittag this morning/afternoon

heutig (of) today

heutzutage nowadays

hierfür for this

die Hilfe -, -n help

hilfsbereit helpful

hin to, there; wo wollen Sie ~? Where do you want to go?; ~ und zurück return/round trip

hinauf | fahren to go/drive up

hinauf | gehen to go up; die Treppe ~ to go upstairs

hinaus: darüber ~ in addition, over and above that

hinein: Wer darf ~? Who is allowed in?

die Hinfahrt -, -en outward journey

hin | gehen to go (there)

hin | kommen to get to

die Hinsicht -, -en: in doppelter ~ in two respects

hinter behind; after

hintereinander one after the other

der Hintergrund -(e)s, ̈e: im ~ in the background

hinterlassen, hinterließ, hinterlassen: eine Nachricht ~ to leave a message

hinunter | fahren to drive down

der Hinweis -es, -e direction (for reaching a place)

die Hinweisansage -, -n announcement

das Hinweisschild -(e)s, -er (road) sign

hoch high(ly)

das Hochformat -s, -e portrait

hoch | gehen to go up

der Hochgeschwindigkeitszug -(e)s, ̈e high speed train

hochrangig high-ranking

der Hochschulabsolvent -en, -en, die Hochschulabsolventin -, -nen graduate

die Hochschule -, -n university, college

die Hochschulreife -, -n: Allgemeine ~ school-leaving qualification required for higher education

der/die/das höchste (the) highest

der Höchststand -(e)s, o. Pl. peak

hochwertig high-quality

hoffen to hope

höflich polite(ly)

die Höhe -, -n height; die ~n der Stadt the hills above the city

hohe(r/s) ▶ hoch

höhenverstellbar adjustable for height

der Höhepunkt -(e)s, -e high point

höher (als) higher (than)

holen to get, fetch

der/das Hol- und Bringservice -, -s shuttle service

das Holz -es, ̈er wood

die Holzkiste -, -n wooden crate

hören to listen to; to hear

der Hörtext -(e)s, -e tapescript

der Hosenbügler -s, - trouser press

hoteleigen belonging to the hotel

das Hotelverzeichnis -ses, -se hotel guide

der Hubschrauber -s, - helicopter

der Hügel -s, - hill

das Hügelland -(e)s, ̈er hilly country

die Hühnerbrühe -, -n clear chicken broth

humorvoll with a sense of humour

hundefreundlich dogs welcome

das Hustenmittel -s, - cough medicine

der Hustensaft -(e)s, ̈e cough syrup

I

i.A. = im Auftrag p.p., for and on behalf of

die Illustrierte -n, -n magazine

immer always; ~ mehr more and more; ~ wieder again and again; ~ noch still

immerhin all the same

der Immobilien-Markt -(e)s, ̈e property/real estate

der Immobilienmakler -s, - real-estate agent

imposant imposing

der Impuls -es, -e stimulus, impetus

in (+ Akk./Dat.) in, into

der Inbegriff -(e)s, o. Pl. epitome

inbegriffen included

die Inbetriebnahme -, o. Pl. start-up

indem by doing sth.

industrialisiert industrialized

Industrie- industrial

der Industriekaufmann -(e)s, -leute industrial clerical worker (qualified in business administration)

der Industriemechaniker -s, - industrial mechanic/machinist

der Industriesprengstoff -(e)s, -e industrial explosive

die Information -, -en (über + Akk.) (piece of) information (about)

das Informationsblatt -(e)s, ̈er information sheet

das Informationsmaterial -s, -ien literature, information

das Informationsrecht -(e)s, -e right to be informed

die Informationssysteme Pl. information systems, computer systems

die Informationstafel -, -n information board

die Informationstechnik -, o. Pl. information technology

informieren (über +Akk.) to inform (about/of)

sich informieren (über + Akk.) to find out (about)

der Ingenieur -s, -e engineer

das Ingenieurwesen -s, o. Pl. engineering

ingenieurwissenschaftlich engineering science

der Inhaber -s, - proprietor, owner

der Inhalt -(e)s, -e contents

die Inhaltsangabe -, -n indication of content(s)

das Initiativrecht -(e)s, -e right to initiate

inklusive (+ Gen.) inclusive

das Inland -s, o. Pl.: im ~ at home, domestic

innen inside

der Innendienst -(e)s, -e order-processing department

die **Innenstadt** -, ⸚e town/city centre
innerhalb (von + Dat.) within, in
das **Innere** -n, -n: **im ~n** inside
der **Insasse** -n, -n occupant
insbesondere especially
die **Insel** -, -n island
inserieren to advertise
insgesamt in all, altogether
die **Instandhaltung** -, o. Pl. maintenance
inspizieren to inspect
der **Interessent** -en, -en, **die Interessentin** -, -nen interested person; prospective customer
sich **interessieren** (für + Akk.) to be interested (in)
interessiert (an + Dat.) interested (in)
die **Investition** -, -en investment
die **Investitionsgüterindustrie** -, -n capital goods industry
irgendwann some time
ISO = International Standards Organization

J

ja yes; of course, after all
das **Jahr** -(e)s, -e year; **im ~(e) 1993** in 1993; **im ~** per year, in a year; **mit 6 ~n** at the age of 6
Jahres- annual
der **Jahresabschluss** -es, ⸚e annual/year-end accounts
das **Jahresende** -s, -n end of year
die **Jahreszeit** -, -en season
das **Jahrhundert** -s, -e century
jahrhundertelang for centuries
die **Jahrhundertwende** -, -n turn of the century
-jährig: das 50~e Jubiläum the 50th anniversary (jubilee)
jährlich annual(ly)
der **Jahrmarkt** -(e)s, ⸚e fair
das **Jahrzehnt** -(e)s, -e decade
je each; **~ Stück** per item/unit; **~ nach** depending on; **je ... desto** the ... the; **~ nachdem** depending
jede(r/s) every; **jeden Tag** every day; **jede vierte** one in four
jederzeit at all times
jedoch however
jemand somebody
jetzig present
jetzt now
jeweilig respective
jeweils at the time
das **Jubiläum** -s, **Jubiläen** anniversary, jubilee
der/die **Jugendliche** -n, -n young person
der **Junge** -n, -n boy
jünger more recent
der **Jurist** -en, -en lawyer
der **Justiziar** -s, -e legal adviser

K

der **Kabelanschluss** -es, ⸚e with cable TV
das **Kaffeeservice** -s, - coffee set
der **Kaiser** -s, - emperor
der **Kalender** -s, - calendar
kalibriert calibrated
kalt cold
kamen ▸ kommen
der **Kamin** -s, -e fireplace
das **Kammersystem** -s, -e system of (inner) compartments
der **Kanal** -s, ⸚e canal; channel
die **Kandidatenwahl** -, -en choice of candidate
die **Kanutour** -, -en canoe trip
die **Kanzlei** -, -en chancellery
die **Kapitalgesellschaft** -, -en joint-stock company/stock corporation; limited company
das **Kapitel** -s, - chapter
kaputt out of order
der **Karfreitag** -(e)s, -e Good Friday
die **Karriere** -, -n career; **~ machen** to make a career for oneself
die **Karte** -, -n card; map
der **Karton** -s, -s (cardboard) box
der **Käse** -s, - cheese

der **Kassierer** -s, -, **die Kassiererin** -, -nen cashier
der **Kasten** -s, ⸚ box
der **Katalysator** -s, -en catalytic converter
der **Kauf** -(e)s, ⸚e purchase; **in ~ nehmen** to accept
kaufen to buy
der **Käufer** -s, - buyer
die **Kauffrau** -, -en (female) clerical worker; salesperson
das **Kaufhaus** -es, ⸚er department store
die **Kaufhilfe** -, -n guidance in choosing products
die **Kaufkraft** -, ⸚e buying power
der **Kaufmann** -s, -leute (qualified) clerical worker
kaufmännisch commercial; **~e Abteilung** Finance and Purchasing Department; **~e(r) Angestellte** clerical worker
der **Kaufpreis** -es, -e purchase price
der **Kaugummi** -s, -s chewing gum
kaum hardly
die **Kaution** -, -en deposit
die **Kegelbahn** -, -en skittle, bowling alley
kegeln to play skittles, go bowling
keine(r/s) no, not any
der **Keks** -es, -e biscuit/cookie
der **Keller** -s, - cellar
der **Kellner** -s, - waiter
kennen, kannte, gekannt to know
sich **kennen lernen** to get to know
die **Kennmarke** -, -n identification mark
-kenntnisse knowledge of
die **Kenntnisnahme** -, o. Pl.: **mit der Bitte um ~** for your attention
die **Kennzahl** -, -en code
das **Kennzeichen** -s, - sign, means of identification
kennzeichnen to characterize
die **Keramikfliese** -, -n ceramic tile
der **Kern** -(e)s, -e centre, heart
die **Kernzeit** -, -en core working hours
Kfz = Kraftfahrzeug
der **Kfz-Mechaniker** -s, - motor mechanic
die **Kiefer** -, -n pine (tree)
die **Kinderermäßigung** -, -en reduction for children
das **Kino** -s, -s cinema
die **Kirche** -, -n church
klar clear(ly); **im ~en sein** to be aware of
klären to clarify, clear up
die **Klarheit** -, o. Pl.: **jdm. ~ über etw. geben** to help sb. get clear about sth.
das **Klarsichtfenster** -, -n transparent window
die **Klarsichtfolie** -, -n clear folder, pocket
die **Klavierunterhaltung: bei ~ speisen** to dine to piano accompaniment
kleben (auf + Akk.) to stick (onto)
sich **kleiden** to dress
die **Kleidung** -, o. Pl. clothes
der **Kleinbetrieb** -(s), -e small business
die **Kleinbuchstabe** -, -n small letter
das **Kleingeld** -(e)s, o. Pl. (small) change
das **Klima** -s, -s climate; atmosphere
die **Klima-Anlage, Klimaanlage** -, -n air-conditioning
klingen to sound
km/h = kph, kilometers per hour
die **Kneipe** -, -n pub, bar
der **Knoblauch** -(e)s, o. Pl. garlic
der **Knödel** -s, - dumpling
der **Knotenpunkt** -(e)s, -e crossroads
knüpfen: Kontakte ~ to make contacts
der **Koffer** -s, - suitcase
die **Kohle** -, -n coal
die **Kohlroulade** -, -n cabbage roulade
das **Kolleg** -s, -s adult-education college (offering full-time courses)
der **Kollege** -n, -n, **die Kollegin** -, -nen colleague
der **Kollegenkreis** -es, -e: **sich im ~ wohl fühlen** to get on well with one's colleagues
das **Kollo -s, Kolli** freight item
das **Komma** -s, -s comma; **sechs ~ vier** six point four
kommen, kam, gekommen to come; **~ aus** (+ Dat.) to come from; **die kommenden Jahre** the next few years

kommunal municipal
die **Kommunikation** -, -en communications
das **Kommunikationsmittel** -s, - means of communication
die **Kompetenz** -, -en area of responsibility
komplett entire; all
die **Komponente** -, -n component
die **Konferenzeinrichtungen Pl.** conference facilities
die **Konfession** -, -en denomination
der **Kongress** -es, -e convention, conference
das **Kongresshaus** -es, ⸚er convention centre
der **König** -s, -e, king
die **Königin** -, -nen queen
der **Konkurrent** -en, -en competitor
die **Konkurrenz** -, o. Pl. competition, competitors
das **Konkurrenzangebot** -s -e rival quote
konkurrenzfähig competitive
konkurrieren to compete
können, konnte, gekonnt to be able to
könnte, könnten could, would be able to
konsolidieren to consolidate
die **Konstruktion** -, -en design
das **Konstruktionsbüro** -s, -s drawing office
der **Konsument** -en, -en consumer
die **Konsumgüter Pl.** consumer goods
die **Kontaktaufnahme** -, o. Pl. establishing contact
die **Kontaktfreudigkeit** -, o. Pl. sociability
die **Kontenführung** bookkeeping; **die ~ machen** to keep the accounts
kontinuierlich continuous(ly)
das **Konto** -s, -ten account
die **Kontrolle** -, -n inspection; monitoring
kontrollieren to check
das **Kontrollorgan** -s, -e controlling body
die **Kontur** -, -en contour, outline
sich **konzentrieren** to concentrate
das **Konzept** -(e)s, -e concept, idea
der **Konzern** -(e)s, -e concern, group
der **Konzertinterpret** -en, -en concert performer
der **Konzertsaal** -(e)s, -säle concert hall
konzipieren to design
das **Kopfkissen** -s, - pillow
die **Kopie** -, -n copy, photocopy
der **Kopienauffang** -(e)s, ⸚e copy tray
der **Kopierer** -s, - photocopier
der **Kopierraum** -(e)s, ⸚e photocopying room
die **Kornkammer** -, -n bread basket
körperlich physical(ly)
korrekt appropriate(ly)
korrigieren to correct
kosten to try, taste; to cost
die **Kosten Pl.** cost(s)
der **Kostenbeitrag** -(e)s, ⸚e payment
kostenfrei without charge
kostengerecht: ~es Denken understanding of cost control
kostenlos free (of charge)
die **Kostenübernahme** -, o. Pl. absorption of costs
köstlich delicious
die **Kraft** -, ⸚e: **in ~ treten** to come into force
das **Kraftfahrzeug** -(e)s, -e motor vehicle
der **Kraftfahrzeugbau** -(e)s, o. Pl. motor vehicle industry
das **Kraftwerk** -(e)s, -e power station
krank ill
das **Krankenhaus** -es, ⸚er hospital
die **Krankenkasse** -, -n health insurance scheme
die **Krankenpflege** -, o. Pl. nursing
der **Krankenpfleger** -s, - (male) nurse
die **Krankenschwester** -, -n (female) nurse
das **Kraut** -(e)s, o. Pl. cabbage; sauerkraut
krebserregend carcinogenic
der **Kreis** -es, -e circle
die **Kreislaufwirtschaft** -, -en recycling
die **Kreuzrahmen-Konstruktion** -, -en double truss design
die **Kreuzung** -, -en crossroads/intersection
die **Kriminalität** -, o. Pl. crime
die **Krone** -, -n (Swedish) krona
die **Krönung** -, -en coronation
die **Krönungsstätte** -, -n place where kings/emperors were crowned

die **Küche** -, -n kitchen; cuisine; **warme ~** hot food
die **Kuh** -, ⸚e cow
das **Kühlgerät** -(e)s, -e, **der Kühlschrank** -(e)s, ⸚e refrigerator
die **Kühltasche** -, -n cool bag
kulinarisch culinary
die **Kulisse** -, -n setting
die **Kultur** -, -en culture; philosophy
der **Kulturinteressent** -en, -en person interested in culture
sich **kümmern** (um + Akk.) to deal with, take care of
der **Kunde** -n, -n, **die Kundin** -, -nen customer
die **Kundenaufschrift** -, -en custom artwork
der **Kundenbesuch** -(e)s, -e business (sales) call
die **Kundenbetreuung** -, o. Pl. customer service
der **Kundendienst** -(e)s, o. Pl. after-sales service
die **Kündigung** -, -en dismissal
die **Kündigungsfrist** -, -en notice period
die **Kundschaft** -, -en customers
künftig future
die **Kunst** -, ⸚e art
die **Kunsthalle** -, -n art gallery
der **Kunststoff** -(e)s, -e synthetic material, plastic
der **Kurort** -(e)s, -e spa
der **Kurs** -es, -e course, class
der **Kursteilnehmer** -s, - course participant, class member
kurz short, brief(ly); **vor ~em** recently
die **Kurzarbeit** -, o. Pl. short-time working
die **Kürze: in ~** shortly
kürzen to reduce
kurzlebig short-lived

L

das **Labor** -s, -s laboratory
der **Lack** -(e)s, -e varnish
der **Lackierer** -s, - varnisher, sprayer
laden, lud, geladen to load
der **Ladenbesitzer** -s, - shopkeeper
das **Ladenschlussgesetz** -es, -e law regulating shop opening hours
die **Ladenschlusszeit** -, -en shop closing time
lag ▸ liegen
die **Lage** -, -n location; position; **in der ~ sein** to be in a position (to do sth.)
die **Lagebesprechung** -, -en meeting to discuss the current position
das **Lager** -s, - stock room; **ab ~** from stock; **auf ~** in stock
der **Lagerbestand** -(e)s, ⸚e stock
der **Lagerhalter** -s, - storekeeper, warehouseman
die **Lagerhaltung** -, o. Pl. stockkeeping, warehousing
der **Lagerist** -en, -en stock clerk, warehouseman
lagern to store
die **Lagerung** -, -en storage
das **Land** -(e)s, ⸚er country; (Bundes~) Land, state
landeseigen in your own country
das **Landesinnere** -s, o. Pl.: **ins ~** inland
die **Landkarte** -, -n map
die **Landschaft** -, -en landscape
landschaftlich scenic; regional
der **Landtag** -(e)s, -e state parliament
die **Landwirtschaft** -, o. Pl. agriculture
lang long; **zehn Jahre ~** for ten years
lange long; **so ~** in the meantime; **~ arbeiten** to work long hours
die **Länge** -, -n length
längenverstellbar adjustable for length
langfristig long-term
langsam slow(ly)
längst a long time ago
der **Langzeitvergleich** -(e)s, -e long-term comparison
der **Laserdrucker** -s, - laser printer
die **Laserdruckqualität** -, o. Pl. laser print quality
lassen, ließ, gelassen to let, allow; to have (sth. done); **hier lässt sich gut reden** this is a good place to talk

der **Lastkraftwagen -s, -**, der **Lastwagen -s, -** lorry, truck

der **Lauf -(e)s, Läufe: im ~e des Jahres** in the course of the year

laufen, lief, gelaufen to walk

laufend day-to-day

laut noisy, loud; (+ Gen./Dat.) according to

lauten to read

leben to live

das **Leben -s, -** life

lebendig lively

die **Lebensart -, -en** way of life

die **Lebenschancen Pl.** opportunities

die **Lebensdauer -, o. Pl.** life

die **Lebensfreude -, -n** joie de vivre

das **Lebensjahr -(e)s, -e: bis zum 18. ~** until the age of 18

die **Lebenskosten Pl.** cost of living

der **Lebenslauf -(e)s, ̈e** curriculum vitae/resumé

die **Lebensmittel Pl.** foodstuffs

der **Lebenspartner -s, -** partner, person one lives with

der **Lebensunterhalt -(e)s, o. Pl.: die Kosten für seinen ~ aufbringen** to support oneself

die **Leberknödelsuppe -, -n** liver dumpling soup

lecker delicious

die **Lederhose -, -n** leather shorts

ledig single

lediglich only

der **Leerlauf -(e)s, o. Pl.** neutral

legen to lay

die **Legende -, -n** key

der **Lehrling -s, -e** apprentice

der **Lehrplan -(e)s, ̈e** curriculum

die **Lehrwerkstätte -, -n** training workshop

leicht light; slight; easy/easily; **~er gesagt als getan** easier said than done

die **Leichtigkeit -, o. Pl.** lightness

leid: es tut mir ~ I'm sorry

leider unfortunately

die **Leinwand -, ̈e** screen

leise quiet(ly)

leisten to achieve

sich **leisten** to afford

die **Leistung -, -en** service; performance, power; productivity

die **Leistungskontrolle -, -n** productivity monitoring

leistungsorientiert performance-related

leistungsstark powerful, high-performance

leiten to be head of/in charge of; to lead; **leitende Angestellte** senior management/executives

der **Leiter -s, -, die Leiterin -, -nen** manager, head

die **Leitmesse -, -n** leading trade fair

die **Leitung -, -en** (phone) line; management; **er spricht auf der anderen ~** he's on the other line

der **Lenker -s, -** handlebars

die **Lernbereitschaft -, o. Pl.** willingness to learn

lernen to learn

das **Lernzentrum -s, -zentren** training centre

lesen, las, gelesen to read

letzte(r/s) last; final

leuchten to be on, flash

die **Leute Pl.** people

das **Licht: sich in ein gutes ~ setzen** to show oneself in a good light

die **Lichtanlage -, -n** lights

das **Lichtbild -(e)s, -er** photograph

lieben to love

lieber rather; **etw. ~ tun** to prefer to do sth.

der **Liebhaber -s, -** lover; **~ der Natur** nature lover

Lieblings- favourite

am **liebsten** best of all, ideally

die **Lieferanschrift -, -en** delivery address

der **Lieferant -en, -en** supplier

lieferbar available

die **Lieferbedingungen Pl.** terms of delivery

die **Lieferfrist -, -en** delivery time

das **Lieferhindernis -ses, -se** delivery problem

liefern to deliver

der **Lieferschein -(e)s, -e** delivery note

der **Liefertermin -s, -e** delivery date

die **Lieferung -, -en** delivery, consignment

der **Lieferverzug -(e)s, ̈e** delay in delivery

der **Lieferwagen -s, -** delivery van

die **Lieferzeit -, -en** delivery time

liegen, lag, gelegen to lie, be (situated)

der **Lift -s, -s** lift/elevator

die **Linie -, -n** line; route; **Bus ~ 33** Number 33 bus; **in erster ~** first and foremost

der **Linienbus -ses, -se** regular bus

linke(r/s) left(-hand)

links left, on/to the left; **nach ~** left

die **Lizenzgebühr -, -en** licence fee

LKW = Lastkraftwagen

locken to attract

die **Logistik -, o. Pl.** logistics

der **Lohn -(e)s, ̈e** wage(s)

sich **lohnen** to be worthwhile; **es lohnt sich** it's worth it

das **Lokal -s, -e** restaurant, bar

die **Lokalbrauerei -, -en** local brewery

die **Lokalzeitung -, -en** local paper

los: was ist ~? what's on?

lösen to release; to buy (a ticket)

die **Lösung -, -en** solution

der **Lösungsvorschlag -s, ̈e** solution, answer

die **Lücke -, -n** gap

die **Luftfahrt -, o. Pl.** aviation; **Luft- und Raumfahrt** aerospace

die **Luftfracht -, -en** air freight

die **Luftmatratze -, -n** airbed

die **Lust -, o. Pl.: Hätten Sie ~ ... ?** Would you like... ?

M

machen to do, make; to give; **das macht DM 318.-** that comes to 318 marks

der **Magenmittel -s, -** stomach preparation

die **Magisterprüfung -, -en** Master's exam

der **Maifeiertag -(e)s, -e** May Day

mal by; **3 ~ 3** 3 times 3; **~ gucken** let's see; **gehen wir ~ weiter** let's go on

das **Mal -s, -e: zum ersten ~** for the first time

der **Maler -s, -** painter

malerisch picturesque

man one, you, they, people

manche(r/s) some, quite a few

manchmal sometimes

der **Mangel -s, ̈** defect

mangelhaft defective

der **Mann -(e)s, ̈er** man

die **Männerdomäne -, -n** male preserve

die **Manöverkritik -, -en** post-mortem

der **Mantel -s, ̈** coat

die **Mappe -, -n** folder (containing information/promotional material)

die **Mariä Empfängnis** the Immaculate Conception

die **Mariä Himmelfahrt** Assumption

die **Marke -, -n** brand (name)

markieren to label

der **Markt -(e)s, ̈e** market; **auf den ~ bringen** to launch

die **Marktchancen Pl.** sales prospects

die **Marktforschung -, -en** market research

marktgerecht competitive

die **Marktinformationen Pl.** market intelligence; **~ sammeln** to research the market

die **Marktnische -, -n** market niche

der **Marktplatz -es, ̈e** market place

das **Marktsegment -s, -e** market segment

der **Markttest -(e)s, -s: einen ~ durchführen** to test the market

die **Marktwirtschaft -, o. Pl.** market economy

das **Maß -es, -e** dimension

die **Maschine -, -n** machine; flight

der **Maschinenbau -(e)s, o. Pl.** mechanical engineering

die **Maßnahme -, -n** measure

massieren to massage

das **Material -s, -ien** (raw) material

die **Materialauswahl -, o. Pl.** choosing suppliers

das **Materiallager -s, -** stores

die **Materialwirtschaft -, -en** purchasing, procurement

materiell financial

die **Mathe -, o. Pl.** maths

die **Mauer -, -n** wall

der **Maurer -s, -** bricklayer

die **Mechanik -, o. Pl.** mechanics

das **Meer -(e)s, -e** sea

mehr (als) more (than); **~ oder weniger** more or less

mehrere Pl. several

mehreres more than one

die **Mehrfachnennung -, -en** multiple response

die **Mehrheit -, -en** majority

die **Mehrjahresübersicht -, o. Pl.** overview covering several years

der **Mehrpreis -es, ̈e: gegen ~** for an additional charge

die **Mehrwegverpackung -, -en** reusable packaging

die **Mehrwertsteuer -, o. Pl.** value added tax/sales tax

die **Meinung -, -en** opinion; **meiner ~ nach** in my opinion

die **Meinungsumfrage -, -n** survey

meist usually

der/die/das **meiste** (the) most

am **meisten** most

meistens mostly

der **Meister -s, -** master craftsman; supervisor

melden to report

sich **melden: es meldet sich niemand** there's no answer

die **Menge -, -n** quantity

der **Mengenrabatt -(e)s, -e** bulk discount

der **Mensch -en, -en** person

das **Menü -s, -s** (set) menu

sich **merken** to remember

merklich noticeable

das **Merkmal -s, -e** feature, characteristic; aspect

die **Messe -, -n** trade fair, exhibition

das **Messegelände -s, -** exhibition site

der **Messeplatz -es, ̈e** trade-fair centre

das **Messeprivileg -(e)s, -ien** right to hold a fair

die **Messerfabrik -, -en** knife factory

die **Messeveranstaltung -, -en** trade fair

das **Messewesen -s, o. Pl.** trade fairs

die **Metallerin -, -nen** (female) metalworker

die **Metallverarbeitung -, o. Pl.** metalworking

die **Metaplanwand -, ̈e** velcro board

das **Metzgermesser -s, -** butcher's knife

die **Miete -, -n** rent; rental, charge

mieten to rent, hire

das **Mietshaus -es, ̈er** rented house

der **Mietwagen -s, -** hire car/rented car

die **Mietwohnung -, -en** rented flat

die **Mikroelektronik -, o. Pl.** microelectronics

die **Mikrografie -, o. Pl.** micrography

das **Mikrowellengerät -(e)s, -e** microwave oven

die **Milliarde -, -n** (BrE) thousand million, (AmE) billion

die **Million -, -en** million

die **Minderung -, -en** alleviation

die **Mindestabnahmemenge -, -n** minimum order quantity

mindestens at least

das **Mineral-Bad -es, ̈er, das Mineral-schwimmbad -es, ̈er** spa bath

die **Mineralölgesellschaft -, -en** oil company

Mio. = Million

der **Mischkonzern -s, -e** conglomerate

das **Missverständnis -ses, -se** misunderstanding

mit (+ Dat.) with

der **Mitarbeiter -s, -, die Mitarbeiterin -, -nen** employee

die **Mitbestimmung -, o. Pl.** worker participation, co-determination

mit | bringen to bring along; to possess

miteinander with one another

das **Miteinander -s, o. Pl.** cooperation

mit | entscheiden to participate in decision-making

mit | geben: jdm. etw. ~ to give sb. sth. (to take with them)

das **Mitglied -(e)s, -er** member

mit | kommen to come with sb.

mit | mischen (in + Dat.) to get involved (in)

mit | nehmen to take (with one)

der **Mittag -s, -e** midday; **zu ~ essen** to have lunch

das **Mittagessen -s, -** lunch; **beim ~** having/at lunch

der **Mittagstisch -es, -e** lunch

die **Mitte -, -n** middle, mid; **~ Juni** mid June

mit | teilen: jdm. etw. ~ to inform sb. o. sth.

das **Mittelalter -s, o. Pl.** Middle Ages

mittelalterlich medieval

der **Mittelbetrieb -(e)s, -e** medium-sized company

(das) **Mitteldeutschland** Central Germany

das **Mittelgebirge -s, o. Pl.** low mountain range

die **Mittelgebirgslandschaft -, -en** hill country

mittelgroß medium-sized

der **Mittelpunkt -(e)s, -e** centre

mittels (+ Gen.) by means of

mittelständisch medium-sized; **~e Konturen gewinnen** to be made up increasingly of medium-sized companies

mittlere(r/s) medium-sized; **Mittlerer Bildungsabschluss/Mittlere Reife** first public exam in secondary/junior high school, ≈ GCSE

die **Mitwirkung -, o. Pl.** cooperation

das **Möbel -s, -** (piece of) furniture

das **Möbelhaus -es, ̈er** furniture store

das **Mobilfunktelefon -s, -e** mobile phone

möbliert furnished

möchte, möchten would like

die **Mode -, -n** fashion

das **Modellspielzeug -s, -e** model toy

moderiert (von + Dat.) moderated by

der **Modeschöpfer -s, -** fashion designer

die **Modewaren Pl.** fashion goods

mögen, mochte, gemocht to like

möglich possible

möglicherweise possibly

die **Möglichkeit -, -en** possibility, opportunity

möglichst: ~ viele/genau as many/precisely as possible

der **Moment -s, -e** moment; **im ~** at the moment

-monatig -month

monatlich monthly

Monats- monthly

die **Montageanleitung -, -en** assembly instructions

montieren to assemble

morgen tomorrow;

der **Morgen -s, -** morning; **guten ~** good morning; **heute ~** this morning

morgens in the morning

der **Moselaner -s, -** inhabitant of the Moselle valley

der **Motorbauteil -(e)s, -e** engine component

die **Motorhaube -, -n** bonnet/hood

das **Motorrad -(e)s, ̈er** motorcycle

der **Motorraum -(e)s, ̈e** engine compartment

Mrd. = Milliarde

die **Mühe -, -n** trouble; **ohne ~** easily

der **Müll -s, o. Pl.** refuse

die **Müllentsorgung -, o. Pl.** refuse disposal

die **Münze -, -n** coin

der **Musikkeller -s, -** basement night club

müssen, musste, gemusst to have to

das **Muster -s, -** sample

der **Mut -(e)s, o. Pl.** courage

die **Muttergesellschaft -, -en** parent company

MwSt. = Mehrwertsteuer

N

nach (+ Dat.) to; after; according to

der **Nachbar -n, -n** neighbour

nach | bearbeiten to follow up

die **Nachbesserung -, -en** repair

nachdem after

nach | denken (über + Akk.) to think (about); to consider

die **Nachfolgeinstitution -, -en** successor institution

die **Nachfrage -, -n** (nach + Dat.) demand (for); further question

nach|holen to make up
nach|lesen to read
nach|lösen to buy (a ticket) on the train
nachmittags in the afternoon
die Nachnahme -, -n cash on delivery
der Nachname -, -n surname; wie heißt er mit ~n? what's his surname?
nach|prüfen to check
die Nachricht -, -en message
die Nachrichten Pl. the news
nach|schauen, nach|sehen to have a look
nach|spielen to re-enact
nach|sprechen to repeat
der/die/das nächste (the) next
nachstehend following
nächstmöglich: zum ~en Termin as soon as possible
die Nacht -, ⸚e night; Gute ~ good night
der Nachteil -(e)s, -e disadvantage
das Nachtlokal -s, -e night club
der Nachweis -es, -e proof
nach|weisen to show (evidence of)
die Nähe -, o. Pl. proximity; in der ~ nearby
nähen to sew
näher: in ~er Zukunft in the near future
Näheres: ~ sagen (über + Akk.) to give more details (of)
das Nahrungsmittel -s, - food
der Nahverkehr -(e)s, o. Pl. local travel
der Nahverkehrszug -(e)s, ⸚e local train
der Name -ns, -n name; auf den ~n in the name of
namhaft famous
nämlich you see; namely
NASA = National Aeronautics and Space Administration
die Nationalmannschaft -, -en national team
der Nationalrat -(e)s, -e (Austria) National Assembly; (Switzerland) National Council
die Nationalversammlung -, -en National Assembly
naturbelassen natural (colour)
der Naturfreund -(e)s, -e nature lover
die Naturkunde -, o. Pl. natural history
natürlich naturally, of course
das Naturschutzgebiet -(e)s, -e nature reserve
die Naturwissenschaft -, -en natural sciences
der Naturwissenschaftler -s, - (natural) scientist
neben (+ Dat.) beside, next to; besides, as well as
nebenan next door
der Nebenberuf -(e)s, -e second job
die Nebenkosten Pl. costs (heating, lighting, services)
die Nebenstelle -, -n extension
die Nebenstellenvermittlung -, -en switchboard
der Neffe -n, -n nephew
nehmen, nahm, genommen to take; to have
die Neigung -, -en inclination
nennen, nannte, genannt to name; to mention, state; (Beispiel) to give
nett nice
netto net
das Netz -es, ⸚e network
der Netzteil -(e)s, -e mains adaptor
das Netzwerk -(e)s, -e network
neu new; again
der Neubau -(e)s, -ten new building
die Neuerung -, -en innovation
die Neuheit -, -en new product
das Neujahr -(e)s, o. Pl. New Year
der Neukauf -(e)s, ⸚e sth. bought new
neulich recently
die Nichteinigung -, o. Pl.: bei ~ in the event of disagreement
der Nichtraucher -s, - non-smoker
nichts nothing
nie never
(das) Niederbayern -s, o. Pl. Lower Bavaria
die Niederlande Pl. Netherlands
die Niederlassung -, -en branch, location
niedrig low
niemand nobody
noch still; even; more, further; ~ (ein)mal (once) again; ~ nicht not yet; ~ nie never; ~ ein another

der Norden -s, o. Pl. North
nordfriesisch North Friesian
(das) Nordrhein-Westfalen -s, o. Pl. North Rhine Westphalia
die Nordseeküste -, -n North Sea coast
normalerweise normally
das Normalpapier -s, o. Pl. standard paper
die Norm -, -en norm
die Note -, -n mark
notieren to make a note of
nötig necessary
die Notiz -, -en note; sich ~en machen to take/make notes
der Notizblock -s, ⸚e notepad
notwendig necessary
die Nudeln Pl. pasta
Null zero
die Null-Fehler-Produktion -, -en zero-fault production
der Numerus Clausus -, o. Pl. restricted entry to higher education
nummerieren to number
nun now; ~ gut well, all right
nunmehr: seit ~ 40 Jahren for 40 years now
nur only; ~ noch zwei Fragen just two more questions
die Nuß -, Nüsse nut
nutzen to use
nützen to be of use
das Nutzfahrzeug -(e)s, -e commercial vehicle
die Nutzfläche -, -n usable floor space
nützlich useful
die Nutzung -, -en use
der Nylonpacksack -(e)s, ⸚e nylon storage bag

O

ob whether, if
oben upstairs; above; ~ genannt above-mentioned; rechts ~ in the top right-hand corner
der Ober -s, - waiter; Herr ~! Waiter!
obere(r/s) upper
das Obergeschoss -es, -e upper storey
oberhalb (+ Gen.) above
die Oberstufe -, -n upper school; ≈ sixth form
obgleich although
das Objektmöbel -s, - occasional furniture
der Obstkorb -(e)s, ⸚e bowl of fruit
obwohl although
offen open; ~e Weine wine by the glass
offen halten to keep open
offen stehen to be open
öffentlich public
die Öffentlichkeitsabteilung -, -en public relations department
das Offiziersmesser -s, -: Schweizer ~ Swiss Army knife
öffnen to open
die Öffnungszeit -, -en opening time
öfter every now and again
ohne (+ Akk.) without
ohnehin nevertheless
ökologisch ecological(ly)
das Öl -(e)s, -e oil
die Oper -, -n opera
die Optik -, -en optics
optimal optimum, most effective
die Orchideensammlung -, -en orchid collection
ordentlich orderly
ordnen (in + Akk.) to order, arrange
die Ordnung -, -en: (das geht) in ~ (that's) all right, fine; die ~ des Betriebs company regulations
das Organigramm -s, -e organization chart
das Organisationstalent -s, -e talent for organization
sich orientieren to find one's way around
original original, genuine
die Originalabdeckung -, -en platen glass cover
die Originalauflage -, -n document tray
der Ort -(e)s, -e place; (Ferien~) resort; am ~ on the spot
die Ortsangabe -, -n town/city
die Ortsnetzkennzahl -, -en, die Ortsvorwahl -, -en area dialling code

der Ortswechsel -s, - relocation
der Osten -s, o. Pl. East
der Ostermontag -s, -e Easter Monday
der Österreicher -s, - Austrian
der Ostersonntag -s, -e Easter Sunday
östlich eastern
die Ostsee -, o. Pl. Baltic Sea
der Oxidationskatalysator -s, -en catalytic converter (for diesel engines)

P

paar: ein ~ a few
das Packmaß -es, -e dimensions when packed
das Paket -s, -e pack, package
die Palette -, -n pallet
die Panoramastraße -, -n road with panoramic views
das Papierformat -s, -e paper format
die Papierführung -, -en paper guide
die Papierkassette -, -n paper cassette
das Papier-Management -s, o. Pl. media handling
der Papierstau -(e)s, -e paper jam
die Papierverarbeitung -, o. Pl. media handling
die Papierzufuhr -, o. Pl. Add Paper
die Pappe -, -n cardboard
der Pappkarton -s, -s cardboard box
das Pärchen -s, - pair
die Parkanlage -, -n park
die Parkgarage -, -n, das Parkhaus -es, ⸚er multi-storey car park
der Parkplatz -es, ⸚e car park/parking lot
der Parkschein -(e)s, -e parking permit
das Parlament -s, -e parliament; parliamentary-style seating
das Passbildformat -s, -e passport-photograph size
passen (zu + Dat.) to go with; to suit, be convenient
passend suitable
passieren to happen
patentiert patented
die Pauschale -, -n package
die Pause -, -n (coffee/lunch) break
PC = Personalcomputer
die Pension -, -en guest house
per (+ Akk.) by
das Personal -s, o. Pl. personnel, staff
die Personalabteilung -, -en personnel/human resources department
der Personen(kraft)wagen -s, - private car/automobile
der Personalreferent -en, -en, die Personalreferentin -, -nen assistant personnel manager
die Personalverwaltung -, -en personnel/human resources management
das Personalwesen -s, - personnel
personell personnel
die Personen-Schifffahrt -, o. Pl. passenger boat service
persönlich personal(ly)
die Perspektive -, -n prospect
der Pfad -(e)s, -e track
die Pfeffersauce -, -n pepper sauce
der Pfingstmontag -(e)s, -e Whit Monday
der Pfingstsonntag -(e)s, -e Whit Sunday
die Pflanze -, -n plant
das Pflaumenkompott -(e)s, -e stewed plums
die Pflege -, o. Pl. care
pflegeleicht easy-care
pflegen to maintain; to look after
das Pflegepersonal -s, o. Pl. nursing staff
die Pflegeversicherung -, -en compulsory insurance for nursing in old age
die Pflicht -, -en duty
die Pflichtschule -, -n school at which attendance is compulsory
die Pharmaindustrie -, -n pharmaceuticals industry
der Pilz -es, -e mushroom
die Pinnwand -, ⸚e pinboard
planen to plan
planmäßig on time, according to schedule
die Planung -, -en planning
plattdeutsch Low German
der Platz -es, ⸚e seat; square; room, space; Nehmen Sie ~ Take a seat

die Plenarsitzung -, -en plenary session
das Plenum -s, Plena meeting, conference
plötzlich suddenly
die Politik -, o. Pl. politics; policy
politisch political(ly)
das Porzellan -s, -e porcelain
das Postamt -es, ⸚er post office
die Postanschrift -, -en postal address
das Postfach -(e)s, ⸚er post office box
die Postleitzahl -, -en post code/Zip code
der Postraum -(e)s, ⸚e post room
potenziell potential(ly)
die PR-Agentur -, -en PR agency
prächtig magnificent
das Prädikat -s, -e rating
prägen to formulate
der Praktikant -en, -en student doing work experience, trainee
die Praktikantenstelle -, -n job providing work experience, traineeship
das Praktikum -s, Praktika period of on-the-job training, work experience
praktisch practical
die Prämie -, -n bonus
präsent: ~ sein to be represented, have a presence
präsentieren to present
die Praxis -, Praxen practice; policy; in der ~ in practice
praxisbezogen vocationally oriented
das Praxissemester -s, - practical semester
die Präzisionsarbeit -, -en precision work
das Präzisionswerkzeug -(e)s, -e precision tool
der Preis -, -e price; zum ~ von at (the rate of)
die Preiselbeere -, -n cranberry
die Preisempfehlung -, -en recommended retail price
die Preisliste -, -n price list
der Preisnachlass -es, -e price reduction, discount
preiswert good value
die Presse -, o. Pl. press
die Pressekonferenz -, -en press conference
preußisch Prussian
prima great
das Prinzip -s, -ien principle; im ~ in principle
privat-, Privat- home, private
privatwirtschaftlich through private enterprise
pro per
der Probeauftrag -(e)s, ⸚e trial order
die Probezeit -, -en probationary period
probieren to try, taste
das Problem -s, -e problem; ohne ~e with no trouble
problematisch problematic
problemlos with no problems
das Produkt -(e)s, -e product
das Produktangebot -(e)s, -e product range
die Produktinnovation -, -en new product
die Produktionsabteilung -, -en production department
die Produktionsanlage -, -n production facilities
die Produktionsgesellschaft -, -en manufacturing company
der Produktionsleiter -s, - production manager/director
das Produktionsmaterial -s, -ien (raw) material
die Produktionsstätte -, -n manufacturing plant
die Produktpalette -, -n, das Produktsortiment -(e)s, -e product range
das Produktspektrum -s, -spektren range of products
die Produktvorführung -, -en product demonstration
der Produktzyklus -, -zyklen product cycle
produzieren to make, produce, manufacture
der Professor -s, -en professor
das Profil -s, -e profile
der Programmierer -s, - programmer
der Projektleiter -s, - project manager
die Promotion -, -en doctorate

der **Prospekt** -(e)s, -e brochure, catalogue
protestantisch Protestant
das **Protokoll** -s, -e: ~ **führen** to take the minutes
die **Provision** -, -en commission
-**prozentig** per cent
der **Prozentsatz** -es, -e percentage
die **Prozentzahl** -, -en percentage
der **Prozess** -es, -e process
prüfen to check, test, inspect
das **Prüflabor** -s, -s test laboratory
der **Prüfraum** -(e)s, ̈-e testing area
die **Prüfung** -, -en checking, inspection; **bei der** ~ on inspection
die **Publizistik** -, o. Pl. journalism
die **Pumpe** -, -n pump
der **Punkt** -(e)s, -e point; spot; **zum wichtigen** ~ **kommen** to get to the point
die **Punktgröße** -, -n point size
pünktlich punctual(ly)
die **Pünktlichkeit** -, o. Pl. punctuality

Q

der/das **Quadratmeter** -s, - square metre
die **Qualifizierung** -, -en qualification
die **Qualifizierungsmaßnahme** -, -n training course
Qualitäts- quality
die **Qualitätskontrolle** -, -n quality control
die **Qualitätssicherung** -, -en quality assurance
der **Qualitätswein** -(e)s, -e *wine of certified origin and quality*
die **Quelle** -, -n source
quer diagonally
das **Querformat** -s, -e landscape

R

der **Rabatt** -(e)s, -e discount
das **Rad** -es, ̈-er bicycle; ~ **fahren** to go cycling
der **Radweg** -(e)s, -e cycle track
die **Raffinesse** -, -n refinement
raffiniert sophisticated
der **Rahmen** -s, - frame; **im** ~ (+ Gen.) as part of, in the context of
die **Rahmsauce** -, -n cream sauce
der **Rand** -(e)s, ̈-er edge
der **Rang** -(e)s, ̈-e rank, ranking
die **Rangordnung** -, -en: **in** ~ in order of importance
das **Rasierwasser** -s, - after-shave lotion
rasch fast, quick(ly)
rassig sleek, sporty
der **Rat** -(e)s, ̈-e help, advice
raten to advise
der **Ratgeber** -s, - guide
das **Rathaus** -es, ̈-er town hall
rationell efficient
der **Ratschlag** -(e)s, ̈-e (piece of) advice, suggestion
rauchen to smoke
der **Raucherwagen** -s, - smoking carriage/car
das **Rauchverbot** -(e)s, -e smoking ban
der **Raum** -(e)s, ̈-e area; room; **im** ~ **Düsseldorf** in the Düsseldorf area
das **Raumangebot** -(e)s, -e rooms (available)
Raumfahrt- space
räumlich: ~ **getrennt** in different locations
die **Räumlichkeiten** Pl. rooms
raus | **gehen** to go out
reagieren (auf + Akk.) to react (to)
die **Realschule** -, -n *secondary/high school preparing students for the first public examination at 16*, ≈ secondary modern
recherchieren to research
rechnen (mit + Dat.) to expect; **mit weniger** ~ to expect less
die **Rechnung** -, -en bill/check; invoice
der **Rechnungserhalt:** **bei** ~ on receipt of invoice
das **Rechnungswesen** -s, - accountancy, bookkeeping
recht: wir bedanken uns ~ **herzlich** thank you very much; **nicht** ~ **zufrieden** not entirely satisfied

das **Recht** -(e)s, -e right; **mit** ~ rightly; **zu ihrem** ~ **kommen** to be given their due
rechte(r/s) right(-hand)
rechtlich by law; legal
rechts right, on/to the right; **nach** ~ right
die **Rechtsform** -, -en legal form
rechtzeitig on time
recyceln to recycle
recyclingfähig recyclable
das **Recyclingpapier** -s, o. Pl. recycled paper
reden to talk
das **Rednerpult** -s, -e lectern
die **Reduzierung** -, -en reduction
das **Referat** -s, -e paper
der **Referent** -en -en, die **Referentin** -, -nen speaker; assistant manager
die **Referenz** -, -en reference
die **Regel** -, -n rule; **in der** ~ as a rule
regelbar adjustable
regelmäßig regular(ly)
regeln to regulate; to settle
die **Regelung** -, -en regulation; settlement
die **Regierung** -, -en government; **an der** ~ in power
regierungsbevollmächtigt government authorized
regnen to rain
der **Rehrücken** -s, - saddle of venison
reich rich
reichen to be enough
der **Reichstag** -s, o. Pl. Reichstag, Parliament
die **Reihenfolge** -, -n order, sequence
das **Reihenhaus** -es, ̈-er terraced house
rein pure(ly)
die **Reinigung** -, o. Pl. dry-cleaning
die **Reise** -, -n journey
der **Reisebus** -ses, -se coach
das **Reiseland** -(e)s, ̈-er holiday/vacation destination
reisen to travel
reißen, riss, gerissen to tear
der/die **Reisende** -n, -n traveller
der **Reiseprospekt** -s, -e travel brochure
der **Reisescheck** -s, -s traveller's cheque/check
der **Reißverschluss** -es, ̈-e zip (fastener)
reizvoll charming, delightful
die **Reklamation** -, -en complaint
reklamieren to complain
renommiert famous
renovieren to renovate
die **Rentenversicherung** -, -en pension scheme
die **Reparatur** -, -en repair
die **Reportage** -, -n report
die **Republikaner** Republican Party
die **Reservierung** -, -en reservation, booking
der **Ressortleiter** -s, - group executive
die **Ressourcenschonung** -, o. Pl. saving resources
der **Rest** -(e)s, -e rest; **ein** ~ **bleibt** a few will remain
restaurieren to restore, renovate
restlich remaining
der **Rettungsdienst** -(e)s, -e emergency service
rezeptfrei available without a prescription
die **Rezeption** -, -en reception
richten (an + Akk.) to address (to)
sich **richten** (nach + Dat.) to follow, comply with
richtig right, correct; properly
die **Richtung** -, -en direction; **aus** ~ **Köln** from Cologne
riesig huge, giant
der **Rinderbraten** -s, - roast beef
die **Ringlinie** -, -n circular route
das **Ringstraßennetz** -es, -e network of ringroads
das **Risiko** -s, -ken risk
der **Riss** -es, -e crack, tear; **einen** ~ **haben** to be cracked
die **Robotik** -, o. Pl. robotics
der **Rohling** -s, -e blank
das **Rohmaterial** -s, -ien, der **Rohstoff** -(e)s, -e raw material
die **Rolle** -, -n role
das **Rollenspiel** -(e)s, -e role-play
die **Rolltreppe** -, -n escalator

die **Romantik** -, o. Pl. romance
römisch Roman
die **Röstzwiebeln** Pl. fried onions
das **Rotkraut** -(e)s, o. Pl. red cabbage
die **Routinearbeit** -, -en routine work
die **Rubrik** -, -en rubric, instruction
die **Rückfahrt** -, -en return journey; **Hin- und** ~ round trip
die **Rückfrage** -, -n query
die **Rücknahme** -, -n taking back
die **Rücknahmepflicht** -, -en obligation to take back
der **Rückruf** -(e)s, -e return call
das **Rudern** -s, o. Pl. rowing
rufen, rief, gerufen to call
die **Rufnummer** -, -n telephone number
die **Ruhe** -, o. Pl. peace, quiet
ruhig peaceful(ly), quiet(ly); **Fragen Sie mich** ~ don't be afraid to ask me
das **Ruhrgebiet** -(e)s, o. Pl. the Ruhr
rund round; about, roughly; **am** ~**en Tisch** round-table talks; ~ **um** around; ~ **um die Uhr** round the clock; ~ **um die Firma** all about the company; ~ **ums Telefon** all about using the phone
der **Rundgang** -(e)s, ̈-e tour
runter | **gehen** to go down
russisch Russian
rustikal rustic
das **Rütteln** -s rattling

S

s. = siehe
S = Süd-, Süden; Seite
der **Saal** -(e)s, **Säle** room; hall
der **Sachbearbeiter** -s, -, die **Sachbearbeiterin** -, -nen clerical worker, person dealing with sth.
das **Sachbuch** -(e)s, ̈-er non-fiction (book)
die **Sache** -, -n thing
das **Sachgebiet** -(e)s, -e area of responsibility
sachlich objectively, in a matter-of-fact way
(das) **Sachsen** -s, o. Pl. Saxony
der **Saft** -(e)s, ̈-e juice
sagen to say, tell
die **Sahne** -, -n cream
saisonbedingt seasonal
die **Salatschüssel** -, - bowl of salad
Salzkart. = die Salzkartoffeln Pl. boiled potatoes
sammeln to gather
die **Sammelquote** -, -n collection quota
die **Sammlung** -, -en collection
sämtlich all
sandig sandy
satt full
der **Sattel** -s, ̈ saddle
der **Sattelschlepper** -s, - articulated lorry
der **Satz** -es, ̈-e sentence; set
sauber clean
säuerlich sour, tart
der **Saurier** -s, - dinosaur
die **S-Bahn** -, -en = **Stadbahn** city and suburban railway
schade: Ach, ~! What a shame!
der **Schadenersatz** -es, o. Pl. compensation
der **Schadstoff** -(e)s, -e pollutant
schadstoffarm low-emission
schaffen to create; **das schaffe ich nicht** I won't manage it
der **Schafskäse** -s, - sheep's cheese
der **Schalter** -s, - switch; desk, counter; ticket office
der **Schalthebel** -s, - gear lever
scharf hot; ~ **links abbiegen** to turn sharp left
schätzen to appreciate; ~ **auf** (+ Akk.) to estimate, assess (at)
die **Schätzung** -, -en estimate
das **Schaubild** -(e)s, -er diagram, table
der **Schaufensterbummel** -s, -: **einen** ~ **machen** to go window-shopping
schaukeln to swing, rock
der **Schauplatz** -es, ̈-e exhibition site
das **Schauspiel** -(e)s, -e play
das **Schauspielhaus** -es, ̈-er theatre
der **Scheck** -s, -s cheque/check
scheinen, schien, geschienen to shine

die **Schichtarbeit** -, -en, der **Schichtdienst** -(e)s, -e shift work
schicken (an + Akk.) to send (to)
schien ▶ scheinen
die **Schiene** -, -n rail
das **Schiff** -(e)s, -e boat, ship
das **Schild** -(e)s, -er sign
schildern to describe
der **Schinken** -s, - ham
der **Schlafraum** -(e)s, ̈-e bedroom
der **Schlafsack** -(e)s, ̈-e sleeping bag
der **Schlag** -(e)s, ̈-e: **auf einen** ~ in one go
die **Schlagfertigkeit** -, -en quick-wittedness
schlecht bad
schließen, schloss, geschlossen to close
die **Schließung** -, o. Pl. closure, shutdown
das **Schloss** -es, ̈-ser castle
der **Schluss** -es, ̈-e; **zum** ~ in conclusion
die **Schlussformel** -, -n close (*in a letter*)
der **Schlüssel** -s, - key
schmecken to taste; **es schmeckt mir** I like it; **Hat's geschmeckt?** Did you enjoy your meal?
das **Schmerzmittel** -s, - painkiller
die **Schmerztablette** -, -n painkiller, ≈ aspirin
die **Schmiede** -, -n drop forge
schmieden: Pläne ~ to make plans
das **Schmiedeteil** -(e)s, -e forged product
schmuck neat
schmutzig dirty
schnell fast
das **Schnellbahnnetz** -es, -e high-speed rail network
der **Schnellhefter** -s, - ring-binder
der **Schnellzug** -(e)s, ̈-e express (train)
der **Schnupfen** -s, - cold; **gegen** ~ for colds
schon already; ~ **gut, aber** all right, but; ~ **einmal** before, ever
schön beautiful; nice
schonen to protect, spare
die **Schönheit** -, -en beauty
schrecklich terrible
schreiben, schrieb, geschrieben (an + Akk.) to write (to)
die **Schreibkraft** -, ̈-e typist
die **Schreibmaschine** -, -n typewriter
der **Schreibtisch** -es, -e desk
schrieb ▶ schreiben
die **Schrift** -, -en font, typeface ▶ **Wort**
die **Schriftart** -, -en font
die **Schriftkarte** -, -n font card
schriftlich written; in writing
der **Schriftsteller** -s, - writer, author
der **Schritt** -(e)s, -e step, stage
der **Schuhputzautomat** -en, -en shoe-shine machine
der **Schulabschluss** -es, ̈-e school-leaving qualification
der **Schüler** -s, - pupil, student
schulisch school
die **Schulpflicht** -, o. Pl. compulsory schooling
der **Schutz** -es, o. Pl. protection
das **Schutzdach** -(e)s, ̈-er shelter, canopy
schützen (vor + Dat.) to protect (from)
die **Schutzhülle** -, -n protective cover
die **Schutzkleider** Pl. protective clothing
der **Schwabe** -n, -n Swabian
schwach weak, slack
der **Schwager** -s, - brother-in-law
schwarz black
das **Schwein** -s, -e pig, pork
das **Schweinelendchen** -s, - loin of pork
die **Schweinshaxe** -, -n knuckle of pork
der **Schweizer** -s, - Swiss
schwer heavy; difficult; with difficulty
der/die **Schwerbehinderte** -n, -n disabled person
die **Schwerindustrie** -, -n heavy industry
schwerpflegebedürftig requiring special care
der **Schwerpunkt** -(e)s, -e main emphasis
schwierig difficult
die **Schwierigkeit** -, -en difficulty
das **Schwimmbad** -(e)s, ̈-er swimming pool
schwimmen, schwamm, geschwommen to swim
der **See** -s, -n lake
die **See** -, -n the sea
die **Seefahrt** -, -en seafaring

das **Seengebiet -(e)s, -e** lake district
das **Segeln -s, o. Pl.** sailing
sehen, sah, gesehen to see
sehenswert worth seeing
die **Sehenswürdigkeit -, -en** sight; **die ~en besichtigen** to go sightseeing
sehr very (much)
die **Seife -, -n** soap
die **Seilbahn -, -en** cable railway
sein, war, gewesen to be
seit (+ Dat.) since, for
die **Seite -, -n** page; side
die **Seitentasche -, -n** side pocket
die **Seitenwand -, ¨-e** sidewall
seither since then
das **Sekretariat -s, -e** secretary's office; secretarial work
selber, selbst my/your/him/herself, ourselves *etc*
die **Selbstbedienung** (*for TV*) remote control
selbstbestimmt self-determined
die **Selbsteinschätzung -, -en** self-evaluation
die **Selbstkostenbasis -, o. Pl.: auf ~** at cost price
selbstständig independent(ly), on one's own; **sich ~ machen** to become self-employed
der **Selbstversorger -s, -: Ferienwohnungen für ~** self-catering flats/apartments
selbstverständlich of course
die **Selbstverständlichkeit -, -en: eine ~ sein** to be taken for granted
die **Selbstwahl -, o. Pl.** direct dialling
der **Semmelkloß -es, ¨-e** bread dumpling
der **Sendebeginn -(e)s, o. Pl.** start of transmission
senden, sandte, gesandt to send
die **Sendung -, -en** programme; consignment, shipment
separat separate(ly)
die **Serie -, -n** series, line
der **Service-Monteur -s, -e** service engineer
setzen to put
sich oneself, him/herself *etc*; **zu ~ nach Hause** to one's home; **von ~ aus** on one's on initiative
sicher secure, safe, reliable; self-confident; certainly, for sure
die **Sicherheit -, -en** safety
sichern to safeguard, protect
die **Sicht -, o. Pl.** view
sicherlich certainly
siehe: ~ Seite 52 see page 52
der **Signalton -(e)s, ¨-e** tone, beep
das **Silikontal -(e)s o. Pl.** Silicon Valley
singen, sang, gesungen to sing
sinken, sank, gesunken to decrease
der **Sinn -(e)s, -e** sense; **~ für etw. haben** to have a feeling for sth.
sinnvoll sensible
der **Sitz -es, -e** head office, headquarters
sitzen, saß, gesessen to sit
das **Sitzpolster -s, -** seat cushion
die **Sitzung -, -en** meeting
die **Skalierbarkeit -, o. Pl.** expandability
das **Skelett -(e)s, -e** skeleton
das **Skilaufen -s, o. Pl.** skiing
skizzieren to sketch
das **Skonto -s, -s** (cash) discount
so so; like this; thus; well, right; **Ach ~!** I see, aha; **Na ~ was!** Well I never!; **so ... wie** as ... as; **~ was** that sort of thing
sobald as soon as
sofort immediately, at once
sofortig immediate
sogar even
so genannt so-called
das **Solarium -s, Solarien** sunbed
solche(r/s) such; **solche Sachen** things like that
solid(e) sound
sollen should; to be intended to
sollte(n) should
somit thus, therefore
Sonder- special
sondern but; **nicht nur ... ~ auch** not only ... but also
sonnenreich sunny
der **Sonnenschutz -es, o. Pl.** protection against the sun
sonnig sunny
sonst, sonstig other
die **Sorge -, -n** (für + Akk.) care (for)
sorgen: dafür ~, dass to make sure that
sorgfältig careful
so viel so much
sowie and, as well as
sowohl ... als auch both ... and
sozial social; **~e Berufe** jobs in social work; **Soziales** social work
das **Sozialleben -s, o. Pl.** way of life
die **Sozialleistungen Pl.** social benefits
die **Sozialversicherung -, o. Pl.** national insurance/social security
das **Sozialwesen -s, o. Pl.** social sciences
die **Spalte -, -n** column
sparen to save
die **Sparkasse -, -n** savings bank
sparsam economical(ly)
Spaß -es, o. Pl. fun; **es macht mir ~** I enjoy (doing) it; **~ am Job** job satisfaction; **Viel ~!** Enjoy yourself
spät late
später later; future
spätestens at the latest
die **Spätlese -, -n** late vintage
spazieren gehen to go for a walk
SPD = Sozialdemokratische Partei Deutschlands Social Democratic Party of Germany
Speckkart. = die Speckkartoffeln Pl. potatoes fried with bacon
der **Spediteur -s, -e,** die **Speditionsfirma -, -firmen** haulage contractor, shipping agent
der **Speicher -s, -** memory
die **Speichererweiterung -, -en** memory expansion
die **Speicherkapazität -, -en** memory
die **Speise -, -n** food, dish; **kleinere ~n** snacks
die **Speisegaststätte** restaurant
die **Speisekarte -, -n** menu
speisen to dine
spendieren to stand sb. sth.
die **Spezialität -, -en** speciality/specialty
die **Spezifikation -, -en** specifications
das **Spiel -(e)s, -e** game
spielen to act out; to play
der **Spielfilm -(e)s, -e** feature film
das **Spielzeug -(e)s, -e** toy
die **Spitze -, -n** top; **an der ~ stehen** to be top of the league
das **Spitzenerzeugnis -ses, -se** top-quality product
der **Spitzenreiter -s, -** leader
die **Spitzentechnologie -, -n** high tech
die **Spitzenzeit -, -en** peak time
der **Sportartikel -s, -** sports equipment
der **Sportler -s, -** sportsman
sportlich: ~ aktiv sein to do/go in for sport
der **Sportverein -(e)s, -e** sports club
die **Sprache -, -n** language
sprachlich linguistic
sprechen, sprach, gesprochen (über + Akk.) to talk (about); to speak (to); **Hier spricht ...** This is ...
der **Sprecher -s, -** speaker
die **Spur -, -en** lane
spüren to sense, become aware of
St. = Sankt Saint
die **Staatsangehörigkeit -, o. Pl.** nationality
der **Staatsdienst -(e)s, o. Pl.** civil service
stabil sturdy
das **Städtchen -s, -** small town
städtisch municipal
der **Stadtkern -(e)s, -e,** die **Stadtmitte -, -n** city centre
der **Stadtplan -(e)s, ¨-e** street map
der **Stadtrand -(e)s, ¨-er** outskirts, suburbs
die **Stadtrundfahrt -, -en** sightseeing tour
der **Stadtrundgang -(e)s, ¨-e** sightseeing tour (*on foot*)
der **Stadtteil -(e)s, -e** district
der **Stahl -(e)s, ¨-e** steel
das **Stahlrohr -s, -en** tubular steel
das **Stammkapital -s, -e** ordinary capital
der **Stammkunde -n, -n** regular customer
der **Stammsitz -es, -e** headquarters
der **Stand -(e)s, ¨-e** trade show stand, sales booth; **~ 1992** as at 1992
der **Standabbau -(e)s, o. Pl.** dismantling of the stand
der **Standard -s, -s** standard, norm
Standard- standard
die **Standbeschriftung -, -en** signs/artwork for the stand
die **Standbewachung -, o. Pl.** stand security
die **Standbildkamera -, -s** (still) camera
ständig continually
der **Standort -(e)s, -e** location
der **Standpunkt -(e)s, -e** point of view
stark strong, heavy ; **~ besucht** heavily frequented
stärken to strengthen
die **Stärke -, -n** strength
stärker (als) stronger (than); more; **immer ~** increasingly
am **stärksten** most heavily
der **Startknopf -es, ¨-e** start button, start key
die **Station -, -en** station; stage, phase
statt: -dessen instead
statt|finden to be, to take place; to be held
der **Stau -(e)s, -e** traffic jam
der **Staubsauger -s, -** vacuum cleaner
die **Stechuhr -, -en** time clock
die **Steckdose -, -n** socket
der **Stecker -s, -** plug
stehen, stand, gestanden to be; **~ für** (+ Akk.) to stand for; **wie ~ meine Chancen?** what are my chances?; **wie steht es mit ...?** what's the situation regarding ...?
steigen, stieg, gestiegen to increase
steigern to increase
das **Steinzeug -(e)s, -e** stoneware
die **Stelle -, -n** job, position
stellen to put; **eine Frage ~** to ask a question
das **Stellenangebot -(e)s, -e,** die **Stellenanzeige -, -n** job advertisement
die **Stellenbezeichnung -, -en** job description
der **Stellenmarkt -(e)s, ¨-e** situations vacant
die **Stellenvermittlung -, -en** employment exchange
der **Stellenwert -(e)s, -e** value, importance
der **Stellplatz -es, ¨-e** parking space
die **Stellung -, -en** job; position
die **Stellungnahme -, -n: Mit der Bitte um ~** for comment
stellvertretend deputy, acting
die **Stereoanlage -, -n** stereo (system)
stets always
die **Steuer -, -n** tax
die **Steuerung -, o. Pl.** control, management
der **Stichpunkt -(e)s, -e** main/key point
das **Stichwort -(e)s, ¨-er** cue, keyword
stichwortartig brief
stieg ▸ steigen
der **Stift -(e)s, -e** pen
die **Stiftung Warentest** German Consumer Council
die **Stillegung -, -en** closure, shutdown
stilvoll stylish
stimmen to be true, correct; **jdn. optimisch ~** to make sb. feel optimistic
stimmungsvoll pleasant
die **Stipendiat -en, -en,** die **Stipendiatin -, -nen** grant/scholarship holder
das **Stipendium -s, -ien** grant, scholarship
der **Stock -(e)s, -** floor, storey
stolz (auf + Akk.) proud (of)
die **Stornierung -, -en** cancellation
stören to disturb, bother
die **Störung -, -en** problem, disruption; fault
straff tight(ly)
der **Strand -(e)s, ¨-e** beach
die **Straßenbahn -, -en** tram
die **Straßenunterführung -, -en** underpass, subway
die **Straßenverbindungen Pl.** road network
das **Straßenverkehrsgewerbe -s, -** road transport industry
der **Straßenverlauf -(e)s, o. Pl.: dem ~ folgen** to follow the road
der **Streckennetz -(e)s, -e** rail network
das **Streifenmuster -s, -** striped pattern
streng strict(ly)
stricken to knit
der **Strom -(e)s, o. Pl.** electricity
der **Stromanschluss -es, ¨-e** mains connection
strukturieren to structure
das **Stück -(e)s, -e** piece; item, unit
der **Stückpreis -es, -e** unit price
die **Stückzahl -, -en** quantity
der **Studienabgänger -s, -** college leaver
der **Studiengang -(e)s, ¨-e** course of studies
die **Studiengebühr -, -en** fee
das **Studium -s, -ien** studies
die **Stuhlreihe -, -n** row of seats
die **Stundenbasis: auf ~** paid by the hour
stündlich hourly, every hour
suchen to look for
Süd- South; south-facing
der **Süden -s, o. Pl.** South
südlich (+ Gen.) southern; south of
der/die/das **südlichste** (the) southernmost
die **Supermarktkette -, -n** supermarket chain
die **Suppe -, -n** soup
das **Surfen -s, o. Pl.** surfing, wind-surfing
das **Süßgebäck -(e)s, -e** biscuits/cookies
SW = Südwesten, Südwest- southwest (-facing)
sympathisch nice, pleasant
der **Systemanalytiker -s, -** systems analyst
die **Systemintegration -, o. Pl.** systems integration

T

T = Tiefe
tabellarisch in table form
die **Tabelle -, -n** table
der **Tag -(e)s, -e** day; **Guten ~** hello
das **Tagegeld -(e)s, -er** daily allowance
das **Tageslicht -(e)s, o. Pl.** daylight
der **Tagespreis -es, -e** price per day
die **Tagespresse -, o. Pl.** daily press
täglich daily, every day
die **Tagung -, -en** conference
der **Tagungsort -(e)s, -e** conference venue
die **Tagungstechnik -, o. Pl.** conference equipment
der **Takt -(e)s, -e: im 2-Stunden-~** every two hours
der **Taktverkehr -(e)s, o. Pl.: mit dichtem ~** with a frequent service
das **Tal -(e)s, ¨-er** valley
der **Tanz -es, ¨-e** dance
tanzen to dance
der **Tarif -s, -e** tariff; pay scale
tariflich agreed (*between unions and management*)
der **Tariflohn -(e)s, ¨-e** (agreed) pay scale
der **Tarifpartner -s, -** *unions and management*
der **Tarifvertrag -(e)s, ¨-e** collective pay agreement
das **Taschenmesser -s, -** penknife
der **Taschenrechner -s, -** pocket calculator
die **Tasse -, -n** cup (of)
die **Taste -, -n** button, key
tätig: ~ sein to be in (a line of business)
tätigen to effect, carry out
die **Tätigkeit -, -en** activity; job, occupation; **Berufliche T~en** work/professional experience
der **Tätigkeitsbereich -(e)s, -e** job, area of responsibility
die **Tatsache -, -n** fact
das **Taxi -s, -s oder Taxen** taxi/cab
der **Taxistand -(e)s, ¨-e** taxi rank
das **Teambewusstsein -s, o. Pl.** team spirit
teamfähig able to work in a team
die **Technik -, -en** technology; technique
der **Techniker -s, -** engineer
technisch technical; technological; **~e/r Leiter(in)** Technical Director; **~e/r Zeichner/in** engineering draughtsman; **~e Daten** specifications; **T~er Überwachungsverein** German Technical Inspectorate; **~e Hochschule/Universität** *university specializing in technical subjects*
der **Technologiekonzern -s, -e** technology concern, group
der **Teich -(e)s, -e** pond
der **Teil -(e)s, -e** part; **zum ~** partly
sich **teilen** to divide, split up

teil | nehmen (an + Dat.) to attend, take part in

der **Teilnehmer -s, -** participant; the person/company you wish to speak to

die **Teilzeit -, o. Pl.** part-time

die **Teilzeitform -, -en: in ~** on a part-time basis

das **Telefax -, -(e)** fax (machine)

die **Telefonauskunft -, o. Pl.** directory enquiries

telefonisch by phone; **~e Aufträge** telephone orders

die **Telekommunikation -, o. Pl.** telecommunications

der **Temperaturbereich -(e)s, -e** temperature range

das **Tempolimit -s, -s** speed limit

die **Tendenz -, -en** tendency

der **Teppichboden -s, ⸚** carpet

der **Termin -s, -e** (bei/mit + Dat.) appointment (with)

termingerecht on schedule

der **Terminkalender -s, -** appointments diary

teuer expensive

die **Textilien Pl.** textiles

thailändisch Thai

das **Thema -s, Themen** topic

(das) **Thüringen -s, o. Pl.** Thuringia

die **Tiefe -, -n** depth

tiefer: zwei Etagen ~ two floors down

die **Tiefgarage -, -n** underground carpark

das **Tiefland -(e)s, -e** lowlands

der **Tierarzt -es, ⸚** veterinarian

der **Tierpark -s, -s** zoo

die **Tinte -, -n** ink

die **Tintenpatrone -, -n** ink cartridge

der **Tintenstrahldrucker -s, -** bubble jet printer

die **Tochtergesellschaft -, -en** subsidiary

todlangweilig deadly dull

die **Toilettenartikel Pl.** toiletries

die **Toleranz -, -en** tolerance

toll great

das **Tonband -(e)s, ⸚er** tape

die **Tonne -, -n** ton(ne)

das **Tor -(e)s, -e** gate

die **Touristik -, o. Pl.** tourism, tourist industry

traditionsreich rich in tradition

das **Tragegestell -(e)s, -e** carrying frame

tragen, trug, getragen to wear; to carry; (*Kosten*) to meet; (*Risiko*) to bear

der **Traum -(e)s, ⸚e** dream

treffen, traf, getroffen to meet; (*Wahl*) to choose; (*Vereinbarung, Entscheidung*) to make

sich **treffen** to meet

der **Treffpunkt -(e)s, -e** meeting point

treiben, trieb, getrieben: Sport ~ to do/go in for sport; **Handel ~** to trade

die **Treppe -, -n** (flight of) stairs; **die ~ hinauf/runtergehen** to go up/downstairs

trimmen to do keep-fit exercises

der **Trimmpfad -(e)s, -e** keep-fit trail

trinken, trank, getrunken to drink

trocken dry

trotz (+ Gen./Dat.) in spite of, despite

die **Tschechische Republik** Czech Republic

tschüs! 'bye!

tun, tat, getan to do

U

die **U-Bahn -, -en** Underground/Subway

üben to practise

über (+ Akk./Dat.) about, concerning; more than; over; through, via; **nicht ~ 20.00 Uhr hinaus** not later than 8 o'clock; **eine Bestellung ~** an order for

überall everywhere

überaus extremely

überbacken grilled

der **Überblick -(e)s, -e** (über + Akk.) overview

überbrücken to bridge

überdurchschnittlich exceptionally

überein | stimmen (mit + Dat.) to correspond to; to agree with

die **Übergabe -, o. Pl.** hand-over

der **Übergang -(e)s, ⸚e** transfer

übergeben, übergab, übergeben to hand over

überhaupt absolutely; at all

überlassen, überließ, überlassen: es jdm. ~ to leave it up to sb.; **jdm. etw. ~** to entrust sth. to sb.

überlegen to think about, consider

die **Überlegung -, -en** consideration

übermorgen the day after tomorrow

übernachten to spend the night

die **Übernachtung -, -en** overnight stay

übernehmen, übernahm, übernommen to take over; to accept; to take on

überprüfen to check

die **Überprüfung -, -en** testing, inspection

überqueren to cross

überraschen to surprise

überregional serving more than one region

überreichen to hand over

die **Überschrift -, -en** heading

übersenden, übersandte, übersandt to send, enclose

die **Übersetzung -, -en** translation

übersichtlich clear

die **Überstunden** overtime

die **Übertragung -, -en** transmission

das **Übertragungsprotokoll -s, -e** transaction activity report

übertreiben, übertrieb, übertrieben to exaggerate

überwachen to supervise, monitor

überwiegend predominantly

überzeugen to convince

überzeugend convincing(ly), persuasive(ly)

üblich usual, normal

übrig other, rest of; left (over), spare

das **Ufer -s, -** (river)bank

die **Uhr -, -en: um (11.00) ~** at (11) o'clock

die **Uhrzeit -, -en** time

um (+ Akk.) at; round, around; for; **~ wenig Prozent** by a few percent; **~ ... zu** in order to

um | buchen to change a reservation/ booking

umfangreich wide, comprehensive

umfassen to include

die **Umfrage -, -n** survey

der **Umgang -s, o. Pl.** (mit + Dat.): **~ mit Menschen** dealing with people

die **Umgebung -, -en** surrounding area

um | gehen: mit Menschen ~ to deal with people

umgehend immediate, prompt

die **Umgruppierung -, -en** redeploying

das **Umland -(e)s, o. Pl.** surrounding countryside

um | legen to turn

umliegend surrounding

der **Umsatz -es, ⸚e** turnover

die **Umschulung -, -en** retraining

umseitig overleaf

umsonst free

der **Umstand -(e)s, ⸚e: unter Umständen** possibly

der **Umsteigeknoten -s, -** transfer point

um | steigen to change

die **Umstellung -, -en, der Umstieg -(e)s, -e** (auf + Akk.) change-over (to)

die **Umstrukturierung -, -en** restructuring

die **Umwelt -, o. Pl.** the environment

das **Umweltbewusstsein -s, o. Pl.** environmental awareness

der **Umweltengel -s, -** *symbol indicating environmentally friendly products*

umweltfreundlich, umweltgerecht environmentally friendly

das **Umweltministerium -s, -ien** Ministry of the Environment

der **Umweltschutz -es, o. Pl.** environmental protection

die **Umweltverschmutzung -, -en** environmental pollution

um | ziehen to move

die **Umzugskosten Pl.** removal costs

die **Unabhängigkeit -, o. Pl.** independence

die **Unannehmlichkeit -, -en** trouble, inconvenience

unbedingt absolutely; **nicht ~** not necessarily

unbrauchbar useless

(das) **Ungarn -s, o. Pl.** Hungary

ungefähr approximately

ungelernt unskilled

ungestört undisturbed

ungewöhnlich unusual(ly)

ungiftig non-poisonous

der **Unkostenbetrag -(e)s, ⸚e** sum to cover expenses

die **Unmenge -, -n** (von + Dat.) vast quantity

unseriös not serious

unten below; downstairs; **nach ~** face down

unter (+ Akk./Dat.) under; below; **~ anderem** among other things; **~ Telefon 040 ...** on 040 ...

unterbreiten to present

sich **unterhalten, unterhielt, unterhalten** to talk

die **Unterhaltung -, -en** entertainment; conversation

die **Unterkunft -, ⸚e** accommodation

die **Unterlagen Pl.** documents, papers

unterliegen, unterlag, unterlegen to be subject to

das **Unternehmen -s, -** company/corporation

der **Unternehmensberater -s, -** management consultant

der **Unternehmensbereich -s, -e** division

die **Unternehmensgruppe -, -n** group

die **Unternehmensleitung -, o. Pl.** management

der **Unternehmer -s, -** operator

der **Unterricht -(e)s, -e** instruction

die **Unterrichtung -, o. Pl.** information

unterscheiden, unterschied, unterschieden to distinguish

sich **unterscheiden** to differ

der **Unterschied -(e)s, -e** difference

unterschiedlich variable; different

unterschreiben, unterschrieb, unterschrieben to sign

die **Unterschrift -, -en** signature

unterstrichen underlined

unterstützen to support, subsidize

die **Unterstützung -. o. Pl.: mit Batterie-~** battery powered

untersuchen to investigate

die **Untersuchung -, -en** examination

(sich) **unterteilen** (in + Akk.) to divide, subdivide (into)

die **Unterteilung -, -en** subdivision

unterwegs away, on the way, on the road

unveränderlich invariable

unverbindlich not binding; **~e Preisempfehlung** recommended price

unvermeidbar unavoidable

unverzüglich without delay, immediately

unvollständig incomplete

der **Urlaub -s, -e** holiday/vacation; **im ~** on holiday

das **Urlaubsgeld -(e)s, -er** holiday pay

ursprünglich originally

usw. = und so weiter etc

V

die **Variante -, -n** variation, version

sich **verabschieden** to say goodbye; **beim V~** when saying goodbye

verallgemeinern to generalize

verändern to change, alter

veranstalten to organize

der **Veranstalter -s, -** organizer

die **Veranstaltung -, -en** performance; event, function

der **Veranstaltungskalender -s, -** guide to what's on

der **Veranstaltungsraum -(e)s, ⸚e** conference room

verantwortlich (für + Akk.) responsible (for)

der/die **Verantwortliche -n, -n** person responsible for

die **Verantwortung -, -en** responsibility

die **Verantwortungsbereitschaft -, o. Pl.** willingness to take responsibility

verantwortungsvoll responsible

die **verarbeitende Industrie** manufacturing industry

die **Verarbeitung -, o. Pl.** processing

der **Verband -(e)s, -e** association

sich **verbergen, verbarg, verborgen** to hide

verbessern to improve

die **Verbesserung -, -en** improvement

verbiegen, verbog, verbogen to buckle

verbinden, verband, verbunden to connect; to combine; **ich verbinde** I'll put you through; **Sie sind falsch verbunden** You've got the wrong number

verbindlich binding

die **Verbindung -, -en** link, connection

verbracht ▶ verbringen

der **Verbrauch -(e)s, o. Pl.** consumption

der **Verbraucher -s, -** consumer

der **Verbraucherpreis -es, -e** retail price

verbraucht used, second-hand

verbringen, verbrachte, verbracht to spend (time)

der **Verbund -(e)s, -e** association, authority; compound

verbunden ▶ verbinden

der **Verdichtungsverkehr -(e)s, o. Pl.: Zug des ~s** local train

verdienen to earn

der **Verdiener -s, -** wage-earner

der **Verdienst -(e)s, -e** pay, salary

(sich) **verdoppeln** to double

verdorben spoiled

der **Verein -(e)s, -e** club; association, organization

vereinbaren to arrange (an appointment); **zur vereinbarten Zeit** on time

die **Vereinbarung -, -en** agreement; **nach ~** by arrangement

vereinen to unite, combine

verfassen to write

verfehlen to miss

verfügen (über + Akk) to have, possess

die **Verfügung: (jdm.) zur ~ stehen** to be available; to be at sb.'s disposal

vergangen past

vergessen, vergaß, vergessen to forget

der **Vergleich -(e)s, -e: im ~ zu** (+ Dat.) in comparison with

vergleichen, verglich, verglichen (mit + Dat.) to compare with

das **Vergnügen -s, -** pleasure

das **Vergnügungsviertel -s, -** entertainment district

die **Vergünstigung -, -en** (price) reduction

die **Vergütung -, -e** remuneration

sich **verhalten** to behave, conduct oneself

das **Verhalten -s, o. Pl.** conduct, behaviour

die **Verhaltensregel -, -n** etiquett

das **Verhältnis -ses, -se** circumstances

verhandeln (über + Akk.) to negotiate (about)

das **Verhandlungsgeschick -(e)s, o. Pl.** negotiating skills

verheiratet married

verhelfen, verhalf, verholfen: jdm. zu etw. ~ to help sb. get sth.

verhindern to prevent

der **Verkauf -(e)s, ⸚e** sale; sales

(sich) **verkaufen** to sell

der **Verkäufer -s, -** seller

die **Verkaufsabteilung -, -en** sales department

die **Verkaufsaktion -, -en** sales drive, promotion

die **Verkaufsbedingungen Pl.** conditions of sale

der **Verkaufsberater -s, -** sales consultant

der **Verkaufspreis -es, -e** retail price

der **Verkaufsschalter -s, -** ticket office

die **Verkaufsstelle -, -n** outlet

die **Verkaufszeit -, -en** shop opening hours

der **Verkehr -(e)s, o. Pl.** transport; traffic

verkehren to go, run, operate

das **Verkehrsamt -(e)s, ⸚e** tourist information office

die **Verkehrsanbindung -, -en** communications

die **Verkehrsdichte -, o. Pl.** volume of traffic

verkehrsgünstig convenient for (public) transport

der **Verkehrslinienplan -(e)s, ⸚e** public transport map

das **Verkehrsmittel -s, -: öffentliche ~** public transport

die **Verkehrsverbindung -, -en** (public) transport system; travel connection
der **Verkehrsverbund -(e)s, ⸚e** transport authority
verkürzen to shorten
die **Verkürzung -, -en** shortening
verladen, verlud, verladen to load
verlangen to ask for; to demand, to charge
verlängern to extend
die **Verlängerung -, -en** extension; lengthening
verlassen, verließ, verlassen to leave
der **Verlauf -(e)s, ⸚e** course; **der weitere ~ des Abends** the rest of the evening
die **Verlegung -, o. Pl.** relocation
verleihen, verlieh, verliehen to award
verloren | gehen to get lost
der **Verlust -(e)s, -e** loss; **bei ~** in the event of loss
vermeiden, vermied, vermieden to avoid
die **Vermeidung -, o. Pl.** avoidance, prevention
vermeintlich supposed
der **Vermerk -(e)s, -e** note, remark
vermieden ▸ vermeiden
vermieten to rent
vermitteln to impart, create
veröffentlichen to publish
die **Veröffentlichung -, -en** publication
die **Verordnung -, -en** decree, regulation
verpacken to pack
die **Verpackung -, -en** packaging
der **Verpackungshelfer -s, -** packer
der **Verpackungsstoff -(e)s, -e** packaging material
sich **verpflichten** (zu + Dat.) to undertake
verpflichtet: ~ sein to be obliged
die **Verringerung -, -en** reduction
der **Versand -(e)s, o. Pl.** dispatch/despatch (department)
der **Versandhandel -s, o. Pl.** mail order operation
das **Versandhaus -es, ⸚er** mail order company
versäumen to miss; **Versäumtes** what one has missed
das **Versehen: aus ~** by mistake
verschieben, verschob, verschoben (auf + Akk.) to put off, postpone
verschieden different, various
verschlingen, verschlang, verschlungen to consume
die **Versendung -, -en** shipment
die **Versetzung -, -en** transfer
die **Versicherung -, -en** insurance (company)
versorgen (mit + Dat.) to supply (with)
die **Versorgung -, o. Pl.** service, supply
verspätet late
die **Verspätung -, -en** delay; late delivery
versprechen, versprach, versprochen to promise
verstanden ▸ verstehen
das **Verständnis -ses, o. Pl.** understanding; **um ~ bitten** to apologize
der **Verstärker -s, -** amplifier
verstärkt reinforced
versteckt hidden
verstehen, verstand, verstanden to understand
sich **verstehen: die Preise ~ sich ohne MwSt.** prices are inclusive of VAT/sales tax
verstellbar adjustable
versuchen to try
die **Verteidigungstechnik -, o. Pl.** defence technology
die **Vertragspartei -, -en** contracting party
vertrauen (auf + Akk.) to trust (in)
vertreten, vertrat, vertreten to represent
der **Vertreter -s, -** sales representative, agent
die **Vertretung agency; in ~** pp/for and on behalf of
der **Vertrieb -(e)s, o. Pl.** sales (department)
die **Vertriebsgesellschaft -, -en** sales subsidiary, distributor
der **Vertriebsleiter -s, -**, die **Vertriebsleiterin -, -nen** sales manager/director
das **Vertriebsnetz -es, -e** sales/distribution network
das **Verursacherprinzip -s, o. Pl.** *principle that the one responsible pays*

vervollständigen to complete
verwalten to manage, be in charge of
die **Verwaltung -, -en** administration
der **Verwaltungsvorgang -s, ⸚e** administration
verwandt related
verwenden to use
der **Verwendungszweck -(e)s, -e** use, purpose
verwerten to recover, recycle
die **Verwertung-, o. Pl.** recycling
verwitwet widowed
verwöhnen to spoil; **lassen Sie sich ~** spoil yourself
Verzeihung: (I'm) sorry, excuse me
verzichten (auf + Akk.) to give up
verzinkt galvanized
die **Verzögerung -, -en** delay, hold-up
der **Verzug -(e)s, ⸚e** delay; arrears
der **Verzugszins -es, -en** interest on arrears
das **Vesper -s, -** snack
das **Vetorecht -(e)s, -e** right of veto
viel a lot (of), much; **Sehen Sie ~ fern?** Do you watch a lot of TV?
vielbesucht popular
viele a lot of, many
die **Vielfalt -, o. Pl** (great) variety
vielfältig varied
vielleicht perhaps
vielseitig versatile
die **Vielzahl -, o. Pl.** (von + Dat.) a wealth of
die **Visitenkarte -, -n** business card
die **Volkswirtschaft -, -en** national economy
voll total; fully
das **Vollbad -(e)s, ⸚er** bath
die **Vollendung -, o. Pl.** completion
völlig completely
vollklimatisiert fully air-conditioned
der **Vollkunststoff -(e)s, -e** solid plastic
die **Vollmacht -, ⸚e: in ~** pp, for and on behalf of
vollständig complete(ly)
die **Vollzeit -, o. Pl.** fulltime
von (+ Dat.) from; of; by; **vom Umsatz her** in terms of turnover
vor (+ Akk./Dat.) before; in front of; **~ vier Wochen** four weeks ago; **~ allem** above all, first and foremost, particularly
voraus: im Voraus in advance
voraus | setzen to require
die **Voraussetzung -, -en** requirement
voraussichtlich expected
die **Vorauszahlung -, -en** prepayment, advance payment
vor | behalten: Preisänderungen ~ prices subject to change without notice
vorbei past
(sich) **vor | bereiten** (auf + Akk.) to prepare (oneself) for
die **Vorbereitung -, -en** (auf + Akk.) preparation (for)
vor | bestellen to reserve, book in advance
das **Vorbild -(e)s, -er** example, model
vordere(r/s) front
der **Vordergrund -(e)s, ⸚e: im ~ stehen** to be at the fore
vor | führen to demonstrate
das **Vorführmodell -s, -e** exhibit
die **Vorführung -, -en** performance; demonstration
vorgesehen planned; provided
der/die **Vorgesetzte -n, -n** superior
vorhanden available
vorher beforehand, in advance
vor | herrschen to predominate
vor | kommen to occur, be found
das **Vorlagenglas** platen glass
vor | legen to present
vor | lesen to read out
vormittags in the morning(s)
der **Vorname -ns, -n** first name
vorne at the front, in front
der/das **Vor-Ort-Service** on-site service
die **Vorplanung -s, o.Pl.** planning stage
der **Vorrang -(e)s, o. Pl.: ~ haben** to have priority
vor | reservieren to reserve
die **Vorrichtung -, -en** equipment
der **Vorschlag -(e)s, ⸚e** suggestion, recommendation

vor | schlagen, schlug vor, vorgeschlagen to propose
die **Vorschrift -, -en** regulation
der **Vorschuss -es, ⸚e** advance
die **Vorsicht -, o. Pl.** care, caution; **V~!** Be careful
vorsichtig careful(ly)
der/die **Vorsitzende -n, -n** chairperson, president
vor | sorgen (für + Akk.) to provide for
die **Vorspeise -, -n** starter
der **Vorstand -(e)s, o. Pl.** executive board/management
vor | stellen: jdn. jdm. ~ to introduce sb. to sb.
sich **vor | stellen** to imagine
die **Vorstellung -, -en** introduction; vision, idea
das **Vorstellungsgespräch -(e)s, -e** job interview
der **Vorstellungstermin -s, -e** interview (date)
der **Vorteil -(e)s, -e** advantage
vorübergehend temporary
das **Vorurteil -(e)s, -e** prejudice
die **Vorwahl -, -en** dialling/area code
die **Vorwärtsfahrt -, o. Pl.** forward drive
vorwiegend predominant(ly)

W

wachen (über + Akk.) to ensure
wachsen, wuchs, gewachsen to grow, increase
das **Wachstum -s, o. Pl.** growth
der **Wagen -s, -** car/automobile; railway carriage/car
die **Wahl -, -en** choice; election
wahlberechtigt entitled to vote
die **Wahlberechtigung -, o. Pl.** right to vote
wählen to choose, select; to dial
der **Wählton -(e)s, ⸚e** dialling tone
wahr true; **nicht ~?** isn't it? right?
während (+ Gen.) during, in the course of; while
wahr | nehmen to make use of
die **Wahrnehmung -, -en: bei der ~** when it comes to dealing with
wahrscheinlich probably
die **Währung -, -en** currency
das **Wahrzeichen -s, -** symbol
der **Wald -(e)s, ⸚er** wood
der **Wandel -s, o. Pl.** change
der **Wanderfreund -(e)s, -e** keen hiker
wandern to go walking/hiking
die **Wanderung -, -en** walk, hike
wann when
die **Wanne -, -n** bathtub
die **Ware -, -n** product, goods; **wo bleibt die ~?** what's happened to the consignment?
wäre, wären would be; **wie wär's mit ...?** how about ...?
der **Warenannahmetermin -s, -e**, die **Warenannahmezeit -, -en** delivery time
der **Wareneingang -(e)s, ⸚e** incoming goods
das **Warenhaus -es, ⸚er** department store
das **Warenverteilzentrum -s, -zentren** distribution depot
das **Warenzeichen -s, -** trade mark
warten to wait; to maintain, service
warum why
was what; that; **~ für** what kind of
die **Wäsche -, o. Pl.** laundry
wasserdicht waterproof
wasserlöslich water soluble
die **Wechselausstellung -, -en** temporary exhibit(ion)
wechseln (in + Akk) to change; to transfer (to)
wecken to wake; to arouse
der **Weckruf -(e)s, -e** alarm call
der **Weg -s, -e** way; route; path; method; distance; **nach dem ~ fragen** to ask for directions
wegen (+ Gen.) about, because/on account of
weg | fallen to be lost
weg | lassen to leave out
weiblich female
das **Weihnachten -, -** Christmas

das **Weihnachtsgeld -(e)s, -er** Christmas bonus
der **Weihnachtstag -(e)s, -e: der 1. ~** Christmas Day; **der 2. ~** Boxing Day
weil because
der **Weinberg -(e)s, -e** vineyard
die **Weinernte -, -n** grape harvest
die **Weinkarte -, -n** wine list
das **Weinlokal -s, -e** wine bar
der **Weinort -(e)s, -e** place where wine is produced
die **Weinprobe -, -n** wine tasting
das **Weinset -s, -s** set of wine glasses
die **Weinstube -, -n** wine bar
das **Weißblech -(e)s, -e** tinplate
der **Weißkohl -(e)s, o. Pl.** white cabbage
weit far
weiter, weiter- to go on, continue to
sich **weiter | bilden** to continue one's education/training
die **Weiterbildung -, o. Pl.** further education/training
die **Weiterbildungsveranstaltung -, -en** training course
weitere(r/s) more, further, other; future; **alles Weitere** everything else
weiter | führen to continue
weiter | leiten (an + Akk.) to pass on (to)
weitgehend to a large extent
welche(r/s) which, that
die **Welt -, -en** world
weltbekannt, weltberühmt world-famous
der **Weltkrieg -(e)s, -e: der Erste ~** First World War
die **Weltmeisterschaft -, -en** World Cup
weltoffen cosmopolitan
der **Weltruf -(e)s, -e** worldwide reputation
weltweit worldwide
wem, wen (to) whom
sich **wenden** (an + Akk.) to ask
wenig (a) few, (a) little, not much
wenn when; if
wer who
die **Werbeagentur -, -en** advertising agency
das **Werbegeschenk -(e)s, -e** free gift
werben, warb, geworben to win, attract
die **Werbung** advertising
werden, wurde, geworden *auxiliary verb used to form future and passive*
das **Werk -(e)s, -e** factory, works, plant
der **Werksleiter -s, -** works supervisor/plant manager
das **Werkzeug -(e)s, -e** tool
der **Wert -(e)s, -e** value
werten to judge
die **Wertgegenstände** valuables
wertlos valueless
die **Wertorientierung -, -en** value
wertvoll valuable
West- West; west-facing
der **Westen -s, o. Pl.** West
westlich western; **die ~e Bundesrepublik** West Germany
der **Wettbewerb -(e)s, -e** competition; **Mut zum ~** courage to compete; **~ der Geschlechter** battle of the sexes
das **Wetter -s, -** weather
wichtig important
der **Widerspruchsrecht -(e)s, ⸚e** right to raise objections
der **Widerstand -(e)s, ⸚e** resistance
wie how; what; as; **~ bitte?** Pardon, Excuse me?; **~ ist Ihr Name?** what's your name?; **~ viel** how much; **um wie viel Uhr?** what time?; **~ viele** how many; **~ lange** how long; **~ oft** how often; **~ gesagt** as I said
wieder again
wiederholen to repeat
Wiederhören: auf ~ Goodbye (*on the phone*)
wieder | kommen to come back
Wiedersehen: auf ~ Goodbye
die **Wiederverwertbarkeit -, o. Pl.** recyclability
die **Wiederverwertung -, o. Pl.** recycling
die **Wiege -, -n** cradle, birthplace
wiegen, wog, gewogen to weigh
die **Wiese -, -n** meadow, field

wie viel how much; **um ~ Uhr?** what time?

das **Wild -s, o. Pl.** game

die **Wildente -, -n** wild duck

der **Wildlachssteak -s, -s** (wild) salmon steak

das **Wildschweinkotelett -s, -s** wild boar cutlet/chop

der **Wille -n, -n** will

willkommen welcome

winddicht windproof

der **Wintergarten -s, ¨** conservatory

wirken to give the impression

wirklich really

die **Wirklichkeit -, -en** reality

wirksam effective(ly)

die **Wirtschaft -, -en** economy, trade and industry, business; **die private ~** the private sector

wirtschaften to budget effectively

wirtschaftlich economic, financial

der **Wirtschaftsaufschwung -(e)s, ¨e** economic upturn

die **Wirtschaftsleistung -, -en** economic output

der **Wirtschaftsraum -(e)s, ¨e** industrial area

der **Wirtschaftszweig -(e)s, -e** branch of industry, industrial sector

wissen, wusste, gewusst to know (*a fact*)

die **Wissenschaft -, -en** science

wissenschaftlich academic

die **Witterung -, -en: bei extremer ~** in extreme weather conditions

der **Witz -es, -e** wit

wo where

die **Woche -, -n** week

das **Wochenende -s, -n** weekend

der **Wochenmarkt -(e)s, ¨e** weekly market

der **Wochentag -(e)s, -e** day of the week

wöchentlich weekly

wofür what ... for?

woher where ... from; **~ Sie wissen** how you know

wohl happy; **das wäre ~ schwierig** that may be difficult

das **Wohl** welfare, wellbeing; **zum ~e aller** for the good of all; **zum ~!** cheers!

der **Wohn-Essbereich -(e)s, -e** living-dining area

wohnen to live; to stay

der **Wohnblock -(e)s, -s** block of flats/apartment house

die **Wohnfläche -, -n** living space

das **Wohngeld -(e)s, -er** accommodation allowance/subsidy

die **Wohnküche -, -n** eat-in kitchen

die **Wohnqualität -, -en** quality of life

die **Wohnung -, -en** flat/apartment

der **Wolkenkratzer -s, -** skyscraper

wollen, wollte, gewollt to want to

das **Wort -(e)s, ¨er** word; **in ~ und Schrift** spoken and written

das **Wortfeld -(e)s, -er** word field

der **Wunsch -(e)s, ¨e** wish, desire; **auf ~** on request

wünschen: jdm. etw. ~ to wish sb. sth.

wunschgemäß as requested

wurde, wurden ▶ werden

würde, würden would

Z

zäh tough

die **Zahl -, -en** number; figure

zahlen to pay

zählen (zu + Dat.) to be included; to count (as)

zahlreich numerous

die **Zahlungsbedingungen Pl.** terms of payment

die **Zahlungsfrist -, -en** payment term

der **Zahlungsverzug -(e)s, ¨e** late payment, default

das **Zahlungsziel -(e)s, -e** period for payment

der **Zahnarzt -es, ¨e** dentist

die **Zahnpasta -, -pasten** toothpaste

z.B. = zum Beispiel for example

der **Zehneuroschein -(e)s, -e** ten euro note

das **Zehncentstück -(e)s, -e** ten cent piece

das **Zeichen -s, -** character; sign, symbol; **Ihr ~** Your ref(erence)

die **Zeichenerklärung -, -en** key

zeichnen to draw

die **Zeichnung -, -en** (technical) drawing

zeigen to show

der **Zeigestock -(e)s, ¨e** pointer

die **Zeile -, -n** line

die **Zeit -, -en** time; **vor der ~** early; **zur ~** at the moment

die **Zeitangabe -, -n** time

das **Zeitarbeitbüro -s, -s** temping agency

zeitlich chronological

der **Zeitlohn -(e)s, -e** time wages/rate

der **Zeitpunkt -(e)s, -e** time

der **Zeitrahmen -s, -** time period

die **Zeitschrift -, -en** magazine, periodical

die **Zeitung -, -en** newspaper

zementieren to reinforce

die **Zentrale -, -n** switchboard

das **Zentrum -s, Zentren** centre

zentrumsnah central

zerbrochen broken

zertifiziert certified

der **Zettel -s, -** form, chit

das **Zeugnis -ses, -se** report, certificate, testimonial

ziehen, zog, gezogen to draw

das **Ziel -(e)s, -e** objective, goal; destination

ziemlich quite

die **Ziffer -, -n** digit, figure

das **Zimmer -s, -** room

zirka approximately

die **Zitrone -, -n** lemon

das **Zögern -s, -** hesitation

das **Zollamt -(e)s, ¨er** Customs

zu (+ Dat.) to; about; too; with; at; **~ diesen Punkten** on these points; **zur Förderung** for the promotion of

das **Zubehör -(e)s, o. Pl.** accessories, attachments

die **Zubereitungsmethode -, -n** method of preparation

der **Zucker -s, -** sugar

die **Zuckertüte -, -n** bag of sweets/candies

zueinander to one another

zuerst first (of all)

die **Zufahrt -, -en** entry; approach (road)

zufrieden satisfied

die **Zufriedenheit -, o. Pl.** satisfaction

zufriedenstellend satisfactory

zu | führen: der Wiederverwertung ~ to send for recycling

der **Zug -(e)s, ¨e** train

der **Zugang -(e)s, ¨e** entrance; access; entry

zugänglich approachable

zügig speedily, swiftly

zugleich at the same time

zu | hören to listen to

die **Zukunft -, ¨e** future

zukünftig future

zukunftsorientiert forward-looking

die **Zulage -, -n** bonus; **Münchner ~** Munich weighting

die **Zulassungsbeschränkung -, -en** restriction on admissions

zuletzt finally, last; **nicht ~** not least

der **Zulieferant -en, -en**, die **Zulieferungsfirma -, -firmen** supplier

zu | machen to close

zunächst first of all

der **Zündfunke -n, -n** ignition spark

zunehmend increasing(ly)

zunutze: sich etw. ~ machen to make use of sth.

zuoberst at the top

zu | ordnen to match; to order

sich **zurecht | finden** (in + Dat.) to cope

zurück, zurück- back

zurück | blicken to look back

zurück | führen (auf + Akk.) to put down to, to be due to

zurück | rufen to phone/call back

zurück | treten to step back

zurück | schieben, schob zurück, zurückgeschoben to push back

zu | sagen: jdm. ~ to appeal to sb.

zusammen, zusammen- together

zusammen | fassen to summarize

zusammengesetzt: immer neu ~e Teams ever-changing teams

zusammen | halten to stick together

zusammenlegbar folding

zusammen | stellen to put together

die **Zusammenstellung -, o. Pl.** arrangement

das **Zusammenwirken -s, o. Pl.** cooperation

zusätzlich additional; **~ zu (+ Dat.)** in addition to

zu | schicken to send to

der **Zuschlag -(e)s, ¨e** supplement

zuschlagpflichtig subject to a supplement

zu | senden to send

zuständig (für + Akk.) responsible (for)

die **Zuständigkeit -, -en** responsibility

die **Zustimmung -, o. Pl.** agreement, consent

das **Zustimmungserfordernis, -ses, -se** consent required

das **Zustimmungsrecht -(e)s, -e** right of consent

zu | treffen (auf + Akk.) to apply (to), to be true (of); **das Zutreffende ankreuzen** put a cross in the appropriate box

zuverlässig reliable

die **Zuverlässigkeit -, o. Pl.** reliability

zu viel too much

zuvor before

zu wenig too little

zuzüglich plus

zwanziger: in den Zwanzigerjahren in the twenties

zwar: und ~ that is, namely; **~ ... , doch** although ... yet/still

der **Zweck -(e)s, -e** purpose

das **Zweckform-Etikett -s, -en** custom label

der **Zweig -(e)s, -e** branch

zweimal twice

der/die/das **zweitgrößte** (the) second largest

die **Zwiebel -, -n** onion

der **Zwiebelturm -(e)s, -e** onion dome

zwischen (+ Akk./ Dat.) between

zwischendurch from time to time

KYO VERTIGO

TOKYO VERTIGO
Stephen Barber
ISBN 1 84068 036 9
Published by Creation Books 2001
www.creationbooks.com
Copyright © Stephen Barber 2000
Cover photography copyright © Romain Slocombe 2000
All world rights reserved

THANK YOU:
Romain Slocombe, Shinjin Shimizu, Junko Shimada, Midori Matsui, Hironobu Oikawa, Taqueya Yamashita, Masahiko Kurashima, Kuniichi Uno, Keiji Haino, Eikoh Hosoe, Takahiko Iimura, Akiko Motofuji, Gala Motofuji, Tatsuro Ishii, Shigeyuki Toshima, Min Tanaka, Kazue Kobata, Kazuo Ohno, Yoshito Ohno, Sayoko Onishi, Toshio Wakuda, Tadashi Uchino, Catherine Lupton, Marie-Gabrielle Rotie, James Williamson, Jane Giles, William Marotti, Norman Bryson, Mark Holborn, Ian Buruma, Edward Seidensticker.

This book is dedicated to Donald Richie.

SPECIAL THANK YOU:
The Japan Foundation, especially Stephen McEnally in London and Rie Imai in Tokyo. And the Getty Program.

CONTENTS

PART ONE
TOKYO VERTIGO: CITY, SEX, IMAGE

TOKYO CITY

SHINJUKU

Tokyo dangles by a thread, and spins, in ecstasy, humiliation and servitude, faster and faster.

Shinjuku, the pre-eminent district of immense towers and minuscule sex bars, was Tokyo's burning heart in the late 1960s, when groups of rioters – enraged by the American military presence in Japan at the time of the Vietnam war – set out from the district to storm the parliament building, and gangs of dissident hippies lived in the square outside the railway station. All through the 1960s, Shinjuku was on fire with sex and revolution. The avenues became glaring dream playgrounds of lust and experimentation. Tokyo had never seen anything like it. But then, at the start of the 1970s, when Shinjuku began to be redeveloped into a virulently growing terrain of business towers and multi-storeyed concrete sex-club complexes – a space ship blinking with a host of divine red lights as it blasted off every night – the bohemian hippies and urban revolutionaries unaccountably moved out and headed for the western suburbs. On one of the squares where the hippies had lived, an immense new department store was built, and named the Studio Alta. It grew a kind of eye that came to dominate the entire vision of Tokyo: a huge video screen that incessantly pulsed out cascades of images. In time, frenzied girl children arrived to inhabit the Studio Alta and the square outside it, under the gaze of that convulsive eye, and learned how to congregate, to shop, to pout there. The hippies who moved out to the western suburbs, hoping to start new communities there, grew grim-faced and embittered when they realised that they had been tricked into vacating Shinjuku for those supposedly more free suburbs, since Tokyo in fact has no real

suburbs, no end to its visual grip, as any train journey outwards will show: it is without end, infinite zero.

In travel books where writers doggedly walk the entire length of Japan, they meet, at their ultimate destination, a toothless old man who tells them that, try as they might, walk as they will, they will never understand Japan, never. It is all a mystery,

blank in ultimate, burning chaos at Shinjuku. It is the antithesis of enigma. Your senses spin into the abyss, and you understand Shinjuku. It takes a fragment of an instant to transmit itself, an ecstatic void moment in time, before its seizure takes hold.

From the great towers of western Shinjuku, the sprawling surface skin of Tokyo appears as a livid and intractable hide, with welts and scars of office complexes and housing blocks stretched to the point of tearing across the skyline, abruptly punctuated here and there by red-and-white garbage incineration chimneys exhaling carcinogenic vapour into the already toxic atmosphere. The air looks so thick and dense from that height, that, in an emergency, you could take bites from it and eat fragments of Tokyo.

At the summit of the vastly elevated twin towers of the metropolitan government building – a building designed to spin like a top in the event of an earthquake – the public observation spaces form two clamped-open, staring eyes. The vision of Tokyo expands unstoppably in every direction. It forms a breathing, self-sufficient terrain that seems designed to stamp out and overrule the human, like the endless glacial mountain ranges of eastern Siberia

opaque from end to end. But the district of Shinjuku takes the least tangible fragment of an instant to understand. It cracks itself open, intimately and willingly, for the viewer's first glance. The brain goes

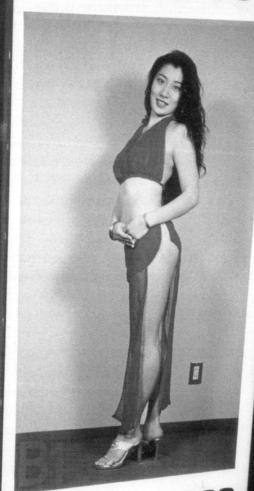

トッピングパブ
ラヴァーズ
Lovers

昼の部 ¥3000
夜の部 ¥6000

which you see from an Aeroflot flight – except that the ground in Tokyo is burning and nothing can cool it: wave upon wave of ferro-concrete, with multi-decked highway overpasses serving as the raised spines of the prickly hot beast that is Tokyo. The infinite dispersal of Tokyo across space has a punitive aura, instantly imposed in its intricacy upon whoever happens to look. Tokyo has no geography that can be fixed, no map that can hold it. The eye has to accelerate to try to catch its contours, then spins and careers headlong to the ground. Tokyo glares far too vividly for capture.

At the entrance points to the towers' elevators, the immaculately uniformed elevator girls wait to initiate you into the ceremony of rapid descent. And when you descend through vertiginous space – forty-seven floors – from the observatories into the vast, disciplined marble halls of the metropolitan building, you can believe that Tokyo must be perfect, after all. It is luminous, miraculous. The city has no need of geography to exist, no need of an eye. Nothing could be more perfect than Tokyo.

Up above the heads of the figures seething at night through the vast bar districts of eastern Shinjuku, the sky is a dense chaos of wiring, every

road junction a collision of lines coming careering from every direction, enmeshed and entangled. It is as though Shinjuku has been ineptly sutured together, the stitching unable to penetrate the wounded body of the city and so hanging laxly from the addled skin.

Shinjuku is a site of transformation, layered with its rapidly supplanted past existences. In the early 1960s, in Tokyo, the young architect Arata Isozaki was dreaming of cities that could form a vast compendium of their multiple ruined pasts, with new buildings designed explicitly to highlight and exacerbate the presence of those historical levels of devastation. He started to make photomontages of the ruins of the A-bombed 1945 city of Hiroshima, with images of his own contemporary designs for buildings embedded into the images of the decimated buildings. Isozaki commented, "The city of the future lies in ruins". Every building had to form an incitation for the human figures who viewed or inhabited it. But such cities of ruins and steel were never Tokyo, whose tangible ruins of previous incarnations simply no longer existed to be resuscitated and built within – they had been seismically destroyed in the great earthquake of 1923, then incinerated in the fire-bombings of 1945, then finally pulped by the headlong consumer culture installed in Tokyo from the time of the post-war American Occupation. From that point onwards, Tokyo locked into its own ecstatic rhythm of creation, growing ever vaster and more intricate with each spasm. It proliferated for a few years in one visual form, then abruptly cancelled its architecture, proliferated again, cancelled itself again – pulsating with the shock waves of reinvention whose sensations generated the visual core of the city.

Very few of Arata Isozaki's original ruin-inspired buildings were ever constructed in Tokyo. The city proved to be too intractable in its own unique, uncompromising velocity, and excised all attempts to perform experiments on itself: Tokyo preferred the precarious solidity of Kenzo Tange's series of towers, which came to screen Shinjuku like ferocious, irregular battlements. One afternoon, in an art museum, I watched Arata Isozaki – now a suave old man – standing over an immense black-and-white aerial photograph of Tokyo, lain horizontally on a wooden table. Into the area of Shinjuku on the photograph, heavy six-inch nails had been hammered, and complex

tangles of electronic wiring, in primary colours, tied between them. Isozaki began meticulously to pour bucketfuls of liquid plaster over the photograph, and Shinjuku finally became a landscape of glimpsed ruins, encased in a perfect covering of pure white plaster that smothered the area like luminous ash, the eruptions of nails extending upwards from that layer like brutally vivid dreams of buildings, lashed together with wire so as not to fall. But, at the end of the day, Arata Isozaki's Shinjuku is just one more dream of Tokyo, another hallucination in a city that incites waking hallucinations at every step. And when you take a further step, in the streets of Shinjuku, the luminosity of any dream of Tokyo is lost, in the same way that a film image still held precariously in the retina of the eye is lost at the moment when the spectator exits from the cinema. Then, at that moment, Tokyo is at its most obliterating. When you ask, What is a city?, the answer is never Tokyo. Tokyo is... something else.

On an elevated walkway between the Takashimaya department store and the south entrance to the Shinjuku railway station, a teenage girl had fallen, out cold in the permanently churning crush of bodies. She wore a long black coat, short skirt, white lipstick, platform boots, like a million other girls in Tokyo, but in the act of her sudden fall, she had become unique. A small crowd had gathered instantly and were looking on in fascination, as though the girl were engaged in a sex performance of some recognisable kind: her legs askew, her mouth ajar. A sober man had stopped too and was urgently calling for an ambulance on his cellular phone, but the girl's eyes were already beginning to jerk open into lucidity again, and she began struggling, dazed, to get to her feet. Within five seconds, the crowd of bodies was streaming again over the site of her blackout, and it was as though the entire scene had never happened. One moment you are intent on keeping moving through the crowd, using every strategy you can devise to avoid a glancing human collision, and the next moment, you are lost and falling, the walls and image screens of Shinjuku spinning and crumpling heavily, sound whining away to deep silence. When you finally wake from unconsciousness a few seconds later, dizzy and nauseous, the feet of Shinjuku's population scythe past your head in a dense rhythm, a thousand feet every second. You have been mercifully lost to the seizure of Shinjuku, in your

unconsciousness: a painful kind of escape. But every moment lived in Shinjuku is a propulsion into a deeper loss, stronger and stronger in velocity by the instant, the time and space of the human body gone forever.

Shinjuku's gestures are a blur. From the start of the day until the end of the night, I catch the gestures that thread their way through the life of Shinjuku: the endless tics that convulse the faces of sleeping salary-men (Tokyo's innumerable commuting office workers) on underground trains beneath its streets; the rotating hand of a boy hustler outside a Kabuki-cho sex-club, who seeks to caress his own chest with exquisite pleasure; a similar movement of rotation in the wrist of an ancient old man selling newspapers, who desires only that his bones do not seize up into paralysis, just yet; the gesture of effortlessly shooting out an astonished moist tongue, which articulates the delight or bafflement of shopping schoolgirls in the endless terrains of the Shinjuku department stores; the gesture of not gesturing, which is the domain of the hierarchically fixed personnel of those same department stores; and the gesture of foetal contraction, performed by the hundreds of homeless men who inhabit the underpasses and entrances of Shinjuku railway station in violently painted cardboard boxes. Even the most inanimate objects – the ferro-concrete surfaces of buildings, the engrained patterns of traffic dirt on the sides of vending machines, the pleated sweep of girls' designer clothes – possess their own gestures, of refusal or negation or seduction. Shinjuku is an immense assemblage of gestures, with miracles at every turning – but its immediacy dictates that there is no system of gesture, no point of origin for gesture to be located in its compulsive streets. Shinjuku signals life in ephemeral heartbeats. Walking away from Shinjuku late at night, I catch sight of a salary-man sitting – exhausted and too drunk or too late to make the long commuter trainride home – against the over-illuminated glass wall of a convenience store. The rare taxis whip by. He holds up his hand, full of coins and notes of money to show. Overhead, the moon is a big round ball of empty silver in the black Shinjuku sky, negating every gesture.

On the vast terrain of fifty-storey buildings at the western side of Shinjuku, another tower arose, some way off from the others, as though intended as an out-of-place pariah in the configuration. The rain was coming down, and Shinjuku was utterly empty of salary-men in a way that must habitually only happen in the desperate nostalgic cravings of a 1960s revolutionary, whose vision of Shinjuku is long-lost. But, for once, a major football game had captured all the eyes of Tokyo, and the only human presences scattered on the streets were the detritus of exiles from the collective life of Tokyo, those inhabitants too visually agonized by the glaring apparition of Shinjuku to be able any longer to focus on a television screen. Nowhere in the world can it be more painful to watch television than in Tokyo: fourteen million television sets transmitting a void. The new tower in Shinjuku appeared squat and unobtrusive in contrast to the older towers of the 1990s, which declare their existence in architectural exclamations, so ominously communicative as to form a language of the city already prepared, heartbeatingly eager, to announce its own devastating fall. I passed the entrance to the Shuto Expressway, a concrete multi-storey channel for vehicles to leave Shinjuku. An illuminated sign above the entrance announced that ordinary vehicles could pass through the tollgate for a payment of nine hundred yen, but nobody was leaving: Shinjuku appeared both wide-

open and locked. The low-slung alleyways surrounding the new tower seemed totally oblivious to its sudden presence in their district – and this time six months ago, there had been nothing here but a hole in the ground. The alleyways took intricate trajectories, zigzagging and dead-ending and doubling-back – so dense and directionless in their arrangement that the new tower was only rarely visible, until the alleyways finally ended and the tower abruptly monopolized all vision. On the ground floor of the building, wall-sized photographs depicting all the Shinjuku towers were displayed in the vast foyer, with details of the architecture digitally mutated to proliferating intensity in scarlets and greens. Mixed in with the images of the towers was a much smaller, stray photograph of the cellular construction of a human brain, similarly manipulated to scarlet and green, as though gone rancid. There is no Tokyo without a disease of the brain; but the light at night around the towers of western Shinjuku strikes in exhilarating black and silver, cauterizing the mind's eye.

From a plate-glass window up on the deserted, highest floor of the new tower, the night seemed to impact explosively onto the line of the other Shinjuku towers, in typhoon-driven storm clouds that surrounded and sheered off their pinnacles. But behind the thick glass, there was no sound at all, as though the entire visual field of Shinjuku had overloaded and crashed, with the resulting vacuum sucking in all the noise of the city with it, image and sound propelled together into the void. Night, in Shinjuku, is a sensory precipice.

Shinjuku is a language of the city that stutters and screams, that bears down on itself with such intense power that it warps the very core of language. To begin with, Shinjuku starts to pronounce itself explicitly and coherently, the first few words echoing in the dawn streets that run along the railway tracks, beside a pathway leading to a quiet temple, edged with old stone lanterns and great barrels of sake. But then, some original design flaw or capricious impulse in Shinjuku's language causes the syntax and intonation to break down, the words to soar into cries and white noise, until that language reaches a sheer pitch where the ears have to be blocked up – and suddenly everything is silent again, and the language of Shinjuku has stubbornly shut itself down. In its silence, that language beats from a heart whose arteries are pumping crazily – it is a zero language, all the more forceful and indestructible for its determination to say nothing, and just maintain its life, and survive. But after a while, on a new caprice, that language of Shinjuku wants to speak again. When it starts, it has been made hungry by its silence, and is now working so voraciously in overdrive that it eats down every other language, one after the other, and ingests them as one great masticated mass, so that with every word, a multiplicity of languages are spat out – saturated with such extreme tension and distortion that they are ripped apart in the expulsion. But Shinjuku appears supremely oblivious to such damage to its language. After all, the language of the city is most powerful when it articulates nothing at all. Shinjuku lives best in the night, when it can negligently sprawl its language out across itself, transmitting it instantaneously, irresistibly, in vivid sequences of burning light.

Shinjuku at night forms a zoo of light. In the dark, its illuminated image screens and signs repeatedly flare and die, grotesque, sensational, vile, unbearable. The human figures in the avenues below are seized by the convulsions of light moving in the darkness, in a monstrous spectacle that sparks its own distinctive hallucinations of the city, since Shinjuku is a visual perversion in excess. The movement of light comes in fits and spasms, with arrhythmic amalgams of ideograms, signs and objects, images meshing and separating, emptying and filling, cancelling and asserting themselves. Blisters of red and yellow on the surface of the night spread feverishly across Shinjuku, following the deep cuts in the face of the city made by railway tracks, avenues and expressways, from the towers of western Shinjuku to the bar districts of eastern Shinjuku and back again, inflamed and itching, suddenly healed and then inflicted once again. Fragments and blurs of vivid blue and purple light flail in all directions – as though trying to speak the final word that a deliriously gasping mouth could try to form, in the freezing moment before its death – and are then abruptly supplanted by warm living masses of silver and gold, that pool like blood and dissolve. The pulses of light replicate themselves endlessly, in horizontal systems thrown across the facades of department stores, disappearing into the gap between two buildings – leaving an abrupt afterburn smeared across the retina of their spectator's eye – and then starting up again to pursue a language whose sole obsession is a mad repetition.

The human figures in the Shinjuku avenues form mesmerized presences, crowding and colliding, imprinted with luxuriant colour at one moment, caught starkly with phantom white light at the next. They whisper or scream in the hot frustration of the night, voices lost against the overpowering noise of the grating and kickstarting of gridlocked cars. The avenues of Shinjuku form crazed processional movements under burning searchlight illumination, bodies going nowhere, in raw elation, simultaneously heading in both directions, grinding their way into disappearance.

But turning off the main avenues into a dark alleyway is like entering a dungeon. The visual addiction of Shinjuku is instantly withdrawn, and its presence is so ephemeral that it leaves no sense of loss. You are alone now with the garbage stacked up in plastic bags for the next morning's collection, among the abandoned cans and bottles, in the smell of urine, alongside the discreet entrances to basement drinking clubs. You slow down and recover your eyes, then surrender them again at the end of the alleyway, where the raging visual epidemic of Shinjuku's light begins again. Shinjuku is not a place where eyes often meet. It is better to look up or, even better, look down. The eye is too sensitive an organ – far more vulnerable, in Shinjuku, than the sexual organs – and too prone to emit its damage. It has seen too much, that eye that lives under the glaring visual pressure of Shinjuku, so, when two eyes meet, it is with shock.

Back among the immense towers of western Shinjuku, in the dead of night, a moment arrives when time is stilled. Standing on the arterial road that passes between the towers, you are surrounded by them as though by a gang of massive human figures: some spectacular in their lithe but frozen contortions, some with their extravagant forms juxtaposed, one against the other – as though they were involved in erotic constellations of gigantic dimension – and others simply glowering. Together, they appear engaged in a blazing display, which possesses no choreography. They simply stand, and bleed light. A spine of warning beacons traces its way up the sides of each tower and amasses on the top storey, in pulses of violent red. A strong typhoon wind of dust and seasalt from Tokyo Bay suddenly whips up in the air, whines turbulently against the facades of the buildings as though in lustful frustration, and threatens to turn any late-night passers-by upside-down with its blasts and twists. The air turbulence around the towers often sets off storms and strange microsystems of climatic aberrance in the atmosphere between them. This is a world unto itself, in Shinjuku. The very air is insane. But the dead of night brings, for a moment, a fallen silence to that atmosphere, and the series of buildings stands together in a deep calm that exudes the full recognition, that it will shatter.

Such a moment of stasis in time needs to be marked out, since otherwise, time in Shinjuku is wild. Days speed by at cardiac velocity and the daylight starts to fade out almost before it has managed to seep its way through the labyrinthine bar alleys and between the shadows of the towers; and at the sudden fall of night, those towers instantly fragment into a million points of white light as they become illuminated. The dense crowds move by relentlessly, throughout the day and then through the evening, in colossal clots of blood and twisted muscle, and then time has suddenly overtaken itself into another day. And often, time in Shinjuku convulses and goes haywire, seems to lose an hour here or there, backtracks abruptly, repeats itself, contradicts itself. In Shinjuku, time can spin in every

dimension, without its habitual deadening linear weight, contorting furiously, twisting to survive, accelerating breathlessly in order to beat its way out of captivity and finally race free, in an endless delirium of time.

Back towards the Shinjuku railway station at dawn, the first floods of salary-men are arriving, each in hostile and desperate isolation from all of the others, each determined to be the first at their desk, in choked and cramped offices layered up and down the concrete blocks. Every hurrying, elbowing figure has a raincoat and a shoddy grey suit. They are invariable, but they appear intractably opposed, one against the other. Only the nodal cluster of the Shinjuku towers possesses the appearance of a group, transmitting their whispers and moans of seduction or warning through the high altitudes of Tokyo at night, one to the other, in languages of steel, marble and vertigo.

At one of the major crossroads among the pounding avenues of western Shinjuku, close to the railway station, a homeless old man made his home in isolation on the edge of the pavement – a small wooden chair, a few bottles, some cardboard, a tarpaulin – balanced against the barrier that separated the pavement from the road. Maybe he wanted to create some distance for himself from the hundreds of other derelicts living under the railway station, or perhaps he simply liked the spectacle. And a million or more cars shot by each day, two million or more pedestrians passed a hairsbreadth from where he sat, on his rickety chair, smiling indulgently at the insanity of it all. Around him, buildings were relentlessly demolished and rebuilt, shops turned into banks and then into convenience stores, the commuting salary-men frenziedly jostled past. One day, the old man acquired a kitten from somewhere, and kept it under his coat, feeding it scraps of fish. Over months, then a year, the kitten grew into a big black cat, sitting solidly with calm affection on the old man's chest, while he kept his amused gaze on it all, just holding onto his bottle, as Shinjuku detonated endlessly around him. He was the last man alive in Shinjuku.

KOENJI

Down the centre of a great avenue, on a hot night, in a ferocity of noise, the inhabitants of Tokyo danced. The sheer-high walls of illuminated department stores and office complexes channelled the dancers through the Tokyo night. The dancers advanced in teams, with aberrant drummers veering from side to side across the avenue, leading disciplined formations of young women in green and yellow kimonos, then a grunting horde of grinning men came running up behind, carrying a wooden shrine on their shoulders. After a moment's break, another set of drummers from the next team started to appear, and all down the avenue, gang after gang of dancers extended far into the distance. Somewhere along the extended route of the dance – uphill to the darkened end of the avenue, then twisting down adjacent narrow alleyways, through covered shopping arcades and back to the starting point, to begin again – a set of elderly judges evaluated each group of dancers in competition against the others, though the merits to be examined stayed opaque, and whatever judgements were made remained unannounced. Some teams of dancers simply replicated the movements and noise of the previous team moving up the avenue, while others seemed intent on surpassing the previous team in cacophony or intensity. The noise of the dance was catastrophic, louder even than the habitual presence of noise in Tokyo – where a simple visit to the supermarket can entail being subjected to a constantly repeated assault of loudspeakered vocal soundtrack. The drummers beat away in open-mouthed frenzy as they careered further and further ahead of the procession, taunting and enticing the crowd of onlookers into their atrocious

architecture of noise. Clattering explosions of sound span in brutal echoes from one glass-fronted wall of the avenue to the other. The women dancers, with fixed smiles, executed an endless gesture of elongating their arms, twisting their fingers, over and over again, while the men behind carrying the shrines exerted and heaved in spasms, their bodies expelling ghost trails of condensed steam high up into the air. Jets of sweat flew from their arms into the jammed crowd at each side of the avenue.

I recognised this street procession, named Awa Odori, from a sequence in the film *Sunless*, by the director Chris Marker. He must have filmed the festival, in the avenues of the Koenji district, long ago, in the early 1980s, for his film exploring Tokyo's distant future. I watched the film many times over the years, and the images of the festival burned into my memory: they stirred an obsession. Now, the festival appeared before my eyes, identical in visual detail. But the stasis of the film images I knew by heart transformed itself suddenly into the living rush of immediate, moving bodies.

The procession kept propelling itself unstoppably through the streets of Koenji for hours. I expected the festival to finish, but it kept on. By the early hours of the morning, the procession had become ragged: the dancers drained to dehydration by the wet heat of the Tokyo night, the drummers beating wildly out of time, the sagging shrine-carriers close to cardiac arrest. They had already circuited the Koenji streets for four or five hours. The crowd of onlookers, visually hypnotised at first by the dance's pulse of repetition, eventually grew weary and started to disperse, but still the dance went on. Each dancer moved in snatched instants of time between bouts of exhaustion. All the oxygen and adrenalin of Tokyo allocated for this particular night had long since been used up, and every dancer and drummer gasped for breath, working their gruelling way into the matter of exhilaration or ecstasy in order to be able to continue, or else collapse. Even without any necessity to dance, and after the watching crowd had almost all gone home, the compulsion to keep moving overruled the exhausted bodies. Breathing itself became a hard-won gesture, suspended between bouts of vertigo, and the dancing was done in raw moments saved from obliteration, to become vital fragments of memory.

YANAKA

Crossing Tokyo, the constant oscillation between heat and cold, between noise and silence, creates a limbo of sensation between extremes, that works abrasively at the body. At one moment you are in the tropical crush of Shinjuku, the sweltering pressure of hot skin around you generating a mass, compulsory pornography of multiple bodies. The next moment, after traversing a segment of the Yamanote overground railway that circuits the central areas of Tokyo, you are in the most silent zone of the city, the vast cemetery district of Yanaka. It is the centre of the day, in the city that holds the most vastly overloaded concentration of human beings ever to exert itself in perverse anomaly upon the earth, but in wandering the overgrown expanses of Yanaka, you could look in vain for hours for another human face. No sources of heat exist around the open cemetery

lands – the earth is coldly locked and the burning sky is hidden away by a thick covering of trees. In the cool green shadows, the untold millions buried there have only prowling cats for company. Entering the most neglected areas of the cemetery, abandoned for decades or even centuries, you touch the dust on the ground in the certainty that nobody in your lifetime has touched this exact place before you. The ancient stone lanterns around the tombs often reel crazily from soil erosion or damage from some calamity or another, but Tokyo itself has stopped still.

Tokyo possesses extreme density in its noise and its silence. For hundreds of years, the noise of Tokyo has gradually accelerated in its rhythms and cacophonies, occasionally cracking apart with the devastation of the 1923 earthquake, the fire-bombing of 1945, and the riots of the 1960s, then building relentlessly up again from shattered silence – a noise that keeps on whispering with an infinity of wide-awake voices through the night, and that soars in crazed, fatigued grandeur throughout the day. That noise accumulated and compacted itself around the surfaces of Tokyo like the compressed layering of the red Yanaka cemetery earth around the dead. Tokyo holds an old noise, and any innovation – such as the incessant ringing of cellular telephones on the streets and subway trains, or the urgent blaring from the digital image screens of department stores – has to ingratiate itself into that ancient roar. But even in the pounding raw heart of it all, the silence of Tokyo can assert itself at will. Participants in the violent Shinjuku street riots of October 1968 remember a point at the very height of the battles between protesters and police when, for an inexplicable moment in the chaos of blows, all sound was abruptly suspended, and Shinjuku became a vast void bowl of silence. Then, the resurgent noise of Tokyo catapulted the rioters straight back into the blood-spattered heat of the present instant.

Between the Yanaka cemetery and the Yamanote railway line, a random scattering of old single-storey wooden houses maintains its own fierce silence. The district is the tenacious contradiction that can efface even the great, all-consuming aberration of Tokyo. The firebombing and earthquakes largely passed this enclave by, and any reports of violent riots in 1960s Shinjuku must have seemed arcane news from another planet here. The aged residents come out into the alleyways and watch intently, like isolated rural peasants, as suspicious strangers go by. At night, the noxious yellow glow that extends upwards from the adjacent business towers and salary-man hotels, over on the far side of the Yamanote line, would form the wrong sky for Yanaka. But directly above the fragile wooden houses, an immense purple-black and silent sky, empty and unscathed, holds its ground over the dead of Tokyo.

SHIBUYA

The central crossroads of the Shibuya district hold the relentless visual thrall of Tokyo at its maximum impact. Then, in the narrow backstreets and alleyways of Shibuya, the roar of Tokyo dissolves into a profound sexual calm: an obsession with ecstasy that only the ferocity of its blazing, image-ridden intersections and its innumerable department stores could create, as their own antidote and cancellation. The heart of Shibuya is a pleasurable, vertiginous collapse from within the ligature of its stranglehold – the very intensity and intricacy of that visual grip generate the bliss that its release gives. Rising up the hill to the west of Shibuya, from the vast terrains of acid light, image screens and multi-storey shopping complexes, the seizure of Shibuya relaxes, and floods out into silent alleyways of love hotels, interspersed with minuscule shrines surrounded by trees and long processions of drink-vending machines; it is a place of fragile gestures and ephemeral human movements in the city, with the aura of sex hanging in the air. For every young inhabitant of Tokyo, Shibuya is eden: the raw power of the original sex act, enmeshed with the chance – whatever its duration may be – to hide from the world forever.

In Shibuya, the presiding deity is Hello Kitty – the terminally innocuous red-and-white cat that endlessly holds one paw up in blithe greeting. Everywhere in Shibuya, the face of Hello Kitty slams into view, with entire stores devoted to vast swathes of Hello Kitty consumer products: every conceivable item is inscribed with that face, which has no mouth, nothing to articulate. Before the age of Hello Kitty, the figure of a cat holding up its paw was used to entice

customers into individual restaurants and shops, promising good luck or affluence for that particular site; but Hello Kitty endorses everything – every human existence and act – without exception. For decades, the animal that pre-eminently protected Shibuya was the dog Hachiko, whose statue marks the permanently-clotted entrance to the Shibuya railway station. But Hachiko – whose legend states that he waited each day at the station to meet his commuting owner, who died at work one day, leaving Hachiko to wait with iron determination for many years, until his own death – possesses an aura of obeisance and sacrifice that is too imperative for contemporary Shibuya. Now, the idol of the inhabitants of Shibuya is Hello Kitty, who purely exists, to entrance. At the Gotokuji temple in western Tokyo, devoted to the innumerable cats of the city, Hello Kitty is a deified presence, her image set directly alongside the temple's gods. Hello Kitty, like William Burroughs' favourite maxim, holds the glaring reality of Tokyo: Nothing is true, everything is permitted.

In Shibuya, the language of Tokyo is experienced at its extreme ocular force – as a hybrid and perverted concoction of word and image, with those volatile elements entangled so intimately in their collision on the watching eye that only a random detonation of ecstasy in the head could create a physical counterpart to that language's visual power. Where the paintings of the artist Jean-Michel Basquiat enumerated in words the banal components of such fetish items as "famous sausage" – the water, the meat, the rusks – alongside their explosive figurative gestures of paint and human bodies, the signs of Tokyo spell out names in English beside the spectacular kanji characters that seize at and incorporate an object or place or presence. English is a language that often runs alongside the kanji characters of Tokyo, accenting and underlining them on subway station signs or on the packages of consumer items. At times, the English language surges off on its own in Tokyo, as on the immense illuminated signs that constellate the highway from Narita airport into Tokyo. And that alien language often mutates seamlessly between English and French, as though the space between those two languages comprised a negligible, transparent border that any consumer product possesses the inalienable right to traverse. Even in the late 1920s, the inhabitants of Tokyo had a language

embedded with English words, with up to a quarter of all spoken words taken from the English language, their original meaning either becoming transformed or else veering waywardly away into obsolescence when they became incorporated into the language of Tokyo. Looking back from the language of contemporary Tokyo, that era of the 1920s now appears as a golden age of veracity in the use of English. No system of coherence or scale exists in the transformations of English into the language of Tokyo, especially when written English is used on its own. Then, the perversions are at their most extreme and virulent – a plastic carrier bag from a Shibuya convenience store often conveys a philosophy all of its own, inscribed on the plastic in an English text of Nietzschean complexity and declaration, while an art museum or concert hall's explanatory texts in English are always elliptical, garbled and enigmatic beyond all notion of paradox.

So many surfaces in Tokyo carry English or French words that it could seem that those words are being given some kind of value – that the use of English or French words, in Tokyo, is an attempt to appropriate a sense of prestige, and then to weld that prestige onto lacklustre consumer products. But, in fact, there is no intended value there: it is a pure experiment, in draining language, and creating the pleasure of manoeuvring at will an ultimately tractable, utterly void language, that is perfect for its addition to the visual screen of Tokyo. That language is transformed into another image, on the vastly intricate face of Shibuya. The streets and visual screens of Shibuya show mercy when they skin English alive and press it, as raw material, into glistening and sensual amalgams with their own kanji characters, displaying the results in the compelling arenas of those avenues and crossroads. In Shibuya, you can start to believe that English is a language worth nothing at all – its history so contaminated and loaded with strategies of subjugation or oppression that it is a liberation for it to escape that scarred history. And when gangs of schoolgirls part, in the saturated avenues of Shibuya, they wave and scream "Bye Bye". The vacant words spin off in exhilaration into the air and vanish, free at last.

HANEDA

In Tokyo, mercilessly, nothing is hidden. The compulsion to touch and see the city induces a kind of prolonged excoriation of the skin and retina. Tokyo is a city of contradiction, simultaneously ephemeral and profound, visionary and banal, and when you fall into the banal, that is a descent to remember.

On its far south-eastern side, Tokyo disintegrates in ragged streaks of dirty concrete towards the ocean. The downmarket office complexes around the eastern Shinagawa district crumble gradually away, and then Tokyo becomes a limitless network of polluted waterways, canals and inlets. Layers of detritus congeal on the surface of Tokyo Bay as it meets the city's landmass. The gathering of debris on the water forms such an elaborate concoction of material that it looks to have been placed there with some great scheme or intention in mind: a vast accumulation of soda cans and food packaging floating on the surface scum, together with pieces of discarded animal flesh and wood and mottled plastic, all fixed into a more pounded-down layer of dense grey junk that has seeped in and out with the tides for decades. The marginal population of those destitute outreaches of Tokyo coagulates too, in small groups around the water's edge, gazing out at the adhesive mass of rubbish, or attempting in futility to catch diseased fish, or simply huddling together in silence, without any intention at all. In this zone, the rigid vertical hold that almost all of Tokyo maintains is abruptly transformed into gaping horizontal panoramas. It is a vast razed landscape of oilspills, cracked concrete and half-burnt debris, as though a scorched earth strategy had long ago been decided upon, for some defeated retreat out of Tokyo that never came, its inhabitants too exhausted or blithe to move out.

A monorail track extends out over the waterlogged terrain, from marooned island to island, heading towards Haneda airport. On the decrepit monorail, you are travelling nowhere. Long ago, Haneda airport was superseded by the new international airport, Narita, which is an endless journey away from the central districts of Tokyo. Why it was built there, far away in the district of Narita, nobody can say any longer. There is simply no reason, and never has been. The imputed badness at the core of a wrong decision has long ago bled harmlessly out into the overpowering medium of Tokyo's habits. When construction work on Narita airport started, at the end of the 1960s, continuing almost throughout the following decade, it destroyed the richest farmland around Tokyo. The displaced farmers, in alliance with political dissidents and left-wing student groups, protested and rioted on the construction site for decades on end, in viciously bloody battles against the police. When Narita airport finally opened, Haneda became used only for internal flights, especially flights into the wounded inner mental space of Japan.

Haneda faded away into an apparition, glimpsed from the monorail as the chimerical contents of a desert island, out at the extreme end of the godforsaken industrial zones and sheer emptinesses that run alongside the ocean inlets of south-east Tokyo.

On the journey out to Haneda, you see a Tokyo that is disabused. It knows that time itself is null and void. And in the awesome visual power of Tokyo's banal extremities, that gap in time exposes itself.

MAKUHARI

Endlessly making journeys across the terrain of Tokyo – moving from subway trains to overground trains, from monorails to taxis, and walking, through the Tokyo streets and alleyways, at the dead of night, in prized solitude, or at the maximal hours of congestion, in the grim intensity of a salary-man crush – brings about a direct sensory confrontation with the city. Tokyo drains the body of every fluid effortlessly, in an instant, but you keep moving, intent on a search without reason, committed – as though on some strange hunt for retribution against the city – to pursue a chase where the target has already surrounded you, swallowed you and spat you out. If ever you were to uncover the original flaw in the perverse system of Tokyo that would make it humanly assimilable, it would be time to leave. But Tokyo is an endless visual compulsion that is cruelly flawless in its envelopment.

A sticker at child's eye-level on the entry door of every subway train displayed a red cartoon cat en-route to an important assignation, leaping wildly through the air to board the train at the last instant. But the doors have closed on its tail, which is concertinaed in the impact, and the dismayed cat is weeping a single painful tear.
On those subway trains, I look at the faces of the line of salary-men who sit on the bank of seats across from me. Disembodied, those faces change and metamorphose, becoming older and younger, but are inexhaustibly replaced. As I travel on and on, the human faces start to form one long sequence of intricate gestures and internal alarm signals. At one station, the entire line gets out, and another line gets in. Leaving and entering a subway train is a violent act for salary-men, to be accomplished abruptly, like a sex act subject to a brutally tight agenda. Within

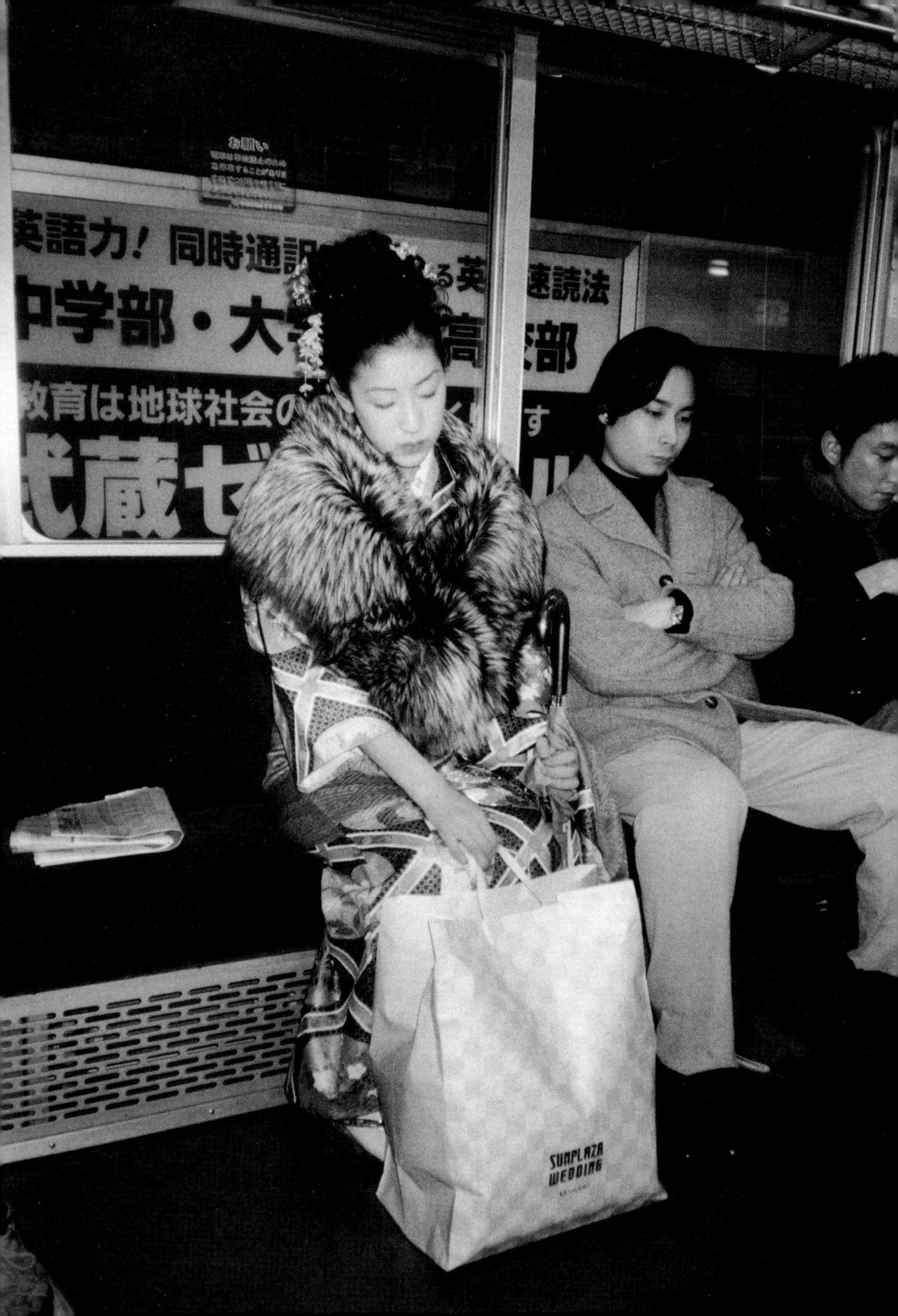
お願い
英語力！ 同時通
速読法
学部・大
部
育は地球社会の
す
蔵ゼ
SUNPLAZA
WEDDING

seconds of their bodies hitting the seats, most of the salary-men are either intently reading thick pornography comics or else asleep and dreaming – every day is relentlessly long, with work extending late into the evenings, an overall commuting time of four or five hours, their shoddy grey suits crumpling and pulping over time like identical paper bags of squashed and leaking fruit, and an entire sweated lifetime of this ahead. They slump from side to side on the seats, held upright against the next body, their mouths convulsing in dreams. Their female counterparts – the office ladies – determinedly retain their lucidity, since sleep renders them vulnerable to covert sexual attack, but with eyes open, they are dreaming too. The train heads out along the extreme northern edge of Tokyo Bay, crossing river bridges and industrial estates and dock terminals. Out on the bay, a scattering of petrochemical tankers moves through leaden grey air with a speed that seems infinitely listless alongside the momentum of the train. The entire landscape along the bay appears to be falling apart, as though Tokyo had momentarily relented its grip and let itself disintegrate into tatters. Then Tokyo coheres again into an apparition of highrise business towers, out in the distance, grouped

closely together in isolation at the water's edge. At the station serving the business complex, every salary-man without exception leaves the train. Nobody gets on, and I am suddenly alone, on a train, in Tokyo.

Tokyo expels its inhabitants to its extreme limits, and there – as though in some kind of revolution against their omniscient site of gestation – they construct new Tokyos, miniature Tokyos, that stand as deviant or rebellious outgrowths on the face of Tokyo. The vast complex of Makuhari, on the edge of Tokyo Bay, forms a dense conglomeration of business towers and hotels of such great height and narrowness that to scan them from ground level almost paralyses the eyes. Deep within the concrete precipices, a Japanese ornamental garden has been constructed, in conventional incongruity, with a house for tea ceremonies and a pool of huge snapping carp that gulp convulsively for food at the sight of any human form. The entire Makuhari complex is surrounded by a forlorn wasteland, and even within the pristine parameters of Makuhari itself, aberrantly empty expanses of dirt and dust appear, where some anticipated construction project collapsed in financial disarray or corruption. One of the Makuhari hotels possesses its own bizarre extension – an extravagant wedding chapel with an orchid-pink steeple, where brides in voluminous white gowns wait outside, on the edge of a roaring arterial road, digitally timed to the second for their entrances and exits. And then, at the fall of night, Makuhari abruptly empties out. The superfluous salary-men come and go like the vast index to a manual that is superseded every day. The lights of the business towers flare for the first hour of the evening, then expire. Makuhari disappears against the Tokyo night.

I stood in the twilight on Makuhari's artificial bathing beach of grey sand – the most desolate stretch of coastline I had visited since the abandoned beaches of Albania in the aftermath of the communist regime's collapse. Minuscule waves moved in and out, and the great tankers out on the calm water now seemed to be travelling faster than anything on the land. The beach was still marked with the traces of a desultory human action from the day: the plastic and cellophane remnants of salary-man lunches, and scattered brochures for computer systems and cellular telephones. A ferocious red sun started to descend into the petrified

water, and a loudspeaker alternately blared vocal instructions along the empty beach and played a gritty recording of "Auld Lang Syne", to encourage anyone still there to leave. Behind me, the Makuhari Prince Hotel ascended like a tin toy rocket into the sky. And, along the coastline, the great towers of central Tokyo glowered.

At night, on the deserted pedestrian walkways of the Makuhari complex – the elevated channels stretching out from such locations as the designer plaza to the techno garden plaza – I imagined it as a site of insurgency. Makuhari forms a kind of mutinous outburst against Tokyo. It is an eruption at the periphery, oscillating between magnificence and dereliction in the space of an instant. And it forms a kind of alien nomadic body in the city, that could uproot itself in an instant from this point on Tokyo's battered hide, leaving no trace, and travel right over the surface of the city to re-install itself somewhere else, in another cracked or peripheral zone, identical in every last respect to its previous manifestation. Makuhari lies on one of the innumerable fault lines of Tokyo, and its population is alive with nervous tremors. Close by its business towers, the complex has been carefully outfitted with an emergency psychiatric clinic. Tokyo is an over-illuminated and patrolled site where any sign of rebellion could be effortlessly dissipated and extinguished. Only out at Makuhari, where Tokyo has run out of control, is the madness of the city alive and well. In Makuhari, erecting pirate flags on the business towers would be the perfect design solution.

KASHIMA

From up on the wooden terrace of a temple in Ueno park, in the east of Tokyo, a great artificial lake is visible, with a rounded island in its centre, the water covered with innumerable floating lotus-seed pods. Behind the island, the lights are coming on in a thirty-storey apartment block designed in the shape of a jagged exclamation mark. It is getting dark. Then the image of the pond in front of me starts to oscillate, as though it were projected onto a screen which a hidden fist had begun to pummel and shake. The wooden structure of the temple behind me aches and moans, then I turn to see it shudder in rapid convulsions. Down on the pathways of the park, the passers-by are having to hold themselves up straight to keep from falling. The tremor dies away, leaving the blurred traces of its spasms hanging visibly in the air before my reeling eyes.

Everyone in Tokyo knows that a great catfish lives far beneath the city, and that this is no simple children's story. The catfish, it's said, bears an amiable smile on its face, but from time to time it gets riled and angry, and thrashes its tail from side to side. Then, far above it, Tokyo is thrown from side to side too, and the buildings threaten to fall down and the city's inhabitants are uneasy, and they wonder what they have done to anger the catfish. But the catfish is oblivious to all such concern. It doesn't want to harm anyone, and in any case it has never even heard of a crazy place named Tokyo where untold numbers of human beings live, crushed together in unendingly perpendicular buildings. But, from time to time, the catfish gets restless and angry, and it just has to thrash.

In the woods behind the shrine of Kashima, to the north of Tokyo, the very tip of a stone pillar emerges out of the ground. This is the pillar that is known to go all the way down to the very centre of the world, where it holds down the head of the catfish to keep it from thrashing around. The inhabitants of Tokyo arrive in the woods on holidays, to gaze at the tip of the pillar and throw low-value coins at it from behind a little fence, as an offering to its efficacy. But even then, the catfish thrashes from time to time. It doesn't care about a stone pillar that is supposed to hold down its head, and it doesn't care about the low-value coins, either. Every now and then, two elderly, uniformed guards climb over the fence in the woods and wearily pick up the coins, one by one, from around the pillar. As they scrabble on the ground, panting with the exertion, the seams of their trousers bulge dangerously; but it must be an easy life, picking up the catfish's coins.

In the earthquake museums of Tokyo, children's drawings carry the only tangible sense of the city's oncoming devastation. In the damply decrepit and empty earthquake museum of the eastern district of Ryogoku, the crayon drawings by the young children who had recently survived the decimating earthquake of 1923 show Tokyo traversed by jagged, violent streaks of red:

fire burning out of control, and incinerated human bodies twisted beside the Sumida river. One tall building is cracked halfway up like a mouthful of broken teeth, and is starting to topple over: the twelve-storey tower that once stood among the amusement parlours of the Asakusa district, and was the first of Tokyo's innumerable skyscrapers. Finally, Tokyo is consumed in fire, and the inhabitants run screaming, arms raised in the air, to escape the onrush of flames. The earthquake drawings of 1923 lie forgotten on the peeling museum walls. But in another museum, in northern Tokyo, a new set of children's drawings is being pinned up. This time, the drawings are by the children of contemporary Tokyo, who have only seen films and photographs of earthquake damage, but the images are almost identical to those of the children of 1923: the buildings of Tokyo split apart and flail horizontally, disgorging their occupants into the air as they crash to the ground, and the city is dominated by a blood-red fire that races after children who run, open mouthed, their arms in the air. And in both museums, children have drawn the great unruly catfish, swimming in its pool far below the towers of Tokyo, with its wicked smile and its twitching whiskers.

A convenience store security camera recorded, by chance, a vast earthquake. The clerk was just assiduously fitting a customer's shopping into a plastic bag. Then the earth reared up, and the sky came down; the convenience store was slammed from side to side, and the consumer items on the shelves headed in a thousand different directions. That is how the story of the destruction of Tokyo will begin: in a moment of utter banality.

Tokyo never learns. It walks into its disasters with its eyes wide open – calamities such as the great earthquake and subsequent fire of 1923, and the incendiary bombing by the American air force of 1945, both of which utterly obliterated Tokyo – and then it begins to crave the next bout of annihilation. After Tokyo's last earthquake destruction, its inhabitants viewed the city's inferno as a force of purification; and in the blackened remnants of post-war Tokyo, many of its young inhabitants experienced an elated response to the evidently cancelled militaristic obsessions of the wartime years, and to the start of the experimental cultures which that return to zero brought with it. The moment of the catfish's final convulsion is both feared and anticipated in contemporary Tokyo. Alongside all the solemnity of its official earthquake preparations, Tokyo maintains a wilful sense of caprice that welcomes the expansive gesture of destruction that will issue up from its seismic terrain; and it blithely constructs its masses of immense towers and its deeply layered subterranean railway systems, in the firm expectation of their spectacular ruination.

DAIBA

Tokyo exists within its own history as a sort of permanent infection, that, if momentarily cured or subdued, metamorphoses instantly into some new abrasive configuration. The city is an ineradicable presence, always effortlessly able to find a new way, even after its comprehensive obliteration, to encrust itself back onto the surface of the earth. While the city propels itself in movements of expansion in every direction, the site on which Tokyo is constructed itself forms a fluctuating terrain, seismically shifting in perpetual motion, but also existing in tension with Tokyo Bay and the surrounding ocean. On a number of occasions over the centuries since the creation of the city, the earth beneath it and the sea alongside it have both tried to dislodge Tokyo – but the city has always stuck fast. At times, Tokyo Bay has started to dry out, and at other times it has gained rapid ground on the city and threatened to swamp it once and for all. Tokyo finally took the upper hand over the bay, through invasive strategies of land reclamation. At the end of the 1950s, the entire area of bayside warehouses around Shinagawa became suddenly obsolete when a new quayside was created by reclamation, leaving those warehouses stranded and derelict. And Tokyo has even gained ground on history itself, by constantly recasting itself, as a hostile or benevolent presence to the world beyond it, compulsively stretching the lines of history around its own ambitions and desires.

On Daiba Island, massive land reclamation created a glittering new annex for Tokyo, across the bay from the dense zones of towers around Shimbashi and Shinagawa. The new offshoot city on the island emerged with suddenness, catching the

inhabitants of Tokyo off-guard. At one moment, there was only a raw wasteland of waterways and abandoned docklands, over and under which expressways passed on their way out to Narita airport. Then, almost between one breath and the next, the waterways had been filled in and Daiba had proliferated with stop-motion intensity, into complex nodes of business towers, digital media centres and exhibition halls. Even so, the terrain of the artificial island was so vast that vacant zones between the new buildings left gaping holes all over Daiba, exacerbated by financial corruption scandals which brought many building projects to an abrupt halt. And in places, the more archaic layers of Tokyo still manifested themselves, with the distant sight of old freight warehouses and rusted cranes subsisting from the island's previous existence.

I took the Daiba monorail around that pitted island of grandiose mirages, and back to the area underneath the Rainbow Bridge that spanned the bay. An office complex had appeared in an area where, a few weeks earlier, there had been a waste-ground, but already the complex was stacked, floor upon floor, with a full contingent of salary-men. Passing schoolchildren cried out in a disciplined sequence of screams, mastered over the brief existence of the building, whose curved facade of aluminium and concrete returned a spiralling echo for each child's scream. But every business complex on the waterfront fell into visual oblivion alongside the Fuji television centre, an enormous construction of metal grids and crosses, with a huge silver ball on top that projected colours, changing from second to second, at night. At its initial mani-festation, the building proved so devilish an ocular shock that even Narita-bound taxi-drivers, tight-lipped for decades at a time, would sometimes open their mouths as they crossed the Rainbow Bridge to exclaim about it.

From the very end of Daiba island, a narrow causeway ran alongside the Rainbow Bridge towards a small triangular island, built in the mid-nineteenth century and stocked with cannons, ready to repel the American warships then threatening to invade and break open Japan as a trading nation. The island commanded the point at which Tokyo Bay narrowed into the mouth of the Sumida river. After a long stand-off with the United States, Tokyo capitulated without a fight, bringing centuries of isolation from the rest of the world to an end. Walking across the causeway to the island, I find that the cannon mounts are still there, embedded in stone whose age – a hundred and fifty years old – startles the skin, accustomed as it is in Tokyo to the touch of month-old metal and plastic. At the extreme edge of the island, the glowing scarlet water of the bay abruptly cuts to black as the fireball setting sun disappears behind the mountains to the west of Tokyo. Then, in the rapidly freezing air, the only illumination that remains is the light flooding over from the Shimbashi towers on the far side of the bay. And later, when I take the last ferry of the evening from Daiba, heading back towards that vicious swamp of light, I drift in exhaustion, and for a moment I am back on another ferry, in the Bosphorus Channel, heading from the exiles' island of Büyükada into the city of Istanbul, with the Blue Mosque approaching on one side, and on the other side the lights from the surviving concrete tenements of that other earthquake-decimated region. Then, as the ferry docks, the welcoming visual psychosis of Tokyo snaps me straight back into its glaring, needling embrace.

HIKARIGAOKA PARK TOWN

In Tokyo, if you dream about Europe, it is because dreams of Tokyo are impossible: Tokyo summarily overrules the dream. By day, the body of the traveller moving through Tokyo is permanently subjected to the elemental routine of an obliterating vertigo – hot skin is forcibly next to skin to the point of suffocation, and vision cascades up and down through the extremes of sensation. At night, Tokyo pulls free from both dream and reality, becoming its own driving obsession that expels whatever is extraneous to its delirious system: so you cling on or fall.

In Tokyo, a dreaming nostalgia for Europe somehow crept up on me, unawares. As I walked the avenues of Tokyo, I kept imagining the avenues and suburbs of Berlin, Paris and London: the spraycan-inscribed walls of decrepit buildings alongside frozen canals, the view from overhead subways of figures embracing in rooms with high ceilings, and all the magnificent decay of Europe. In the nostalgia brought on by the perverse thrall of Tokyo, I started to visualize the eastern Berlin suburb of Marzahn, once the most violent place in Europe: a shoddy encampment of one hundred thousand human figures crammed into row upon row of breezeblock tenements on a freezing plain in the middle of nowhere, reached by a rocking tram that lurches from stop to stop, the tin walls of the urine-reeking tramway shelters saturated with dense layer upon layer of conflicting neo-nazi and neo-communist graffiti. Trying to find a way to obliterate that nostalgia, I searched on the map of Tokyo for the nearest equivalent to Marzahn. The closest approximation I could locate was the Hikarigaoka Park

Town district, out in north-west Tokyo, its sprawling expanse located – as though by some wry strategy – directly across the city's principal seismic fault-line. For many years, Hikarigaoka was marked on the city's tangled subway map as the isolated terminus of a line (the only one in Tokyo not designated by a name, referred to only as Line 12) which started in a place totally unconnected to any other transport system. It looked like a site stranded, by accident or design, in a wasteland, reached from nowhere and going nowhere. But then the subway line was extended to the central district of Shinjuku, the entrances to the intervening stations appearing suddenly in the streets, as though the whole line had been drilled overnight in one of Tokyo's capricious convulsions, and I went down into the endlessly deep shaft under the surface of the city to take a subway train out to Hikarigaoka.

An immense incineration chimney, ascending into the sky in red-and-white hoops, pinioned my eyes as I left Hikarigaoka's subway station. It shot a relentless stream of contaminated vapours, from burned plastics and other noxious materials, determinedly out into the district's air, as though invested with a grave mission to fulfil; otherwise, Hikarigaoka seemed inhabited by a pall of human lassitude. The atmosphere in the streets smelt strange, awry. The incineration chimney was surrounded by symmetrical arrangements of identical multi-storeyed apartment blocks, structured around a central boulevard, each housing complex dis-tinguished from the others only by the marking of a number on its side. Directly alongside the huge building in which the collected toxic material was stored, ready to be heaped into the incineration chimney's furnace, there stood a windowless shopping complex filled with constellations of department stores and supermarkets; the incineration complex and the shopping complex possessed exactly the same size and design.

Hikarigaoka was a housing district designed for salary-man families with children, with eight or ten schools dispersed across it, along with the park which justified its designation as a Park Town. I entered the desolate park, the entrance to which led alongside the incineration complex. Even though it was a school holiday, the park was utterly empty, the children of Hikarigaoka either locked into their televisions or preferring to gaze out from their windows. On the tarmac expanse at the edge of the park, next to the incineration plant, I found one of the few graffiti ever inscribed upon the face of Tokyo. It was spray-canned onto a horizontal surface, and lisible only from above. The graffiti required its spectator to study it closely, refusing to exclaim its content: its visual configuration formed an intricate meshing of words and images – from "Yo! Crasher Fuck You!" to heavy-set human figures standing bulging-eyed with their backs to godforsaken skyscrapers. I looked around to see who could have created the graffiti, but the park stretched out in its blighted vacancy, except for groups of chickens rooting around in the bushes, and a few teenaged girls with white lips trying to sell cosmetics to one another on benches beneath the park's cracked concrete shelters; a cold and rancid rain of diluted ashes started to fall.

I kept walking, circuiting the complex again and again, hoping to find a cancelling counterpart for my visions of Europe. But all that Marzahn seemed to share with Hikarigaoka was a collective excoriation exerted upon their inhabitants' bodies and eyes. Soon, the leaded air was clawing at my lungs and making my sight unravel into starburst pinpricks of pain, while the loudspeaker announcements boomed out across the park through the walls of the department stores, ricocheting in broken echoes from the sides of the apartment blocks. I decided that if Hikarigaoka possessed any relation at all to Marzahn, it was probably as some brutal distant cousin, its temperament diverging from Marzahn's crazed violence into a void banality. And if they were twins after all, it was through being as deadly as one another in their human impact. The incineration chimney still pumped out its interminable emission as I abandoned Hikarigaoka. I was cured of Europe.

YASUKUNI

Along every road and alleyway in Tokyo, at the end of summer, plastic constructions in red, orange and brown are attached to the lamp-posts, in lieu of autumn leaves. The autumn leaves themselves are far away, in Tokyo's dispersed parks and gardens. But in any case, it is better to have a plastic representation that is not so vulnerable to the volatile upheavals of climatic turmoil. Due south from Tokyo, in Indonesia, the sun disappears from the sky every year for months on end, trapped in an impenetrable smog, and the inhabitants of the cities walk the streets blind and masked, like suffocating zombies, in an unliveable medium which no longer possesses any seasons. The inhabitants of Tokyo are obsessed with the least nuance in the changing seasons, with all the fragile indicators of the fall of winter and the arrival of spring. They desire a moment of sureness and stability – just an instant –

before Tokyo comes down upon their heads again, every day, relentless and crushing. They need to gaze upwards, as they pass at speed through those crammed alleyways lined by convenience stores, and know exactly what to expect, even if what they see is a sign of decay or imminent death. In Tokyo, even a scrap of plastic can be transformed into the final embodiment of human dignity.

The inhabitants of Tokyo survive by fragments of memory and sensation. One afternoon, in the museum attached to the Yasukuni shrine, where the dead of all Japanese wars and conflicts are honoured, I watched a group of old men who had assembled in the room devoted to their kamikaze pilot comrades of 1945. The room held the possessions of the twenty-year-old pilots, their last letters, the photo-graphs of their families and lovers, the photographs of the

pilots themselves. As they assembled, the old men shifted around dazedly, lost and unsure of themselves, but once the ceremony of commemoration began, their worlds abruptly recohered into vivid focus. From the walls, the images of the dead young faces directly confronted the line of the living old faces. When the kamikaze pilots attempted to explode their planes into the

American ships that were closing in around Japan at the end of the war, they went about their self-immolation with an everyday clarity, as though accomplishing a simultaneously mundane and

majestic act. For most young inhabitants of contemporary Tokyo, the kamikaze pilots appear utterly ludicrous – and the Yasukuni shrine itself an arcane, dubious spectacle (resonant of the reverential visits made to the shrine by the political leaders of Japan, who form an opaque all-male community of arbitrary power, saturated in histories of corruption and secrecy). But the kamikaze pilots still pulse for the line of decrepit, disappearing men, who possess other, older eyes. The priests intone the prayers, and the old men bow their heads, some with tears smeared down their lined cheeks, others intent on an inner world of grim pride. Tokyo has expelled them. Unlike their comrades, the old men survived to see Tokyo burned away into ashes, then occupied by their enemy – and finally shot before their eyes into the alien outer-space dimensions of consumer and digital cultures. They, too, want their moment when it is the dignified stability of death that is intimate with them, and not Tokyo.

Every inhabitant of Tokyo requires radical strategies of defense. And the act of inhabiting Tokyo is itself a kind of kamikaze mission – glorious and mundane and ridiculous and destructive, in proportions that shift without warning, from instant to instant. In Tokyo, the mission is not yet fatal, and so you survive, in a strange exhilaration, for a void infinity of an instant.

PALACE

Tokyo's imperial palace stands stranded in an encompassing terrain of haywire business complexes and government offices, roaring expressways and subway interchanges: intricate mazes of activity that all work to their own, contradictory time structures. Within that vast, frenzied web lies the immutable island of gardens and woods upon which the palace stands. In the 1960s, the philosopher Roland Barthes saw the insular palace – sheltered reclusively behind the moat built to protect the immense castle which once stood on the same site – as a kind of sacred dead centre around which the life of Tokyo revolved. Now, the palace forms more of a zone far beyond Tokyo, reached by an excursion that veers out of the present and into a terrain that appears both obsolete and deeply visceral, original; and the palace's isolation from Tokyo – and simul-

taneously, its visual hold upon the city – are all the more intense since its grounds are closed off to the inhabitants of Tokyo on all but two days of each year.

On the emperor's birthday, the palace grounds opened up so that the emperor could appear before the visiting crowds and acknowledge them. A group of rigorously uniformed school-children made sure that the visitors each took a paper Japanese flag, with the red rising sun, as they crossed over the bridge that marks the final point that a viewer of the palace can habitually reach. I had left Tokyo now, holding onto my flag by its wooden stick. The road twisted round on an uphill gradient, and I saw a crowd of a thousand or so figures standing in the open area in front of the long, low-lying palace, with an empty balcony at its mid-point, protected by bullet-proof glass. Throughout the crowd, nervous armed guards posted on elevated pedestals intently scanned every action. Everyone appeared caught between elated anticipation and a sort of melancholy yearning. I could tell by the gathering neural surge in the crowd that I had arrived just in time.

The emperor and his family appear suddenly from behind the screen doors, and the crowd goes wild, waving their flags and yelling *Banzai!* as they bow towards the emperor, throwing out their arms in reverence. It seems that there can be no fooling the crowd at this moment – the emperor carries the status of a divine offspring of the sun goddess enshrined at Ise, and must be venerated as a god. The emperor is a suave and dignified elderly man with white hair. The previous day, I had been looking at photographs taken of him as a young man in the late 1950s on a visit to the south of France, standing nonchalantly posed behind his bodyguards in the waiting room at Nice station, an incongruous variant on the model of the Riviera playboy. A decade or so earlier, he had seen his father renounce his divinity in the aftermath of wartime defeat, under pressure from the American occupiers. Now, he starts to speak through a microphone, slowly and deliberately, the crowd hanging on his every word,

intently focused on the revelatory aura that the palace exudes. But strangely, the emperor is talking about the weather – it has been raining all morning – and the arduous trip that the crowd must have made to visit him. The pleasantries go on, but at a certain moment, he abruptly stops speaking, and the crowd instantly goes wild again, shaking their flags while the emperor gestures back at them. I wave my flag too. The emperor turns and disappears behind the screen doors. The raw sonic turmoil aimed at the palace twists in the air and deflates vertically, into a collectively anguished sigh. The people around me recoil from the momentary experience as though they had been propelled irresistibly forward, towards a collision, then released just before the impact. They breathe heavily, look around at one another, in exhilarated exhaustion.

Experiencing that elation entails making a gesture of total cancellation against contemporary Tokyo. For the past two minutes, the crowd has existed in a historical eden of Japan – a pure eden so damaged and scorched and ephemeral that it is best to experience it in a vital rush, that burns out like a startling sensory explosion. The guards urge everyone to leave – the emperor will appear again in an hour, in front of the next assembled crowd – and the drained human figures head back down the rainswept road towards the engulfing apparition of Tokyo, gradually discarding their flags onto the ground.

PERIPHERIES

In the network of underpasses below Shinjuku station, the derelict men and women of Tokyo live in reinforced cardboard houses built to almost the same dimensions as a regular-sized Tokyo apartment. They have, arranged around their houses, all the necessities for a life in Tokyo – the materials that will serve you for the next ten minutes. Every exterior wall of the cardboard houses is painted in violent colours, showing images of human figures and the buildings of Tokyo. The urgent millions of commuting salary-men rush by them every day. The most marginal of Shinjuku station's inhabitants possess no cardboard houses, and live instead on the extreme edges of the concrete stairways that lead down to the platforms of the privately-owned commuter lines, waiting for hours each night until the last salary-man has exited Tokyo before they can lay down momentarily across each step to sleep.

Other derelicts of Tokyo live in blue plastic tents among the trees in Ueno Park. Many of the park derelicts came down from the backward Akita region of northern Japan. Ueno Park draws its population from Akita, since the train back to the north leaves every hour from the adjacent Ueno station, and you can convince yourself that – if you finally snap, and if you have the trainfare – you can always get back on the next one and return to the harsh rural poverty of Akita. Other derelicts in Tokyo simply collapse by the roadside after days and nights spent pushing their belongings on carts through the vicious avenues of logjammed cars and saturated visual screens, living where they fall.

In Tokyo, time itself can fall derelict for its inhabitants: gruelling repetition and incipient catastrophe melt together, in the waking

nightmare of peripheral Tokyo. The salary-men or office ladies in their cramped apartments and the homeless men or women in their cardboard shacks have the same time to kill, the same crushing lack of space, the same means at their disposal for their journey into oblivion. In Tokyo, only the lavish space of the visual image is palatial.

I watched a homeless old man boiling water in a battered tin kettle beside his shack, at the edge of a pedestrian pavement under the expressway that runs between the Hama Gardens and a huge zone of wasteland that had been cleared in the Shimbashi district, in the expectation of building work that had stalled indefinitely due to the collapse of banks involved in corrupt dealings with extortionists. The old man's kettle was black. His face was black too, with the dirt of pollution, as he concentrated his gaze down on the first wisps of steam emerging from the kettle's spout into the frozen air. The stagnant moat that surrounds the Hama Gardens stank. The exhaust fumes blown down from the teeming, barely moving vehicles on the expressway stank too. It was the coldest moment of the Tokyo winter, and the old man had piled up layer upon layer of crushed cardboard over the roof of his shack, which itself was made from cardboard. It was dark, with the only light coming from the flame of the wood fire under the kettle. Even the nearby expanse of blazing illuminated signs around the Yamanote railway tracks did not light this crack in the matter of Tokyo.

The concrete elevated expressways that carry the traffic of Tokyo were mostly constructed in the months before the Olympic Games of 1964. Before that, the Tokyo traffic at ground level clogged to a halt at almost every moment of the day and night. It was crucial for the rebuilt and newly affluent Tokyo, incinerated less than twenty years earlier, to make a glowing impression in the media eye of the watching world. The expressway flyover systems, constructed with two or even three levels, made journeys through Tokyo suddenly rapid. At that time, the intricate expressway arteries were a matter of deep pride for the inhabitants and government of Tokyo. The opening images of Seijun Suzuki's 1966 gangster film, *Tokyo Drifter*, display the expressways as they appeared soon after their construction: pristine, and startlingly empty. Heavy tolls on the expressways made commuters switch to subway trains, despite their swarm of bodies. But as the years and decades went by, the traffic rose relentlessly again, filling every level of the overpasses, finally reaching its previous level and surpassing it, until there was nowhere left for the blocked traffic to go.

The cardboard that covered the derelict old man, in the Tokyo night, had no history attached to it. It had been made, in an unknown factory, used, for an unknown purpose, discarded, then the old man recovered it from some obscure corner of an industrial zone or rubbish heap.

I saw a younger man, huddled in a torn grey blanket, in the corner of a freezing brick basement, who tried to stand up, but could not. When he did make it to his feet, after over an hour of struggling, he fell again, in the dirt of peripheral Tokyo.

ASAKUSA

Tokyo's history is a story of fragments, that hangs in the air. It is as fragile to the touch as one of the blackened human bodies of ashes and carbon that were left standing in the streets of Tokyo on the morning after the most intensive night of wartime firebombing in 1945: figures that were carbonized and precarious, but still somehow erect and upright. With one touch, those bodies of ash simply shattered into a million pieces and fell into nothing.

On a cold winter morning, I walked in the Asakusa district, through the grounds of the Senso-ji temple, with its vast surrounding collection of smaller temples and shrines. Everything here looked ancient, but it was all built in ferro-concrete in the 1950s. The original buildings all went up in flames during the wartime bombings, except for a wooden gateway on the side of the temple grounds closest to the Sumida river. As

with the earth of Yanaka and the cannons of Daiba, when you touch the wood of that gateway, you have in your fingers something of Tokyo which does not crumble away instantly into the consumed flesh and ashes of history: such tangible sensations are close to unique in Tokyo.

Aged human faces, though, are the last thing that is scarce in Tokyo. Once the early morning streets are clear of the rapid trails of salary-men, the vast aged population of Tokyo starts to emerge, stooped and slow. The districts of Shibuya and Harajuku form rare enclaves for the young angels of Tokyo, whose faces are older in an altogether other, sexual sense. All across the city, in sprawling outlying districts of shoddy apartments and cramped houses, lives the silent, neglected population of a former variant of Tokyo. They possess the lined, painful faces of those who

have seen the city adroitly elude one of its histories in order to enter another, leaving them behind in the process. Their ancient faces carry the infinitesimal gestures of a Tokyo that, once fiercely alive, disappeared in the consumer culture that followed the city's wartime decimation; in those faces, the final convulsive gestures of that city die away before your eyes.

On the last night of the year, with stars in the freezing sky, thousands of the young inhabitants of Tokyo gathered in Asakusa at the Senso-ji temple to receive the good luck which standing on that precise spot at midnight would give to them for the new year. The grounds of the temple, crammed with stalls for the festival, unleashed a cacophony of shouts and laughter. Asakusa is the most crazed district of Tokyo at any time of the year – with crowded arcades of down-market pornography cinemas and comedy clubs, funfairs and shoddy department stores surrounding the temple grounds – but in the hours before midnight, the entire area went incandescent with the frenzy of cramming every sensation and caprice into the last moments of the old year.

As the new year began, I was standing on a hill at the edge of the temple grounds where a huge metal bell was struck, one hundred and eight times, to signal its start. The ceremony of striking the bell, by swinging a huge iron bar horizontally against one of its sides, took well over an hour – each toll executed by a different person, most of them patrons of the temple and often so aged and decrepit that it took them a bone-aching minute or so to ascend the rickety wooden stairs onto a platform, from which they swung the iron bar back on its rope, to bring it back with all their strength against the bell. At the moment when the first strike was about to be made, the air grew charged, but totally silent. Even the cellular telephones had stopped ringing, and the young faces on every side were seized in the astonishment of the suspended moment. I stood behind a teenaged girl dressed as a geisha, her violent orange kimono raked back to reveal the white powder over her neck and shoulders, her red lips open. Every fragment and sensation of every human body listened out for that first strike of noise. It was a vital, void moment in Tokyo. The first crash of metal against metal transmitted itself through the cold black air, touching the nerves inside the ears, spreading out through the body and all through the city.

TOKYO SEX

TOKYO ECSTASY

In Tokyo, sex is a visual matter of compulsive bacterial expansion, formed from a multiplicity of voracious images. In such a city, where intimate, grating corporeal contact with hot-faced strangers is an endlessly repeated, everyday occurrence, ecstasy generates itself instead from sexual contacts which have that skin-to-skin confrontation perversely bled out of them. Sex engrains itself in the eyes, then mutates incessantly. The inhabitants of Tokyo are dutifully lubricious in their eye-to-eye contacts with the city's omniscient sexual images, which stare back. On the subway trains, the salary-men assiduously scan their disposable pornography comic books, swiftly accomplishing one visual assignation and moving on to the next. But the sex image becomes so excessive in Tokyo that, in the end, the inhabitant's eye gives up the struggle and submits totally to a multiple penetration.

Sex hangs in the air of Tokyo, in tangible spasms. Ecstasy comes down to little earthquakes and little deaths – every month or so, the ground suddenly jars and trembles, the buildings shake in convulsions, the inhabitants are thrown across their rooms. Their knees fold, they cannot stand. The city is consumed, and its human bodies fall collectively in the ecstasy of vertigo. On public holidays, ritual exercises of earthquake simulation are sometimes organised in anticipation of a colossal, all-enveloping event ("the big one") that will nonchalantly wipe the city off the face of the earth, but those preparations are conducted with a certain pleasurable resignation about it all. It is simply worth learning how to die well, how to gather the maximal sensory charge into those catastrophic last moments, when the body is ripped apart into fragments by something outside and beyond it.

Sex cannot endure or survive in Tokyo – its sexual images move on with blissful speed and self-annulation, and sex itself forms something to be abruptly un-learned, then worked out again from moment to moment. The prescience of sex trans-forming itself into death forms the indestructible force of ecstasy, in Tokyo.

TOKYO DOLL

The sexual heart of Tokyo lies in the image of a doll that burns. With its ultimate aberrance, Tokyo is the site where the erotic is seared and decimated, before it becomes the pervasive medium for existence. Tokyo swims in its own richly damaged, intricately obsessed, sexual atmosphere. In its comic books and photography magazines, the young women are tightly ligatured for maximum vulnerability to sexual onslaughts. And the figures of the photographer Romain Slocombe's broken dolls, bandaged, neck-collared or immobilized in plaster, lie with their gaping limbs on hospital beds, or else calmly walk the Tokyo streets with their wounds, anticipating further damagings. The inhabitants of Tokyo open themselves out to the endless corporeal and visual transformations whose impact generates the sexual adrenalin of the city.

Tokyo has its angelic visitations, too. In Shibuya, a teenaged girl in a thin white dress of pleats walks the boulevards, with a fragile pair of silver-papered angel's wings attached to the back of her dress; the surface of the wings forms a moving mirror that reflects the department store facades and the flashing digital image screens as she passes through Shibuya. She comes to a traffic inter-section, stands absolutely still, while her wings shiver in the cold breeze, before disappearing uphill in the direction of the love hotel district.

An assignation at the Creative Room love hotel – one of the vast swathe of those concrete sex-hotels on the hillside of alleyways, behind the department stores of Shibuya – is a journey into the sexual axis of Tokyo. In a love hotel, you pay to have sex in two-hour units. Discretion is pre-eminent; a screen shields the

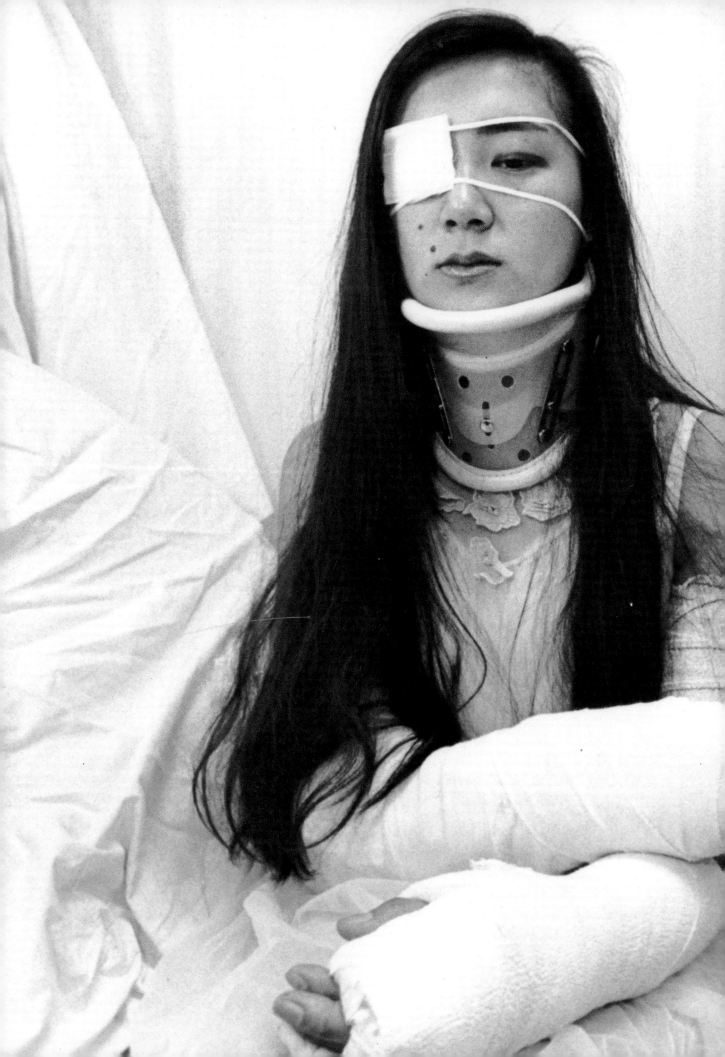

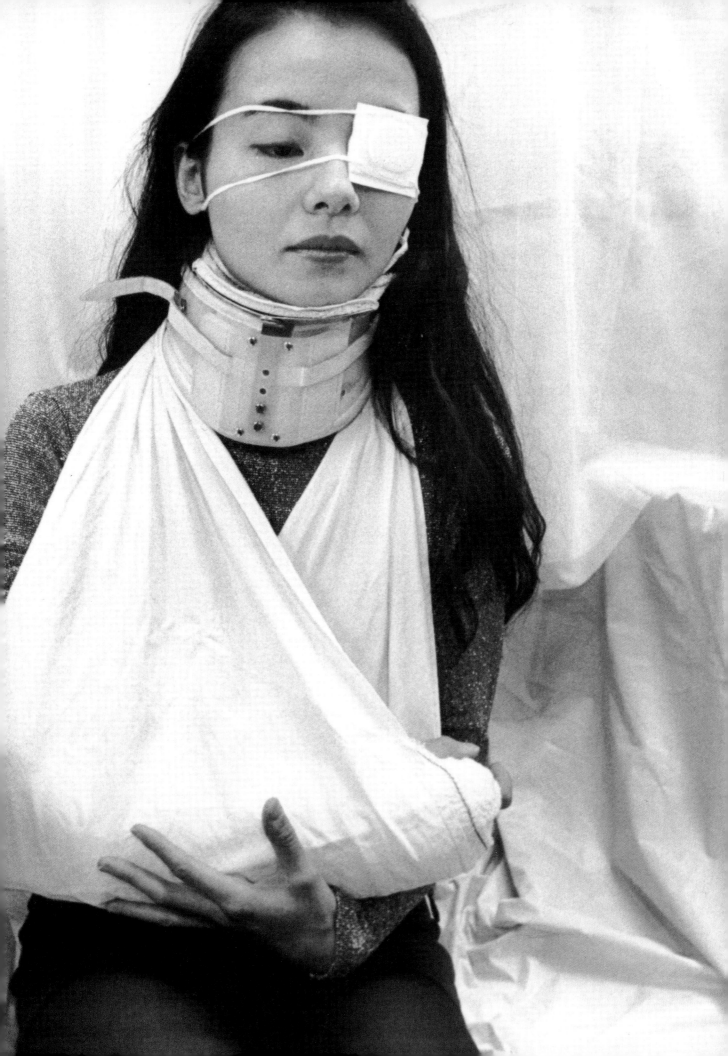

young patrons from the desk clerk, and you select the design of room you want from the range displayed on an illuminated panel. The range of rooms extends from every kind of lush or hallucinatory décor, down to a style of bleak anonymity culled – in cold irony – from that of provincial hotels for travelling salary-men. In the Creative Room, whose pink tower announces that it has stood "in Shibuya since 1986", the television permanently transmits a pornography channel, which repeats the same inexhaustible sequence of acts and images, with minor variations, every fifteen minutes or so. In those images, an elated girl of fifteen or so, with white or purple lips, is wandering the avenues of Shibuya, some-times by day and sometimes by night. A boy walking beside her is filming her with a small camera, and the girl laughs, suddenly snatches the camera away in a careering visual blur, and then films back at the boy's face. There is no professional cameraman to oppress or inhibit them as they head for a love hotel: only the boy and the girl, filming one another. By the time the boy ejaculates, in the garish hotel room, still filming with the camera held at arm's length, the girl appears almost comatose with exhaustion; semen rests in pools, untasted, over her parched, gasping face. Within a few moments, the girl is laughing again, until the image cuts and starts up again into another sequence.

At the Kiyomizu Temple in Ueno Park, Tokyo's childless couples bring ornate dolls as offerings to the goddess Kannon, in the hope of being awarded in return with a child, and new parents bring dolls in gratitude for their child's birth. On a September day each year, the hundreds of dolls accumulated at the temple over the previous year are ceremonially incinerated. Out on the open ground beside the temple, the ancient priests incant the ceremony. The first dolls to be burned are stacked up in a large open oven, the remainder piled haphazardly alongside, their scarlet costumes spilling out from department store carrier bags. The shaven-headed temple caretaker lights the pyre and the dolls start to combust. A scattering of figures encircle the burning ground, gazing at the spectacle. The line of toxic black smoke from the synthetic textiles heads straight up into the leaden Tokyo sky. Soon, almost all of the dolls are ashes. One resilient doll stands upright, among the ashes left by the other dolls, then abruptly falls. More and more dolls are added to the pyre, as the prayers tail off and the priests slowly return to the temple. The old caretaker is soon weary of carrying the armfuls of dolls to the oven, and as the spectators start to disperse, a garbage lorry arrives at a pre-scheduled moment to take the remaining dolls away, for disposal at the nearest incineration plant. One way or another, the dolls will all burn. And tomorrow, a first new doll will appear.

TOKYO SEX MYTH

In the great sex myth of Tokyo, a girl and a boy arrive in the city, stepping off overnight trains that have brought them from the far south and the far north of Japan. They have escaped from their families, and left everything behind. The girl is from one of the tropical islands of hot white sand that whiplash away into the ocean from the southern tip of the Japanese mainland. The boy is from an isolated village near the sulphuric Mount Horror, up on an axehead-shaped northern peninsula where blind old shamanic women transmit cryptic messages between mothers and their aborted children. The girl and the boy saw Tokyo on their television screens. They meet by chance at dawn on the little island in the middle of the Ueno Park lake, both lost after leaving the safety of their trains and wandering around through the streets of battering light and noise: Tokyo is strange. The girl wonders what all the people are rushing about for, in such huge and crushing numbers – but all going in different directions, with mad eyes.

In the myth, the boy ejaculated into the girl's mouth, but his teeth were clenched painfully together, and the girl was shocked by the dearth of semen. It was like a bad harvest that could lead to starvation. A few seconds before, when she had felt the penis in her mouth start to spasm, she had taken it out for a moment in delight – like a peasant, she wanted abundance. But she had swallowed down all the sperm on her tongue even before she had the chance to measure its volume. Next time, she would have to squeeze the boy's testicles much more tightly, at the moment before his sperm began to shoot. The boy and girl could feel, outside the tiny hostel room in which they led their lives in transit, the hostile immensity of Tokyo. When the girl screamed out in her dreams, late in the night, the boy believed that the devils from his cold mountain home had come to Tokyo and penetrated her while she slept. They had sex convulsively, wary eye to eye and gaping mouth to mouth. On the sixth day, their money almost all gone, the girl and the boy finally left the hostel room in the San'ya district of desperate and destitute people, to look for jobs in the streets of Tokyo. But the market stall-holders and shopkeepers they met all sent them away, mocking the boy's thick accent, and the girl stared back into their faces silently, in bewilderment.

On the seventh day – before they parted, and returned in withering disgrace to their homes in the extreme north and south of Japan – they take a train together out to the volcanic black-sand beaches to the east of Tokyo, and with nobody else in sight, hold one another's naked and freezing bodies on the wet sand, near the water's edge, with the ocean waves battering away in front of them. The razor shards of rock engrained in the sand make their skin bleed, in their thrashing ecstasy, and when they stand up to go, shattered now and utterly indifferent to one another, the pounded outline of their bodies in the black sand is crossed by narrow tracks of blood and sperm.

TOKYO PORNOGRAPHY

Two male bodies furiously crush together, work their way into one other. They have nothing to lose, so they put everything into the encounter. If the participants embrace for too long, the audience becomes restive. They await only the instant of extremis when one of the participants will come spread-eagling into their midst, all senses lost in the silent trajectory of his fall, every limb flailing in a different direction, upended in indignity. And then, for the gazing audience, a great expiration of bliss arrives, in its deep ritual intensity, in approval for the pornography of sumo wrestling.

Tokyo is built on compacted layers of pornography. The images seep through into every eye, irrepressible and volatile. Every conceivable sexual encounter is documented in the comic books and internet guides which the Tokyo salary-men read compulsively, on their way to and from work. Only the extremity of a violent sexual encounter can duplicate the serrated brutality of their own existence, bodies crashing into bodies for hours on end on the subways, avenues and corridors of the city. The eyes of those human figures remain open, but they have been gradually wounded by a great attrition of visual blows into pure opacity. Such blinded eyes can only be reached and entered by the guileless assaults of pornography. The pre-eminently favoured pornography of Tokyo's salary-men involves the activities of schoolgirls, and when, one day, a short-skirted and strap-hanging schoolgirl lost her hold and ended up in my lap in a juddering carriage, I saw the salary-men's eyes around me go crazed with envy.

In Tokyo, the skilled eyes of a

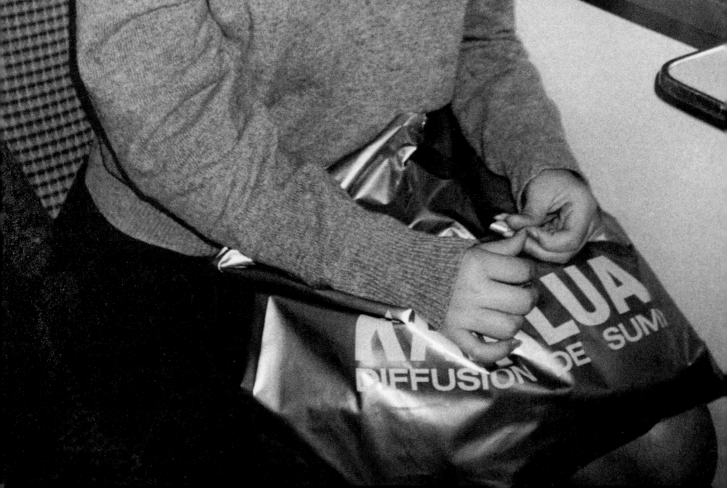

voyeur are especially prized. The physical collision and instantly ensuing oblivion that constitute a mundane sexual encounter form an over-familiar, basic fact of life in Tokyo, repeated one thousand times or more every day, in glaring broad daylight. As a result, the only sex act that reaches the senses is one whose visceral charge is absorbed peripherally, at a tangent, through a mesh or via a screen or across a distance. In the hidden spaces of Shinjuku, beyond the vast overload of images that charges headlong into the eyes of the city's inhabitants, another world persists in the sexual subterranea, in which the slightest fragment of an orgasm touches a fragile core of the body, or where an illicitly gazing eye is scanning hot skin ephemerally. Sex is impeded, in order to glance in rare neural shocks against the body and the eyes.

TOKYO SCREAM

In the public toilets in the grounds of the Senso-ji temple in Asakusa, one summer afternoon, close to the site of the bell that rings in the new year, two men were fucking and screaming in a cubicle. The penis of one man must have been embedded so deeply in the other man's anus that it could only be moved in vicious tearings of flesh and sensation that were transmitted into screams. And the man doing the fucking was crying out too, as though his lungs were being squeezed through his throat with every thrust, then abruptly pushed back in again. You could hear them almost from the subway station right down the street.

The screaming and yelling and sobbing went on and on. But the stall-holders and the temple attendants kept their heads down and their attention fixed on their business, hearing and seeing only their own stories, as the vivid screams of sex rang out over the scorched air of Tokyo.

TOKYO IMAGE

TOKYO EYE

Tokyo infuses an urgent visual transfusion into the eye, that spreads out to glut the receiving human body with an addictive substance which is not blood, not morphine, but comes sharply razored with deadly images: a compulsive matter that remains lodged in the retina, corrosively burning away and impossible to retract.

The images of Tokyo are hybrid, proliferating, aggravating, vital and then suddenly lost. On every journey across the face of Tokyo, images accumulate in the eye: a girl in a fluorescent lime-green kimono crossing the street in loneliness, her face streaming with tears; the inexhaustible morass of bodies advancing towards you under the digital image screens, at the fall of dark on the great intersection of Shibuya; groups of maudlin salary-men, almost naked and riotous, caterwauling at the bad end of a Friday night's drinking in the sex alleyways of Shinjuku; steaming hot typhoon rain running through the guttering of a love hotel as two nervous teenagers dart through the entrance to have sex for the first time; a yakuza gangster murder in an alleyway, with the police chalkline inscribed on the asphalt around the site where the body fell. The city streets swallow down images of Tokyo to the point of exhaustion, to obliterating excess, a billion every day, from the banal to the spectacular. And sometimes, at dawn, when that exhaustion of images is at its most draining, Tokyo trans-forms itself and appears utterly void, with no images visible at all: then, the entire city is just a rattling tin can, the size of the world, full of shoddy blown fuses and spent semen.

Wandering through Tokyo, you could look forever, for a glimpse of the one unique image that you desire or need. Moving from one district to another, your eyes scan the facades of buildings, the surfaces of faces and of bodies, but that particular image always proves elusive. On the search through Tokyo, day turns to night, night turns to day, but the special image that you need to seize has not been positioned, for the watching eye.

On the highway from Narita airport into Tokyo one Sunday morning, the taciturn taxi driver suddenly turned and blurted out to me, "Tokyo is fast!". I was so astonished by his enthusiasm that I immediately nodded in agreement. The next moment, we were stalled in terminal gridlock, on the monochrome Rainbow Bridge that spans the northern tip of Tokyo Bay. The driver lapsed back into morose silence and gripped the steering wheel, his hands encased in white cotton gloves. Great sheets of ocean rain came down over the Fuji television station building, far below. Every now and then, I would get brief sightings of the towers of Tokyo through the vertical layers of falling water and grey mist. Then, the apparition of Tokyo would abruptly disappear from sight again, as though the city formed a fragile two-dimensional image, traced out in carbon filings upon a metal screen, in a haphazard form

executed with precision, until the moment when all of those traces were effortlessly wiped away, into an incomprehensible disorder of dirt and ashes.

ステッカーレイアウトバリエーション

'94 10 8

Something wrong or unsettling always appears in the background of even the most pristine image of Tokyo, and then gradually expands to dominate the entire field of vision: the incomplete sliver of a street sign, or the raw concrete back of a building, or a frenzied traffic blur, or an amputated fragment of a moving human figure. Every image loses its axis and, in its integral faultiness, exerts a

bewildering impact of disarray upon the eye. And when photographic images of Tokyo are put together, they irrepressibly jar against one another, in an exasperated elbowing for visual space, until they reach a point of deadlock. In images of Tokyo, the city seems to steam in stasis, like a haywire pressure cooker. Then, against all expectations, the images suddenly snap into brilliant focus, with human gestures so clear-cut and exacting as to be painful to the eye: the exhilarated rhythms of children's running legs, or the sinuous hands of dancers in a street festival, or the oblivious white light of a cry that screams ecstasy. At such intervals, even the Tokyo gridlock can end, at least for a moment or two. The gloved hands of the taxi driver lose their tension and we start to move on, over the bridge. The image of Tokyo is fast, by accident.

All that can completely crush out the images of Tokyo from the eye is the vast snowfall that lands upon the city around once each decade, invading and transforming it. Then, Tokyo becomes blinded and unrecognizable: a bandaged hospital patient with one hundred per cent burns, tightly bandaged from head to foot, silenced and paralysed. In the silence of Tokyo, nothing at all moves.

The digital image screens disappear from view, the human figures vanish, the trains and the traffic stop. Everything that forms the malignancy of Tokyo – the crush, the toxic inhalation, the ocular blaze of proliferating images – is obliterated in an instant. Every now and then, as I struggle through the streets, the Shinjuku towers appear momentarily within the near-solid onrush of snow, their spine of red lights flashing, then they vanish again like a frail mirage in a desert of ice. At that moment, all that matters and exists in Tokyo is the city's own cancellation – and Tokyo is uniquely vulnerable to whatever falls from the sky, or rears from the ground, to overrule its blithe life. In the eminently scarred arena of Tokyo, you are also walking through ashes, the temperature veering from freezing to burning and back again, the iced ground at your feet a dense compound of extremes.

Next morning, the masses of stranded salary-men – confined all night in their frozen, stalled commuter trains, packed body to body as always and forced to urinate in steaming green arcs through the windows – are finally released, cursing and wild-eyed, ready to be interviewed by television crews about their ordeal. The flawless white screen of the night melts away, and, behind it, Tokyo's visual screen is miraculously still there – assured, at least for that instant, of its survival.

When the hold of Tokyo upon the eye becomes too enveloping, you start to search for a fissure in the city's visual screen: a point where the powerfully sealed surface of Tokyo is cracked or undone. The search for such a crack, in the vast system of Tokyo, requires a long journey into its peripheral zones, where furtive men idle in the backyards of derelict buildings, engaged in inexplicable transactions of obscure commodities. Even there, the frayed edges of Tokyo are soon re-sealed by the need to relentlessly project images of consumer goods into the eyes of the city's inhabitants. And in the consumer culture of Tokyo, it is the image of the human body that forms the index of all commodities. The act of making a particular body – arbitrarily resonant of one product or another – visible within the vastly overloaded visual arena of Tokyo has to be achieved tangentially, obliquely. In such an environment, an image of a half-hidden scar is always more seductive than a pronounced beauty mark, and a glimpse of the fragile underside of an eyelash

bewitches the gaze more directly than glaringly naked skin. When a consumer image successfully captures the eye, in Tokyo, it seems for a time to replicate itself incessantly, but then vanishes so completely that it can be reinvented all over again, a short while later, after the city has shifted a fraction on its visual axis and transformed itself. The avenues of Tokyo form a vast sluice, through which pours the endless floodtide of rapidly redundant consumer images that fail to catch the attention of its inhabitants' eyes, and which continue to thunder away far behind the immediate noise of the city.

In the end, nothing will survive in Tokyo of all the images inflicted upon the eye – and that dream, of a zero culture of the image, possesses its own attractions, for the eyes of Tokyo.

TOKYO TV

Everybody knows that Tokyo is going to be destroyed soon. It is simply taken for granted. On television talk shows, the projected year of the calamity is discussed with detached curiosity, with the greatest speculation hanging on the year 2006. That date is an immeasurable distance into the future, within the time system of Tokyo – where a unit of time, if such a thing exists at all, is most accurately measured in the rapidly mutating designs of schoolgirls' white socks, which oscillate in reliably brief intervals, from enormous baggy woollen envelopes that have to be painfully adhered to the skin to keep them up, to sheer silk kneesocks that encase the flesh to the point of bloodless constriction. But in Tokyo, the faraway future date scheduled for its calamity can be effortlessly superseded by a combination of the two pre-eminent urban powers – of speed and nullification – which Tokyo loves above all others.

Tokyo's television channels also move back in time, to encompass the city's past disasters: the history of the city is measured by the intervals between its calamities. Tokyo was bombed and burned alive early in 1945, and a vast number of the city's inhabitants, together with its buildings and temples, slipped away, as ashes, into the night; the probable total of the dead equalled those of Nagasaki and Hiroshima. The two atomic bomb impacts form a matter for wistful nostalgia for the elderly population of Tokyo, but a focus of total derision for the disabused young inhabitants of the city. The television stations report that when ageing, scarred A-bomb survivors make educational visits to the schools located among the vast dormitory estates for salary-man families in western Tokyo, and attempt to address children with dramatizations of the devastation they witnessed in 1945, they get pelted with sticky sweets and hooted off the assembly-hall stages. Afterwards, the children complain to the television crews that they are being treated with contempt, like automata; for them, the A-bomb narrative is a slick concoction, with emotional triggers – designed to generate fraudulent responses – embedded in the survivors' stories. Among the young inhabitants of Tokyo, the response to narratives of calamity moves from indignation to hallucination. In the Harajuku district, at the Milk Boy concession of the LaForêt department store for teenagers, an intricately screen-printed designer t-shirt, in a range of psychedelic colours, shows a photographic image of the A-bomb cloud with the caption: *Hey! This is one evil fucking mushroom.*

Memory itself has suffered a catastrophe in Tokyo, its power meshed and then annulled within a vast web of television and media images designed primarily to generate attachments to consumer items. For the young inhabitants of Tokyo, those television images now possess a relentless homogeneity, whose sole purpose lies in soothing eyes that have been too visually pounded by their experience of the avenues of the city. Any attempt to insert an emotional or moral content into those images is viewed with derisive suspicion. The television of Tokyo is irreparably contaminated in its banality.

Only the television shows of Takeshi Kitano break that stranglehold of banality. In Tokyo, Takeshi's films – revered in Europe – possess a marginal status, but his face is omnipresently central on television game-shows and documentary programmes. Every edition of *Takeshi Explains* forms a revelatory document of the minutiae of human and animal creation. Along with Takeshi himself, whose animated but damaged face (maimed and half-paralysed by a Shinjuku scooter crash) rhythmically tics in awe at the information he presents, the entranced population of Tokyo gapes in amazement at the wonder of it all. Nothing thrills the inhabitants of Tokyo more than the painless absorption of information, and the addiction to acquire knowledge, at the maximum possible speed, serves to propel the time of the city's inhabitants along, through the terminally clogged space of Tokyo. On Takeshi's television shows, the origins of life and the accident of cosmic creation can be tackled and resolved in fifty minutes flat, to perfection.

Through the course of every night, the television channels of Tokyo build up to a frenzy, the level and density of noise and image forming a relentlessly increasing assault upon the viewer, as the night wears on. The unease of the watching eye rapidly metamorphoses into fascination, then into spellbound compulsion, as the viewer watches on and on, through repetition upon repetition, hysteria upon hysteria. It never ends. In his film *Sunless*, Chris Marker filmed the images emerging from his Tokyo television set for an entire day and night, until, in the early hours of the morning, lines of naked girls decisively crossed the screen. In the early 1980s, when Marker was filming the televisual zone of Tokyo, that point of corporeal punctuation signalled the imminent end of the night's transmissions – the end of the image, and a space of respite for the viewer. In contemporary Tokyo, no such blissful extinguishment exists. The images will not end, and at the dead of night, the naked bodies relentlessly traverse the screen; then, without any transition or boundary, the transmissions for the new day begin. No blank medium subsists for the eye to sink into. You wait for the glorious fall of vision into unconsciousness, but it will not come. The eye of the viewer stays permanently open, habituated to a visual ordeal that, like all tortures, is edged with the imposition of ecstasy – the whipping of the sex images of Tokyo into the retina. That imprintation leaves a damaged eye that, in its compulsion to keep watching, never heals. And outside the world of the television screen, the entirety of Tokyo itself forms one immense, septically wounded eye, clotted to overflowing with images, through which its remaining vision can only gradually seep out. Since there is no end to the image in Tokyo, the origin of the image is lost.

In front of their televisions, through the endless night, the inhabitants of Tokyo suffer a collective nightmare at the odd moments when the captivation exerted by the television images suffers a sudden blackout, and sleep mercifully comes. Since more benign dreams are curtailed in Tokyo, experiencing a nightmare at least offers the solace of a familiar visual crash. But the horror of the nightmare retains only a superficial hold in the Tokyo night, and you awaken again to the overruling power of the television transmission, where a girl with swollen lips and black eyes, in a commercial

for cellular phones, is telling you: "I was born to destroy this world". As you slip back into the nightmare, the television images seem to penetrate through your eyelids to project themselves onto their inner surfaces, and so you wake again. Another girl, naked except for torn pantyhose and standing on the roof of the Fuji television centre, is looking out in the darkness across the Rainbow Bridge, to the atrocity of the Tokyo skyline, announcing: "I am an oriental female and I want to die now". It seems inconceivably illicit to switch the images off, so you close your eyes again, and try to subside back into the shallow gratification of your nightmare.

TOKYO PHOTO

Tokyo forms an unmappable terrain whose first explorers are only taking their initial, tentative steps. It resists all endeavours to build a fixed viewpoint from which to assemble or list all of its elements, and the perpetrator of any such mapping of Tokyo's volatile zones will end up with their mission terminated just as surely as that of Captain James Cook, nonchalantly slaughtered in the Pacific surf. A misguided attempt to counter the dense, flailing images of Tokyo with a system of cartography entails being subjected to a hostile visual rush, aimed simultaneously at the eye and the body, that emanates from within the city's heated, seismic interior. Tokyo demands a sensitized approach.

In fact, only one map of contemporary Tokyo has ever been created, and – by the aberrant timeframe which the city imposes – its creation took place around a million years ago: *The Map* is a book of photographs from 1965 by Kikuji Kawada that scalpels its way into the hide of Tokyo by the medium of intensely blackened, saturated images of scarred walls, burning x-ray suns, and graffiti chiselled into the ruins of the wartime fortification towers around Tokyo Bay. In *The Map*, the Japanese imperial flag of the rising sun lies drenched and crumpled in mud and dirt, alongside the discarded Coca-Cola bottles of the post-war American Occupation. In the images' extreme close-ups, any tangible human life is excluded, while Tokyo itself corrodes away into tenuous layers of terminal decay: the fallen city forms an exposed swathe of rusted and cracked debris that disintegrates before the eyes, its population excised. But, however great a distance the images take from the evidence of any human presence, the intricate textures of decay always somehow possess traces of bodies, trapped within the visual configurations of rust and fractured concrete: forms of stretched lips emitting cries, and fragments of arms gesturing from the heart of that dereliction. In *The Map*, Tokyo is lacerated and crushed, and gradually bleeds itself out, in a white, acidic substance, into utter emptiness: the images form a momentary dispelling of the city's power. But Tokyo transforms itself so rapidly that it can shed imageries of its decay like so much used-up skin, and overrule any dream of its dispersal or destruction. The more Tokyo is mapped down, the more it eludes the eye.

In the early 1960s, the American photographer William Klein completed a series of catalogues of New York, Rome, Moscow, and ultimately, Tokyo, in the form of vastly sweeping pages of black-and-white imagery. The sequences of photographs exerted visceral ricochets, from human eyes to blank buildings, and back to the crazed and staring faces of the cities' populations. Klein had conceived of the catalogues as possessing the sensory power of films, but comprised of still images intended to jolt between one another, with the visual impact of the city. The images form broken spokes in the wheels of those wildly spinning cities. Klein's images of Tokyo are startling visual intrusions. He photographed the emperor Hirohito at a trade fair, peering with intent bewilderment through a sheet of glass at a mundane industrial tool display; for the adjacent pages, he placed images of the Tokyo sex bar girls with the bandiest legs, the flattest faces and the greatest readiness to inflict extreme acts of physical cruelty and sexual humiliation. In one image, taken at the far end of an evidently gruelling night, the most lost and dissipated elements of Tokyo's population wait, in an ultimate desolation, for the evening's last train, heading for the ostensibly separate city of Yokohama, which is simply a diluted annex to Tokyo, appended seamlessly and at random to its south-western corner. Klein also tracked the waste terrain around the monorail journey from Haneda airport into Tokyo, photographing the vast neon signs in English that were designed to catch the attention of arriving passengers, advertising Bireley's peach soda and Sony consumer products. Directly below the signs, the amassed detritus of barges and rubbish floated on the series of waterways that indented their way, like ravenous bite-marks, from Tokyo Bay into the matter of the city. Klein's Tokyo of the early 1960s forms a sprawling hallucination, that ingurgitates masses of bodies and buildings in one great visual gesture, panoramically smearing them together and setting them definitively askew. In the end, Klein's Tokyo, at night, is distilled down to movements of white light, burning hard against darkness, until only the darkness survives.

Around its peripheries, Tokyo is bleached out white like a clumsily under-exposed photograph, as though frozen in its extremities, or suffering from a crippling blood circulation deficiency that makes it impossible for the human bodies that inhabit those marginal areas to move freely. In the immense salary-man dormitory zones of shoddy concrete apartment blocks, the air is unbreathably thin and sparse. All of the oxygen and adrenalin of Tokyo rushes straight into its nodal districts, into Shinjuku and Shibuya, leaving the perimeter drained. The edges of Tokyo form strange desert terrains. The people there gasp for breath, leading nomadic lives that entail interminable travelling to arbitrarily fixed, faraway sites, and a homecoming to uniform streets lined almost continuously with identical convenience stores, whose painful over-illumination (many

times the amount that the retina can bear) evokes an interrogation room where the questions are annulled even before they have been spoken. Light itself screams.

Farther out, on the south-western perimeter of Tokyo Bay, the area around the United States naval base at Yokosuka also disappears into thin air unless the eye manages to grapple it down into its zero matter of banality. At one time, the presence of the naval base dominated the entire expanse of Yokosuka's vivid life, frenziedly radiating out in the form of a constantly propelled stream of men, who headed at speed through the alleyways in their compulsion for drink and sex. The photographer Daido Moriyama haunted the alleyways of Yokosuka, around the entrance to the naval base, in the mid-1960s, taking images of the pervasive stripclubs and bars and pornography cinemas, all imprinted with their garish signs in English. In Moriyama's images, a dirty white smudge of ecstasy hung poisonously over those alleyways. Moriyama called that moment in his photographic work the time of the dog – he himself was the dog, obsessively tracking down the stench of stale cigarettes and even staler lust in the Yokosuka backstreets. Most of his images are inhumanly empty, taken at dawn when the alleyways gaped in exhaustion at the excess of the night before. The images form blurred voids, edged by rainswept concrete walls upon which lean, forlornly, in the early day, the final prostitute of the night. When groups of human figures occasionally appear in Moriyama's images, they are the hefty but vertiginously reeling American sailors heading back to their base after a long night's drinking, glaring in sudden astonishment at the camera lens.

Now, the terrain of Yokosuka meshes cleanly into the unending sprawl of Tokyo, and the English-language signs in the streets scrupulously follow the awry transformations which filter them into the world of Tokyo's own unique language. The naval base is enclosed discreetly away behind its walls, and only a few American figures walk the wide streets of shopping centres and business complexes. The great bursts of surging sailors' faces have gone. In the single surviving alleyway where Moriyama photographed the intensity of Yokosuka's excess by showing its dawn aftermath, the shops still sell American naval jackets, but perverse Tokyo boys, with an eye for irony, are the only customers. Wandering around that

alleyway, I caught sight of a rare malfunction that cracked open the uniformly sealed visual screen of Tokyo. It was the only inoperative drink-vending machine among the untold millions that punctuate the pavements of Tokyo: its front pane of glass had been shattered, pummelled by some unknown human fist in vicious or desperate anger, the fragile facade of shards held together only by a huge "X" shape in black plastic tape. Inside, the drinks cans had started to rust, exposed to the sea air. One day soon, that vending machine would be mended, or replaced. But the entire periphery of Tokyo, in its breathless constriction, carries the enduring image of a black X of negation, fixed over human life.

The photographer Araki Nobuyoshi is the most celebrated visual abuser of Tokyo: and the more Tokyo is abused, the more it responds in receptive exhilaration. For decades, Araki has moved by day and night through the peripheral areas of Tokyo, photographing their emptiness: images of street intersections and alleyways, with their human life extracted, that exhale the extinguishment of the city. Those photographs are juxtaposed in Araki's work with images of innumerable Tokyo girls, photographed in tiny hotel rooms, exactly

choreographed, opening out their vaginas to the camera, engaged in sex acts, or in searingly coloured contortions of bondage, their faces empty of all sensation. In Araki's work, that desolation of the body in the city can traverse the world without effort, and arrive in another city, however different in wealth or language or temperature that city may be from Tokyo. Among his collaborations with

exactly. The sturdily naked women of Kharkov emanate the same denudation as Araki's figures, and the vacant city streets possess no living presence, existing only as sites where human bodies move, with wounded eyes, in tenuous vulnerability, from one squalid mission to another. Even the transport systems of the two cities match: Mikhailov's ancient Ukrainian trams, bursting at the seams with flailing passengers and abruptly expelling their excess corporeal content, form the twins of Tokyo's endlessly-circling, never-arriving Yamanote line trains.

Araki's night work proceeds at a frenzy, from assignation to assignation, images scrambled together: his photographs seize the ecstatic disarray of Tokyo's nightclubs and bars, with the grinning figure of Araki himself often centrally placed within the image, seated in drinking booths, crushed in between the denizens of hot night Tokyo. In his celebrity, Araki pursues a lonely mission, making endless images of that infinitely replicable horde of faces, in bars gaudily strung in their cacophony across the subterranean spaces of Tokyo. The interior of the city pulses with spasms of heat: "Tokyo lucky hole", as Araki called it in his most cele-

other photographers, Araki exhibits his images directly alongside those of the Ukrainian photographer Boris Mikhailov, whose images of the desperate, freezing city of Kharkov match Araki's

brated collection of
photographs. Araki's vast and
definitive compendium of the
sex acts of nocturnal Tokyo
propels its spectator's eye
into a relentless foray through
the extreme movements of
the physical form, as that
form sensorially ricochets
from open-mouthed orgasm to
raw satiation and back again.
The intricate subterranean life
of Tokyo becomes trans-
formed into the ultimate
corporeal book – the all-
encompassing, white-hot
fusion of the city and the
body, along with their
simultaneous annulation – in
Araki's *Tokyo Lucky Hole*.

Outside, the night alleyways
of Shinjuku and Shibuya veer
off into the distance,
anchored only by the isolated
figures of girls heading for the
entrances to love hotels,
looking back over their
shoulders at the camera,
engulfed by the darkness of
the city around them. In
Araki's images of Tokyo, the
bodies of girls open out like
the black mouth of Mount Fuji.

TOKYO FILM

In the rare surviving film footage of the firebombing and devastation of Tokyo in 1945, the images convulse as the city vanishes. In one shot, taken from ground level by a cameraman who must have been in severe danger of incineration as he continued to film *in extremis*, the enormous fireballs cascade to earth with astonishing beauty, one after the other, in disciplined formations. Though they last for only a few seconds, the film sequences are perfectly framed and composed, as though the cameraman had been presciently waiting for hours at that precise spot, adjusting focus and creating exactly the optimum lighting conditions to capture the dense texture of the incandescent fireballs, against the background of Tokyo's glowing darkness. On the film image, the night sky is a luxuriant black, while the falling fireballs appear as a crystal-clear silver, trailing pure white jets of flame, as they head towards their decimating impact against the surface of Tokyo.

Other film images show Tokyo in the days following the fires, with the city forming an enormous, void plain, from which jut the structures of a few especially resilient buildings, of iron or other metals. The eye could survey a zone of ashes that extended all the way to the mountains to the west of Tokyo. A notorious theatre director of the 1960s, Juro Kara – who appeared in Nagisa Oshima's film *Diary Of A Shinjuku Thief* – was five years old at the time of the bombing, and looking out over the sudden disappearance of Tokyo, felt overjoyed, knowing that now, at least, the parental order that oppressed him had been incinerated, together with Japan's militaristic obsessions of the preceding years. The architect Arata Isozaki, ten years older than

Juro Kara, was already dreaming in exhilaration about the buildings he could place within this zero terrain of ruins and ashes. The nights of bombing had accumulated over the spring months of 1945, their searing traces rapidly spreading out, like a viral skin disease, all over the body of Tokyo. On the most intensive night of the bombing, when its impact was seized in the film images, the firestorm destroyed vast sweeps of Tokyo, from west to east, from north to south. The waters of the Sumida river rose to a ferocious temperature, and those exposed inhabitants of low-lying eastern Tokyo who attempted to escape the firestorm, by jumping into the river, were boiled alive. The film images from the following days show the huddles of charred and convulsed corpses in the Tokyo streets, black and shapeless like the Gulf War victims of the El-Amiriyah shelter bombing in Baghdad. Other inhabitants of Tokyo, whose lungs had turned to carbon from inhaling fire but were otherwise unscathed, appear in the film images to have simply stretched out in the streets to rest, exhausted beyond measure.

The few seconds of black-and-white film images of the firebombings form pivotal images of Tokyo, as crucial to the contemporary city as the digital images expelled incessantly from the immense screens that surround its teeming avenues. The images of the city's disaster are lost from the surface of the contemporary in Tokyo, but remain inescapably impaled deep within the sensory layers of the city, capable of resurging at will and superimposing themselves over the consumer furore that saturates Tokyo's image screens. The city is intimately possessed both by the capricious black sky that lies above it and by the seismic ground below it. From every direction, Tokyo is a hell of images breaking loose.

TOKYO NOISE

Tokyo sleeps, just for an instant, in the silent interval between the final exhausted and drunken salary-man arriving home and the first exhausted and sober salary-man heading for work, while that haunted image hell whirls and rages in the void sky, above the dreamless heads of the inhabitants of Tokyo. A winged angel walks the Shibuya avenues, tonight.

In the silence of the night, Tokyo's ghosts maintain their glowering vigil. The inhabitants of Tokyo hold the city's immense population of ghosts in great affection, even though those ghosts possess their own, independent preoccupations, and regard the city's inhabitants, for arcane reasons, with a deep and inconsolable fury. The ghosts prove oblivious to the attractions of the proliferating, phantom images emanating from the digital image screens of Tokyo, and it would take more than that futile flux of images to appease their all-consuming anger at the city. The ghosts occasionally cry out, late in the night, and the alarmed inhabitants of Tokyo mistake the voices for loudspeaker announcements of an imminent city-wide devastation. Deep in the Tokyo night, there live the ghosts of the incinerated victims of the wartime firebombings, who were led to believe by the military government that becoming ashes was preferable to fleeing the endangered city. And alongside them, there stretch out the infinite stratification of centuries of ghosts, for whom Tokyo was a place of confinement or torture or oppression, or of an ecstasy so violent that it still provokes a ghostly frenzy. One special haunting presence in the Tokyo night is that of the headless body of the writer Yukio Mishima, lodged in the military barracks of the Self Defense Force in the Ichigaya

district, where his ritual suicide took place in 1970: his spectacular death so haunts Tokyo that not a word is ever spoken about it. Layer upon layer of ghosts cram the silent Tokyo night: even Tokyo's ghosts exist in a state of massive overpopulation.

And then, before dawn, the noise of Tokyo begins again. The city starts to move at a gently murmuring signal from the seismic ground. Then it all comes crashing down, as the infinite millions of salary-men and office ladies stampede across Tokyo, corralled in suffocating stasis for hours at a time in subway trains, gasping in muffled expirations from open mouth to open mouth. In notorious black-and-white film footage taken of the subways in the early 1960s, the assiduous station guards use sticks like cattle-prods and professional brute force to cram resistant bodies into the ready-to-burst carriages on the Yamanote line. Now, the passengers no longer require that exterior force. They amass together by themselves, compulsively passive, and occupy the minimum corporeal space that allows the lungs still to function, emitting from those organs the noise of Tokyo: the throat and mouth curse, grunt, expectorate, death-rattle and grind.

TOKYO DIGITAL

Tokyo in the dark glows with acetylene brilliance, the avenues and intersections of Shinjuku imprinted with huge scarlet and silver *kanji* characters that make intricate gestures – disciplined dances of fire – from the facades of buildings. The noise of Tokyo forms a deep roar in the far interior of the ear, and the city always reserves the right to penetrate you still further. As you walk through the heart of Tokyo, you form an integral element of the city's matter: a stray filament or fragment engulfed deep within the unending visual mass that the city irrepressibly ingests and expels, but also the possessor of a unique flesh-and-bone digital code that can serve to unlock and open Tokyo; you enter Tokyo at the same moment that it enters you.

Around the Tokyo Bay coast, on the island of Enoshima – reached by a long causeway from the mainland – I took a pathway along the side of the ocean to a cave, set at the base of the sheer cliffs. As I entered, the old keeper of the cave handed me a small candle, its flame enclosed within a rusted metal holder. I walked bent double in the dank air, under the low roof. Water dripped down, channelled through the dense rock strata of that strange, insular outcrop from the sprawl of Tokyo. At first, the silent darkness proved almost impenetrably intense, but with the flickering illumination of my candle, along the foot of the walls of the cavern, I gradually made out the lines of innumerably replicated statues of the Buddha, carved in rock by the hermits and exiles who had inhabited this island and its network of caves over many centuries. As with the Turkish island of Büyükada, off the coast of Istanbul in the Sea of Marmara, Enoshima had been the enforced destination for outlawed dissidents, who had been expelled from the capital by its harsh military governments. On the ancient, eroded statues, the facial features of the Buddha had melted away, like the corroded flesh of slugs under salt. The line of sculpted figures extended for as far as the eye could see down the cave tunnel, in an infinite replication marred only by their differing rates of disintegration. On leaving, I handed back the candle, and outside the cave, I came suddenly face to face with the ocean; after the constriction and darkness of the cave, my visual field expanded wildly, as a blurred hallucination of intense light and space. Huge eagles wheeled and cried overhead.

Later in the day, back in the heart of Tokyo, I entered another cave – a digital media installation, constructed by a technology conglomerate, designed for the visitor to experiment physically with the visual configuration of Tokyo. It was late in the afternoon, and the luxurious gallery space had no other visitors. This time, as I entered, I was handed a tiny handheld Canon computer, whose screen transmitted to me digital images of Tokyo that also appeared, magnified a thousand times, within the gallery space itself, suddenly disappearing and transforming themselves according to the trajectories I took through that darkened space. I held the computer delicately in my hand. As I walked through the empty gallery, brutal waves of cacophonic sound pummelled the atmosphere, and diaphanous, ghostly images of the city flashed and burned through the air incessantly, in sequences triggered by my paths through space and the random movement of my fingers on the computer keyboard; then, through an abrupt malfunction, I was back in deepest silence and darkness. I started to operate the keys of the computer blindly, frantically, and the images and noise immediately started up again. I made my way, back and forward through the space, creating a simulated variant of Tokyo as I went. Every now and then, the digital technology would malfunction again, as though it were intended to make Tokyo blithely elude the person who was ostensibly generating its images and sounds, in order to provoke or exasperate that human presence. And when I exited the installation, in neural and visual exhaustion, handing back the computer to the smiling gallery assistant, I was face to face with the raw city again, expanding and pulsing before my eyes, with its own definitive power. Above and around me, the livid images of Tokyo wheeled.

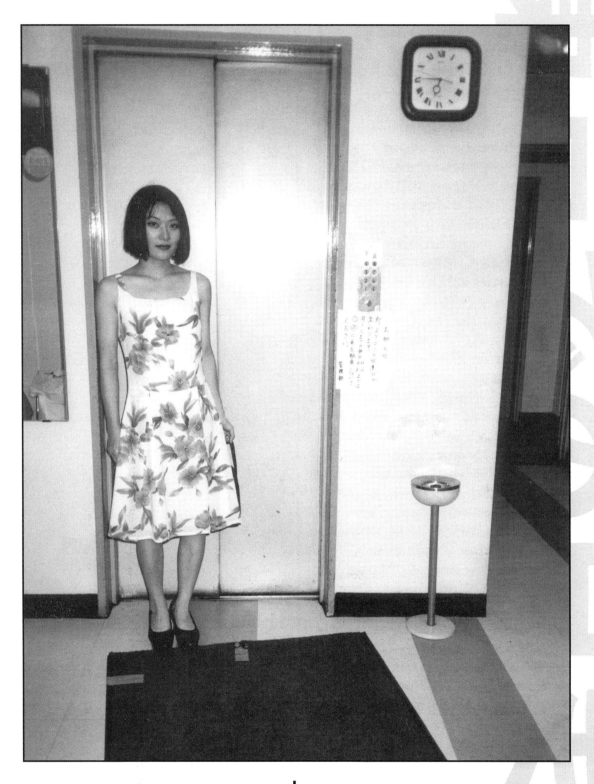

On the avenues of Shinjuku, at zero ground level, all the eye can see are swarms of human bodies, engaged on crazed, hell-bent missions. But the digital image culture of Tokyo incessantly supplants the presence of those bodies from the city's visual screens, in order to fully exert its own pure, contaminating presence. Among the towers of

Shinjuku, in an extravagant digital art centre, its sumptuous spaces dedicated to recording the already obsolete technologies of the contemporary world, I watched the smallest television screen ever engineered transmitting, live, a bout from a sumo wrestling tournament. The images of vast, near-naked bodies heaved and flailed at the tight boundaries of the screen, seemingly threatening to split it wide open. Further along the Shinjuku avenues, the same sumo tournament was being transmitted from the immense digital image screen on the facade of the Studio Alta department store – but now, the locked-together human bodies appeared strangely diminished, reduced to extreme outer-space weightlessness, abstracted, caught utterly within the thrall of the image. The digital image in Tokyo possesses its own kind of bodily existence, intangible but obliterating.

By chance, I met the French philosopher Jean Baudrillard in a department store in Shibuya. He has a big belly, a bald head like a baboon's ass, and a baffled grin that illuminates the whole of Tokyo. He believes that authentic images are extinct, and detests all digital cultures with a zestful vengeance. I was on my way to see a re-run of the Wong Kar-Wai film *Happy Together* and, when I visualize that encounter, the jaunty accordion music from the film is its soundtrack.

TOKYO BODY

The human body in Tokyo is animated by images that run endlessly, sensuously, over the surface of the skin, in insistently probing movements, slipping unstoppably into every corporeal opening, with the most vivid image colours provoking ecstasy around the receptive zones of the body, and the most jarring colours converging directly on the brain, sparking convulsions and neural somersaults. As the inhabitants of Tokyo make their way through the city, the edges of buildings seem to shoot off behind them, in wild phosphorescent streaks; those glittering tracks evanesce at the very same moment that the eye becomes conscious of them. And when the body stands still, at the jammed traffic intersections of vast avenues, the entire visual matter of Tokyo rushes to coagulate around the surfaces of the body, like a mass of iron filings flying irresistibly to a magnet, and the skin and eyes become saturated by the captivating images of Tokyo.

At times, the stalled body in Tokyo hallucinates that it is running in elation, at night, down vast, empty avenues, so fast that it can evade that saturating web of images. But, in fact, nobody ever runs in Tokyo – an unspoken interdiction against flight hangs in the very air, and, in any case, the avenues are too densely filled with other bodies for any such deviant movement. You slow down, into stasis. And in time, the tangible presence of the body seems gradually to fade away into invisibility, and to be fixed into a balance with its surroundings that initially generates the sense of a deeply pleasurable rapport with Tokyo – until the body suddenly becomes aware that it has just been voraciously enveloped into the visual maw of Tokyo, which possesses no sense of balance with the

body whatsoever, only its own autonomously reeling spasms of images.

The body in Tokyo can only be certain that it still exists because it sees itself incessantly captured and represented in layer upon layer of apparently accidental images. Through the course of every day and night, the eye watches the movements of a strangely familiar body that has been caught by the tracking lens of a surveillance camera, or in the amassed screens of televisions attached to operating digital cameras in department store windows, those corporeal elements jumbled around, transformed into glaring pixels, blurred into tenuous fragments, until they are almost unrecognizable. And when the body in Tokyo has finally become most distanced from itself – multiplied and filtered away through all those aberrant represen-tations – it feels itself most viscerally alive, positioned against and at odds with its own image in the city.

The body in Tokyo possesses a captive audience, in the form of the colossal, adjoining mass of all the other human flesh, eyes and bones that are fused together within the walls of image screens in the city's avenues. It is an inseparable, constantly mutating mass, relentlessly torn apart in tension and instantaneously sutured together again. Only for the young population of the city is that intimacy of eye upon eye an essential source of ecstasy; otherwise, all eyes pivot inwards. The eyes and bodies of Tokyo's inhabitants are also held together, in fascination, by the prescient sensation that – however much the city has swallowed them up alive – it can never prevent a minuscule fingernail tear from appearing in its visual screen, an infinitesimal flaw in its digital code, that will bring all of those images up dead. That sensation forms the grit of joy in the eyes that view Tokyo.

Tokyo is a terrain made of emanations and aberrations, fractures and illuminations. The origins and history of Tokyo are concertinaed into the present moment with the impact of a head-on car crash against a blind wall. Traversing the city – on subway trains whose interiors are so condensed into hot corporeal matter that you flood through Tokyo's channels in a liquified medium of flesh, or by foot through streets so congested with visual signals that your sensorial capacities travel in every direction simultaneous-ly, irrespective of the original direction you were heading towards – decimates the body.

In spite of the notorious danger and folly which the act of creating a map of Tokyo entails, the eyes, *in extremis*, still try to chart their way through the city. They construct a cartography of Tokyo which is one of startled reactions and absences. The senses reel away from all of the voids in the city where a visual overload or a torrent of noise became intolerable, or where a sudden diversion from a corporeal bottleneck was the only option for survival. The resulting map of Tokyo is made up of breakneck somersaults, of spirals spinning like whirlwinds – where the senses were cruelly sabotaged by Tokyo and went haywire on the spot – and of thick lines of erasure and negation. It is a map that refuses itself, since, from one instant to the next, the city has cancelled itself and created another Tokyo – which, in any case, has already overruled itself. The map you constructed with your eyes then dissolves into vertiginous black particles of pain, like the very final images emitted by a broken television set.

The visual screen of Tokyo is infused with the sense of a burning and a collapse at its core: that screen surrounds and envelops the raw, ashen, over-illuminated terrain that forms the heart of the city.

Tokyo is an arena where the human body and the transforming, annihilating image exist in delirious interaction, brought to a point of extremity in space, noise and light. The images glow in their own virulent ecstasy, exercising their right to exert a crushing momentum upon all human perception. In that visual zone, the body itself forms a kind of freak apparition, that is incessantly splintered by its experience of the city.

Tokyo has an intentional element of mishap welded into its core. It will crash, with an impact like that of a central collapse of the nervous system, then resuscitate itself again, transformed, then crash again, in arterial meltdown. The city operates by a rhythm of crashes, and through an exhilarating violence transmitted directly into the eyes and senses. The city compulsively intimates its engrained obsessions with its own past and future destructions, by fire and earthquake, and by its own visual media. Finally, the body moving through Tokyo is confronted with one unique image only – an image of ferocious power that is instilled entirely within that same body: and then, a sudden blackout.

PART TWO
HIJIKATA: A FINAL STORY OF TOKYO

Tokyo lives by its images, its sexual obsessions, its human bodies, and through the memory and prescience of its own destructions. Long ago, in the furnace of images that heats Tokyo, a form of dance performance emerged that condensed that imagery and situated it deeply within the fractured substance of the bodies inhabiting the city. From the endless proliferation of Tokyo's images and sensations, in order to survive, the eye can extract just one or two, and saturate them in seared memory and sensory convulsions. And out of that material, the final story of Tokyo originates.

At the end of the 1950s, in Tokyo, a young dancer from northern Japan named Tatsumi Hijikata created a form of dance performance that he named Ankoku Butoh – dance of utter darkness. Hijikata was starting to visualize a dance form that could transform the human body. He saw the body as a matter that had to be excoriated, placed in intimacy with gestures resonant of sensory excess and death, and then insistently reactivated, violently. In Tokyo, Hijikata, a riotous and insurgent presence, formed an incompatible element within a city that was then pre-occupied far more with its dreams of affluence than with visions of bodily mutation. After arriving in Tokyo from his home in the isolated region of Akita, on the far north-western coast of Japan, Hijikata had worked for years as a menial labourer in the docks and laundries of the city, while his unruly obsessions gradually took focus. At night, in the Tokyo dancehalls, he dressed provocatively in the white suits with long, drape jackets that were worn by gangsters in Akira Kurosawa's films of the time. He began performing in sex cabarets, in the heated and labyrinthine districts of a

city still damaged and reeling, knocked permanently awry, by its incineration of a decade earlier. Hijikata, surrounded by the aura of death that had embedded itself inextricably into the nerves of Tokyo, was gripped by the idea of a harsh corporeal resuscitation that the performances he was planning could incite. He wrote, "Butoh is a corpse standing straight up in a desperate bid for life".

In May 1959, in collaboration with a young dancer, Yoshito Ohno, who was then nineteen years old, Hijikata undertook the first performance of his Butoh dance, *Kinjiki*, which took its inspiration from the writings of Yukio Mishima. Over the previous years of his gruelling solitude in the city,

Hijikata had been conspiring with himself on a performance that could set a sudden gash on the face of Tokyo. The once-only performance took place largely in darkness, the spectators unsighted and unnerved, their eyes catching impacts of body against body, with Ohno strangling a chicken between his thighs, and Hijikata assaulting Ohno and seemingly raping him. The performance didn't last long. The stage was left spattered with blood; the spectators – habituated to rigid, innocuous dance performances – responded with silent fury and outrage to Hijikata's unprecedented images of the body; at the end, only Mishima and one or two others in the crowd applauded.

That moment in Tokyo was one when, after the torpid, defeated submission to American culture that had pervaded the lives of its inhabitants during the period of the United States Occupation and through the ensuing years, the city's culture abruptly exploded, in reaction, with work that probed Tokyo's deep layers of sex and damage, as the city accelerated and expanded spectacularly into the 1960s. Many of the figures who came to prominence during that decade – the poet and theatre director Shuji Terayama, the film-makers Nagisa Oshima and Koji Wakamatsu – saw the creation in their work of intricate, visceral con-stellations of sex and political revolution as forming the most direct visual means of reinventing Tokyo. Collaborations between writers, artists, musicians and performers scrambled the boundaries in the city's culture, and matched the ongoing mutation which the exterior form of Tokyo itself underwent in those years, as it expanded out into an unending terrain of concrete buildings and glaring neon signs: the city in upheaval left behind all of its former borders and fixed points. As the visual arena of Tokyo then assembled itself into a multiple onslaught of images, Hijikata's Butoh dance acted as a contrary force, that collected the essence of that tearing upheaval, but then challenged it, propelling out instead his own unique images of the body, against the images of Tokyo.

In the face of the raging visual storm that contemporary Tokyo exerts upon the eye, beating it into entrancement, I decided to see if I could track down a few of the rare surviving traces of those spiked images of transformation, which Hijikata had made in the city.

Looking for the lost traces of Hijikata's work, I visited Yoshito Ohno, Hijikata's collaborator on the performance of *Kinjiki*. In his wooden studio, out in the suburbs, he was working with a group of around ten young dancers. Ohno was a dignified, austere figure with a shaven head, and over sixty years old. The lights in the studio went down; the young dancers appeared exhausted even before they started their work. Ohno gave them a scattering of dried flowers, mostly roses, that were stored in an old glass cabinet. The dancers held the flowers to their bodies. Ohno instructed them to make the flowers become flesh, and incorporate them into their bodies. He told them to change their bodies, in that way. The dancers worked in a silent, dense delirium of gestures. Ohno was silent too, and still. Two hours or more went by. Something had been unleashed in the dark, concentrated air. Then the lights in the studio snapped back on.

Later, we sit and share a barrel of sake. The ramshackle studio lies up on a steep hill, looking out over a partly-wooded valley of little houses affixed, by precarious concrete bases, to the slopes. It is late at night, and the rainfall from the last convulsion of an autumn typhoon pounds the ground outside like an exasperated, useless fist. Yoshito Ohno remembers the first moments of his work with Hijikata, who died of cirrhosis in 1986, with affection and empathy. Ohno is a drinker, too. The children of the district have to lead him home sometimes, when he can't recognize the way to his house. And on other days, the neighbourhood thugs make him dance like a village idiot in the streets. The intervening decades have been hard. But in Ohno's memory, the image that survived it all, in Tokyo, was that of a body dancing.

One night, in a cellar bar in the Ikebukuro district, I met a philosopher named Kuniichi Uno who had been an intimate friend of Hijikata in the mid-1980s, at the end of his life. By that time, Hijikata had stopped performing for over a decade, though he remained in Tokyo and still choreographed works for a small number of performers, including Yoshito Ohno's father, Kazuo Ohno, a legendary figure, now in his nineties, but still performing. Uno remembered his alcohol-fuelled talks with Hijikata that revolved around Hijikata's preoccupation in his work with meshing together images of the human scream, the body, language, and Tokyo. They would disappear together into the sub-terranean zone of Shinjuku's bars to talk through their ideas, not re-emerging until three days later, Uno stunned and hallucinating with exhaustion, Hijikata still lucid, his head glowing with new projects.

As autumn came down coldly in Tokyo, the back alleyways of the Meguro district became wreathed in an evening smoke that smelt of burning leaves and charred fish. The gangs of cats roaming the alleys were hungry. It was a peripheral district, far from the blaze and cacophony of Shinjuku and Shibuya. I tracked my way through the dark, tangled streets. Turning a corner into a dead-end alleyway of detached houses, I came across a tall, three-storey building with a sharply pointed roof. Outside, a revolving pole of white light carried the word "asbestos".

I had decided to visit Hijikata's widow, at the house where she and Hijikata lived together for twenty-five years and where he developed almost all of his work, in the studio located in the building's basement. Akiko Motofuji met me on the flight of steps leading up to the house. She was herself a dancer, tiny and squat, with thinning black hair that started high up on her forehead. All of her stories came edged with horror and loss. Born in Tokyo at the end of the 1920s, she saw most of her friends disappear or die over the war years. One day, her best friend was blown up next to her as they walked, arm in arm, along a Tokyo street. The city abruptly vanished in burning silver light, and she and her few surviving friends believed that it was the end of the world, at least for them. Then life obstinately began again. Her father had been an industrialist who made a fortune out of asbestos production, and when he decided to give his daughter a dance studio, in 1950, she named it the "Asbestos hall". During that period of Tokyo's frantic reconstruction, asbestos had been considered an invaluable building material; it was only during the following decades that the name began to possess its lethal resonances. Hijikata came to live with her there soon after the *Kinjiki* performance that had

133

scandalized its spectators and instilled its own corrosive presence into Tokyo. Hijikata had still been working on the Tokyo docks, and living, starving and desperate, in a hostel for derelicts; now, he had a space in which to work through his obsessions.

In the Asbestos hall, the death of Hijikata exerted a tangible presence. Akiko Motofuji kept a little shrine dedicated to her husband beside the window of the living-room, with a photograph, two tiny wooden cats in a basket, and a burning candle: a few precious fragments of memory. In the photograph of Hijikata, long, wild hair covered a tender face. When, later in the evening, Akiko Motofuji began to project films of his performances in the studio downstairs, it was a different face I saw.

Hijikata was carried onstage at a Shinjuku theatre on a kind of throne. It was October 1968, and Tokyo had erupted in uproar, with riots going on in the streets outside. Hijikata danced an exultant fury of perversion and calamity. At one moment he wore a white dress, at another moment he was naked except for a long, golden phallus, strapped around his waist. The dance transformed Hijikata's body in incessant ricochets, from decrepitude to youthful

fluidity, and from a disciplined body of magisterial control to a shattered carapace of skin over nothing at all. The dance began in pulsing sexual exhilaration and proceeded through to a taunting and a killing. Towards the end of the performance, Hijikata's body was strung precariously by ropes, high above the audience, in a dance of vertigo that, at any moment, threatened to overturn itself. The images of the performance, entitled *Rebellion Of The Body*, passed through the film projector, jagged. They were all that survived of Hijikata, and they ended abruptly, in mid-gesture. I was suddenly back in the darkened studio with Hijikata's widow and the breathless violence of his presence. Tokyo pressed hard outside the studio, colder still.

The American writer and film-maker Donald Richie lived in the cemetery district of Yanaka in the 1950s and 1960s, during the years when he was a close friend of Hijikata and of Yukio Mishima. At that time, the vast cemetery had grown semi-derelict, many of the tombs covered in a rampant foliage. One Sunday, Richie shot the entirety of a film, from beginning to end, at the edge of the cemetery. His actors – the young members of a Japanese experimental theatre company, eagerly

ready for anything he could demand from them – were soon all stripped naked, enacting a myth of sex and death. Richie's neighbours came out of their low wooden houses to watch, attracted by the spectacle; they viewed Richie's behaviour with bemused indulgence, and the Yanaka district was habitually so deeply somnolent that the film shoot threw their lives pleasurably out of kilter for an instant. Soon, the atmosphere was one of festive hilarity, with Richie, his performers and the neighbours all laughing together. By the end of the afternoon, the actress playing the goddess of destruction in the film lay back, an exhausted but satiated smile on her face, on top of a great heap of naked, bloodied male bodies. The day had been a delirious experiment with the intersecting terrains of Yanaka and the lithe, naked bodies of Richie's performers. But, when he later came to edit together the images he had shot that day, for a film entitled *Cybele*, those images transformed themselves aberrantly before his eyes, from the capricious fragments of ecstasy that he had envisaged, into a monument-ally solemn work of horror and extremity. Tokyo had seized Richie's images. When he showed the film around the world, appalled spectators assumed that it was a work

about genocide, evoking for them the piles of massacred bodies in the abandoned Nazi concentration camps, or else the fragile layers of carbonized victims left behind by the firebombing of Tokyo. In Britain, the film was simply banned.

I sat with Donald Richie one evening in a silent restaurant in Tokyo, overlooking a dense garden of dying flowers. The night before, the first cold winds of the winter had hit Tokyo, and the air was still shot through with ice. As I travelled around the city during the course of the day, the salary-men on the subway trains had exuded an air of increasing panic as the hours wore on – it was a day when the news reports had been urgently jammed with stories of threatened economic collapse, of mass redundancies caused by financial corruption. But Tokyo itself, oblivious to all of those ructions on its surface, remained immutable. It had no need even of time. Decades could flash by and leave only an easily uprooted scattering of scars, concrete blocks and burnt-out images strewn across the city. As the sky over the garden darkened, Richie spoke to me about his memories of attending the performance of *Kinjiki* by Hijikata and Yoshito Ohno, over forty years earlier. He remembered Ohno as a beautiful nineteen-year-old boy, a gaunt and elegant presence within the storm of blood and anger that the performance generated. Richie's friend, Yukio Mishima, sitting alongside him in the turbulent hall, had said that the young Ohno looked like a dark angel.

In the same year as the performance of *Kinjiki*, in 1959, Richie made a film with Hijikata, together with a group of dancers based at the Asbestos hall. Richie shot the film in an empty schoolyard surrounded by warehouses in the industrial zone of Shinagawa, close to Tokyo Bay. One male figure in the film, *Sacrifice*, is surrounded by a circle of exultant women who urinate on him, defecate on him, and finally tear him open. At that time of furore in Tokyo, Richie was immersed in the city's experimental culture, helping to instigate collaborations between film-makers, choreographers and photographers. He had arrived in Tokyo thirteen years earlier, in 1946, as part of the military Occupation of the city, and had witnessed the still-devastated expanse of Tokyo from a zero distance. Then, as Tokyo rapidly resurged from its obliteration, an atmosphere of exhilarating tension and awry sexual decadence generated itself for all those with the means to experience it. Captivated,

Richie stayed on in Tokyo forever. By the end of the 1950s, with the American Occupation over, the city was starting to ignite with the first of the fierce riots against the enduring subservience – cultural, political and military – of Japan to the United States. Concussions of roaring sound crossed the city from end to end. Hijikata's work had begun at that instant.

Yukio Mishima had first introduced Richie to Hijikata with the words, "I have an evil god for you now". Three years after they had worked together on the film *Sacrifice*, Richie wanted to make a new film in collaboration with Hijikata, at the vast beach of Kujukurihama, on the Pacific coastline to the east of Tokyo. Hijikata was in a sly mood. He gathered together a gang of gullible boys from the tiny fishing village of Osato, and, as a typhoon whipped over them all, Richie filmed the boys in the act of killing a goat on the beach. He wanted to capture the exact moment at which the boys forgot that they had just killed, and went back to the usual rhythm of their lives. While Richie filmed the boys, caught in their startled confusion, Hijikata danced wildly on the beach of white sand, just out of the range of Richie's film camera, propelling his stomach spasmodically out from his body. At first, the boys looked at the dancing figure in frowning disbelief. Then they suddenly broke into great fits of laughter, the violent tension instantly seeping out from their bodies. In Richie's film, *War Games*, from moment to moment, the onset of oblivion from carnage became palpable.

In the early 1960s, the photographer Eikoh Hosoe created a legendary series of portraits of Yukio Mishima, *Death By Roses*, combining intricate superimpositions, distortions and fragmentations of the images. He photographed Mishima naked in all the intensity of the novelist's sexual obsessions – in leather, in bondage, and in extreme oscillations between multiple identities. Every image became saturated luxuriously in dreams of death, as though death itself were a matter pulped together from sperm, velvet and darkness. Shortly before Mishima's suicide, they worked together on the opulent design of a new catalogue publication of the portraits, which Mishima evidently conceived of as his final, provoking apparition before the world. Before Hosoe's images, the naked body had rarely formed such a raw, direct concern in Japanese art; Hosoe invented an imagery of the human body for Tokyo after its destruction.

As a young man, he had been among the audience for Hijikata's *Kinjiki* performance, and that experience seared him and precipitated his work.

In his studio, close by a seething traffic intersection in the Yotsuya district, Hosoe makes his first assertions about his work with Hijikata emphatically – but then something within the solemnity of the words disintegrates, his statements turn in on themselves, and every sentence tails off in an abrupt riot of laughter. He shows me a photograph taken while he was walking with Hijikata in the dawn streets of Shinjuku, in 1967, after a night of drinking. They had stopped a young boy who was busy delivering bottles of milk on his bicycle, and had paid him off so that Hijikata could ride on the bicycle instead. In the image, the background appears blurred, a gestural smear of speed that compacts together the shuttered shop fronts and the figures of suited salary-men on their way to work. In the foreground, Hijikata, barefoot, dressed in a striped coat and a straw hat covered in flowers, struggles with the bicycle. As it swerves precariously, Hijikata adroitly fixes his gaze on the camera from the corners of both eyes, his teeth clamped down in concentration on his lower lip. The image captured the

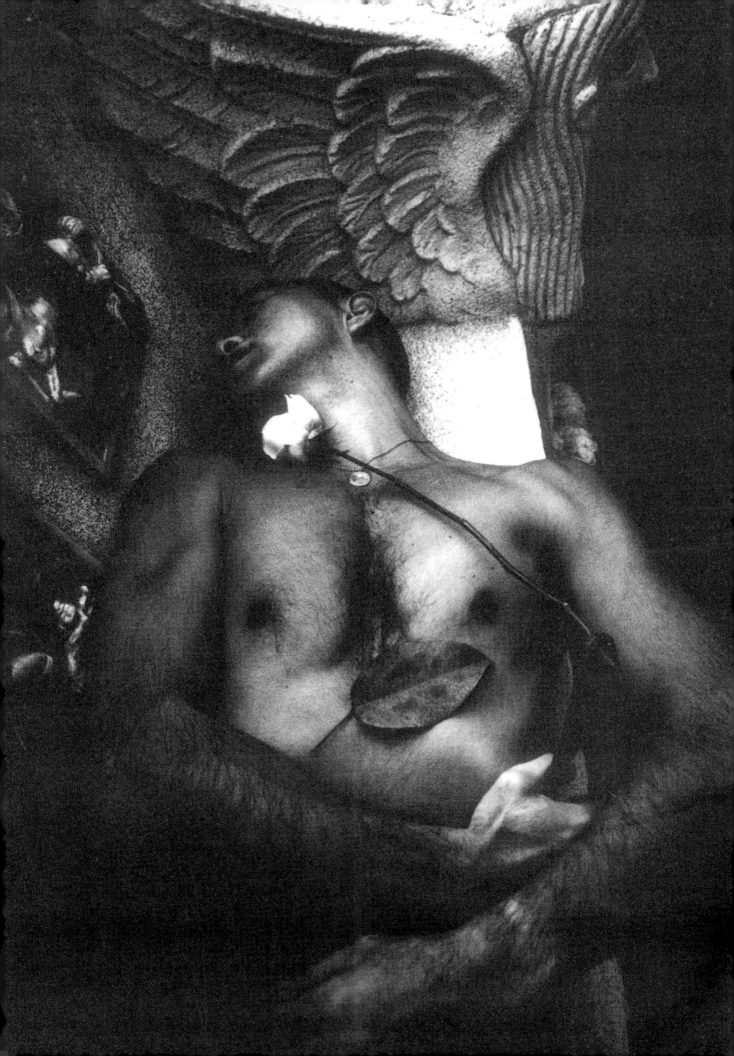

presence of Hijikata in Tokyo, as a crazed rapport.

Tokyo itself, for Hosoe, forms a living body that can mesmerize its inhabitants and induce engulfing sensations of astonishment. He has seen the city in a state of obliteration, and so that feeling of being corporeally stunned by Tokyo is sharp and immediate for him. He tells me that he was sent away from Tokyo as a boy by his father, a priest, in order to evade the wartime fire-bombings, and when he returned, arriving back at Ueno station from his exile in the wild rural zone of northern Japan, Tokyo had gone. Later, he wanted to discover more about the men who had made Tokyo disappear so fatally and completely, as though by a malign conjuring trick, and he began to hang around the bases of the occupying United States army, taking photo-graphs of the wisecracking young Americans and learning their turns of phrase. In the autumn of 1965, twenty years after arriving back in Tokyo, Hosoe finally returned to the northern wilderness to which he had been evacuated, along with Hijikata, whose home that isolated terrain had originally been. As they travelled by car through the villages of the Akita region together, they created a work entitled *Kamaitachi*, in which Hijikata embodied a mythical,

sexual creature who stalked the rice fields and attacked the peasants, leaving deep but bloodless wounds. At times, Hijikata ran in frantic abandon through the immense fields, and buried himself deep into the earth, under black skies. At other times, he seductively lured the peasants' children away into his world. The smiling peasants carried Hijikata around on a bier, raised high above their heads – Hosoe had concocted the story that he and Hijikata were preparing a programme for a television company, and the peasants, in open-mouthed awe of the new medium of television, did whatever they were asked. For Hosoe, as he photo-graphed, the bitter landscape around the dancing body of Hijikata appeared to convulse in gestures too, whipped with Siberian wind, glowering with pain and fury. Like the city of Tokyo, that black landscape also formed a living body in Hosoe's eyes, dense and intoxicating as it pressed itself around the figure of Hijikata within it.

On the day after Hijikata had died, in January 1986, Hosoe went to the Asbestos hall to photograph his dead friend. Hijikata had died suddenly; in the previous month, he had been preparing a work about the myths and gods of Akita, and was planning to perform himself, for the first time in thirteen years, in the form of a dance in which he would embody the riotous gods of wind and thunder, trampling furiously on a ground strewn with hundreds of thousands of fallen cherry blossoms. Then he had told Akiko Motofuji that his insides hurt, and he had been suddenly spirited off to hospital. A few seconds before he died, he looked at Akiko Motofuji and told her, "I am giving out the light of the gods". Then he closed his eyes. Hosoe's other friend, Yukio Mishima, had been photographed for the last time not by Hosoe, but by the Tokyo press media snappers, who had burst into the military office of the Ichigaya district where Mishima had committed ritual suicide in 1970, and placed his newly severed head neatly upright on the sodden carpet in order to photograph it. The image of Mishima's intensely prepared, ultimate affrontment to the world had been stolen away from him. But Hosoe photographed Hijikata in his coffin, surrounded by flowers, his eyes closed but with his mouth open, as though exhaling one final time. It was the last image of Hijikata.

Only the illuminated signs of lurid amusement arcades carried the detritus of Tokyo's burning core out to the peripheral suburb where Yoshito Ohno's father, the legendary dancer Kazuo Ohno,

was giving a rare performance. He was well over ninety years old, and still dancing, *in extremis*. Like Hijikata, who danced just with his fingers on the hospital blanket covering his body as he lay terminally ill, Kazuo Ohno was dancing headlong, but slowly and lovingly, into death.

Hijikata and Kazuo Ohno collaborated together over a period of several decades. Although Hijikata was the younger man by over twenty years, he directed Ohno's work. They performed a version of Jean Genet's novel *Our Lady Of The Flowers* in a desolate back alleyway behind the main Tokyo commercial district, the Ginza, at the beginning of the 1960s, with Hijikata's head encased within a tight black hood, above his naked upper body, and with Ohno in an old dress and hat, incorporating the character of Genet's transvestite prostitute, Divine, with an ultimate vulnerability. The American photographer William Klein documented the performance – the shirt-sleeved salary-men at the end of the street standing and staring in horror, as the spectacle avalanched its way down the rainy alleyway – and included it in his catalogue of Tokyo images. In other photographs of their later performances together, the two men lie entangled on the floor, with Hijikata crushing down violently on Ohno's back, while Ohno's face contorts in blissful submission. The obsessions of Ohno and Hijikata appeared to lie in acutely opposed directions – Ohno believed that his dance was endless and infinite, while Hijikata's work was intently immediate and brutally cut – but they were insistently drawn back to one another. For Ohno, no such thing as an opposition existed, anyway.

The event begins long behind schedule. The audience in the breathless hall is confronted with the sheer fragility of such a performance. Kazuo Ohno appears at last in a beam of light that traverses the stage. He dances in gestures that propel themselves forward for a moment and then stop suddenly, collapsing inward – gestures transforming themselves constantly, on a boundary between breathing and extinguishment. Ohno's body, on its knife-edge, careers forward in intricate spasms of movement, then collapses again. As in the 1960s, Ohno dances in a dress, which he exchanges for another, several times during the performance, each time taking on more vivid extravagance, as his own movements gradually fade away into darkness. Between the short bouts of dance, lasting only a few seconds

and lit only marginally, the air in the hall is tangibly black and silent. At some moments, Ohno dances alongside his son, and also with a presence at the back of the stage that first manifested itself as a discarded sack of debris, then mutated upwards into the human form of a young man in a black cloak, who stands at Ohno's shoulder, as though supporting him into death. But at the end, Ohno moves alone, in fragments of gestures, dissolving.

In an empty cinema, I watched a film dating from the autumn of 1973 of Hijikata's last performance: an appearance of only ten minutes or so, at the end of a spectacle created at a hall in Tokyo by a group of his Butoh collaborators. Hijikata appeared alone, in isolation, when all of the other performers had left the stage. At that point, it had been fourteen years since he had undertaken the unique performance of *Kinjiki* with Yoshito Ohno that had ferociously activated his work in Tokyo. Until his death, another thirteen years later, Hijikata never performed before an audience again. He occasionally worked on collaborations in those years, especially with Kazuo Ohno and a performance artist named Min Tanaka. But otherwise, they were years in which he would remain mostly closed up, in seclusion at the Asbestos hall, drinking, teaching acolytes, arguing with friends about their favourite books, and growing increasingly enveloped by memories of his childhood world of Akita. He wrote about himself as "the ailing dancer", his body inhabited by the capricious demons that terrorized the rural terrain of Akita at night, but living by some obstinate accident under the permanently glowing and pulsing sky of Tokyo, which never reached the pure density of blackness that he desired.

At the time of his final performance, Hijikata's hair had become so long and tangled that it stood upright on his head, as though it possessed its own autonomous existence. He had grown a long beard. In the film images, his last dance was one of limbs gone insane, but now so detached from the world which they used to move in tension with, that they simply convulsed intricately, in a jarred rhythm of their own. Those limbs carried the tautness of a body which had struggled intensively for decades with a kind of vital illness of incessant gesture, but that had now started to wind down into extinguishment, the bones grown brittle, the skin turning into a raw crocodile hide, the fingernails

terminally twisting in towards the palms of the hands. Hijikata's face was set deep in concentration, holding the slowly diverging, colliding trajectories of his body together, in the infinite expanse of time that comprised the ten minutes of his performance. His face and body appeared to head off in different directions, turned sharply and synchronized for a moment, then tore apart again and veered away at even more extreme angles.

In the last images of the film, Hijikata's body was moving gradually towards the back of the performance space, and the film cut suddenly into darkness – the spectacle had been shot with a 16mm film camera that could only shoot its images for a set amount of time before the celluloid reel ran out. As with the film of the *Rebellion Of The Body* performance which Akiko Motofuji had shown me, the final moments of the performance were missing. Across the visual screen of Tokyo, a million flashing images were seized and annulled every moment, but the last movements of Hijikata's body had been transformed into void images, filmed by an empty camera, the end of the finished film spool clicking around uselessly in its container. Hijikata's body had adroitly slipped through the hold of the image. In photographs, Hijikata briefly re-emerged from his isolation, a decade or so later, in the closing months of his life, looking exhausted, his hair still long but now confined under a beret, his beard cut down to a moustache. Finally, he appeared in his coffin in Hosoe's photograph.

Whenever I spoke in Tokyo to the friends and collaborators of Hijikata – to Yoshito Ohno, to Kuniichi Uno, to Akiko Motofuji, to Donald Richie, to Eikoh Hosoe – the voice of Hijikata was always present. During Hijikata's lifetime, all of them had, in their different ways, been assaulted or pulverized by Hijikata's presence, their lives set into upheaval or irreparably overturned by it. Searching to find a way to evoke his corporeal presence for me, they invariably seized upon his voice to project Hijikata, wryly imitating it or else allowing it to inhabit them for a few uneasy moments. The voice of Hijikata had a low, grumbling emphasis that rode along sequences of guttural intonations, strongly different from those of people born in Tokyo: a voice wildly scattering sounds which displayed an apparent astonishment that they had come pouring out of their speaker's mouth. Hijikata's language had relentlessly conjured up its own capacity

to beguile his listeners, as it spoke of the corporeal forces that inspired him to dance or else brutally impeded that dance. He used an authoritarian tone that made imperative demands on a younger collaborator, such as Yoshito Ohno; then, that note of rigour would abruptly descend in scale, into a contemptuous cancellation of its own authority. And in the mouths and throats of all of Hijikata's friends, that ghost voice wavered incessantly between gravity and laughter, breaking out from its driving obsessions into a great roar of utter self-deflation.

All of those lined faces that spoke about Hijikata held the traces of some deep injury or other from their encounter with him. And every surviving voice that I heard taking on the voice of Hijikata formed a kind of broken medium, like the old women of Mount Horror, that had the power to materialize memory fragments of Hijikata in space. You need a wounded body and a wounded memory to make a dead man speak.

The search through Tokyo for the traces of Hijikata's presence took me finally back to the Asbestos hall, to the basement studio where he had undertaken his work. The previous occasion I had been there was to watch the films of Hijikata's performances.

But this time, the studio was empty of those images.

The wooden floor of the studio formed an intricately stained surface, with engrained layer upon layer of dirt and sweat. For a time in the 1960s, Hijikata had run a riotous drinking club in the studio; at that time, Yukio Mishima would often visit the studio and, under Hijikata's gaze, make shy, tentative attempts to dance there. At peripheral points on the floor's surface, it appeared strangely scarred, as though the extreme momentum of a particular gesture had made Hijikata or one of his dancers unbalance, and plough the edge of a foot or hand into the surface of the wood. It was a small space, and the marks possessed a density, struck in intimate proximity with one another, forming the visual index of a delirious body in movement.

The white walls of the studio were hung with thick black curtains, to be drawn together on the rare occasions when a performance took place, and also with a screen at one end, for the projection of films. Whenever Hijikata had shown the films of his performances himself, for visitors, he would lift up the projector into his arms and joltingly dance with it, so that the images of his dancing body ran up against the curtains and ceiling of the studio, becoming distorted, elongated or concentrated. But now, the curtains were pulled back and the screen was rolled up. All of the lights were full on, and the walls were naked. They bore the infused traces of damp, from the accumulated condensed heat of bodies. Below the roof, the metal framework of the lighting system criss-crossed the ceiling. Near to the entrance, a few photo-graphs of Hijikata's face had been pinned on the wall, hanging haphazardly. In one image, he had his face immersed in an enormous watermelon. In a far corner, an old heater erratically blew out warm air, making the only sound in the room. When the heater abruptly went dead, a deep silence set in.

The studio had formed the site of Hijikata's creation of unique images of the human body in Tokyo, experiments into death and into the potential of the anatomy, that were designed intensively, in preparations often extending over several years, before they were finally given two or three public performances, in halls across Tokyo, and then instantly evanesced. If there were to exist a tangible surviving trace of Hijikata's presence in Tokyo, it had to be there, in that studio. But all of those innumerable gestures and experiments had vanished into the air, embedded only in

the scars and marks on the floor. Where Hijikata had survived, it was in a work of deep incitement and provocation.

The streets of Tokyo exploded into a wild procession of noise and human figures. It was the anniversary of the death of Hijikata, and the dancers from the Asbestos hall screamed their invocation of his presence into the Tokyo night. They spilled out in uproar from the basement nightclub where their celebration of mourning had

been taking place, and started to career through the Ebisu district of department stores and markets. A hundred young dancers – some masked, some naked – moved out towards the railway station. Circling around the front of the procession, a gang of photo-graphers, including Eikoh Hosoe and the pre-eminent instigator and recorder of Tokyo's night outrages, Araki, took shots of Akiko Motofuji dressed in a scarlet cloak, accompanied by some of Hijikata's surviving collaborators. The insurgent cacophony of the accompanying musicians propelled the spectacle along.

As the procession traversed the Ebisu station complex, the salary-men and office ladies gazed in horror, turned and took off in fright. Those who failed to get away in time stood paralysed as the procession charged past, pressed back along the glass walls of the walkway that led into a department store. The security guards stood in frozen consternation, apparently unable to act, while the procession rampaged through the pristine aisles. The department store had only been built and opened over the last few months, but already it had merged seamlessly into Tokyo's endless face of concrete and glass; now, that surface was momentarily shattered. The procession reached its most forceful evocation of darkness, death and obscenity under the eye-splitting over-illumination of the department store. From that point on, as the procession began to exit from the department store, twisting into a network of narrow market alleyways, it resonated with William Klein's photographs from 1961 of Hijikata and Kazuo Ohno performing *Our Lady Of The Flowers* in the Tokyo backstreets. The procession for Hijikata's death formed a gaudy and overloaded variant on Klein's austere images, but Tokyo itself demanded ever more extravagance in its provocations.

By the time the procession headed back for the nightclub, after an hour of outrage, it had fallen apart into a ragged concoction of trailing elements, gradually disintegrating in the darkness. The blaring musicians had become detached, and a few of the naked dancers followed forlornly, far behind, their slight figures almost lost under the now-closing maw of Tokyo that had momentarily been prised open, all of its vivid scarlet underflesh and its insane ritual shockingly visible. But, in that instant, Hijikata had been resuscitated, and inflicted, one last time, upon the life of Tokyo.

Then the door to the nightclub slammed shut behind the body of the last trailing dancer, and the city streets outside fell empty again – the domain of dirt, digital images and convenience stores, and of salary-men heading in a breakneck rush for the last commuter trains of the night, their faces imprinted in flashes from above with the illuminated and exclaimed names of consumer products, and by the burning images of Tokyo.

Page 10/12/17.
Street signs, Kabuki-cho, Shinjuku.
Copyright © Romain Slocombe

Page 24-25.
Koenji station.
Copyright © Romain Slocombe

Page 30.
Maneki-neko
(lucky cat),
department
store
entrance.
Copyright ©
Romain
Slocombe

Page 32.
Young
woman in
the crowd,
Shibuya.
Copyright ©
Romain
Slocombe

Page 38.
Girl dozing,
Tokyo
under-
ground.
Copyright ©
Romain
Slocombe

Page 48.
Schoolgirls in the rain.
Copyright © Romain Slocombe

Page 52.
Kirin beer
bottles in
front of
parking lot.
Copyright ©
Romain
Slocombe

Page 56-57.
Lanterns, Mitama festival, Yasukuni shrine.
Copyright © Romain Slocombe

Page 64.
Elevated car
parking.
Copyright ©
Romain
Slocombe

Page 68.
Two old
ladies, Tokyo
under-
ground.
Copyright ©
Romain
Slocombe

Page 69.
Girl dressed
as geisha.
Copyright ©
Romain
Slocombe

Page 76-77.
Tokyo "broken dolls".
Copyright © Romain Slocombe

Page 84.
Schoolgirl
on Tokyo
under-
ground.
Copyright ©
Romain
Slocombe

Page 92-93.
Two girls outside 'puri-kura' shop, Shibuya.
Copyright © Romain Slocombe

Page 94.
Girl in snack
bar, Shibuya.
Copyright ©
Romain
Slocombe

Page 100-101.
Leather boys, Harajuku.
Copyright © Romain Slocombe

Page 107.
Image from
"Tokyo
Lucky Hole".
Copyright ©
Nobuyoshi
Araki, by
courtesy of
Taschen
Books

Page 108-109.
Image from "Tokyo Lucky Hole". Copyright ©
Nobuyoshi Araki, by courtesy of Taschen Books

Page 112.
House,
Tokyo.
Copyright ©
Romain
Slocombe

Page 116-117.
Girl on mobile phone, Ichigaya.
Copyright © Romain Slocombe

Page 121.
Girl standing
by elevator,
Million
Shuppan
building,
Ichigaya.
Copyright ©
Romain
Slocombe

Page 124.
Girl with
umbrella, at
Nakano-
saka-ue
crossing.
Copyright ©
Romain
Slocombe

Page 130.
Shuji Terayama's "Emperor Tomato Ketchup", 1970, by courtesy of BFI, London

Page 131.
Koji Wakamatsu's "Shojo Geba Geba", 1969, by courtesy of Image Forum, Tokyo

Page 135.
Tatsumi Hijikata, "Revolt Of The Flesh", 1968. Photo by Eikoh Hosoe

Page 139.
Yukio Mishima, "Death By Roses" 38, 1961. Photo by Eikoh Hosoe

Page 146.
Tatsumi Hijikata, 1970. Photo by Masahisa Fukase, Asbestos Hall

Page 148.
Lovers' graffiti, Shinjuku. Copyright © Romain Slocombe

www.creationbooks.com